Expertise comptable

LMD

DCG 3
Droit social

MANUEL + APPLICATIONS

Sous la direction d'Alain Burlaud

Isabelle Chédaneau, *Agrégée d'économie-gestion, professeure en classes préparatoires au DCG et au DSCG*

Sébastien Mayoux, *Enseigne le droit social à l'IAE de Poitiers et à la faculté de droit et de sciences sociales de Poitiers*

Avec les contributions de Marie-Paule Schneider et Maryse Ravat

ISBN 978-2-218-17141-5

Préface

Le monde de la comptabilité, du contrôle de gestion, de l'audit, de la finance et du droit des affaires bouge. L'enseignement de ces disciplines aussi, s'ajustant en permanence aux évolutions politiques (la normalisation comptable), économiques, juridiques, éthiques et technologiques (la révolution numérique) qui transforment l'exercice du métier : apparition de normes mondiales pour la formation initiale des professionnels de la comptabilité (*International Federation of Accountants*), de normes européennes (*Common Content Project*), réorganisation des études universitaires en trois niveaux (licence, master, doctorat ou LMD) dans la plupart des pays.

Les réformes des études supérieures comptables

Les études comptables supérieures comportent aujourd'hui trois diplômes :

- le diplôme de comptabilité et de gestion, DCG (bac + 3, grade licence) ;
- le diplôme supérieur de comptabilité et de gestion, DSCG (bac + 5, grade master) ;
- le diplôme d'expertise comptable, DEC, diplôme final qui ne peut être présenté qu'après le stage professionnel réglementé de trois ans, soit 8 ans après le bac.

Le cursus a connu les évolutions récentes suivantes : après une refonte complète en 2007, l'ouverture à la « validation des acquis de l'expérience » (VAE) du DCG et du DSCG (2010), puis du DEC (2018), l'obtention du grade licence pour le DCG et du grade master pour le DSCG (ce qui signifie qu'ils ouvrent les mêmes droits qu'une licence ou un master), les programmes ont fait l'objet d'une nouvelle révision en 2019.

Ce cursus conserve l'esprit d'ouverture qui a fait son succès depuis plus d'un demi-siècle : des unités d'enseignement (UE) indépendantes et capitalisables, la compensation des notes (avec, toutefois, des notes éliminatoires), des entrées possibles à différents niveaux avec des dispenses d'épreuves, des sorties à chaque niveau avec des débouchés professionnels clairement identifiés, des diplômes reconnus et appréciés, délivrés par l'État. Depuis 2006, la « mesure » de chaque UE en unités *European Credit Transfer System* (ECTS) facilite la portabilité des acquis dans les différents établissements d'enseignement supérieur, y compris à l'étranger.

Le cursus intègre pleinement le dispositif de validation des acquis de l'expérience. Enfin, la réforme de 2019 introduit dans les programmes la notion de « compétences », en lien avec les connaissances, pour les rendre plus lisibles et plus attractifs, tant pour les étudiants que pour leurs futurs employeurs. En effet, le monde du travail raisonne en termes de compétences acquises.

Pour correspondre à ce nouveau référentiel, la collection « Expertise comptable » des Éditions Foucher a été entièrement remaniée en 2019.

La réécriture des ouvrages s'inscrit dans une démarche de qualité, de recherche d'excellence qui se construit pas à pas, souvent grâce au dialogue que nous entretenons avec nos lecteurs et les professeurs des différentes disciplines concernées.

Qu'apporte la collection « Expertise comptable » des Éditions Foucher ?

Depuis plus de quarante ans, les Éditions Foucher publient des ouvrages de référence préparant aux examens comptables de l'État, également très appréciés par les étudiants des universités, grandes écoles, IUT, classes post-baccalauréat des lycées et, aussi, largement utilisés dans le cadre de la formation continue.

Aujourd'hui, la collection « Expertise comptable » répond totalement aux ambitions d'un cursus reconnu et recherché, aux nombreux débouchés professionnels.

Chaque ouvrage est un outil multimédia utilisant au mieux l'ergonomie de plusieurs supports. Le livre offre le meilleur confort de lecture, des possibilités d'utilisation nomade, la facilité d'appropriation et de mémorisation des contenus en annotant et en surlignant.

Le numérique apporte aussi la possibilité de mises à jour instantanées et d'applications dynamiques comme l'utilisation du tableur.

Le contenu des ouvrages, fruit du travail des meilleurs auteurs et spécialistes des différentes disciplines, est mis en valeur par une présentation particulièrement soignée.

Outre les manuels et les applications et cas, mis à jour régulièrement, la collection, qui couvre l'ensemble des unités d'enseignement du DCG et du DSCG, offre une série, « Tout le DCG » et « Tout le DSCG », comprenant des mémos et des batteries d'exercices corrigés pour faciliter vos révisions.

Enfin et surtout, les ouvrages de la collection « Expertise comptable » ont pour ambition de donner un sens à la connaissance ; ils privilégient le raisonnement sur la description, la déduction sur l'énumération. Ils développent une pratique raisonnée des différentes disciplines qui, conformément à l'esprit du LMD, conduit à la réussite académique et professionnelle.

Quelles perspectives universitaires et professionnelles ?

Le cursus comptable supérieur est marqué par une triple ouverture.

- Ouverture sur **l'université** : les ECTS associés à chaque épreuve du DCG ou du DSCG et le grade licence pour le DCG ou master pour le DSCG permettent des passerelles dans l'ensemble des universités de l'Espace européen de l'enseignement supérieur qui regroupe 48 pays.
- Ouverture sur les **métiers** : les nouveaux diplômes comptables de l'État ayant le grade licence ou master, correspondent à des repères précis et appréciés des employeurs pour tous les métiers de la comptabilité : comptabilité financière, contrôle de gestion, audit, finance. Tous offrent de très beaux débouchés. De plus, la validation des acquis de l'expérience (VAE) rapproche encore plus étroitement profession et formation.
- Ouverture sur le **monde** : les professions comptables sont celles qui sont le plus ouvertes sur le monde, qu'elles soient exercées en entreprise, dans l'économie sociale et solidaire, dans le secteur public ou en cabinet.

Quel projet personnel ?

Que faut-il de plus pour réussir dans cette voie ? Simplement un peu d'ambition, les moyens de ses ambitions et de bons outils. Cet ouvrage de la collection « Expertise comptable » est un excellent outil au service de votre ambition.

Alain BURLAUD

Professeur émérite du Conservatoire national des arts et métiers

Programme

DROIT SOCIAL (UE 3)

Niveau L : 150 heures – 14 ECTS

1. INTRODUCTION AU DROIT DU TRAVAIL (20 heures)

1.1 Évolutions et sources du droit du travail

Sens et portée de l'étude **Cette introduction a pour objet de :**
– donner une approche du droit du travail ;
– définir les sources documentaires et préciser comment s'en servir ;
– distinguer les différentes normes qui fondent les droits et obligations des employeurs et des salariés ;
– comprendre la hiérarchie des normes ;
– appréhender les enjeux contemporains du droit du travail : flexisécurité, sécurisation des parcours professionnels notamment.

COMPÉTENCES	SAVOIRS ASSOCIÉS	MANUEL
▪ Identifier les principales évolutions récentes du droit du travail et les illustrer. ▪ Repérer les sources du droit applicables à la relation de travail. ▪ Régler un conflit de normes en droit du travail. ▪ Qualifier un contrat de travail. ▪ Distinguer le contrat de travail d'autres situations de travail (bénévolat, entreprise individuelle, sous-traitance, etc.) et en tirer les conséquences juridiques. ▪ Analyser l'interaction entre le droit du travail et l'évolution des contextes économiques.	▪ Repères historiques relatifs à la construction du droit du travail. ▪ Définition du droit du travail : – caractères du droit du travail : protection du salarié, dimension collective des relations de travail, conflits et évolutions en lien avec le contexte économique ; – champ d'application. ▪ Principes récents en droit du travail : égalité homme-femme, égalité de traitement, non-discrimination. ▪ Sources spécifiques au droit du travail : sources internationales et sources européennes, sources nationales étatiques et professionnelles, jurisprudence, contrat de travail, usages et engagements unilatéraux de l'employeur. ▪ Importance des sources professionnelles : place accordée à l'accord d'entreprise au sein du droit négocié. ▪ Hiérarchie des normes et règles de résolution des conflits de normes.	Chapitre 1

1.2 Les contrôles de l'application du droit du travail et le contentieux de la relation de travail

Sens et portée de l'étude **Le contentieux de la relation de travail est éclaté entre de nombreuses juridictions. Le contentieux le plus fréquent relève du conseil de prud'hommes et porte sur la rupture du contrat de travail. Pour remédier à la longueur parfois excessive des procédures et à l'incertitude de leur issue, le législateur développe divers modes alternatifs de règlement des différends. Ce contentieux de masse illustre l'importance de connaître les mécanismes de contrôle de l'application des règles de droit par l'administration ainsi que les règles contentieuses fondamentales.**

COMPÉTENCES	SAVOIRS ASSOCIÉS	MANUEL
▪ Caractériser l'infraction de travail dissimulé et ses conséquences. ▪ Identifier les missions et moyens d'action des agents de contrôle de l'inspection du travail et de la Direccte. ▪ Déterminer la juridiction compétente à l'occasion d'un litige du travail. ▪ Schématiser la procédure prud'homale. ▪ Informer sur la nature et les caractéristiques des modes alternatifs de règlement des différends dans le cadre d'un litige individuel prud'homal.	▪ Présentation de l'inspection du travail et des directions régionales des entreprises, de la concurrence, de la consommation, du travail et de l'emploi (Direccte) ▪ Les contrôles de l'application du droit du travail : le contrôle du travail dissimulé, les contrôles de l'inspection du travail. ▪ Les contentieux de la relation de travail : le contentieux prud'homal, les modes alternatifs de règlement des différends (MARD) dans le cadre d'un litige prud'homal, le contentieux civil du travail, le contentieux pénal du travail, le contentieux administratif du travail.	Chapitre 2

2. ASPECTS INDIVIDUELS DU DROIT DU TRAVAIL (70 heures)

2.1 La formation et l'exécution du contrat de travail

Sens et portée de l'étude **La relation de travail est une relation contractuelle qui doit suivre les règles du droit des obligations. Recruter, rédiger un contrat de travail, insérer des clauses particulières sont autant de techniques contractuelles où se manifeste la liberté des parties.**

COMPÉTENCES	SAVOIRS ASSOCIÉS	MANUEL
▪ Vérifier la légalité d'un recrutement. ▪ Distinguer pourparlers, offre de contrat de travail et promesse unilatérale de contrat de travail. ▪ Vérifier la formation du contrat de travail et les formalités liées à l'embauche. ▪ Déterminer les principales obligations légales des parties à un contrat de travail. ▪ Qualifier les clauses spécifiques d'un contrat de travail et en apprécier la validité. ▪ Rédiger une clause du contrat de travail et en apprécier l'intérêt.	▪ Le recrutement : les acteurs, les restrictions à la liberté d'embauche, les modalités de recrutement. ▪ La formation du contrat de travail : – conclusion du contrat de travail ; – conditions de fond (consentement, capacité, contenu licite et certain) ; – conditions de forme. ▪ Les formalités liées à l'embauche. ▪ L'exécution du contrat : les obligations de l'employeur et du salarié. ▪ Les clauses courantes inscrites dans un contrat de travail : période d'essai, non concurrence, dédit formation, mobilité, objectifs, exclusivité.	Chapitre 3

2.2 La diversité des contrats de travail

Sens et portée de l'étude **Il n'y a pas un contrat de travail mais différents types de contrats de travail. Si le contrat à durée indéterminée (CDI) reste le contrat de droit commun, l'embauche se formalise souvent par des contrats précaires.**
Certains types de contrats sont utilisés dans le cadre de la formation professionnelle en alternance, d'autres pour répondre aux besoins des entreprises. Le droit négocié joue un rôle croissant dans la définition des modalités de recours aux contrats à durée déterminée (CDD) ou aux contrats de travail temporaire (CTT).

COMPÉTENCES	SAVOIRS ASSOCIÉS	MANUEL
▪ Justifier le choix d'un contrat de travail dans un contexte donné. ▪ Vérifier la légalité du motif de recours au CDD ou au CTT. ▪ Comparer le régime juridique du CDD et du CTT. ▪ Identifier les spécificités du portage salarial, du contrat d'apprentissage et du contrat de professionnalisation. ▪ Apprécier l'intérêt du recours au temps partiel pour l'employeur	▪ Le contrat à durée indéterminée. ▪ Le CDI de chantier ou d'opération. ▪ Les contrats atypiques : CDD, CTT, portage salarial, contrat d'apprentissage, contrat de professionnalisation. ▪ Le contrat à temps partiel.	Chapitre 4

2.3 L'évolution du contrat de travail

Sens et portée de l'étude **Le contrat de travail est un contrat à exécution successive dont le déroulement peut être affecté par des événements extérieurs. La stabilité de la relation de travail peut alors être mise en cause : pour protéger le salarié et tenir compte des besoins de l'entreprise, le droit a développé les régimes de la modification du contrat de travail, du transfert d'entreprise et de la suspension du contrat de travail.**

COMPÉTENCES	SAVOIRS ASSOCIÉS	MANUEL
▪ Identifier les cas de suspension du contrat de travail et en déduire les principaux effets. ▪ Qualifier une modification du contrat de travail et une modification des conditions de travail ; en tirer les conséquences juridiques. ▪ Repérer, dans une situation donnée, une modification de la situation juridique de l'employeur et en tirer les conséquences juridiques pour l'une ou l'autre des parties.	▪ La suspension du contrat : généralités (classification des causes de suspension, règles communes), étude des cas de suspension liés à un arrêt maladie dû à un risque professionnel, à un risque non professionnel, à une maternité. ▪ La modification du contrat. ▪ Le transfert d'entreprise et le maintien du contrat de travail.	Chapitre 5

2.4 Le temps de travail

Sens et portée de l'étude **Vie professionnelle et personnelle s'articulent autour de la réglementation du temps de travail. Alors que la baisse de la durée du travail n'est plus au cœur des réformes législatives, durée et aménagement du temps de travail sont devenus un des enjeux de la négociation collective.**

COMPÉTENCES	SAVOIRS ASSOCIÉS	MANUEL
▪ Qualifier le temps de travail effectif. ▪ Préciser le cadre légal et conventionnel du recours aux heures supplémentaires et les obligations de l'employeur en termes de repos et de rémunération, dans une situation donnée. ▪ Préciser les conditions et les effets du recours à l'aménagement du temps de travail, au travail de nuit et aux conventions de forfait. ▪ Établir le cadre légal des droits à congés payés. ▪ Identifier les dérogations au repos dominical et leur régime à partir d'une documentation. ▪ Évaluer les marges de manœuvre de l'employeur pour faire varier le temps de travail d'un salarié.	▪ La durée du travail : ▪ durée légale ; - régime juridique des heures supplémentaires ; - aménagement du temps de travail, - travail de nuit ; - principales caractéristiques des conventions de forfait ; - obligations de l'employeur quant à la mesure de la charge de travail des salariés. ▪ Les congés et repos : - congés payés ; - jours fériés, repos (quotidien, hebdomadaire et dominical) ; - principaux types de dérogations au repos dominical.	Chapitre 6

2.5 La rémunération

Sens et portée de l'étude **La fixation du salaire, contrepartie du travail, ne résulte pas de la simple liberté contractuelle : des règles d'origine légale, conventionnelle ou jurisprudentielle encadrent la rémunération.**

COMPÉTENCES	SAVOIRS ASSOCIÉS	MANUEL
▪ Préciser les limites légales et conventionnelles encadrant la fixation de la rémunération. ▪ Analyser un bulletin de salaire au regard des règles de droit étudiées.	▪ Les différents éléments du salaire. ▪ Les modalités de détermination du salaire et de ses éléments accessoires et complémentaires. ▪ Les mesures de protection du salaire à l'égard des créanciers de l'employeur et du salarié. ▪ Le bulletin de salaire : mentions obligatoires et interdites, notion de salaire brut, salaire net et lien avec la protection sociale. ▪ Les conditions de remise, conservation et force probante du bulletin de salaire.	Chapitre 7

2.6 La formation du salarié

Sens et portée de l'étude **La formation professionnelle tout au long de la vie vise à permettre à chaque personne, indépendamment de son statut, d'acquérir et d'actualiser des connaissances et des compétences favorisant son évolution professionnelle. Elle participe à la sécurisation des parcours professionnels et à la promotion des salariés. La mise en œuvre du compte personnel de formation doit favoriser l'accès à la formation professionnelle tout au long de la vie. S'il incombe à l'employeur d'assurer l'adaptation des salariés à leur poste de travail, le salarié peut prendre l'initiative d'une action de formation.**

COMPÉTENCES	SAVOIRS ASSOCIÉS	MANUEL
▪ Identifier les différentes contributions de l'employeur au financement de la formation. ▪ Préciser les obligations de l'employeur en matière d'adaptation de ses salariés aux évolutions de l'emploi et leurs conséquences juridiques. ▪ Repérer les différents types d'actions de formation inscrites dans un plan de formation et comprendre son intérêt pour l'employeur. ▪ Vérifier les conditions de mobilisation du compte personnel de formation ou d'obtention d'un congé individuel de formation. ▪ Établir le rôle des différents acteurs de la formation selon le dispositif de formation.	▪ Obligations de l'employeur : – financement de la formation par les cotisations patronales ; – adaptation des salariés aux évolutions de l'emploi ; – entretien biannuel ; – formation lors du licenciement. ▪ Plan de formation : outil de l'employeur pour répondre à ses obligations et objectifs stratégiques de gestion des compétences. ▪ Mobilisation du compte personnel de formation ou du congé individuel de formation et leurs conséquences juridiques. ▪ Validation des acquis d'expérience. ▪ Acteurs de la formation : financeurs, opérateurs.	Chapitre 8

2.7 Pouvoirs de l'employeur et libertés des salariés

Sens et portée de l'étude **Le pouvoir de l'employeur, inhérent à sa qualité de chef d'entreprise, réside dans son pouvoir normatif (élaboration de règles) mais également dans la possibilité d'infliger des sanctions disciplinaires. L'exercice des pouvoirs de l'employeur s'établit dans le respect des droits individuels et fondamentaux du salarié. Le juge exerce un contrôle sur l'exercice du pouvoir de direction de l'employeur pour assurer le respect de ces droits et libertés. Il intervient également dans le cadre du contrôle de constitutionnalité et du contrôle judiciaire pour assurer le respect des droits de l'employeur à travers notamment la reconnaissance de la liberté d'entreprendre.**

COMPÉTENCES	SAVOIRS ASSOCIÉS	MANUEL
▪ Vérifier la validité du règlement intérieur. ▪ Caractériser le degré de gravité d'une faute, déterminer les sanctions associées et la procédure disciplinaire adéquate. ▪ Apprécier l'étendue du pouvoir de contrôle du juge sur la mise en œuvre du pouvoir de sanction de l'employeur. ▪ Vérifier le respect par l'employeur des libertés individuelles et fondamentales du salarié dans l'exercice de ses pouvoirs. ▪ Repérer un cas de discrimination dans le cadre de la relation de travail et en tirer les conséquences juridiques.	▪ Fondements du pouvoir de l'employeur. ▪ Actes réglementaires de l'employeur. ▪ Droit disciplinaire : – fautes et sanctions disciplinaires ; – garanties procédurales ; – contrôle judiciaire. ▪ Articulation entre le pouvoir de direction de l'employeur et les libertés fondamentales et individuelles du salarié. ▪ Articulation entre le pouvoir de direction de l'employeur et le principe de non-discrimination.	Chapitre 9

2.8 Pouvoirs de l'employeur et protection de la santé des salariés

Sens et portée de l'étude **L'exécution du contrat de travail fait peser sur les salariés des risques professionnels susceptibles d'altérer leur santé ou de provoquer un accident. Il incombe à l'employeur de supprimer ou de réduire ces risques afin d'assurer la sécurité des salariés et de protéger leur santé physique et mentale. Pour ce faire, il doit prendre les mesures appropriées et les mettre en œuvre. Cependant, le salarié est aussi acteur de sa sécurité : il lui appartient de prendre soin de sa santé et de sa sécurité ainsi que de celles des autres personnes concernées par ses actes ou ses omissions au travail.**

COMPÉTENCES	SAVOIRS ASSOCIÉS	MANUEL
▪ Identifier les instances chargées de la protection de la santé du salarié, et exposer leurs attributions. ▪ Vérifier la possibilité pour un salarié d'exercer son droit de retrait et/ou son droit d'alerte, dans une situation donnée. ▪ Analyser l'étendue de l'obligation de sécurité de l'employeur et les sanctions.	▪ Obligations de l'employeur et sanctions : - obligation générale de sécurité (étendue et mise en œuvre) ; - prévention de la pénibilité ; - responsabilité pénale de l'employeur au titre du Code du travail et du Code pénal ; - délégation de pouvoirs ; - responsabilité civile. ▪ Droits et obligations du salarié en matière de sécurité et de santé. ▪ Acteurs de la santé au travail.	Chapitre 10

2.9 La rupture du contrat de travail

Sens et portée de l'étude **Le contrat de travail conclu sans détermination de durée peut être rompu à l'initiative de l'une ou l'autre des parties ou d'un commun accord. Les modes de rupture sont relativement diversifiés et obéissent à des règles propres. Le licenciement, notamment pour motif économique, pose la question de l'emploi : aussi, il fait l'objet d'une réglementation complexe et évolutive qui vise à la fois la protection de l'emploi et la recherche de l'efficacité économique.**

COMPÉTENCES	SAVOIRS ASSOCIÉS	MANUEL
▪ Analyser la validité d'un licenciement pour motif personnel. ▪ Apprécier la possibilité pour l'employeur d'avoir recours au licenciement pour motif économique dans un contexte donné. ▪ Exploiter une documentation juridique relative aux obligations de l'employeur dans le cadre d'un licenciement pour motif économique. ▪ Décrire la procédure de validation du plan de sauvegarde de l'emploi (PSE) et ses conséquences. ▪ Déterminer le mode de rupture adapté à une situation donnée. ▪ Préciser les conséquences financières d'une rupture du contrat de travail dans une situation donnée.	▪ Le licenciement pour motif personnel : motifs et procédure. ▪ Le licenciement pour motif économique : motifs, obligations de l'employeur, procédure de licenciement individuel, collectif de moins de 10 salariés, procédure de grand licenciement collectif. ▪ Les autres modes de rupture du contrat de travail : la démission, la prise d'acte de la rupture, la rupture conventionnelle, la force majeure, la résiliation judiciaire, le départ et la mise à la retraite. ▪ Les effets de la rupture du contrat de travail.	Chapitre 11

3. ASPECTS COLLECTIFS DU DROIT DU TRAVAIL (40 heures)

3.1 La représentation collective

Sens et portée de l'étude **Le travail s'exerce dans une collectivité : au contrat se superposent des règles démocratiques inspirées de la représentation politique. Différentes institutions de représentation et des dispositifs d'information ont été progressivement introduits au sein de l'entreprise.**

COMPÉTENCES	SAVOIRS ASSOCIÉS	MANUEL
▪ Identifier les principales institutions représentatives du personnel et leurs principales attributions. ▪ Repérer les situations où l'employeur est tenu de mettre en place une institution représentative du personnel. ▪ Caractériser les syndicats représentatifs et les syndicats non représentatifs et distinguer leurs prérogatives. ▪ Identifier les salariés protégés et les moyens de leur protection. ▪ Caractériser le délit d'entrave et ses sanctions.	▪ Les institutions représentatives du personnel : mise en place, missions et moyens. ▪ Le bilan social. ▪ Les syndicats : - la liberté syndicale ; - le statut juridique des syndicats ; - la représentation syndicale dans l'entreprise ; - rôles de l'action syndicale. ▪ La protection des institutions représentatives du personnel et des syndicats : - les personnes protégées ; - les moyens de la protection ; - les délits d'entrave.	Chapitre 12

3.2 La négociation collective

Sens et portée de l'étude **Au fil des réformes, la place laissée à la négociation collective s'étend régulièrement. En particulier, le rôle des accords de branche et des accords d'entreprise a été significativement renforcé dans la définition des règles encadrant la relation de travail. Pour renforcer la légitimité des accords collectifs, le législateur a imposé la règle des accords majoritaires.**

COMPÉTENCES	SAVOIRS ASSOCIÉS	MANUEL
▪ Déterminer le champ d'application de l'accord ou de la convention ordinaire, élargi ou étendu. ▪ Articuler les normes conventionnelles entre elles et par rapport à la loi. ▪ Identifier les personnes habilitées à négocier des accords d'entreprise en l'absence de délégué syndical. ▪ Vérifier les conditions de validité de l'accord ou de la convention aux différents niveaux de négociation. ▪ Analyser la légalité et les effets d'une procédure de dénonciation d'un accord collectif.	▪ Le droit commun de la négociation et des conventions collectives : formation, révision, dénonciation, modalités d'application, extension et élargissement. ▪ Le droit particulier de la négociation et des conventions collectives : - accords nationaux interprofessionnels ; - accords et conventions de branche ; - accords d'entreprise.	Chapitre 13

3.3 L'association des salariés aux performances de l'entreprise

Sens et portée de l'étude **Différentes dispositions permettent d'associer, de façon facultative ou obligatoire, les salariés aux performances de l'entreprise.**

COMPÉTENCES	SAVOIRS ASSOCIÉS	MANUEL
▪ Distinguer participation et intéressement. ▪ Repérer les situations où l'employeur est tenu de mettre en place la participation. ▪ Distinguer PEE et PERCO.	▪ La participation des salariés aux résultats de l'entreprise. ▪ L'intéressement. ▪ Les plans d'épargne : PEE (plan d'épargne entreprise), PERCO (plan d'épargne pour la retraite collectif).	Chapitre 14

3.4 Les conflits collectifs

Sens et portée de l'étude **Le droit de grève est une liberté conquise par une longue lutte sociale. Délit pénal jusqu'à l'abolition du délit de coalition par la loi du 25 mai 1864, elle est devenue une liberté à valeur constitutionnelle dès lors qu'elle s'exerce dans le cadre des lois qui la réglementent.**

COMPÉTENCES	SAVOIRS ASSOCIÉS	MANUEL
▪ Différencier un mouvement illicite et une grève licite. ▪ Identifier les effets de l'exercice normal du droit de grève. ▪ Caractériser l'exercice anormal du droit de grève et en tirer les conséquences. ▪ Identifier une situation contraignante pouvant fonder un lock-out et préciser son régime. ▪ Caractériser conciliation, médiation et arbitrage.	▪ Les conflits non contentieux de la relation de travail : - la grève ; - le « lock-out » ; - les modes alternatifs de règlement des différends (MARD) dans le cadre d'un litige collectif : la conciliation, la médiation et l'arbitrage.	Chapitre 15

4. LA PROTECTION SOCIALE (20 heures)

4.1 Introduction au droit de la protection sociale

Sens et portée de l'étude **La protection sociale garantit les personnes contre les risques sociaux susceptibles de réduire ou de supprimer leurs revenus ou d'accroître leurs dépenses (vieillesse, maladie, invalidité, chômage...). Si la Sécurité sociale en est l'un des acteurs majeurs, d'autres organismes interviennent dans la prise en charge des risques sociaux.**

COMPÉTENCES	SAVOIRS ASSOCIÉS	MANUEL
▪ Repérer les grandes étapes et principes de la construction du droit de la protection sociale. ▪ Schématiser l'organisation de la protection sociale : les grands acteurs de la protection sociale et les risques couverts. ▪ Repérer les sources du droit de la protection sociale. ▪ Identifier les différents régimes sociaux. ▪ Identifier le régime auquel une personne est assujettie en fonction de sa situation.	▪ Les repères historiques quant à la construction du droit de la protection sociale. ▪ Les grands principes de la protection sociale. ▪ La présentation des sources spécifiques au droit de la protection sociale. ▪ Les acteurs de la protection sociale. ▪ Les différents régimes.	Chapitre 16

4.2 Contrôles et contentieux social

Sens et portée de l'étude **Toutes les personnes morales et physiques redevables de cotisations sociales ou dans l'obligation de remplir des déclarations sociales peuvent faire l'objet d'un contrôle de l'Urssaf.**

COMPÉTENCES	SAVOIRS ASSOCIÉS	MANUEL
▪ Cerner les missions et moyens d'action des inspecteurs du recouvrement. ▪ Déterminer la juridiction compétente à l'occasion d'un litige relatif à la Sécurité sociale.	▪ Les contrôles de l'Urssaf. ▪ Le contentieux de la Sécurité sociale.	Chapitre 20

PROGRAMME

4.3 Le régime général de la Sécurité sociale

Sens et portée de l'étude **Le régime général de la Sécurité sociale est organisé en branches autonomes assurant la couverture d'un ou plusieurs risques sociaux. Le régime général est le régime le plus important en nombre de personnes assujetties.**

COMPÉTENCES	SAVOIRS ASSOCIÉS	MANUEL
▪ Identifier les risques couverts et présenter leur régime respectif. ▪ Distinguer la prise en charge d'un risque selon son origine professionnelle ou non. ▪ Qualifier un accident du travail, un accident de trajet ou une maladie professionnelle. ▪ Caractériser une faute inexcusable ou intentionnelle de l'employeur et son incidence pour l'employeur et sur le droit à réparation du salarié.	▪ La protection contre les aléas de la vie : assurances maladie, maternité, invalidité, décès. ▪ La protection de la vieillesse : droits à pension de retraite et prestations. ▪ La couverture des risques professionnels : accidents du travail et accidents de trajet, maladies professionnelles.	Chapitre 17

4.4 La protection en cas de chômage

Sens et portée de l'étude **L'assurance chômage est un système de protection sociale qui assure notamment aux salariés privés d'emploi un revenu de substitution. Au-delà de sa mission d'indemnisation, elle favorise l'accompagnement des chômeurs vers le retour à l'emploi.**
Pour prévenir les licenciements économiques en période de baisse d'activité, les employeurs peuvent recourir à l'activité partielle.

COMPÉTENCES	SAVOIRS ASSOCIÉS	MANUEL
▪ Identifier les conditions d'indemnisation du chômage, les droits et obligations du demandeur d'emploi. ▪ Apprécier la validité du motif et des modalités de recours à l'activité partielle.	▪ Chômage total. ▪ Activité partielle.	Chapitre 18

4.5 La protection sociale complémentaire

Sens et portée de l'étude **Les régimes complémentaires assurent un complément aux versements de la Sécurité sociale. Certains sont obligatoires (régimes complémentaires de retraite des salariés du secteur privé) et d'autres facultatifs (mutuelles de santé, sociétés d'assurance, institutions de prévoyance).**
En raison de la conjoncture économique et sociale (vieillissement de la population, croissance ralentie, dette sociale), la protection sociale obligatoire ne suffit plus à garantir une couverture satisfaisante. Le rôle de la protection sociale complémentaire devient donc essentiel.
Le mécanisme de la portabilité assure, quant à lui, après la rupture du contrat de travail, le maintien de la complémentaire santé ainsi que des garanties prévoyance.

COMPÉTENCES	SAVOIRS ASSOCIÉS	MANUEL
▪ Identifier les institutions et les opérations réalisées par les régimes complémentaires. ▪ Déterminer si un régime de protection sociale complémentaire est obligatoire ou facultatif.	▪ Les régimes complémentaires : institutions et opérations.	Chapitre 19

4.6 Notions sur d'autres régimes

Sens et portée de l'étude Il s'agit de préciser les modalités de couverture des risques sociaux des personnes qui ne relèvent pas du régime général ou des régimes spéciaux.

COMPÉTENCES	SAVOIRS ASSOCIÉS	MANUEL
▪ Identifier les personnes assujetties. ▪ Identifier les organismes en charge de ce régime. ▪ Caractériser le régime social de l'assujetti.	▪ Les assurances maladie, vieillesse et chômage des personnes assujetties.	Chapitre 17

Sommaire

Préface 3
Programme 5

Partie 1 Introduction au droit du travail 17

Chapitre 1. Présentation du droit du travail 17
Chapitre 2. Les contrôles de l'application du droit du travail et le contentieux de la relation de travail 31

Partie 2 Aspects individuels du droit du travail 43

Chapitre 3. Règles communes aux contrats de travail 43
Chapitre 4. La diversité des contrats de travail 83
Chapitre 5. L'évolution du contrat de travail 117
Chapitre 6. Le temps de travail 141
Chapitre 7. La rémunération du travail 165
Chapitre 8. La formation professionnelle 187
Chapitre 9. Pouvoirs du chef d'entreprise et libertés des salariés 201
Chapitre 10. Pouvoirs de l'employeur et protection de la santé des travailleurs 231
Chapitre 11. Rupture du contrat de travail à durée indéterminée 245

Partie 3 Aspects collectifs du droit du travail 291

Chapitre 12. La représentation collective 291
Chapitre 13. La négociation collective 341
Chapitre 14. L'association des salariés aux performances de l'entreprise 365
Chapitre 15. Les conflits collectifs 381

Partie 4 La protection sociale 399

Chapitre 16. La protection sociale et la Sécurité sociale 399
Chapitre 17. Les régimes sociaux 411
Chapitre 18. Les régimes de protection contre le chômage 433
Chapitre 19. La protection sociale complémentaire 441
Chapitre 20. Contrôles et contentieux 447

Index 457
Table des matières 461

Corrigés téléchargeables sur www.editions-foucher.fr et www.foucherconnect.fr

Présentation du droit du travail

Chapitre 1

COMPÉTENCES ATTENDUES

- **Identifier les principales évolutions récentes du droit du travail et les illustrer.**
- **Repérer les sources du droit applicables à la relation de travail.**
- **Régler un conflit de normes en droit du travail.**
- **Qualifier un contrat de travail.**
- **Distinguer le contrat de travail d'autres situations de travail (bénévolat, entreprise individuelle, sous-traitance, etc.) et en tirer les conséquences juridiques.**
- **Analyser l'interaction entre le droit du travail et l'évolution des contextes économiques.**

PLAN DU CHAPITRE

1 Domaine et caractères du droit du travail

A Domaine d'application

B Caractères

2 Quelques étapes importantes du droit du travail

3 Les sources du droit du travail

A Les sources étatiques

B Les sources internationales

C Les sources de l'Union européenne

D Les sources professionnelles

E Hiérarchie des sources internes et conflits de règles

4 Applications

SYNTHÈSE P. 27

APPLICATIONS P. 28

LES RÉFÉRENCES POUR COMPRENDRE LE CONTEXTE

Le droit du travail encadre la vie professionnelle de salariés qui représentent une part importante de la population active. Il est le résultat d'une construction récente, les premières lois ayant été promulguées au milieu du XIXe siècle, et sa constitution est influencée notamment par la conjoncture économique, par les rapports de force sociaux et par les courants politiques. La caractéristique des sources du droit du travail est leur grande diversité qui peut conduire à des conflits de normes.

Le travail a-t-il-perdu son sens ?

Le Pourquoi du comment : économie et social, un podcast à écouter sur le site de France Culture

MOTS CLÉS

Droit du travail, Code du travail, Jurisprudence, Organisation internationale du travail, Droit social européen, Règlement, Directive, Règlement intérieur, Usage.

1 Domaine et caractères du droit du travail

A Domaine d'application

Le droit du travail n'est pas le droit du travail humain ou du moins il ne l'englobe pas en entier.

1. Sont concernés par le **droit du travail** les salariés du secteur privé (ou d'une personne publique se comportant comme une personne privée EDF, SNCF par exemple) : il s'agit de travailleurs placés dans une **relation de subordination** juridique vis-à-vis de l'employeur. Selon la Cour de cassation « *le lien de subordination est caractérisé par l'exécution d'un travail sous l'autorité d'un employeur qui a le pouvoir de donner des ordres et des directives, d'en contrôler l'exécution, et de sanctionner les manquements de son subordonné* » (Cass. soc. 13 novembre 1996). Le caractère juridique de la subordination découle du **contrat de travail** : c'est le contrat de travail qui donne le droit à l'employeur de commander le salarié. En contrepartie de l'exécution du contrat de travail, les salariés perçoivent un salaire. Le droit du travail a pour objectif de protéger les salariés du fait de l'état de subordination dans lequel ils sont placés.
2. Sont exclus les travailleurs du secteur public : le **droit du travail** est une branche du **droit privé**. Il ne s'applique pas aux travailleurs qui relèvent du **droit public**. Ceux-ci sont en principe régis par des statuts, dont les plus importants sont ceux de la fonction publique.
3. Sont exclus les travailleurs indépendants (quel que soit leur régime fiscal) qui exercent leur activité à titre personnel et en leur nom propre. Il s'agit essentiellement de personnes inscrites au répertoire des métiers (les artisans), au registre du commerce (les commerçants), de personnes exerçant une profession libérale, des exploitants agricoles.
4. Se voient appliquer le droit du travail par extension différentes catégories de personnes comme les travailleurs à domicile, les mannequins, les journalistes, les assistantes maternelles.

B Caractères

- **Le droit du travail est une matière interdisciplinaire** qui fait appel au droit civil pour régler la relation individuelle entre le salarié et l'employeur dans le cadre du contrat de travail, au droit pénal car l'employeur peut être sanctionné pénalement s'il ne respecte pas les règles légales ou réglementaires, au droit administratif car le contrôle de l'application du droit du travail relève en partie de l'inspection du travail.

  C'est aussi une matière vivante, évolutive, au contact de l'économique et du social.

  Réduire la durée du travail ou augmenter les salaires a une répercussion sur la consommation, sur l'épargne. L'économie fait aussi évoluer le droit du travail : pendant les périodes de croissance, notamment pendant les Trente Glorieuses, le progrès économique et le progrès social étaient interdépendants. Avec la crise économique, les grands équilibres sociaux sont bousculés, les avantages sociaux sont remis en cause, le droit du travail est lui-même contesté. On dit de lui qu'il est trop complexe, qu'il n'est plus adapté qu'il faut le simplifier voir le refonder.
- **Le droit du travail fait une large place au collectif**, que ce soit au travers des institutions représentatives du personnel, de la reconnaissance de droits collectifs (droit syndical, droit à la négociation) ou du droit de grève par exemple pour limiter ou compenser l'inégalité socio-économique qui résulte de la subordination salariale.
- **Le droit du travail est très diversifié** : le **Code du travail** régit aussi bien l'apprentissage que la formation professionnelle, la durée du travail, le licenciement... Les dispositions du droit du travail différencient les **droits** et les **obligations** selon la profession, la taille de l'entreprise ou l'ancienneté du salarié. De plus en plus de règles qui découlent notamment de la négociation sont propres à une branche, une entreprise, un établissement.

2 Quelques étapes importantes du droit du travail

La première loi sociale en France date de 1841 et prévoit la possibilité de faire travailler les enfants huit heures par jour dès l'âge de huit ans et douze heures par jour dès l'âge de 12 ans.
Petit à petit, de grandes réformes voient le jour : c'est la naissance du droit du travail :

1864 : suppression du délit de coalition
1884 : reconnaissance des syndicats et de la liberté syndicale
1898 : indemnisation des accidents du travail
1906 : principe du repos hebdomadaire
1910 : promulgation du Code du travail
1919 : création de la journée de 8 heures

À partir de 1936 et du Front populaire, les réformes s'accélèrent :

1936 : accords de Matignon (semaine de 40 h, congés payés de deux semaines...), institution des délégués du personnel
1945 : création de la Sécurité sociale et du comité d'entreprise
1950 : création du salaire minimum interprofessionnel garanti (SMIG)
1958 : accord instituant l'assurance-chômage
1968 : accords de Grenelle, création de la section syndicale d'entreprise
1970 : mise en place du salaire minimum garanti de croissance (SMIC)
1971 : loi sur la formation professionnelle
1978 : loi sur la mensualisation
1982 : semaine de 39 h, 5e semaine de congés payés, lois Auroux

À partir des années 1980, la crise économique oblige à plus de flexibilité dans la gestion du personnel et à organiser des politiques de l'emploi. La loi Travail et les ordonnances relatives à la réforme du Code du travail visent à accorder plus de flexibilité aux entreprises et à améliorer leur compétitivité.

1996, **1998**, **2000** : réduction du temps de travail.
2003 : loi Fillon sur les retraites.
2010 : loi sur les retraites.
2013 : loi sur la sécurisation de l'emploi.
2014 : loi formation professionnelle, emploi et démocratie sociale.
2015 : loi pour la croissance, l'activité et l'égalité des chances.
2015 : loi relative au dialogue social et à l'emploi.
2016 : loi Travail.
2017 : ordonnances dites Macron relatives à la réforme du Code du travail.
2018 : loi pour la liberté de choisir son avenir professionnel.
2022 : loi Marché du travail.
2023 : loi du 14 avril 2023 de financement rectificative de la sécurité sociale pour 2023

3 Les sources du droit du travail

Le droit du travail a des sources très diversifiées. Pendant longtemps, la loi fut la seule source du droit du travail. Puis le droit des conventions collectives s'est développé. Aujourd'hui, le droit international et le droit de l'Union européenne ont de plus en plus d'influence. Cette multiplicité des sources peut conduire à des conflits entre elles et à des conflits de juridiction.

A Les sources étatiques

On retrouve en droit du travail l'ensemble des sources traditionnelles (*cf.* manuel *Les fondamentaux du droit*).

1 Les règles constitutionnelles

Le préambule de la Constitution de 1946 (repris dans celui de celle de 1958) énonce plusieurs principes : droit au travail (« *Chacun a le devoir de travailler et le droit d'obtenir un emploi* »), droit de se syndiquer (« *Tout homme peut défendre ses droits et ses intérêts par l'action syndicale et adhérer au syndicat de son choix* »), droit de grève, (« *le droit de grève s'exerce dans le cadre des lois qui le réglementent* ») par exemple.

Il reprend à son compte la Déclaration des droits de l'homme et du citoyen de 1789, qui affirme la liberté du travail.

Ces différentes règles s'imposent aux actes de rang législatif ou réglementaire, créant, modifiant ou abrogeant des dispositions du droit du travail. Elles s'imposent aussi dans les relations de travail.

2 La loi, l'ordonnance et le règlement

Selon l'article 34 de la Constitution, la loi détermine les principes fondamentaux du droit du travail, du droit syndical et de la Sécurité sociale. Elle est l'instrument des grandes réformes.

On peut citer par exemple la loi Aubry sur les 35 heures, la loi Fillon réformant les retraites, la loi pour la croissance, l'activité et l'égalité des chances.

Selon l'article 38, le gouvernement peut demander au Parlement de l'habiliter à prendre par **ordonnance**, pendant un temps limité, des mesures qui sont normalement du domaine de la loi.

Selon l'article 37, le gouvernement peut adopter par décret pris après avis du Conseil d'État des dispositions complétant celles des lois (ou ordonnances). Le gouvernement peut aussi exercer son pouvoir réglementaire par des décrets simples. D'autres autorités comme les ministres, les maires ou les préfets peuvent édicter des règles par voie d'arrêtés.

Par exemple, l'organisation des prud'hommes et la procédure prud'homale sont pour l'essentiel régies par des décrets. Des arrêtés ministériels procèdent à l'extension des conventions collectives. Les arrêtés préfectoraux se rencontrent surtout en matière de fermeture hebdomadaire des établissements.

Lois et règlements sont regroupés dans le **Code du travail**.

Celui-ci a fait l'objet d'une recodification, à droit constant, en vigueur depuis le 1er mai 2008.

La numérotation des articles comporte 4 chiffres : le premier chiffre correspond à la partie, le deuxième au livre, le troisième au titre, le quatrième au chapitre. Les chiffres suivants correspondent aux alinéas.

Le nouveau Code du travail comporte :

- une partie législative (articles en L)
- une partie réglementaire comportant des articles résultant de décrets en conseil des ministres (articles en R*), décrets en Conseil d'État (articles en R) et décrets simples (articles en D).

  Le plan est identique pour les parties législative et réglementaire jusqu'au niveau du chapitre. Il comprend huit parties qui sont :

- P1 : Les relations individuelles de travail
- P2 : Les relations collectives de travail
- P3 : Durée du travail, salaire, intéressement, participation et épargne salariale.
- P4 : Santé et Sécurité du travail
- P5 : L'emploi

- P6 : La formation professionnelle tout au long de la vie
- P7 : Dispositions particulières à certaines professions et activités
- P8 : Contrôle de l'application de la législation du travail

  Ainsi, on trouvera l'article L. 1221-5 selon lequel : « *toute clause attributive incluse dans un contrat de travail est nulle et de nul effet* » dans la partie législative du code, première partie (Les relations individuelles de travail), Livre II (Le contrat de travail), Titre II (Formation et exécution du contrat de travail), Chapitre I (Formation du contrat de travail).

  Un certain nombre de règles régissant les relations de travail se retrouvent en dehors du Code du travail, notamment en raison du défaut d'autonomie du droit du travail.

  Les relations du travail sont ainsi régies par des articles du Code civil, par la loi « Informatique et liberté », par la loi sur la sauvegarde des entreprises pour ne donner que quelques exemples. D'autres dispositions ne figurent pas dans le Code du travail en raison de leur brève durée de validité (cas des décrets fixant le niveau du Smic).

3 La jurisprudence

En matière de droit du travail, la place de la **jurisprudence** est particulièrement importante en tant que source de droit. Comment décrire le droit de grève sans l'apport jurisprudentiel ? Le régime des modifications du contrat de travail, de la clause de non-concurrence sont également des constructions de la jurisprudence sans parler de son apport dans la définition du licenciement économique. La contribution principale est celle de la Cour de cassation et d'abord celle de la chambre sociale.

B Les sources internationales

Selon l'article 55 de la Constitution, « *Les traités ou accords internationaux régulièrement ratifiés ou approuvés ont dès leur publication une autorité supérieure à celle des lois, sous réserve, pour chaque accord ou traité, de son application par l'autre partie* ».

Cette autorité du droit international est d'autant plus importante que les accords bilatéraux (relatifs notamment à l'immigration) et les conventions multilatérales sont nombreux.

1 L'Organisation internationale du travail

Les conventions multilatérales concernant le travail sont principalement celles élaborées dans le cadre de l'**Organisation internationale du travail**. L'OIT a été créée en 1919 afin d'améliorer la condition des travailleurs et permettre une paix universelle durable. En 1946, l'OIT est devenue la première institution spécialisée des Nations Unies. L'OIT est une organisation tripartite qui réunit des représentants des gouvernements des États membres (187 membres), des représentants de travailleurs et des représentants d'employeurs.

L'OIT est chargée d'élaborer les normes internationales du travail qui visent à unifier le droit du travail vers une plus grande justice sociale dans le monde et de veiller à leur application. Les conventions ratifiées par les États membres sont en principe intégrées dans le droit interne. Elles couvrent un vaste champ : libertés fondamentales, emploi et chômage, conditions de travail, relations professionnelles, inspection du travail par exemple.

2 Le Conseil de l'Europe

Le Conseil de l'Europe a été créé en 1948 et regroupe aujourd'hui 47 États. Plusieurs conventions internationales ont été adoptées en son sein et ratifiées par ses membres. On peut citer à titre d'exemples parmi celles-ci :

- la Convention de Sauvegarde des Droits de l'Homme et des libertés fondamentales de 1950. L'article 4 de cette convention prohibe le travail forcé et l'article 11 garantit la liberté syndicale ;
- la Charte sociale européenne de 1961, révisée en 1996. La charte révisée consacre 31 droits parmi lesquels on peut citer le droit à l'égalité des chances et de traitement en matière d'emploi

et de profession sans discrimination fondée sur le sexe, un droit à la protection en cas de licenciement, un droit à la dignité dans le travail.

C Les sources de l'Union européenne

Traité de Rome, de Maastricht, les accords de Schengen consacrent le principe de la libre circulation des ressortissants des États membres. Dans la Charte des droits fondamentaux de l'Union européenne, proclamée le 7 décembre 2000, l'Union reprend l'ensemble des droits civiques, politiques, économiques et sociaux des citoyens européens ainsi que de toute personne vivant sur le territoire de l'Union.

Les **règlements** sont directement intégrés dans le droit interne (règlements relatifs à la libre circulation des travailleurs par exemple).

Les **directives** laissent aux États membres le choix des moyens juridiques pour assurer leur mise en œuvre en droit interne, et fixent un délai pour réaliser leur transposition. Il existe de nombreuses directives sociales relatives notamment à l'égalité professionnelle entre les hommes et les femmes, à la protection des salariés en cas d'insolvabilité de l'employeur, au comité d'entreprise européen, aux licenciements économiques.

Il faut reconnaître que l'influence des directives est limitée en droit interne, les normes adoptées étant peu contraignantes au regard du niveau de protection français.

La **Cour de justice de l'Union européenne** (CJUE) contribue aussi à l'élaboration du **droit social européen** et influence par ses décisions le droit social français.

D Les sources professionnelles

Les accords collectifs, les actes unilatéraux de l'employeur, les usages, constituent selon la Cour de cassation un statut collectif.

1 Les conventions et accords collectifs

La convention collective et l'accord collectif sont l'aboutissement de la négociation collective. Les conventions collectives ont une importance cruciale en droit du travail d'autant que les protections légales sont de plus en plus susceptibles d'être réduites par la voie de la négociation collective (voir Chapitre 13).

2 Les usages

Les usages professionnels et d'entreprise ont perdu de leur importance en raison du développement du droit négocié.

a. Définition de l'usage d'entreprise

L'**usage** est une pratique suivie habituellement dans l'entreprise, sous la forme d'avantages reconnus aux salariés ou à une catégorie d'entre eux : primes, jours de congé supplémentaires, temps de pause par exemple.

b. Conditions de l'usage

Cette pratique oblige l'employeur à l'égard des salariés et acquiert la qualité d'un usage d'entreprise à condition de présenter les caractères de généralité, fixité et constance :

- **généralité** : l'usage est attribué à l'ensemble des salariés ou à une catégorie d'entre eux ;
- **fixité** : son montant est déterminé selon des règles constantes et objectives ;
- **constance** : il a été attribué plusieurs fois et n'est pas à la discrétion de l'employeur.

Jurisprudence

Cass. soc. 3 avril 1990

Ainsi, une prime payée pendant 13 ans à l'ensemble du personnel d'une entreprise et dont le montant, fixé après discussion avec les délégués du personnel, était identique pour tous les salariés et en progression constante présente les caractères de généralité, fixité et constance. Elle constitue un usage d'entreprise.

C'est au salarié qui invoque un usage d'en établir l'existence.

c. Dénonciation de l'usage

L'employeur peut toujours renoncer à l'application d'un usage d'entreprise en le dénonçant. La dénonciation sera régulière et opposable à l'ensemble des salariés concernés à condition que l'employeur :

- Informe individuellement chaque salarié concerné ou s'agissant d'un usage prévoyant l'attribution d'un avantage soumis à condition d'ancienneté, chaque salarié susceptible d'en bénéficier un jour (Cass. soc. 13-10-2010) ; l'information peut être effectuée par lettre recommandée avec avis de réception. Une information verbale ou collective par voie d'affichage ou par note de service ne suffit pas ;
- informe les représentants du personnel (les membres du comité social et économique et non les syndicats) ; s'agissant du CSE, cette information doit être donnée en réunion du comité après inscription à l'ordre du jour. *L'information ne peut pas être diffusée par lettres individuelles adressées aux représentants du personnel* (Cass. soc. 5 janvier 2005) ;
- respecte un délai de prévenance suffisant, afin que des négociations puissent éventuellement être ouvertes pour définir des mesures de remplacement ou de compensation. Ce caractère relève de l'appréciation du juge.

  Si la **dénonciation de l'usage** est irrégulière, celui-ci reste en vigueur.

  Si la dénonciation n'a pas à être motivée, elle peut être abusive, la preuve de son motif illicite entraînant sa nullité (exemple : dénonciation d'un usage pour tenter de faire échec à l'exercice normal du droit de grève).

Remarque. L'absence de représentants du personnel rend la dénonciation irrégulière si elle est due au défaut d'organisation des élections par l'employeur.

d. Effets de la dénonciation

La dénonciation est **opposable** à tous les salariés. L'accord des salariés n'est pas nécessaire car l'usage ne s'incorpore pas au contrat de travail. Aucun « avantage acquis » ne survit.

Jurisprudence

Cass. soc. 1er février 2012

L'employeur qui a proposé par lettre au salarié l'instauration d'une nouvelle méthode de calcul des salaires entraînant la suppression des primes antérieures et l'instauration d'une prime de production et d'une gratification annuelle, et lui a demandé de la signer pour acceptation en précisant que l'absence de réponse valait acceptation, a incorporé ces avantages au contrat de travail. Il ne peut donc supprimer unilatéralement la prime de production.

3 Les actes unilatéraux de l'employeur

a. Le règlement intérieur

Le **règlement intérieur** est un acte unilatéral de l'employeur, soumis pour avis aux représentants du personnel et contrôlé par l'inspecteur du travail. La Cour de cassation le qualifie « d'acte réglementaire de droit privé ». Le Code du travail impose son établissement dans toute entreprise employant au moins cinquante salariés. Il limite assez strictement son objet – hygiène, sécurité, discipline – et selon l'art. L. 1321-3 du Code du travail, « *le règlement intérieur ne peut contenir :*

1º des dispositions contraires aux lois et règlements ainsi qu'aux stipulations des conventions et accords collectifs de travail applicables dans l'entreprise ou l'établissement ;

2º des dispositions apportant aux droits des personnes et aux libertés individuelles et collectives des restrictions qui ne seraient pas justifiées par la nature de la tâche à accomplir ni proportionnée au but recherché ;

3º des dispositions discriminant les salariés dans leur emploi ou leur travail, à capacité professionnelle égale, en raison de leur origine, de leur sexe, de leurs mœurs, de leur orientation sexuelle ou identité de genre, de leur âge, de leur situation de famille ou de leur grossesse, de leurs caractéristiques génétiques, de leur appartenance ou de leur non appartenance, vraie ou supposée, à une ethnie, une nation ou une race, de leurs opinions politiques, de leurs activités syndicales ou mutualistes, de leurs convictions religieuses, de leur apparence physique, de leur nom de famille ou en raison de leur état de santé ou de leur handicap. »

Le règlement intérieur est un outil pour mettre en place notamment des restrictions à certaines libertés du salarié, notamment lorsqu'elles sont proportionnelles et justifiées par rapport à la tâche à accomplir (*ex.* : contrôle éthylotest...).

> Exemple
>
> **Exemple de clause relative au contrôle de l'alcoolémie**
>
> ***« La direction pourra imposer un test de dépistage aux salariés qui sont affectés à une machine dangereuse, conduisent des véhicules automobiles, utilisent des outils dangereux ou des engins de manutention (ou qui sont en contact avec la clientèle), et dont l'état d'imprégnation alcoolique ou l'emprise de drogue, que cet état soit apparent ou non, constituerait une menace pour eux-mêmes et/ou pour leur entourage.***
>
> ***Le test de dépistage alcoolémique sera proposé par un membre de la Direction assisté d'un autre salarié de l'entreprise. Le salarié pourra également demander à être assisté par une autre personne de son choix appartenant à l'entreprise. Un procès-verbal sera établi immédiatement.***
>
> ***Le salarié pourra demander une contre-expertise par prise de sang qui pourra être réalisée par un médecin ou un établissement médical de son choix ».***

b. L'engagement unilatéral de l'employeur

L'**engagement unilatéral** de l'employeur résulte de toute manifestation de volonté de l'employeur à l'égard de l'ensemble des salariés. Cet engagement peut résulter d'un communiqué à l'ensemble des salariés, d'une décision prise devant le CSE, d'une note de service, de l'application volontaire d'une convention collective, par exemple.

Constitue également un engagement unilatéral de l'employeur l'accord atypique.

Un **accord atypique** est un accord signé par l'employeur qui ne répond pas aux conditions de conclusion d'un accord collectif, par exemple :

- un accord collectif qui n'a pas fait l'objet d'un écrit ;
- un accord signé entre l'employeur et des interlocuteurs non syndicaux en dehors des hypothèses où une telle négociation peut aboutir à un véritable accord collectif.

  L'employeur peut dénoncer un engagement unilatéral ou un accord atypique dans les mêmes conditions qu'un usage d'entreprise.

E Hiérarchie des sources internes et conflits de règles

1 Hiérarchie des règles

Le droit du travail est soumis à une hiérarchie des règles qui peut être résumée selon le schéma suivant :

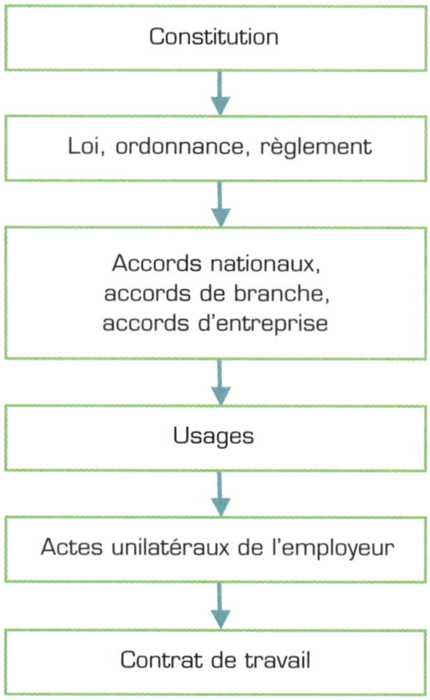

2 Le « principe de faveur » et ses limites

On voit ainsi que la situation du salarié est régie par un ordre public auquel s'ajoute un contrat, des normes collectives négociées, des usages, des décisions unilatérales de l'employeur.

Comme dans les autres droits, la hiérarchie des normes ordonne le droit du travail.

Toutefois le droit du travail présente une particularité : il est **protecteur**, d'où l'existence du principe de faveur selon lequel la norme de rang inférieur doit être plus favorable au salarié que la norme supérieure. On parle aussi d'ordre public social. Ce principe s'applique également en cas de conflit de normes : c'est la norme la plus favorable au salarié qui doit s'appliquer.

On peut illustrer ce principe par l'article L. 2254-1 selon lequel : « *lorsqu'un employeur est lié par les clauses d'une convention ou d'un accord, ces clauses s'appliquent aux contrats de travail conclus avec lui, sauf stipulations plus favorables* » et par l'article L. 2251-1 « *une convention ou un accord peut comporter des stipulations plus favorables aux salariés que les dispositions légales en vigueur...* ».

Ce principe de faveur est limité dans son application par le fait de l'ordre public absolu : en effet, dans un certain nombre de domaines (interdiction de l'indexation des salaires par exemple) nul ne peut déroger sous aucun prétexte quel qu'il soit. Ces domaines sont réservés à l'État.

Il existe aussi des limites à ce principe du fait de la loi qui permet la signature d'**accords collectifs dérogatoires**.

Depuis 2017, dans plusieurs domaines, les accords d'entreprise peuvent déroger à la loi lorsqu'elle le permet ou à l'accord de branche (hormis exception).

- Le droit du travail regroupe l'ensemble des règles juridiques relatives au travail subordonné du secteur privé et des personnes publiques se comportant comme des personnes privées. C'est un droit complexe, relativement récent, évolutif.
- Les sources du droit du travail sont diverses : sources internationales et nationales, étatiques et professionnelles. Les normes internationales l'emportent sur les sources nationales. Les sources internes sont hiérarchisées par le principe de faveur dont les principales limites sont le respect de l'ordre public et l'existence d'accords dérogatoires.

Applications

Évaluer vos connaissances

QCM 01.01

1. De quand date le Code du travail ?
- A. ☐ 1798
- B. ☐ 1804
- C. ☐ 1812
- D. ☐ 1910

2. L'article L. 6221-1 du Code du travail se trouve :
- A. ☐ dans la partie réglementaire du Code du travail
- B. ☐ dans la sixième partie, Livre II, Titre II, Chapitre premier

3. Le droit du travail concerne :
- A. ☐ les professeurs de l'enseignement public
- B. ☐ les experts comptables libéraux
- C. ☐ les agents EDF

4. Le droit du travail a :
- A. ☐ des sources imposées aux partenaires sociaux
- B. ☐ des sources négociées par les partenaires sociaux

5. Les accords de Matignon ont fixé la durée du travail à :
- A. ☐ 40 h
- B. ☐ 45 h
- C. ☐ 39 h

QCM 01.02

1. L'OIT institution spécialisée de l'ONU élabore des conventions qui s'appliquent aux États membres.
- A. ☐ Vrai
- B. ☐ Faux

2. Les règlements de l'Union européenne ne s'appliquent pas directement aux entreprises françaises car ils n'ont pas la primauté sur les lois internes.
- A. ☐ Vrai
- B. ☐ Faux

3. Un usage peut être dénoncé par l'employeur à condition d'en informer l'inspecteur du travail.
- A. ☐ Vrai
- B. ☐ Faux

4. Un accord d'entreprise peut contenir des dispositions plus favorables que celles des lois en vigueur. Il peut aussi déroger à certaines dispositions d'ordre public.

A. ☐ Vrai
B. ☐ Faux

5. Le règlement intérieur est établi en commun par l'employeur et le comité social et économique.

A. ☐ Vrai
B. ☐ Faux

Préparez-vous à l'examen

EXO 01.03

Cour de cassation, chambre sociale arrêt du 11 janvier 2017

Attendu, selon l'arrêt attaqué (Dijon, 29 janvier 2015), que M. X... a été engagé le 13 décembre 1976 en qualité d'ouvrier par la société des Miroiteries de l'Est ; que son contrat de travail a été transféré le 1er juillet 2000 à la société Chiaradia ; qu'à l'issue de deux examens médicaux des 15 et 30 avril 2008, le médecin du travail l'a déclaré inapte à son poste ; qu'il a été licencié le 22 mai 2008 pour inaptitude et impossibilité de reclassement ;

...

Sur le troisième moyen du même pourvoi :

Attendu que le salarié fait grief à l'arrêt de le débouter de sa demande en paiement de sommes au titre de primes, outre congés payés, alors, selon le moyen, que le caractère de fixité d'une prime d'usage porte sur ses conditions de détermination, ce qui n'est pas exclusif d'une part de variabilité ; qu'en déboutant le salarié de ses demandes de paiement de primes de fin d'année et de primes exceptionnelles régulièrement versées de 1999 à 2008 en considération de la seule variation de leurs montants, sans rechercher si leurs critères de détermination n'étaient pas constants, la cour d'appel a privé sa décision de base légale au regard de l'article 1134 du Code civil ;

Mais attendu qu'ayant retenu que le salarié ne démontrait pas que le paiement de la prime exceptionnelle et de la prime de fin d'année constituait un usage d'entreprise, faute de répondre aux critères de constance, de généralité ou de fixité, que ce soit dans le montant ou dans le mode de calcul, la cour d'appel a procédé à la recherche prétendument omise ; que le moyen n'est pas fondé ;

PAR CES MOTIFS :

REJETTE le pourvoi ;

→ **Travail à faire**

1. **Résumer les faits et la procédure.**
2. **Justifier la décision de la Cour de cassation.**

Chapitre 2

Les contrôles de l'application du droit du travail et le contentieux de la relation de travail

COMPÉTENCES ATTENDUES

- **Caractériser l'infraction de travail dissimulé et ses conséquences.**
- **Identifier les missions et moyens d'action des agents de contrôle de l'inspection du travail et de la DREETS.**
- **Déterminer la juridiction compétente à l'occasion d'un litige du travail.**
- **Schématiser la procédure prud'homale.**
- **Informer sur la nature et les caractéristiques des modes alternatifs de règlement des différends dans le cadre d'un litige individuel prud'homal.**

PLAN DU CHAPITRE

1 L'inspection du travail

A Obligations
B Missions
C Moyens d'action de l'agent de l'inspection du travail
D Conséquences du contrôle
E Le cas particulier du travail dissimulé

2 Le contentieux du travail

A Les conseils de prud'hommes
B Les modes alternatifs de règlement des différends (MARD) individuels du travail
C Les autres recours juridictionnels

3 Applications

SYNTHÈSE P. 40

APPLICATIONS P. 41

LES RÉFÉRENCES POUR COMPRENDRE LE CONTEXTE

Vous intervenez au sein de la direction juridique de la SARL Marec, qui exploite plusieurs restaurants. Confronté à un manque régulier de main-d'œuvre, le gérant a demandé à des amis de venir lui donner un « coup de main » les week-ends de vacances dans un de ses restaurants. Vous vous inquiétez d'un risque de contrôle de l'inspection du travail et de qualification de ce « coup de main » en travail dissimulé.

Pouvez-vous informer le gérant sur le travail dissimulé et les risques encourus ?

Le gérant a récemment licencié un des cuisiniers, qui arrivait systématiquement en retard.

Ce dernier menace de saisir le conseil de prud'hommes, ce qui inquiète beaucoup le gérant.

Quelle est la procédure devant le conseil de prud'hommes ?

MOTS CLÉS

Inspection du travail, juge départiteur, contentieux du travail, conseil de prud'hommes, formation de référé, pourvoi en cassation, DREETS.

1 L'inspection du travail

L'État doit veiller à l'application des lois qu'il décide pour protéger le salarié.

Les missions des agents de l'inspection sont étendues : contrôler, informer, conseiller, concilier, décider, tout comme leurs moyens d'action. Ils sont soumis à un certain nombre d'obligations et de droits.

A Obligations

Les agents de contrôle de l'inspection du travail sont des fonctionnaires. Ils bénéficient d'une totale indépendance. Néanmoins, ils restent soumis à un lien de subordination hiérarchique.

Au niveau national, la Direction générale du travail (DGT), rattachée au ministère chargé du travail, est l'autorité centrale de l'inspection du travail.

Au niveau régional, les agents de contrôle de l'inspection du travail exercent leurs fonctions dans les Directions régionales de l'économie, de l'emploi, du travail et des solidarités (DREETS).

1 Ils sont tenus au secret professionnel

Ils ne doivent pas révéler les secrets de fabrication, les procédés d'exploitation dont ils pourraient prendre connaissance dans l'exercice de leurs fonctions. L'obligation au secret professionnel est générale et absolue et s'applique qu'ils aient eu connaissance de faits confiés par des particuliers ou provenant de l'exercice de leur fonction. Le secret professionnel ne peut être levé que devant les juridictions répressives (et non devant les juridictions où les intérêts civils sont en jeu).

2 Ils sont soumis à une obligation de discrétion et de réserve

Par exemple, les agents de contrôle devront tenir secrètes les plaintes qui sont formulées par les salariés ou par les représentants du personnel. L'agent de contrôle ne devra pas révéler à l'employeur qu'il procède à une visite à la suite d'une plainte. Il ne doit pas donner à la presse son avis sur l'attitude de l'une ou l'autre partie ni sur le bien-fondé de leur action.

Lorsqu'un conflit est porté devant les tribunaux civils, il ne doit remettre aucun document concernant le conflit.

3 Obligation d'impartialité

L'agent de contrôle doit donner une information neutre sur les dispositions légales, réglementaires ou conventionnelles dans les mêmes termes à tous les intervenants.

4 Obligation de motivation

Les décisions administratives défavorables d'un inspecteur du travail ou d'un contrôleur doivent être motivées, c'est-à-dire expliquées. La motivation doit être claire, précise et adaptée aux faits de l'affaire. Elle ne doit pas seulement mentionner la loi. Le juge administratif peut annuler une décision si elle n'est pas ou insuffisamment motivée.

Doivent être également motivées les autorisations qui accordent une dérogation.

B Missions

À la mission de contrôle ont été ajoutées celles de conseil et d'information, de conciliation, de décision.

1 Mission de contrôle

Les agents de l'inspection du travail ont pour rôle de contrôler l'application du droit du travail (Code du travail, conventions et accords collectifs) dans tous ses aspects : hygiène et sécurité, fonctionnement des institutions représentatives du personnel, durée du travail, travail illégal, harcèlement sexuel ou moral, travail des stagiaires, traite d'êtres humains... Ils constatent les infractions à ces règles.

2 Mission de conseil et de conciliation

L'agent de l'inspection du travail fournit aux employeurs et aux salariés toute information sur les dispositions en vigueur en matière de législation et de réglementation du travail. Il est aussi amené à jouer un rôle de conciliation notamment dans la recherche de solutions négociées aux conflits collectifs du travail.

Il a pour rôle de prévenir les conflits individuels ou de contribuer à leur conciliation amiable, de mettre en œuvre le processus d'élaboration ou de révision des conventions collectives, de faciliter la tâche des représentants du personnel.

3 Pouvoir de décision

Dans certains domaines définis par le Code du travail, l'agent de l'inspection du travail a un pouvoir de décision. Par exemple : autoriser le licenciement des salariés protégés ou certains dispositifs relatifs à la durée du travail ; demander le retrait d'une disposition illicite du règlement intérieur ; arrêter une activité dans certaines situations de danger ; homologuer les ruptures conventionnelles individuelles des contrats de travail.

C Moyens d'action de l'agent de l'inspection du travail

Droit de visite	L'agent de l'inspection du travail peut pénétrer dans l'entreprise et la visiter, sans avertissement préalable obligatoire. Il peut entrer dans les locaux affectés à l'hébergement des salariés avec leur autorisation.
Droit de prélèvement	Il peut prélever des produits, des matières.
Droit d'enquête	Il peut interroger les salariés, demander des documents, faire appel à des organismes agréés pour vérifier l'état des locaux et des matériels. Dans le cadre de la lutte contre le travail dissimulé, il peut demander aux personnes occupées dans l'entreprise de justifier de leur identité et de leur adresse. Il peut recourir à une expertise technique et à des diagnostics en matière de santé et de sécurité au travail.
Droit de communication	Il peut se faire remettre l'ensemble des livres, registres, documents rendus obligatoires par le Code du travail.

D Conséquences du contrôle

Lorsque l'agent de l'inspection du travail constate une infraction, il dispose d'un pouvoir d'appréciation sur les suites qu'il entend donner. Il peut :

- notifier une **observation** à l'employeur : il s'agit d'un simple avertissement à l'employeur rappelant les règles en vigueur pour qu'il fasse cesser sans délai l'infraction ;
- notifier à l'employeur une **mise en demeure** : l'employeur dispose d'un délai pour remédier à la situation constatée. Si à l'issue du délai fixé dans la mise en demeure notifiée, la situation dangereuse persiste, l'agent de contrôle peut ordonner l'arrêt de l'activité ;
- en cas d'infractions pénales, dresser un **procès-verbal**, transmis au procureur de la République qui décide des suites à donner. Lorsque l'agent de contrôle constate des infractions pour lesquelles une **amende administrative** est prévue, il peut, en l'absence de poursuites pénales, adresser un rapport à l'autorité administrative compétente (en l'occurrence la DREETS) qui prononcera une amende d'au plus 2 000 € dans le cas général. Par ailleurs, l'autorité administrative peut, tant que l'action publique n'a pas été mise en mouvement, **transiger**

avec l'auteur d'une infraction dans un certain nombre de domaines : une fois acceptée par l'auteur de l'infraction, la proposition de transaction est soumise au procureur pour homologation.

- exiger l'arrêt d'une activité en cas de danger grave et imminent (quel que soit le secteur d'activité). Il peut procéder au retrait immédiat d'un travailleur ou stagiaire de moins de 18 ans qui effectue des travaux interdits ou proposer à la DREETS la suspension du contrat de travail au jeune qui court un risque sérieux d'atteinte à sa santé, à sa sécurité ou à son intégrité physique ou morale.

L'agent de l'inspection du travail est par ailleurs protégé contre les outrages, les violences et tout obstacle à l'accomplissement de ses fonctions. Toute atteinte de ce type est sanctionnable pénalement (*ex.* : obstacle au contrôle : 37 500 € d'amende, 1 an d'emprisonnement).

À l'exception des procès-verbaux, les décisions de l'inspecteur peuvent donner lieu à un recours de la part de l'employeur ou du salarié concerné.

Les différents recours sont :

Les recours gracieux	Auprès de l'inspecteur du travail Dans les 2 mois suivant la réception de la notification de la décision.
Les recours hiérarchiques	Auprès du directeur régional ou du ministre du Travail Dans les 2 mois suivant la réception de la notification de la décision.
Les recours contentieux	Devant le tribunal administratif Contre la décision ou le recours gracieux ou hiérarchique. Dans les 2 mois suivant la notification de la décision ou la réponse au recours

E Le cas particulier du travail dissimulé

1 Définition

Le travail dissimulé correspond à deux situations :

- la dissimulation d'activité qui consiste à ne pas demander son immatriculation au RM ou au RCS ou à ne pas procéder aux déclarations auprès des organismes sociaux ou de l'administration fiscale ;
- la dissimulation d'emploi salarié qui consiste à ne pas effectuer la déclaration préalable à l'embauche, à ne pas remettre de bulletins de salaire, à ne pas déclarer ses salariés ou à les déclarer pour un nombre d'heures inférieur à celui réellement accompli.

Dans les deux cas, l'omission doit être volontaire pour qu'il y ait travail dissimulé.

2 Moyens de contrôle

Les agents de contrôle disposent de pouvoirs élargis. L'infraction peut être recherchée notamment par des officiers de police judiciaire, des agents agréés des organismes sociaux, des inspecteurs du travail et des agents de France Travail chargés de la prévention des fraudes.

Ils peuvent se faire présenter et obtenir copie de documents, auditionner toute personne rémunérée, communiquer avec d'autres administrations.

Un PV pour travail dissimulé est établi et transmis au Procureur de la République.

3 Droits du salarié

Le salarié, victime de travail dissimulé, a droit en cas de rupture de la relation de travail à une indemnité forfaitaire de 6 mois.

Elle se cumule avec les indemnités de rupture de contrat.

Le délai de prescription de l'indemnité forfaitaire est de 5 ans.

4 Sanctions

Le travail dissimulé est un délit puni de 3 ans d'emprisonnement et 45 000 € d'amende et de diverses peines complémentaires.

L'employeur encourt également des sanctions administratives comme la fermeture temporaire de l'établissement, le refus d'aides publiques ou l'inéligibilité aux marchés publics.

Sur le plan civil, il encourt un redressement des cotisations et contributions sociales ainsi que l'annulation de toutes réductions ou exonérations dont il a pu bénéficier.

2 Le contentieux du travail

Le contentieux du travail est soumis aux conseils de prud'hommes pour les différends individuels nés du contrat de travail (salaire, durée du travail, harcèlement, sanctions...). En cas de litige, employeur et salarié peuvent également résoudre leur conflit en recourant à la **médiation conventionnelle** ou en concluant une **convention de procédure participative**, salarié et employeur étant alors assistés de leur avocat respectif. Ces modes alternatifs de règlement des litiges sont limités aux points sur lesquels il est autorisé de négocier.

Les autres contentieux du travail relèvent de juridictions de l'ordre judiciaire (civiles ou pénales) ou de juridictions administratives.

A Les conseils de prud'hommes

1 Compétences

a. La compétence d'attribution

Résoudre les conflits individuels relatifs au contrat de travail, tel est le rôle du conseil de prud'hommes.

Un désaccord entre un salarié et un employeur relève des prud'hommes si les conditions suivantes sont réunies :

- l'existence d'un contrat de travail, y compris le contrat d'apprentissage ;
- le litige doit s'exercer à l'occasion du contrat de travail : une procédure d'embauche, même non suivie d'effet suffit pour que la juridiction prud'homale soit compétente ;
- le litige doit être individuel, c'est-à-dire entre une personne qui souhaite défendre un intérêt particulier et une autre. Le litige peut cependant intéresser plusieurs salariés : par exemple des salariés demandent un rappel de salaire sur la base d'un usage ;
- l'activité professionnelle des parties doit entrer dans la compétence du conseil. Sont exclus par exemple les litiges concernant les fonctionnaires et agents contractuels de l'État et les agents des établissements publics administratifs. En revanche, sont considérés comme des personnels du secteur privé les personnels employés dans les conditions du droit privé (agents d'EDF ou de la SNCF par exemple).

  Les conseils de prud'hommes sont aussi compétents pour les litiges entre salariés à l'occasion du travail (actions de grévistes contre des non-grévistes par exemple).

  Les conseils de prud'hommes statuent en **premier et dernier ressort** sous le seul contrôle de la Cour de cassation, lorsqu'aucun des chefs de demande ne dépasse 5 000 €.

b. La compétence territoriale

Est compétent le conseil des prud'hommes dans le ressort duquel est fixé l'établissement où travaille le salarié. En cas de travail en dehors de tout établissement, est compétent le conseil dans le ressort duquel se trouve le domicile du salarié.

Le salarié peut également saisir le conseil des prud'hommes du lieu où il a été engagé ou du siège social de l'entreprise qui l'emploie.

La compétence territoriale d'un conseil de prud'hommes, comme sa compétence d'attribution, s'impose à l'employeur et au salarié.

2 Organisation

Le conseil et ses différentes formations sont composés d'un nombre égal de salariés et d'employeurs. Chaque juridiction prud'homale est composée de cinq sections autonomes : encadrement, industrie, commerce et services commerciaux, agriculture, activités diverses.

Le critère de rattachement d'un litige à une section est celui de l'activité principale de l'entreprise, sauf pour les cadres.

3 Les conseillers prud'homaux

a. Désignation

Les conseillers prud'homaux sont désignés pour 4 ans par les organisations syndicales patronales et salariales en fonction de leur représentativité appréciée au niveau du département. Ils sont nommés ensuite par arrêté conjoint du ministre du Travail et du ministre de la Justice.

b. Statut

Les conseillers prud'homaux perçoivent des indemnités prises en charge par l'État. Ils bénéficient d'une formation initiale et d'une formation continue. Les conseillers salariés sont protégés : leur licenciement est soumis à autorisation de l'inspection du travail.

Tout manquement à ses devoirs dans l'exercice de ses fonctions peut constituer pour le conseiller prud'homal une faute disciplinaire. Le pouvoir disciplinaire est exercé par une Commission nationale de discipline.

4 Le fonctionnement

a. Représentation ou assistance des parties

L'employeur et le salarié peuvent se présenter en personne devant le juge prud'homal ou choisir d'être assistés ou représentés.

Pour le salarié	Pour l'employeur
Avocat Salarié appartenant à la même branche d'activité Membre d'une organisation syndicale Conjoint, partenaire de pacs, concubin Défenseur syndical (1)	Avocat Employeur appartenant à la même branche d'activité Membre d'une organisation professionnelle Conjoint, partenaire de pacs, concubin Membre de l'entreprise ou de l'établissement Défenseur syndical (1)

(1) Statut créé par la loi Macron pour assister ou représenter le salarié ou l'employeur devant les conseils de prud'hommes et les cours d'appel en matière prud'homale. La liste des défenseurs syndicaux est établie par l'autorité administrative sur proposition des organisations représentatives d'employeurs et de salariés.

En appel, les parties doivent être représentées par un avocat ou un défenseur syndical.

b. Étapes de la procédure

La procédure prud'homale se déroule généralement en deux phases : d'une part devant le bureau de conciliation et d'orientation et d'autre part devant le bureau de jugement. Deux autres formations peuvent intervenir : la formation de départage et la formation de référé.

Bureau de conciliation et d'orientation (BCO)	Il est composé d'un conseiller prud'homme employeur et d'un conseiller prud'homme salarié. Les séances ne sont pas publiques. Les parties doivent être présentes. Le BCO est chargé de **concilier** les parties. Il assure la **mise en état** des affaires. Il peut juger l'affaire si l'une des parties ne comparait pas à l'audience.
Bureau de jugement	Il n'est saisi qu'en cas d'échec de la conciliation. Le BCO peut renvoyer l'affaire devant une formation normale (deux conseillers salariés, deux conseillers employeurs), une formation restreinte (un conseiller employeur, un conseiller salarié) saisie pour les dossiers relativement simples ou devant la formation de départage.
Formation de départage	En cas de partage des voix devant le BCO ou devant le bureau de jugement, l'affaire est renvoyée à une audience ultérieure du bureau de jugement présidée par un juge du tribunal judiciaire appelé juge départiteur.
Formation de référés	Saisie en cas d'urgence, elle est composée d'un conseiller employeur et d'un conseiller salarié.

c. Les suites du jugement

Le greffe notifie le jugement au demandeur et au défendeur. Si la partie condamnée n'exécute pas volontairement la décision du conseil des prud'hommes, son adversaire peut l'y contraindre par la voie de l'**exécution forcée**.

Celui qui n'est pas satisfait de la décision rendue en première instance peut faire appel (sous condition de respecter le taux de ressort de 5 000 € ou lorsqu'un chef de demande est indéterminé). L'appel suspend l'exécution du jugement prononcé par le conseil des prud'hommes à moins qu'il n'ait ordonné l'exécution provisoire.

Le pourvoi en cassation a pour objectif de faire censurer la décision du conseil des prud'hommes rendue en dernier ressort (et donc non susceptible d'appel) ou l'arrêt de la cour d'appel pour leur non-conformité aux règles de droit. Le demandeur au pourvoi dispose d'un délai de deux mois pour faire sa demande. Le pourvoi en cassation n'a pas d'effet suspensif. La Cour de cassation peut :

- soit **rejeter le pourvoi** : l'arrêt de rejet donne autorité de la chose jugée à la décision attaquée ;
- soit **casser la décision** attaquée. L'affaire est alors renvoyée pour être de nouveau jugée devant une juridiction de renvoi.

B Les modes alternatifs de règlement des différends (MARD) individuels du travail

1 La médiation conventionnelle

L'objectif de la médiation est d'amener les parties à un accord grâce à l'intervention d'un tiers neutre et objectif, le médiateur.

La médiation peut être conventionnelle, si elle intervient avant la saisine d'un juge. Elle peut également être judiciaire. C'est alors le juge prud'homal qui désigne le médiateur avec l'accord de l'employeur et du salarié. Le CPH qui estime qu'une résolution amiable est possible peut imposer aux parties de rencontrer un médiateur.

Seuls les contentieux portant sur le contrat de travail peuvent faire l'objet d'une médiation.

Le médiateur est un professionnel formé, expérimenté dans la gestion des conflits, exerçant une activité professionnelle dans le domaine économique, social ou juridique. Il est neutre, indépendant, impartial, tenu au secret professionnel.

La médiation prend fin :

- par l'établissement par les parties d'un protocole de médiation mettant un terme à leur différend. L'accord ne peut concerner que des droits acquis et non futurs. L'accord peut être homologuée à la demande du salarié ou de l'employeur par le bureau de conciliation et d'orientation (BCO). Il a alors force exécutoire.
- par la rédaction par le médiateur d'un document constatant l'échec de la médiation. Les parties peuvent alors saisir le conseil de prud'hommes.

2 La convention de procédure participative (CPP)

La convention de procédure participative se définit comme « la convention par laquelle les parties à un différend s'engagent à œuvrer conjointement et de bonne foi à la résolution amiable de leur différend ou à la mise en état de leur litige. Cette convention est conclue pour une durée déterminée » (C. civ., art. 2062).

La CPP doit être écrite et comporter des mentions obligatoires. Les parties doivent obligatoirement être assistées de leurs avocats.

Elle peut avoir lieu avant la saisine du CPH ou en cours d'instance.

Lorsque les parties s'entendent sur un accord, elles peuvent le faire homologuer par le CPH, ce qui lui donne la force d'une décision de justice.

Faute d'accord, elles peuvent soumettre saisir le CPH.

C Les autres recours juridictionnels

1 Au civil

Le Tribunal judiciaire est compétent pour les contentieux suivants :

- élections des membres du CSE ;
- désignations des délégués syndicaux et représentants de section syndicale ;
- représentativité syndicale ;
- litiges collectifs du travail ;
- interprétation et applications d'accords collectifs ;
- participation et intéressement.

Le président du Tribunal judiciaire peut être saisi en référé en cas d'urgence (absence ou insuffisance d'un plan social, occupation des locaux dans le cas d'une grève, fermeture temporaire d'un établissement à caractère dangereux à la demande de l'inspecteur du travail).

2 Au pénal

La violation de nombreuses obligations des employeurs à l'égard de leur personnel constitue une **contravention** (absence d'affichage du règlement intérieur) ou un **délit** (délit d'entrave, inobservation des règles d'hygiène et sécurité, travail dissimulé, harcèlement par exemple).

Les salariés peuvent aussi commettre des infractions notamment au cours d'un conflit du travail (atteinte à la liberté du travail par exemple). La victime de l'infraction peut demander des dommages intérêts pour obtenir réparation du préjudice soit devant une juridiction civile soit devant une juridiction pénale.

3 Le recours aux juridictions administratives

Le **juge administratif** peut connaître des conflits liés au travail en raison de l'intervention de l'administration dont les décisions ne peuvent être attaquées que devant lui : décisions de l'inspecteur du travail relatives au licenciement de salariés protégés, par exemple.

- L'agent de contrôle de l'inspection du travail veille à la bonne application du droit du travail (Code du travail, accords et conventions collectifs) dans tous ses aspects : hygiène et sécurité, durée du travail contrat de travail, fonctionnement des institutions représentatives du personnel...
  - Il informe et conseille les salariés et les employeurs sur leurs droits et obligations.
  - Il facilite la conciliation amiable entre les parties notamment en cas de conflits collectifs.
  - Il possède également un pouvoir de décision et l'employeur doit dans certaines circonstances obtenir son autorisation avant d'agir (licenciement des représentants du personnel par exemple). Pour exercer sa mission, l'inspecteur du travail dispose de moyens d'action étendus (droit d'enquêter, droit de prélèvement, droit de dresser procès-verbal par exemple).
- Les conseils de prud'hommes sont compétents pour connaître des litiges individuels nés à l'occasion du contrat de travail de droit privé. Les conseillers prud'homaux sont chargés de la conciliation des parties et en cas d'échec du jugement des affaires.
- D'autres juridictions de l'ordre judiciaire (tribunal judiciaire, tribunal correctionnel par exemple) et les juridictions de l'ordre administratif peuvent être également saisies pour certains litiges d'ordre social.

Applications

Préparez-vous à l'examen

EXO 02.01

Arrêt Cour de cassation, chambre criminelle du 14 avril 2015

Attendu que commet le délit prévu par le premier de ces textes quiconque met obstacle à l'accomplissement des devoirs d'un inspecteur ou d'un contrôleur du travail ;

Attendu que tout jugement ou arrêt doit comporter les motifs propres à justifier la décision ;

Attendu qu'il résulte de l'arrêt attaqué et du procès-verbal de l'inspecteur du travail, base de la poursuite, que procédant, le 22 septembre 2008, à un contrôle de l'application des dispositions relatives à la durée et à l'aménagement du temps de travail dans l'exploitation agricole appartenant à M. Bertrand X... qui emploie un salarié, ce fonctionnaire a constaté le défaut d'enregistrement ou d'affichage des heures de travail et lui a rappelé par courrier ses obligations en la matière ; que l'exploitant n'ayant fourni aucune réponse, une lettre de rappel lui a été adressée le 1er décembre 2008 ; que, le 17 février 2009, l'inspecteur du travail a effectué une contre-visite de l'exploitation et, en l'absence de M. X.., en vacances, a été reçu par le salarié qui lui a déclaré que les horaires de travail n'étaient ni enregistrés ni affichés ; que ce fonctionnaire, estimant qu'il était mis dans l'impossibilité de contrôler et de vérifier la réalité du temps de travail, a établi un procès-verbal du chef d'obstacle ; que, cité devant le tribunal, M. X.., déclaré coupable de ce délit, a relevé appel du jugement de même que le procureur de la République ;

Attendu que, pour infirmer ce jugement et prononcer la relaxe du prévenu, la juridiction du second degré énonce que si l'intéressé a commis l'infraction de défaut d'enregistrement, de consignation ou d'affichage des horaires de travail, il n'a ni opposé un refus ni produit des éléments faux, mais a agi par méconnaissance des règles administratives, incompétence et éventuellement négligence fautive, de sorte que l'intention coupable du délit d'obstacle n'est pas constituée ;

Mais attendu qu'en prononçant ainsi, alors que le prévenu avait fait l'objet de rappels réitérés d'avoir à satisfaire à ses obligations afin de permettre le contrôle de l'application des dispositions relatives à la durée et à l'aménagement du temps de travail dans l'exploitation agricole qu'il dirigeait, et alors que ces rappels étaient demeurés sans effet, la cour d'appel n'a pas justifié sa décision au regard des textes susvisés ;

D'où il suit que la cassation est encourue ;

Par ces motifs :

CASSE et ANNULE, en toutes ses dispositions, l'arrêt susvisé de la cour d'appel de Caen, en date du 7 avril 2014, et pour qu'il soit à nouveau jugé, conformément à la loi,

RENVOIE la cause et les parties devant la cour d'appel de Rouen, à ce désignée par délibération spéciale prise en chambre du conseil ;

→ Travail à faire

1. **Justifier la compétence du tribunal correctionnel dans cette affaire.**
2. **Quelle est la position de la cour d'appel de Caen ?**
3. **Analyser la décision de la Cour de cassation.**

EXO 02.02

Un salarié saisit le conseil des prud'hommes pour réclamer le paiement d'heures supplémentaires. Le jour de la conciliation devant le bureau de conciliation et d'orientation, le salarié ne comparait pas. Il ne fournit aucun motif à son absence.

→ Travail à faire

Que peut décider le bureau de conciliation et d'orientation ?

Règles communes aux contrats de travail

Chapitre 3

COMPÉTENCES ATTENDUES

- **Vérifier la légalité d'un recrutement.**
- **Distinguer pourparlers, offre de contrat de travail et promesse unilatérale de contrat de travail.**
- **Vérifier la formation du contrat de travail et les formalités liées à l'embauche.**
- **Déterminer les principales obligations légales des parties à un contrat de travail.**
- **Qualifier les clauses spécifiques d'un contrat de travail et en apprécier la validité.**
- **Rédiger une clause du contrat de travail et en apprécier l'intérêt.**

PLAN DU CHAPITRE

1 Le critère du contrat de travail : le lien de subordination

A À quoi reconnaît-on le contrat de travail ?
B Distinction entre « travail subordonné » et « travail indépendant »

2 Le recrutement

A Liberté dans le choix de la filière de recrutement
B Liberté contrôlée dans la sélection des candidats
C Atteintes à la liberté d'embauche
D Promesse d'embauche

3 Les conditions de formation du contrat

A Les conditions de fond du contrat de travail
B Les conditions de forme

4 Clauses du contrat de travail

A Les clauses interdites
B La période d'essai
C Exemples de clauses relatives à l'exécution du contrat de travail
D Exemples de clauses liées à la rupture du contrat

5 L'exécution du contrat : obligations du salarié et de l'employeur

A Obligations de l'employeur
B Obligations du salarié

6 Applications

SYNTHÈSE P. 77

APPLICATIONS P. 79

LES RÉFÉRENCES POUR COMPRENDRE LE CONTEXTE

Les relations individuelles entre le salarié et l'employeur sont représentées par le contrat de travail quelle que soit sa forme.
Contrat de travail à durée indéterminée, contrat de travail à durée déterminée, contrat de travail temporaire, contrat de travail à temps partiel... ont des points communs principalement la formation, le contenu du contrat et les obligations des parties.
Le droit du travail est un droit en grande partie négocié dans le cadre des conventions collectives mais aussi du contrat de travail.
Le contrat de travail se différencie des autres contrats par l'existence du critère de la subordination.
Avant la formation du contrat, l'employeur aura la liberté de choisir le salarié apte au poste à pourvoir mais il sera alors soumis à diverses obligations dans le cadre du recrutement.
Il pourra ensuite rédiger le contrat et insérer des clauses particulières permettant ainsi une grande adaptabilité du contrat.
Enfin, des obligations réciproques doivent être respectées par les deux parties liées par le contrat.

Le contrat de travail

Le contrat de travail demeure l'instrument juridique le plus adapté non seulement pour constituer le rapport d'emploi et le configurer aux exigences particulières du poste à pourvoir, mais aussi pour l'adapter à l'évolution future des besoins fluctuants et spécifiques de l'entreprise.

Y. AUBRÉE, *Contrat de travail : existence, formation*, Répertoire du droit du travail, Dalloz, n° 35

Pourquoi le marchandage a-t-il été interdit en 1848 ?

Le Pourquoi du comment : économie et social, un podcast à écouter sur le site de France Culture

MOTS CLÉS

Contrat de travail, droit du travail, subordination juridique, lien de subordination, recrutement, Agence nationale pour l'emploi, Union nationale interprofessionnelle pour l'emploi dans l'industrie et le commerce, sanction civile, sanction pénale, délit de discrimination, travailleur handicapé, consentement, dol, nullité, droit conventionnel, déclaration préalable d'embauche, période d'essai, clause de mobilité géographique, clause de résidence, clause d'exclusivité, clause de dédit formation, Association nationale pour la gestion du fonds pour l'insertion professionnelle des handicapés, Centre d'aide par le travail, Titre emploi service entreprise.

1 Le critère du contrat de travail : le lien de subordination

Pourquoi faut-il différencier le contrat de travail des autres contrats ? Quels en sont les enjeux ?

Le salarié, lié à l'employeur par un **contrat de travail**, est protégé par le **droit du travail** et le **droit social** (protection contre les discriminations, contre le licenciement, en cas d'accident du travail, par la protection sociale...).

L'employeur est soumis aux **obligations du droit du travail**. Il ne peut s'y soustraire sauf à commettre le délit de travail dissimulé.

Les enjeux sont importants, voilà pourquoi la qualification de contrat de travail ne relève pas des volontés individuelles. Elle est d'**ordre public**. La Cour de cassation, en effet, met une limite à la liberté contractuelle en précisant que ***l'existence d'un contrat de travail ne dépend ni de la volonté exprimée par les parties, ni de la dénomination que les parties ont donné à leur convention, mais des conditions de fait dans lesquelles est exercée l'activité du travailleur*** **(Cass. soc. 17 avril 1991)**.

A À quoi reconnaît-on le contrat de travail ?

La loi ne définit pas le contrat de travail. *La jurisprudence et la doctrine considèrent que le contrat de travail est le contrat par lequel une personne s'engage à exécuter au profit d'une autre personne, et sous sa subordination, un travail moyennant une rémunération.*

Ainsi, trois éléments caractérisent le contrat de travail, selon le schéma suivant :

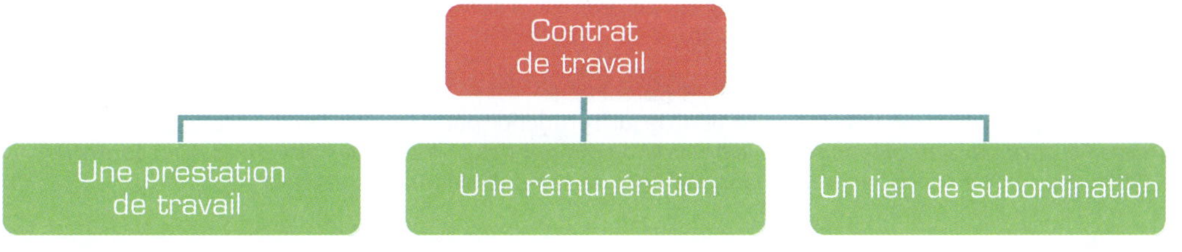

1 Prestation de travail pour autrui

La prestation de travail peut porter sur des tâches diverses : travaux manuels, intellectuels, artistiques... dans tous les secteurs d'activité. Cette prestation doit être effective et réalisée au profit de l'employeur. Faute d'un travail réel, le contrat sera considéré comme fictif.

Le salarié qui revendique l'existence d'un contrat de travail doit prouver qu'il réalise effectivement une prestation pour le compte de l'employeur présumé. Elle est personnelle.

2 La rémunération

La **rémunération** est un élément nécessaire du contrat de travail et constitue la contrepartie de la prestation. Cette rémunération peut consister en une somme d'argent, fixe ou variable, elle peut être partiellement (voire totalement) composée d'avantages en nature (logement, nourriture par exemple).

La rémunération n'est pas un élément déterminant du contrat de travail. La délivrance d'un bulletin de paie constitue une présomption d'existence du contrat de travail mais n'est pas déterminante.

En l'absence de rémunération pour un **travail bénévole**, il n'y a pas de contrat de travail. Toutefois un tel bénévolat n'est envisageable que lorsque celui qui accomplit un travail pour autrui n'en a jamais attendu de contrepartie.

3 Subordination dans l'exécution du travail

Prestation de travail pour autrui et rémunération ne sont pas suffisants à eux seuls pour caractériser le contrat de travail : la **subordination juridique** est le critère décisif du contrat de travail qui permet de le différencier d'autres contrats. (société, entreprise... voir B).

Cependant cette notion n'est pas facile à cerner. Elle est évidente dans les entreprises où le travail est physique et facilement contrôlable. Elle est plus difficile à prouver quand le salarié bénéficie d'une indépendance et d'une autonomie dans la réalisation de son travail.

a. Définition classique

Cette subordination se caractérise par le fait que l'employeur peut exercer un pouvoir de direction, de contrôle et de sanction.

> **Jurisprudence**
>
> *Cass. soc. 13 novembre 1996, Cass. soc. 18 mars 2009*
>
> Le **lien de subordination** se caractérise selon la jurisprudence par « *l'exécution d'un contrat de travail sous l'autorité de l'employeur qui a le pouvoir de donner des ordres et des directives, d'en contrôler l'exécution et de sanctionner les manquements de son subordonné* ».

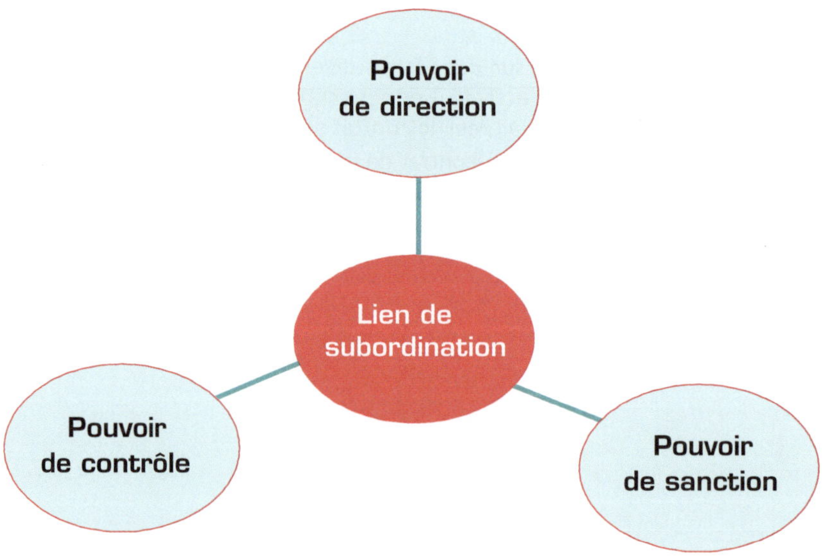

b. Élargissement de la définition classique

Quand le travail effectué par le salarié nécessite une certaine **indépendance**, la Cour de cassation utilise la méthode du faisceau d'indices pour démontrer l'existence de la subordination juridique. Cette dernière existera si les conditions extérieures à la prestation de travail montrent ce lien : fourniture de moyens par l'employeur, sujétions, respect d'un horaire de travail, d'un lieu de travail, intégration au sein d'un **service organisé** lorsque l'employeur fixe unilatéralement les conditions d'exécution du travail, respect de directives données par l'employeur…

Jurisprudence

Cass. Soc. 18 septembre 2013

En l'espèce, un contrat de prestations de services intitulé « contrat d'enseignement » liant un professeur à un organisme de formation a été requalifié en contrat de travail par les magistrats car le professeur ne disposait en réalité d'aucune indépendance et était soumis à un contrôle hiérarchique de l'organisme de formation qui déterminait unilatéralement ses conditions de travail. Selon les juges, le travail au sein d'un service organisé peut constituer un indice du lien de subordination lorsque l'employeur détermine unilatéralement les conditions d'exécution du travail ; que l'existence d'une relation de travail ne dépend ni de la volonté exprimée par les parties ni de la dénomination qu'elles ont donnée à leur convention, mais des conditions de fait, dans lesquelles est exercée l'activité des travailleurs.

Cass. soc. 7 juillet 1993

Une orthoptiste, auxiliaire d'un médecin ne peut prétendre à la qualité de salariée : elle était locataire du médecin et si ses horaires étaient calqués sur ceux du médecin, c'est elle qui fixait ses rendez-vous et congés, qui embauchait une remplaçante, encaissait directement ses honoraires pour des actes de rééducation en disposant de feuilles de soin à son nom.

Cass. assemblée plénière 3 juin 2009

La Cour de cassation estime que les participants à l'émission de télévision « L'île de la tentation » sont des salariés. « La prestation de travail est exécutée sous la subordination de la société Glem. »

B Distinction entre « travail subordonné » et « travail indépendant »

Travail salarié subordonné juridiquement, travail indépendant subordonné économiquement, quelle est la frontière entre les deux ?

Comment en apporter la preuve ?

Quelle est la position de la Cour de cassation ?

Il peut être tentant pour un chef d'entreprise d'essayer de contourner les règles du statut salarial dans certaines situations. Pour la fourniture de certains biens ou de certaines prestations, l'entreprise peut passer des contrats avec des travailleurs indépendants : sous-traitants, artisans, agents commerciaux, prestataires de services…

Le travailleur indépendant s'engage à fournir un résultat mais demeure libre du choix des moyens pour y parvenir. Il supporte les risques et les charges sociales. La situation des personnes, en principe indépendantes, peut poser problème : par exemple, le sous-traitant qui ne travaille que pour le compte d'une seule grande entreprise, n'est-il pas en situation de subordination (au moins économique) à l'égard de celle-ci ?

L'article L. 8821-6 du Code du travail prévoit une **présomption de non salariat** pour notamment les personnes physiques immatriculées au registre du commerce et des sociétés, au répertoire des métiers, au registre des agents commerciaux. Ainsi, dès l'instant que la personne est immatriculée à ces registres spécifiques, elle est censée exercer son activité de façon indépendante et n'être liée par aucun contrat de travail à l'égard de son donneur d'ouvrage. La loi de modernisation de l'économie (4 août 2008) a élargi le champ d'application de la présomption aux personnes physiques exerçant une activité commerciale ou artisanale dispensées de l'obligation de s'immatriculer au RCS ou au répertoire des métiers. De même est présumé travailleur indépendant celui dont les conditions de travail sont définies exclusivement par lui-même ou par le contrat les définissant avec son donneur d'ordre (art. L. 8221-6-1 du Code du travail).

Toutefois, il s'agit d'une présomption simple d'indépendance susceptible de preuve contraire. Toute personne qui y a intérêt peut donc démontrer que l'activité est en fait salariée et qu'il existe un lien de subordination caractéristique du contrat de travail.

1 Contrôle des juges

La présomption de non salariat peut être renversée dès lors que les travailleurs indépendants sont sous la **subordination juridique permanente du maître de l'ouvrage**. Dans un arrêt du 14 février 2006, les magistrats de la chambre criminelle de la Cour de cassation décident que « *l'existence d'un contrat de travail est établie dès lors que les artisans concernés, fussent-ils immatriculés au répertoire des métiers, fournissaient des prestations les mettant en état de subordination juridique par rapport au maître de l'ouvrage durant tout le temps de l'exécution de leur tâche, même en l'absence d'un lien contractuel permanent* ».

Ainsi, la juridiction édicte une règle protectrice des salariés en décidant que la subordination juridique doit être permanente pendant toute la durée de la tâche à accomplir même si les deux parties ne sont liées entre elles que par des tâches occasionnelles et précaires.

Par ailleurs, plusieurs contentieux se sont élevés avec la mise en place du régime des autoentrepreneurs. Ces travailleurs indépendants bien souvent dépendant d'un seul client/entreprise ont cherché notamment à faire requalifier leur relation en contrat de travail dès lors que le client/entreprise mettait fin au contrat.

La question s'est encore complexifiée avec la relation entre plateforme numérique et travailleur indépendant.

La relation entre la plateforme numérique et le professionnel, travailleur indépendant (exerçant souvent sous la forme d'une autoentreprise) repose sur des conditions générales souvent mal encadrées qui limitent l'indépendance du travailleur et suscitent, de plus, une dépendance économique de ces derniers à l'égard des plateformes, notamment du point de vue du nombre de clients. À ce titre, que ce soit en France ou à l'étranger, plusieurs travailleurs indépendants ont souhaité voir requalifier leur relation avec la plateforme en contrat de travail.

Afin d'éviter ce risque contentieux, le législateur a expressément précisé avec la loi Travail n° 2016-1088 du 8 août 2016 que les travailleurs des plateformes devaient être considérés comme des indépendants (art. L. 7341-1 du C. Trav.). De même, l'ordonnance n° 2022-492 du 6 avril 2022 offre davantage d'autonomie pour ce type de travailleurs. Ces encadrements législatifs n'ont pour autant pas limité les actions en requalification des travailleurs des plateformes. La Cour de cassation a reconnu dans un arrêt du 28 novembre 2018 l'existence d'un contrat de travail dans la relation d'un coursier qui intervenait au nom d'une plateforme numérique dans la mesure où il existait un système de localisation des coursiers et un compteur permettant de déterminer le nombre de kilomètres parcourus. De plus, un système de pénalités existait en cas de défaillance du coursier (retard, appel manqué de sa part...).

Par ailleurs, dans la continuité de son arrêt du 28 novembre 2018, la Cour de cassation a reconnu dans un arrêt du 4 mars 2020 que doit être qualifiée en contrat de travail la relation entre un chauffeur VTC et la société utilisant une plate-forme numérique et une application afin de mettre en relation des clients et des chauffeurs exerçant sous le statut de travailleur indépendant. En effet, il est constaté :

- que ce chauffeur a intégré un service de prestation de transport créé et entièrement organisé par cette société, service qui n'existe que grâce à cette plate-forme, à travers l'utilisation duquel il ne constitue aucune clientèle propre, ne fixe pas librement ses tarifs ni les conditions d'exercice de sa prestation de transport ;

- le chauffeur se voit imposer un itinéraire particulier dont il n'a pas le libre choix et pour lequel des corrections tarifaires sont appliquées si le chauffeur ne suit pas cet itinéraire ;
- la destination finale de la course n'est parfois pas connue du chauffeur, lequel ne peut réellement choisir librement, comme le ferait un chauffeur indépendant, la course qui lui convient ou non ;
- que la société a la faculté de déconnecter temporairement le chauffeur de son application à partir de trois refus de courses et que le chauffeur peut perdre l'accès à son compte en cas de dépassement d'un taux d'annulation de commandes ou de signalements de « comportements problématiques », et déduit de l'ensemble de ces éléments l'exécution d'un travail sous l'autorité d'un employeur qui a le pouvoir de donner des ordres et des directives, d'en contrôler l'exécution et de sanctionner les manquements et que, dès lors, le statut de travailleur indépendant du chauffeur était fictif.

Jurisprudence

Cass. Crim 24 mai 2016
Ayant retenu que, dans les conditions d'exercice et d'organisation de leur activité, leurs modes de rémunération ainsi que dans leurs relations contractuelles vis-à-vis de la société, les auto-entrepreneurs, dont certains étaient d'anciens salariés, se sont trouvés, en permanence et de manière exclusive, placés dans une **situation de subordination juridique** et économique à l'égard de l'employeur et relevé que le but poursuivi par ce dernier n'était que de **réduire les charges sociales** de l'entreprise, la cour d'appel en a justement conclu que les relations de travail ainsi instaurées devaient s'analyser en une relation d'employeur à salariés et que, en conséquence, le recours au régime d'auto-entrepreneur correspondait à des **embauches déguisées** constitutives du délit travail dissimulé par dissimulation d'emploi salarié.

2 Conséquences

Les conséquences sont lourdes pour l'employeur qui ne reconnaît pas le statut de salarié à ces « faux indépendants ».

En cas de requalification en contrat de travail, le donneur d'ouvrage peut être poursuivi pour le délit pénal de **dissimulation d'emploi salarié** s'il est établi qu'il s'est soustrait volontairement à l'accomplissement de l'une des formalités prévues aux articles L. 3243-2 (remise d'un bulletin de paie) et L. 1221-10 (déclaration nominative d'embauche) [voir *Infra* Titre 3].

Jurisprudence

Cass. soc. 8 juillet 2003
Un travailleur lié à une entreprise par un contrat de sous-traitance, immatriculé au registre du commerce et des sociétés, travaillait selon des directives précises, une périodicité, le secteur et les horaires fixés par le donneur d'ordre. Le contrat est rompu car l'intéressé, en congé maladie, ne pouvait plus faire ses tournées. La Cour de cassation qualifie ce contrat de contrat de travail en raison de l'existence d'un lien de subordination.
Cass. soc. 22 mars 2006
Un couple d'horticulteurs inscrits au RCS exerçait une activité d'entretien et de gardiennage d'une propriété. Ils avaient été soumis à une période d'essai, travaillaient 35 h par semaine, percevaient une rémunération mensuelle, ne fixaient pas librement leurs congés payés, recevaient des directives quant à l'exécution des tâches de la part du donneur d'ordre.
Les magistrats de la Cour de cassation ont conclu à l'existence d'un lien de subordination et ont rappelé que l'inscription au RCS n'exclut pas la qualité de salarié.
Cass. Civ. 2ème 24 mai 2017
Lorsqu'un lien de subordination est établi entre l'une des personnes soumises à la présomption légale de non-salariat et un donneur d'ordre, ce dernier est, indépendamment des sanctions encourues, tenu au paiement des cotisations et contributions dues au régime général.

2 Le recrutement

Avant d'établir un contrat de travail, l'employeur doit procéder au recrutement du salarié.

> **Le recrutement est une opération qui consiste à rechercher les personnes susceptibles de pourvoir les postes disponibles dans l'entreprise et à les sélectionner afin d'embaucher la plus apte.**

Quelle importance revêt cette opération pour l'employeur ?

Le recrutement est une décision de gestion à caractère professionnel et économique avant tout. Le coût financier d'une erreur de recrutement est très élevé.

Cependant cette décision a des aspects juridiques importants. La **liberté contractuelle** permet à l'employeur de choisir le candidat qui répond le mieux aux critères objectifs et subjectifs définissant les compétences requises pour pourvoir le poste sous réserve du respect de limites édictées pour protéger le salarié. La décision de l'employeur s'inscrit dans le respect des droits et des libertés.

La liberté de l'employeur s'exerce en premier lieu dans le choix de la filière de recrutement.

> **Depuis le début de la période sanitaire, plusieurs aides financières ont été mises en place pour faciliter l'embauche de salarié (ex. : aide pour l'embauche d'un salarié de moins de 26 ans, aide à l'embauche d'un travailleur handicapé...).**

A Liberté dans le choix de la filière de recrutement

L'employeur qui ne souhaite pas recruter par lui-même directement peut recourir au service public de placement ou à des organismes privés.

1 Activité de placement

L'employeur peut utiliser les services du placement de la main d'œuvre.

> **L'activité de placement consiste à fournir, à titre habituel, des services visant à rapprocher des offres et des demandes d'emploi, sans que la personne physique ou morale assurant cette activité ne devienne partie aux relations de travail pouvant en découler. (art. L. 5321-1 du Code du travail)**

Les opérations de placement en faveur des demandeurs d'emploi doivent être effectuées à titre gratuit.

a. service public de placement

Le service public du placement de main d'œuvre est assuré par :

- France Travail qui a pour mission de collecter les offres d'emploi, accueillir et informer les demandeurs d'emploi, procéder à leur inscription, assurer le service des allocations de chômage ;
- des **organismes publics ou privés** (sous certaines conditions) : des établissements publics, des associations, des organismes gérés paritairement par les organisations syndicales d'employeurs et de salariés...
- des **collectivités territoriales** si elles ont passé une convention avec l'État et France Travail.

b. Placement privé

Toute personne physique ou morale de droit privé peut avoir comme activité principale de fournir un service de placement. Elle est tenue d'en faire une déclaration préalable à l'autorité administrative.

L'employeur peut ainsi utiliser les services de cabinets de recrutement, d'entreprise de travail à temps partagé, la technique du portage salarial (Voir Chapitre 4).

2 Embauche directe

L'employeur peut recruter à l'intérieur de son entreprise ou à l'extérieur par le biais de candidatures spontanées ou d'offres d'emploi publiées.

a. Rédaction de l'offre

L'employeur doit respecter les règles suivantes :
- l'offre d'emploi doit être datée et rédigée en français (sauf exceptions) ;
- elle ne doit pas mentionner de limite d'âge maximale sauf si la loi en fixe une ;
- elle ne doit pas comporter de mentions discriminatoires (sexe par exemple) ;
- elle ne doit pas comporter d'allégations fausses susceptibles d'induire en erreur portant sur la nature ou la disponibilité de l'emploi, la rémunération, le lieu de travail.

L'employeur qui ne respecte pas ces règles encourt des sanctions pénales.

Exemple

Mentionner « BBR » (bleu, blanc, rouge) sur une offre d'emploi pour le recrutement d'hôtesses pour une animation-vente de produits coiffants caractérise le **délit d'offre d'emploi discriminatoire (chambre criminelle de la Cour de cassation du 23 juin 2009)**.
En effet, selon la justice, la recherche d'animatrices a été faite sur la base de critères d'origine excluant les personnes non européennes ou de couleur. Sont condamnées la société auteur de l'offre d'emploi, les sociétés et la salariée qui l'avaient mise en œuvre.

b. Diffusion de l'offre

La vente d'offres ou de demandes d'emploi, quel que soit le support, est interdite. Il est cependant possible de diffuser l'offre d'emploi par voie de presse ou par tout autre moyen de communication payant accessible au public, comme la presse, l'affichage, Internet notamment.

Toute offre d'emploi publiée ou diffusée est datée.

B Liberté contrôlée dans la sélection des candidats

L'employeur est **libre d'embaucher** le candidat de son choix. Il est seul juge des besoins de son entreprise, du profil demandé ou des capacités requises.

Néanmoins les **méthodes de recrutement** qu'il va utiliser sont réglementées afin de protéger la personne des candidats : libertés individuelles et vie privée.

Trois règles principales assurent la protection du candidat en limitant la liberté de l'employeur : pertinence, loyauté, transparence.

1 Pertinence des informations demandées et méthodes de recrutement

a. Pertinence des informations

*Selon l'article L. 1221-6 du Code du travail, les informations demandées, sous quelque forme que ce soit, au candidat à un emploi ou à un salarié ne peuvent avoir comme **finalité** que d'apprécier sa capacité à occuper l'emploi proposé ou ses aptitudes professionnelles.*

*Ces informations doivent présenter un **lien direct et nécessaire** avec l'emploi proposé ou avec l'évaluation des aptitudes professionnelles.*

b. Pertinence des méthodes de recrutement

Les méthodes de recrutement relatives à l'investigation, à l'évaluation, au choix du candidat doivent être pertinentes au regard de la finalité poursuivie.

Exemple : Le recours à l'astrologie, à la numérologie, à la morphopsychologie n'a pas de pertinence scientifique et n'est donc pas valable.

Les tests de personnalité sont licites s'ils respectent les conditions ci-dessus : appréciation de l'aptitude du candidat à l'emploi proposé, information préalable…

L'essai professionnel est une épreuve, de courte durée en général, destinée à vérifier les aptitudes professionnelles du candidat à l'emploi.

Exemple

Le questionnaire d'embauche ne doit contenir que les questions autorisées.

Les questions autorisées concernent	Les questions interdites
- l'état civil - les diplômes - les antécédents professionnels - une clause de non-concurrence…	- vie privée - un éventuel état de grossesse - état de santé : taille, poids… - convictions religieuses - appartenance syndicale - opinions politiques - conditions de logement - emprunts souscrits

2 Obligation de loyauté du candidat

a. Principe

Si les informations correspondent aux critères demandés, le candidat est tenu d'y répondre de bonne foi. Toutefois on ne saurait reprocher à un salarié une omission ou une inexactitude dans la réponse à une question interdite.

b. Sanctions

Si le salarié répond de manière erronée, l'employeur peut le licencier pour faute ou obtenir la nullité du contrat s'il prouve le dol (voir *infra* Titre 3).

Jurisprudence

Cass. soc. 30 mars 1999
Une salariée fournit des renseignements inexacts concernant ses diplômes lors de son embauche. L'employeur invoque une faute grave et la licencie. Les juges répondent que si le candidat ne répond pas de bonne foi ou s'il répond par des imprécisions, il risque un licenciement pour faute s'il s'avère qu'il n'avait pas les compétences requises pour exercer les fonctions pour lesquelles il a été recruté.

Cass. soc. 17 octobre 1995
Un salarié embauché comme professeur de techniques commerciales avait prétendu qu'il était titulaire d'un DESS et d'une formation de « l'École supérieure de commerce ». Il avait été choisi parmi d'autres candidats car ces deux critères étaient déterminants pour l'employeur. Les juges ont admis le dol et ont annulé le contrat.

Cass. soc. 21 septembre 2005
Un candidat ne doit révéler ses problèmes de santé ou son handicap qu'au médecin lors de la visite médicale d'embauche. L'employeur ne peut invoquer le dol du salarié quant à son handicap puisque ce dernier n'a pas à lui révéler.

Cass. soc. 15 janvier 2014
Une association peut rompre brutalement et sans qu'il y ait abus la période d'essai d'un directeur du fait d'un mensonge sur son CV (dissimulation des informations de nature à porter atteinte à la notoriété et la sécurité de l'établissement)

3 Principe de transparence dans la collecte des informations

Le candidat à un emploi doit être expressément **informé**, préalablement à leur mise en œuvre, des méthodes et des techniques d'aide au recrutement utilisées à son égard. Les résultats obtenus doivent rester confidentiels.

Aucune information ne peut être collectée par une disposition qui n'aurait pas été portée préalablement à la connaissance du candidat.

Le comité social et économique doit être informé de l'utilisation de ces méthodes et techniques.

Si l'organisme qui a mis en place ce système a désigné un Délégué à la protection des données (DPO), ce dernier doit être associé à la mise en œuvre du système de collecte de données. Si le dispositif doit faire l'objet d'une analyse d'impact (AIPD), le DPO doit y être associé.

Exemple : Demande de renseignement à l'ancien employeur du salarié.

C Atteintes à la liberté d'embauche

1 Principe de non discrimination à l'embauche

- L'employeur ne peut pas rejeter la candidature d'un salarié pour des motifs discriminatoires, que les **discriminations à l'embauche** soient directes ou indirectes.

L'article L. 1132-1 du Code du travail énumère les discriminations interdites :

Aucune personne ne peut être écartée d'une procédure de recrutement ou de nomination ou de l'accès à un stage ou à une période de formation en entreprise, aucun salarié ne peut être sanctionné, licencié ou faire l'objet d'une mesure discriminatoire, directe ou indirecte, telle que définie à l'article 1er de la loi n° 2008-496 du 27 mai 2008 portant diverses dispositions d'adaptation au droit communautaire dans le domaine de la lutte contre les discriminations, notamment en matière de rémunération, au sens de l'article L. 3221-3, de mesures d'intéressement ou de distribution d'actions, de formation, de reclassement, d'affectation, de qualification, de classification, de promotion professionnelle, de mutation ou de renouvellement de contrat en raison de son origine, de son sexe, de ses mœurs, de son orientation sexuelle, de son identité de genre, de son âge, de sa situation de famille ou de sa grossesse, de ses caractéristiques génétiques, de la particulière vulnérabilité résultant de sa situation économique, apparente ou connue de son auteur, de son appartenance ou de sa non-appartenance, vraie ou supposée, à une ethnie, une nation ou une prétendue race, de ses opinions politiques, de ses activités syndicales ou mutualistes, de son exercice d'un mandat électif, de ses convictions religieuses, de son apparence physique, de son nom de famille, de son lieu de résidence ou de sa domiciliation bancaire, ou en raison de son état de santé, de sa perte d'autonomie ou de son handicap, de sa capacité à s'exprimer dans une langue autre que le français.

Jurisprudence

Cass. soc. 18 janvier 2012

La directrice adjointe d'une cafétéria Casino a informé Mme X, candidate à un emploi d'employée de restauration, « chaudement recommandée » par la direction d'un autre établissement, qu'elle ne pouvait l'engager immédiatement car la directrice lui avait indiqué qu'elle « ne faisait pas confiance aux maghrébines ». La cour de cassation a jugé qu'il y avait discrimination raciale.

CA Paris 7 juin 2004

Refuser l'embauche d'une salariée d'origine africaine, dans un institut d'esthétique, en raison de la couleur de sa peau.

>>>

>>> *Cass. soc. 21 septembre 2005*
Une salariée a pris ses fonctions avant la visite médicale d'embauche qui a révélé son handicap et la nécessité d'aménager le poste de travail et les horaires. L'employeur met fin au contrat au motif que l'état de santé de la salariée ne lui permettait pas d'assurer les fonctions pour lesquelles elle avait été embauchée. Cette rupture du contrat est nulle car discriminatoire.
CJCE 10 juillet 2008
Le fait pour un employeur de déclarer publiquement qu'il ne recrutera pas de travailleurs immigrés constitue une discrimination directe à l'embauche. Selon la Cour de Justice des communautés européennes, ces déclarations ont pour effet de dissuader certains candidats de déposer leur candidature et de les empêcher d'accéder au marché du travail. Il s'agit d'une discrimination même la victime n'est pas identifiable.

- L'employeur doit respecter le principe d'égalité de traitement entre les hommes et les femmes. Les différences de traitement ne sont admises que si elles répondent à une exigence professionnelle essentielle et déterminante et pour autant que l'objectif soit légitime et l'exigence proportionnée (art. L. 1133-1 du Code du travail).
- Aucun candidat à un recrutement ne peut être écarté de la procédure d'embauche pour avoir subi ou refusé de subir des agissements de harcèlement sexuel.

L'employeur encourt des **sanctions civiles**. Il devra verser des dommages intérêts au salarié pour réparer le préjudice subi. En revanche, si le processus de recrutement a déjà abouti et que la rupture intervient une fois le contrat de travail établi, la rupture est nulle. Le salarié victime de discrimination peut saisir le Défenseur des droits (*ex.* Halde). L'employeur encourt également des **sanctions pénales** dans le cas où il commet un **délit de discrimination**[1].

2 Les contraintes d'emploi et les priorités d'emploi

Avant de procéder au recrutement, l'employeur doit vérifier si des salariés doivent être réintégrés ou si d'autres ne bénéficient pas de priorité d'embauche.

a. Les interdictions d'embaucher

- Des jeunes de moins de 16 ans
  L'employeur ne peut embaucher un jeune avant l'âge de 16 ans sauf dérogations.
- Un salarié lié à son ancien employeur par une clause de non-concurrence.
- Des étrangers

Il lui est également interdit d'embaucher un étranger non communautaire qui n'est pas muni d'une autorisation de travail.

L'employeur doit vérifier l'existence du titre permettant au salarié étranger de travailler.

b. Les priorités d'emploi ou de réembauchage

Certains salariés jouissent d'une priorité. Ce sont principalement :

- les salariés licenciés pour motif économique qui ont priorité sur un emploi disponible durant un délai d'un an à compter de leur licenciement ;
- les salariés à temps partiel qui souhaitent travailler à temps complet et inversement ;
- les salariés qui travaillent de nuit et souhaitent un poste de jour et inversement ;
- les salariés à l'issue d'un congé de maternité ou d'adoption, d'un congé parental d'éducation, d'un congé de présence parental (en cas de maladie grave d'un enfant) retrouvent leur emploi ou un emploi équivalent assorti d'une rémunération au moins équivalente ;
- les salariés à l'issue d'un congé sabbatique ou d'un congé pour création d'entreprise retrouvent leur emploi ou un emploi similaire assorti d'une rémunération équivalente.

1 Passible de 3 ans d'emprisonnement et 45 000 € d'amende.

3 Obligation d'emploi des handicapés

a. Principe

Dans les entreprises d'au moins 20 salariés, l'employeur a l'obligation d'embaucher des handicapés à temps plein ou partiel dans la limite de 6 % de l'effectif total (taux minimum) au 31 décembre de l'année considérée. Ces personnes peuvent être embauchées en contrat à durée indéterminée ou déterminée, à temps plein ou à temps partiel, mais également dans le cadre des contrats d'apprentissage, ou des contrats de professionnalisation.

Les entreprises de moins de 20 salariés ont l'obligation de déclarer leur effectif total de bénéficiaires de l'obligation d'emploi des travailleurs handicapés (BOETH).

b. Exceptions

Il existe cependant une **alternative à l'embauche** de salariés handicapés. L'employeur peut s'acquitter de cette obligation légale par d'autres moyens :

- l'employeur peut s'acquitter partiellement de l'obligation d'emploi en accueillant en stage ou pour des périodes de mise en situation en milieu professionnel, des personnes handicapées ; les stages de collégiens en situation de handicap sont pris en compte également ;
- versement d'une contribution financière annuelle dont le montant varie avec l'effectif de l'entreprise à **l'Association de gestion du fonds pour l'insertion professionnelle des handicapés** (AGEFIPH)
- conclusion de contrats de sous-traitance avec des entreprises adaptées, des centres de distribution de travail à domicile, des établissements ou des services d'aide par le travail (ESAT) des travailleurs handicapés indépendants ;
- application d'un accord de branche ou d'entreprise prévoyant la mise en œuvre d'un programme en faveur des **travailleurs handicapés**.

D Promesse d'embauche

La procédure de recrutement peut aboutir à la conclusion d'une promesse d'embauche lorsque l'exécution du contrat n'est pas immédiate ou à l'inverse directement à la conclusion d'un contrat de travail.

Dans deux arrêts du 21 septembre 2017, la chambre sociale de la Cour de cassation revient sur sa jurisprudence en matière de **promesse d'embauche**. Dorénavant, elle distingue l'**offre de contrat de travail** de la **promesse unilatérale de contrat de travail**. La différence fondamentale entre les deux est l'intention de l'employeur de s'engager ou non.

	Offre d'emploi	Promesse unilatérale de contrat de travail
Contenu Obligatoire	- Emploi - Rémunération - Date d'entrée en fonction - Expression de l'émetteur de l'offre d'être lié en cas d'acceptation	- Emploi - Date d'entrée en fonctions - Rémunération (de préférence)
Rétractation Possible de l'émetteur	Oui : - Si offre non parvenue au destinataire - Soit dans le délai imparti de l'offre - Soit si absence de délai imparti dans un délai raisonnable	Non
Existence d'un contrat de travail	Non En cas d'acceptation, doit établir un contrat de travail	Oui La promesse acceptée vaut contrat de travail
Responsabilité possible	Responsabilité extracontractuelle (Fait, préjudice, lien de causalité)	Responsabilité contractuelle – existence d'un contrat de travail - risque de licenciement sans cause réelle et sérieuse

En cas de fraude dans la conclusion d'une promesse d'embauche, celle-ci doit être annulée (Cass. soc. 7 mars 2018, n° 16-17.303).

3 Les conditions de formation du contrat

Le recrutement du salarié est constaté juridiquement par la formation d'un contrat de travail valide. Il suppose, comme pour tout contrat, **un accord de volonté des deux parties**.

Selon l'article L. 1221-1 du Code du travail : « *Le contrat de travail est soumis aux règles du droit commun. Il peut être constaté dans les formes qu'il convient aux parties contractantes d'adopter.* »

Cependant, cet accord de volonté est quelque peu déséquilibré en faveur de l'employeur. Le salarié n'est pas vraiment libre de discuter les termes du contrat. Le contrat de travail est un contrat d'adhésion. Des conditions de fond et des conditions de forme doivent être respectées pour assurer la validité du contrat.

A Les conditions de fond du contrat de travail

Selon le droit commun des contrats (droit civil), les conditions de validité du contrat de travail sont celles prévues à l'article 1108 du Code civil : consentement de la partie qui s'oblige, capacité de contracter, objet certain et cause licite.

1 Le consentement

Le contrat de travail est un contrat consensuel qui se forme par l'échange des consentements. Le droit civil protège l'intégrité du consentement. Pour que le contrat soit valable, le consentement doit être exempt de vices : erreur, dol, violence.

a. L'erreur

En matière de contrat de travail, elle peut porter sur la personne de l'employeur (erreur du salarié) ou sur la personne du salarié (l'employeur croit embaucher une autre personne). Dans la mesure où elle est **déterminante**, elle peut entraîner l'annulation du contrat, conclu quant à la personne du salarié (*intuitu personae*).

Cependant, la jurisprudence ne prononce que rarement la nullité du contrat pour erreur émanant de l'employeur. En effet, l'employeur dispose de moyens pour s'assurer si le salarié a les aptitudes et les capacités requises pour le poste à pourvoir. La nullité ne peut intervenir que si l'erreur de l'employeur est excusable.

> Exemple
>
> **Une erreur inexcusable**
> Un employeur embauche un ancien président du conseil d'administration d'une société anonyme sans se renseigner sur ce candidat qui venait de déposer le bilan de sa société. L'erreur est inexcusable car l'employeur pouvait facilement obtenir ce renseignement, le nom de la société figurant dans le curriculum vitæ.

b. Le dol

Le **dol** consiste en manœuvres destinées à tromper. Il n'est cause de nullité du contrat que s'il a été **déterminant** du consentement c'est-à-dire que l'employeur n'aurait pas choisi ce candidat s'il avait su la vérité.

La **nullité** peut être obtenue même si le salarié possédait en fait les qualités voulues pour le poste. L'employeur plutôt que d'invoquer la nullité du contrat peut licencier le salarié pour faute à condition que ce dernier n'ait pas les capacités requises pour le poste.

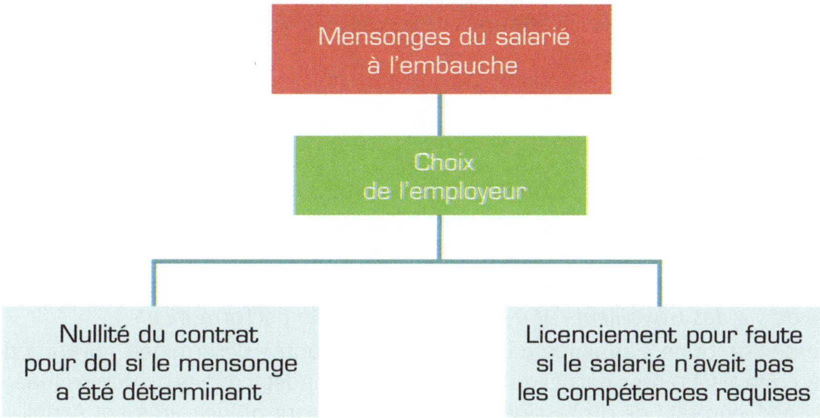

> Jurisprudence
>
> *Cass. soc. 16 février 1999*
> ***La simple mention dans le curriculum vitae d'une expérience professionnelle imprécise et susceptible d'être interprétée de façon erronée par l'employeur n'est pas un dol car l'employeur a toujours la possibilité, lors de l'entretien, d'obtenir des précisions et de vérifier l'exactitude des mentions.***
> *Cass. soc. 25 novembre 2015*
> ***Un salarié, engagé comme directeur régional des ventes, est licencié pour faute grave pour avoir dissimulé, lors de son embauche, la réalité de sa situation professionnelle. Il avait, à trois reprises, fait croire qu'il avait exercé les fonctions de « strategic account manager » dans une entreprise concurrente. Ce fait avait été déterminant pour l'employeur. Selon la cour, il s'agit de manœuvres dolosives pouvant justifier le licenciement.***

c. La violence

Le contrat de travail est un contrat d'adhésion. Il peut y avoir **violence** morale lorsque l'employeur fait pression sur le salarié, en abusant de son autorité, pour obtenir, par exemple la transformation du contrat de travail en contrat de mandat.

2 La capacité

Bien que l'âge d'accès au travail soit de 16 ans, pour conclure un contrat de travail, il faut être majeur. Le mineur doit donc obtenir l'autorisation de son représentant légal (père, mère ou tuteur). Cependant, il est admis que la simple connaissance de l'engagement et l'absence d'opposition des parents valent autorisation tacite.

3 Le contenu du contrat

L'objet doit être licite. Pour l'employeur, c'est le versement du salaire. Pour le salarié, la prestation de travail. Le montant du salaire et la prestation de travail sont fonction de la qualification professionnelle et de l'emploi occupé.

Salaire, **qualification** et **emploi** doivent être nettement précisés dans le contrat et figurent sur le bulletin de paie.

La cause doit être licite et morale.

> **Exemple :** Un contrat de travail conclu pour maintenir des relations adultères peut être annulé pour cause contraire aux bonnes mœurs.

4 Sanctions des conditions de fond

L'absence de l'une des conditions essentielles de validité du contrat conduit à son annulation. Toutefois celle-ci ne saurait être rétroactive, le contrat de travail étant à exécution successive. L'employeur ne peut restituer les prestations de travail qu'il a obtenues, et le salarié ne peut être tenu de rembourser la rémunération.

B Les conditions de forme

1 Principe

Selon l'article L. 1221-1 du Code du travail : « *Le contrat de travail peut être constaté dans les formes qu'il convient aux parties contractantes d'adopter.* »

Le contrat à durée indéterminée évoqué dans le droit du travail français mais aussi dans la directive européenne du 28 juin 1999 est « *la forme générale de la relation de travail et contribue à la qualité de vie des travailleurs et à l'amélioration de la performance* ».

Ce principe de liberté ne s'applique pas aux contrats à durée déterminée, contrats de travail temporaire, contrats à temps partiel qu'ils soient à durée indéterminée ou déterminée, contrats d'apprentissage, contrats de professionnalisation, ... qui sont obligatoirement écrits.

Le contrat à durée indéterminée n'est donc soumis à aucune condition de forme. C'est un contrat consensuel. L'écrit n'est pas une condition de validité. La formation du contrat résulte donc du seul échange des consentements des parties. Il peut donc être conclu oralement.

2 Un formalisme de protection

Il est cependant nécessaire de protéger le salarié en lui fournissant dès l'embauche un certain nombre de renseignements par écrit.

a. Information écrite relative aux éléments essentiels du contrat

L'article L. 1221-5-1 du Code du travail précise que l'employeur remet au salarié un ou plusieurs documents écrits contenant les informations principales relatives à la relation de travail. Un salarié qui n'a pas reçu les informations mentionnées au premier alinéa ne peut saisir le juge compétent afin de les obtenir qu'après avoir mis en demeure son employeur de lui communiquer les documents requis ou, le cas échéant, de compléter les documents remis. Une directive européenne du 14 octobre 1991 oblige l'employeur à fournir au salarié, dans les deux mois de l'embauche, un document contenant des informations écrites sur les principaux éléments de la relation de travail.

La directive prévoit que le salarié doit être informé par écrit des éléments essentiels du contrat de travail : identité des parties, lieu de travail, emploi occupé, salaire, durée du travail...

Cette information peut se faire par un contrat constaté par acte sous seing privé, ou par une lettre d'engagement adressée par l'employeur au salarié en double exemplaire. Ce dernier en retourne un exemplaire après l'avoir signé. Elle peut résulter également d'une copie de la déclaration préalable à l'embauche (voir *infra*) ou d'un bulletin de paie. Il est également admis que le contrat de travail puisse être conclu par Internet.

b. Information des salariés par affichage

Il s'agit principalement :

- de l'intitulé et des références de la convention collective applicable, ainsi que du lieu où elle peut être consultée dans l'entreprise ;
- du règlement intérieur...

c. Autres informations

L'employeur doit informer, par tout moyen, le salarié des articles du code pénal relatifs à la discrimination, au harcèlement sexuel et moral. Il doit informer les salariés sur les actions contentieuses civiles et pénales ouvertes en matière de harcèlement sexuel et des coordonnées des autorités et services compétents. Le salarié est informé qu'il bénéficie tous les deux ans d'un entretien professionnel avec son employeur consacré à ses perspectives d'évolution professionnelle.

Si l'entreprise propose un dispositif d'intéressement, de participation, un plan d'épargne entreprise, un plan d'épargne interentreprises ou un plan d'épargne pour la retraite collectif, le salarié reçoit, lors de la conclusion de son contrat de travail, un **livret d'épargne salariale** présentant les dispositifs mis en place au sein de l'entreprise (Voir Chapitre 14).

3 Un formalisme de contrôle : les formalités d'embauche

Des règles imposent à l'employeur de déclarer l'embauche du nouveau salarié afin de lutter contre le travail dissimulé.

a. Déclaration préalable à l'embauche

Selon l'article L. 1221-10 du Code du travail : « *l'embauche d'un salarié ne peut intervenir qu'après déclaration nominative effectuée par l'employeur auprès des organismes de protection sociale* ».

L'employeur doit adresser à l'URSSAF une déclaration préalable à l'embauche (qui a fusionné avec la déclaration unique d'embauche), au plus tôt huit jours avant l'embauche et au plus tard au moment de la mise au travail.

La déclaration préalable à l'embauche permet à l'employeur de faire une seule déclaration pour neuf formalités notamment la demande d'immatriculation du salarié à la Sécurité sociale, la déclaration nominative préalable à l'embauche, la demande d'affiliation au régime d'assurance chômage...

L'employeur doit fournir au salarié une copie de la déclaration préalable à l'embauche (DPAE) ou de l'accusé de réception délivré par l'organisme destinataire de cette déclaration (Urssaf notamment).

Des formalités simplifiées s'appliquent dans les petites et très petites entreprises.

Le **titre emploi service entreprise (TESE)** pour les entreprises de moins de 20 salariés ou, quel que soit l'effectif, celles qui emploient des salariés occasionnels (moins de 100 jours de Travail par an).

L'employeur qui utilise le titre emploi service entreprise est réputé satisfaire les formalités obligatoires concernant notamment la déclaration d'embauche, le contrat de travail, le certificat de travail, le bulletin de paye.

Chèque emploi associatif : pour les associations qui emploient au plus 9 salariés.

b. Inscription sur le registre unique du personnel

La tenue d'un registre du personnel est obligatoire dans les entreprises qui emploient des salariés (sauf pour les particuliers employeurs et les associations ayant recours au chèque emploi associatif). Il est tenu à la disposition des délégués du personnel et de l'inspecteur du travail.

Il peut être tenu sur un support informatique après consultation des représentants du personnel.

c. Visite d'information et de prévention

L'employeur doit faire procéder à une **visite d'information et de prévention** dans les trois mois à compter de la prise effective du poste de travail par le salarié. Cette visite est effectuée par le médecin du travail (ou un médecin collaborateur, un interne en médecine du travail ou un infirmier). Elle a pour objet d'interroger le salarié sur son état de santé, de l'informer sur les risques éventuels de son travail, de le sensibiliser sur les moyens de prévention à mettre en œuvre, de l'informer sur les modalités de suivi de son état de santé...

À l'issue de la visite, le professionnel de santé délivre une attestation de suivi au salarié et à l'employeur.

Les salariés affectés à un poste présentant des risques particuliers pour leur santé, leur sécurité ou pour celles de leurs collègues ou des tiers évoluant dans le même environnement de travail que lui ainsi que les jeunes de moins de 18 ans affectés à des travaux dangereux bénéficient d'un **suivi médical individuel renforcé**.

4 La répression du travail dissimulé

Le « **travail clandestin** » ou **travail dissimulé** fait échapper une grande partie de l'activité économique aux règles de solidarité car il grève les comptes publics et contribue à l'accroissement des inégalités. Il constitue donc un véritable enjeu de société et a toujours été sanctionné à ce titre. C'est pourquoi la lutte contre le travail illégal a été reconnue comme une priorité de l'action du gouvernement.

a. Définition

Le délit de travail dissimulé comprend deux volets :

- La dissimulation d'activité (article L. 8221-3 du Code du travail)

  Lorsque l'employeur dissimule intentionnellement son activité en ne requérant pas son immatriculation au répertoire des métiers ou au registre du commerce et des sociétés ou ne procède pas aux déclarations qui doivent être faites aux organismes de protection sociale ou à l'administration fiscale.
- La dissimulation d'emploi salarié (article L. 8221-5 du Code du travail)

  Lorsque l'employeur se soustrait intentionnellement à l'accomplissement de la formalité liée à la déclaration préalable à l'embauche ; lorsqu'il se soustrait intentionnellement à la délivrance d'un bulletin de paie ou d'un document équivalent défini par voie réglementaire, ou de mentionner sur le bulletin de paie ou le document équivalent un nombre d'heures de travail inférieur à celui réellement accompli ; lorsqu'il se soustrait intentionnellement aux déclarations relatives aux salaires ou aux cotisations sociales assises sur ceux-ci auprès des organismes de recouvrement des contributions et cotisations sociales ou de l'administration fiscale.

b. Contrôle

Les personnes habilitées pour rechercher et constater la dissimulation d'emploi salarié sont les inspecteurs du travail, les contrôleurs de travail, les officiers et agents de police judiciaire, les agents des impôts et des douanes, les contrôleurs agréés des Urssaf. Ils peuvent dresser un procès-verbal qui sera transmis au parquet.

Ces personnes doivent signaler aux organismes de protection sociale l'exercice d'une activité dissimulée par un salarié qui a accepté, dans un but frauduleux, les conditions de cette activité.

c. Sanctions à l'égard de l'employeur

Afin de lutter efficacement contre le travail dissimulé, l'employeur encourt des sanctions lourdes dans trois domaines :

- **pénal** : l'employeur encourt une peine d'emprisonnement et d'amende [2].
- **civil** : Selon l'article L. 8223-1 du Code du travail, le salarié non déclaré a droit, en cas de rupture de son contrat de travail, à une indemnité forfaitaire égale à six mois de salaire ou plus selon les conventions collectives.

Cette indemnité se cumule avec **toutes** les indemnités de rupture.

De plus, les organismes de recouvrement (Urssaf, MSA) procèdent à l'annulation totale des exonérations de cotisations ou contributions attribuées dans la limite de cinq ans ainsi qu'au redressement et au recouvrement des cotisations dues.

- **administratif** : les employeurs coupables de travail dissimulé peuvent être privés pendant cinq ans des différentes aides publiques à l'emploi ou à la formation professionnelle (dans le cadre des contrats d'apprentissage, des contrats de professionnalisation...).

Ils risquent également d'avoir à rembourser les aides publiques déjà perçues sur les 12 derniers mois. Ils peuvent être exclus des contrats publics pour 6 mois maximum. Ils encourent enfin la fermeture administrative temporaire de leur établissement.

d. Sanctions à l'égard du salarié dissimulé

Dans le cas très particulier où le salarié a accepté, de **manière intentionnelle**, de travailler sans être déclaré pour obtenir indûment des allocations de chômage ou des prestations sociales, les organismes de Sécurité sociale et France Travail doivent appliquer diverses sanctions comme par exemple rétention des indemnités journalières (pour la Sécurité sociale), suppression du revenu de remplacement (pour France Travail)...

Exemple

Le 9 avril 2010, le tribunal correctionnel de Créteil a reconnu coupable EasyJet, la compagnie aérienne britannique à bas coût, immatriculée à Jersey, de travail dissimulé pour avoir employé 170 salariés sous statut britannique à l'aéroport d'Orly. Poursuivie pour travail dissimulé, entraves aux organes de représentation du personnel et défaut d'immatriculation, la compagnie a été condamnée à payer une amende de 150 000 €. Elle devra également payer 1,4 million d'euros à Pôle Emploi (France Travail) à titre de dommages et intérêts.

4 Clauses du contrat de travail

Le principe de la liberté contractuelle permet à l'employeur de choisir le contenu du contrat et d'individualiser les modalités d'exécution du travail pour les adapter aux besoins de l'entreprise, par le biais de clauses. Les clauses du contrat de travail permettent de renforcer la subordination du salarié mais doivent être rédigées dans le respect de l'ordre public.

Certaines clauses sont interdites. Le contrat de travail peut compter un certain nombre de clauses spécifiques relatives à l'exécution du contrat ou à sa rupture : clause de période d'essai, clause de non concurrence, clause de mobilité...

2 Trois ans d'emprisonnement et 45 000 € d'amende.

A Les clauses interdites

Clauses interdites parce que contraires à l'ordre public. La sanction est la nullité de la clause ou du contrat.

Si la clause illicite a été déterminante pour les parties au moment de la conclusion du contrat, elle entraîne en principe la nullité de la totalité du contrat. Si la clause illicite est accessoire, sa nullité n'entraîne pas celle du contrat : les dispositions de la clause sont privées d'effet.

Parmi les clauses interdites on peut citer :

Les clauses couperet	Sont nulles et de nul effet toute disposition d'une convention ou d'un accord collectif de travail et toute clause d'un contrat de travail prévoyant une rupture de plein droit du contrat de travail d'un salarié en raison de son âge ou du fait qu'il soit en droit de bénéficier d'une pension de vieillesse.
Les clauses d'indexation	Sont interdites toutes clauses indexant le salaire sur le Smic le niveau général des prix, le niveau général des salaires, le prix des biens et services sans rapport avec l'activité de l'entreprise.
Les clauses attributives de juridiction	Il est interdit de prévoir une compétence autre que celle des conseils de prud'hommes.
Les clauses compromissoires	Clauses par lesquelles les parties conviennent à l'avance de soumettre à un arbitre tout litige éventuel qui naîtrait de l'exécution du contrat.
Les clauses portant atteinte aux droits fondamentaux et à la vie privée	Nul ne peut apporter aux droits des personnes et aux libertés individuelles et collectives des restrictions qui ne seraient pas justifiées par la nature de la tâche à accomplir ni proportionnées au but recherché. Exemple : clause de célibat.
Autres clauses contraires à l'ordre public	Toute clause dérogeant à une disposition d'ordre public sera considérée comme nulle. Exemples : clauses qui dérogeraient aux dispositions relatives au Smic, à la durée des congés payés, aux règles protectrices des représentants du personnel.

B La période d'essai

La période d'essai est toujours facultative. Elle peut faire l'objet d'une clause du contrat.

1 Définition et finalité

La **période d'essai**, d'une durée variable, se situe au début du contrat de travail. Pendant cette période le contrat peut être rompu unilatéralement par l'une ou l'autre partie sans formalité, ni indemnité. Cette rupture n'est ni un licenciement, ni une démission.

> La période d'essai permet à l'employeur d'évaluer les compétences du salarié dans son travail, notamment au regard de son expérience, et au salarié d'apprécier si les fonctions occupées lui conviennent. (Art. L. 1221-20 du Code du travail)

L'employeur qui connaît déjà les compétences professionnelles du salarié ne peut pas lui imposer une nouvelle période d'essai.

Exemple

En cas d'embauche dans l'entreprise dans les trois mois suivant l'issue du stage intégré à un cursus pédagogique réalisé lors de la dernière année d'études, la durée de ce stage est déduite de la période d'essai, sans que cela ait pour effet de réduire cette dernière de plus de la moitié. Lorsque cette embauche est effectuée dans un emploi en correspondance avec les activités qui avaient été confiées au stagiaire, la durée du stage est déduite intégralement de la période d'essai.
Selon un arrêt de la cour de cassation du 9 octobre 2013, lorsque le salarié a été, après l'échéance du terme de son contrat à durée déterminée, engagé par contrat à durée indéterminée, la durée du >>>

>>> ou des contrats à durée déterminée est déduite de la période d'essai éventuellement prévue dans le nouveau contrat de travail. Il importe peu que le salarié ait occupé le même emploi, en exécution de différents contrats.
L'employeur recouvre la possibilité d'imposer une période d'essai lorsque les fonctions liées au nouveau poste diffèrent du ou des postes occupés auparavant.
La période d'essai doit être distinguée du test professionnel qui a lieu avant la décision d'embauche.

2 La période d'essai ne se présume pas

Pour exister, elle doit être expressément stipulée dans la lettre d'engagement ou dans le contrat de travail.

3 Conséquences d'une modification importante du contrat de travail sur la période d'essai

a. Nouvelle fonction du salarié

Un changement de fonction ne justifie plus une période d'essai mais une période probatoire.

Depuis une décision de la Cour de cassation du 30 mars 2005, deux périodes permettent dorénavant de tester les aptitudes professionnelles d'un salarié : l'essai, nécessairement situé en début de contrat et dont la rupture est libre ; la **période probatoire** stipulée lors d'un changement de poste et dont le caractère est non satisfaisant ne permet plus la rupture du contrat. L'employeur qui méconnaît cette distinction en rompant le contrat du fait du caractère non satisfaisant de la période probatoire s'expose à une condamnation pour licenciement sans cause réelle et sérieuse.

Jurisprudence

Cass. soc. 30 mars 2005
« Si, en cours de contrat, les parties peuvent convenir, à l'occasion d'un changement d'emploi d'une période probatoire, la rupture de celle-ci ne peut concerner le contrat de travail et a pour effet de replacer le salarié dans ses fonctions antérieures. »
Cass. soc. 20 octobre 2010
En cas de changement de fonctions, l'avenant stipulant une période probatoire pour l'exercice des nouvelles fonctions, met obligatoirement fin à la période d'essai prévue dans le contrat de travail du salarié engagé pour occuper d'autres fonctions.

b. Changement de poste entre deux sociétés du groupe

Le passage d'un salarié entre deux sociétés d'un même groupe peut s'accompagner d'une période d'essai.

c. Conséquences du transfert d'entreprise

Dans l'hypothèse d'un transfert d'entreprise entraînant un changement légal d'employeur, le nouvel employeur ne peut pas imposer aux salariés une période d'essai aux salariés repris.

4 La durée

Dans le cas du CDI, la durée de la période d'essai est librement fixée dans la lettre d'engagement ou dans le contrat de travail sans dépasser les limites maximales légales :

- 2 mois pour les ouvriers, employés,
- 3 mois pour les agents de maîtrise,
- 4 mois pour les cadres.

Ces durées ont un caractère impératif mais le contrat de travail, la lettre d'engagement ou un accord de branche pourront prévoir des durées plus courtes. La durée doit être en relation avec le temps nécessaire pour tester les aptitudes d'un salarié compte tenu de sa qualification et de l'emploi proposé.

À noter La loi du 9 mars 2023 a supprimé l'application des périodes d'essai prévues par la convention collective de branche plus longues que celles prévues par la Loi. Cette disposition est applicable à compter de septembre 2023.

La période d'essai débute au premier jour d'exécution du travail soit à la date d'embauche.

Exemple : Un séminaire de formation imposé par l'employeur au début de la période d'essai n'en diffère pas le point de départ.

La période d'essai se calcule en jours entiers et calendaires (pas de notion de jours ouvrés ou ouvrables).

Exemple : Une période d'essai d'un mois qui commence le 1er mars prend fin le 31 mars à minuit.

Le salarié doit être informé de la rupture de la période d'essai avant la fin de l'essai.

Jurisprudence

Cass. soc. 10 mai 2012
Selon l'article L. 1221-21 du Code du travail, l'employeur peut fixer une durée de période d'essai plus longue que celle prévue par la loi lorsque cette période résulte d'un accord de branche conclu avant le 26 juin 2008. Mais dans ce cas, la durée de la période d'essai ne doit pas être déraisonnable. En l'espèce, a été jugée comme déraisonnable, une durée de 6 mois de période d'essai pour une salariée engagée en tant qu'assistante commerciale dans une banque.

5 Prolongation ou renouvellement de la période d'essai

Si l'employeur n'a pas disposé du temps nécessaire pour juger des capacités du salarié, il peut soit prolonger, soit renouveler la période d'essai. Cependant les juges de la Cour de cassation imposent des conditions strictes afin de protéger le salarié.

a. La prolongation

Il y a prolongation de la période d'essai en cas de suspension du contrat de travail pendant l'exécution de la période d'essai (arrêt de travail pour maladie, accident du travail, congés pour événements familiaux, congés sans solde, fermeture de l'entreprise...). La période d'essai peut être prolongée de la durée de la suspension.

La prolongation s'opère pour une durée égale à celle de la suspension : il faut prendre en compte tous les jours du calendrier inclus dans la période de suspension, les jours ouvrables aussi bien que les dimanches et les jours fériés (durée calendaire).

b. Le renouvellement

Le renouvellement intervient à l'issue de la durée de la période d'essai initialement prévue.

Le renouvellement est dangereux pour le salarié puisqu'il prolonge sa précarité. C'est pourquoi il n'est possible qu'à certaines conditions légales et jurisprudentielles.

- La période d'essai peut être renouvelée **une seule fois** et à **deux conditions** :
  - si la possibilité de renouvellement a été prévue par un accord de branche étendu qui en fixe les conditions et les durées ;
  - et si elle a été prévue par la lettre d'engagement ou le contrat de travail, dès l'origine.
- La durée de renouvellement ne peut pas excéder les durées légales maximales :
  - 4 mois pour les ouvriers et employés,
  - 6 mois pour les agents de maîtrise et techniciens,
  - 8 mois pour les cadres.
- Le salarié doit **accepter le renouvellement**, sa volonté doit être claire et non équivoque.

Jurisprudence

Cass. soc. 26 septembre 2012
Lorsque la convention collective ne prévoit pas la possibilité de renouveler la période d'essai, la clause du contrat de travail prévoyant son éventuel renouvellement est nulle. La rupture du contrat en résultant s'analyse en un licenciement sans cause réelle et sérieuse.
Cass. soc. 28 novembre 2012
La période d'essai ne peut être renouvelée si le contrat de travail ne le prévoit pas.
Cass. soc. 27 juin 2018
Le renouvellement doit nécessairement avoir pour objet d'apprécier les compétences du salarié.

6 Rupture de la période d'essai

L'intérêt de la période d'essai est sa liberté de rupture. Celle-ci ne doit cependant pas être abusive.

a. Principe : liberté de rupture

Dès lors que la période d'essai n'est pas terminée, l'employeur ou le salarié est libre de la rompre à tout moment, sans procédure et sans motif.

Cependant l'auteur de la rupture (employeur ou salarié) doit respecter un délai de prévenance dont la durée est fonction du temps de présence du salarié dans l'entreprise.

Présence du salarié dans l'entreprise	Délai de prévenance	
	Rupture par l'employeur	Rupture par le salarié
7 jours max	24 heures	24 heures
Entre 8 jours et 1 mois	48 heures	48 heures
Plus d'un mois	2 semaines	48 heures
Plus de 3 mois	1 mois	48 heures

La période d'essai, renouvellement inclus, ne peut être prolongée du fait de la durée du délai de prévenance.

L'employeur n'est pas tenu d'indiquer le motif de la rupture mais ce dernier doit exister et être inhérent à la personne du salarié.

Lorsque l'employeur met fin à la période d'essai avant son terme, la rupture ne s'analyse pas en un licenciement, même si l'employeur n'a pas respecté le délai de prévenance (Cass. soc. 23 janvier 2013).

Si l'employeur veut rompre la période d'essai avant la fin de la période et si le délai de prévenance se poursuit au-delà du terme, il doit libérer le salarié au terme et verser une indemnité pour les jours restants (Cass. soc. 5 novembre 2014).

Si l'employeur met fin au contrat durant le terme de la période d'essai sans respecter le délai de prévenance, il doit verser au salarié une indemnité égale aux salaires correspondant à la durée manquante du délai de prévenance (ordonnance du 26 juin 2014).

b. Limites à la liberté de rupture

Plusieurs contraintes pèsent sur l'employeur.

- En cas de rupture pour motif disciplinaire, l'employeur doit respecter la procédure disciplinaire.

Jurisprudence

Cass. soc. 10 mars 2004
Si l'employeur peut sans motif ni formalité mettre fin à la période d'essai, il doit lorsqu'il invoque un motif disciplinaire (en cas de faute de la part du salarié) respecter la procédure disciplinaire, c'est-à-dire convoquer le salarié à un entretien préalable et lui notifier la sanction adoptée. La procédure disciplinaire l'emporte sur le principe de la libre rupture.

- En cas de rupture fautive ou abusive, l'employeur peut être condamné à verser des dommages-intérêts.

Il y a rupture abusive quand la rupture est motivée :

- **par des considérations étrangères à la finalité de l'essai**, par exemple : le mariage du salarié, la grève, une demande d'augmentation de rémunération ou état de santé du salarié ;
- **quand l'employeur agit avec légèreté blâmable**, par exemple : compression de personnel trois jours après le début de la période d'essai ; s'il invoque le manque d'aptitudes du salarié alors qu'il ne lui a pas laissé le temps de faire ses preuves, ou pour insuffisance professionnelle quelques jours après qu'il lui ait octroyé une promotion...
- **quand l'employeur abuse de son droit de rompre**, par exemple : en cas de malveillance, d'intention de nuire au salarié.

- En cas d'atteinte à une règle d'ordre public ou pour motif discriminatoire, il y a nullité de la rupture.

La nullité de la rupture de la période d'essai permet la réintégration du salarié s'il le désire.

Il y a nullité lorsque l'employeur prend en compte l'état de grossesse d'une salariée pour rompre sa période d'essai, lorsque la rupture intervient pendant la suspension du contrat de travail pour accident du travail...

Jurisprudence

Cass. soc. 7 février 2012
Lorsque le salarié rompt son contrat de travail pendant la période d'essai pour non paiement des salaires, la rupture ne peut pas s'analyser en une prise d'acte de la rupture. Il s'agit d'une rupture abusive de la période d'essai du fait de l'inexécution de ses obligations par l'employeur.
Cass. soc. 12 mai 2004
La rupture de la période d'essai pendant un arrêt pour accident du travail est nulle.
Cass. soc. 25 octobre 2005
L'employeur doit demander l'autorisation à l'inspecteur du travail de rompre l'essai d'un salaire protégé, à défaut, la rupture de l'essai est nulle.

• Date de la rupture.

La rupture doit être notifiée au salarié avant la fin de la période d'essai.

Elle prend fin le jour de l'envoi de la lettre de rupture (Cour de cassation, chambre sociale, arrêt du 6 mai 2009).

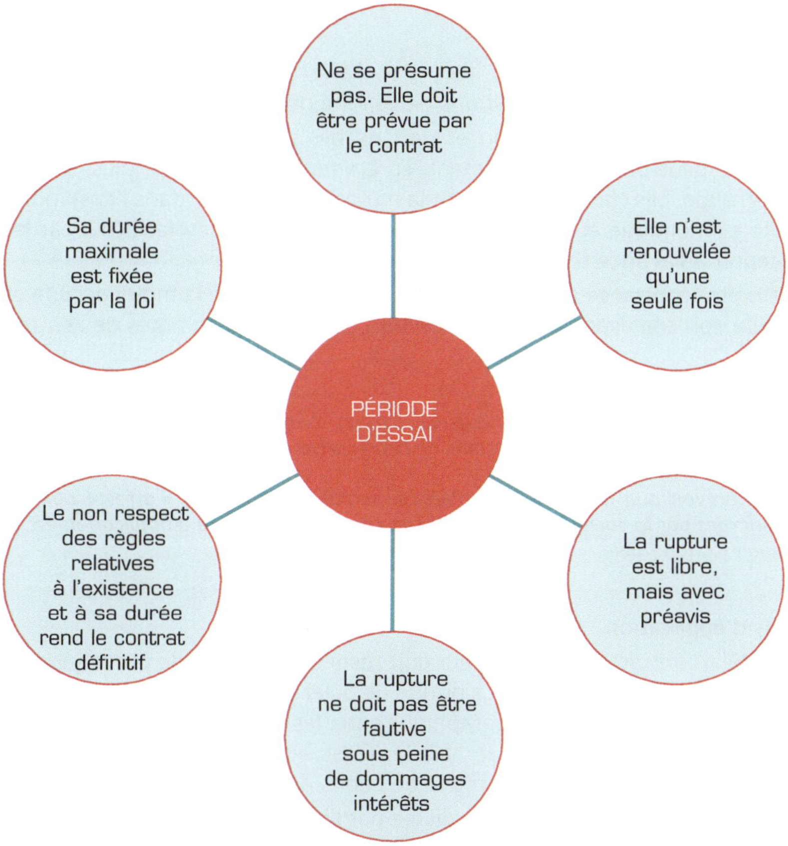

C Exemples de clauses relatives à l'exécution du contrat de travail

Elles peuvent être relatives au lieu de travail, à l'emploi occupé ou à la rémunération.

1 Clauses relatives au lieu de travail

a. Clause de mobilité géographique

Définition

La **clause de mobilité géographique** consiste à prévoir contractuellement l'éventualité d'une modification du lieu de travail du salarié. Par l'intermédiaire de cette clause, le salarié accepte expressément et par avance une nouvelle affectation géographique.

Conditions d'existence

La clause de mobilité géographique **ne se présume pas** : elle doit être insérée dans le contrat de travail ou dans la convention collective. Si la clause de mobilité est prévue de façon facultative dans la convention collective, le contrat qui est muet sur ce sujet est réputé conclu sans clause de mobilité, même s'il fait référence à la convention collective. Si au contraire les dispositions conventionnelles prévoient une clause de mobilité obligatoire et n'exigent pas qu'il en soit fait mention dans le contrat, elle s'applique de plein droit sous réserve que le salarié ait été informé au moment de son engagement de l'existence de la convention collective et mis en mesure d'en prendre connaissance.

Dans tous les cas, la clause contractuelle doit respecter les dispositions plus favorables de la convention collective. Une clause insérée dans le règlement intérieur n'est pas opposable au salarié.

Conditions de validité

La Cour de cassation a défini les conditions de validité de la clause :

- elle doit être rédigée avec précision et doit définir sa zone géographique d'application. L'employeur ne peut pas, unilatéralement, en étendre la portée. De plus, elle ne peut être étendue au groupe. Les clauses prévoyant la mutation du salarié dans l'ensemble du groupe ou de l'unité économique et sociale sont nulles (Cass. soc 16 février 2012) car le salarié est obligé d'ccepter à l'avance tout changement d'employeur ;
- elle doit être proportionnée au but recherché, compte tenu de l'emploi occupé et du travail demandé. Elle doit correspondre à la protection des intérêts légitimes de l'entreprise.

Jurisprudence

Cass. soc. 28 avril 2011
La clause qui prévoit qu'un salarié, chauffeur, livreur, s'engage à accepter « tout changement d'affectation géographique pour les besoins de l'entreprise » est nulle car elle est trop imprécise.
Cass. soc. 6 octobre 2010
La clause qui prévoit que le conducteur d'un car scolaire pourra être « affecté aux différentes tournées honorées par la société » est nulle car la zone géographique d'application est trop large pour une qualification faible.

Conditions d'application

- À défaut de délai contractuel, l'employeur doit respecter un **délai de prévenance** raisonnable avant la mise en œuvre de la clause. La notion de délai raisonnable dépend des circonstances de fait notamment de la distance géographique entre les deux lieux de travail et les contraintes que le changement fait peser sur le salarié. C'est au salarié qui conteste l'exercice par l'employeur de la clause de faire la preuve de l'abus de pouvoir de direction.
- La mise en œuvre de la clause doit être dictée par **l'intérêt de l'entreprise** sinon l'employeur pourrait être condamné pour abus de droit. Elle doit être mise en œuvre de bonne foi et ne doit pas entraîner la modification d'un autre élément du contrat sauf à respecter les règles de modification du contrat (accord du salarié, voir Chapitre 5). La mise en œuvre ne doit pas non plus porter atteinte à la vie personnelle et familiale du salarié.

C'est au salarié de prouver l'abus de pouvoir de l'employeur. La bonne foi contractuelle est présumée.

Jurisprudence

Cass. soc. 14 octobre 2008
1re affaire
Le contrat de travail d'un salarié, agent de sécurité, comportait une clause de mobilité (mutation sur n'importe quel chantier de la région parisienne) qui prévoyait également l'acceptation par le salarié des modifications d'horaire, primes et durée de trajet résultant de sa nouvelle affectation. Il est licencié pour faute pour avoir refusé une mutation avec modification de son horaire de nuit en horaire de jour.
La Cour de cassation estime que la mise en œuvre de la clause implique une modification du contrat (passage d'un horaire de nuit à un horaire de jour) nécessitant l'accord du salarié.

>>>

>>> ***2e affaire***
Une salariée consultante (et jeune maman) travaillant à Marseille a refusé des missions en région parisienne (l'obligeant à résider sur place pour 3 mois) malgré une clause de mobilité prévoyant des mutations en France et à l'étranger. Elle est licenciée pour faute. À tort, selon la Cour de cassation, car la mise en œuvre de la clause de mobilité, porte atteinte à sa vie personnelle et familiale injustifiée.

Cass. soc. 13 janvier 2009

La mise en œuvre de la clause de mobilité ne doit pas porter atteinte au droit de la salariée à une vie personnelle et familiale (elle était veuve et élevait seule ses deux jeunes enfants) sauf si une telle atteinte peut être justifiée par la tâche à accomplir et est proportionnée au but recherché. En l'espèce, les juges ont estimé que la modification des horaires journaliers de travail était incompatible avec des obligations familiales impérieuses.

Cass. soc. 17 octobre 2012

Une salariée peut refuser la mise en œuvre de sa clause de mobilité dans la mesure où elle porte une atteinte injustifiée et disproportionnée à son droit fondamental à la vie personnelle et familiale. En l'espèce, l'employeur a muté la salariée de La Rochelle à Niort alors que ses déplacements devaient être limités à 20 km conformément aux préconisations du médecin du travail et qu'elle ne pouvait déménager, son époux étant entrepreneur à La Rochelle.

Effets

L'application d'une clause de mobilité incluse dans un contrat de travail ne constitue pas une modification du contrat de travail mais un simple changement des conditions de travail. Toutefois, l'introduction d'une clause de mobilité en cours d'exécution du contrat de travail constitue une modification du contrat de travail.

Le refus du salarié de rejoindre sa nouvelle affectation en application d'une clause de mobilité constitue une faute que l'employeur est en droit de sanctionner par un licenciement pouvant aller jusqu'à la faute grave.

Jurisprudence

Cass. soc. 13 juin 2018

Le refus par le salarié d'une mutation en violation d'une clause de mobilité justifie son licenciement pour faute grave.

Un employeur peut muter un salarié à titre disciplinaire en application d'une clause de mobilité à condition de prouver la faute du salarié.

Modèle de clause de mobilité

M ... exercera ses fonctions à ...

Toutefois, conformément à l'article ... de la convention collective de ..., pour des raisons touchant à l'organisation et au bon fonctionnement de l'entreprise, la société se réserve la possibilité de le muter dans tout autre établissement de l'entreprise situé en France métropolitaine, même si un changement de domicile s'avère en conséquence nécessaire, compte tenu des fonctions exercées par M. ... et des besoins de l'entreprise ...

M. ... disposera d'un délai de ... mois pour rejoindre sa nouvelle affectation.

Le refus de M. ... de rejoindre son nouveau poste s'analyserait en une inexécution de ses obligations contractuelles pouvant légitimer son licenciement pour faute.

b. Clause de résidence

La **clause de résidence** est une clause par laquelle l'employeur impose au salarié d'habiter à proximité de son lieu de travail.

Cette clause porte atteinte à la liberté de choisir son domicile, liberté individuelle reconnue par la convention européenne des droits de l'homme.

La clause n'est donc valable que si elle est indispensable aux intérêts légitimes de l'entreprise et proportionnée au but recherché quant à l'emploi occupé et au travail demandé.

Exemple : Salarié soumis à des astreintes.

2 Clauses relatives à l'emploi occupé

a. Clause d'exclusivité

La **clause d'exclusivité** interdit au salarié, pendant l'exécution de son contrat de travail d'exercer une autre activité, hors de l'entreprise, dans un secteur concurrent ou non.

Cette clause étant restrictive de la liberté des salariés, elle doit être écrite et acceptée. Une telle clause est interdite dans les contrats de travail à temps partiel. Elle n'est valable que si elle est indispensable à la protection des intérêts légitimes de l'entreprise, si elle est justifiée par la nature de la tâche à accomplir et proportionnée au but recherché.

Jurisprudence

Cass. soc. 29 avril 2003

Est licite la clause d'exclusivité applicable à un directeur des ventes selon laquelle, tant que le salarié sera au service de la société, il ne pourra pas sans le consentement écrit de celle-ci, avoir une participation, un intérêt quelconque ou un emploi dans aucun commerce, activité ou profession à quelque titre que ce soit directement ou indirectement, sauf en tant qu'actionnaire.

Le non respect de la clause d'exclusivité constitue une faute, voire une faute grave susceptible de donner lieu à un licenciement. La clause d'exclusivité n'interdit pas au salarié d'accomplir une activité bénévole.

b. Clause d'objectifs ou de quotas

Le contrat de travail d'un salarié peut comprendre une clause fixant des objectifs ou des quotas à atteindre. Il s'agit le plus souvent de la réalisation d'un chiffre d'affaires minimum sur une période déterminée, la conclusion d'un nombre minimum d'affaires.

Les objectifs doivent être réalisables. C'est au juge d'apprécier le caractère réaliste des objectifs fixés.

En cas de non réalisation des objectifs fixés, le non respect de la clause ne justifiera le licenciement qu'en cas d'insuffisance professionnelle ou faute du salarié (Cass. soc. 3 avril 2001, Cass. soc. 12 février 2002).

Le licenciement sera sans motif réel et sérieux, par exemple :

- lorsque le résultat est dû, non à un manque de compétences, mais à la situation économique de l'entreprise en général ou à la politique commerciale de la direction ;
- si les objectifs ont été fixés de façon irréaliste ;
- si l'employeur est lui-même responsable de la non réalisation des objectifs notamment en ne fournissant pas au salarié les moyens de les réaliser.

3 Clauses relatives à la rémunération

La liberté contractuelle permet aux parties d'organiser directement tout ou partie de la rémunération sous réserve de respecter les conventions collectives et accords collectifs et les usages (*cf.* Chapitre 8).

Clause de variation de salaire	Clause prévoyant une variation future de la rémunération du salarié à condition qu'elle soit fondée sur des éléments objectifs indépendants de la volonté de l'employeur, ne fait pas porter sur le salarié les risques de l'entreprise et n'a pas pour effet de réduire la rémunération en dessous des minima légaux ou conventionnels. Par exemple, évolution de la rémunération en fonction du chiffre d'affaires, des performances du salarié, clause prévoyant la renégociation de la rémunération à une échéance déterminée... **Attention** : une clause du contrat ne peut valablement permettre à l'employeur de modifier unilatéralement la rémunération contractuelle (Cass. soc. 3 juillet 2001). La rémunération est un élément essentiel du contrat qui ne peut être modifié que par accord des deux parties (*cf.* Chapitre 5)
Clause de rémunération forfaitaire	Clause prévoyant le versement d'une somme forfaitaire globale en remplacement des divers éléments du salaire. Cette clause vise à simplifier le calcul de la paie. Elle s'applique principalement aux heures supplémentaires (*cf.* Chapitre 7 et 8) et aux frais professionnels.

D'autres clauses peuvent prévoir :
- le paiement de primes spécifiques afin d'individualiser le salaire ;
- le paiement par commission (ou plan de commissionnement) utilisé principalement pour les VRP et professions utilisant la prospection commerciale ;
- d'avantages en nature ;
- de remboursement des frais professionnels...

D Exemples de clauses liées à la rupture du contrat

1 Clause de dédit-formation

a. Définition

La **clause de dédit formation** permet à un employeur qui a engagé des frais de formation professionnelle spécifique pour un salarié de s'assurer ses services pendant un certain temps ou d'être remboursé de tout ou partie des frais en cas de départ du salarié avant un délai fixé.

Elle peut empêcher le salarié de quitter l'entreprise si la somme qu'il doit payer est très importante. C'est pourquoi, les juges imposent des conditions pour que la clause soit valable.

b. Conditions de validité

- La clause doit être écrite et faire l'objet d'une convention particulière conclue, avant le début de la formation *pour informer le salarié de la date, la nature, la durée de la formation, son coût réel pour l'employeur ainsi que le montant et les modalités du remboursement à la charge du salarié.*

  La formation assurée par l'employeur doit entraîner des frais réels au-delà des dépenses imposées par la loi ou par la convention collective.
- La durée de la clause ne doit pas être excessive et le montant de l'indemnité de dédit formation doit être proportionné aux dépenses de formation engagées.

Elle ne doit pas priver le salarié de sa faculté de démissionner.

c. Modalités d'application

- La clause est applicable en cas de démission ou de licenciement pour faute grave.
- La clause de dédit formation peut éventuellement prévoir un remboursement dégressif des frais de formation en fonction de la durée de l'engagement du salarié et du temps pendant lequel cet engagement aura été respecté.

Le juge peut réduire le montant du dédit s'il est manifestement excessif. Elle est assimilée à une clause pénale.

2 Clause de non-concurrence

Cette clause vise à protéger les intérêts de l'entreprise mais porte atteinte à la liberté de travail et à la liberté d'entreprendre du salarié. C'est pourquoi la Cour de cassation en a multiplié les conditions de validité.

a. Définition

La **clause de non-concurrence** est une disposition du contrat de travail ou de la convention collective interdisant au salarié, à l'expiration de son contrat de travail soit de créer une entreprise concurrente soit de passer au service d'une entreprise concurrente.

b. Source

La clause doit être rédigée par écrit. Elle est d'origine contractuelle ou conventionnelle. Si la convention collective prévoit son obligation, elle sera applicable même si le contrat de travail ne la stipule pas mais le salarié devra avoir été informé de son existence lors de l'embauche. Si la convention collective ne la prévoit pas, elle n'existera que si le contrat de travail la prévoit.

La clause de non-concurrence est le plus souvent inscrite dans le contrat de travail au moment de l'embauche. à défaut, les parties peuvent convenir d'insérer une clause de non concurrence en cours d'exécution du contrat : il s'agit alors d'une modification du contrat de travail qui doit être soumise à l'accord exprès du salarié.

c. Conditions de validité : quatre conditions cumulatives

Une clause de non-concurrence est licite si elle :

- est indispensable à la protection des intérêts légitimes de l'entreprise ;
- est limitée dans le temps et dans l'espace ;
- tient compte des spécificités de l'emploi du salarié ;
- comporte l'obligation pour l'employeur de verser au salarié une contrepartie financière.

Ces conditions doivent être remplies cumulativement, faute de quoi la clause de non concurrence pourra être annulée (Cass. soc. 18 septembre 2002). Seul le salarié peut demander la nullité de la clause et non l'employeur (Cass. soc. 17 juillet 1997).

- Protection des intérêts légitimes de l'entreprise

La clause doit interdire une concurrence préjudiciable à l'entreprise Cette condition s'apprécie par rapport :

- **à la nature de l'emploi**, de la qualification et des fonctions exercées par l'intéressé ;
- **à la nature de l'activité** de l'entreprise en cause : la clause de non-concurrence doit protéger l'entreprise contre un risque tel que la perte d'un savoir-faire, le détournement de sa clientèle.

Exemple

Ainsi une clause de non-concurrence figurant dans le contrat d'un magasinier, sans contact avec la clientèle, d'un laveur de vitres, d'un salarié à faible qualification ne peut pas être considérée comme indispensable à la protection des intérêts légitimes de l'entreprise. En revanche, est indispensable à la protection des intérêts légitimes de l'entreprise la clause de non-concurrence insérée dans le contrat d'un directeur des ventes pour l'Europe spécialisé dans l'industrie du laser dentaire (Cass. soc. 13 janvier 1998).

Lorsqu'une clause n'est pas indispensable à la protection des intérêts de l'entreprise, elle peut être annulée.

- Limite dans le temps et dans l'espace

La clause doit prévoir une durée quant à l'interdiction de concurrence. La durée de l'interdiction est fonction de la qualification du salarié concerné (relativement courte pour les salariés de faible qualification, plus longue pour les salariés qualifiés). Elle doit être délimitée géographiquement.

Jurisprudence

Cass. soc. 9 décembre 1987
À été jugée valable la clause interdisant à un comptable de s'installer comme « expert comptable, comptable agréé, commissaire aux comptes, comptable indépendant, organisateur, expert fiscal, juridique ou économique ou sous toute dénomination synonyme, pendant trois ans et dans un rayon de 125 km, autour de son précédent lieu de travail. »

Cass. soc. 23 octobre 2013
A été jugée licite la clause limitant l'interdiction à la zone d'activité dans laquelle le salarié exercera ses fonctions au cours de ses six derniers mois d'activité pour le compte de l'employeur, et ce pendant deux ans.

Cass. soc. 26 septembre 2018
Est licite la clause de non-concurrence, s'étendant aux régions dans lesquelles le salarié a exercé son activité, son étendue dépend de la volonté de l'employeur.

La clause de non concurrence illimitée dans le temps doit être annulée. La clause d'une durée excessive peut voir sa durée d'application réduite par le juge. L'étendue géographique peut également être réduite.

- Spécificités de l'emploi

La clause de non-concurrence doit laisser au salarié la possibilité d'exercer une activité professionnelle conforme à sa formation et à ses compétences professionnelles.

Jurisprudence

Cass. soc. 27 novembre 2002
Est excessive la clause interdisant pendant deux ans à un salarié de Darty de s'intéresser directement ou indirectement à toute entreprise ayant en tout ou partie une activité similaire. Cette clause l'empêchait d'occuper un nouvel emploi correspondant à ses connaissances et à son expérience professionnelle.

Cass. soc. 20 novembre 2013
A violé l'obligation de non-concurrence, le salarié, ingénieur commercial, qui rejoint, après sa démission, une entreprise concurrente en qualité de directeur. Les juges ont examiné si les fonctions exercées au service du nouvel employeur étaient de même nature que celles qui lui étaient interdites, peu important la dénomination qui leur était donnée.

- Obligation d'une contrepartie financière

Une clause de non-concurrence doit comporter une contrepartie financière sous peine de nullité. Son montant ne doit pas être dérisoire et doit être versé à la cessation du contrat de travail. La contrepartie financière a la nature juridique d'un salaire et se prescrit par trois ans.

Jurisprudence

Cass. soc. 25 janvier 2012
La clause qui prévoit que l'indemnité de non concurrence sera réduite de moitié en cas de démission n'est pas nulle mais la mention de la minoration de l'indemnité est réputée non écrite. En effet, les parties ne peuvent pas dissocier les conditions d'ouverture de l'obligation de non-concurrence de celles de son indemnisation.

Cass. soc. 15 janvier 2014
La clause de non-concurrence qui prévoit le versement d'une indemnité avant la rupture du contrat de travail est nulle. De ce fait, l'employeur ne peut obtenir la restitution des sommes versées au titre d'une clause nulle, lesquelles constituent un complément de salaire.

d. Effets

Motif de la rupture

La clause s'applique quel que soit le motif de la rupture : licenciement pour motif personnel, licenciement pour motif économique, démission, départ à la retraite...

Renonciation à la clause

L'employeur peut être tenté de renoncer à la clause, afin de ne pas avoir à payer la contrepartie. La renonciation doit être écrite, expresse, précise, notifiée individuellement au salarié. Elle doit être expressément autorisée par la clause, sinon l'employeur doit obtenir l'accord du salarié. Elle doit être faite dans le délai fixé par la convention collective ou le contrat de travail.

Non versement de la contrepartie financière

L'absence de versement de la contrepartie par l'employeur libère le salarié de son obligation de non-concurrence.

Violation de la clause

En cas de violation de la clause de non-concurrence par le salarié, l'employeur n'a plus à payer la contrepartie financière. Le salarié peut être condamné à des dommages intérêts ou au paiement de la somme prévue par la clause pénale si elle existe. La clause pénale fixe à l'avance le montant des dommages intérêts dus en cas de violation de la clause par le salarié. Le juge peut réduire son montant s'il est manifestement excessif. De plus, le conseil de prud'hommes peut enjoindre, sous astreinte, le salarié à cesser l'activité concurrente.

Obligation du salarié vis-à-vis de son nouvel employeur

Le salarié qui est lié par une clause de non-concurrence doit en informer son nouvel employeur au moment de l'engagement. Le fait pour un salarié de dissimuler, lors de son engagement, à son employeur l'existence d'une clause de non concurrence constitue une faute grave justifiant le licenciement immédiat sans préavis ni indemnité. Si le nouvel employeur ne connaît pas l'existence de la clause de non-concurrence, il ne peut pas engager sa responsabilité vis-à-vis de l'employeur cosignataire de la clause. À l'inverse, dès que l'employeur apprend l'existence de la clause, il doit licencier le salarié sinon il risque de voir sa responsabilité engagée même si au moment de l'embauche il était de bonne foi.

Débauchage

Le nouvel employeur qui a embauché le salarié en connaissant l'existence de la clause de non-concurrence engage sa responsabilité délictuelle pour concurrence déloyale et peut être condamné lui aussi au paiement de dommages-intérêts et à faire cesser sous astreinte le trouble manifestement illicite qu'est la violation de la clause en résiliant le contrat de travail.

Modèle de clause de non concurrence

En cas de rupture du présent contrat pour quelque cause que ce soit, M. ... s'engage à ne pas travailler, à quelque titre que ce soit pour une entreprise ayant une activité concurrente de celle de la société ..., ou à ne pas s'intéresser directement ou indirectement à toutes activités pouvant concurrencer les activités de la société ...

Les activités susmentionnées ne pourront être exercées pendant une durée de ... à compter de la cessation du contrat, sur le territoire suivant : ...

« En contrepartie de son application qui a pour conséquence de limiter le libre exercice d'une activité professionnelle, M. X percevra une indemnité financière fixée à 50 % (plus ou moins suivant la durée et l'espace concerné) du salaire mensuel versé mensuellement pour toute la durée de la clause ».

La société ... se réserve le droit de libérer M. ... de l'interdiction de concurrence en notifiant sa décision dans le délai de 8 jours suivant la rupture effective du contrat.

En cas de violation de la présente clause, M. ... sera redevable d'une somme fixée forfaitairement à ...

3 Clause de garantie d'emploi

Clause qui organise une plus ou moins grande stabilité dans l'emploi pour permettre au salarié de réaliser sa mission professionnelle.

Définition	Clause par laquelle l'employeur s'engage à ne pas rompre le contrat de travail au cours d'une période déterminée. Elle peut prévoir des exceptions à son application par exemple en cas de faute grave ou lourde du salarié. Elle peut également limiter les possibilités de démission du salarié mais dans ce cas, elle doit être justifiée par la nature de la tâche à accomplir et proportionnée au but recherché. De plus, pendant la période de garantie, le salarié ne peut faire l'objet d'un licenciement pour inaptitude physique.
Conséquences du non-respect de la clause	La clause peut prévoir les conséquences financières de la violation de la clause : indemnité spécifique ou majoration de l'indemnité de licenciement ou de préavis. À défaut, l'employeur devra verser au salarié une indemnité égale au montant des salaires qu'il aurait perçus jusqu'à l'expiration de la période de garantie d'emploi.

5 L'exécution du contrat : obligations du salarié et de l'employeur

Le contrat de travail fondé sur le lien de subordination impose des obligations spécifiques au salarié.

L'employeur dispose d'un pouvoir que le salarié a accepté en signant le contrat. Cependant, l'employeur doit respecter les droits fondamentaux et les libertés individuelles des salariés.

Les obligations découlent soit de la loi, soit de la jurisprudence, soit des clauses contractuelles. Il n'est question de traiter dans cette partie que des obligations générales.

A Obligations de l'employeur

1 Obligation principale

Elle consiste à fournir le travail convenu et verser le salaire prévu (*cf.* Chapitre 7). L'employeur engage sa responsabilité contractuelle s'il ne respecte pas son obligation.

2 Exécution de bonne foi

L'employeur est tenu, comme dans tout contrat, d'une obligation de loyauté et de bonne foi.

Elle prend différentes formes :

Respecter les libertés individuelles : « *Nul ne peut apporter aux droits des personnes et aux libertés individuelles et collectives des restrictions qui ne seraient pas justifiées par la nature de la chose à accomplir ni proportionnées au but recherché* » (art. L. 1221-1 du Code du travail).

Exemple

L'utilisation de caméras dans l'entreprise doit être justifiée par un intérêt légitime prépondérant : risques particuliers de vol, par exemple. Le recours à une telle pratique ne peut avoir pour but de contrôler le travail des salariés.
La liberté de se vêtir n'est pas sans limite. L'employeur peut imposer le port d'une tenue si c'est nécessaire.

Respecter la vie privée du salarié : un licenciement ne peut être prononcé pour une cause tirée de la vie privée du salarié que si le comportement de celui-ci, compte tenu de la nature de ses fonctions et de la finalité propre de l'entreprise, a créé un trouble caractérisé au sein de celle-ci.

Exemple : C'est le cas pour un footballeur professionnel, qui, par ses sorties nocturnes dans les bars et boîtes de nuit, a donné une image négative du club.

Respecter le principe de non-discrimination : tout candidat à un poste, tout salarié est protégé contre les discriminations fondées sur un élément de sa vie personnelle.

Assurer la protection des salariés contre le harcèlement sexuel ou moral : aucun salarié, aucun candidat à un emploi ne peut être sanctionné, licencié ou faire l'objet de mesure discriminatoire pour avoir subi ou refusé de subir les agissements de harcèlement sexuel de toute personne. Il en est de même du salarié qui a subi ou refusé de subir les agissements répétés de harcèlement moral ayant pour objet ou pour effet une dégradation des conditions de travail susceptible de porter atteinte à ses droits et à sa dignité, d'altérer sa santé physique ou mentale ou de compromettre son avenir professionnel (*cf.* Chapitre 9).

Respecter la dignité du salarié : dans un arrêt du 30 novembre 2005, la chambre sociale de la cour d'appel de Lyon a condamné un employeur à réparer le préjudice moral subi par un salarié à l'occasion de son licenciement. L'employeur avait porté, sans motif légitime, à la connaissance du personnel, les agissements du salarié. La cour a reconnu l'existence d'une atteinte à la dignité du salarié.

Ne pas empêcher le salarié de travailler : dans un arrêt du 10 mai 2006, la Cour de cassation condamne un employeur pour manquement à son obligation d'exécuter de bonne foi le contrat de travail. En effet, une salariée qui travaillait très tôt le matin et ne bénéficiait pas de transports en commun prenait la navette de l'entreprise. L'employeur a mis fin à cette possibilité et a ainsi empêché la salariée de travailler.

B Obligations du salarié

1 Obligation principale

Le salarié doit exécuter consciencieusement le travail qui lui est confié et respecter le règlement intérieur et les directives de l'employeur.

2 Exécution de bonne foi

Elle prend des formes diverses :

S'abstenir de toute activité concurrente de celle de son employeur, personnellement ou pour le compte d'une autre entreprise (obligation de loyauté). L'obligation de loyauté a d'ailleurs un sens plus large. En période de suspension du contrat de travail, le salarié reste tenu de son **obligation de loyauté** notamment il doit restituer à l'employeur les éléments nécessaires à la poursuite de l'activité (fichiers clients par exemple). Il doit s'abstenir de travailler pour le compte d'un autre employeur... (*cf.* Chapitre 5).

Ne pas divulguer les informations dont il peut avoir connaissance dans l'exercice de son activité professionnelle (obligation de discrétion).

Le contrat de travail est caractérisé par l'existence du lien de subordination, élément essentiel permettant de différencier le contrat de travail des contrats relevant du travail indépendant.
Avant d'établir le contrat de travail, l'employeur procède au recrutement.

Recrutement

Le recrutement est l'opération par laquelle l'employeur va rechercher les personnes susceptibles de pourvoir les postes disponibles dans l'entreprise et sélectionner celles qui conviennent le mieux.
L'employeur est libre d'embaucher le candidat de son choix. Il est seul juge des besoins de son entreprise, du profil demandé ou des capacités requises.
Mais il y a des limites à cette liberté :
Les informations demandées ne peuvent avoir d'autre finalité que d'apprécier la capacité du candidat à occuper l'emploi ou ses aptitudes professionnelles.
Le candidat à un emploi doit être expressément Informé préalablement à leur mise en œuvre des méthodes et des techniques d'aide au recrutement utilisées à son égard.
L'employeur ne peut pas rejeter la candidature d'un salarié pour des motifs discriminatoires, que les discriminations soient directes ou indirectes.

Formation du contrat de travail

- Conditions de fond

  Le contrat de travail est un contrat consensuel qui se forme par l'échange des consentements. Ce dernier doit être exempt de vices.
- Conditions de forme

  Les parties sont libres de choisir la forme qui leur convient. L'écrit n'est pas une condition de validité du contrat.

  Des formalités d'embauche sont obligatoires.

  L'employeur a trois formalités principales à accomplir lors de l'embauche d'un salarié. Déclaration préalable à l'embauche, Inscription sur le registre unique du personnel, visite médicale d'embauche.

  La dissimulation d'activité ou d'emploi salarié est constitutive du délit de travail dissimulé.

Les clauses du contrat

La période d'essai ne se présume pas, son existence doit être prévue dans la lettre d'engagement ou dans le contrat.
Chaque partie peut rompre librement la période d'essai sans respecter les formalités du licenciement : à tout moment, sans procédure (sauf stipulations conventionnelles contraires), sans avoir à justifier de motif, sans indemnité mais à condition de respecter un délai de prévenance.
La clause de non-concurrence est une disposition du contrat de travail ou de la convention collective interdisant au salarié, à l'expiration de son contrat de travail soit d'ouvrir une entreprise concurrente, soit de passer au service d'une entreprise concurrente.
Cette clause n'est valable que si quatre conditions sont cumulativement réunies :
- elle doit être indispensable à la protection des intérêts légitimes de l'entreprise ;
- elle doit être limitée dans le temps et dans l'espace ;
- elle doit tenir compte des spécificités de l'emploi du salarié ;
- elle doit comporter pour l'employeur l'obligation de verser une contrepartie financière au salarié.

- La clause de mobilité géographique consiste à prévoir l'éventualité d'une modification du lieu de travail du salarié.
- La clause d'exclusivité interdit au salarié, pendant l'exécution de son contrat de travail d'exercer une autre activité, hors de l'entreprise, dans un secteur concurrentiel ou non.

- La clause d'objectif ou de quotas fixe des objectifs à atteindre.
- La clause de variation de salaire prévoit une variation future de la rémunération.
- La clause de rémunération forfaitaire prévoit le versement d'une somme forfaitaire globale en remplacement des divers éléments du salaire.
- La clause de dédit formation permet à l'employeur qui a engagé des frais de formation professionnelle spécifique pour un salarié de s'assurer ses services pendant un certain temps ou d'être remboursé de tout ou partie de ces frais en cas de départ du salarié avant un délai fixé.

Applications

Préparez-vous à l'examen

EXO 03.01

→ **Travail à faire**

Comparez les contrats d'entreprise, de mandat, de travail, de société.

EXO 03.02

- Un professeur de judo exerce son activité au sein d'un club. Il ne peut pas choisir ses élèves, ni les horaires des leçons, ni le lieu où elles sont données. Le prix des leçons est fixé par un accord entre le club et le professeur.
- Un agent commercial, mandataire indépendant, effectue des permanences dans les locaux de la société pour le compte de qui il travaille, fait des travaux administratifs dans l'intérêt de celle-ci.
- Deux personnes vivant en couple, inscrites au RCS, concluent un contrat avec une entreprise de transport afin de procéder à l'enlèvement et à la livraison de plis et colis. Ils se rendent chaque après-midi de chaque jour ouvrable de la semaine dans un entrepôt de la société donneur d'ordre pour réceptionner les colis et les livrer dans la nuit en utilisant les véhicules de l'entreprise et en suivant les consignes et directives données par cette dernière. Ils perçoivent un forfait mensuel, travaillent exclusivement pour le compte de cette entreprise.

→ **Travail à faire**

Indiquez la nature de chaque contrat décrit.

EXO 03.03

1. Une clause du contrat de travail prévoit que la zone géographique dans laquelle travaille le salarié pourra être étendue en fonction des futurs clients.
2. Un contrat de travail stipule que les fonctions du salarié pourront s'exercer sur l'ensemble du territoire national mais également dans tous pays.
3. Selon la clause de mobilité insérée dans le contrat de travail, le salarié pourra exercer ses fonctions sur l'ensemble de la zone d'activité de l'employeur.

→ **Travail à faire**

Indiquez si ces clauses sont valables ou non. Justifiez votre réponse.

EXO 03.04 Discrimination à l'embauche

- Aline est malentendante. Elle est titulaire d'un Dea de droit public et d'un Dess de droit des établissements de santé. Elle est embauchée à la suite d'un entretien au cours duquel elle indique sa difficulté à répondre avec efficacité au téléphone. Quatre jours après sa prise de fonction, elle est licenciée pour inaptitude au poste.
- Hassan Rajid, français, postule pour un emploi de technicien supérieur en électronique. En réponse à sa lettre de motivation et à son CV, il reçoit la réponse suivante : « Nous ne pouvons pas, en raison des conditions requises pour le poste, retenir les CV des personnes ayant un nom à consonance étrangère. »
- Pauline, mère de trois enfants, postule pour un poste de secrétaire dans une entreprise de travaux publics. Le questionnaire d'embauche prévoyait une partie « Situation familiale » avec des questions sur le nombre d'enfants. La réponse de refus de l'employeur à sa demande était libellée ainsi : « Nous vous conseillons de vous occuper de votre nombreuse famille. »
- Une jeune femme postule pour un poste d'ouvrière dans une carrière. L'employeur refuse au motif que le travail présentant un caractère de pénibilité convenait mieux à un homme.

→ **Travail à faire**

Indiquez pour chaque cas s'il y a discrimination et les différents recours possibles.

EXO 03.05

Le 1er juin, un salarié est embauché en qualité de directeur commercial. Son contrat de travail prévoyait une période d'essai de trois mois renouvelable une fois. Le 6 novembre, l'employeur rompt la période d'essai. Par lettre du 21 août, l'employeur avait informé le salarié de son intention de mettre fin au contrat pour manque de dynamisme et essai non satisfaisant. À réception de la lettre, le salarié avait cependant négocié avec son employeur et obtenu un nouveau renouvellement de la période d'essai. Aucun accord de branche ne prévoit le renouvellement de la période d'essai.

→ **Travail à faire**

S'agit-il d'une rupture de la période d'essai ou plutôt d'un licenciement ?

EXO 03.06

« En cas de cessation du présent contrat pour quelque cause que ce soit, le salarié s'engage à ne pas exercer, directement ou par personne interposée, toute activité professionnelle, en tant que salarié ou non-salarié (et notamment en qualité de mandataire social, consultant, agent commercial ou actionnaire), pour le compte d'une entreprise ayant pour activité principale ou accessoire la fabrication ou la commercialisation de produits concurrents de ceux commercialisés par l'Employeur ou de ses filiales existantes ou à venir.

Cette interdiction est limitée à une période de 6 ans à compter de la cessation effective des fonctions du salarié et au territoire de la France métropolitaine.

L'employeur s'engage, dans le cas où le présent contrat serait rompu par lui-même, à verser au salarié, en compensation de cette interdiction, et pendant sa durée, une indemnité qui, versée au premier semestre de l'année de l'interdiction, sera égale au montant de salaires (basés sur la moyenne des 3 derniers bulletins mensuels) déduction faite des retenues sociales en vigueur. Toutefois, l'employeur se réservera la faculté de se décharger du paiement de cette indemnité en autorisant le salarié à conserver, dans cette éventualité, son entière liberté d'action dès la rupture du présent contrat »

Précision : le salarié est soumis à une convention de forfait jours et dispose des fonctions de directeur d'agence

→ Travail à faire

Vérifier la validité de la clause de non-concurrence.

Chapitre 4

La diversité des contrats de travail

COMPÉTENCES ATTENDUES

- **Justifier le choix d'un contrat de travail dans un contexte donné.**
- **Vérifier la légalité du motif de recours au CDD ou au CTT.**
- **Comparer le régime juridique du CDD et du CTT.**
- **Identifier les spécificités du portage salarial, du contrat d'apprentissage et du contrat de professionnalisation.**
- **Apprécier l'intérêt du recours au temps partiel pour l'employeur.**

PLAN DU CHAPITRE

1 Choix de la recherche d'une flexibilité

A Les contrats précaires : le contrat à durée déterminée et le contrat de travail temporaire
B Le CDI de chantier ou d'opération
C Le contrat à temps partiel
D Le travail à temps partagé et le portage salarial

2 Contrats facilitant la formation et l'insertion professionnelles

A Le contrat d'apprentissage
B Le contrat de professionnalisation
C Les contrats d'insertion dans l'emploi

3 Applications

SYNTHÈSE P. 113

APPLICATIONS P. 114

LES RÉFÉRENCES POUR COMPRENDRE LE CONTEXTE

Le travail à temps partiel

17,3 % des salariés en France (hors Mayotte) travaillent à temps partiel dans leur emploi principal, en 2022.

Plus d'une femme sur quatre travaille à temps partiel (26,7 %) contre un homme sur huit (7,5 %).

Les plus jeunes et les plus âgés : 25,8 % des moins de 25 ans contre 19,1 % des 50 ans et plus sont à temps partiel.

29,9 % des employés sont à temps partiel contre 9,2 % des cadres.

Profil des salariés à temps partiel en 2022

	Proportion de salariés à temps partiel	Part dans l'emploi à temps partiel	Part dans l'emploi salarié total	Durée hebdomadaire habituelle			
				Moins de 15 heures	De 15 à 23 heures	De 24 à 29 heures	30 heures ou plus
Femmes	26,7	78,7	50,9	16,4	24,3	26,0	33,3
Hommes	7,5	21,3	49,1	19,9	35,3	21,8	23,0
Moins de 25 ans	25,8	12,7	8,5	32,0	28,5	20,3	19,2
50-64 ans	19,1	33,3	30,1	18,0	29,7	23,2	29,1
Cadres	9,2	12,1	22,7	12,8	23,0	14,3	49,9
Professions intermédiaires	14,0	21,3	26,3	12,3	23,9	25,6	38,2
Employés	29,9	51,6	29,7	19,3	25,8	28,0	26,8
Ouvriers	12,2	15,0	21,3	19,6	36,5	23,6	20,3
Ensemble	**17,3**	**100,0**	**100,0**	**17,1**	**26,7**	**25,1**	**31,1**

Lecture : hors apprentis, en 2022, 26,7 % des femmes salariées sont à temps partiel ; elles représentent 78,7 % des salariés à temps partiel ; 16,4 % des salariées à temps partiel travaillent moins de 15 heures par semaine.
Champ : France hors Mayotte, personnes vivant en logement ordinaire, de 15 ans ou plus ayant un emploi salarié, hors apprentis.
Source : Insee, enquête Emploi 2022.

MOTS CLÉS

Contrat à durée déterminée, contrat de travail à durée indéterminée, contrat de travail temporaire, convention collective, contrat de travail à temps partiel, portage salarié, travail à temps partagé, apprentissage, contrat de professionnalisation.

1 Choix de la recherche d'une flexibilité

Parmi les différents contrats qui répondent à cette problématique, quatre catégories peuvent être identifiées :

- les contrats précaires quant à la durée du contrat : le CDD, CTT ;
- le CDI de chantier ou d'opération ;
- le contrat à temps partiel ;
- les contrats liés à des activités externalisées : le travail à temps partagé, le portage salarial.

A Les contrats précaires : le contrat à durée déterminée et le contrat de travail temporaire

1 Choix du CDD ou du contrat temporaire

Ce sont des contrats précaires car ils sont destinés à pourvoir des **emplois non permanents**. Leur durée est limitée à l'avance.

Le Code du travail protège le salarié précaire en instaurant une certaine stabilité dans la précarité. Le non-respect de ces règles par l'employeur peut entraîner des sanctions.

Ces deux contrats, même s'ils partagent certaines règles, sont différents dans leur principe.

a. Recours au contrat à durée déterminée

L'employeur recrute directement le salarié dont il a besoin.

Le contrat de travail est signé entre l'employeur et le salarié. La particularité de ce contrat est sa durée fixée à l'avance.

b. Recours au contrat temporaire

Plutôt que de recruter directement les salariés, l'employeur peut choisir de recourir à de la main d'œuvre extérieure. Il fait appel à une entreprise de travail temporaire (ETT) qui met à sa disposition un salarié. Il s'agit d'un cas licite de prêt de main d'œuvre à but lucratif.

La relation est tripartite. L'entreprise utilisatrice (l'utilisateur) fait appel au salarié d'une ETT dans le cadre d'une mission.

Deux contrats sont conclus :

- un contrat de mise à disposition, entre l'utilisateur et l'ETT ;
- un contrat de travail temporaire ou contrat de mission, entre le salarié et l'ETT.

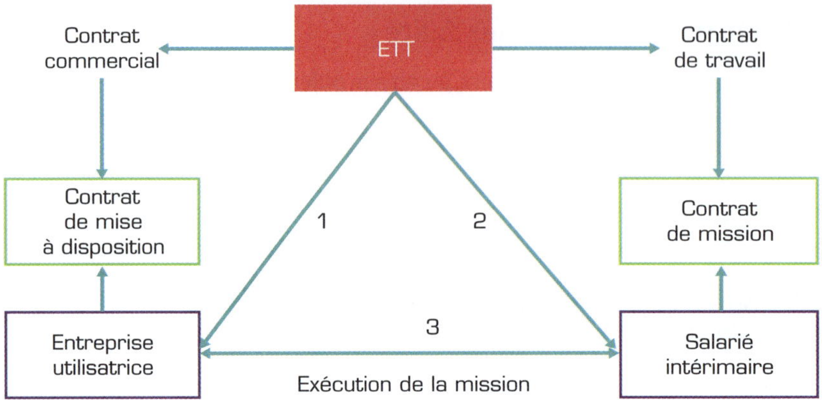

La plupart des dispositions régissant le CDD s'appliquent également à la relation de travail temporaire, qui présente, toutefois, quelques particularités qui seront étudiées au fur et à mesure.

Remarque. Les ETT peuvent proposer des CDI intérimaires (CDII). Il est conclu avec l'ETT pour la réalisation de missions successives. Le salarié va alterner des périodes de mission et des périodes sans exécution de mission, appelées intermissions. Ce contrat est à la fois soumis aux règles du CDI, notamment pour sa rupture, et aux règles du CTT pour les missions réalisées et les cas de recours au CTT par l'entreprise utilisatrice.
Durant les périodes d'intermissions, le salarié perçoit une rémunération fixée contractuellement sans pouvoir être inférieure au SMIC pour les ouvriers et employés.
Le salarié ne bénéficie pas de prime de précarité.

2 Conclusion

L'utilisation des contrats à durée déterminée ou de travail temporaire est strictement encadrée. Le recours doit présenter un caractère exceptionnel.

a. Principe

L'employeur doit motiver le recours au contrat précaire.

Selon les articles L. 1242-1 et L. 1242-2 du Code du travail, le contrat à durée déterminée ou le contrat de travail temporaire, quel qu'en soit le motif, ne peut avoir ni pour objet ni pour effet de pourvoir durablement un emploi lié à l'activité normale et permanente de l'entreprise.

Il ne peut être conclu que :

- pour l'exécution d'une tâche précise et temporaire,
- et seulement dans les cas de recours énumérés par la loi.

La preuve de la réalité du motif énoncé dans le CDD incombe à l'employeur (Cass. soc. 15 septembre 2010).

Jurisprudence

Cass. soc. 4 juin 2008, n° 07-41992

M. X... a été engagé par la société Oger international, bureau d'études, en qualité de dessinateur projeteur, selon contrat à durée déterminée d'un an à compter du 28 mai 2001 qui a été renouvelé jusqu'au 31 août 2002 au motif d'un accroissement d'activité de l'entreprise, résultant notamment d'une importante charge de travail afférente au chantier Yamama situé en Arabie Saoudite. La cour de cassation considère comme justifiée la requalification du CDD en CDI. En effet, les tâches qui avaient été confiées au salarié pendant quinze mois au sein du bureau d'études parisien relevaient de l'activité normale et permanente de l'entreprise et non de circonstances passagères exceptionnelles nécessitant un renfort temporaire du personnel de ce service.

b. Limitation des cas de recours autorisés

On peut les classer en 5 catégories.

Remplacement d'un salarié temporairement absent

Remplacement d'un salarié provisoirement absent	L'employeur peut remplacer tout salarié absent ou dont le contrat est suspendu sauf en cas de grève. Le salarié remplacé peut être absent de l'entreprise (congés, maladie...) ou seulement de son poste de travail. La Cour de cassation admet le remplacement en cascade : le salarié absent est remplacé par un autre salarié de l'entreprise qui est lui-même remplacé par celui qui est recruté en CDD. Le salarié en CDD ne peut remplacer qu'une personne. À titre expérimental et jusqu'en avril 2025, il est possible de conclure des CDD (et CTT) multi-remplacements dans des secteurs définis, comme l'ESS, les services à la personne, la restauration collective ou le sport et les équipements de loisir.
Remplacement d'un salarié passé provisoirement à temps partiel	Utilisation d'un CDD pour compléter l'horaire d'un salarié qui est passé **provisoirement** à temps partiel (par exemple pour congé parental à temps partiel). Il est interdit de recruter en CDD pour compenser un temps partiel permanent.
Remplacement d'un salarié qui a définitivement quitté l'entreprise	– **Le poste du salarié remplacé doit être supprimé** Il s'agit de pourvoir par CDD un poste de travail devenu vacant à la suite du départ définitif de son titulaire mais qui est maintenu temporairement en attendant sa suppression. L'employeur doit consulter le comité social et économique avant l'embauche. – **Remplacement dans l'attente d'un recrutement par CDI** Le salarié sous CDD pourra occuper un poste vacant à la suite du départ définitif de son titulaire ou un poste nouvellement créé dans l'attente de l'arrivée d'un salarié déjà embauché par contrat à durée indéterminée mais qui n'est pas immédiatement disponible.

Jurisprudence

Cass. soc. 18 janvier 2012, n° 10-16926
Le contrat de travail à durée déterminée ne peut être conclu que pour le remplacement d'un seul salarié en cas d'absence : il ne peut donc être conclu pour le remplacement de plusieurs salariés absents, que ce soit simultanément ou successivement.
Cass. soc. 30 avril 2003, n° 01-40937
L'omission du nom et de la qualification du salarié remplacé entraîne la requalification du CDD en CDI.

Remarque. Deux autres cas de recours au CDD ou travail temporaire sont prévus à l'article L. 1242-2. Il s'agit du remplacement d'un chef d'entreprise (artisanale, industrielle ou commerciale), d'une personne exerçant une profession libérale, d'un associé non salarié d'une SCP, SCM ou SEL et d'un chef d'exploitation agricole.

Accroissement temporaire de l'activité de l'entreprise.

Plusieurs situations sont possibles.

1. Augmentation temporaire de l'activité habituelle de l'entreprise

Le caractère temporaire du surcroît d'activité est déterminant.

En revanche, il peut être habituel ou non, occasionnel ou exceptionnel.

Il n'est cependant pas nécessaire que le salarié recruté soit affecté à la réalisation des tâches liées directement à ce surcroît d'activité.

Exemple : Variations cycliques d'activités : périodes de fête, de rentrée des classes, période du blanc, des soldes...

Jurisprudence

Cass. soc. 5 mai 2009, n° 07-43482

« … le seul fait du lancement de nouveaux produits qui relève de l'activité normale de l'entreprise ne pouvait suffire à caractériser un accroissement temporaire de l'activité de l'entreprise propre à justifier le recours au contrat de travail à durée déterminée. »

2. Survenance d'une commande exceptionnelle à l'exportation

Commande dont l'importance nécessite la mise en œuvre de moyens quantitativement et qualitativement exorbitants de ceux que l'entreprise utilise ordinairement. L'employeur doit consulter au préalable le comité social et économique (CSE).

3. Exécution d'une tâche occasionnelle précisément définie et non durable

C'est-à-dire une tâche ponctuelle qui ne relève pas de l'activité principale de l'entreprise mais qui peut se reproduire (audit, étude de marché…).

4. Travaux urgents dont l'exécution immédiate est nécessaire

Travaux pour prévenir les accidents imminents, organiser les mesures de sauvetage ou réparer les insuffisances du matériel, des installations ou des bâtiments de l'entreprise présentant un danger pour les personnes.

Travaux temporaires par nature

Contrat saisonnier	Selon l'article L. 1242-2 3° du Code du travail, les **emplois saisonniers** sont ceux dont les tâches sont appelées à se répéter chaque année selon une périodicité à peu près fixe, en fonction du rythme des saisons ou des modes de vie collectifs. Les variations d'activité doivent être régulières, prévisibles, cycliques, indépendantes de la volonté de l'employeur ou de ses choix dans la gestion de sa production. **Cela différencie le contrat pour surcroît d'activité du contrat saisonnier.** ***Cass. soc. 5 décembre 2007, n° 06-41313 :*** *Une société fabriquant et commercialisant des pizzas surgelées toute l'année n'a pas une activité saisonnière, même si sa production connaît des accroissements périodiques de production. Ce la relève d'un accroissement temporaire d'activité.* ***Cass. soc 19 septembre 2013, n° 12-18001 :*** *une entreprise touristique ouverte toute l'année peut recourir à des contrats saisonniers pour faire face à l'afflux particulier de touristes à des dates à peu près fixes.*
Contrat d'usage	Emplois pour lesquels, dans certains secteurs d'activité définis par le Code du travail ou par convention ou accord collectif étendu, il est d'usage constant de ne pas recourir au CDI en raison de la nature de l'activité exercée et du caractère par nature temporaire de ces emplois. Le juge doit rechercher si, pour l'emploi concerné, il est effectivement d'usage constant de ne pas recourir à un tel contrat. ***Exemples :*** *Réparation navale, déménagement, spectacle, hôtellerie, restauration, activités d'enquête et de sondage, enseignement…*
Contrat vendanges	Il a pour objet la réalisation de travaux qui vont des préparatifs à la réalisation des vendanges, jusqu'aux travaux de rangement.
Contrat dans le secteur du sport professionnel et du e-sport professionnel	Dans le secteur du sport et e-sport professionnel, un CDD spécifique pour les sportifs et entraîneurs professionnels doit être conclu, pour une durée minimale d'une saison sportive (12 mois) et maximale de 5 ans,

Contrat à durée déterminée à objet défini

Créé à titre expérimental en 2008, le contrat à durée déterminée pour la réalisation d'un objet défini appelé « CDD de projet » a été intégré au Code du travail et est devenu un nouveau cas de recours au CDD.

Il peut être conclu si un accord de branche étendu ou un accord d'entreprise a été préalablement signé.

Il s'adresse aux entreprises qui souhaitent embaucher un cadre ou un ingénieur pour la réalisation d'un projet précis.

Il a une durée minimale de 18 mois et maximale de 36 mois, non renouvelable.

Il doit être rédigé par écrit. Il comporte des mentions obligatoires spécifiques (intitulé de l'accord collectif qui l'institue, descriptif du projet, durée prévue, description des tâches...).

Il prend fin avec la réalisation de l'objet pour lequel il a été conclu après un délai de prévenance de 2 mois au moins.

Il peut être rompu par anticipation pour un motif réel et sérieux au bout de 18 mois puis à la date anniversaire de sa conclusion.

À l'issue du contrat, le salarié perçoit une indemnité égale à 10 % de sa rémunération totale brute si la relation ne se poursuit pas par un CDI et en cas de rupture anticipée, à l'initiative de l'employeur.

Contrats conclus dans le cadre de la politique de l'emploi ou pour donner un complément de formation professionnelle à un salarié

Contrat d'apprentissage, contrat de professionnalisation, contrat unique d'insertion, contrat senior... : voir Titre 2 suivant.

c. Les interdictions

Cas de recours interdits

Il est interdit de recourir au CDD ou au CTT dans trois cas :

- **grève** : remplacement d'un salarié absent dont le contrat est suspendu par suite d'une grève.
- **travaux dangereux** faisant l'objet d'une surveillance médicale spéciale.
- **licenciement économique** : embauche, pour le motif d'accroissement temporaire d'activité, sur un poste de travail supprimé depuis moins de 6 mois à la suite d'un licenciement pour motif économique.

Il n'y a pas d'interdiction lorsque le contrat est conclu pour une durée de 3 mois au maximum, non renouvelable ou si le motif du recours est une commande exceptionnelle à l'exportation. Le **comité social et économique (CSE)** doit être informé et consulté préalablement sur cette nouvelle embauche.

Succession de contrats

Pour éviter le recours abusif aux contrats précaires, la loi encadre la succession de contrats d'intérim ou de CDD sur un même poste ou avec le même salarié sur des postes différents.

1. Succession de CDD sur un même poste avec le même salarié ou non

Principe

À l'expiration d'un CDD, si l'employeur veut de nouveau pourvoir ce même poste avec un contrat à durée déterminée, il doit respecter un délai de carence.

Une convention ou accord de branche étendu peut fixer les modalités de calcul du délai de carence.

À défaut de stipulations dans la convention ou accord de branche, ce **délai de carence** est fixé au tiers de la durée du contrat qui a pris fin, renouvellement inclus, lorsque la durée de ce contrat est au moins égale à 14 jours.

Si la durée du contrat est inférieure à 14 jours, le délai de carence entre deux contrats est égal à la moitié de la durée du contrat initial, renouvellement compris.

Si l'employeur ne respecte pas le délai de carence, il y a requalification du CDD en CDI à la demande du salarié.

Exemple

Un employeur, qui a embauché un salarié sous CDD de 6 mois pour faire face à un accroissement temporaire d'activité, a renouvelé le contrat pendant 3 mois, ne pourra recourir à un nouveau CDD pour occuper le même poste de travail avant l'expiration d'un délai de 3 mois (1/3 de 9 mois), s'il invoque l'accroissement temporaire d'activité.

Exceptions

Une convention ou accord de branche étendu peut prévoir les cas dans lesquels le délai de carence n'est pas applicable.

À défaut il n'y a pas de délai de carence en cas de :
- nouvelle absence du salarié remplacé ;
- travaux urgents nécessités par des mesures de sécurité ;
- emplois saisonniers ou contrats d'usage ;
- rupture anticipée du fait du salarié ;
- refus par le salarié du renouvellement de son contrat ;
- contrats conclus dans le cadre de la politique de l'emploi.

2. Succession de CDD avec le même salarié

Si le même salarié est occupé sur le **même poste de travail**, l'employeur doit respecter le délai de carence énoncé plus haut.

Si le même salarié est occupé sur des **postes différents**, un délai doit être respecté entre les contrats successifs. La durée n'est pas quantifiée. Le délai doit être raisonnable sinon il y aura requalification en CDI.

Jurisprudence

Cass. soc. 14 février 2018, nº 16-17966
Sous l'impulsion de la CJUE, la Cour de cassation a assoupli sa position sur la succession de CDD avec un même salarié. Elle estime que le seul fait de recourir à des CDD de remplacement de manière récurrente ne suffit pas à démontrer que l'entreprise fait face par ce biais à un besoin structurel de main-d'œuvre et pourvoit ainsi durablement un emploi lié à l'activité normale et permanente de l'entreprise.

d. Sanctions des recours illicites : requalification en CDI

Principe

Les CDD conclus dans des cas non autorisés par la loi sont réputés à durée indéterminée. Il en est de même en cas d'absence de contrat écrit ou d'une mention essentielle du contrat ou de non respect du délai de carence entre deux contrats successifs.

Demande de requalification

La requalification résulte d'une demande du salarié exclusivement. Le juge ne peut pas requalifier d'office.

Les syndicats peuvent exercer l'action en justice à la place du salarié. Il s'agit de l'action syndicale de substitution (*cf.* Chapitre 12).

Procédure de requalification

Le salarié a 2 ans pour saisir le conseil de prud'hommes (CPH)

La procédure est alors accélérée : l'affaire est portée directement devant le bureau de jugement, qui doit statuer sur le fond dans le délai d'un mois suivant sa saisine.

La décision du conseil est exécutoire à titre provisoire (neutralisation de l'effet suspensif de l'appel).

Indemnité de requalification

Le salarié qui obtient gain de cause reçoit une indemnité qui ne peut être inférieure à un mois de salaire, s'ajoutant éventuellement aux indemnités de rupture d'un CDI.

L'employeur, de surcroît, encourt des sanctions pénales (amende de 3 750 €).

Jurisprudence

Cass. soc. 10 mai 2012, n° 10-23514

Lorsqu'il requalifie en contrat à durée indéterminée une succession de missions d'intérim, le juge doit accorder au salarié une seule indemnité de requalification dont le montant ne peut être inférieur à un mois de salaire ; la requalification de plusieurs contrats de travail temporaire en une relation contractuelle à durée indéterminée n'entraîne le versement d'indemnités qu'au titre de la rupture du contrat à durée indéterminée.

3 Régime juridique des contrats précaires

a. Durée du contrat

Durée initiale

Selon l'article L. 1242-8 du Code du travail, le contrat de travail à durée déterminée doit comporter un terme fixé avec précision dès sa conclusion.

Toutefois, il peut aussi comporter un terme imprécis dans certains cas, sous réserve que soit prévue une durée minimale.

Exemple : Du 2 janvier au 30 avril : c'est un contrat de date à date avec une durée précise de fin de contrat.

1. Contrat à terme précis ou contrat de date à date

Principe

Une convention ou accord de branche étendu peut fixer la durée totale du CDD. Cette durée ne peut avoir ni pour objet ni pour effet de pourvoir durablement un emploi lié à l'activité normale et permanente de l'entreprise.

À défaut il a une **durée maximale** prévue par la loi :

- 18 mois, renouvellement compris ;
- 24 mois maximum dans deux hypothèses : en cas de remplacement d'un salarié dont le départ précède la suppression du poste de travail ou de survenance d'une commande exceptionnelle à l'exportation ;
- 9 mois maximum en cas de contrat en attente d'un recrutement sous CDI ou de travaux urgents nécessaires pour prévenir des accidents imminents.

2. Contrat à terme imprécis

Durée minimale

Dans un certain nombre de cas de recours légaux, l'employeur peut, s'il le souhaite fixer un terme imprécis mais avec une durée minimale.

Le contrat a pour terme la fin de l'absence du salarié remplacé ou la réalisation de l'objet pour lequel il a été conclu.

Exemple

Le contrat conclu pour le remplacement d'un salarié absent pour maladie a pour durée minimale la durée prévue d'arrêt de travail. Il prendra fin au retour du salarié malade.
Afin de permettre la mise au courant du remplaçant, le contrat peut débuter avant le départ du salarié dont l'absence est prévue, et s'achever le surlendemain de son retour.

Cas

- Remplacement d'un salarié temporairement absent ;
- Attente de l'entrée en service d'un salarié embauché sous CDI ;
- Emploi saisonnier ;
- Emploi pour lequel il est d'usage constant de ne pas recourir à un salarié sous CDI ;
- CDD à objet défini.

Renouvellement du contrat

Une convention ou un accord de branche étendu peut fixer le nombre maximal de renouvellements possibles.

Les conditions de renouvellement sont stipulées dans le contrat ou font l'objet d'un avenant accepté par le salarié avant le terme initialement prévu.

À défaut de convention ou accord de branche, deux renouvellements sont possibles, dans la limite de la durée maximale légale ou conventionnelle.

Exemple : Un contrat initial d'une durée de 10 mois ne pourra être renouvelé que pour 8 mois.

Durée des contrats à durée déterminée

Une convention ou accord de branche étendu peut fixer la durée totale du CDD, sauf pour les CDD à objet défini, les CDD conclus dans le cadre de la politique de l'emploi ou ceux pour assurer un complément de formation professionnelle. À défaut, la durée maximale est la suivante :

Cas de recours	Motif	Durée maximale	Terme
Remplacement d'un salarié absent	Remplacement d'un salarié absent	18 mois ou sans limite	Certain ou incertain
	Salarié passé provisoirement à temps partiel	18 mois ou sans limite	Certain ou incertain
	Remplacement sur un poste devant être supprimé	24 mois	Certain
	Remplacement dans l'attente d'un recrutement en CDI	9 mois	Certain ou incertain

Cas de recours	Motif	Durée maximale	Terme
Accroissement temporaire d'activité	Augmentation temporaire de l'activité habituelle de l'entreprise	18 mois	Certain
	Commande exceptionnelle à l'exportation	24 mois	Certain
	Exécution d'une tâche occasionnelle	18 mois	Certain
	Travaux urgents liés à la sécurité	9 mois	Certain
Travaux temporaires par nature	Contrat saisonnier	18 mois	Certain ou incertain
	Contrat d'usage	18 mois	Certain ou incertain
	Contrat vendanges	1 mois	Certain ou incertain

b. Conclusion du contrat : forme du contrat

Un formalisme lourd destiné à informer le salarié est imposé à l'employeur.

<table>
<tr><td>Contrat à durée déterminée</td><td>a – Écrit obligatoire
Le contrat doit être conclu par écrit sinon il est réputé conclu pour une durée indéterminée. Il s'agit d'une présomption irréfragable.
b – Mentions obligatoires
Le contrat doit contenir :
• définition précise du motif de recours ;
• pour un CDD de remplacement : nom et qualification du ou des salariés remplacés ;
• date d'échéance du terme et les conditions du renouvellement s'il comporte un terme précis ;
• durée minimale et la fin de l'absence ou la réalisation de l'objet s'il comporte un terme imprécis comme la fin de la saison par exemple ;
• désignation du poste de travail ;
• intitulé de la convention collective applicable ;
• durée de la période d'essai éventuellement prévue ;
• montant de la rémunération et de ses différentes composantes ;
• nom et l'adresse de la caisse de retraite complémentaire.
En cas d'omission de mentions obligatoires, le contrat est requalifié en contrat à durée indéterminée. Cependant, les juges font la distinction entre les mentions déterminantes (motif, durée, poste, nom et qualification du salarié remplacé) et les autres qui sont purement informatives (convention collective, caisse de retraite). Seule l'omission des mentions déterminantes entraîne la requalification du contrat en CDI.
c – Délai de remise du contrat
Le contrat doit être remis au salarié au plus tard dans les deux jours suivant l'embauche sinon l'employeur peut devoir au salarié une indemnité égale à un mois de salaire maximum.</td></tr>
</table>

Contrat de travail temporaire	**Le contrat de mise à disposition conclu entre l'ETT et l'entreprise utilisatrice** doit être conclu par **écrit**, au plus tard dans les **deux jours** ouvrables suivant la mise à disposition du salarié. Il doit mentionner notamment le motif pour lequel il est fait appel au salarié temporaire, le terme de la mission, etc. (1) L'absence d'écrit entraîne la nullité absolue du contrat et des sanctions pénales pour les deux entreprises. Le **contrat de mission** conclu entre le salarié et l'entreprise de travail temporaire doit être remis au salarié dans les **deux jours** suivant sa mise à disposition. Il est constaté par écrit, reprend les clauses et mentions du contrat de mise à disposition, complétées par la qualification du salarié, les modalités de sa rémunération et la durée de la période d'essai éventuelle. L'absence d'écrit permet au salarié de demander la requalification de son CTT en CDI auprès de l'ETT en l'absence de contrat de mission écrit ou de l'entreprise utilisatrice en cas de non repect des cas de recours ou de la durée de mission. Le contrat de mission peut être requalifié en CDI avec l'entreprise utilisatrice si cette dernière continue à faire travailler le salarié après la fin de sa mission sans avoir conclu de nouveau contrat de mise à disposition et en cas de violation des règles de recours.

(1) Le poste de travail, la qualification professionnelle exigée, la nature des équipements de protection individuelle que le salarié doit utiliser, la rémunération que perçoit, dans l'entreprise utilisatrice, un salarié de même qualification, le nom et l'adresse de l'organisme garant de l'ETT.

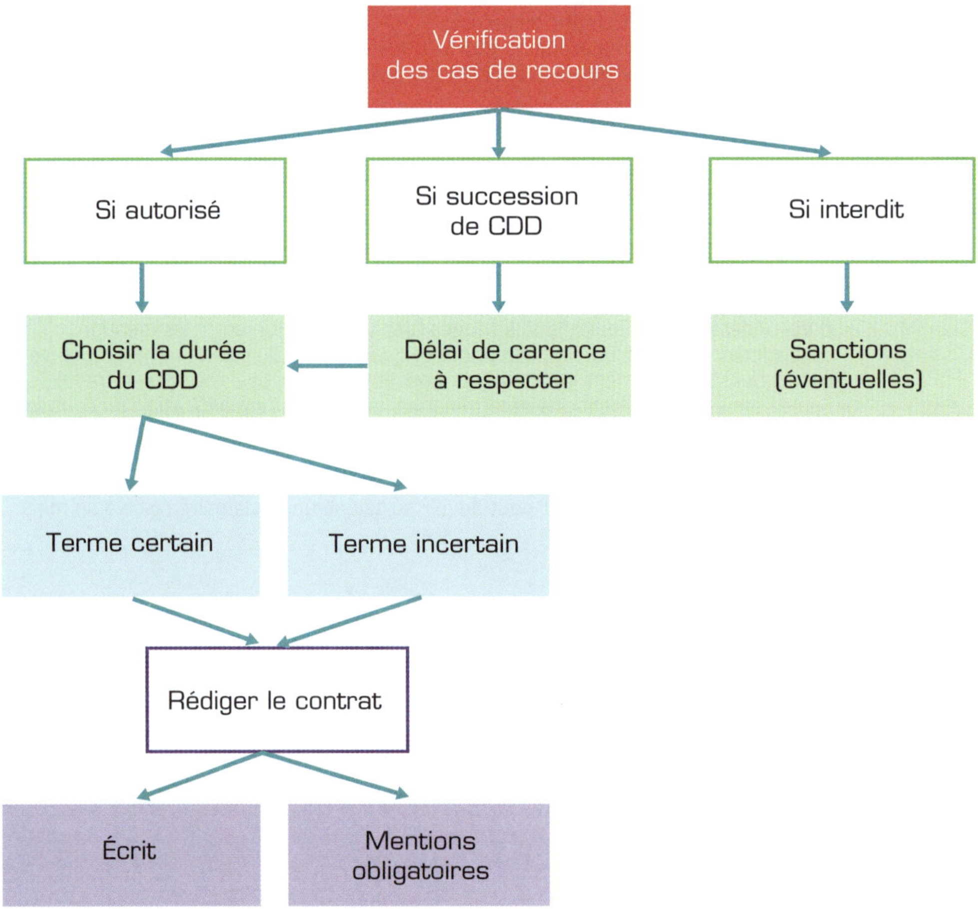

c. Statut du salarié

Principe

Le salarié sous CDD ou contrat de travail temporaire a droit à une **égalité de traitement** avec les salariés sous CDI à l'exclusion des dispositions concernant la rupture du contrat. Il bénéficie des mêmes avantages légaux et conventionnels.

En ce qui concerne le salarié temporaire, son employeur est juridiquement l'entreprise de travail temporaire mais c'est l'entreprise utilisatrice qui est responsable des conditions d'exécution du travail.

Période d'essai

La **période d'essai** est facultativepour les **CDD**. Elle doit être expressément prévue dans le contrat pour être applicable. Si elle existe, sa durée maximale est prévue par la loi et calculée en fonction de la durée du contrat.

Pour le contrat à durée déterminée, sa durée ne peut excéder :

Durée du contrat	Période d'essai
Inférieure ou égale à 6 mois	1 jour par semaine dans la limite de 2 semaines
Supérieure à 6 mois	1 mois

Elle est calculée par rapport à la durée minimale si le contrat ne comporte pas de terme précis.

La durée se calcule en jours calendaires ou en semaine civile (7 jours consécutifs) ou en mois calendaire.

Un délai de prévenance s'applique dont la durée varie en fonction de la durée de présence (voir Chapitre 3).

Pour le **contrat de travail temporaire**, la durée maximale est de :

Durée du contrat	Période d'essai
Inférieure ou égale à 1 mois	2 jours
Entre 1 et 2 mois	3 jours
Supérieure à 2 mois	5 jours

Il s'agit de jours calendaires.

Rémunération

La rémunération perçue par le salarié ne peut être inférieure à celle attribuée, dans l'entreprise, à un salarié sous CDI de qualification équivalente occupant les mêmes fonctions.

Congés payés

Le salarié a droit au même nombre de jours de congés que les salariés sous CDI. Il perçoit une indemnité compensatrice de congés payés s'il ne peut les prendre effectivement. Elle est égale au 1/10 de la rémunération totale brute.

Hygiène et sécurité

Il est soumis aux mêmes règles que les salariés permanents. L'employeur commet une faute inexcusable lorsqu'un accident du travail ou une maladie professionnelle affecte des salariés sous CDD ou contrat de mission occupant des postes à risques pour leur santé ou leur sécurité et qui n'ont pas bénéficié d'une formation spécifique (*infra* Chapitre 10).

Formation professionnelle continue

Des règles spécifiques s'appliquent aux salariés sous contrat à durée déterminée et sous contrat de travail temporaire (*cf.* Chapitre 9).

Droits collectifs

Les salariés en CDD peuvent être électeurs et éligibles aux élections des représentants du personnel.

Les salariés temporaires peuvent exercer un mandat de représentant du personnel dans l'entreprise de travail temporaire.

d. Cessation du contrat

Le contrat ne peut pas prendre fin avant le terme sauf cas exceptionnels, ce qui permet au salarié d'être assuré d'une certaine **stabilité pendant toute la durée du contrat**. Il n'existe pas de droit de résiliation unilatérale.

Cette rupture ne peut jamais constituer un licenciement. L'employeur n'est donc pas soumis aux obligations et formalités du licenciement.

Causes

1. Principe

Le contrat prend fin de plein droit à l'arrivée du terme, qu'il soit à terme précis ou imprécis.

2. Rupture anticipée

Il y a rupture anticipée du contrat à terme précis si elle intervient avant la date prévue au contrat. Pour le contrat à terme imprécis, la rupture est anticipée si elle intervient pendant la durée minimale ou au-delà de cette période, si elle intervient avant la réalisation de l'objet.

La rupture anticipée du contrat ne peut survenir que dans cinq cas.

- **Par accord des parties** : il faut dans ce cas un écrit ; la volonté des parties doit être claire et non équivoque.
- **En cas de faute grave** de l'une ou de l'autre partie résultant d'un fait ou d'un ensemble de faits d'une importance telle qu'elle rend impossible le maintien du contrat et peut seule justifier une mise à pied conservatoire. L'employeur qui rompt le CDD de façon anticipée pour faute grave doit respecter la procédure disciplinaire (convocation à un entretien, entretien, notification au salarié de la rupture par lettre motivée).

Exemple

Il y a faute grave lorsque le salarié s'absente sans justification de nombreuses fois et finit par abandonner son poste, refuse d'exécuter une tâche habituelle, désorganise gravement la chaîne sur laquelle il travaille entraînant une baisse des résultats de l'entreprise...
Il y a faute grave lorsque le salarié refuse de partir en livraison et s'absente les deux jours suivants (Cass. soc. 18 avril 2008).
En revanche, l'insuffisance professionnelle du salarié ne constitue pas une faute grave.

- **S'il y a force majeure** : évènement échappant au contrôle du débiteur, qui ne pouvait raisonnablement être prévu lors de la conclusion du contrat, dont les effets ne peuvent être évités par des mesures appropriées et qui empêche l'exécution du contrat (art. 1128 C. civ.). Le salarié a droit à une indemnité compensatrice d'un montant égal aux rémunérations qu'il aurait perçues jusqu'au terme du contrat, lorsque ce dernier est rompu avant le terme pour force majeure.

Exemple : Ne sont pas des cas de force majeure : le retour anticipé d'un salarié en congé parental, la grève, le manque ou l'interruption du financement du poste, la fermeture administrative d'un établissement, la chute brutale de commandes résultant de la cessation d'activité d'un client...

- **Par démission du salarié s'il justifie d'une embauche sous** contrat à durée indéterminée : il doit respecter un préavis calculé à raison d'un jour par semaine compte tenu de la durée totale du CDD, renouvellement inclus, dans la limite de 2 semaines si le terme est précis sinon en fonction de la durée effectuée si le terme est incertain.
- **Pour inaptitude physique professionnelle ou non :** l'employeur peut rompre le CDD si l'inaptitude a été constatée par le médecin du travail et s'il y a impossibilité de reclassement du salarié dans l'entreprise ou dans le groupe.

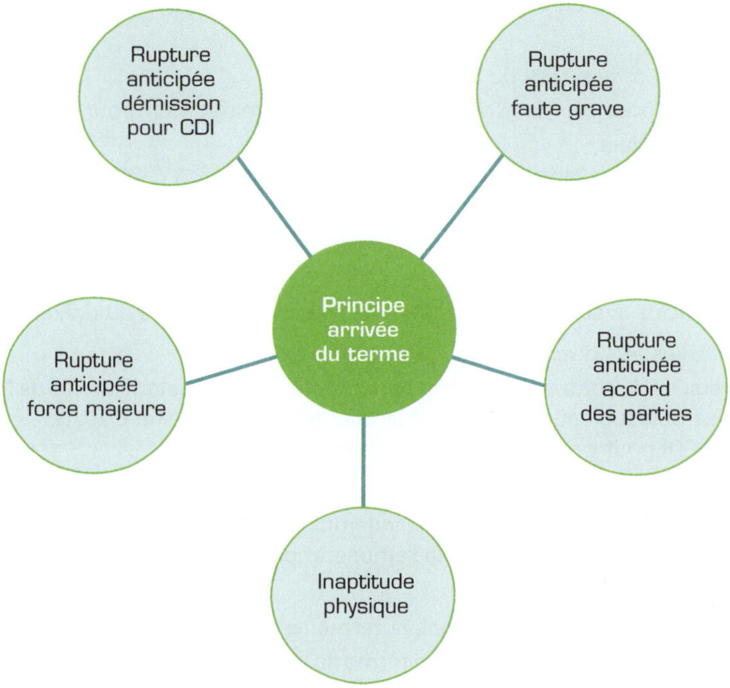

Conséquences d'une rupture prohibée

- Si la rupture est le **fait de l'employeur**, le salarié reçoit une indemnité dont le montant est au moins égal à la rémunération qu'il aurait perçue jusqu'au terme du contrat, en sus de l'indemnité de fin de contrat et de l'indemnité de congé payé.
- Si elle est le **fait du salarié**, l'employeur peut avoir droit à des dommages-intérêts sous réserve de justifier d'un préjudice.

Indemnité de fin de contrat

- **Contrat à durée déterminée**

En compensation du caractère précaire de son contrat, le salarié perçoit à l'issue de celui-ci une indemnité de fin de contrat.

Principe

Le salarié, sauf exception, doit percevoir une **indemnité de fin de contrat** dont le montant est égal à 10 % de la rémunération brute perçue pendant la durée du travail (à l'exclusion de l'indemnité compensatrice de congés payés).

Cependant, le montant peut être réduit à 6 % lorsque la convention ou l'accord collectif de branche étendu ou un accord d'entreprise prévoit des contreparties relatives à la formation professionnelle au profit des salariés sous CDD. Ce taux n'est opposable au salarié que si l'employeur lui a proposé un accès à la formation professionnelle (Cass. soc. 11 juillet 2007, nº 06-41765).

Exceptions relatives à la nature du motif de recours

L'indemnité est due pour tous les contrats à durée déterminée sauf pour :

- les contrats saisonniers ;
- ceux pour lesquels il est d'usage constant de ne pas recourir à un CDI ;
- les contrats de vendanges ;
- les contrats conclus pour favoriser l'embauche de certaines catégories de demandeurs d'emploi ;
- les contrats conclus avec un jeune pendant les vacances scolaires ou universitaires.

Exceptions relatives au comportement des parties

Elle n'est pas versée si le contrat a été rompu pour faute grave du salarié ou cas de force majeure, si les relations se poursuivent par un CDI, si le salarié, à l'issue de son CDD, refuse d'accepter la conclusion d'un CDI pour occuper le même emploi.

• **Contrat de travail temporaire**

À l'issue de la mission, le salarié perçoit une indemnité destinée à compenser la précarité de sa situation, d'un montant égal à 10 % de la rémunération brute qu'il a perçue, dans les mêmes conditions qu'un salarié sous CDD.

Cas particulier : rupture du contrat avant le terme de la mission du contrat temporaire

L'ETT qui rompt le contrat de travail avant le terme de la mission doit proposer au salarié, à moins que la rupture ne résulte d'une faute grave de celui-ci ou d'un cas de force majeure, une nouvelle mission, dans des conditions équivalentes, dans un délai de 3 jours ouvrables. À défaut, il doit assurer au salarié une rémunération équivalente à celle qu'il aurait perçue jusqu'au terme du contrat. (La rupture du contrat de mise à disposition ne constitue pas un cas de force majeure.)

B Le CDI de chantier ou d'opération

1 Définition et règles de conclusion

Le contrat de chantier ou d'opération est un **contrat à durée indéterminée** conclu pour un ou plusieurs chantiers successifs dont la fin constitue un motif réel et sérieux de licenciement.

Il peut y être recouru dans toutes les branches d'activité, dès lors qu'elles ont négocié et conclu une convention ou un accord collectif étendu qui en fixe les conditions et modalités de mise en œuvre.

Dans la mesure où ce contrat est à durée indéterminée, s'appliquent au salarié l'ensemble des règles dont bénéficient les autres salariés en CDI au sein de l'entreprise (rémunération, période d'essai, congés payés, accords collectifs, etc.).

Le contrat doit préciser les éléments suivants :

- un ou plusieurs chantiers précisément nommés ;
- les tâches précises effectuées par le salarié sur ce ou ces chantiers ;
- la précision que la fin de ses tâches sur le chantier peut engendrer un licenciement.

2 Rupture

La rupture du contrat de chantier ou d'opération qui intervient à la fin du chantier ou une fois l'opération réalisée repose sur une cause réelle et sérieuse. Cette règle est valable pour les contrats de chantier ou d'opération conclus sur la base d'une convention ou d'un accord de branche qui en fixent les modalités comme pour ceux conclus en l'absence d'une telle convention ou d'un tel accord.

Comme pour un CDI classique, la rupture d'un CDI de chantier ou d'opération à l'initiative de l'employeur est soumise à la procédure de licenciement.

Sont également applicables les dispositions de droit commun concernant le préavis, les documents remis par l'employeur à la fin de la relation de travail (solde de tout compte, attestation France Travail...), etc.

Si la convention ou l'accord collectif de branche étendu le prévoit, le salarié licencié à l'issue d'un contrat de chantier ou d'opération peut bénéficier d'une priorité de réembauche en contrat à durée indéterminée dans le délai et selon les modalités fixées par la convention ou l'accord.

La convention ou l'accord collectif fixe le montant de l'indemnité de licenciement.

À défaut de convention ou d'accord de branche étendu fixant les conditions de mise en œuvre du contrat de chantier ou d'opération, l'indemnité de licenciement à verser sera soit l'indemnité légale si le salarié remplit les conditions, soit, le cas échéant, l'indemnité conventionnelle ou celle prévue par le contrat si elles sont plus favorables.

C Le contrat à temps partiel

La spécificité de ce contrat ne porte pas sur la durée du contrat mais sur la durée du travail. Il n'est pas juridiquement considéré comme un contrat précaire.

1 Définition

Le salarié à temps partiel est celui dont la durée normale de travail est inférieure à celle d'un travailleur à temps plein.

Le travail à temps partiel peut être mis en place dans le cadre de la semaine ou du mois.

La loi ne prévoit sa mise en place sur l'année que dans deux cas (aménagement du temps de travail dans le cadre d'un accord collectif – *cf.* Chapitre 7 – et temps partiel pour raisons familiales à la demande du salarié).

> **Article L. 3123-1 du Code du travail**
>
> *Sont des salariés à temps partiel les salariés dont la durée du travail est inférieure :*
>
> - ***soit à la durée légale du travail (35 heures)*** *ou, lorsque ces durées sont inférieures à la durée légale, à la durée fixée conventionnellement pour la branche ou l'entreprise ou aux durées de travail applicables dans l'établissement ;*
> - ***soit à la durée mensuelle résultant de l'application****, sur cette période, de la durée légale du travail (151,67 heures) ou, si elles sont inférieures, de la durée conventionnelle ou applicable dans l'établissement ;*
> - ***soit à la durée annuelle résultant de l'application de la durée légale (1 607 heures)*** *ou si elles sont inférieures, de la durée du travail fixée conventionnellement pour la branche ou l'entreprise ou les durées du travail applicables dans l'établissement.*

Les contrats à temps partiel doivent avoir une durée minimale de travail de 24 heures par semaine (ou 104 h/mois) sauf dérogations :

- **par accord de branche étendu** s'il comporte des garanties quant à la mise en œuvre d'horaires réguliers ou permettant au salarié de cumuler plusieurs activités pour atteindre une durée globale d'activité correspondant à un temps plein ou au moins égale à 24 h/semaine ;

- **à la demande du salarié** pour lui permettre de faire face à des contraintes personnelles, ou pour lui permettre de cumuler plusieurs activités afin d'atteindre une durée globale d'activité correspondant à un temps plein ou au moins égale à 24 heures par semaine.

Dans ces deux cas, les horaires de travail doivent être regroupés sur des journées ou demi-journées régulières ou complètes.

La durée minimale de 24 heures ne s'applique pas aux contrats d'une durée au plus égale à 7 jours, aux contrats à durée déterminée de remplacement, ni aux contrats conclus par des jeunes de moins de 26 ans poursuivant leurs études.

2 Mise en place du temps partiel

Elle peut se faire à l'initiative de l'employeur ou à celle du salarié.

a. Initiative de l'employeur

L'employeur est encouragé par la loi à signer un accord collectif pour mettre en place le travail à temps partiel.

Accord collectif ou information de l'agent de contrôle de l'inspection du travail

Les horaires à temps partiel peuvent être pratiqués dans l'entreprise :

- sur la base d'un accord collectif d'entreprise ou d'établissement ou, à défaut, d'une convention ou d'un accord de branche étendu ;
- en l'absence d'accord, après avis du CSE, transmis dans un délai de 15 jours à l'inspection du travail ;
- en l'absence de CSE, à l'initiative seule du chef d'entreprise, après information de l'inspection du travail.

Obligations de l'employeur

L'employeur ne peut imposer à un salarié travaillant à temps complet le passage à temps partiel. Il s'agit dans ce cas d'une modification du contrat de travail qui nécessite l'accord du salarié.

Le refus du salarié de travailler à temps partiel ne constitue ni une faute ni un motif de licenciement.

b. Demande des salariés : temps partiel choisi

Le salarié peut demander à travailler à temps partiel pour différentes raisons :

- Temps partiel pour raisons familiales : alternance de périodes travaillées et non travaillées sur l'année.
- Temps partiel pour congés spécifiques : congé parental d'éducation, création d'entreprise… Des règles particulières s'appliquent à ces cas.

Principe général

Les salariés à temps complet ont **priorité** pour l'attribution d'un emploi à temps partiel correspondant à leur catégorie professionnelle ou d'un emploi équivalent.

Réciproquement, les salariés à temps partiel qui veulent reprendre un emploi à temps complet ont également priorité.

L'employeur a donc l'obligation de porter à la connaissance de ces salariés la liste des emplois disponibles correspondants.

S'il ne respecte pas cette priorité, l'employeur peut être condamné à verser au salarié des dommages et intérêts.

Toutefois, une convention ou un accord d'entreprise ou d'établissement ou à défaut, une convention, un accord de branche étendu peut prévoir la possibilité pour l'employeur de proposer à un salarié à temps partiel des emplois présentant des caractéristiques différentes.

Les conditions de mise en place des horaires à temps partiel choisi (cas général)

Elles sont fixées par **accord ou convention d'entreprise** ou convention ou accord collectif de branche étendu.

L'accord collectif doit contenir des clauses obligatoires : notamment il doit prévoir la procédure devant être suivie par les salariés pour faire part de leur demande à l'employeur et le délai dans lequel l'employeur devra y apporter une réponse motivée. Un refus de l'employeur doit être motivé par des raisons objectives.

En l'absence d'accord collectif, le **régime légal** s'applique. La demande du salarié doit être présentée à l'employeur par lettre recommandée avec un avis de réception au moins 6 mois à l'avance. L'employeur doit répondre dans le délai de 3 mois à compter de la réception de la demande. Il ne pourra opposer un refus que s'il justifie des motifs légaux suivants :

- absence d'emploi disponible dans la catégorie professionnelle ou emploi équivalent ;
- ou que le changement d'emploi demandé aurait des conséquences préjudiciables à la production et à la bonne marche de l'entreprise.

Droit du salarié d'imposer le passage à temps partiel

L'employeur ne peut pas refuser le passage à temps partiel lorsque la demande du salarié prend la forme d'un congé parental à temps partiel, d'un congé de présence parentale, d'un projet de transition professionnelle, etc.

Cas particuliers

Temps partiel pour les besoins de sa vie personnelle	Il ne peut être mis en place qu'à la demande du salarié avec l'accord de l'employeur. Ce dernier peut refuser pour des raisons objectives liées aux nécessités de fonctionnement de l'entreprise.
Temps partiel pour création d'entreprise ou participation à la direction d'une « jeune entreprise innovante »	Le salarié doit avoir une ancienneté de 24 mois consécutifs ou non dans l'entreprise. Il doit faire sa demande 2 mois à l'avance. L'employeur doit répondre dans les 30 jours. La durée du contrat est fixée à l'avance à un an maximum avec une prolongation possible d'un an.
Temps partiel pour congé parental d'éducation (Chapitre 7)	La durée du temps partiel doit être au moins de 16 heures par semaine. La répartition des horaires est fixée en accord avec l'employeur.

3 Conclusion du contrat de travail à temps partiel

Comme tous les contrats atypiques, le **contrat de travail à temps partiel** doit être rédigé par écrit et comprendre un grand nombre de précisions afin de protéger le salarié.

a. Contrat de travail

Écrit obligatoire

Le contrat de travail à temps partiel doit être écrit obligatoirement, qu'il soit à durée indéterminée ou déterminée.

Selon la Cour de cassation, l'absence d'écrit fait présumer que le contrat a été conclu à temps complet. Il s'agit d'une présomption simple susceptible d'être écartée par la preuve contraire. L'employeur encourt également des sanctions pénales (amende).

> **Exemple :** L'employeur peut apporter la preuve du temps partiel en fournissant les bulletins de salaire, par la communication des horaires au salarié, par l'affichage des horaires…

Mentions obligatoires

L'article L. 3123-6 du Code du travail énumère les mentions obligatoires :

1° la qualification du salarié, les éléments de la rémunération, la durée hebdomadaire ou mensuelle prévue et, sauf pour les salariés des associations et entreprises d'aide à domicile et les salariés relevant d'un accord collectif conclu en application de l'article L. 3121-44, la répartition de la durée du travail entre les jours de la semaine ou les semaines du mois ;

2° les cas dans lesquels une modification éventuelle de cette répartition peut intervenir ainsi que la nature de cette modification ;

3° les modalités selon lesquelles les horaires de travail pour chaque journée travaillée sont communiqués par écrit au salarié. Dans les associations et entreprises d'aide à domicile, les horaires de travail sont communiqués par écrit chaque mois au salarié ;

4° les limites dans lesquelles peuvent être accomplies des heures complémentaires au delà de la durée de travail fixée par le contrat.

b. Durée du travail

Le contrat détermine la durée hebdomadaire ou mensuelle de travail et les limites dans lesquelles peuvent être effectuées des heures complémentaires.

Heures complémentaires

1. Définition

Ce sont les heures effectuées au-delà de l'horaire mentionné au contrat et en deçà de la durée légale du travail. Il ne s'agit donc pas d'heures supplémentaires.

2. Conditions

Des limites contractuelles et légales sont prévues :

- **limites contractuelles** : le contrat de travail doit fixer les limites dans lesquelles peuvent être effectuées les heures complémentaires ;
- **limites légales** : le contrat doit respecter les deux limites prévues par la loi :
  - le nombre d'heures complémentaires ne peut pas être supérieur au 1/10e de la durée hebdomadaire ou mensuelle prévue au contrat ; une convention ou un accord collectif d'entreprise ou d'établissement ou à défaut un accord de branche étendu peut porter la limite légale du dizième au tiers de la durée du contrat ;
  - le nombre d'heures complémentaires ne peut avoir pour effet de porter la durée du travail du salarié au niveau de la durée légale ou de la durée conventionnelle.
- **rémunération** : toutes les heures complémentaires accomplies dans la limite légale (1/10e) donnent lieu à une majoration de salaire de 10 %. Celles qui, prévues par accord collectif, dépassent la limite légale sont en principe majorées de 25 % à moins qu'une convention ou un accord de branche étendu prévoie un taux de majoration différent, qui ne peut en aucun cas être inférieur à 10 %.

3. Refus du salarié

Le salarié peut refuser d'effectuer des heures complémentaires lorsque les heures à effectuer dépassent les limites contractuelles et lorsque, à l'intérieur des limites, le salarié est informé moins de trois jours avant la date à laquelle les heures complémentaires sont prévues.

Ce refus ne constitue ni une faute ni un motif de licenciement.

4. Utilisation régulière d'heures complémentaires

Lorsque, pendant une période de douze semaines consécutives ou pendant douze semaines sur une période de 15 semaines, l'horaire moyen réellement effectué par le salarié a dépassé de deux heures au moins par semaine l'horaire prévu au contrat, celui-ci doit être modifié sous réserve d'un préavis de 7 jours et sauf opposition du salarié, en ajoutant le différentiel constaté à l'horaire contractuel.

Jurisprudence

Cass. soc. 11 avril 2018, n° 16-16082

Le recours à des heures complémentaires portant, pendant plusieurs mois, la durée du travail au niveau de la durée légale a pour effet de requalifier le contrat en temps plein.

Complément d'heures par avenant

Une convention ou un accord de branche étendu peut prévoir la possibilité, par avenant au contrat de travail, d'augmenter la durée du travail prévue par le contrat, en dehors du dispositif des heures complémentaires. Le nombre d'avenants ne peut excéder huit par an et par salarié.

Les heures effectuées dans ce cadre ne sont pas des heures complémentaires. Elles ne sont pas majorées sauf si la convention ou l'accord de branche étendu le prévoit.

Les heures complémentaires sont décomptées au-delà des compléments d'heures effectués et donnent lieu à une majoration de salaire d'au moins 25 %.

Exemple

Un salarié conclut avec son employeur un avenant au contrat de travail, faisant passer son horaire contractuel de 25 à 28 heures du 1/09/n au 31/10/n. Les heures accomplies de la 26e à la 28e ne sont pas des heures complémentaires mais un complément d'heures, éventuellement majorées si l'accord le prévoit. Les heures effectuées à partir de la 29e sont des heures complémentaires, majorées d'au moins 25 %.

Les horaires de travail

1. Répartition des horaires

La répartition des horaires est fixée par les parties, dans le contrat, soit dans le cadre hebdomadaire, soit dans le cadre mensuel.

Elle peut également varier sur l'année (temps partiel modulé et temps partiel pour raisons familiales).

La journée de travail ne peut pas être interrompue plus d'une fois avec une durée maximale de 2 heures sauf dérogation prévue par convention ou accord d'entreprise ou d'établissement ou, à défaut, par convention ou accord de branche étendu.

Cadre hebdomadaire ou mensuel

Le contrat doit fixer les modalités selon lesquelles les horaires journaliers sont communiqués par écrit au salarié.

Cadre annuel

La répartition du temps de travail sur l'année ne peut être prévue que par un accord collectif d'entreprise ou d'établissement ou, à défaut, une convention ou un accord de branche qui définit les modalités d'aménagement du temps de travail et organise la répartition de la durée du travail sur une période supérieure à la semaine et au plus égale à l'année.

2. Modification de la répartition de la durée du travail

La modification de la répartition de la durée entre les jours de la semaine ou les semaines du mois nécessite l'accord du salarié.

- Le contrat doit définir les cas et la nature de la modification de la répartition des horaires sur la semaine ou le mois.

- La modification doit être notifiée au salarié au moins 7 jours ouvrés à l'avance. Le délai peut être réduit à 3 jours ouvrés par accord collectif d'entreprise ou d'établissement ou à défaut par un accord de branche étendu moyennant une contrepartie au salarié.
- **Si la modification est prévue au contrat** et que l'employeur respecte le délai de prévenance, le refus du salarié est une cause de licenciement sauf s'il peut justifier que le changement n'est pas compatible avec des obligations familiales impérieuses, avec le suivi d'un enseignement scolaire ou supérieur, avec une période d'activité chez un autre employeur ou une activité professionnelle non salariée.
- **Si la modification n'est pas prévue au contrat**, l'employeur ne peut pas modifier unilatéralement le contrat. Le refus du salarié n'est pas une cause de licenciement.

Jurisprudence

Cass. soc. 9 juillet 2003

L'employeur modifie le contrat d'une salariée, au retour de son congé maternité, et l'oblige à travailler deux soirs par semaine jusqu'à 22 heures (alors qu'elle travaillait de 10 h à 19 h) ainsi que les samedis et dimanches (qui étaient auparavant ses jours de repos). Ce changement n'est pas compatible avec des obligations familiales impérieuses.

4 Statut des salariés à temps partiel

a. Principe

Les salariés à temps partiel ont, dans l'entreprise, les mêmes droits et les mêmes avantages que les salariés à temps complet. C'est le principe de **l'égalité des droits** entre les salariés à temps plein et ceux à temps partiel.

b. Points de comparaison avec les salariés à temps complet

Période d'essai	La période d'essai des salariés à temps partiel ne peut pas avoir une durée calendaire supérieure à celle des salariés à temps complet.
Rémunération	La rémunération est proportionnelle à celle du salarié qui, à qualification égale, occupe à temps complet un emploi équivalent.
Congés payés	Ils ont les mêmes droits à congés payés que les salariés à temps complet.
Ancienneté	La durée de l'ancienneté est décomptée pour les salariés employés à temps partiel comme s'ils avaient été occupés à temps complet. Les périodes non travaillées sont prises en compte en totalité.
Représentation du personnel	Ils sont électeurs et éligibles au même titre que les salariés à temps complet.

D Le travail à temps partagé et le portage salarial

Le prêt de main d'œuvre à but lucratif est interdit (délit de marchandage) sauf dans des cas autorisés par la loi. Outre le contrat de travail temporaire, il existe d'autres formes d'externalisation de la main d'œuvre dont notamment le **travail à temps partagé** et le **portage salarial**.

1 Travail à temps partagé

a. Principe

Article L. 1252-2 du Code du travail :

« Est... une entreprise de travail à temps partagé toute personne physique ou morale dont l'activité exclusive consiste à mettre à disposition d'entreprises clientes du personnel qualifié qu'elles ne peuvent recruter elles-mêmes à raison de leur taille ou de leurs moyens. »

b. Conclusion du contrat

Deux contrats sont signés : un contrat commercial de mise à disposition et un contrat de travail.

Contrat de travail

- Il est signé entre le salarié mis à disposition et l'entreprise de travail à temps partagé.
- Il est écrit.
- Il est réputé à durée indéterminée soumis au droit commun du licenciement.
- Il peut être conclu pour un temps complet ou un temps partiel.

Contrat commercial de mise à disposition

Il est signé, pour chaque mise à disposition individuelle de salarié entre l'entreprise de travail à temps partagé et l'entreprise cliente. Il précise le contenu et la durée estimée de la mission, la qualification professionnelle, les caractéristiques particulières du poste de travail, le montant de la rémunération et ses composantes.

c. Régime juridique

La rupture du contrat de travail à temps partagé obéit aux règles de résiliation du CDI (licenciement).

La rémunération versée au salarié ne peut être inférieure à celle d'un salarié de niveau de qualification identique ou équivalente occupant le même poste ou les mêmes fonctions dans l'entreprise cliente.

L'entreprise utilisatrice est responsable des conditions d'exécution du contrat de travail.

d. Entreprise de travail à temps partagé

Aux termes de l'article L. 1252-2 du Code du travail, elle doit avoir pour activité exclusive de mettre du personnel qualifié à disposition de ses clients. Elle peut aussi donner des conseils en matière de gestion des compétences et de formation.

Les entreprises de travail temporaire peuvent également exercer l'activité de travail à temps partagé.

Elle doit justifier d'une garantie financière pour assurer le paiement des salaires en cas de défaillance de sa part.

2 Portage salarial

Le **portage salarial** est, après le travail temporaire et le travail à temps partagé, une nouvelle forme autorisée de prêt de main d'œuvre à but lucratif. Il s'agit d'une relation contractuelle tripartite, dans laquelle un salarié porté, ayant un contrat de travail avec une entreprise de portage salarial, effectue une prestation pour le compte d'entreprises clientes.

a. Définition

Selon l'article L. 1254-1 du Code du travail, *le portage salarial désigne l'ensemble organisé constitué par :*

1° D'une part, la relation entre une entreprise dénommée « entreprise de portage salarial » effectuant une prestation au profit d'une entreprise cliente, qui donne lieu à la conclusion d'un contrat commercial de prestation de portage salarial ;

2° D'autre part, le contrat de travail conclu entre l'entreprise de portage salarial et un salarié désigné comme étant le « salarié porté », lequel est rémunéré par cette entreprise.

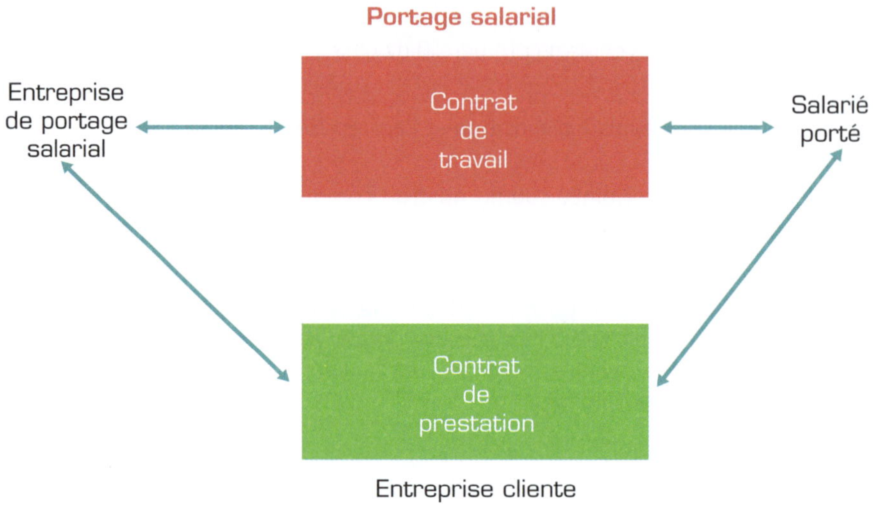

Le salarié porté est autonome dans l'organisation de sa mission. Il prospecte sa propre clientèle et négocie le prix et la nature de la prestation avec l'entreprise cliente. Il fournit la prestation de service à l'entreprise cliente et rend compte de sa mission à l'entreprise de portage. Il est rémunéré par l'entreprise de portage. L'entreprise cliente verse à l'entreprise de portage, le prix de la prestation de service, sous forme d'honoraires.

b. Salarié porté

Le salarié porté, puisqu'il est autonome, doit justifier d'une expertise, d'une qualification et d'une autonomie qui lui permettent de rechercher lui-même ses clients et de convenir avec eux des conditions d'exécution de sa prestation et de son prix. L'entreprise de portage doit lui verser une rémunération comprenant :

- une rémunération minimale définie par accord de branche étendu, à défaut la rémunération brute minimale correspondant à 70 % du plafond mensuel de la sécurité sociale ;
- une indemnité d'apport d'affaire de 5 % de la rémunération (commission couvrant le temps de préparation et de prospection du client) ;
- une réserve financière pour financer les périodes d'inter-missions.

c. Conditions et interdictions de recours au portage salarial

Une entreprise ne peut recourir au portage salarial que pour des tâches occasionnelles ou ponctuelles, ne relevant pas de son activité normale et permanente ou nécessitant une expertise dont elle ne dispose pas en interne.

La prestation dans l'entreprise cliente ne peut avoir pour objet de remplacer un salarié dont le contrat de travail est suspendu à la suite d'un conflit collectif de travail ou d'effectuer certains travaux particulièrement dangereux.

La durée de la prestation est limitée à 3 ans.

d. Entreprise de portage

La société de portage doit exercer de manière exclusive l'activité de portage salarial. Seule une entreprise de portage salarial peut conclure des contrats de travail en portage salarial.

Elle n'est pas tenue de fournir du travail au salarié porté.

e. **Nature des contrats**

Contrat de travail

Il est conclu entre l'entreprise de portage salarial et le salarié porté pour une durée déterminée ou indéterminée.

La rupture du contrat commercial de prestation de portage salarial n'entraîne pas la rupture du contrat de travail du salarié.

CDI	Il est établi par écrit avec la mention « contrat de travail en portage salarial à durée indéterminée ». Il comporte différentes clauses et mentions obligatoires énumérées à l'article L. 1254-20 du Code du travail. Les périodes sans prestation à une entreprise cliente ne sont pas rémunérées.
CDD	**Il est conclu pour la réalisation d'une seule prestation dans une seule entreprise cliente.** Il comporte un terme précis ou non. Il est établi par écrit avec la mention « contrat de travail en portage salarial à durée déterminée ». Il comporte des clauses et mentions obligatoires définies à l'article L. 1254-15 du Code du travail. Sa durée totale ne peut pas dépasser 18 mois renouvellements inclus (2 possibles), sauf exceptions. Il doit être transmis au salarié porté au plus tard dans les 2 jours ouvrables suivant sa conclusion.

Contrat commercial de prestation de portage salarial

Il est conclu entre l'entreprise de portage salarial et l'entreprise cliente du salarié porté au plus tard dans les deux jours ouvrables suivant le début de la prestation. Il est conclu par écrit et comporte des clauses et mentions obligatoires définies à l'article L. 1254-23 du Code du travail.

2 Contrats facilitant la formation et l'insertion professionnelles

Les politiques de l'emploi visent à résorber le chômage. Elles incitent, par des aides financières et des **réductions des charges patronales**, les employeurs à embaucher.

Différents contrats existent. Certains constituent également un **moyen de formation** pour des jeunes ou des chômeurs, d'autres sont un moyen d'insertion ou de réinsertion professionnelle.

A Le contrat d'apprentissage

Selon l'article L. 6211-1 du Code du travail : « *L'**apprentissage** concourt aux objectifs éducatifs de la nation. Il a pour but de donner à des jeunes travailleurs ayant satisfait à l'obligation scolaire une formation générale théorique et pratique, en vue de l'obtention d'une qualification professionnelle sanctionnée par un diplôme ou un titre à finalité professionnelle...* »

Article L. 6211-2

L'apprentissage est une forme d'éducation alternée associant :

- une formation dans une ou plusieurs entreprises, fondée sur l'exercice d'une ou plusieurs activités professionnelles en relation directe avec la qualification objet du contrat entre l'apprenti et l'employeur ;
- des enseignements dispensés pendant le temps de travail dans un centre de formation d'apprentis ou une section d'apprentissage.

Selon l'article L. 6226-1 du Code du travail, les entreprises de travail temporaire peuvent conclure des contrats d'apprentissage. Ces contrats assurent à l'apprenti une formation professionnelle dispensée pour partie en entreprise dans le cadre des missions de travail temporaire et pour partie en centre de formation d'apprentis.

Aucune contrepartie financière ne peut être demandée ni à l'apprenti à l'occasion de la conclusion, de l'enregistrement ou de la rupture du contrat d'apprentissage, ni à l'employeur à l'occasion de l'enregistrement du contrat d'apprentissage.

1 Formation du contrat

a. Définition

Contrat de type particulier par lequel un employeur s'engage, outre le versement d'un salaire, à assurer à un jeune travailleur une formation professionnelle, dispensée pour partie en entreprise et pour partie en centre de formation d'apprentis. L'apprenti s'oblige, en retour, en vue de sa formation, à travailler pour cet employeur, pendant la durée du contrat, et à suivre la formation dispensée en centre de formation d'apprentis et en entreprise (art. L. 6211-2 du Code du travail).

b. Champ d'application

La loi fixe des conditions relatives aux parties au contrat :

Apprenti	L'apprenti doit être âgé de 16 ans au moins et de 29 ans au plus au début de l'apprentissage sauf dérogations. **Avant 16 ans** Les jeunes âgés d'au moins quinze ans peuvent souscrire un contrat d'apprentissage, s'ils justifient avoir effectué la scolarité du premier cycle de l'enseignement secondaire (3e incluse). Les jeunes qui atteignent l'âge de quinze ans avant le terme de l'année civile peuvent être inscrits dans un centre de formation d'apprentis pour débuter leur formation. **Après 29 ans** Il est dérogé à la limite d'âge supérieure dans les cas suivants : **1.** Lorsque le contrat proposé fait suite à un contrat d'apprentissage précédemment souscrit et conduit à un niveau de diplôme supérieur à celui obtenu à l'issue du contrat précédent ; **2.** Lorsqu'il y a eu rupture de contrat pour des causes indépendantes de la volonté de l'apprenti ou suite à une inaptitude physique et temporaire de celui-ci ; **3.** Lorsque le contrat d'apprentissage est souscrit par une personne à laquelle la qualité de travailleur handicapé est reconnue ; **4.** Lorsque le contrat d'apprentissage est souscrit par une personne qui a un projet de création ou de reprise d'entreprise.
Employeur	Toute entreprise du secteur privé ou du secteur public à condition de respecter certaines obligations.

2 Régime juridique

a. Forme et durée du contrat

Le contrat est obligatoirement **écrit** et comprend des mentions obligatoires. Il doit être déposé auprès de l'opérateur de compétence (OPCO).

Le contrat d'apprentissage peut être un **contrat à durée déterminée** ou un **contrat à durée indéterminée**.

S'il s'agit d'un CDD, sa durée varie entre six mois et trois ans en fonction de la durée du cycle de formation, du type de profession et du niveau de qualification préparée. Elle peut être réduite ou prolongée dans certains cas.

S'il s'agit d'un CDI, il débute par une période d'apprentissage d'une durée égale à celle du cycle de formation. Les règles applicables pendant cette période sont celles du Code du travail relatives au contrat d'apprentissage. À l'issue de cette période, le contrat se poursuit selon les règles du droit commun, excepté pour la période d'essai.

b. Statut de l'apprenti

Il bénéficie des mêmes droits que les autres salariés.

- **Durée du travail**

  Les apprentis sont soumis à la durée légale du travail. S'ils ont moins de 18 ans, les dispositions relatives aux jeunes salariés s'appliquent (*cf.* Chapitre 7). Des dérogations sont cependant possibles, par simple information à l'inspection du travail, dans les secteurs des chantiers du bâtiment, des travaux publics et des espaces paysagers (limite de 10 heures par jour et de 40 heures par semaine).

  Le temps de formation est compris dans l'horaire de travail.

- **Rémunération**

  Le salaire minimum de l'apprenti est déterminé en pourcentage du Smic et en fonction de son âge et de sa progression dans le cycle de formation faisant l'objet de l'apprentissage.

Situation	16 à 17 ans	18-20 ans	21-25 ans	26 ans et plus
1ere année	27 %	43 %	53 % (*)	100 % (*)
2e année	39 %	51 %	61 % (*)	100 % (*)
3e année	55 %	67 %	78 % (*)	100 % (*)

(*) Ou, s'il est plus favorable, le salaire minimum conventionnel correspondant à l'emploi occupé.

- **Hygiène et sécurité**

L'apprenti est suivi par la médecine du travail dans les mêmes conditions que les autres salariés. Il doit bénéficier d'une visite d'information et de prévention dans les deux mois du début du contrat.

L'apprenti bénéficie d'une protection si l'employeur ne respecte pas ses obligations et qu'il en résulte un danger pour l'apprenti.

Si l'apprenti est exposé à un danger prévisible grave : violences, mise en danger de sa santé, de son intégrité physique, le contrat peut être rompu à la suite de la décision du directeur départemental du travail. Dans ce cas, l'employeur doit verser à l'apprenti les sommes qu'il aurait perçues si le contrat s'était poursuivi.

c. Rupture du contrat

- Résiliation au cours des 45 premiers jours de formation en entreprise : le contrat d'apprentissage peut être rompu par écrit par l'une ou l'autre des parties durant les 45 premiers jours de l'apprentissage sans indemnité.
- Rupture à l'issue des 45 premiers jours de formation en entreprise : au-delà, il peut être rompu pendant la période d'apprentissage s'il s'agit d'un CDI ou pendant sa durée s'il s'agit d'un CDD :
  - par accord écrit signé des deux parties,
  - par l'apprenti qui doit saisir le médiateur ; il informe ensuite son employeur après un délai minimal de 5 jours calendaires ; la rupture du contrat a lieu après un délai minimal de 7 jours calendaires après information de l'employeur ;
  - en cas de liquidation judiciaire ;
  - par l'employeur en cas de force majeure, faute grave de l'apprenti, inaptitude, exclusion définitive du CFA ou décès de l'employeur maître d'apprentissage dans le cadre d'une entreprise unipersonnelle. Cette rupture unilatérale prend la forme d'un licenciement. La rupture abusive du contrat expose l'employeur au versement de dommages et intérêts.

d. Obligations de l'employeur

Il doit faire une déclaration à la chambre de commerce ou des métiers ou d'agriculture par laquelle il s'engage à prendre les mesures nécessaires à l'organisation de l'apprentissage et il garantit que l'équipement de l'entreprise, les techniques, les conditions de travail... permettent une formation satisfaisante.

Il doit inscrire l'apprenti dans un **centre de formation des apprentis** (CFA) assurant l'enseignement correspondant à la formation prévue. La durée de cette formation ne doit pas être inférieure à 25 % de la durée du contrat.

Il doit assurer au jeune une formation professionnelle dans l'entreprise.

Il doit désigner un maître d'apprentissage qui sera responsable de la formation de l'apprenti et assumera la fonction de tuteur. Il doit être volontaire, majeur, offrir toutes les garanties de moralité et présenter les compétences pédagogiques et professionnelles requises pour la formation des apprentis.

e. Obligations de l'apprenti

Il doit suivre la formation dispensée au CFA et en entreprise et travailler pour l'employeur pendant la durée du contrat.

Il doit se présenter aux épreuves du diplôme ou titre prévu par le contrat.

Remarque. Le contrat d'apprentissage peut s'effectuer en partie à l'étranger, à raison d'1 an maximum à l'étranger et 6 mois minimum en France. Dans le pays d'accueil, l'apprenti pourra exercer son contrat en travaillant uniquement pour l'entreprise ou en suivant seulement des cours en centre de formation.

Les contrats d'apprentissage préparant à un diplôme équivalent au plus au baccalauréat ouvrent droit, dans les entreprises de moins de 250 salariés, à une aide versée par l'État.

Les contrats d'apprentissage peuvent bénéficier de la réduction générale des cotisations.

B Le contrat de professionnalisation

1 Objet du contrat

Il a pour objet de favoriser **l'insertion ou la réinsertion professionnelle** ou le maintien dans l'emploi des jeunes ou des demandeurs d'emploi.

Il associe :

- des enseignements généraux, professionnels, technologiques dispensés dans des organismes publics ou privés de formation (ou par l'entreprise elle-même si elle dispose d'un service de formation) ;
- l'acquisition d'un savoir-faire en travaillant dans l'entreprise.

Il comprend une action de professionnalisation avec des périodes de travail en entreprise et des périodes de formation.

2 Bénéficiaires

Sont concernés :

- les salariés âgés de 16 à moins de 26 ans pour compléter leur formation initiale ;
- les demandeurs d'emploi de 26 ans et plus inscrits à France Travail pour favoriser un retour à l'emploi, les bénéficiaires du Revenu de Solidarité Active (RSA), de l'Allocation de Solidarité Spécifique (ASS), de l'Allocation pour Adultes Handicapés (AAH) et aux personnes ayant bénéficié d'un Contrat Unique d'Insertion (CUI).

3 Nature et durée du contrat

Le contrat est **obligatoirement écrit** mais ne doit pas comporter de clause de dédit-formation. Il est déposé à la Direction Régionale de l'économie, de l'emploi, du travail et des solidarités

(DREETS). L'employeur doit l'adresser également à l'OPCO (opérateur de compétences) pour la prise en charge des dépenses de formation.

Il peut être conclu pour une **durée déterminée ou indéterminée**.

- **Le contrat à durée déterminée** a pour durée celle de l'action de professionnalisation envisagée, soit de 6 à 12 mois exceptionnellement renouvelable une fois.
- **Le contrat à durée indéterminée** débute par la période ou action de professionnalisation.

4 Action de professionnalisation et formation

L'**action de professionnalisation** a une durée comprise entre 6 et 12 mois. Cette durée peut être étendue dans la limite de 36 mois pour des publics particuliers.

Les **actions de formation** (actions de positionnement, d'évaluation et d'accompagnement ainsi que des enseignements généraux, professionnels, technologiques) ont une durée comprise entre 15 % et 25 % de la durée totale du contrat à durée déterminée, sans pouvoir être inférieure à 150 heures, ou de l'action de professionnalisation d'un contrat à durée indéterminée. La durée minimale des actions de formation pourra être étendue au-delà de 25 % pour les jeunes sans qualification et les titulaires du RSA et autres minima sociaux. Les actions de formation sont mises en œuvre soit par un organisme de formation ou un établissement d'enseignement, soit par l'entreprise elle-même lorsqu'elle dispose d'un service de formation.

5 Tutorat

L'employeur doit désigner un salarié qualifié de l'entreprise comme tuteur. Il est chargé notamment d'accueillir, d'aider, d'informer et de guider le salarié en contrat de professionnalisation. Il doit contribuer à l'acquisition des savoir-faire professionnels et d'assurer la liaison avec l'organisme de formation.

6 Rémunération

Elle dépend de l'âge et du niveau de formation.

Rémunération en % du SMIC

Âge	Titre ou diplôme inférieur au bac	Titre ou diplôme égal ou supérieur au bac
Moins de 21 ans	Au moins 55 %	Au moins 65 %
21 à 25 ans	Au moins 70 %	Au moins 80 %
26 ans et plus	SMIC ou 85 % du salaire minimum conventionnel	

C Les contrats d'insertion dans l'emploi

1 Parcours emploi compétences

La mise en œuvre des **parcours emploi compétences (PEC)** repose sur le triptyque emploi-formation-accompagnement.

Le parcours emploi compétences est autorisé uniquement dans le secteur non-marchand (employeurs publics et associations).

Il concerne les publics les plus éloignés du marché du travail (jeunes, travailleurs en situation de handicap, résidents des quartiers prioritaires de la ville...).

Il prévoit :

- l'acquisition de compétences transférables qui répondent à des besoins du bassin d'emploi ou à d'autres métiers qui recrutent ;
- un accompagnement s'articulant en 4 phases (diagnostic, entretien tripartite, suivi pendant la durée du contrat, entretien de sortie) ;

- l'accès à la formation (remise à niveau, pré-qualification, période de professionnalisation, acquisition de nouvelles compétences, VAE) et à l'accompagnement (aide à la prise de poste, évaluations des compétences, aide à la construction du projet professionnel, aide à la recherche d'emploi à la sortie) ;
- et une aide financière aux employeurs sélectionnés pour leur capacité d'insertion (entre 30 % et 60 % du Smic brut selon la décision du préfet de région).

Il s'applique dans le cadre des contrats uniques d'insertion - contrats d'accompagnement vers l'emploi (CUI-CAE).

Le CUI-CAE peut être un CDI ou un CDD, à temps plein ou partiel (au moins 20h par semaine).

2 Contrat senior

Le contrat à durée déterminée senior est destiné à promouvoir le maintien et le retour à l'emploi des seniors. Il doit leur permettre d'acquérir des points supplémentaires pour la liquidation de leur retraite à taux plein. Il ne s'agit pas d'un contrat aidé.

a. Nature du contrat

Il s'agit d'un contrat à durée déterminée, à temps complet ou partiel, qui obéit en partie aux règles relatives au contrat à durée déterminée. C'est ainsi qu'il est conclu par écrit et comporte des mentions obligatoires. En revanche, les motifs de recours ne sont pas réglementés.

C'est un contrat à terme précis dont la durée est de 18 mois renouvelable une fois pour une durée déterminée. La durée totale, renouvellement compris, ne peut pas excéder 36 mois.

b. Salariés concernés

Deux conditions cumulatives s'appliquent.

Les salariés concernés doivent avoir plus de 57 ans et être inscrits comme demandeurs d'emploi depuis plus de 3 mois ou bénéficier d'un contrat de sécurisation professionnelle (CSP) après un licenciement économique.

Contrat à durée déterminée et contrat de travail temporaire

Le CDD ou le CTT, quel qu'en soit le motif, ne peut avoir ni pour objet ni pour effet de pourvoir durablement un emploi lié à l'activité normale et permanente de l'entreprise.

Il ne peut être conclu que :

- pour l'exécution d'une tâche précise et temporaire ;
- et seulement dans les cas de recours énumérés par la loi.

- Ces cas peuvent être regroupés en 4 grandes rubriques :
  - Remplacement d'un salarié temporairement absent.
  - Accroissement temporaire de l'activité de l'entreprise.
  - Travaux temporaires par nature.
  - Contrats conclus dans le cadre de la politique de l'emploi ou pour donner un complément de formation professionnelle à un salarié.
- Il est interdit de recourir au CDD dans trois cas :
  - remplacement d'un salarié absent dont le contrat est suspendu par suite d'une grève ;
  - travaux dangereux faisant l'objet d'une surveillance médicale spéciale ;
  - embauche, pour le motif d'accroissement temporaire d'activité, sur un poste de travail supprimé depuis moins de 6 mois à la suite d'un licenciement pour motif économique.
- Les CDD conclus dans des cas non autorisés par la loi sont réputés à durée indéterminée.
  - Le contrat doit être conclu par écrit sinon il est réputé conclu pour une durée indéterminée. Il doit contenir des mentions obligatoires.
  - Le contrat prend fin de plein droit par l'arrivée du terme, ou à la fin de la période minimale prévue quand il n'y a pas de terme précis ou lors de la réalisation de l'objet si elle intervient après la fin de la durée minimale.
- La rupture anticipée du contrat ne peut survenir que :
  - par accord des parties ;
  - en cas de faute grave ;
  - en cas de force majeure ;
  - par démission du salarié s'il justifie d'une embauche sous contrat à durée indéterminée ;
  - inaptitude physique professionnelle ou non.

Le salarié, sauf poursuite de la relation de travail sous CDI, doit percevoir une indemnité de fin de contrat.

Contrat de travail à temps partiel

Le travail à temps partiel peut être mis en place dans le cadre de la semaine, du mois ou de l'année.
Sont des salariés à temps partiel, les salariés dont la durée du travail est inférieure :

- soit à la durée légale du travail (35 heures) ;
- soit à la durée mensuelle (151,67 heures) ;
- soit à la durée annuelle résultant de l'application de la durée légale (1 607 heures). Le contrat de travail à temps partiel peut être mis en place à l'initiative de l'employeur ou à la demande des salariés.

Le contrat de travail à temps partiel est obligatoirement écrit et comporte des mentions obligatoires.

Les heures complémentaires sont celles effectuées au-delà de l'horaire mentionné au contrat et en deçà de la durée légale du travail.

Contrat d'apprentissage

Contrat par lequel un employeur s'engage, outre le versement d'un salaire, à assurer à un jeune travailleur une formation professionnelle, dispensée pour partie en entreprise et pour partie en centre de formation d'apprentis.

Applications

Préparez-vous à l'examen

EXO 04.01

- Départ en congé de maternité d'Aline du 1.06 au 26.09.
- Poste de travail devenu vacant à la suite du départ à la retraite de Raymond le 30.06 et qui sera supprimé le 31.12.
- Remplacement de Simon, salarié de l'entreprise sous CDI, en grève.
- Remplacement du comptable, qui remplace l'informaticien en stage professionnel.
- Pendant les fêtes de fin d'année du 20.12 au 31.12.
- 30 figurants nécessaires au tournage d'un film.
- Tous les samedis pour faire face à une augmentation des ventes.
- Pour la durée des vendanges.
- Pour l'exportation d'une très grosse quantité de légumes à l'étranger, pour la première fois.
- Pour remplacer 3 salariés absents pour cause de congés payés.
- Pour confier la responsabilité d'un magasin que l'employeur vient de racheter
- Pour fabriquer un nouveau type de moteur dans une société d'automobile
- Embauche d'une vendeuse étalagiste dans un magasin de sport. Les ventes d'articles de sport et d'équipements de loisirs augmentent de mars à août.

→ Travail à faire

Dans les situations évoquées, indiquez si l'employeur peut embaucher un salarié sous CDD ou CTT. Précisez le cas de recours éventuel. Justifiez votre réponse.

EXO 04.02

Arrêt Cour de cassation – Chambre sociale du 22 mars 2006 4-45.411

Sur le moyen unique :

Attendu que M. X... a été engagé le 29 février 1996 en qualité d'électricien par M. Y..., en vertu d'un contrat à durée déterminée conclu pour assurer le remplacement d'un salarié absent, dont l'exécution s'est poursuivie après l'échéance du terme ; qu'après rupture de la relation contractuelle, le salarié a saisi le conseil de prud'hommes de diverses demandes ;

Attendu que le salarié fait grief à l'arrêt attaqué (Toulouse, 11 juin 2004) de l'avoir débouté de sa demande en paiement de l'indemnité spécifique de requalification prévue par l'article L. 122-3-13 du Code du travail, motif pris d'une violation des articles L. 122-3-10, alinéa 1er, et L. 122-3-13 du Code du travail ;

Mais attendu qu'il résulte de la combinaison des articles L. 122-3-10, alinéa 1er, et L. 122-3-13 du Code du travail, que lorsque le contrat à durée déterminée devient un contrat à durée indéterminée du seul fait de la poursuite de la relation contractuelle de travail après l'échéance de son terme, le salarié ne peut prétendre à une indemnité de requalification, hors les cas où sa demande en requalification s'appuie sur une irrégularité du contrat à durée déterminée initial ou de ceux qui lui ont fait suite ;

Et attendu que la cour d'appel, qui a constaté que la régularité du contrat à durée déterminée initial n'était pas discutée et que la relation contractuelle de travail s'était poursuivie après l'échéance du terme du contrat, sans conclusion d'un nouveau contrat de travail, a exactement décidé que le salarié, dont la relation de travail s'inscrivait désormais dans le cadre d'un contrat à durée indéterminée, ne pouvait prétendre à une indemnité de requalification ;

D'où il suit que le moyen n'est pas fondé ;

Par ces motifs ; rejette le pourvoi.

→ **Travail à faire**

Quels sont les enseignements de cet arrêt ?

EXO 04.03

→ **Travail à faire**

Comparez travail temporaire, travail à temps partagé et portage salarial.

EXO 04.04

La société Informat exerçant une activité de formation embauche par contrat à durée déterminée M. Var, en tant que formateur, du 6 septembre N jusqu'en février N + 1 par des ordres de mission successifs émanant de l'employeur seul. Ces derniers comportaient la mission ponctuelle confiée au salarié.

→ **Travail à faire**

Ces contrats ont été requalifiés en CDI. Pourquoi ?

EXO 04.05

Angélique est recrutée, en tant qu'hôtesse, par un CDD à terme certain pour accroissement temporaire d'activité dans une agence de voyages du 1er novembre N au 1er mai N + 1. Le 2 mai, un deuxième CDD (contrat saisonnier) est signé. Il prend fin le 31.10.N + 1. Angélique sera de nouveau recrutée du 21 avril N + 2 au 31.10.N + 2 en remplacement d'une salariée absente. L'employeur est condamné à lui verser une indemnité pour licenciement sans cause réelle et sérieuse après requalification du CDD en CDI pour non-respect des règles de succession des CDD.

→ **Travail à faire**

Analysez le problème juridique posé et justifiez la position du tribunal.

EXO 04.06

Marie est embauchée sous CDD pour faire face à des commandes exceptionnelles pour 6 mois. Elle commence à travailler en septembre mais peu intéressée par ce travail, elle commence à s'absenter une demi-journée sans prévenir l'employeur. Puis, elle arrive en retard, s'absente plus fréquemment et plus longtemps. L'employeur l'avertit d'une éventuelle rupture des relations contractuelles si elle continue à s'absenter sans raison valable. Elle ne tient pas compte de cet avertissement. L'employeur rompt alors sur-le-champ le CDD.

→ **Travail à faire**

A-t-il raison ?

L'évolution du contrat de travail

Chapitre 5

COMPÉTENCES ATTENDUES

- **Identifier les cas de suspension du contrat de travail et en déduire les principaux effets.**
- **Qualifier une modification du contrat de travail et une modification des conditions de travail ; en tirer les conséquences juridiques.**
- **Repérer, dans une situation donnée, une modification de la situation juridique de l'employeur et en tirer les conséquences juridiques pour l'une ou l'autre des parties.**

PLAN DU CHAPITRE

1 Suspension du contrat de travail

A Maladie du salarié et accident non-professionnel
B Maternité, paternité et adoption
C Accident du travail et maladie professionnelle

2 Modification de la situation juridique de l'employeur

A Principe légal
B Les effets de l'application de l'article L. 1224-1

3 Modification du contrat de travail

A Définitions
B Modification du contrat
C Cas particuliers

SYNTHÈSE P. 139

LES RÉFÉRENCES POUR COMPRENDRE LE CONTEXTE

Les relations de travail entre le salarié et l'employeur évoluent sous l'influence de divers facteurs. Des événements peuvent perturber l'exécution du contrat de travail, la maladie du salarié par exemple ou la cession de l'entreprise par l'employeur ou encore un changement de lieu de travail.
Le droit du travail, protecteur du salarié, contient des règles de nature à limiter la précarité de l'emploi et assurer la stabilité de la relation contractuelle tout en répondant aux besoins de l'entreprise.
Nous verrons comment seront assurés la stabilité du contrat de travail et le maintien dans l'emploi en cas de suspension du contrat de travail, en cas de transfert de l'entreprise ou en cas de modification du contrat.

Les accidents du travail

Le nombre d'accidents du travail a baissé en 2022 de 6,7 % (564 189 accidents).

Les accidents du travail (AT) surviennent majoritairement au sein des activités de la santé, du nettoyage et du travail temporaire (29 % des AT en 2022), de l'alimentation (17 %), du transport (15 %) et du BTP (14%).

En 2022, les accidents de trajet représentent 13 % des sinistres reconnus. 60 % de ces accidents sont imputables à la perte de contrôle d'un moyen de transport, et 16 % à une glissade ou un trébuchement avec chute.

Le recours aux modes de mobilité dite « douce » reste, comme les années précédentes, en augmentation, en particulier dans les zones urbaines.

ameli.fr

MOTS CLÉS

Maladie, accident, inaptitude, maternité, reclassement, licenciement, qualification.

1 Suspension du contrat de travail

> La suspension est la situation dans laquelle le salarié cesse temporairement d'exécuter ses obligations contractuelles soit de son propre fait, soit du fait de l'employeur, soit pour une cause étrangère aux parties sans rupture du contrat.

Les cas de suspension sont nombreux et variés. Ils peuvent être économiques (activité partielle), professionnels (accident du travail, maladie professionnelle, mise à pied disciplinaire, grève...), personnels (maladie, maternité/paternité, congés...)...

Les principaux cas sont la maladie du salarié, la maternité ou la paternité, l'accident du travail ou la maladie professionnelle.

A Maladie du salarié et accident non-professionnel

Les règles jurisprudentielles et conventionnelles **assurent au salarié une protection** en cas de **maladie** ou d'**accident** si le salarié respecte certaines obligations.

1 La maladie, cause de suspension

a. Principe

La maladie et l'accident non professionnel sont des causes de suspension sous réserve d'être médicalement justifiés.

b. Obligations du salarié

Pour que la maladie soit une cause de suspension, le salarié doit respecter diverses obligations. Il doit :

Avertir l'employeur et justifier l'absence

Le salarié doit prévenir l'employeur de son absence ou de la prolongation de celle-ci, par tout moyen. Il doit également justifier l'arrêt de travail dû à la maladie par la remise d'un certificat médical d'arrêt de travail dans les meilleurs délais. Le délai est souvent fixé par les conventions collectives ; à défaut, il est de 48 heures.

Le non-respect de l'obligation d'avertir est une faute qui peut constituer un motif de licenciement mais ne peut en aucun cas être considérée comme une démission.

Se soumettre à la contre-visite médicale patronale éventuelle

Il s'agit d'une visite médicale à l'initiative de l'employeur pour vérifier l'état de santé du salarié. Elle ne peut être diligentée par l'employeur que si le salarié remplit les conditions pour recevoir l'indemnisation patronale complémentaire (voir § c).

Le médecin, mandaté par l'employeur, n'est pas tenu d'avertir le salarié de sa visite laquelle doit avoir lieu aux heures pendant lesquelles le salarié est tenu d'être à son domicile.

Si les conditions du contrôle sont réunies, le salarié doit se soumettre à la contre-visite médicale. S'il refuse ou s'il est absent de son domicile en dehors des heures de sorties autorisées, il **perd l'indemnisation complémentaire** sauf motif légitime. Toutefois il ne peut pas être sanctionné ou licencié pour cette raison.

Si le médecin estime que l'arrêt maladie n'est pas ou plus justifié, le salarié doit reprendre le travail. S'il refuse, il ne peut pas être sanctionné mais est privé de l'indemnisation complémentaire.

Ce contrôle patronal n'empêche pas la caisse primaire de Sécurité sociale de missionner un médecin-conseil pour vérifier la réalité de la maladie et justifier le versement des indemnités journalières.

Un salarié malade, absent de son domicile lors de la contre-visite médicale, justifiait d'un certificat médical portant la mention « sorties libres ». La cour de cassation estime que cette mention ne dispense pas le salarié de la contre-visite mais l'autorise à en fixer le lieu et les heures à condition que l'employeur en soit informé. (Cass. soc. 4 février 2009, n° 07643.430)

Durant l'arrêt de travail, il est possible pour l'employeur et le salarié de mettre en place un rendez-vous de liaison. Ce rendez-vous, qui n'est pas un rendez-vous médical, a pour objectif de maintenir un lien entre le salarié pendant son arrêt de travail et l'employeur et d'informer le salarié qu'il peut bénéficier d'actions de prévention de la désinsertion professionnelle, d'une visite de pré-reprise, et de mesures d'aménagement du poste et/ou du temps de travail.

Respecter son obligation de loyauté

Respecter son **obligation de loyauté** signifie que le salarié ne doit pas avoir un comportement déloyal. C'est ainsi qu'il doit restituer à l'entreprise les documents ou informations utiles à la poursuite de l'activité dans la mesure où l'employeur ne peut pas les obtenir par un autre moyen.

Le non-respect de cette obligation constitue une faute.

L'exercice d'une activité pendant l'arrêt maladie ne constitue pas en lui-même un manquement à l'obligation de loyauté. Cet exercice doit avoir causé un préjudice à l'employeur ou à l'entreprise pour justifier un licenciement.

Exemple

Mme F. est recrutée par la société Madison Diamonds en qualité de secrétaire commerciale le 15 décembre 1986. Elle est placée en arrêt de travail pour cause de maladie le 18 janvier 2012. Durant sa période d'arrêt de travail, elle exerçait une activité professionnelle et percevait simultanément des indemnités complémentaires aux allocations journalières. Le 24 juillet 2012, elle est licenciée pour faute grave du fait d'un manquement à son obligation de loyauté. Selon la cour de Cassation, ce salarié n'a commis aucune faute motivant son licenciement dès lors que l'activité indiquée ne concurrence pas celle de son employeur, d'une part, et que, d'autre part, son employeur ne subit aucun préjudice. (Cass. soc., 26 févr. 2020, n° 18-10017).

c. Droits du salarié

Effets sur la rémunération

Son contrat de travail étant suspendu, le salarié ne perçoit pas son salaire.

Il perçoit sous conditions des indemnités journalières de la Sécurité Sociale (IJSS) et un complément de salaire, assurant tout ou partie de sa rémunération antérieure, en vertu du Code du travail, des conventions collectives ou des usages.

Indemnités de la Sécurité sociale (voir Chapitre 17)	S'il remplit les conditions requises et après un délai de carence de 3 jours, le salarié perçoit une indemnité journalière de la Sécurité sociale correspondant à 50 % du gain journalier de base, dans la limite du plafond égal à 1,8 fois le SMIC.
Indemnisation complémentaire légale versée par l'employeur (loi de mensualisation)	Elle doit être versée à tout salarié qui a 1 an d'ancienneté dans l'entreprise (à l'exception des salariés à domicile, des saisonniers, des intermittents et des salariés temporaires), qui envoie son certificat d'arrêt dans les 48h et qui reçoit des soins en France ou dans un pays de l'UE. Le versement commence à compter du 8e jour d'absence. L'indemnisation correspond à 90 % de sa rémunération brute pendant 30 jours puis 2/3 les 30 jours suivants. De ce montant sont déduites les indemnités journalières de la Sécurité sociale.
Indemnisation complémentaire conventionnelle versée par l'employeur	Les conventions collectives peuvent prévoir un régime plus favorable pour le salarié.

Autres effets de la suspension du contrat de travail

Effets sur l'ancienneté, les congés et la période d'essai :

- le salarié conserve son ancienneté mais la durée de l'absence n'est pas prise en compte pour le calcul sauf convention collective ;
- la période d'essai est prolongée d'autant.

Reprise du travail

Contrôle des arrêts de travail

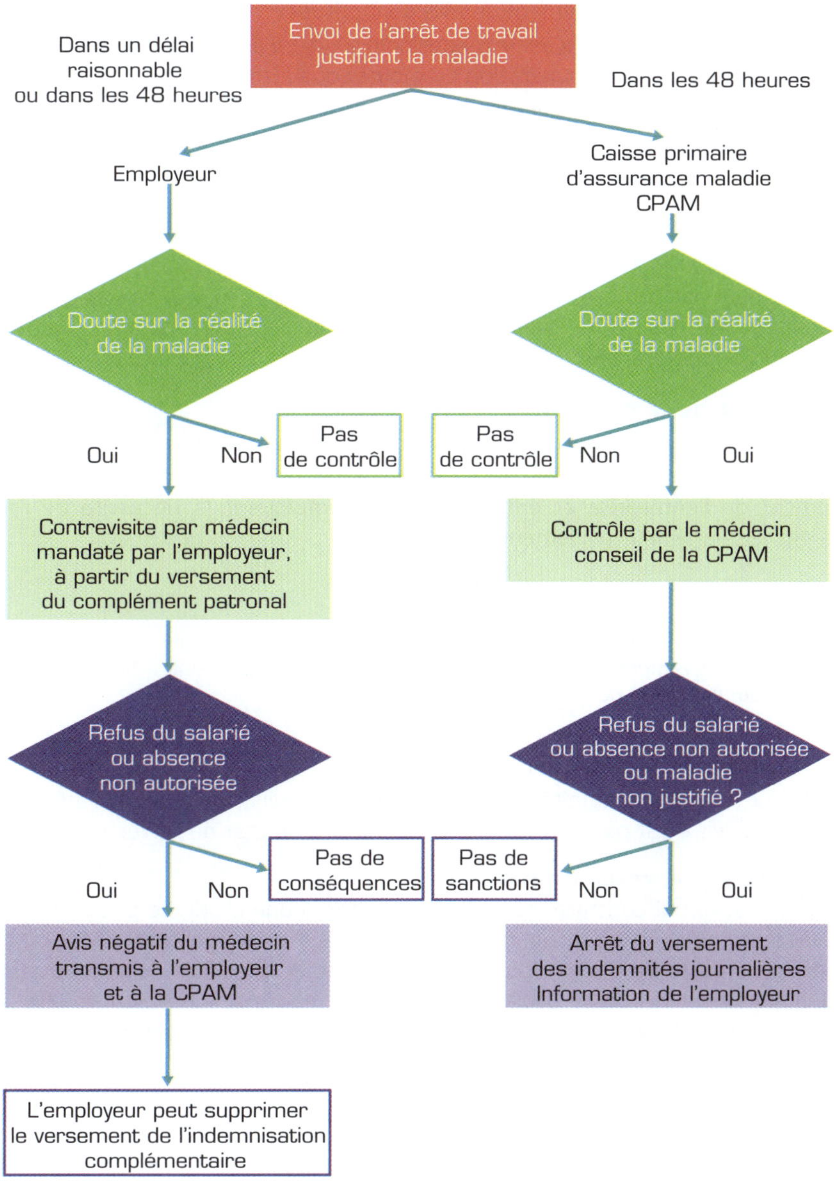

Un **examen médical de reprise** par le **médecin du travail** est obligatoire après une absence d'au moins 60 jours pour cause de maladie ou d'**accident non professionnel**.

Dès que l'employeur a connaissance de la date de la fin de l'arrêt de travail, il saisit le service de santé au travail qui organise l'examen de reprise le jour de la reprise effective du travail par le travailleur, et au plus tard dans un délai de huit jours qui suivent cette reprise. Le contrat de travail reste suspendu jusqu'à cette visite.

Cet examen médical de reprise a pour but de vérifier si le poste de travail est compatible avec la santé du salarié, de préconiser l'aménagement, l'adaptation du poste ou le reclassement du travailleur ou d'émettre éventuellement un avis d'inaptitude.

Si le salarié n'est pas déclaré inapte par le médecin du travail, il doit réintégrer son emploi ou un emploi similaire assorti d'une rémunération au moins équivalente.

L'employeur ou le salarié peut exercer un recours contre l'**avis d'aptitude** ou l'**avis d'inaptitude** du médecin du travail devant le **conseil de prud'hommes** (formation des référés) dans un délai de 15 jours.

2 La maladie, cause de licenciement

a. Interdiction du licenciement en raison de l'état de santé

L'employeur ne peut pas rompre le contrat de travail en raison de l'état de santé du salarié ou de son handicap sous peine de **nullité du licenciement** considéré comme discriminatoire (art. L. 1132-1 du Code du travail)[1].

b. Les conséquences de la maladie, causes de licenciement

Le salarié peut être licencié en raison des conséquences de la maladie.

Lorsque l'absence prolongée[2] ou les absences répétées (mais justifiées) perturbent le bon fonctionnement de l'entreprise et entraînent pour l'employeur la nécessité de remplacer définitivement le salarié, le licenciement est justifié.

> **Jurisprudence**
>
> *Cass. Soc. 13 mars 1991, n° 87-43.819*
>
> ***Ne constitue pas un remplacement définitif une embauche en CDD*** (Cass. Soc. 2 mars 2005, n° 03-42.800) ***ou un contrat de travail temporaire.***

L'employeur doit respecter la procédure de licenciement.

Il doit verser au salarié l'indemnité légale ou conventionnelle de licenciement. À l'inverse, l'indemnité de préavis n'est pas due, le salarié n'étant pas en état de l'effectuer.

3 Inaptitude du salarié et reclassement

Le **médecin du travail** qui constate, après avoir procédé à une étude de poste et après avoir échangé avec le salarié et l'employeur, qu'aucune mesure d'aménagement, d'adaptation ou de transformation du poste de travail occupé n'est possible et que l'état de santé du travailleur justifie un changement de poste déclare le travailleur inapte à son poste de travail. L'**avis d'inaptitude** rendu par le **médecin du travail** est éclairé par des conclusions écrites, assorties d'indications relatives au reclassement du travailleur.

---

1 La notion d'état de santé est plus large que celle de maladie.

2 La notion de maladie prolongée est incertaine. Dans le cas où la convention collective prévoit une garantie d'emploi en cas de maladie, six mois, par exemple, l'employeur ne peut rompre le contrat tant que ce délai n'est pas écoulé.

a. Le salarié est déclaré inapte : obligation de reclassement

Principe

Si le salarié est déclaré inapte à l'issue de la visite de reprise, l'employeur doit lui proposer, après avis du comité social et économique (CSE), un emploi prenant en compte les propositions écrites et indications du médecin du travail.

L'emploi proposé doit être approprié aux capacités du salarié et aussi comparable que possible à celui précédemment occupé, au besoin par la mise en œuvre de mesures de mutation, d'aménagement, d'adaptation ou de transformation de postes existants ou d'aménagement du temps de travail.

L'**obligation de reclassement** est une obligation de moyens, non de résultat.

Exception

L'employeur est dispensé de rechercher un reclassement si l'avis du médecin du travail mentionne que tout maintien du salarié dans un emploi serait gravement préjudiciable à sa santé ou que son état de santé fait obstacle à tout reclassement dans un emploi.

b. Si le reclassement est impossible : licenciement justifié

Lorsqu'il est impossible à l'employeur de proposer un autre emploi au salarié, il doit lui faire connaître par écrit les motifs qui s'opposent à son reclassement.

L'employeur peut rompre le contrat de travail s'il justifie :

- de son impossibilité de proposer un emploi ou,
- du refus par le salarié de l'emploi proposé ou,
- de la mention expresse dans l'avis du médecin du travail que tout maintien du salarié dans un emploi serait gravement préjudiciable à sa santé ou que l'état de santé du salarié fait obstacle à tout reclassement dans un emploi.

L'employeur doit respecter la procédure applicable au **licenciement pour motif personnel.**

Le **préavis** n'est pas exécuté et le contrat de travail est rompu à la date de notification du licenciement sans **indemnité compensatrice de préavis**.

c. Si le salarié n'est pas reclassé ou s'il n'est pas licencié : versement du salaire

Si l'employeur ne procède pas au reclassement ou au licenciement à l'issue du délai d'un mois à compter de la visite médicale constatant l'inaptitude, il doit reprendre le versement du salaire alors même que le salarié ne travaille pas.

d. Si l'employeur ne respecte pas l'obligation de reclassement : licenciement sans cause réelle et sérieuse

Il devra verser l'indemnité de licenciement, l'indemnité pour licenciement sans cause réelle et sérieuse et l'indemnité de préavis (alors qu'il n'a pas été effectué).

B Maternité, paternité et adoption

De nombreuses règles légales assurent la **protection de la maternité**.

Il s'agit de l'interdiction des discriminations en raison de la grossesse, de l'obligation qu'a l'employeur d'affecter temporairement la salariée enceinte à un autre emploi si son état de santé l'exige, de la possibilité qu'elle a de démissionner sans préavis, de bénéficier de conditions de travail aménagées. Toutefois l'essentiel de la protection de la maternité réside dans la suspension du contrat pour **congé de maternité** et dans la protection contre le licenciement.

1 Congés

a. Congé de maternité

- Durée du congé

  La salariée est dispensée de son obligation de fournir un travail pendant une période de 16 semaines qui commence 6 semaines avant la date présumée de l'accouchement et se termine 10 semaines après. Une prolongation du congé de maternité est possible en cas d'état pathologique, pour la naissance d'un 3e enfant ou plus, pour naissances multiples, pour hospitalisation de l'enfant à la naissance… (Voir Chapitre 17). La salariée peut reporter une partie du congé prénatal après l'accouchement.
- Interdiction absolue d'emploi

  Il est interdit à l'employeur de faire travailler une salariée enceinte pendant 8 semaines au total avant et après l'accouchement dont 6 semaines après, même à sa demande.
- Rémunération de la salariée

  La salariée perçoit pendant la suspension du contrat des indemnités journalières (prestations en espèces) versées par la Sécurité sociale, égales au salaire journalier de base (voir Chapitre 17, § 2). Une indemnisation complémentaire prévoyant le maintien du salaire peut être prévue par convention collective.
- Effets du congé sur le contrat de travail

  Le congé de maternité est considéré comme du temps de travail effectif pris en compte pour le calcul des congés payés et de l'ancienneté.

  À l'issue du congé, la salariée retrouve son emploi précédent ou un emploi similaire assorti d'une rémunération équivalente. Elle a droit à un **examen de reprise du travail** effectué par le médecin du travail qui la déclarera apte ou inapte (voir *supra* § 3).

  L'employeur doit majorer la rémunération de la salariée des augmentations générales et de la moyenne des augmentations individuelles perçues pendant la durée du congé par les salariés relevant de la même catégorie professionnelle.

  La salariée de retour de congé de maternité conserve ses droits acquis aux congés payés même si la période de prise de congés est terminée.

  La période du congé de maternité, ainsi que celle du congé parental d'éducation ou du congé de présence parentale est prise en compte pour le calcul des droits ouverts au Compte Personnel de Formation (CPF), *cf.* Chapitre 9.

b. Congé de paternité et accueil de l'enfant

Le salarié, père d'un enfant qui vient de naître ou personne vivant maritalement avec la mère indépendamment de son lien de filiation avec l'enfant qui vient de naître, a droit à un congé d'une durée maximale de 25 jours calendaires. Les 25 jours se décomposent : en 4 jours à prendre après la naissance de l'enfant, 21 jours à prendre dans un délai de 4 mois après la naissance de l'enfant. L'employeur ne peut pas s'opposer au départ en congé du salarié aux dates fixées s'il en a été informé au moins un mois à l'avance.

Le contrat de travail est suspendu pendant le congé. Le salaire n'est pas maintenu mais le père peut percevoir des indemnités journalières de Sécurité sociale. Le congé peut être fractionné.

Ce congé est distinct du congé de naissance d'une durée de 3 jours.

c. Congé d'adoption

Le congé d'adoption est ouvert à la mère et/ou au père qui adopte un enfant. Ce congé peut commencer la semaine précédant l'arrivée de l'enfant.

S'il est pris par un seul des parents, la durée varie entre 10 semaines (pour les 2 premiers enfants arrivant au foyer) et 22 semaines (adoptions multiples).

En cas de partage entre les 2 parents, la durée maximale est augmentée de 25 jours, 32 jours si les parents ont au minimum 2 enfants à charge. Chaque parent prend un congé d'une durée minimale de 25 jours, non fractionnable et 32 jours en cas d'adoptions multiples.

Le congé d'adoption suspend le contrat de travail et produit les mêmes effets que le congé maternité.

Le salarié peut bénéficier des indemnités journalières de la Sécurité Sociale.

2 Interdiction du licenciement

a. Principe

Pendant la période de suspension du contrat de travail liée au congé maternité ou au congé de paternité et d'accueil de l'enfant, le salarié bénéficie d'une protection absolue, interdisant à l'employeur de notifier un licenciement.

Avant le congé maternité et jusqu'à la fin de la 10e semaine qui suit celui-ci, la salariée bénéficie d'une protection relative, interdisant à l'employeur de la licencier sauf :

- pour faute grave non liée à l'état de grossesse,
- ou pour impossibilité de maintenir le contrat pour un motif étranger à l'état de grossesse.

Cette même interdiction s'applique à l'issue d'un congé d'adoption (pour le père ou la mère) et pour le père biologique à l'issue de la naissance de l'enfant.

Exemple

Faute grave : une secrétaire médicale avait complété un document en imitant la signature de son employeur pour obtenir des prestations d'un régime de prévoyance (Cass. soc. 9 décembre 1998, n° 96-43.068).
Impossibilité de maintenir le contrat : suppression d'emploi liée à la fermeture de l'entreprise pour difficultés économiques (Cass. soc. 19 novembre 1997, n° 94-42.540).
Le refus d'une modification des horaires de travail d'une salariée à son retour de congé de maternité qui invoque des obligations familiales impérieuses ne constitue pas une faute grave (Cass. soc. 14 décembre 2005).

La salariée doit adresser, à l'employeur, un certificat médical attestant de sa grossesse afin de bénéficier de la protection contre le licenciement.

Sauf s'il est prononcé pour faute grave de l'intéressée non liée à l'état de grossesse, ou en raison de l'impossibilité pour l'employeur, pour un motif étranger à la grossesse, de maintenir le contrat de travail, le licenciement d'une salariée est annulé si dans un délai de quinze jours à compter du jour où elle a eu effectivement connaissance du licenciement, l'intéressée envoie à son employeur un certificat médical justifiant qu'elle est en état de grossesse.

Jurisprudence

Cass. soc. 11 juillet 2012, n° 11-13.685
L'employeur, lorsqu'il licencie une salariée en état de grossesse médicalement constatée, est tenu de préciser, dans la lettre de licenciement, le ou les motifs non liés à l'état de grossesse ou à l'accouchement pour lesquels il se trouve dans l'impossibilité de maintenir le contrat de travail pendant les périodes de protection dont bénéficie la salariée, l'existence d'un motif économique de licenciement ne caractérisant pas, à elle seule, cette impossibilité. En l'espèce, la lettre de licenciement se contentait d'énoncer une déstructuration du point de vente, sans mentionner ni expliciter l'impossibilité de maintenir le contrat de travail de la salariée. Le licenciement était donc nul.
Cass. soc. 2 juillet 2014, n° 13-12.496
Le licenciement d'une salariée est annulé lorsque, dans un délai de quinze jours à compter de sa notification, l'intéressée envoie à son employeur un certificat médical justifiant qu'elle est enceinte, peu importe qu'elle ne soit pas enceinte au moment de la notification. En l'espèce, licenciée par lettre du 15 octobre, la salariée a adressé à son employeur, le 30 octobre un certificat médical du même jour attestant de son état de grossesse qui a débuté le 16 octobre.

b. Sanctions

Le licenciement prononcé en violation des règles légales précitées est **nul**. Le ou la salarié(e) peut obtenir sa réintégration s'il ou elle le souhaite. S'il ou elle n'est pas réintégré(e), l'employeur devra lui verser une **indemnité** correspondant au moins aux salaires des 6 derniers mois. Cette indemnité s'ajoutera aux salaires qui auraient été perçus pendant la période couverte par la nullité et à l'indemnité de licenciement.

C Accident du travail et maladie professionnelle

Est protégé le salarié victime d'un accident du travail ou d'une maladie professionnelle mais pas d'un accident de trajet (*cf.* Chapitre 17) : protection contre le licenciement, indemnisation spécifique, renforcée par rapport à la maladie non professionnelle.

1 Principe

a. Suspension du contrat

Le contrat est suspendu pendant la durée de l'arrêt de travail résultant de l'accident du travail ou de la maladie professionnelle et de la durée des stages de rééducation et de réadaptation dont peut bénéficier le salarié.

b. Interdiction de licencier

Pendant la période de suspension du contrat, l'employeur ne peut pas rompre le contrat de travail sauf pour une faute grave du salarié ou en cas d'impossibilité, pour un motif non lié à l'accident ou à la maladie, de maintenir le contrat de travail sous peine de nullité du licenciement.

Le salarié est alors soit réintégré s'il le demande soit indemnisé.

Jurisprudence

Cass. soc. 18 février 2015, n° 13-21.820
Un salarié a été licencié pour motif économique alors qu'il se trouvait en arrêt de travail à la suite d'un accident du travail. Les magistrats estiment que l'existence d'un motif économique de licenciement ne caractérise pas, en lui-même, l'impossibilité de maintenir, pour un motif non lié à l'accident ou à la maladie, le contrat de travail d'un salarié suspendu par l'arrêt de travail provoqué par un accident du travail ou une maladie professionnelle.

2 Rémunération du salarié pendant la suspension

Le salarié perçoit des indemnités journalières versées par la Sécurité sociale (prestations en espèces) sans délai de carence, égales à 60 % du salaire journalier de base pendant les 28 premiers jours et 80 % à partir du 29e jour. L'indemnisation complémentaire légale versée par l'employeur est due dès le premier jour d'absence. Une indemnisation complémentaire conventionnelle est possible.

3 Reprise du travail à l'issue de la suspension

a. Examen médical de reprise

Un examen médical de reprise par le médecin du travail est obligatoire après une absence pour cause de maladie professionnelle qu'elle qu'en soit la durée ou après une absence d'au moins 30 jours pour cause d'accident de travail.

Dès que l'employeur a connaissance de la date de la fin de l'arrêt de travail, il doit saisir le service de santé au travail qui organise l'examen de reprise le jour de la reprise effective du travail par le travailleur, et au plus tard dans un délai de huit jours qui suivent cette reprise.

b. Le salarié est déclaré apte par le médecin du travail

À l'issue de la période de suspension, le salarié retrouve son emploi ou un emploi similaire assorti d'une rémunération au moins équivalente.

Les conséquences de l'accident ou de la maladie professionnelle ne peuvent entraîner pour l'intéressé aucun retard de promotion ou d'avancement au sein de l'entreprise.

Si l'employeur rompt le contrat de travail malgré l'aptitude du salarié, le licenciement est sans cause réelle et sérieuse et entraîne la réintégration du salarié (s'il l'accepte) ou des dommages intérêts au moins égaux à 6 mois de salaire ainsi que l'indemnité compensatrice de préavis et l'indemnité de licenciement.

c. Le salarié est déclaré inapte : obligation de reclassement

Les règles d'obligation de reclassement et de dispense de reclassement sont identiques à celles relatives à l'inaptitude pour maladie non professionnelle (voir *supra* § A.3).

Si le salarié (ou l'employeur) conteste la décision d'inaptitude, il peut faire un recours devant le Conseil de prud'hommes (formation de référé) dans les 15 jours suivant la notification de la décision du médecin du travail.

d. Si le reclassement est impossible : licenciement justifié

Lorsqu'il est impossible à l'employeur de proposer un autre emploi au salarié, il doit lui faire connaître par écrit les motifs qui s'opposent à son reclassement.

L'employeur peut rompre le contrat de travail s'il justifie :

- de son impossibilité de proposer un emploi ou,
- du refus par le salarié de l'emploi proposé ou,
- de la mention expresse dans l'avis du médecin du travail que tout maintien du salarié dans un emploi serait gravement préjudiciable à sa santé ou que l'état de santé du salarié fait obstacle à tout reclassement dans un emploi.

Le salarié perçoit une indemnité de licenciement **double** de l'indemnité légale ou conventionnelle. Il perçoit également l'indemnité compensatrice de préavis alors que le préavis n'est pas exécuté.

e. Si le salarié n'est pas reclassé ni licencié : versement du salaire

Si le salarié n'est pas reclassé dans l'entreprise à l'issue du délai d'un mois à compter de la visite de reprise ou s'il n'est pas licencié, l'employeur doit lui verser son salaire.

f. En cas de non-respect de l'obligation de reclassement : licenciement sans cause réelle et sérieuse

En cas de licenciement injustifié, le salarié perçoit l'indemnité compensatrice de préavis, l'indemnité de licenciement **double** et des dommages intérêts d'un montant au moins égal à **6 mois de salaire.**

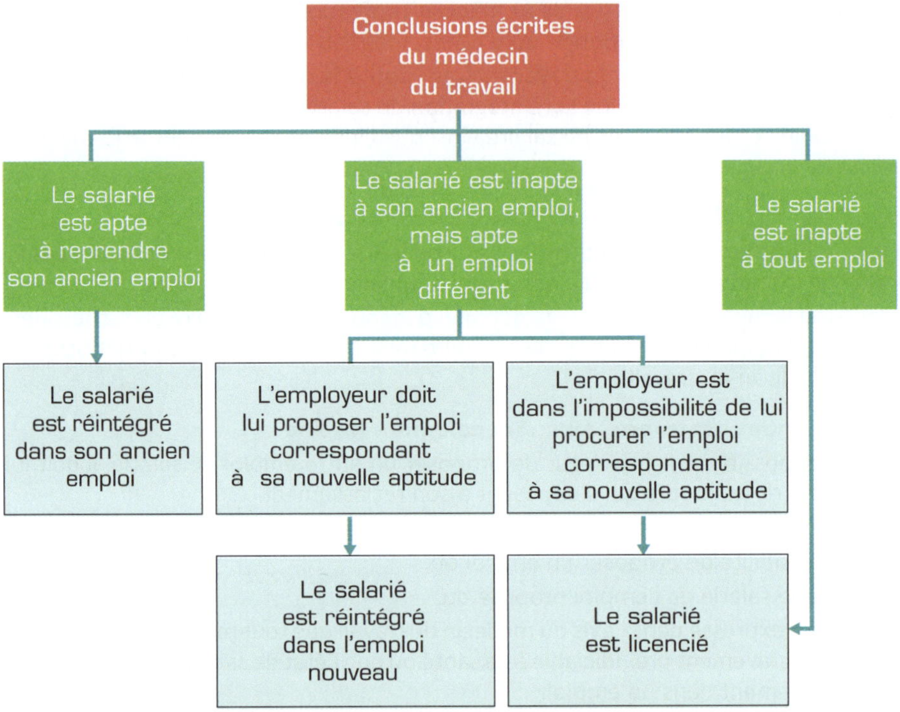

2 Modification de la situation juridique de l'employeur

La loi et la jurisprudence imposent la poursuite des contrats de travail dans le cas du transfert de l'entreprise et le changement d'employeur.

A Principe légal

> **Article L. 1224-1 du Code du travail**
> *S'il survient **une modification dans la situation juridique de l'employeur**, notamment par succession, vente, fusion, transformation du fonds, mise en société, tous les contrats de travail en cours au jour de la modification subsistent entre le nouvel employeur et le personnel de l'entreprise.*

Il s'agit d'une règle d'ordre public. La liste légale n'est pas limitative. La jurisprudence a précisé le sens du mot « notamment » et a étendu les cas d'application.

La jurisprudence exige la réunion de deux conditions pour l'application de cet article :
- Le transfert d'une entité économique autonome,
- Le maintien de l'identité de cette entité, avec poursuite ou reprise de l'activité.

1 Les conditions posées par la jurisprudence

a. Transfert d'une entité économique autonome

Une entité économique autonome se définit comme un ensemble organisé de personnes et d'éléments corporels ou incorporels, permettant l'exercice d'une activité économique qui poursuit un objectif propre (Cass. soc. 7 juillet 1998, n° 96-21451, Cass. soc. 14 n° 10-27809).

L'activité doit être économique, à but lucratif ou non, quel que soit son objet ou son secteur d'activité.

Elle doit avoir des moyens propres affectés à cette activité. Ces moyens sont matériels corporels (locaux, matériels, stocks...) ou incorporels (clientèle, bail commercial...) et humains affectés à l'activité économique.

L'élément transféré, notamment quand il constitue une branche, d'activité, un secteur ou un service, doit constituer une entité autonome. Elle doit avoir une autonomie de gestion, notamment budgétaire et comptable.

b. Maintien de l'activité transférée

Le transfert d'une entité économique autonome ne suffit pas. L'entité doit conserver son identité chez le repreneur.

La modification des modalités de fonctionnement de l'entité transférée ou le changement de stratégie commerciale n'y font pas obstacle. Une interruption temporaire d'activité n'empêche pas la mise en jeu de l'art. L 1224-1 du Code du travail.

2 Principaux cas d'application du transfert légal

Le Code du travail dresse une liste non limitative :

- Succession ;
- Vente ;
- Fusion ;
- Transformation de société ;
- Mise en société.

Cette liste a été complétée par la jurisprudence qui a validé le transfert en cas de :

- Location-gérance ;
- Changement de prestataire de services, quand elle s'accompagne du transfert d'une entité autonome
- Reprise d'une activité de droit privé par une personne morale de droit public ;
- Externalisation d'une activité.

Exemple

- La reprise par une maison de retraite de l'activité de restauration, jusqu'alors assurée par une société extérieure, dans les mêmes locaux et en utilisant les mêmes moyens (Cass. soc. 2 décembre 1998, n° 96-44242 D).
- La reprise en régie directe d'une crèche par une commune (Cass. soc. 10 mars 2010, n° 08-44636 D).

B Les effets de l'application de l'article L. 1224-1

1 Aspects individuels

a. Transfert automatique des contrats de travail en cours

Tous les contrats de travail en cours sont transférés au nouvel employeur.

Le transfert s'opère de plein droit et s'impose au nouvel employeur qui ne peut pas refuser de reprendre les salariés transférés. Il s'impose également au salarié qui ne peut s'y opposer sauf à commettre une faute.

Les contrats en cours sont transférés dans tous leurs éléments : qualification, classification, salaire, ancienneté, clauses... à la date du transfert.

Le nouvel employeur ne peut pas imposer une période d'essai au salarié transféré.

S'il souhaite modifier les contrats des salariés transférés, il doit obtenir leur accord.

Le nouvel employeur est tenu, à l'égard des salariés transférés, aux dettes qui incombaient à l'ancien employeur à la date du transfert sauf si ce dernier intervient dans le cadre d'une procédure de sauvegarde, de redressement ou de liquidation judiciaires.

b. Possibilités de licenciement

Licenciement à l'occasion du transfert

L'employeur ne peut pas licencier pour faire échec au transfert des contrats. Ce licenciement est privé d'effet.

Le salarié illégalement licencié a le choix de demander au repreneur la poursuite du contrat de travail rompu ou de demander à l'auteur du licenciement la réparation du préjudice. Si le transfert intervient dans le cas d'un PSE ou d'une offre de reprise, le repreneur conserve la possibilité de licencier pour motif économique.

Licenciement après le transfert

Le nouvel employeur peut licencier pour motif économique si les conditions de ce licenciement sont réunies.

Le licenciement fondé sur un motif personnel est toujours possible.

2 Aspects collectifs

a. Sort des usages et engagements unilatéraux

Les **usages** et **engagements unilatéraux** en vigueur dans l'entreprise de l'ancien employeur sont transférés avec les contrats de travail.

Le nouvel employeur peut les dénoncer en respectant les conditions de la dénonciation d'usage (Voir Chapitre 1).

b. Sort des conventions et accords collectifs

Les conventions et accords collectifs ne sont pas transférés avec les contrats de travail. Il y a **mise en cause** de la convention collective ou des accords dont bénéficiaient les salariés transférés. Un préavis de 3 mois (sauf clause conventionnelle) doit précéder la mise en cause.

Une des parties intéressées peut demander qu'une nouvelle négociation s'engage dès le début du préavis pour conclure un **accord de substitution**.

Il existe deux types d'accord de substitution :

- L'accord de transition qui a pour objet de rapprocher le statut collectif des différents salariés ;
- L'accord d'adaptation, qui a pour objet de créer un statut collectif commun aux salariés.

La convention ou l'accord mis en cause continue de produire effet jusqu'à l'entrée en vigueur de la convention ou de l'accord de substitution ou à défaut, pendant une durée d'un an à compter de l'expiration du délai de préavis.

Au-delà du délai d'un an, les salariés conservent, en application de la convention ou de l'accord mis en cause, une rémunération dont le montant annuel, pour une durée de travail équivalente à celle prévue par leur contrat de travail, ne peut être inférieur à la rémunération versée lors des douze derniers mois.

c. Mandats des représentants du personnel

Les contrats des **représentants du personnel** peuvent être transférés. L'autorisation préalable de l'inspecteur du travail n'est requise qu'en cas de transfert partiel de l'entreprise.

Les mandats des représentants du personnel sont poursuivis si l'entité transférée conserve son autonomie juridique.

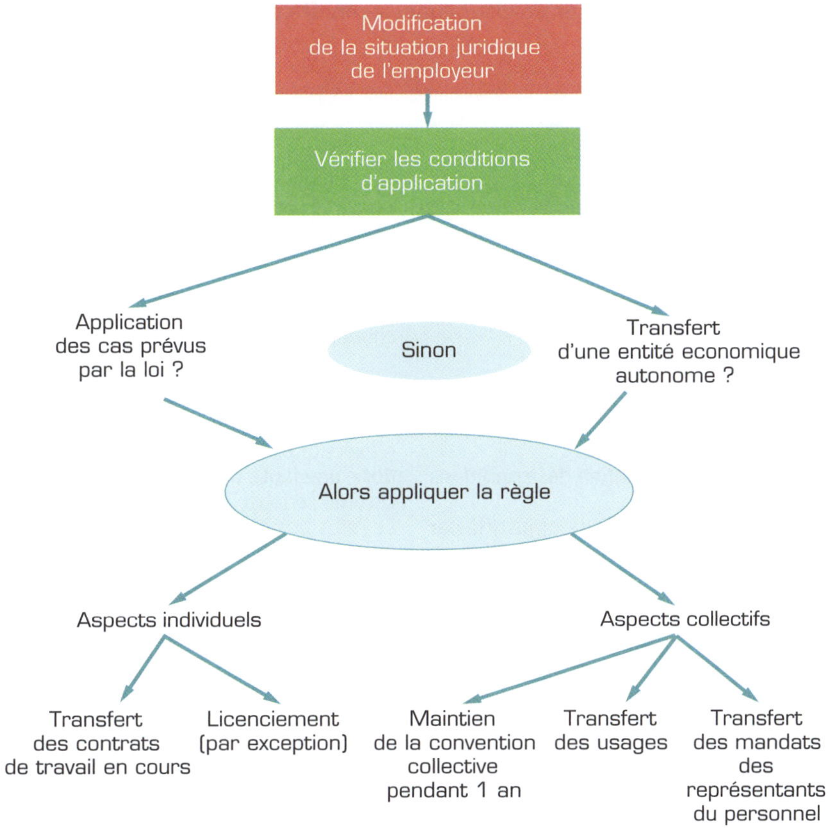

3 Modification du contrat de travail

Mutations, délocalisations, externalisations... les conditions de travail et d'emploi évoluent nécessairement au cours de la vie du salarié. Les deux parties au contrat de travail doivent s'adapter à ces modifications.

Quels sont les enjeux ?

Le maintien dans l'emploi et la stabilité du contrat de travail est une garantie pour le salarié.

L'employeur est le seul maître de la gestion de son entreprise et donc des modifications éventuelles à apporter aux différents contrats de travail.

D'où des intérêts en jeu contradictoires :

- d'une part, les règles du droit civil impliquent le respect de la liberté contractuelle et l'égalité des parties, elles protègent le salarié ;
- d'autre part, le contrat de travail a comme particularité l'existence d'une subordination du salarié et donc l'exercice du pouvoir de direction de l'employeur sur son salarié.

Comment concilier d'une part, le pouvoir de direction de l'employeur, qui lui confère le droit de procéder, dans l'intérêt de l'entreprise, à des modifications des conditions de travail des salariés et, d'autre part, le respect de la liberté contractuelle qui oblige l'employeur à obtenir l'accord du salarié pour toute modification du contrat ?

Pour résoudre ces intérêts contradictoires il s'agit de savoir si la modification projetée relève du pouvoir de direction de l'employeur ou de la liberté contractuelle.

La jurisprudence donne une solution en distinguant la **modification du contrat** et la **modification des conditions de travail**.

A Définitions

	Modification du contrat	Modification des conditions de travail
Définition	Modification qui porte sur un élément essentiel du contrat sans lequel les parties n'auraient pas contracté, sur les engagements contractuels L'accord du salarié est obligatoire (1103 du Code civil) *Ex. : Modification de la rémunération.*	Modification qui ne porte pas sur des éléments essentiels du contrat. Le salarié doit exécuter les ordres de l'employeur (pouvoir de direction de l'employeur) *Ex. : Modification minime des horaires, changement de bureau...*
Conséquences du refus	L'employeur est obligé d'en tirer les conséquences : - soit le maintien des conditions antérieures ; - soit le licenciement justifié par les raisons de la modification et non pas par le refus du salarié.	Le salarié commet un acte d'insubordination. Il n'exécute pas le contrat de travail et commet donc une faute qui peut être considérée comme sérieuse ou grave selon les cas. *Le refus pas un salarié du changement de ses conditions de travail, quel que soit le motif du changement, est fautif et constitue une cause réelle et sérieuse de licenciement disciplinaire* (Cass. soc. 29 septembre 2016, n° 14-291.124). **Exceptions** Le juge doit rechercher si le refus du salarié est justifié. Ainsi, le refus peut ne pas être fautif en cas de comportement déloyal de l'employeur (intention de nuire, légèreté blâmable, modification non justifiée par l'intérêt de l'entreprise). *Le refus par un salarié d'un changement des conditions de travail, qui portait à la fois sur l'horaire quotidien et sur les tâches demandées lesquels n'avaient pas varié pendant 20 ans, n'était pas de nature à rendre impossible le maintien du salarié dans l'entreprise pendant la durée du préavis et ne constituait pas une faute grave.* (Cass. soc. 9 avril 2002, n° 99-45.155).

Le contrat de travail apparaît ainsi comme une **limite au pouvoir** de direction de l'employeur.

B Modification du contrat

1 Les éléments modifiables avec l'accord du salarié

Ces éléments modifiables sont soit contractuels par nature, soit contractualisés.

a. Éléments contractualisés

Tous les éléments que les parties ont entendu contractualiser par une clause claire et précise s'imposent aux deux parties.

b. Éléments contractuels par nature

Quatre éléments principaux sont considérés comme contractuels par nature et nécessitent l'accord du salarié en cas de modification. Il s'agit de la rémunération, de la qualification, du temps de travail, du lieu de travail.

La rémunération

C'est un élément essentiel du contrat. La modification de la rémunération est **toujours** une modification du contrat même si elle est minime et même si elle est avantageuse pour le salarié. Elle peut porter sur le montant, sur le **mode** de fixation, sur les accessoires du salaire (avantages en nature par exemple).

Il n'y a modification du contrat que si elle porte sur les éléments contractuels de la rémunération et pas sur les éléments fixés collectivement (par voie d'usage ou de conventions collectives) lesquels ne s'incorporent pas au contrat.

La modification peut concerner des avantages matériels.

Jurisprudence

Cass. soc. 3 juillet 2001, n° 99-42.761

« Le mode de rémunération contractuelle d'un salarié constitue un élément du contrat de travail qui ne peut être modifié sans son accord, peu important que l'employeur prétende que le nouveau mode de rémunération serait plus avantageux que l'ancien. Une clause du contrat de travail ne peut valablement permettre à l'employeur de modifier unilatéralement la rémunération contractuelle du salarié »

Cass. soc. 28 mars 2007, n° 05-41.793

« Il y a modification du contrat de travail quand un employeur décide unilatéralement de retirer à un salarié la possibilité, prévue contractuellement, d'utiliser les véhicules de l'entreprise pour ses trajets domicile-travail ».

La qualification

La qualification est un élément défini contractuellement à l'embauche et qui permet de déterminer le niveau hiérarchique auquel sera placé le salarié pour effectuer un travail précis.

La qualification ne se confond pas avec le travail lui-même. Le fait d'affecter le salarié à un autre poste ou de lui demander d'effectuer un autre travail n'est pas forcément une modification de la qualification.

La modification du contrat peut résulter d'une augmentation ou d'une diminution des fonctions et des responsabilités.

Jurisprudence

Cass. soc. 28 novembre 2012, n° 11-22385

Un salarié est passé d'un poste de directeur des ventes à celui de directeur d'agence. Le contrat de travail d'un salarié ne peut être modifié sans son accord, peu important que la modification soit plus avantageuse pour lui.

Cass. soc. 21 mars 2012, n° 10-12068

L'ajout d'un échelon hiérarchique intermédiaire entre un salarié et le président de la société n'implique pas en soi une rétrogradation ou un déclassement, dès lors que les fonctions et les responsabilités du salarié ne sont pas modifiées.

Le lieu de travail

Le changement du lieu de travail peut ou non constituer une modification du contrat. Les juges de la Cour de cassation incitent les salariés à la mobilité géographique.

Il faut distinguer trois situations :

1 – Il n'y a pas de clause de mobilité dans le contrat et il n'y a pas de clause expresse relative au lieu de travail.

Il y aura modification du contrat en cas de changement du lieu de travail dans un **secteur géographique différent** de celui où le salarié travaillait précédemment.

Il doit être apprécié de manière **objective** c'est-à-dire de façon identique pour tous les salariés de l'entreprise concernés par le transfert.

Les juges apprécient la notion de secteur géographique selon différents critères : la distance entre le nouveau lieu de travail et l'ancien, la possibilité de transports en commun ou non...

Remarque. L'employeur peut muter temporairement un salarié en dehors de son secteur géographique sans lui demander son accord si trois conditions cumulatives sont respectées :
- l'affectation est motivée par l'intérêt de l'entreprise ;
- des circonstances exceptionnelles le justifient ;
- le salarié a été informé au préalable dans un délai raisonnable du caractère temporaire de sa nouvelle affectation et de sa durée prévisible.

(Cass. soc. 3 février 2010, n° 08-41412).

Jurisprudence

Cass. soc. 26 janvier 2011, n° 09.40284

La notion de secteur géographique peut être déterminée en fonction du réseau de transports en commun.

Les magistrats ont décidé que la ville de Roquefort-la-Bédoule ne se situait pas dans le bassin d'emploi de Marseille et que le temps de trajet, au moyen de transports en commun, était allongé de près de cinq heures par jour en raison de l'absence d'une desserte suffisante. Dans ce cas, la mutation imposée par l'employeur à la salariée se situait objectivement dans un secteur géographique différent.

2 – Il n'y a pas de clause de mobilité dans le contrat et il y a une mention expresse, claire et précise du lieu de travail.

La modification du lieu de travail est alors une modification du contrat.

Jurisprudence

Cass. soc. 2 avril 2014, n° 13-11922

« La mention du lieu de travail dans le contrat de travail a valeur d'information à moins qu'il ne soit stipulé par une clause claire et précise que le salarié exécutera son travail exclusivement dans ce lieu. »

3 – Il y a une clause de mobilité dans le contrat.

Le salarié doit la respecter. Il n'y a pas de modification du contrat en cas d'application de la clause. La clause de mobilité doit être valable, elle doit à cet effet être rédigée avec précision, définir la zone géographique d'application et être mise en œuvre en respectant la vie personnelle et familiale des salariés (*cf.* Chapitre 3, conditions de validité et de mise en œuvre de la clause de mobilité).

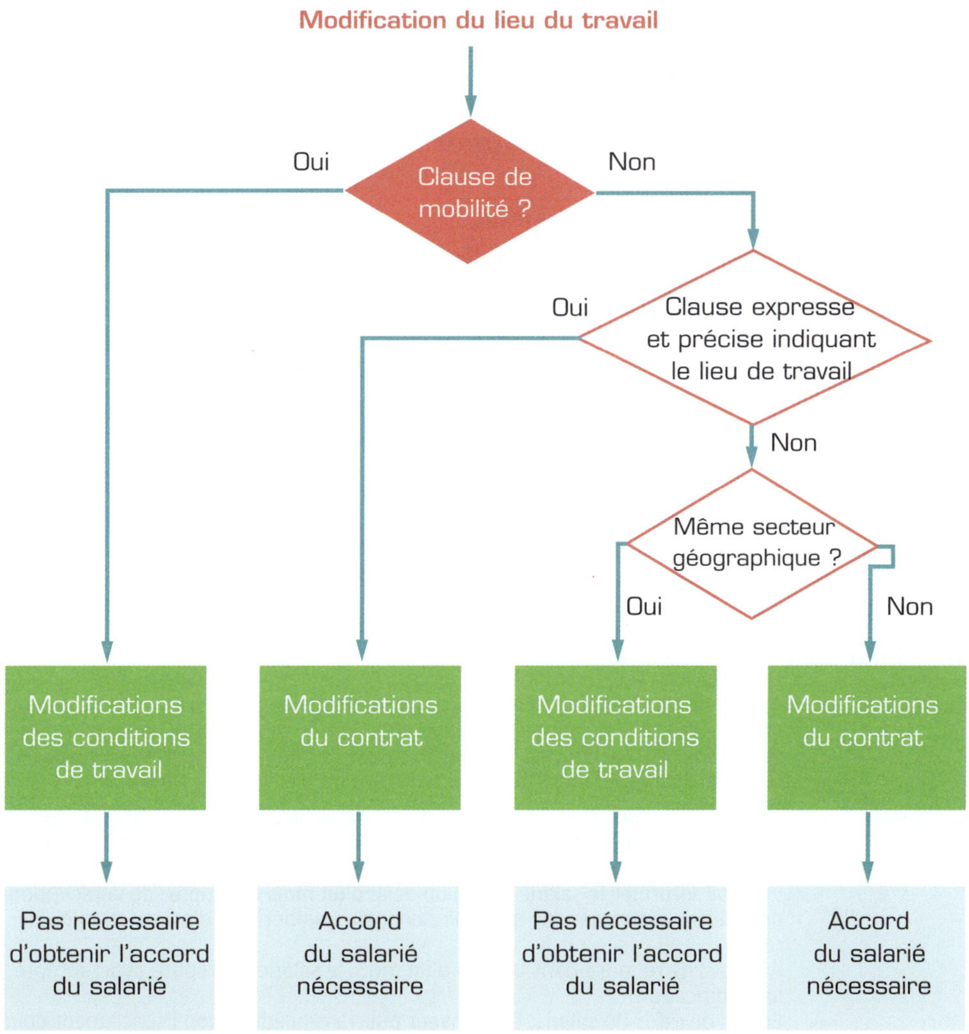

Durée du travail et horaires de travail

1. Durée du travail

En principe, il s'agit d'un élément du contrat qui ne peut être modifié qu'avec l'accord du salarié.

> **Exemple :** Passage d'un temps plein à un temps partiel, augmentation de la durée du travail.

2. Horaires de travail

En principe, l'horaire de travail relève du pouvoir de direction de l'employeur qui peut le modifier sans l'accord du salarié.

Il y a cependant des exceptions :

- lorsque le changement d'horaires entraîne un bouleversement total des horaires (passage d'un horaire de jour à un horaire de nuit ou inversement) ;
- lorsque les horaires sont contractualisés ou considérés comme déterminants par les parties ;

- lorsque la modification des horaires porte une atteinte excessive au droit du salarié au respect de sa vie personnelle et familiale (travail le dimanche privant dorénavant le salarié du repos dominical).

Cependant, la mise en place d'une répartition des horaires sur une période supérieure à la semaine et au plus égale à l'année prévue par un accord collectif ne constitue pas une modification du contrat de travail.

2 Mise en œuvre de la modification du contrat

L'employeur doit respecter certaines règles, que la modification ait un motif économique, personnel ou disciplinaire.

a. Principe

1. L'employeur doit demander l'accord du salarié

Il n'y a pas de formalisme particulier sauf pour la modification économique.

2. La réponse du salarié

S'il accepte, le contrat est modifié.

S'il refuse, l'employeur peut reprendre l'exécution du contrat aux conditions initiales ou bien décider de passer outre le refus du salarié. Il peut alors licencier le salarié. Il doit justifier d'une cause réelle et sérieuse sachant que le refus du salarié n'en est pas une. Il devra justifier le licenciement par les raisons de la modification.

b. Modification pour motif économique

Définition	Application de la définition légale du **motif économique** (*cf.* Chapitre 11) : motif non inhérent à la personne du salarié et en cas de difficultés économiques, de mutations technologiques, de réorganisation de l'entreprise nécessaire à la sauvegarde de sa compétitivité ou de cessation d'activité de l'entreprise.
Procédure	Cette modification doit faire l'objet d'une **procédure légale**. L'employeur doit adresser au salarié concerné une lettre recommandée avec accusé de réception indiquant le projet de modification. Elle doit informer le salarié qu'il a un délai **d'un mois** à compter de la réception de la lettre recommandée pour faire connaître sa décision d'acceptation ou de refus. À défaut de réponse dans le délai d'un mois, le salarié est réputé avoir accepté la modification. En cas de refus du salarié, l'employeur pourra procéder à son licenciement pour motif économique. Il devra alors mettre en œuvre la procédure de licenciement économique. De plus, si plusieurs salariés sont concernés par la modification du contrat, l'employeur devra en outre respecter les formalités du licenciement économique collectif (consultation du CSE, plan de sauvegarde de l'emploi éventuel, détermination des critères de licenciement…). **Sanctions en cas de non-respect de la procédure** Le délai d'un mois imposé à l'employeur est un délai de réflexion pour le salarié lui permettant de mesurer les conséquences d'un éventuel refus. En cas de non-respect du délai de réflexion d'un mois par l'employeur, le licenciement fondé sur le refus du salarié de la modification est considéré comme privé de cause réelle et sérieuse. (Cass. soc. 10 décembre 2003, n° 01-40225). Le non-respect de la procédure prive de cause réelle et sérieuse le licenciement fondé sur le refus du salarié.
Refus du salarié et conséquences	L'employeur peut renoncer à la modification ou licencier le salarié pour motif économique en respectant les règles relatives à ce mode de rupture. Le refus de la modification ne peut pas être le motif du licenciement (*cf.* Chapitre 11).

c. Modification pour motif personnel disciplinaire

Une modification du contrat prononcée à titre de sanction disciplinaire (rétrogradation, mutation) ne peut être imposée au salarié.

L'employeur doit respecter la procédure disciplinaire (*cf.* Chapitre 6).

Si le salarié refuse de façon explicite et non équivoque la modification disciplinaire, l'employeur peut prononcer une autre sanction qui remplacera celle qui a été refusée.

d. Modification pour motif personnel non disciplinaire

Il s'agit d'une modification qui n'est ni économique ni disciplinaire et qui a pour fondement un motif inhérent à la personne du salarié (compétences, état de santé...).

Il n'y a pas de procédure légale à respecter mais l'employeur doit cependant informer le salarié au préalable.

En cas de refus du salarié, l'employeur peut renoncer à la modification ou licencier le salarié pour motif personnel en mettant en œuvre la procédure de licenciement pour motif personnel (*cf.* Chapitre 11).

Cas particulier : les salariés protégés

L'employeur doit obtenir l'accord du salarié protégé pour toute **modification du contrat ou toute modification des conditions de travail**. En cas de refus du salarié protégé et si l'employeur décide de le licencier, il doit obtenir une nouvelle autorisation préalable de l'inspecteur du travail.

C Cas particuliers

1 La période de mobilité volontaire sécurisée

Cette période permet à un salarié, justifiant d'une ancienneté minimale de 24 mois, consécutifs ou non, dans une entreprise de 300 salariés et plus, de mettre en œuvre, avec l'accord de son employeur, une période de mobilité lui permettant de découvrir un emploi dans une autre entreprise.

Après deux refus successifs de la part de l'employeur, le salarié peut demander un congé pour se former.

La mise en œuvre de cette mobilité se fait par avenant au contrat, lequel est suspendu pendant cette période. À l'issue de cette période, le salarié, s'il choisit de revenir dans son entreprise d'origine, est assuré de retrouver son emploi ou un emploi similaire.

2 Accords de performance collective

Ces accords permettent d'aménager la mobilité dans l'entreprise, la rémunération et la durée du travail.

Ils ont pour objet de répondre aux nécessités liées au fonctionnement de l'entreprise ou de préserver ou développer l'emploi.

Ces accords s'imposent de plein droit au contrat de travail même s'ils contiennent des dispositions moins favorables.

Le salarié peut refuser la modification de son contrat de travail résultant de l'application de l'accord. Il dispose d'un délai d'un mois à compter de la date où il a été informé sur l'accord pour faire connaître son refus par écrit.

Dans ce cas, l'employeur peut engager une procédure de licenciement (procédure de licenciement pour motif personnel) dans le délai de 2 mois du refus, pour le motif spécifique du refus.

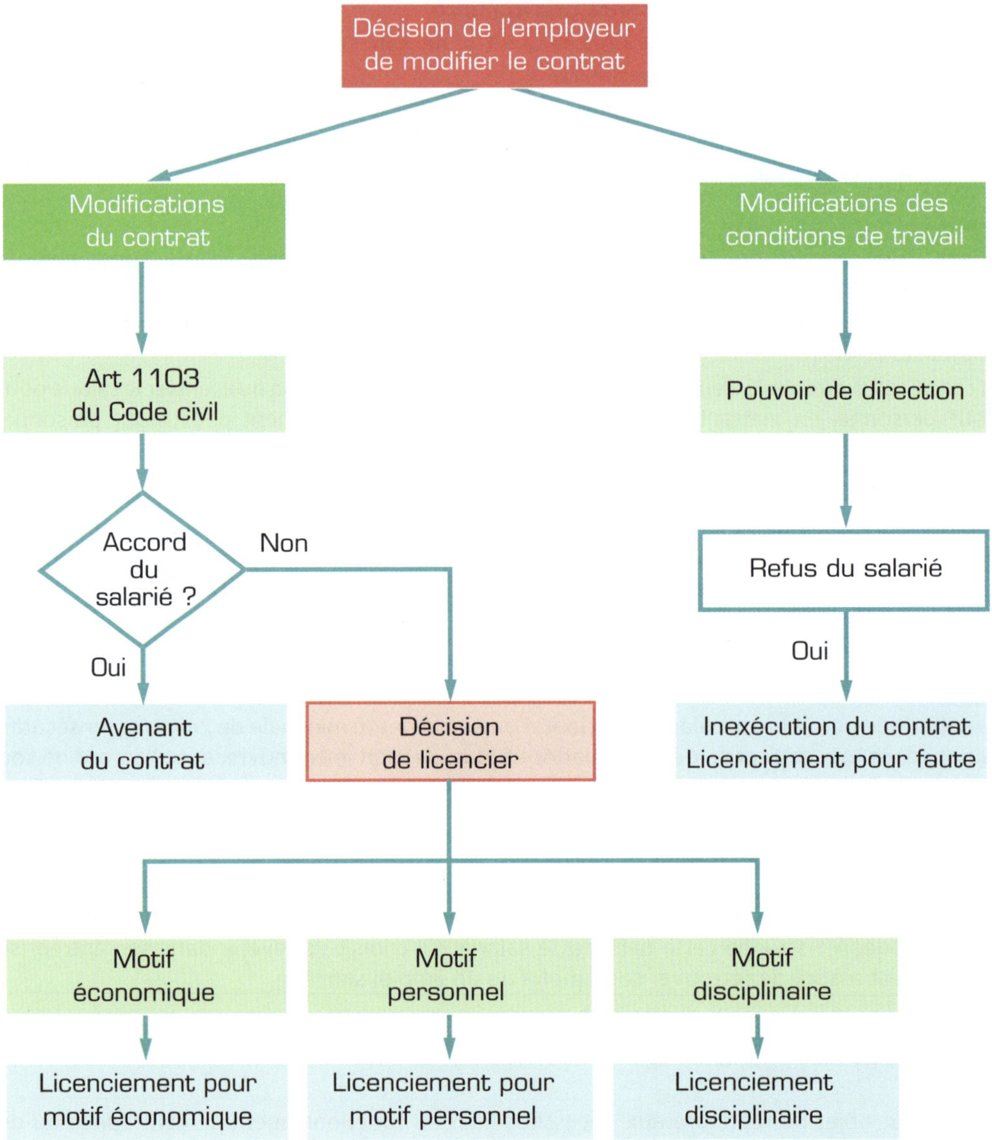
Décision de l'employeur de modifier le contrat
Modifications du contrat
Modifications des conditions de travail
Art 1103 du Code civil
Pouvoir de direction
Accord du salarié ?
Non
Refus du salarié
Oui
Oui
Avenant du contrat
Décision de licencier
Inexécution du contrat Licenciement pour faute
Motif économique
Motif personnel
Motif disciplinaire
Licenciement pour motif économique
Licenciement pour motif personnel
Licenciement disciplinaire

Des évènements vont affecter la relation de travail et avoir un effet sur le contrat de travail. Il s'agit de la suspension du contrat, de sa modification et des changements dans la situation juridique de l'employeur.

Suspension du contrat de travail

Il y a suspension du contrat lorsque le salarié cesse temporairement d'exercer ses fonctions de son propre fait (maladie et accident non professionnels, maternité, accidents du travail et maladie professionnelle), du fait de l'employeur ou pour une cause étrangère aux parties.

- En cas de suspension pour accident ou maladie non professionnels, le salarié est tenu à des obligations. Il ne perçoit pas son salaire mais une indemnisation versée par le régime général de la sécurité sociale et/ou par l'employeur (complément patronal).
- En cas de suspension pour maternité, la salariée est protégée contre le licenciement et perçoit une indemnisation du régime général de la sécurité sociale.
- En cas de suspension pour accident du travail et maladie professionnelle, le salarié est protégé contre le licenciement. Il perçoit également une indemnisation par le régime de sécurité sociale et par l'employeur.

Modification de la situation juridique de l'employeur

Les contrats de travail en cours sont transférés au nouvel employeur.

Modification du contrat

Elle porte sur un élément essentiel du contrat (rémunération, qualification, lieu de travail (à certaines conditions), durée du travail). Elle nécessite l'accord du salarié. Le salarié peut la refuser. Ce refus n'est pas fautif. L'employeur peut renoncer à la modification ou licencier le salarié s'il justifie d'une cause réelle et sérieuse.

Lorsque la modification ne porte pas sur un élément essentiel du contrat (horaires, affectation...) l'employeur peut l'imposer au salarié en vertu de son pouvoir de direction. Le refus du salarié constitue alors une faute qui sera susceptible d'entraîner une sanction.

Le temps de travail

Chapitre 6

COMPÉTENCES ATTENDUES

- **Identifier la réglementation en matière de durée du travail et notamment les aménagements du temps de travail.**
- **Repérer si les limites de travail (journalières ou hebdomadaires) ne sont pas atteintes.**
- **Analyser comment organiser les congés payés dans l'entreprise.**

PLAN DU CHAPITRE

1 Durée du travail

A Les durées légales de travail

B Les heures supplémentaires

2 Organisation du temps de travail

A Détermination des horaires de travail

B Aménagement du temps de travail

C Travail de nuit

D Autres possibilités d'aménagement du temps de travail

E Le compte épargne-temps

3 Repos et congés

A Repos quotidien, repos hebdomadaire, jours fériés

B Les congés payés annuels

4 Applications

SYNTHÈSE P. 162

APPLICATIONS P. 163

LES RÉFÉRENCES POUR COMPRENDRE LE CONTEXTE

« Plus vous laissez de temps à un travail pour se réaliser, et plus il a tendance à prendre ce temps qui s'allonge pour se réaliser. »

Cyril Northcote Parkinson

Qui désire le télétravail ?

Le temps du débat, un podcast à écouter sur le site de France Culture

MOTS CLÉS

Travail effectif, régime dérogatoire, heures supplémentaires, repos compensateur, convention de forfait, compte épargne-temps, repos hebdomadaire, congés payés.

1 Durée du travail

La loi fixe des durées maximales de travail et encadre le régime des heures supplémentaires afin de protéger la santé des travailleurs.

La loi Travail du 8 août 2016 a modifié la **hiérarchie des accords collectifs** en matière de durée du travail. Elle prévoit la primauté de l'**accord d'entreprise** sur l'**accord de branche**. Cette primauté est généralisée sauf quelques exceptions en matière de temps partiel.

Les règles du Code du travail sont présentées selon trois niveaux :

- les **règles d'ordre public** auxquelles il est impossible de déroger
- les thèmes ouverts à la négociation : l'accord d'entreprise prime alors l'accord de branche.
- les **règles supplétives** qui s'appliquent en l'absence d'accord.

A Les durées légales de travail

Différentes notions doivent être cernées : durée légale, durée maximale, amplitude journalière.

1 La durée légale hebdomadaire

La **durée légale hebdomadaire** est définie quantitativement et qualitativement par la loi.

a. Principe

La **durée légale de travail** effectif est fixée à 35 heures (art. L. 3121-10 du Code du travail).

Il ne s'agit pas d'une durée maximale ni d'une règle impérative. Au-delà de cette durée, le salarié effectue des heures supplémentaires. Elle n'est qu'une simple référence.

b. Qu'est-ce que le travail effectif ? (art. L. 3121-1 du Code du travail)

La durée du **travail effectif** est le temps pendant lequel le salarié :

- est à la disposition de l'employeur ;
- et doit se conformer à ses directives ;
- sans pouvoir vaquer librement à des occupations personnelles ».

La loi définit également d'autres périodes pour déterminer s'il s'agit de travail effectif ou non.

c. Qu'en est-il des temps de pause, de repas, d'habillage, de déshabillage, de trajet, d'astreinte ?

Pause et restauration	Le temps nécessaire à la restauration et les temps consacrés aux pauses sont considérés comme temps de travail effectif lorsque les trois critères de l'alinéa 1 sont réunis. Sinon, ils peuvent faire l'objet d'une rémunération par voie conventionnelle ou contractuelle.
Temps d'habillage et de douche	Il n'est pas en principe considéré comme du **temps de travail effectif** sauf accord d'entreprise, à défaut accord de branche, en l'absence d'accord par le contrat de travail. Cependant lorsque le port d'une tenue de travail est imposé par la loi, la convention collective, le règlement intérieur ou le contrat de travail et que l'habillage et le déshabillage se font dans l'entreprise ou sur le lieu de travail, le temps nécessaire à ces opérations fait l'objet de contreparties déterminées par convention, accord collectif ou contrat de travail sous forme de repos ou contreparties financières.
Temps de trajet	Le temps de déplacement professionnel pour se rendre sur le lieu de travail n'est pas un temps de travail effectif. Cependant, s'il dépasse le temps normal de trajet entre le domicile et le lieu de travail habituel, il doit faire l'objet de contreparties (repos, indemnités...). Les temps de déplacement entre deux lieux de travail sont assimilés à du temps de travail effectif comme le déplacement entre deux chantiers ou le trajet entre le domicile d'un client et celui d'un autre client. Si le **temps de trajet** entre le domicile et le lieu habituel de travail est majoré du fait d'un **handicap**, il peut faire l'objet d'une contrepartie sous forme de repos (règle d'ordre public).

Astreintes	L'**astreinte** est une période pendant laquelle le salarié, sans être sur son lieu de travail et sans être à la disposition permanente et immédiate de l'employeur, doit être en mesure d'intervenir pour accomplir un travail au service de l'entreprise. Seule la durée de cette intervention est considérée comme temps de travail effectif, pas le temps de l'astreinte lui-même. Une contrepartie financière ou en repos doit être versée par l'employeur

Jurisprudence

Cass. soc. 30.08.2018
Lorsque les travailleurs n'ont pas de lieu de travail fixe ou habituel et effectuent des déplacements quotidiens entre leur domicile et les sites du premier et du dernier clients désignés par leur employeur, le temps de trajet ne doit pas être considéré comme du temps de travail effectif.
En conséquence, le temps de déplacement qui dépasse le temps normal de trajet doit faire l'objet d'une contrepartie, soit sous forme de repos, soit sous forme financière.

d. Régime dérogatoire à la durée du travail : les heures d'équivalence

Un **régime dérogatoire** est un régime d'exception limité à certains secteurs d'activité. La loi Travail du 8 août 2016 définit le régime des **heures d'équivalence** : « Mode spécifique de détermination du temps de travail effectif et de sa rémunération pour des professions et des emplois déterminés comportant des périodes d'inaction. »

Il est mis en place par un accord de branche étendu, à défaut, par décret pris en Conseil d'État. Une durée de présence supérieure à 35 heures correspond à 35 heures de travail effectif.

Exemple : Commerce de détail de denrées alimentaires, pour le personnel de vente, la durée du travail est de 38 heures 30 payées 35 heures.
Hôtels, cafés, restaurants : 39 heures.

2 Les durées maximales du travail

Sont réglementées les durées maximales hebdomadaire et journalière.

Des dérogations sont possibles. Les jeunes de moins de 18 ans bénéficient d'un régime de faveur.

Salariés	Durée journalière maximale	Dérogations	Durée hebdomadaire maximale	Dérogations
Salariés de 18 ans et plus	10 heures	– Par autorisation de l'inspecteur du travail dans les cas prévus par décret. – Par accord d'entreprise, à défaut, par accord de branche. Le dépassement ne peut être prévu qu'en cas d'activité accrue ou pour des motifs liés à l'organisation de l'entreprise.	Durée absolue : 48 heures. Durée moyenne : 44 heures sur 12 semaines consécutives.	– Par autorisation de la DREETS dans des cas prévus : max 60 heures. – Par autorisation de la DREETS dans des cas prévus pouvant porter la durée au-delà de 46 heures. – Par accord d'entreprise, à défaut, par accord de branche pouvant augmenter la durée dans la limite d'un max de 46 h ; – À défaut d'accord collectif, le dépassement peut être autorisé par l'administration dans la limite max de 46 h.

Salariés	Durée journalière maximale	Dérogations	Durée hebdomadaire maximale	Dérogations
Jeunes de moins de 18 ans	8 heures	Par autorisation de l'inspecteur du travail après avis conforme du médecin du travail.	35 heures	Par autorisation de l'inspecteur du travail après avis conforme du médecin du travail dans la limite de 5 heures par semaine.

Des durées maximales particulières existent dans le cadre de l'aménagement du temps de travail (cadres en forfait annuel, modulation des horaires...).

3 L'employeur doit également respecter l'amplitude journalière maximale

Il s'agit du nombre d'heures comprises entre le début et la fin de la journée de travail.

Tout salarié doit bénéficier d'un repos quotidien d'une durée minimale de 11 heures consécutives. L'amplitude de la journée de travail ne peut pas dépasser 13 heures (24 h – 11 h de repos).

Exemple : Un salarié travaille 7 h par jour, la pause déjeuner est de 1 heure. L'amplitude journalière est de 8 heures.

B Les heures supplémentaires

Les **heures supplémentaires** sont réglementées. Cette réglementation fluctue selon la situation économique. Quand la tendance est à la réduction du temps de travail afin de créer des emplois, le législateur cherche à dissuader les employeurs de recourir aux heures supplémentaires. À l'inverse, le recours aux heures supplémentaires peut être favorisé par des mesures fiscales. Le président de la République, dans son allocution du 10 décembre 2018, a ainsi souhaité défiscaliser et désocialiser les heures supplémentaires.

1 Principe

Les heures supplémentaires sont les heures de travail effectif effectuées au-delà de la durée **légale** hebdomadaire du travail ou de la durée considérée comme **équivalente** quelle que soit la durée conventionnelle du travail.

- Elles se décomptent dans le cadre de la semaine civile débutant le lundi à 0 h et se terminant le dimanche à 24 h. Cependant un accord d'entreprise ou à défaut un accord de branche peut fixer une période de 7 jours consécutifs constituant la semaine.
- Elles doivent donner lieu à une majoration. Elles peuvent entraîner l'octroi d'une contrepartie obligatoire en repos.

2 Contingent annuel d'heures supplémentaires

a. Définition

Nombre d'heures supplémentaires annuelles et par salarié à la libre disposition de l'employeur, pouvant être effectuées après une simple information du comité social et économique. Il constitue le seuil de déclenchement de la contrepartie obligatoire en repos. Son dépassement nécessite un simple avis du comité social et économique.

b. Fixation

1. Comment ? Combien ?

Son montant est fixé prioritairement par convention ou par accord collectif d'entreprise ou d'établissement ou, à défaut, par convention ou accord de branche.

À défaut d'accord collectif, le contingent est fixé par décret à 220 h par an et par salarié.

Sont exclus du contingent d'heures supplémentaires les salariés soumis au forfait annuel en jours ou en heures (voir § c) ainsi que les cadres dirigeants. (Sont considérés comme ayant la qualité de cadre dirigeant les cadres auxquels sont confiées des responsabilités dont l'importance implique une grande indépendance dans l'organisation de leur emploi du temps, qui sont habilités à prendre des décisions de façon largement autonome et qui perçoivent une rémunération se situant dans les niveaux les plus élevés des systèmes de rémunération pratiqués dans leur entreprise ou établissement).

2. Formalités ?

- **Pour les heures effectuées dans le cadre du contingent**

Elles donnent lieu à information préalable du comité social et économique.

- **Pour les heures effectuées en dépassement du contingent**

Au-delà du contingent, les heures supplémentaires doivent donner lieu à consultation du comité social et économique.

Remarque. Lorsque le contingent n'est pas fixé par accord collectif mais par décret, le comité social économique doit être consulté sur son utilisation et son dépassement.

c. Régime juridique

- **Initiative des heures supplémentaires**

Les heures supplémentaires sont réalisées à l'initiative de l'employeur dans le cadre de son pouvoir de direction. Seules les heures accomplies à la demande de l'employeur donnent lieu à rémunération.

- **Refus d'effectuer des heures supplémentaires**

Le salarié ne peut pas refuser d'effectuer des heures supplémentaires si l'employeur a respecté les règles et formalités relatives au régime de ces heures sous peine de commettre une faute, voire une faute grave.

- **Preuve des heures supplémentaires**

En cas de litige relatif à l'existence ou au nombre d'heures, l'employeur doit fournir au juge les éléments justifiant les heures effectuées par le salarié. Au vu de ces éléments et de ceux fournis par le salarié à l'appui de sa demande, le juge forme sa conviction.

Jurisprudence

Cass. soc. du 24 novembre 2010

La preuve des heures de travail effectuées n'incombe à aucune partie. Le salarié doit fournir préalablement au juge des éléments suffisamment précis quant aux horaires effectivement réalisés pour permettre à l'employeur de répondre en fournissant ses propres éléments.

Ainsi, un simple décompte manuscrit du salarié, établi mois par mois, suffit.

Cass. soc. 15 janvier 2014

Les éléments fournis par le salarié doivent être suffisamment précis quant aux horaires effectivement réalisés pour permettre à l'employeur de répondre. En l'espèce, le salarié avait fourni des attestations sans détailler les horaires qu'il avait effectués.

3 Rémunération des heures supplémentaires

Le système est complexe. Il superpose deux mesures, des **majorations de salaire** et/ou un repos compensateur de remplacement et une **contrepartie obligatoire en repos**. Il laisse place à la négociation et à la conclusion d'accords dérogatoires.

a. Majorations de salaire

Les heures supplémentaires donnent lieu à une majoration de salaire.

1. Taux conventionnel

Toutes les **heures supplémentaires** donnent droit à une majoration de salaire dont le taux est fixé par un accord collectif d'entreprise ou d'établissement ou, à défaut, par une convention ou un accord de branche. Ce taux ne peut être inférieur à 10 %.

2. Taux légal

En l'absence d'accord ou de convention collective, la majoration est fixée par la loi.

Heures effectuées	Entreprises
De la 36ᵉ à la 43ᵉ	Majoration de salaire de 25 %
De la 44ᵉ à la 48ᵉ	Majoration de salaire de 50 %

La base servant de calcul aux heures supplémentaires a été définie par la Cour de cassation. Elles sont calculées à partir du salaire horaire effectif payé au salarié. Il faut tenir compte des primes inhérentes à la nature du travail et celle liées au rendement. Les heures supplémentaires font l'objet d'une exonération fiscale par an jusqu'à 7 500 €.

> **Exemple :** Prime d'insalubrité, de travail de nuit. Par contre, la prime d'ancienneté, la prime de fin d'année, l'intéressement, la participation ne sont pas pris en compte pour le calcul.

b. Le repos compensateur de remplacement

1. Définition

Le paiement des heures supplémentaires et leur majoration peuvent être remplacés en tout ou partie par un repos compensateur de remplacement de durée équivalente.

> **Exemple :** Une majoration de 25 % donne droit à 1 h 15 de repos si le remplacement se fait en totalité.

Le but de cette mesure est de rendre plus flexible la gestion des heures supplémentaires et d'en limiter le coût.

2. Mise en place

Le repos compensateur de remplacement peut être mis en place par accord d'entreprise ou d'établissement ou à défaut par accord de branche.

En l'absence d'accord, l'employeur peut décider sa mise en place à condition que les membres du comité social et économique ne s'y opposent pas. S'il n'y a pas de représentants du personnel, l'employeur peut décider seul.

Son régime juridique est identique à celui de la contrepartie en repos (voir c).

c. Contrepartie obligatoire en repos

1. Définition

Les heures supplémentaires effectuées au-delà du contingent donnent droit à une contrepartie obligatoire en repos (auparavant repos compensateur obligatoire).

2. Durée

Chaque heure effectuée au-delà du contingent donne lieu à une contrepartie en repos de :

- 50 % (30 mn de repos pour une heure supplémentaire) pour les entreprises de 20 salariés au plus ;
- 100 % (une heure de repos pour une heure supplémentaire) pour les entreprises de plus de 20 salariés.

3. Prise de la contrepartie

Les modalités de prise de la contrepartie sont fixées par accord d'entreprise ou à défaut par accord collectif de branche.

À défaut d'accord ou de convention collective, le droit au repos compensateur n'est ouvert que lorsque le salarié a totalisé au moins 7 heures de repos.

La contrepartie doit être prise dans le délai de 2 mois qui suit l'ouverture des droits par journée entière ou par demi-journée. Elle est assimilée à une période de travail effectif pour le calcul des droits du salarié.

d. Conventions de forfait

Lorsque l'horaire de travail du salarié comprend le recours habituel aux heures supplémentaires, le contrat de travail peut contenir une clause relative à la **convention de forfait**. Il s'agit d'une rémunération forfaitaire incluant un nombre déterminé d'heures supplémentaires. Ce système permet une certaine flexibilité mais également une individualisation du temps de travail.

Il existe plusieurs catégories de forfait ;

- la convention de forfait en heures sur une base hebdomadaire, mensuelle ;
- la convention de forfait en heures sur une base annuelle ;
- la convention de forfait en jours sur une base annuelle.

1. Convention de forfait de droit commun

La durée du travail de tout salarié, cadre ou non, peut être fixée par une convention individuelle de forfait en heures sur la semaine ou sur le mois.

La conclusion d'une convention individuelle de forfait requiert **l'accord du salarié**.

Elle doit être établie par **écrit**.

Le forfait ne peut pas être désavantageux pour le salarié. Sa rémunération est au moins égale à la rémunération minimale applicable dans l'entreprise pour le nombre d'heures correspondant à son forfait, augmentée des majorations pour heures supplémentaires.

2. La convention de forfait annuel en heures

Salariés concernés	- Cadres non soumis à un horaire collectif applicable au sein de l'atelier, du service ou de l'équipe auquel ils sont intégrés ; - Salariés cadres ou non-cadres disposant d'une réelle autonomie dans l'organisation de leur emploi du temps.
Conditions de mise en place	- Un accord collectif d'entreprise ou d'établissement ou, à défaut, une convention ou un accord de branche, est obligatoire pour que l'un employeur puisse y recourir). - **ET** une convention individuelle écrite, signée par le salarié et l'employeur.

Contenu de l'accord collectif	L'accord collectif doit fixer au moins : - les catégories de salariés susceptibles de conclure une convention individuelle de forfait - la période de référence du forfait, qui peut être l'année civile ou toute autre période de 12 mois consécutifs ; - le nombre d'heures ; - les conditions de prise en compte, pour la rémunération des salariés, des absences ainsi que des arrivées et départs en cours de période ; - les caractéristiques principales des conventions individuelles, qui doivent notamment fixer le nombre d'heures ou de jours compris dans le forfait.
Contenu de la convention de forfait	**Durée du travail :** elle est fixée dans la convention. Les durées maximales quotidienne et hebdomadaire doivent être respectées. **Rémunération :** elle est au moins égale à la rémunération minimale applicable dans l'entreprise pour le nombre d'heures compris dans le forfait augmentée des majorations pour heures supplémentaires.

3. La convention de forfait annuel en jours

Salariés concernés	- Cadres non soumis à un horaire collectif disposant d'une autonomie dans l'organisation de leur emploi du temps - aux salariés, cadres ou non, dont la durée du temps de travail ne peut pas être prédéterminée et qui disposent d'une réelle autonomie dans l'organisation de leur emploi du temps (itinérants, commerciaux...)
Conditions de mise en place	- Un accord collectif d'entreprise ou d'établissement ou, à défaut, une convention ou un accord de branche, est obligatoire pour que l'un employeur puisse y recourir). - **ET** une convention individuelle écrite, signée par le salarié et l'employeur.
Contenu de l'accord collectif	L'accord collectif doit fixer au moins les règles relatives au contenu du forfait annuel en heures (voir § précédent) et des règles propres. **Contenu propre au forfait en jours** : - le nombre de jours compris dans le forfait dans la limite de 218 jours ; - Les modalités selon lesquelles l'employeur assure l'évaluation et le suivi régulier de la charge de travail du salarié. L'employeur doit s'assurer régulièrement que la charge de travail est raisonnable et permet une bonne répartition de son travail dans le temps ; - Les modalités selon lesquelles l'employeur et le salarié communiquent périodiquement sur la charge de travail du salarié, sur l'articulation entre son activité professionnelle et sa vie personnelle, sur sa rémunération ainsi que sur l'organisation du travail dans l'entreprise ; - Les modalités selon lesquelles le salarié peut exercer son droit à la déconnexion. Si l'accord collectif présente toutes les garanties requises mais que l'employeur ne les respecte pas, le forfait jours se trouve sans effet.
Contenu de la convention de forfait	**Durée du travail** : Les salariés en forfait annuel en jours ne sont pas soumis à la durée légale du travail (pas d'heures supplémentaires) ni aux durées quotidienne et hebdomadaire maximales. En revanche, ils bénéficient des règles relatives au repos quotidien, repos hebdomadaire, jours fériés et congés payés. **Rémunération** : le salaire doit être en rapport avec les sujétions que le travail implique. Le bulletin de paie doit mentionner la nature et le volume du forfait.

Jurisprudence

Cass. soc. 31 janvier 2012

Toute convention de forfait en jours doit être prévue par un accord collectif dont les stipulations assurent la garantie du respect des durées maximales de travail ainsi que des repos, journaliers et hebdomadaires.

En cas de non-respect des dispositions légales en matière de forfait, plusieurs risques sont prégnants pour l'employeur :
- paiement des heures supplémentaires non décomptées dans le cadre du forfait illicite ;
- redressement Urssaf sur les cotisations salariales et patronales qu'aurait dû verser l'employeur en paiement des heures supplémentaires ;
- risque pénal de travail dissimulé : 3 ans d'emprisonnement et 45 000 euros d'amende (pour une personne morale 225 000 euros).

2 Organisation du temps de travail

Le cadre légal trop rigide laisse une place de plus en plus grande à la négociation collective afin d'introduire des règles plus flexibles.

La répartition du temps de travail peut se faire sur la journée ou la semaine mais également sur l'année.

L'aménagement du temps de travail permet une individualisation du temps de travail, une « auto réglementation du temps : une auto réglementation de la branche, de l'entreprise, ou de l'établissement, du collectif de travail, et au bout du compte de l'individu lui-même, devenu maître de l'organisation de son temps pourvu qu'il se soumette aux objectifs fixés par l'employeur[1] ».

A Détermination des horaires de travail

Si le principe est l'**horaire collectif**, l'individualisation du temps de travail permet de mettre en place plus de souplesse.

1 Horaire collectif

a. Principe

L'horaire est collectif : tout le personnel commence et finit le travail au même moment. Il est uniforme pour tous ou pour une partie des salariés. Il est ainsi possible de prévoir un horaire par équipe.

b. Décision de l'employeur

L'employeur peut fixer librement l'horaire à l'intérieur de la semaine sous réserve du respect des règles légales ou conventionnelles.

c. Un horaire affiché

Il s'agit d'une décision unilatérale soumise à des formalités : l'horaire de travail doit être affiché et communiqué à l'inspection du travail.

d. Répartition sur les jours de la semaine

La durée hebdomadaire du travail peut être répartie sur 6 jours, 5 jours 1/2, 5 jours.

L'employeur peut également organiser les horaires sur 4 jours 1/2 ou 4 jours à condition qu'il obtienne un avis conforme du comité social et économique et qu'il informe l'inspecteur du travail. Si l'entreprise n'est pas dotée de représentants du personnel, la répartition des horaires sur 4 jours ou 4 jours et demi est impossible.

e. Salariés occupés selon des horaires différents

C'est le cas lorsque le travail s'effectue par roulement, par équipes successives, à temps partiel ou à temps choisi... La durée du travail effectuée par le salarié doit être décomptée par tous moyens : pointage, compteur individuel...

---

[1] « Au-delà de l'emploi », rapport pour la Commission européenne sous la direction d'Alain Supiot, p. 125, Éditions Flammarion.

2 Horaires individualisés

Pour répondre aux besoins de l'entreprise et aux désirs des salariés, le travail peut s'effectuer à temps choisi (**horaires individualisés** ou **horaires à la carte**).

a. Modalités

La journée de travail comprend des plages fixes durant lesquelles l'ensemble du personnel doit être au travail (10 heures - 12 heures et 14 heures - 16 heures par exemple) et des plages variables durant lesquelles le salarié peut choisir son horaire (8 heures - 10 heures, 12 heures - 14 heures et 16 heures - 19 heures par exemple). Le report des heures d'une semaine sur l'autre est fixé par accord collectif d'entreprise ou à défaut par accord de branche. En l'absence d'accord, 3 heures peuvent être reportées d'une semaine sur l'autre. Un crédit maximal de 10 heures est possible par cumul des reports.

b. La mise en place

La mise en place des horaires individualisés ne doit pas faire l'objet d'opposition du comité social et économique. L'inspecteur du travail n'a plus à être informé lorsque la mise en place des horaires individualisés se fait en l'absence d'opposition du CSE. En l'absence de représentants du personnel, l'autorisation préalable de l'inspecteur du travail est nécessaire.

B Aménagement du temps de travail

Il s'agit d'un aménagement conventionnel du temps de travail.

1 Définition

La loi du 20 août 2008 fusionne en un seul régime plusieurs dispositifs d'aménagement du temps de travail. Sont remplacés la modulation du temps de travail, la réduction du temps de travail par attribution de jours de RTT sur 4 semaines, la réduction du temps de travail par attribution de RTT sur l'année, le travail par cycle, le temps partiel modulé.

2 Mise en place

Un accord collectif d'entreprise ou, à défaut, un accord de branche peut être conclu. En l'absence d'accord collectif, un décret fixe les modalités et l'organisation de la durée du travail.

Modalités

	En présence d'un accord collectif	En l'absence d'un accord collectif
Objet	La répartition de la durée du travail est organisée sur une période supérieure à la semaine et au plus égale à un an. Elle peut être organisée sur une période de 3 ans si un accord de branche l'autorise.	La répartition de la durée du travail est organisée sous forme de périodes. La période de référence ne peut pas excéder : - 4 semaines pour les entreprises de 50 salariés ou plus ; - 9 semaines pour les entreprises de moins de 50 salariés.
Modalités	L'accord prévoit les conditions et les délais de prévenance des changements d'horaires (7 jours en principe), les seuils de calcul des heures supplémentaires, le lissage de la rémunération...	L'employeur doit établir le programme indicatif de la variation de la durée du travail. Il doit prévoir l'organisation sous forme de périodes de travail, autoriser le travail en cycle, le lissage de la rémunération. Les heures supplémentaires sont celles effectuées au-delà de 39 h par semaine et/ou de 35 h en moyenne sur le période de référence de 4 semaines au plus. Les salariés sont prévenus 7 jours à l'avance en cas de changement d'horaires.
Formalités	Avis du CSE.	Avis du CSE.

C Travail de nuit

La loi du 9 mai 2001 a supprimé l'interdiction du **travail de nuit** des femmes dans l'industrie pour mettre la législation française en conformité avec le droit communautaire. Elle a modifié les règles applicables à tous les salariés (sauf jeunes de moins de 18 ans).

1 Mise en place

La loi insiste sur le caractère exceptionnel du travail de nuit.

> **Selon l'article L. 3122-1 du Code du travail**
> *« Le recours au travail de nuit est exceptionnel. Il prend en compte les impératifs de protection de la santé et de la sécurité des travailleurs et est justifié par la nécessité d'assurer la continuité de l'activité économique ou des services d'utilité sociale. »*

Il est mis en place par un accord d'entreprise, à défaut par un accord de branche. À défaut d'accord, sur autorisation de l'inspecteur du travail et à condition que l'employeur ait engagé de sérieuses et loyales négociations.

L'accord doit comporter les justifications du recours au travail de nuit.

Dans un arrêt du 24 septembre 2014, la Cour de cassation a rappelé que « *le travail de nuit ne peut pas être le mode d'organisation normal du travail au sein d'une entreprise et ne doit être mis en œuvre que lorsqu'il est indispensable à son fonctionnement* ». Elle a estimé que « *la société, qui exerçait dans un secteur, le commerce de parfumerie, où le travail de nuit n'est pas inhérent à l'activité, ne démontrait pas qu'il était impossible d'envisager d'autre possibilité d'aménagement du temps de travail, non plus que son activité économique supposait le recours au travail de nuit, dès lors que les difficultés de livraison alléguées ne nécessitaient pas pour autant que le magasin fût ouvert à la clientèle la nuit et que l'attractivité commerciale liée à l'ouverture de nuit du magasin des Champs-Élysées ne permettait pas de caractériser la nécessité d'assurer la continuité de l'activité.* »

2 Définition

Tout travail effectué au cours d'une période d'au moins neuf heures consécutives comprenant l'intervalle entre minuit et 5 heures est considéré comme du **travail de nuit**.

La période de travail de nuit commence au plus tôt à 21 heures et s'achève au plus tard à 7 heures.

Une période allant de 21 h à 6 h peut être définie par accord d'entreprise ou à défaut par accord de branche.

Le travailleur de nuit est celui qui :

- soit, accomplit au moins deux fois par semaine au moins trois heures de travail de nuit ;
- soit, accomplit, au cours d'une période de référence, un nombre minimal d'heures de travail de nuit devant être fixés par accord de branche étendu. À défaut d'accord, il est de 270 heures de travail sur 12 mois consécutifs.

3 Statut du travailleur de nuit

Le travailleur de nuit bénéficie d'un statut protecteur spécifique :

- la durée du travail effectué pendant la nuit ne peut pas dépasser 8 heures (sauf dérogations) ;
- le passage du travail de nuit au travail de jour et inversement constitue une modification du contrat que le salarié peut refuser ;
- une priorité est octroyée au salarié occupant un poste de jour pour occuper un poste de nuit et inversement ;
- surveillance médicale particulière.

- Il bénéficie de contreparties sous forme de repos compensateur ou sous forme de compensation salariale.
- Le salarié engrange des points sur son compte pénibilité dès qu'il dépasse le seuil de 120 nuits par an (une nuit est comptée dès une heure de travail effectuée entre minuit et 5 heures du matin). Voir chapitre 10.

Le travail de nuit est interdit pour les jeunes de moins de 18 ans sauf exceptions.

D Autres possibilités d'aménagement du temps de travail

Récupération des heures perdues	**Heures perdues collectivement et exceptionnellement** en raison de certains évènements. Un accord collectif d'entreprise ou d'établissement ou, à défaut, à une convention ou un accord de branche peut fixer les modalités de récupération des heures perdues. À défaut d'accord, elles seront récupérées comme heures normales de travail, payées au taux normal, en plus de l'horaire habituel, dans les 12 mois précédant ou suivant l'interruption de travail. Elles ne peuvent pas augmenter la durée du travail de plus d'une heure par jour ni de plus de 8 heures par semaine. **Sont des heures récupérables** celles qui ont été perdues collectivement en raison de causes accidentelles, d'intempéries, de cas de force majeure, pour cause d'inventaire, à l'occasion du chômage d'un ou deux jours ouvrables compris entre un jour férié et un jour de repos hebdomadaire ou d'un jour précédant les congés annuels. En revanche, ne sont pas récupérables les heures perdues pour fait de grève ou de chômage un jour férié.
Équipes de fin de semaine	Équipe de travail qui a pour objectif de remplacer une autre équipe de travail pendant ses jours de repos (fin de semaine, jour férié, congés payés). La mise en place par accord ou convention de branche étendu ou accord d'entreprise ou à défaut par autorisation de l'inspecteur du travail.
Travail posté	Mode d'organisation du travail en équipes successives ou par relais ou par roulement. La mise en place nécessite la conclusion d'une convention ou accord de branche étendu ou accord d'entreprise après consultation des représentants du personnel.
Contrat de travail intermittent	Contrat de travail à durée indéterminée, constaté par écrit, ayant pour objet de pourvoir des emplois permanents comprenant par nature des périodes travaillées et non travaillées. Il doit contenir, notamment, la durée minimale annuelle du travail, les périodes travaillées et la répartition des heures de travail à l'intérieur de ces périodes. Il doit être prévu par un accord d'entreprise ou à défaut, par un accord de branche étendu. ***Exemple :** Le travail saisonnier : un moniteur de ski peut conclure un contrat de travail intermittent avec une station de ski pour la période d'hiver et un autre contrat intermittent comme surveillant de baignade pour la période d'été.*

On peut également citer les astreintes.

E Le compte épargne-temps

Les lois n'ont cessé d'élargir l'utilisation du **compte épargne-temps**. C'est un mécanisme qui permet une individualisation du temps de travail.

1 Définition

C'est un compte qui permet au salarié d'accumuler des droits à congés rémunérés ou de bénéficier d'une rémunération immédiate ou différée, en contrepartie de périodes de congé ou de repos non prises.

2 Mise en place

Un compte épargne temps doit être mis en place par accord collectif d'entreprise ou d'établissement ou à défaut par accord de branche. Cet accord doit déterminer les modalités d'utilisation et d'alimentation en temps ou en argent à l'initiative du salarié ou de l'employeur pour les heures supplémentaires.

3 Alimentation du compte

Le compte peut être alimenté en temps (congés payés au-delà de 24 jours ouvrables (5e semaine), repos acquis au titre des heures supplémentaires, ou en argent (intéressement, participation, majoration des heures supplémentaires, augmentations de salaire...).

4 Utilisation du compte

Il peut être utilisé par le salarié selon les modalités de l'accord collectif, sous forme de congés pour indemniser un congé, pour un passage à temps partiel, ou sous forme monétaire pour compléter sa rémunération, pour se constituer une épargne.

3 Repos et congés

Aux termes du 11e alinéa du préambule de la Constitution de 1946 ; la nation « garantit à tous, notamment à l'enfant, à la mère et aux vieux travailleurs, la protection de la santé, la sécurité matérielle, le repos et les loisirs ».

A Repos quotidien, repos hebdomadaire, jours fériés

1 Le repos quotidien

a. Principe

Tout salarié a droit à un repos quotidien d'une durée minimale de **11 heures** consécutives (art. L. 3131-1).

De plus, selon l'article L. 3121-33 du Code du travail, aucun temps de travail quotidien ne peut atteindre six heures sans que le salarié bénéficie d'une pause d'une durée minimale de vingt minutes sans possibilités de fractionnement (Cass. soc. 20 février 2013).

b. Dérogations au repos quotidien

- Un **accord d'entreprise** ou d'établissement ou, à défaut, une convention ou un accord de branche peut déroger à la durée minimale de repos quotidien, (pour des activités listées par décret, notamment pour des activités caractérisées par la nécessité d'assurer une continuité du service ou par des périodes d'intervention fractionnées) à condition de prévoir des contreparties sous forme de repos pour le salarié. Toutefois, ce repos ne peut pas être inférieur à 9 heures.
- Il en est de même en cas de **surcroît exceptionnel d'activité.**
- Pour les **travaux urgents** demandant une exécution immédiate, l'employeur peut déroger à la durée de 11 h consécutives en informant l'inspecteur du travail.

2 Le repos hebdomadaire

a. Le principe du repos hebdomadaire

Principe

Selon l'article L. 3132-1 du Code du travail, il est interdit d'occuper un même salarié plus de 6 jours par semaine.

Le repos hebdomadaire doit avoir une durée minimale de 24 heures consécutives, auxquelles s'ajoutent les heures de repos quotidien, 11 heures, soit 35 heures au total.

Dérogations

Elles sont peu nombreuses.

Des **dérogations permanentes** non soumises à autorisation sont possibles à condition de prévoir un repos compensateur, elles concernent des catégories particulières de salariés.

Des **dérogations temporaires** après information de l'inspecteur du travail sont possibles pour les travaux urgents, industries saisonnières, industries à feux continus ou traitant des denrées périssables.

b. Le principe du repos dominical

Principe

Le repos hebdomadaire doit être accordé le dimanche (**repos dominical**).

Dérogations

Il existe de nombreuses dérogations, le repos étant accordé un autre jour que le dimanche :

- **Dérogations permanentes de droit** : pour les établissements dont le fonctionnement ou l'ouverture est rendu nécessaire par les contraintes de la production, de l'activité ou les besoins du public (hôtels, hôpitaux, marchés...) pour les commerces de détail alimentaire jusqu'à 13 h le dimanche. Le repos hebdomadaire est fixé par roulement.
- **Dérogations conventionnelles** : pour les entreprises recourant au travail continu ou en équipes de suppléance. Le repos hebdomadaire est fixé par roulement.
- **Dérogations temporaires, après demande présentée au préfet** : lorsque la fermeture serait préjudiciable au public ou à la bonne marche de l'entreprise. L'autorisation d'ouverture n'est accordée que si des contreparties financières sont prévues pour les salariés volontaires ainsi qu'un repos hebdomadaire.
- **Dérogations sur un fondement géographique** : le travail est autorisé tous les dimanches dans les établissements de vente au détail qui mettent à disposition des biens et des services situés dans les zones touristiques internationales, les zones touristiques caractérisées par une affluence particulièrement importante de touristes, les zones commerciales caractérisées par une offre commerciale et une demande potentielle particulièrement importantes, et dans 12 gares avec une affluence exceptionnelle. Ces établissements peuvent donner le repos hebdomadaire par roulement pour tout ou partie du personnel. Un accord collectif (de branche, d'entreprise, d'établissement ou territorial) doit fixer des compensations salariales. Peuvent travailler le dimanche les seuls salariés volontaires qui ont donné leur accord par écrit.
- **Dérogations temporaires autorisées par le maire** : pour 12 dimanches par an au maximum au profit des établissements de commerce de détail où le repos hebdomadaire a lieu normalement le dimanche. Chaque salarié reçoit une rémunération au moins égale au double de la rémunération normalement due pour une durée équivalente ainsi qu'un repos compensateur équivalent en temps.

c. Les jours fériés

Principe

Onze jours sont considérés comme fériés par le code de travail (art. L. 3133-1) : le 1er janvier, le lundi de Pâques, le 1er Mai, le 8 Mai, l'Ascension, le lundi de Pentecôte, le 14 Juillet, l'Assomption, la Toussaint, le 11 Novembre, le jour de Noël.

Les heures perdues par suite de chômage des **jours fériés** ne peuvent donner lieu à récupération. Selon l'article L. 3133-3 du Code du travail, le chômage des jours fériés ne peut entraîner aucune perte de salaire pour les salariés totalisant au moins trois mois d'ancienneté dans l'entreprise.

Régime exceptionnel applicable au 1er Mai

Seul le 1er Mai est obligatoirement chômé quels que soient l'âge, le sexe ou la nature du contrat. Le 1er Mai est nécessairement payé s'il est chômé.

Le Code du travail prévoit des exceptions au chômage du 1er Mai pour les établissements et services qui, en raison de la nature de leur activité, ne peuvent interrompre le travail (établissements hospitaliers, transports...).

Si le salarié travaille le 1er Mai, il perçoit, en plus de son salaire habituel, une indemnité égale au montant de ce salaire.

Selon l'article L. 3133-5 du Code du travail

« Le chômage du 1er Mai ne peut être une cause de réduction des traitements et salaires mensuels, bimensuels ou hebdomadaires. Les salariés rémunérés à l'heure, à la journée ou au rendement ont droit à une indemnité égale au salaire qu'ils ont perdu du fait de ce chômage ».

Régime applicable aux autres jours fériés

Un accord d'entreprise ou à défaut un accord de branche peut définir les jours fériés chômés (sauf le 1er mai). À défaut d'accord, l'employeur détermine cette liste.

La loi prévoit qu'ils ne sont obligatoirement chômés que pour les jeunes de moins de 18 ans employés dans des établissements autres que les établissements commerciaux et les bureaux des établissements industriels.

Les salariés mensualisés ne subissent pas de réduction de salaire.

Journée de solidarité

Une **journée de solidarité** est instituée pour assurer le financement des actions en faveur de l'autonomie des personnes âgées ou handicapées. Elle prend la forme d'une journée supplémentaire de travail non rémunéré.

La date de cette journée est négociée par accord d'entreprise ou de branche. À défaut d'accord, elle est fixée par l'employeur après consultation du comité social et économique.

L'employeur doit, en contrepartie, verser 0,3 % de la totalité des salaires.

B Les congés payés annuels

Le congé annuel (« les **congés payés** ») n'est pas le seul auquel les salariés peuvent prétendre. De nombreux autres congés correspondent à des situations particulières.

Ce concept, créé pour les salariés du secteur privé en 1936, a pour but la protection de la santé physique et mentale des salariés.

1 Les congés payés

Il s'agit d'une période de suspension du contrat avec **obligation** pour l'employeur de permettre au salarié de prendre ses congés et de le payer sous peine de sanctions pénales. Si les congés payés sont un **droit** pour le salarié, ils constituent également une **obligation au repos**. Le salarié ne peut pas travailler chez un autre employeur pendant ses congés payés. Il ne peut pas exiger de l'employeur une indemnité supplémentaire s'il travaille au service de l'employeur pendant ses congés payés.

a. La durée des congés payés

Nombre de jours de congé

Le salarié a droit à un congé de deux jours et demi ouvrables par mois de travail effectif chez le même employeur.

La durée totale du congé exigible ne peut excéder trente jours ouvrables.

Calcul des congés

Un accord d'entreprise ou d'établissement ou, à défaut, une convention un accord de branche peut fixer le début de la **période de référence** pour l'acquisition des congés et/ou majorer la durée du congé en raison de l'âge, de l'ancienneté ou du handicap.

À défaut d'accord, la période de référence d'acquisition des congés payés va du 1er juin de l'année N au 31 mai de l'année N + 1.

Un salarié qui a travaillé durant toute la période de référence bénéficie d'un congé maximal de 30 jours ouvrables :

2,5 jours ouvrables × 12 = 30 jours ouvrables.

Ces 30 jours ouvrables correspondent à 5 semaines.

Les **jours ouvrables** sont tous les jours de la semaine sauf le dimanche et les jours fériés. Ils se différencient des **jours ouvrés** qui sont les jours travaillés. Il faut 6 jours ouvrables de congé pour couvrir une semaine du lundi au samedi inclus.

> **Exemple :** Un salarié embauché le 2 janvier de la période de référence aura droit à un congé de 2,5 jours ouvrables × 5 soit 12,5 jours ouvrables arrondi à 13 jours ouvrables.

Les périodes équivalant à quatre semaines ou à 24 jours de travail (si 6 jours de travail par semaine) ou à 20 jours (si 5 jours de travail par semaine) sont assimilées à un mois de travail effectif. Les périodes d'absence ne sont pas des périodes de travail effectif sauf congés payés de l'année précédente, congé de maternité ou d'adoption, congé de formation, suspension du contrat de travail à la suite d'un accident de travail...

> **Exemple :** Un salarié est absent 7 semaines pendant la période de référence. On considère qu'il a effectué 11 mois de travail [52 semaines – 7 semaines = 45 semaines/4 (équivalence) = 11 mois]. Il aura droit à 11 mois × 2,5 jours ouvrables = 27,5 jours arrondis à 28 jours ouvrables.

Un jour férié chômé prolonge d'une journée les congés légaux ou conventionnels même s'il tombe un samedi ou un jour de la semaine non travaillé. En revanche, il n'y a pas de prolongation si le jour férié tombe un dimanche qui est le jour de repos hebdomadaire obligatoire en principe. Ainsi 5 jours ouvrables suffisent si la semaine comprend un jour férié : 14 Juillet, 15 Août...

> **Jurisprudence**
>
> *Cass. soc. 15 novembre 2000*
>
> *« Attendu que, lorsque le décompte des congés payés est effectué en jours ouvrables conformément à l'article L. 223-2 du Code du travail ou selon des modalités ne remettant pas en cause la notion de jour ouvrable, le congé doit être prolongé d'un jour quand un jour férié tombe un jour ouvrable, même s'il est chômé dans l'entreprise... »*

> **Jurisprudence**
>
> *Cass. soc. 15 mai 2014*
>
> *« Le principe selon lequel lorsque le nombre de jours ouvrables n'est pas un nombre entier, la durée des congés est portée au nombre entier immédiatement supérieur, s'applique sur l'ensemble des congés acquis sur l'année. »*

b. L'organisation des congés payés

Période des congés

Il s'agit de la période pendant laquelle le salarié peut prendre son **congé principal** (la 5e semaine ne peut pas être accolée au congé principal). Elle est fixée par accord d'entreprise ou à défaut par convention ou accord de branche. À défaut d'accord, l'employeur fixe la période après avis du comité social et économique. Elle comprend obligatoirement la période du 1er Mai au 31 octobre. C'est la période légale des congés payés.

Douze jours ouvrables de congé, au moins, doivent être obligatoirement accordés au salarié durant cette période. Le reste peut être accordé en une ou plusieurs fois en dehors de cette période. Les salariés sont informés deux mois au moins avant son ouverture soit au plus tard le 28 février.

Les congés peuvent être pris **dès l'embauche** et non plus dès l'ouverture des droits.

Période de congés

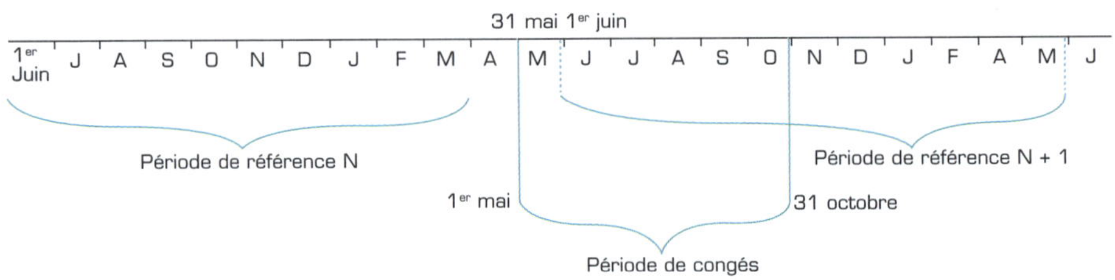

Congé par roulement

1. Principe

Un accord d'entreprise ou, à défaut, une convention ou un accord de branche fixe l'ordre des départs pendant la période de prise des congés et les délais que doit respecter l'employeur s'il entend modifier l'ordre et les dates de départs.

À défaut d'accord, l'employeur définit après avis du comité social et économique l'ordre des départs.

2. Critères légaux

L'employeur doit tenir compte, pour fixer l'ordre des départs, de :

- la situation de famille des bénéficiaires, notamment les possibilités de congé, dans le secteur privé ou la fonction publique, du conjoint ou du partenaire lié par un pacte civil de solidarité, ainsi que la présence au sein du foyer d'un enfant ou d'un adulte handicapé ou d'une personne âgée en perte d'autonomie ;
- la durée de leurs services chez l'employeur ;
- leur activité chez un ou plusieurs autres employeurs.

3. Modalités

Il doit informer les salariés au moins 1 mois avant la date de départ et doit procéder à l'affichage des dates. Il ne peut pas modifier les dates moins d'un mois avant le départ sauf circonstances exceptionnelles (mise en redressement judiciaire, commandes impérieuses...).

Le salarié doit respecter les dates de départ et de retour sous peine de commettre une faute voire une faute grave.

Exemple

La Cour de cassation (Cass. soc. 7 novembre 1995) a jugé que constituait une **cause réelle et sérieuse** de licenciement le départ anticipé d'une journée en congé malgré le refus de l'employeur. Constitue une ***faute grave*** la prise d'une semaine de congé pour préparer des examens malgré le refus de l'employeur (Cass. soc. 30 juin 1993).

Fermeture de l'entreprise

Sauf convention collective ou usage contraire, c'est l'employeur qui décide de la fermeture de l'entreprise après consultation préalable du comité social et économique.

La fermeture ne peut intervenir pour plus de 4 semaines, la 5e semaine ne pouvant être accolée aux autres. Tout le personnel prend son congé en même temps.

Les salariés qui auraient des droits à congé inférieurs à la durée de fermeture de l'entreprise peuvent demander à être indemnisés au titre du chômage partiel.

Incidence de la maladie sur les congés

- Si le salarié tombe malade avant la date de départ en congé, il peut reporter ce départ à la fin de son absence pour maladie.
- Si le salarié tombe malade pendant ses congés, il n'y a pas de report possible ni de prolongation. Il perçoit pendant le temps de maladie les indemnités journalières de Sécurité sociale (prestations en espèces) et l'indemnité de congés payés.

c. Fractionnement des congés payés

Conditions du fractionnement

La durée du congé pris en une seule fois ne peut excéder 24 jours ouvrables.

Le congé principal d'une durée supérieure à 12 jours ouvrables et au plus égale à 24 jours peut être fractionné par l'employeur avec accord du salarié.

La 5e semaine ne doit pas être accolée aux autres sauf exceptions et ne donne pas droit à congé de fractionnement.

Il faut que le salarié prenne au moins 12 jours ouvrables continus dans la période légale (du 1er Mai au 31 octobre) et le reste en dehors (sauf 5e semaine).

Nombre de jours supplémentaires pour fractionnement

Le fractionnement du congé donne droit à des jours supplémentaires :
- un jour supplémentaire pour 3 à 5 jours ouvrables pris en dehors de la période ;
- deux jours supplémentaires s'il prend au moins 6 jours.

Le salarié peut renoncer à l'application du régime du congé de fractionnement. Par ailleurs, il est possible de supprimer le fractionnement des congés payés par accord collectif d'entreprise ou d'établissement, ou à défaut, par accord de branche.

> **Exemple :**
> - Un salarié prend 12 jours ouvrables de congés au mois d'août, 6 jours ouvrables en décembre et 6 jours ouvrables en février. Il aura droit à 2 jours supplémentaires (6 jours de fractionnement).
> - Un salarié prend 19 jours en juin et 9 jours en décembre, il aura droit à un jour supplémentaire (3 jours de fractionnement).

d. La rémunération des congés payés

Le salarié perçoit une indemnité de congés payés calculée selon deux méthodes possibles. On retient la méthode de calcul la **plus favorable** au salarié.

- La **1re méthode est le maintien du salaire** : le salarié reçoit la rémunération qu'il aurait perçue s'il avait travaillé.
- La **2e méthode est la règle du 1/10** : il reçoit un dixième de la rémunération totale perçue durant la période de référence.

Exemple : Un salarié embauché le 1er décembre a un salaire mensuel brut de 1 295,82 €. Il a droit à 15 jours ouvrables de congé. Il percevra :
1 295,82 € × 6/10 = 777,49 €.

2 Les congés spéciaux

Les congés auxquels peut prétendre un salarié au cours de sa carrière professionnelle sont très nombreux. On ne peut présenter que les plus fréquents.

Type de congé	Ouverture des droits	Durée	Effet sur le contrat
Congé sabbatique	– 36 mois d'ancienneté dans l'entreprise et 6 ans d'activité professionnelle. – Demande à faire 3 mois à l'avance. – L'employeur peut différer de 9 mois le départ ou refuser s'il estime que le congé aura des conséquences préjudiciables à la bonne marche de l'entreprise si cette dernière emploie moins de 300 salariés. Pour les entreprises d'au moins 300 salariés, l'employeur peut différer la date de départ jusqu'à 6 mois. Pour toutes les entreprises, l'employeur peut différer le départ du salarié lorsque ce départ aurait pour effet de porter le nombre de salariés simultanément absents à un niveau excessif par rapport à l'effectif total et au nombre de jours travaillés dans l'entreprise.	6 à 11 mois	– Suspension du contrat sans maintien de salaire. – À l'issue du congé, le salarié retrouve son emploi ou un emploi similaire assorti d'une rémunération équivalente.
Congé pour création ou reprise d'entreprise	– 24 mois d'ancienneté dans l'entreprise (consécutifs ou non). – Demande 2 mois à l'avance. – Réponse dans un délai de 30 jours. – L'employeur peut différer de 9 mois le départ ou refuser s'il estime que le congé aura des conséquences préjudiciables à la bonne marche de l'entreprise si cette dernière emploie moins de 300 salariés. Pour les entreprises d'au moins 300 salariés, l'employeur peut différer la date de départ jusqu'à 6 mois. Pour toutes les entreprises, l'employeur peut différer le départ du salarié lorsque ce départ aurait pour effet de porter le nombre de salariés simultanément absents à un niveau excessif par rapport à l'effectif total et au nombre de jours travaillés dans l'entreprise.	1 an renouvelable une fois	Suspension du contrat sans maintien de la rémunération ou travail à temps partiel.

Congé pour événements familiaux	Mariage du salarié ou conclusion d'un PACS	4 jours	Maintien du salaire
	Maternité	16 semaines	Indemnités journalières
	Mariage d'un enfant	1 jour	Maintien du salaire
	Naissance ou adoption	3 jours	
	Décès du conjoint, concubin, Pacsé	3 jours	
	Décès d'un enfant	5 jours	
	Décès de père, mère, beau-père, belle-mère, frère ou sœur	3 jours	
	Annonce de la survenance d'un handicap d'un enfant.	2 jours	
Congé parental d'éducation	- Naissance ou adoption d'un enfant. - 1 an d'ancienneté. - Demande 1 mois avant la fin du congé maternité ou 2 mois avant le début du congé parental s'il ne suit pas le congé de maternité.	1 an Prolongation possible 2 fois (jusqu'au 3e anniversaire de l'enfant)	- Suspension du contrat sans maintien de salaire ou travail à temps partiel. - La durée du congé est prise en compte pour moitié pour le calcul de l'ancienneté. - À l'issue du congé, le salarié retrouve son emploi ou un emploi similaire assorti d'une rémunération équivalente.
Congé de présence parentale	Nécessité d'une présence soutenue ou de soins contraignants à un enfant malade ou souffrant d'un handicap ou victime d'un accident d'une particulière gravité.	310 jours ouvrés (soit 14 mois) dans une période dont la durée est fixée, pour un même enfant et par maladie, accident ou handicap, à 3 ans	- Suspension du contrat sans maintien de la rémunération. - La durée du congé est prise en compte pour moitié pour le calcul de l'ancienneté. - À l'issue du congé de présence parentale, le salarié retrouve son précédent emploi ou un emploi similaire assorti d'une rémunération au moins équivalente. - Allocation journalière de présence parentale pour chaque jour de congé.
Congé de paternité et d'accueil de l'enfant	- Naissance d'un enfant. - Demande un mois à l'avance. - Le congé doit être pris dans les 4 mois de la naissance de l'enfant.	25 jours calendaires	Maintien du salaire si convention collective sinon indemnités journalières (*idem* maternité).
Congé de proche aidant	- Pour s'occuper d'une personne de l'entourage familial (ou avec laquelle le salarié réside ou a des liens étroits) présentant un handicap ou une perte d'autonomie d'une particulière gravité. - 1 an d'ancienneté au moins.	3 mois renouvelable, maximum 1 an	Non rémunéré par l'employeur, non indemnisé par la sécurité sociale

- La loi encadre la durée du travail et fixe les interdictions permettant un temps de repos au salarié afin de protéger sa santé. Ce cadre peut être aménagé grâce au développement d'une politique conventionnelle.
- La loi fixe la durée hebdomadaire de travail ainsi que les durées maximales journalières et hebdomadaires. La durée légale de travail effectif est de 35 heures par semaine. La notion de travail effectif est définie par la loi. Au-delà de la durée légale du travail, les heures effectuées sont des heures supplémentaires soumises à un régime particulier.
- L'aménagement du temps de travail permet d'introduire dans l'entreprise des règles de flexibilité. Il peut s'agir de moduler le temps de travail en le répartissant sur l'année, de recourir au travail de nuit.
- Tout salarié a droit à un repos quotidien, à un repos hebdomadaire et à des congés payés annuels.

Applications

Préparez-vous à l'examen

EXO 06.01

L'entreprise Rovat occupe 75 salariés. M. Louis, salarié est rémunéré sur la base d'un salaire horaire de 10 €. Il a effectué pendant 6 semaines 38 heures hebdomadaires de travail, puis 42 heures pendant 4 semaines. Il s'étonne de ne percevoir, à ce titre, que 137,25 € d'heures supplémentaires.

→ Travail à faire

Il vous demande s'il peut présenter une réclamation à l'employeur.

EXO 06.02

L'entreprise Data compte 100 salariés. Entre le premier juin 2022 et le 31 mai 2023, M. Louis s'est absenté à différentes reprises. La durée des absences est exprimée en jours ouvrés.

En juin 2022, il a pris une semaine de congé sans solde. En août, il a pris 15 jours de congés payés et il a été absent 8 jours pour maladie. En novembre, il a participé à 2 jours de grève, en décembre, il a pris un congé de 2 jours pour marier son fils. En mars 2023, il a pris 10 jours de congés payés et en avril il a été absent 18 jours pour accident du travail.

→ Travail à faire

Calculez ses droits à congés payés pour l'année 2023.

Évaluer vos connaissances

QCM 06.03

1. **La fixation des horaires de travail relève du pouvoir de direction de l'employeur.**
   A. ☐ Vrai
   B. ☐ Faux
2. **Le changement d'horaires de travail contractualisés nécessite l'accord du salarié.**
   A. ☐ Vrai
   B. ☐ Faux
3. **L'employeur peut mettre en place unilatéralement un compte épargne temps (CET).**
   A. ☐ Vrai
   B. ☐ Faux

APPLICATIONS

Préparez-vous à l'examen

EXO 06.04

→ **Travail à faire**

Indiquez si, dans les cas suivants, le temps de travail est effectif ou non.

1. Un salarié travaille en cycle continu et ne peut pas s'éloigner de son poste de travail.
2. Un cuisinier est obligé de prendre ses repas sur place et ne dispose en raison de son emploi d'aucune liberté pendant ce temps.
3. Un éducateur d'un centre pour adultes handicapés est tenu de prendre ses repas sur place pour répondre aux sollicitations des pensionnaires.
4. Un veilleur de nuit d'une maison de retraite prend ses repas sur place mais n'est pas tenu de répondre aux sollicitations des pensionnaires.
5. Un salarié est présent dans l'entreprise 30 mn avant l'heure de début de travail afin de procéder au chargement d'outils et d'être ensuite transporté sur le lieu du chantier. Il est à la disposition de l'entreprise pendant ce temps.
6. Un salarié, pendant son temps de pause, est tenu d'effectuer une surveillance permanente du poste de travail.

EXO 06.05

→ **Travail à faire**

Un employeur a-t-il le droit de sanctionner un salarié qui ne respecte pas ses dates de congés ?

La rémunération du travail

Chapitre 7

COMPÉTENCES ATTENDUES

- Préciser les limites légales et conventionnelles encadrant la fixation de la rémunération.
- Analyser un bulletin de salaire au regard des règles de droit étudiées.

PLAN DU CHAPITRE

1 Fixation du salaire

A Composantes de la rémunération et nature juridique

B Liberté contractuelle et contraintes légales

2 Garanties de paiement du salaire

A Modalités de paiement

B Protection du salaire

3 Applications

SYNTHÈSE P. 183

APPLICATIONS P. 184

LES RÉFÉRENCES POUR COMPRENDRE LE CONTEXTE

D'un point de vue juridique, la rémunération est un élément essentiel du contrat de travail. Le salaire est la rémunération du salarié subordonné. C'est la contrepartie du travail. Sans rémunération, il ne peut pas y avoir de contrat de travail. Sa modification est une modification du contrat.

La valeur du salaire

Les Pieds sur terre, un podcast à écouter sur le site de France Culture

MOTS CLÉS

Rémunération du travail, salaire, gratification, avantages en nature, frais professionnels, intéressement, participation, SMIC, individualisation des salaires.

1 Fixation du salaire

A Composantes de la rémunération et nature juridique

1 Diversité du concept quant à sa définition

Il n'y a pas de définition unique mais des définitions selon le but recherché.

a. Définitions

Juridiquement (théorie civiliste du salaire), le salaire est la contrepartie du travail. Le contrat crée des obligations synallagmatiques pour les deux parties, le salarié fournit le travail, l'employeur rémunère ce travail. Si le travail n'est pas fourni, le salaire n'est pas versé.

- Le Code du travail en donne une définition plus large.

> **Selon l'article L. 3221-3**
> *« Par rémunération, il faut entendre le salaire ou traitement ordinaire de base ou minimum et tous les autres avantages et accessoires payés, directement ou indirectement, en espèces ou en nature, par l'employeur au travailleur en raison de l'emploi de ce dernier. »*

Si le travail n'est pas fourni, une rémunération peut cependant être versée : congés payés, jours fériés, complément patronal en cas de maladie...

- Le Code de la Sécurité sociale détermine les éléments de la rémunération pour le calcul des cotisations sociales. Cette notion est plus large que celle retenue en droit du travail. (Voir l'article L. 136-1-1 du Code de la sécurité sociale).

b. Intérêts de la qualification de salaire

Des règles s'appliquent aux seules rémunérations qui ont la nature juridique de salaire :

- sommes servant de calcul au Smic ;
- sommes assujetties aux cotisations sociales ;
- sommes soumises au principe « à travail égal, salaire égal », à l'absence de discrimination... ;
- calcul des indemnités de congés payés, de licenciement, de préavis... ;
- protection du salaire contre les créanciers de l'employeur (privilège des salaires) ou du salarié (insaisissabilité du salaire).

2 Diversité du concept quant à ses composantes

On distingue le salaire et ses accessoires.

a. Salaire proprement dit

Le **salaire** peut être fixe ou variable, payé en espèces ou en nature.

Il peut être horaire ou mensuel.

La **mensualisation** entraîne le calcul du salaire sur la base d'un forfait mensuel, indépendant du nombre de jours que compte le mois, et donc des heures réellement travaillées. Le salarié percevra la même rémunération pour 20 jours ouvrés en février ou pour 22 jours ouvrés en mars.

b. Accessoires

Ils sont variés et ont ou non la nature de salaire.

Les primes et gratifications

Les **primes** constituent un élément du salaire, et leur paiement est obligatoire lorsqu'elles sont prévues soit :

- **par la convention collective** : l'employeur doit respecter les termes de la convention ; la suppression d'une clause se fait par révision de la convention sous forme d'avenant ;
- **par le contrat de travail** : si l'employeur veut supprimer une prime, il devra respecter les règles de modification du contrat de travail et obtenir l'accord du salarié ;
- **par un usage d'entreprise** : l'employeur doit, sauf dénonciation de l'usage, verser la prime si elle présente le caractère de :
- généralité : elles sont versées à tout le personnel ou à une catégorie déterminée ;
- constance : leur paiement s'effectue suivant une périodicité régulière ;
- fixité : leur montant est établi selon des règles immuables et objectives.

Exemple : Prime d'ancienneté, prime d'assiduité, prime de vacances, de 13e mois...

Les primes ou **gratifications** qui présentent un caractère facultatif, bénévole et variable ne constituent pas un accessoire du salaire. L'employeur peut décider seul, de façon discrétionnaire, de leur versement et de leur montant et de leur suppression. Ce sont des libéralités.

Exemple : Gratification exceptionnelle à l'occasion de la naissance du 5e enfant d'un salarié...

Avantages en nature

Ils sont constitués par les prestations fournies gratuitement par l'employeur à certaines catégories de personnel : nourriture, logement, eau, électricité, voiture...

Ils sont prévus dans le contrat de travail, la convention ou accord collectif, ou par les usages.

Ils ont la nature d'un salaire. Tout **avantage en nature** est soumis à des cotisations en principe.

C'est un élément de la rémunération dont les modalités d'évaluation sont fixées par arrêté. En principe, l'évaluation se fait selon le coût réel de l'avantage en nature. Par exception, il existe des évaluations forfaitaires pour certains avantages (repas, logement...).

Pourboire

Le **pourboire** est une forme de rémunération pratiquée dans les professions où le salarié est en contact direct avec la clientèle : restauration, hôtellerie, spectacle... Il peut être remis directement au salarié par le client, ou centralisé et réparti par l'employeur.

Dans tous les établissements commerciaux où existe la pratique du pourboire, toutes les perceptions faites « pour le service » par tout employeur sous forme de pourcentage obligatoirement ajouté aux notes des clients ou autrement, ainsi que toutes sommes remises volontairement par les clients pour le service entre les mains de l'employeur, ou centralisées par lui, doivent être intégralement versées au personnel en contact avec la clientèle et à qui celle-ci avait coutume de les remettre directement.

Il a la nature d'un salaire.

Les frais professionnels

Les **frais professionnels** sont le remboursement des frais déboursés par le salarié au titre de l'accomplissement de ses missions ou bien des dépenses inhérentes à sa fonction ou à son emploi.

Les notes de frais n'ont pas la nature d'un salaire. Elles doivent être remboursées au salarié en principe.

> **Exemple :** Frais de déplacement, indemnité de repas versée les jours travaillés...

En revanche, si l'indemnité vise à couvrir une sujétion liée à l'emploi occupé, ou les inconvénients liés aux conditions de travail, elle a la nature de salaire.

> **Exemple :** Une indemnité de détachement à l'étranger, prime d'astreinte...

Intéressement et participation

L'**intéressement** et la **participation** ne sont pas considérés comme des éléments de salaire (*cf.* Chapitre 14).

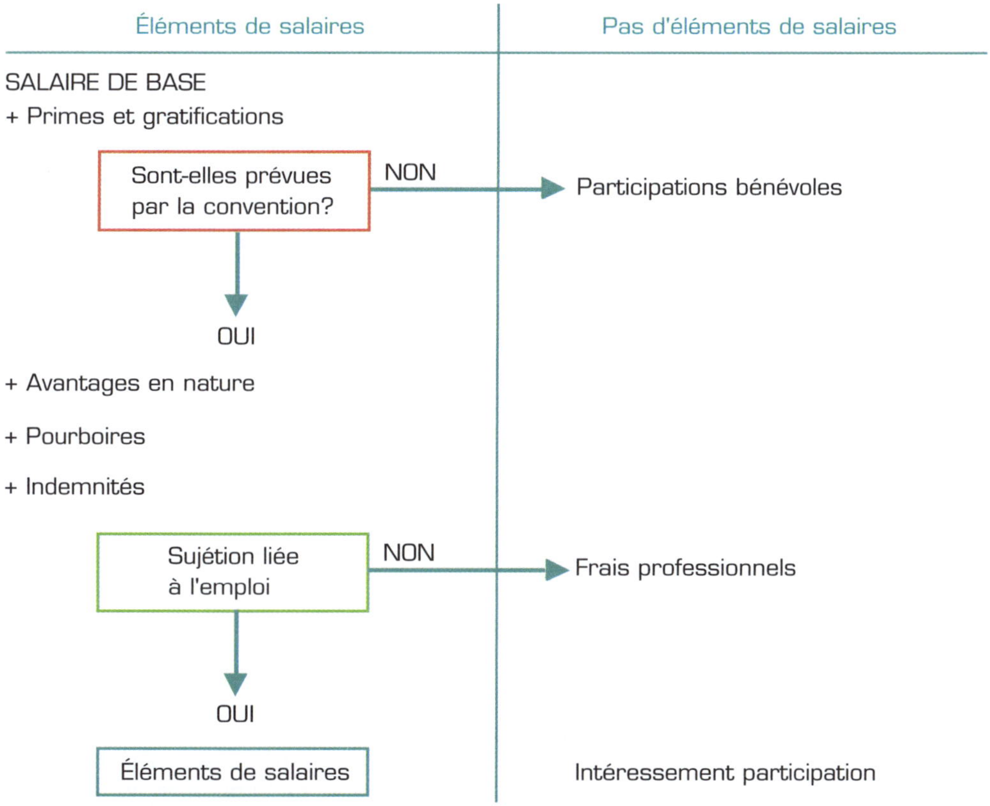

B Liberté contractuelle et contraintes légales

La principale contrainte légale est la fixation d'un salaire minimum afin d'assurer un niveau de vie décent. Au-delà, la liberté contractuelle retrouve toute sa force.

La fixation du salaire repose donc sur la liberté contractuelle sous réserve de respecter certains minima sociaux et règles d'ordre public.

1 Principe : le salaire est librement fixé

a. Fixation par le contrat

« *La fixation des rémunérations salariales et de leurs accessoires relève des contrats librement passés entre employeurs et salariés* » (Conseil constitutionnel 1963).

Le salaire est fixé lors de la conclusion du contrat.

La liberté s'exerce quant à la fixation du montant du salaire mais également quant au mode de rémunération. L'employeur peut à ce titre, dans le cadre d'une politique de rémunération globale, inclure des éléments variés permettant une **individualisation des salaires**. Il s'agit du salaire de performance décrit par G. Donnadieu[1]. En pratique, le salaire est fixé par l'employeur en raison de l'inégalité des parties évoquée au Chapitre 3.

En revanche, toute modification de la rémunération constitue une **modification du contrat** soumise à l'accord du salarié (*cf.* Chapitre 5). Il est important de différencier la partie contractualisée de la rémunération de l'autre, souvent fixée collectivement par les conventions, accords collectifs, usages.

La fixation d'une rémunération forfaitaire est possible pour les salariés cadres et non cadres grâce aux conventions de forfait (*cf.* Chapitre 6 et *Clause de rémunération fixe*, Chapitre 3).

b. Fixation par la négociation collective

Le montant du salaire est déterminé par la négociation annuelle obligatoire entre partenaires liés par une convention collective ou par un accord, de branche ou d'entreprise.

Au niveau de l'entreprise

Si l'entreprise a conclu un **accord de méthode** (*cf.* chapitre 13), la négociation doit être engagée dans les entreprises comprenant une ou plusieurs sections syndicales d'organisations représentatives, au moins une fois tous les 4 ans. Elle porte sur la rémunération, notamment les salaires effectifs.

En l'absence d'accord de méthode, la négociation est annuelle et porte notamment sur les **salaires effectifs** définis comme les salaires bruts par catégorie, y compris les primes et avantages en nature. Elle porte également, en matière d'égalité professionnelle, sur l'articulation entre la vie personnelle et la vie professionnelle, sur les objectifs et mesures permettant d'atteindre l'égalité professionnelle entre les femmes et les hommes...

L'obligation de négocier n'implique pas une obligation de résultat : à défaut d'accord, un procès-verbal est dressé, contenant les propositions respectives, et les mesures que l'employeur entend appliquer immédiatement.

L'accord d'entreprise ne peut pas déroger aux conventions de branche en matière de salaires minima et classification (*infra* Chapitre 13).

Au niveau de la branche ou de la profession

En l'absence d'accord de méthode (*cf.* Chapitre 13), la négociation doit porter tous les ans sur les salaires en prenant en compte l'objectif d'égalité professionnelle femmes/hommes ainsi que les mesures permettant de l'atteindre. Les mesures permettant de supprimer les écarts de rémunération entre les femmes et les hommes doivent être définies.

Elle doit porter également tous les cinq ans sur les classifications professionnelles.

2 Les limites à la libre fixation des salaires

L'employeur doit tenir compte de règles légales ou conventionnelles destinées à assurer un revenu minimum aux salariés.

---

1 « Du salaire à la rétribution » par G. Donnadieu : *La Pyramide des rémunérations*.

a. Interdiction de payer des salaires inférieurs au Smic

Si le Front populaire en 1936 a institué un salaire minimum par profession et par région à respecter dans les conventions collectives, il faut attendre 1950 pour que ce soit l'État qui fixe ce salaire minimum.

La loi du 11 février 1950 créé le, **salaire minimum interprofessionnel garanti (SMIG)**, indexé sur les prix.

Il a été remplacé en 1970 par le, **salaire minimum interprofessionnel de croissance (SMIC)** indexé à la fois sur les prix et sur les salaires.

Le Smic a un double but :

- assurer aux salariés le maintien d'un certain pouvoir d'achat puisqu'il évolue en fonction du coût de la vie ;
- permettre aux salariés de participer au développement de la nation. Il évolue alors en fonction de la croissance.

Principe

Le **Smic** est le salaire minimum légal au-dessous duquel il est interdit de payer un salarié : c'est une règle d'ordre public.

C'est un salaire horaire.

Aucun salaire ne peut être inférieur au Smic. Un salarié de l'un ou de l'autre sexe, âgé de 18 ans révolus dont le salaire contractuel est devenu inférieur au Smic, doit recevoir de son employeur un complément portant sa rémunération au niveau de ce salaire minimal.

Bénéficiaires

Il est applicable à tous les salariés âgés de 18 ans révolus, dans toutes les branches professionnelles.

Les travailleurs de moins de 18 ans qui n'ont pas encore 6 mois de pratique professionnelle sont rémunérés sur la base du Smic diminué de : 20 % avant 17 ans ; 10 % de 17 à 18 ans.

Fixation du SMIC

Il est fixé selon deux procédures.

- Pour tenir compte de l'évolution des prix : art. L. 3231-4 du Code du travail

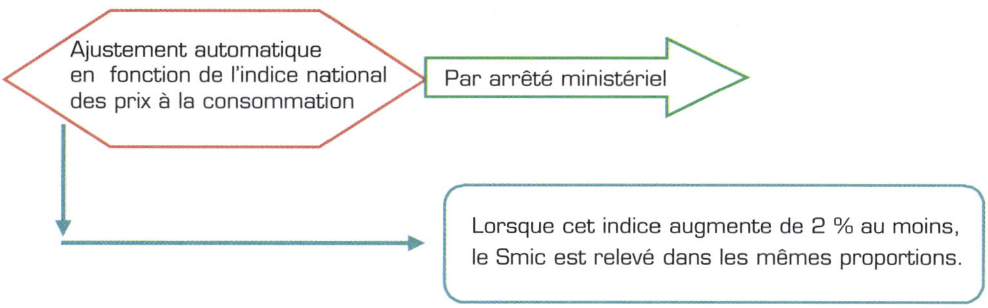

- Pour tenir compte de la croissance

Révision chaque année au 1er janvier pour assurer une participation à la croissance

Par décret en conseil des ministres

L'accroissement annuel du pouvoir d'achat du Smic ne peut être inférieur à la moitié de celui des salaires horaires moyens.

La loi du 3 décembre 2008 sur les revenus du travail prévoit la révision du SMIC chaque année au 1er janvier. Le montant du SMIC horaire brut depuis le 1er janvier 2024 est fixé à 11,65 euros brut.

Remarque. Ne pas confondre le Smic avec le minimum garanti[2] qui sert à vérifier si les salariés bénéficiant d'avantages en nature perçoivent bien le Smic, le montant des pénalités à la charge de l'employeur en cas de recrutement sans déclaration préalable d'embauche...

Éléments du salaire à prendre en compte pour savoir si le SMIC est atteint

Selon l'article D. 3231-6 du Code du travail

« Le salaire horaire à prendre en considération pour l'application de l'article D. 3231-5 est celui qui correspond à une heure de travail effectif compte tenu des avantages en nature et des majorations diverses ayant le caractère de fait d'un complément de salaire. Sont exclues les sommes versées à titre de remboursement de frais, les majorations pour heures supplémentaires prévues par la loi et la prime de transport. »

La question est d'importance car l'exclusion de certains éléments de la rémunération conduit en fait à une augmentation du Smic. Selon la jurisprudence, les éléments à prendre en compte sont ceux liés au travail.

Éléments du salaire pris en compte	Éléments du salaire qui ne sont pas pris en compte
- Salaire de base - Primes et gratifications qui rémunèrent directement le travail effectué : prime de rendement, de productivité... - Primes de fin d'année, de 13e mois, prime de vacances ne sont prises en compte que pour le mois où elles sont versées. - Avantages en nature - Commissions - Pourboires	- Remboursements de frais - Primes et gratifications versées exceptionnellement sans obligation contractuelle - Majorations pour heures supplémentaires - Primes qui ne rémunèrent pas directement le travail effectué : prime d'ancienneté, prime d'assiduité, prime de cherté de la vie... - Participation - Intéressement - Primes liées à des conditions particulières de travail (danger, froid...)

Sanctions

Le non respect du Smic par l'employeur est sanctionné pénalement par une amende[3].

2 Le **minimum garanti** est porté à 4,15 € au 1er janvier 2024.
3 1 500 € par infraction constatée (contravention de 5e classe).

b. Respect des minima conventionnels

Les conventions collectives de branche ou d'entreprise fixent des salaires minimums pour chaque emploi ou chaque catégorie d'emplois.

L'employeur doit respecter ces **minima conventionnels**.

Les employeurs font parfois des recommandations patronales, spécialement quand il y a désaccord lors de la négociation collective. Elles s'imposent à tous selon la jurisprudence de la Cour de cassation.

c. Prohibition de l'indexation des salaires

Il est interdit, par une clause du contrat de travail ou de la convention ou accord collectif, d'indexer les salaires sur le Smic ou sur un indice général des prix. En revanche, la clause prévoyant une indexation des salaires sur les prix des biens ou services ayant une relation directe avec l'objet de la convention ou l'activité de l'une des parties est licite.

Cette interdiction a un but économique, elle vise à limiter les risques inflationnistes des augmentations de salaires.

d. Interdiction des discriminations

En ce qui concerne l'**interdiction des discriminations**, plusieurs textes sont applicables.

1. Principe général de non discrimination

Selon l'article L. 1132-1 du Code du travail

Aucune personne ne peut être écartée d'une procédure de recrutement ou de nomination ou de l'accès à un stage ou à une période de formation en entreprise, aucun salarié ne peut être sanctionné, licencié ou faire l'objet d'une mesure discriminatoire, directe ou indirecte, telle que définie à l'article 1er de la loi n° 2008-496 du 27 mai 2008 portant diverses dispositions d'adaptation au droit communautaire dans le domaine de la lutte contre les discriminations, notamment en matière de rémunération, au sens de l'article L. 3221-3, de mesures d'intéressement ou de distribution d'actions, de formation, de reclassement, d'affectation, de qualification, de classification, de promotion professionnelle, d'horaires de travail, d'évaluation de la performance, de mutation ou de renouvellement de contrat en raison de son origine, de son sexe, de ses mœurs, de son orientation sexuelle, de son identité de genre, de son âge, de sa situation de famille ou de sa grossesse, de ses caractéristiques génétiques, de la particulière vulnérabilité résultant de sa situation économique, apparente ou connue de son auteur, de son appartenance ou de sa non-appartenance, vraie ou supposée, à une ethnie, une nation ou une prétendue race, de ses opinions politiques, de ses activités syndicales ou mutualistes, de son exercice d'un mandat électif, de ses convictions religieuses, de son apparence physique, de son nom de famille, de son lieu de résidence ou de sa domiciliation bancaire, ou en raison de son état de santé, de sa perte d'autonomie ou de son handicap, de sa capacité à s'exprimer dans une langue autre que le français, de sa qualité de lanceur d'alerte, de facilitateur ou de personne en lien avec un lanceur d'alerte, au sens, respectivement, du I de l'article 6 et des 1° et 2° de l'article 6-1 de la loi n° 2016-1691 du 9 décembre 2016 relative à la transparence, à la lutte contre la corruption et à la modernisation de la vie économique.

2. Charge de la preuve

En cas de discrimination, le salarié victime présente seulement les éléments laissant supposer l'existence de la discrimination. L'employeur doit prouver que sa décision est justifiée par des éléments objectifs étrangers à toute discrimination. Le juge forme sa conviction au vu de ces éléments.

3. Sanctions

Article L. 1132-1 du Code du travail

« Toute disposition ou tout acte contraire à l'égard du salarié est nul de plein droit. »

De plus, l'employeur encourt des sanctions pénales [4].

La prescription est de 5 ans.

e. Respect du principe d'égalité de traitement

1. Égalité de rémunération entre les hommes et les femmes

Selon l'article L. 3221-2 et 4 du Code du travail

« Tout employeur est tenu d'assurer, pour un même travail ou pour un travail de valeur égale, l'égalité de rémunération entre les hommes et les femmes.

Sont considérés comme ayant une valeur égale les travaux qui exigent des salariés un ensemble comparable de :

- ***connaissances professionnelles** consacrées par un titre, un diplôme ou une pratique professionnelle ;*
- ***capacités** découlant de l'expérience acquise ;*
- ***responsabilités** et*
- ***charges physique ou nerveuse**. »*

De plus, la loi relative à l'égalité de rémunération entre les hommes et les femmes du 23 mars 2006 oblige l'employeur à majorer la rémunération des salariées qui ont pris un congé de maternité ou d'adoption pour leur garantir les mêmes augmentations que celles accordées à leurs collègues pendant leur absence.

L'augmentation doit avoir lieu à la suite du congé de maternité.

2. À travail égal, salaire égal

La Cour de cassation a rappelé, dans un arrêt du 29 octobre 1996, dit arrêt Ponsolle, que la règle de l'égalité de traitement entre les hommes et les femmes est une application du principe général « *à travail égal, salaire égal* » lequel s'applique à tous les salariés, de même sexe ou de sexe différent, **placés dans une situation identique**.

L'inégalité de rémunération peut être justifiée par des **raisons objectives et pertinentes**. Elle n'est pas en soi une discrimination illicite.

Dans les entreprises d'au moins 50 salariés, l'employeur devra établir un plan d'action destiné à assurer l'égalité professionnelle entre les hommes et les femmes sous peine de pénalité financière (loi du 9 novembre 2010).

Jurisprudence

Cass. soc. 29 octobre 1996

Mais attendu que le conseil de prud'hommes a exactement rappelé que la règle de l'égalité de rémunération entre les hommes et les femmes était une application de la règle plus générale « à travail égal, salaire égal » énoncée par les articles L. 133-5, 4 et L. 136-2, 8 du Code du travail ; qu'il s'en déduit que l'employeur est tenu d'assurer l'égalité de rémunération entre tous les salariés de l'un ou l'autre sexe, pour autant que les salariés en cause sont placés dans une situation identique.

4 Amende de 1 500 € par salarié (contravention de 5e classe).

Ainsi, si deux salariés sont dans une situation identique, objectivement prouvée, ils doivent percevoir la même rémunération. La Cour de cassation donne son appréciation des éléments objectifs et pertinents permettant de justifier une différence de rémunération.

Exemple : Il n'y a pas de rupture du principe « à travail égal, salaire égal » quand les salariés concernés ont eu des parcours professionnels différents.

Jurisprudence

Cass. soc. 23 octobre 2013

Dans le cadre de la même procédure de licenciement économique collectif, le plan de sauvegarde de l'emploi réservait une indemnité spécifique de 10 000 € aux seuls salariés licenciés à la suite de la fermeture de leur site.

À tort, selon les magistrats qui ont estimé que le salarié dont le poste avait été supprimé mais qui n'était pas concerné par la fermeture d'un site, avait droit à cette prime car il avait été exposé au même titre que les salariés dont le site avait été fermé, à un licenciement économique. L'employeur n'avançait aucune explication objective et pertinente propre à justifier l'attribution de la prime aux seuls salariés concernés par la fermeture d'un site.

Cass. soc. 3 mai 2006

Une convention collective prévoit, à juste titre selon la Cour de cassation, que des salariés ayant eu des parcours professionnels différents et ne se trouvant pas dans des situations identiques, puissent percevoir des rémunérations différentes en cas de promotion.

En revanche, la différence de statuts juridiques n'est pas en soi une raison objective de différenciation de traitement.

Jurisprudence

Cass. soc. 28 avril 2006

Une salariée intermittente du spectacle percevait une rémunération plus élevée qu'une salariée en CDI pour un travail comparable. Différence justifiée car le statut de l'intermittent du spectacle est précaire et ne donne pas accès à tous les avantages que procure le statut du salarié sous CDI (plan épargne entreprise, mutuelle...).

Cass. soc. 27 février 2009

Un agent contractuel de la poste percevait une prime dite « complément poste » inférieure à celle que percevaient les salariés agents fonctionnaires alors qu'il effectuait le même travail qu'un fonctionnaire de même niveau exerçant les mêmes fonctions. Différence non justifiée, la différence de statut juridique n'étant pas une raison objective d'inégalité de traitement.

Un recrutement en raison de l'urgence permet d'accorder une rémunération plus élevée au nouveau salarié.

Jurisprudence

Cass. soc. 21 juin 2005

La directrice d'une crèche en congé de maladie est remplacée par une directrice qualifiée par un contrat à durée déterminée et avec un salaire supérieur. L'employeur justifie la différence de rémunération par la nécessité de recruter de toute urgence une directrice ou de fermer la crèche. Les juges acceptent cette justification.

La différence de diplôme n'est pas une raison objective d'inégalité de traitement.

Jurisprudence

Cass. soc. 16 décembre 2008
Deux salariées de niveau équivalent, qui exercent les mêmes fonctions, qui possèdent des diplômes différents mais de niveaux équivalents doivent percevoir des rémunérations identiques sauf à prouver que le diplôme obtenu atteste de connaissances particulières utiles à l'exercice des fonctions.
Cass. soc. 17 mars 2010
Différence de traitement justifiée entre deux salariés effectuant un travail identique avec une même qualification professionnelle mais possédant des diplômes différents (BTS avec 2 ans d'études, DESS avec 5 ans d'études). La durée des études nécessaires à l'obtention d'un diplôme est une raison objective et pertinente.

Les différences de traitement établies par voie d'accord collectif (*ex.* : de branche) sont présumées justifiées.

Jurisprudence

Cass. soc. 8 juin 2016
La différence de traitement est justifiée par l'octroi d'un avantage logement et d'une indemnité de résidence aux seuls chefs d'agence et cadres de direction.
Cass. Soc. 26 avril 2017
La différence de traitement est justifiée par l'octroi d'une indemnité de repas plus élevée pour les cadres de direction que pour les autres cadres.

3. Preuve

Les règles de preuve sont identiques à celles relatives à la discrimination.

4. Sanctions

Le salarié peut obtenir des dommages et intérêts et un rattrapage de salaire. Il n'y a pas de sanctions pénales.

La prescription est de 5 ans.

f. Individualisation des salaires

Le principe d'égalité des rémunérations ne fait pas obstacle à l'**individualisation des salaires** si l'employeur fixe des critères objectifs et vérifiables (ancienneté, qualification, performance rémunérée par des primes, qualité du travail fourni, expérience acquise dans l'entreprise...).

Jurisprudence

Cass. soc. 2 octobre 2001
« (...) il est exact que les augmentations individuelles ne peuvent être accordées de manière purement discrétionnaire et doivent correspondre à des critères objectifs et vérifiables. »
Cass. soc. 24 février 2004
« Si la discrimination a eu pour effet un ralentissement de carrière, le salarié peut obtenir une reconstitution de celle-ci avec obligation d'attribuer une rémunération correspondant à la classification résultant du reclassement du salarié. »

Principes et limites de fixation du salaire

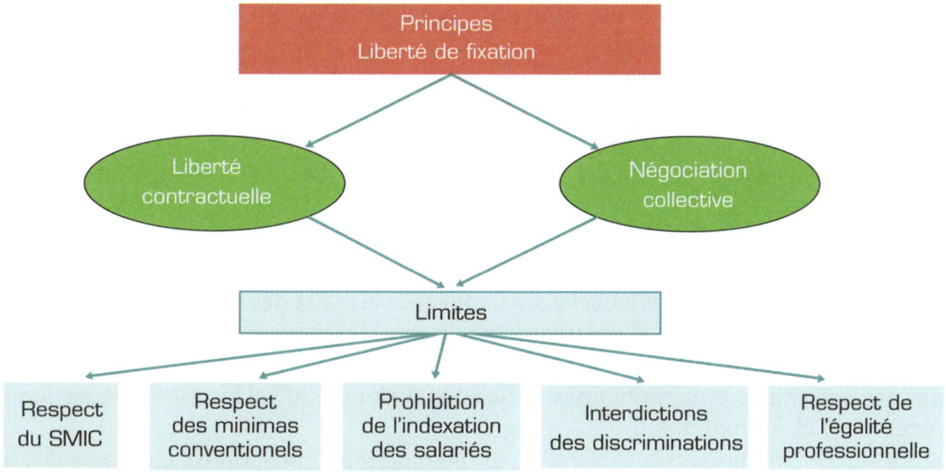

2 Garanties de paiement du salaire

A Modalités de paiement

1 Mode de paiement

La loi permet à l'employeur de choisir le mode de paiement jusqu'à un certain montant qui est actuellement de 1 500 € mais le salarié peut exiger un paiement en espèces.

Au-delà de cette somme, le salaire est payé par chèque barré ou par virement à un compte bancaire ou postal.

Le paiement par compensation n'est en principe pas admis (voir *Protection du salaire*).

2 Périodicité

Les salariés ouvriers ou employés mensualisés sont payés au moins une fois par mois.

Les ouvriers non mensualisés sont payés au moins deux fois par mois.

L'employeur doit payer le salaire échu dans les délais fixés. Le retard de paiement du salaire entraîne la responsabilité civile et pénale de l'employeur.

3 Bulletin de salaire

Lors du paiement, l'employeur doit remettre au salarié une pièce justificative, le bulletin de paie. L'employeur peut remettre au salarié un bulletin électronique, sauf opposition de sa part.

a. Mentions obligatoires

La fiche doit mentionner les éléments qui suivent.

Zone 1 : identification de l'employeur et du salarié

- Nom et adresse de l'employeur (éventuellement la désignation de l'établissement dont dépend le salarié) Numéro de la nomenclature d'activité de l'établissement d'emploi (code APE ou code NAF) et numéro d'inscription de l'employeur au répertoire national des entreprises et des établissements (numéro Siret)
- Convention collective de branche applicable au salarié ou référence au code du travail concernant la durée des congés payés et des délais de préavis en cas de cessation de la relation de travail

- Nom et emploi du salarié, sa position dans la classification conventionnelle (niveau ou coefficient hiérarchique)
- Période et nombre d'heures de travail en distinguant les heures au taux normal et les heures supplémentaires (en mentionnant les taux appliqués aux heures correspondantes)
- Nature et volume du forfait auquel se rapporte le salaire des salariés au forfait (forfait hebdomadaire ou mensuel en heures, ou forfait annuel en heures ou en jours)
- Nature de la base de calcul du salaire lorsque, par exception, cette base de calcul n'est pas la durée du travail Nature et montant des accessoires de salaire soumis aux cotisations salariales et patronales

Zone 2 : salaire

- Rémunération brute du salarié
- Montant et assiette : base sur laquelle sont appliqués les taux des différentes cotisations et contributions des cotisations et contributions sociales à la charge de l'employeur et du salarié avant déduction des exonérations et exemptions
- Taux des cotisations et contributions sociales à la charge du salarié avant déduction des exonérations et exemptions
- Nature et montant des autres versements et retenues (notamment prise en charge des frais de transport domicile-travail)
- Montant effectivement reçu par le salarié
- Date de paiement
- Dates de congé et montant de l'indemnité de congés payés, lorsqu'une période de congé annuel est comprise dans la période de paie considérée

Zone 3 : cotisations et contributions sociales

- Montant des cotisations de protection sociale réunies au sein de 5 rubriques (santé, accidents du travail et maladies professionnelles, retraite, famille et chômage)
- Montant total des exonérations et exemptions de cotisations et contributions sociales
- Montant total versé par l'employeur (rémunération brute versée au salarié, cotisations et contributions à la charge de l'employeur, déduction faite des exonérations et allégements de charges sociales)
- Montant correspondant à l'évolution de la rémunération liée à la suppression des cotisations chômages et maladie

Zone 4 : net à payer et net imposable

- Montant net à payer avant impôt sur le revenu et montant de l'impôt sur le revenu prélevé à la source

Zone 5 : impôt sur le revenu

- Montant net imposable servant de base au calcul du prélèvement à la source
- Cumul annuel des montants nets imposables servant de base au calcul du prélèvement à la source
- Montant de l'impôt sur le revenu prélevé à la source
- Cumul annuel des montants de l'impôt sur le revenu prélevé à la source
- Montant net des heures complémentaires et/ou supplémentaires exonérées
- Cumul annuel des montants d'heures complémentaires et/ou supplémentaires exonérées

Zone 6 : mentions finales

- Mention de la rubrique dédiée au bulletin de paie sur le portail www.service-public.fr, rubrique cotisations salariales
- Mention incitant le salarié à conserver le bulletin de paie sans limitation de durée
- En cas d'activité partielle, nombre d'heures indemnisées

Jurisprudence

Cass. soc. 15 novembre 2007

« Le salarié peut demander l'application de la convention collective mentionnée sur le bulletin de paie ; cette mention vaut présomption de l'applicabilité de la convention collective à son égard, l'employeur étant admis à apporter la preuve contraire. »

Sont, en revanche, interdites les mentions relatives à l'exercice du droit de grève et l'activité de représentation des salariés (membre du CSE...).

Ce bulletin doit être conservé pendant 5 ans.

b. La valeur probante du bulletin de paie

Il revient à l'employeur de prouver qu'il a exécuté son obligation de payer le salarié.

L'acceptation du bulletin de salaire sans protestation ni réserve ne fait pas obstacle à ce que le salarié formule une réclamation ou intente une action en paiement de sommes ne figurant pas sur le bulletin de paie et qu'il estimerait lui être dues.

Jurisprudence

Cass. soc. 6 avril 1999

L'employeur doit prouver le paiement du salaire malgré la délivrance du bulletin de paie.

Cass. soc. 24 mars 2004

L'article L. 324-10 du Code du travail dispose que la mention sur le bulletin de paie d'un nombre d'heures de travail inférieur à celui réellement effectué constitue une dissimulation d'emploi salarié qui n'est caractérisée que si l'employeur a, de manière intentionnelle, mentionné sur le bulletin de paie un nombre d'heures de travail inférieur à celui réellement effectué.

c. Conservation

Les employeurs doivent conserver un double des bulletins de paie de leurs salariés pendant 5 ans. Pour les bulletins de paie dématérialisés, l'employeur doit les rendre disponibles pour ses salariés, soit pendant une durée de 50 ans, soit jusqu'à ce que le salarié atteigne l'âge de 75 ans. En cas de contrôle, les inspecteurs du travail peuvent en exiger la communication.

4 Prescription

L'action en paiement du salaire se prescrit sur 3 ans. Cette prescription s'applique aux salaires et compléments de salaire et court du jour où le salaire est devenu exigible.

B Protection du salaire

La loi protège le salaire contre différentes personnes. Le salarié n'est pas un créancier ordinaire. Il est un créancier alimentaire. Le salaire assure à sa famille et à lui-même la satisfaction des besoins primaires, se loger, se nourrir, se vêtir, éduquer...

Des règles sont édictées pour protéger le salaire contre les créanciers de l'employeur.

Les salariés bénéficient, pour assurer le recouvrement de leurs créances de salaire, d'un privilège général sur les biens meubles et immeubles de l'employeur défaillant, et, en cas d'ouverture d'une procédure de sauvegarde, de redressement ou de liquidation judiciaire, d'un super privilège.

De plus, le salaire est protégé contre les créanciers du salarié. Les rémunérations perçues par les salariés ne sont saisissables ou cessibles que pour une fraction de leur montant.

Enfin, il est protégé contre l'employeur lui-même qui ne peut opérer de retenues ou compensations sur salaire librement.

1 Protection contre l'employeur

a. Prescription

Si l'employeur a des dettes envers le salarié, ce dernier bénéfice de la durée de la prescription de 3 ans pour obtenir le remboursement.

b. Paiement du salaire par compensation

Si le salarié a des dettes envers l'employeur, ce dernier pourrait être tenté d'opérer une compensation entre le salaire et les sommes dues par le salarié. L'existence du lien de subordination limite les possibilités de défense du salarié.

Principe : interdiction des retenues ou compensations sur salaire

L'employeur ne peut pas faire de retenue sur salaire ou opérer une compensation pour les créances réciproques entre lui-même et le salarié même si elles sont certaines, liquides et exigibles.

Exceptions : les compensations prévues par le Code du travail

1. Compensations pour les fournitures

- outils, instruments nécessaires au travail ;
- matières ou matériaux dont le salarié a la charge et l'usage ;
- sommes avancées pour l'achat de ces objets.

Exemple

- Un pied à coulisse est un instrument nécessaire au travail pour un ajusteur.
- La compensation peut s'opérer entre la valeur d'un groupe électrogène perdu par le salarié qui en avait la charge et l'usage, et son salaire.
- La compensation ne peut pas être effectuée entre la valeur du chargement d'un camion que le livreur a perdu et son salaire car il en avait la charge mais pas l'usage.
- Il est interdit à l'employeur de compenser le coût des communications téléphoniques personnelles excédant le forfait d'un téléphone portable prévu par la charte d'utilisation signée par le salarié.
- Il est interdit à l'employeur de compenser le coût de remplacement d'un badge détérioré par le salarié sauf faute lourde (Cass. soc. 20 avril 2005). La cour rappelle que la responsabilité du salarié ne peut être engagée que pour faute lourde.

La compensation pour les cas cités est limitée à la fraction saisissable du salaire.

2. Compensation pour les avances en espèces

L'avance sur salaire est assimilée à un prêt accordé par l'employeur. Elle correspond au paiement anticipé d'un travail non encore exécuté.

Le remboursement par l'employeur ne peut être effectué que par retenues successives ne dépassant pas le dixième du montant du salaire net exigible.

Cette retenue peut se cumuler avec celle correspondant à la partie saisissable du salaire. Elle doit être distinguée de l'acompte qui peut être compensé en totalité. Il correspond à un paiement anticipé du salaire pour un travail déjà exécuté.

3. Compensation pour autres créances

Elle ne peut s'opérer, si elle est ordonnée par le juge, que dans la limite de la fraction saisissable du salaire.

Exemple

Il ne peut y avoir compensation entre le salaire et l'indemnité pour préavis non effectué due par le salarié.
Est interdite la compensation, par l'employeur, de l'indemnité compensatrice de congés payés avec l'indemnité de préavis due par le salarié
En revanche, la compensation peut s'opérer entre les sommes dues au titre des salaires et celles dues au titre des cotisations sociales.

2 Protection contre les créanciers de l'employeur

En cas d'insolvabilité de l'employeur et spécifiquement quand une procédure de sauvegarde ou de redressement judiciaire a été ouverte, le salarié impayé n'est pas un créancier chirographaire, c'est-à-dire, qui n'a pas de garanties particulières. La loi le considère comme un créancier privilégié.

Ses créances salariales seront payées en priorité par rapport aux autres créanciers. Il bénéficiera d'une procédure de vérification des créances particulières. En cas d'insolvabilité de l'employeur, les créances salariales seront payées par l'Association pour la gestion du régime d'assurance des créances des salariés (AGS).

a. Priorité de paiement des créances salariales

Le salarié impayé bénéficie d'un privilège général et d'un super privilège.

Le privilège général

Selon l'article L. 3253-1 du Code du travail, la créance de salaires des salariés et apprentis est privilégiée sur les meubles et immeubles du débiteur dans les conditions prévues aux articles 2331 et 2375 du Code civil.

Il porte sur les biens meubles et, à défaut, sur les biens immeubles de l'employeur. Il est en général d'un intérêt bien faible compte tenu de la situation de l'entreprise.

Créances garanties	Le privilège couvre, pour les six derniers mois de travail, les salaires, les indemnités de congés payés, de préavis et de licenciement, les dommages-intérêts pour licenciement irrégulier ou sans cause réelle et sérieuse.
Rang	- Au quatrième rang sur les meubles, après les frais de justice, les frais funéraires et les frais de dernière maladie ; - Au deuxième sur les immeubles, après les frais de justice.

Super privilège

Selon l'article L. 3253-2 du Code du travail, les rémunérations des soixante derniers jours de travail ou d'apprentissage avant le jugement d'ouverture doivent être payées à concurrence d'un plafond mensuel (égal à deux fois celui de la Sécurité sociale).

Ces sommes sont garanties par le super privilège des salaires qui porte sur les meubles et les immeubles de l'employeur.

Il prime tous les autres et garantit aux salariés, en cas d'ouverture d'une procédure de redressement ou de liquidation judiciaire le paiement :

- des salaires des 60 derniers jours de travail (90 jours pour des VRP) ;
- des indemnités accessoires de ces salaires : indemnité de préavis et de congés payés, indemnité de fin de contrat (CDD), de fin de mission (Travail temporaire).

Toutefois il ne couvre pas l'indemnité de licenciement ni les dommages intérêts pour licenciement irrégulier ou sans cause réelle et sérieuse.

Les créances super privilégiées doivent être payées dans les 10 jours du jugement d'ouverture de la procédure sur les fonds disponibles. C'est grâce à ce super privilège que les salariés peuvent espérer recevoir une partie du montant des salaires impayés.

b. Assurance des créances des salariés (AGS)

Selon l'article L. 3253-6 du Code du travail : tout employeur ayant la qualité de commerçant, d'artisan, d'agriculteur, ou exerçant une profession indépendante, et toute personne morale de droit privé employant un ou plusieurs salariés, est tenu d'assurer ses salariés en vue de garantir le paiement de leurs créances, en cas de sauvegarde ou redressement ou de liquidation judiciaire de l'entreprise. Il verse une cotisation patronale (la cotisation AGS de 0,15 %).

Cette assurance est gérée par la Délégation Unedic AGS et mise en œuvre par l'AGS, association pour la gestion du régime d'assurance des créances des salariés.

Sont garanties les sommes :

- dues en exécution des contrats de travail, à la date du jugement d'ouverture de la procédure de redressement ou de liquidation judiciaire ;
- résultant de la rupture des contrats de travail pendant la période d'observation, sauf celles qui ne trouvent pas leur fondement dans la loi ou la convention collective ; ne sont donc visées que les indemnités ou primes inhérentes au licenciement ;
- dues au cours de la période d'observation, lorsque le tribunal prononce la liquidation judiciaire.

L'AGS devra payer ces sommes, en l'absence de fonds disponibles de l'entreprise, sur présentation du relevé de créances et dans des délais impartis.

3 Protection contre les créanciers du salarié

Les rémunérations perçues par le salarié ne sont saisissables ou cessibles que pour une fraction de leur montant.

Des règles particulières s'appliquent en matière de pension alimentaire.

a. Saisie et cession du salaire

Quand un salarié a des dettes envers un créancier, celui-ci peut se faire payer directement par l'employeur sur une partie de la rémunération du salarié.

- La **saisie sur salaire** se réalise sans le consentement du salarié.
- La **cession du salaire** suppose le consentement du salarié. Les deux parties concluent un accord mais doivent respecter les limites des quotités saisissables ou cessibles.

Afin de protéger le caractère alimentaire du salaire, la loi a fixé deux limites au créancier, le respect d'une procédure et la possibilité de ne saisir que la quotité saisissable ou cessible.

Procédure de saisie du salaire

Le créancier doit être muni d'un titre exécutoire (titre revêtu de la formule exécutoire permettant de recourir à l'exécution forcée) constatant une créance certaine, liquide et exigible.

Le juge compétent est le juge d'instance.

La procédure débute par une tentative de conciliation des deux parties.

Si elle échoue, le juge d'instance ordonne la saisie. Les sommes saisies sont versées par l'employeur, chaque mois, au greffe du tribunal judiciaire qui les transmet au créancier.

Limites de la quotité saisissable ou cessible

Les proportions dans lesquelles les rémunérations annuelles sont saisissables ou cessibles sont fixées par décret et se calculent par tranches.

Il doit toujours être laissé au salarié une somme correspondant au montant du Revenu de solidarité active (RSA).

b. Paiement d'une pension alimentaire

Le créancier peut demander à un huissier de saisir directement sur le salaire le montant de la pension alimentaire même sur la partie insaisissable. Il doit cependant rester au salarié le montant du RSA.

La notion de rémunération globale dépasse largement le concept de salaire et permet d'utiliser des modes de rémunération plus variés.

- Le salaire est la rémunération que l'employeur doit verser au salarié en contrepartie du travail fourni. Il a un caractère alimentaire. Il est protégé par la loi.
- Il est important de savoir quels sont les éléments de rémunération qui ont le caractère de salaire et les autres. Des règles spécifiques s'appliquent aux sommes qui ont le caractère de salaire (assujettissement à la Sécurité sociale, prescription...).
- Le salaire est librement fixé par les parties ou résulte des termes d'une convention collective. L'employeur doit respecter certaines limites : interdiction de payer des salaires inférieurs au SMIC, interdiction des discriminations, respect du principe d'égalité de rémunération.
- Le salaire est payé tous les mois et donne lieu à un bulletin de salaire.
- Il est protégé contre l'insolvabilité de l'employeur (super privilège, notamment) et contre les créanciers du salarié. Les rémunérations perçues ne sont saisissables ou cessibles que pour une fraction de leur montant.

Applications

Préparez-vous à l'examen

EXO 07.01

M. Louis, salarié de l'entreprise Castor Informatique, est embauché en qualité d'ingénieur commercial. Il est convenu dans son contrat de travail que sa rémunération comprend un salaire fixe et une commission de 5 % sur les ventes de matériel informatique et sur la totalité des prestations de services facturés aux clients. L'employeur lui propose une modification du taux de la commission qui varierait selon les clients, 15 % pour les clients nouveaux et 8 % pour les anciens, applicable aux ventes de matériel informatique et à la moitié des prestations de services facturés. M. Louis refuse. L'employeur le considère comme démissionnaire.

→ Travail à faire

Indiquez quels arguments M. Louis peut produire pour sa défense.

EXO 07.02

L'entreprise Castor Informatique connaît de sérieuses difficultés économiques. L'employeur envisage de supprimer une prime de résultat qui était versée depuis déjà 10 ans.

→ Travail à faire

A-t-il le droit de le faire ?

EXO 07.03

→ Travail à faire

Quelles sont les différences entre un acompte sur salaire et une avance sur salaire ?

EXO 07.04

M. Eric décide de quitter sur le champ l'entreprise qui l'emploie depuis dix ans car l'employeur ne lui verse jamais son salaire dans les délais légaux. Le mois dernier, M. Eric n'a pas perçu de salaire.

→ Travail à faire

Comment qualifiez-vous cette rupture du contrat de travail ?

EXO 07.05

Le DRH de l'entreprise Maston se pose des questions relativement au principe d'égalité de traitement entre les salariés.

→ Travail à faire

1. **Indiquez-lui ce que signifie ce principe.**
2. **Indiquez-lui si, dans les cas suivants, ce principe est respecté :**
   a. Un analyste programmeur, est promu chef de projet avec un salaire inférieur à celui que Mme W percevait, lorsqu'elle occupait les mêmes fonctions. Il a un niveau de formation inférieur à Mme W.
   b. M. X... qui possède un diplôme d'expression plastique conteste son niveau de qualification professionnelle et sa rémunération au motif que Mme Z, titulaire d'un diplôme d'architecte, effectuant les mêmes fonctions a une qualification professionnelle et une rémunération supérieures. Mme Z a également une ancienneté plus importante.

EXO 07.06

Arrêt chambre sociale Cour de cassation du 14 septembre 2016

Sur le moyen unique :

Attendu, selon l'arrêt attaqué (Douai, 30 septembre 2014), que la société Renault applique dans ses établissements situés en Île-de-France des barèmes de rémunération supérieurs à ceux qu'elle applique au sein de son établissement de Douai ; que dénonçant l'atteinte portée au principe de l'égalité de traitement, le syndicat Sud Renault a saisi un tribunal de grande instance ;

Attendu que le syndicat fait grief à l'arrêt de le débouter de ses demandes, alors, selon le moyen, qu'il ne peut y avoir de différence de traitement entre salariés d'établissements différents d'une même entreprise exerçant un travail égal ou d'égale valeur que si elles reposent sur des raisons objectives dont le juge doit contrôler concrètement la réalité et la pertinence ; qu'en l'absence d'élément objectif tenant à l'activité ou aux conditions de travail présenté par l'employeur propre à justifier les différences de traitement observées entre les établissements d'une entreprise, ce dernier ne peut valablement justifier lesdites différences par la différence de niveaux de vie existant entre les bassins d'emploi dans lesquels sont situés ces établissements ; qu'en l'espèce, pour considérer que l'existence de barèmes de rémunération différents entre les établissements de région parisienne de la société Renault et celui de Douai était justifiée, la cour d'appel a retenu que la différence de coût de la vie entre l'environnement proche de l'usine de Douai et celui des usines franciliennes était parfaitement établie ; qu'en statuant par ce motif inopérant, la cour d'appel a violé le principe « À travail égal, salaire égal » ;

Mais attendu qu'une différence de traitement établie par engagement unilatéral ne peut être pratiquée entre des salariés relevant d'établissements différents et exerçant un travail égal ou de valeur égale, que si elle repose sur des raisons objectives, dont le juge doit contrôler la réalité et la pertinence ;

Et attendu qu'ayant constaté que la disparité du coût de la vie invoquée par l'employeur pour justifier la différence de traitement qu'il avait mise en place entre les salariés d'un établissement situé en Île-de-France et ceux d'un établissement de Douai était établie, la cour d'appel en a exactement déduit que cette différence de traitement reposait sur une justification objective pertinente ;

D'où il suit que le moyen n'est pas fondé ;

PAR CES MOTIFS : REJETTE le pourvoi ;

→ **Travail à faire**

1. **Quel est le problème juridique ?**
2. **Analysez les arguments de la Cour de cassation.**

La formation professionnelle

Chapitre 8

COMPÉTENCES ATTENDUES

- **Identifier les différentes contributions de l'employeur au financement de la formation.**
- **Préciser les obligations de l'employeur en matière d'adaptation de ses salariés aux évolutions de l'emploi et leurs conséquences juridiques.**
- **Repérer les différents types d'actions de formation inscrites dans un plan de formation et comprendre son intérêt pour l'employeur.**
- **Vérifier les conditions de mobilisation du compte personnel de formation ou d'obtention d'un congé individuel de formation.**
- **Établir le rôle des différents acteurs de la formation selon le dispositif de formation.**

PLAN DU CHAPITRE

1 Cadre général : les différents types d'actions de formation

A Objectifs
B Types d'actions

2 Droits individuels et collectifs des salariés

A Actions de formation à l'initiative de l'employeur : le plan de développement des compétences
B Promotion individuelle et congés de formation
C Compte personnel de formation (CPF)
D Compte personnel d'activité (CPA)
E Reconversion ou promotion par alternance

3 Financement et acteurs de la formation

A Obligation de financement de la formation
B Montant de la participation financière
C Acteurs de la formation

4 Applications

SYNTHÈSE P. 199

APPLICATIONS P. 200

LES RÉFÉRENCES POUR COMPRENDRE LE CONTEXTE

Formation et emploi

Réalisé en janvier 2023 auprès de 1 600 actifs français en partenariat avec l'institut d'études CSA, le baromètre de la formation et de l'emploi de Centre Inffo a pour objectif de connaître leur opinion à l'égard de l'orientation et de la formation professionnelle en France, mais aussi leur perception relative à l'accompagnement, au CPF et aux perspectives de reconversion professionnelle, auxquelles ils sont ou seraient susceptibles d'être confrontés.

MOTS CLÉS

Formation professionnelle continue, plan de développement des compétences, projet de transition professionnelle, bilan de compétences, congé de validation des acquis de l'expérience, congé de reclassement, compte personnel de formation, compte personnel d'activité.

1 Cadre général : les différents types d'actions de formation

La loi définit les objectifs et les types d'actions de formation.

A Objectifs

Selon l'article L. 6311-1 du Code du travail, « la **formation professionnelle continue** vise à permettre à chaque personne, indépendamment de son statut, d'acquérir et d'actualiser des connaissances et des compétences favorisant son évolution professionnelle, ainsi que de progresser d'au moins un niveau de qualification au cours de sa vie professionnelle. »

B Types d'actions

Le Code du travail définit 4 types d'actions qui concourent au développement des compétences :
- les actions de formation,
- les bilans de compétence,
- les actions permettant de faire valider les acquis de l'expérience (VAE),
- les actions de formation par apprentissage.

Ces actions peuvent être organisées sous forme de :
- stages en présentiel,
- formation en tout ou en partie à distance (FOAD),
- formation en situation de travail (FEST),
- en mixant ces différentes possibilités.

2 Droits individuels et collectifs des salariés

La formation professionnelle représente un droit pour le salarié, le droit à s'investir dans la formation. Ce droit a pour contrepartie une obligation de l'employeur à fournir cette formation.

Comment les salariés ont-ils accès aux actions de formation professionnelle ?

Selon l'article L. 6312-1 du Code du travail

« L'accès des salariés à des actions de formation professionnelle est assuré :

1° À l'initiative de l'employeur, le cas échéant, dans le cadre d'un plan de développement des compétences ;

2° À l'initiative du salarié, notamment par la mobilisation du compte personnel de formation prévu à l'article L. 6323-1 ;

3° Dans le cadre des contrats de professionnalisation prévus à l'article L. 6325-1. »

L'entretien professionnel

Chaque salarié doit être informé dès son embauche qu'il bénéficie tous les deux ans d'un entretien professionnel à l'initiative de son employeur. Un accord d'entreprise ou de branche peut prévoir une périodicité différente.

Cet entretien doit être consacré aux perspectives d'évolution professionnelle du salarié, notamment en termes de qualifications.

L'employeur doit à cette occasion informer le salarié sur la possibilité de recourir à des services de conseil en évolution professionnel (CEP), gratuits et confidentiels, dispensés notamment par France Travail, Apec, Cap emploi et les Missions locales.

L'entretien doit permettre d'identifier les besoins du salarié en termes d'accompagnement et de formations et de l'impliquer dans la construction et la gestion de son parcours professionnel.

Le salarié doit être informé sur la mobilisation de son compte personnel de formation et les abondements possibles de l'employeur.

Tous les 6 ans, l'entretien professionnel doit permettre de faire un état des lieux écrit du parcours professionnel du salarié.

A Actions de formation à l'initiative de l'employeur : le plan de développement des compétences

Le **plan de développement des compétences** est l'outil essentiel qui permet à l'employeur d'investir en formation et d'améliorer les performances de l'entreprise.

1 Définition

Ensemble des actions de formation que l'employeur décide de faire suivre à ses salariés, le plan de développement des compétences est établi par le chef d'entreprise, chaque année, en application de son pouvoir de direction. Un accord d'entreprise peut prévoir que le plan de développement des compétences aura une durée de 3 ans. Il n'a pas de caractère obligatoire mais l'employeur est fortement incité à en mettre un en place.

Obligation légale d'adaptation

Selon l'article L. 6321-1 du Code du travail

« L'employeur assure l'adaptation des salariés à leur poste de travail.

Il veille au maintien de leur capacité à occuper un emploi, au regard notamment de l'évolution des emplois, des technologies et des organisations.

Il peut proposer des formations qui participent au développement des compétences, y compris numériques, ainsi qu'à la lutte contre l'illettrisme, notamment des actions d'évaluation et de formation permettant l'accès au socle de connaissances et de compétences défini par décret. »

Il s'agit d'une obligation de moyens mais elle est permanente. Elle doit s'exécuter tout au long de l'exécution du contrat. L'employeur qui ne la respecte pas doit verser des dommages et intérêts au salarié.

Jurisprudence

Cass. soc. 2 mars 2010, n° 09-40914

L'employeur qui manque à son obligation d'adaptation peut être condamné à réparer le préjudice subi par les salariés, indépendamment de celui résultant de la rupture du contrat de travail.

2 Contenu du plan

Le plan de développement des compétences peut contenir deux types d'actions de formation :

- Les actions de formation obligatoires,
- Les autres actions de formation.

L'action de formation se définit simplement comme un parcours pédagogique permettant d'atteindre un objectif professionnel.

En plus de ces actions de formation, le plan de développement des compétences peut prévoir des actions de bilan de compétences ou des actions de validation des acquis de l'expérience... voir B.

Le plan peut aussi inclure d'autres types d'actions de professionnalisation, de tutorat, de mise en situation ou de parrainages

a. Actions de formation obligatoires

Les actions de formation obligatoires ou nécessaires sont celles qui conditionnent l'exercice d'une activité ou d'une fonction, en application d'une convention internationale ou de dispositions légales ou réglementaires.

Modalités

Elles se déroulent obligatoirement sur le temps de travail et sont considérées comme du temps de travail effectif.

Rémunération

Le salarié perçoit sa rémunération.

Si la formation doit se poursuivre en dehors de l'horaire habituel de travail, les heures dépassant la durée légale du travail constituent des heures supplémentaires rémunérées comme telles.

b. Actions autres

Ces actions de formation non obligatoires sont laissées au libre choix de l'employeur.

Modalités

Elles sont en principe réalisées pendant le temps de travail et constituent du temps de travail effectif.

Elles peuvent se dérouler en dehors du temps de travail :

- si un accord collectif d'entreprise ou de branche prévoit cette possibilité, il devra déterminer la limite horaire ou un pourcentage de forfait de suivi de la formation hors du temps de travail et peut prévoir des contreparties pour compenser les frais de garde d'enfants ;
- en l'absence d'accord, les actions de formations se déroulant en dehors du temps de travail ne doivent pas dépasser 30 h par an ou 2 % du forfait. Le salarié doit donner son accord écrit, qu'il peut dénoncer dans les 8 jours.

Le refus du salarié de participer à une action de formation en dehors du temps de travail, même prévue par accord collectif, ne peut constituer une faute ou un motif de licenciement, de même que la dénonciation de son accord dans le délai.

Rémunération

Les heures de formation effectuées pendant le temps de travail sont rémunérées comme temps de travail effectif.

3 Élaboration du plan de développement des compétences

La loi encadre l'élaboration du plan en mettant en place des procédures de consultation des représentants du personnel et des procédures de consultation des salariés selon le type d'actions.

a. Procédures de consultation du CSE

Chaque année et au cours de deux réunions spécifiques, l'employeur est tenu de consulter le CSE sur l'exécution du plan de développement des compétences de l'année précédente, sur le plan de l'année en cours et sur le projet de plan pour l'année à venir.

Le projet soumis au CSE doit tenir compte :

- des orientations de la formation professionnelle dans l'entreprise sur lesquelles le CSE a été consulté ;
- du résultat des négociations engagées au niveau de la branche ou de l'entreprise en matière de formation professionnelle ;
- du plan pour l'égalité professionnelle établi par l'employeur après consultation du CSE.

L'employeur doit communiquer au CSE un certain nombre de documents d'information sur le plan précisant notamment la nature des actions envisagées et distinguant les différentes catégories d'actions.

L'objectif de cette procédure de consultation est de permettre aux représentants du personnel de faire des propositions pour modifier ou améliorer le plan envisagé par l'employeur.

L'avis des représentants peut être favorable ou défavorable. En cas d'avis défavorable et si le plan n'est pas respecté, l'inspecteur du travail procède à un contrôle.

Ces consultations sont impératives : elles entrent dans les prérogatives du CSE dont la violation peut entraîner des sanctions pénales à l'encontre de l'employeur (délit d'entrave), ainsi qu'une majoration de 50 % de la contribution due par l'entreprise au titre de la formation professionnelle.

b. Procédures nécessitant l'accord du salarié

Une formation prévue dans le plan de développement des compétences s'impose au salarié. Il peut toutefois s'y opposer dans les cas suivants :

- réalisation d'un bilan de compétences,
- formation se déroulant en tout ou en partie en dehors du temps de travail,
- conditions de départs en formation susceptibles d'être assimilées à une modification du contrat de travail (formation très longue, très éloignée ou demande de départ précipité),
- VAE devant un jury pour obtenir tout ou partie d'un diplôme ou d'un titre professionnel.

4 Statut du salarié en formation

a. Durant le stage de formation

Le contrat du salarié n'est pas suspendu. Le contrat de travail (donc le lien de subordination) et la rémunération sont maintenus. Le salarié conserve sa protection sociale.

b. Le salarié peut-il demander ou refuser de suivre une formation dans le cadre du plan de développement des compétences ?

Le salarié peut demander à suivre une formation prévue dans le plan de développement des compétences de l'entreprise. La loi n'impose aucune procédure : la demande et la réponse sont formulées librement, selon les usages ou les dispositions conventionnelles existant dans l'entreprise.

En revanche, le salarié ne peut refuser d'exécuter le stage, ni l'abandonner alors qu'il est en cours, sous peine de commettre une faute pour inexécution du contrat, sauf lorsque la formation nécessite son accord (voir 3.B).

En dehors de ces cas légaux, le salarié ne peut pas refuser un stage organisé dans l'intérêt de l'entreprise et sans motif légitime.

Jurisprudence

Cass. soc. 17 avril 2013, n° 12614635
Un salarié qui ne respecte pas son engagement contractuel de suivre une formation, en étant absent 38 h sur les 200 h prévues, sans motif et sans prévenir son employeur, commet une faute grave.
Cass. soc. 7 avril 2004, n° 02-40493
Une salariée est licenciée pour faute grave pour avoir refusé une formation destinée à assurer son adaptation au poste de travail informatique en raison de son état d'anxiété face à ses difficultés en informatique. Le refus de la salariée constitue une faute si le stage est effectué dans l'intérêt de l'entreprise et si la salariée n'a pas de motif légitime pour refuser d'y participer.

c. À l'issue du stage

Le salarié réintègre son poste de travail, ou un poste équivalent avec une rémunération et une qualification égales. L'employeur n'est pas tenu de modifier le contrat pour tenir compte des nouvelles compétences du salarié, sauf lorsqu'il s'y est engagé ou si le contrat de travail ou la convention collective prévoit cette reconnaissance.

Le salarié est libre de démissionner. Son contrat de travail peut prévoir une clause de dédit-formation, qu'il devra respecter si elle est licite (*cf.* Chapitre 3).

B Promotion individuelle et congés de formation

Ces congés sont mis en œuvre à l'initiative du salarié.

1 Le projet de transition professionnelle

a. Définition

Le projet de transition professionnelle est une modalité particulière de mobilisation du compte personnel de formation (CPF).

b. Objectifs

Le projet de transition professionnelle doit être utilisé pour financer des formations certifiantes, éligibles au CPF, destinées à permettre au salarié de changer de métier ou de profession.

c. Conditions d'obtention du congé

Cette possibilité est offerte à tous les salariés quelle que soit la nature de son contrat, mais certaines conditions doivent être remplies.

Conditions de fond

Le salarié doit justifier d'une ancienneté d'au moins 24 mois, consécutifs ou non, quelle que soit la nature des contrats successifs, dont 12 mois dans l'entreprise, sur les 5 dernières années, dont 4 mois consécutifs ou non en CDD au cours des 12 derniers mois. La condition d'ancienneté n'est pas exigée pour les salariés bénéficiaires de l'obligation d'emploi des travailleurs handicapés et pour les salariés licenciés pour motif économique ou inaptitude, n'ayant pas suivi de formation entre leur licenciement et leur nouvel emploi.

Conditions de forme

Le salarié doit effectuer un certain nombre de démarches auprès de l'employeur.

Le salarié doit présenter une demande de congé par écrit. La demande doit être présentée au moins 120 jours à l'avance pour un stage entraînant une interruption continue du travail d'une durée égale ou supérieure à 6 mois, au moins 60 jours à l'avance pour les stages d'une durée inférieure ou à temps partiel.

L'employeur doit faire connaître sa réponse dans un délai de 30 jours. Si les conditions présentées ci-dessus sont réunies, le bénéfice du congé individuel est de droit. L'employeur ne peut donc pas refuser la demande du salarié mais il peut reporter le congé à certaines conditions (voir d).

d. Mise en œuvre du congé

Durée

La durée du congé de formation correspond à la durée du stage qui peut être à temps complet ou à temps partiel.

Report du congé

Le congé peut être reporté par l'employeur qui peut invoquer l'un des deux motifs :

- motif de service : les conséquences **préjudiciables** à la production et à la marche de l'entreprise qu'entraînerait l'absence du salarié. Le report doit être notifié au salarié après consultation du CSE. En cas de contestation, l'inspecteur du travail peut être pris en arbitre. La durée maximale du report est de 9 mois ;
- absences simultanées : un trop grand nombre de **salariés absents** simultanément pour congé de formation.

e. Statut du salarié

Droits et obligations du salarié pendant le congé

Pendant le congé, le contrat de travail est suspendu. Le salarié est considéré comme stagiaire de la formation professionnelle. Il bénéficie du maintien de la protection sociale et est couvert contre les risques d'accident du travail.

Le temps passé en congé de formation est assimilé à du temps de travail pour le calcul des droits à congés payés.

Le salarié est tenu des obligations liées à la suspension du contrat de travail (*cf.* Chapitre 5) notamment l'obligation de loyauté.

À la fin de chaque mois et à la reprise du travail, le salarié doit remettre à l'employeur une attestation de fréquentation.

Rémunération

- Si **le départ en congé est un droit pour le salarié**, le droit à rémunération n'est qu'une éventualité puisqu'elle dépend de la décision de l'organisme paritaire qui finance le projet.
- Si **la prise en charge financière est acceptée**, le salarié perçoit son salaire antérieur s'il est inférieur ou égal à deux fois le Smic quelle que soit la durée de la formation.
- Si **son salaire est supérieur à deux fois le SMIC**, il perçoit 80 % du salaire moyen de référence si la durée de la formation est inférieure ou égale à un an ou à 1 200 heures, 60 % au-delà de cette durée. En pratique, le salarié est payé par l'employeur qui se fait rembourser le montant de la rémunération auprès de l'organisme paritaire.

À l'issue du stage

Le salarié réintègre son poste de travail, ou un poste équivalent avec une rémunération et une qualification égales. L'employeur n'est pas tenu de modifier le contrat pour tenir compte des nouvelles compétences du salarié.

2 Autres congés de formation

a. Le congé de bilan de compétences

Ce congé permet au salarié de réaliser un bilan de compétences.

Le bilan de compétences a pour but :

- d'analyser ses compétences personnelles et professionnelles, ses aptitudes et ses motivations ;
- de définir son projet professionnel et, le cas échéant, un projet de formation ;
- d'utiliser ses atouts comme un instrument de négociation pour un emploi, une formation ou une évolution de carrière.

Les bilans de compétences sont éligibles au compte personnel de formation.

- Lorsque le salarié mobilise son compte personnel de formation pour un bilan réalisé hors temps de travail, l'employeur n'a pas à être informé.
- Lorsque le salarié mobilise son compte personnel de formation pour un bilan en tout ou partie, pendant le temps de travail, il doit demander l'accord préalable de l'employeur selon les règles propres au compte personnel de formation.

Dans le cadre du plan de développement des compétences de l'entreprise ou d'un congé de reclassement, le bilan de compétences ne peut être réalisé qu'avec le consentement du salarié.

Il fait l'objet d'une convention tripartite signée par le salarié, l'employeur et l'organisme prestataire de bilan.

b. Congé de validation des acquis de l'expérience

La Validation des Acquis de l'Expérience (VAE) permet à toute personne d'obtenir une certification professionnelle par la validation de son expérience acquise dans le cadre d'une activité professionnelle et/ou extra-professionnelle. La certification – qui peut être un diplôme ou un titre à finalité professionnelle ou un certificat de qualification professionnelle, doit être inscrite au Répertoire national des certifications professionnelles (RNCP).

Le congé de validation des acquis de l'expérience peut être demandé par toute personne qui justifie d'une expérience lui ayant permis d'acquérir les compétences requises pour l'obtention de la certification visée.

Ce dispositif permet à ce salarié de faire valider les acquis de son expérience en vue d'obtenir un diplôme, un titre à finalité professionnelle, un certificat de qualification ou uniquement des blocs de compétences.

Le congé de validation des acquis de l'expérience a une durée maximale de 48 heures. Cette durée peut être augmentée par convention ou accord collectif pour certains salariés (dont l'emploi est menacé par les évolutions économiques ou technologiques et pour ceux qui n'ont pas atteint un niveau IV de qualification (bac)).

Le dossier du salarié est examiné par un jury, chargé d'apprécier le caractère professionnel des compétences acquises et leur lien avec celles exigées pour l'obtention du diplôme. Il valide totalement ou partiellement les acquis de l'expérience à l'issue d'un entretien.

L'employeur peut décider d'inscrire des actions de VAE dans le plan de développement des compétences de l'entreprise.

Afin de mettre en œuvre de telles actions, une convention doit être conclue entre l'employeur, le salarié bénéficiaire et l'organisme qui intervient en vue de la validation des acquis du candidat.

c. Congé de reclassement

Pour le **congé de reclassement**, *cf.* Chapitre 11 (licenciement économique).

D'autres congés existent, congé de formation économique, sociale et syndicale, congé de formation des membres du CSE, congé de formation des conseillers des salariés, congé de formation des jeunes travailleurs.

C Compte personnel de formation (CPF)

Le **compte personnel de formation** est un dispositif qui permet à un salarié de disposer d'heures de formation dès son entrée sur le marché du travail et jusqu'à son départ en retraite. Ce compte est un élément constitutif du **compte personnel d'activité** (CPA).

Bénéficiaires	Tout salarié âgé d'au moins seize ans (15 ans en contrat d'apprentissage) en emploi ou à la recherche d'un emploi ou accompagné dans un projet d'orientation et d'insertion professionnelles ou accueilli dans un établissement et service d'aide par le travail. Les apprentis et les salariés en contrat de professionnalisation. Les personnes à la recherche d'un emploi, inscrites ou non à France Travail. Les travailleurs indépendants, membres des professions libérales et des professions non-salariées, leurs conjoints collaborateurs et les artistes auteurs
Alimentation	Le compte est alimenté en euros à la fin de chaque année et, le cas échéant, par des abondements supplémentaires. - Pour les salariés à temps complet, l'alimentation du compte se fait à hauteur de 500 € par an dans la limite de 5 000 €. Pour les salariés sans diplôme (n'ayant pas atteint un niveau de formation CAP-BEP), l'alimentation se fera à hauteur de 800 € par an dans la limite de 8 000 €. - Pour les salariés travaillant à temps partiel, l'alimentation est calculée à due proportion du temps de travail pour ceux travaillant mois de 50 % d'un temps complet. Pour les autres, le régime est identique aux travailleurs à temps complet.
Abondement	Pour les salariés : - soit sur décision de l'employeur, - soit dans le cadre d'un accord collectif ; - par un opérateur de compétences (OPCO). Cas particuliers : - Salariés licenciés dans le cadre de la renégociation d'un accord d'entreprise impactant leur contrat de travail sur le temps de travail ou la rémunération. Les salariés refusant ce nouveau contrat de travail sont licenciés et bénéficient d'au minimum 3 000 euros d'abondement ; - Salariés victimes d'un accident du travail ou de maladie professionnelle (ayant entraîné un taux d'incapacité permanente supérieur ou égal à 10 %). Ces salariés seront dotés de 7 500 euros d'abondement.
Utilisation	Sont éligibles au compte personnel de formation pour tous les actifs : - les actions permettant de faire valider les acquis de l'expérience (VAE) ; - le bilan de compétences ; - les actions de formation dispensées aux créateurs ou repreneurs d'entreprises ayant pour objet de réaliser leur projet de création ou de reprise d'entreprise et pérenniser l'activité de celle-ci ; - la préparation de l'épreuve théorique du Code de la route et de l'épreuve pratique du permis de conduire des véhicules du groupe léger (permis B) et du groupe lourd. Pour qu'une formation soit éligible au compte personnel de formation des salariés, elle doit être sanctionnée soit : - par une certification professionnelle enregistrée au répertoire national des certifications professionnelles (RNCP) ; - par une attestation de validation de bloc de compétences faisant partie d'une certification professionnelle enregistrée au répertoire national des certifications professionnelles (RNCP) ; - par une certification ou une habilitation enregistrée dans le répertoire spécifique dont la certification relative au socle de connaissances et de compétences professionnelles (CléA).
Autorisation	La formation financée dans le cadre du compte personnel de formation n'est pas soumise à l'accord de l'employeur lorsqu'elle est suivie, pour sa totalité, en dehors du temps de travail ; lorsqu'elle est suivie en tout ou partie, pendant le temps de travail, le salarié doit demander une autorisation d'absence à son employeur. La demande du salarié doit intervenir au minimum 60 jours avant le début d'une formation d'une durée inférieure à six mois et au minimum 120 jours pour une formation d'une durée de six mois ou plus. À compter de la réception de la demande, l'employeur dispose d'un délai de 30 jours calendaires pour notifier sa réponse au salarié. L'absence de réponse de l'employeur dans ce délai vaut acceptation de la demande.

D Compte personnel d'activité (CPA)

Le CPA permet d'utiliser les droits acquis sur ces différents comptes afin de sécuriser le parcours professionnel du salarié.

Contenu	Il se compose : - du **compte personnel de formation** (CPF) qui permet à toute personne d'acquérir des droits à la formation et de les mobiliser tout au long de sa vie professionnelle ; - du **compte d'engagement citoyen** qui est alimenté par les activités de bénévolat ou de volontariat ; - du **compte professionnel de prévention** (voir Chapitre 10) qui permet à tout salarié exposé à des facteurs de pénibilité de cumuler des points convertibles en formation, temps partiel, retraite anticipée.
Bénéficiaires	Il s'agit des mêmes bénéficiaires que le CPF.
Fermeture du compte	Le compte est fermé à la date du décès du titulaire. Il cesse d'être alimenté quand le bénéficiaire fait valoir ses droits à la retraite.
Compte d'engagement citoyen (CEC)	Il est alimenté par des activités de bénévolat et de volontariat. Ces activités permettent d'acquérir des euros (240 € par an et limite de 720 €) utilisables dans le cadre des formations prévues au CPF ou de formations spécifiques.

E Reconversion ou promotion par alternance

La reconversion ou la promotion par alternance, dite Pro-A, vise à favoriser l'évolution professionnelle et le maintien dans l'emploi des salariés au travers d'un parcours de formation individualisé.

La reconversion ou la promotion par alternance associe :

- des cours théoriques généraux, professionnels et technologiques dispensés par des organismes de formation ou par l'entreprise elle-même si elle dispose d'un service de formation,

- des cours pratiques permettant l'acquisition d'un savoir-faire en lien avec les qualifications recherchées par l'entreprise.

Les formations pouvant être suivies dans le cadre de la reconversion ou la promotion par alternance sont les suivantes :

- diplôme ou titre à finalité professionnelle enregistré au répertoire national des certifications professionnelles (RNCP),
- certificat de qualification professionnelle (CQP),
- qualification reconnue dans les classifications d'une convention collective nationale de branche.

Elle concerne les salariés en CDD ou en CDI.

3 Financement et acteurs de la formation

La formation professionnelle continue représente un investissement pour l'entreprise sous la forme d'une obligation financière pour l'employeur.

A Obligation de financement de la formation

Tout employeur (à l'exception de l'État, des collectivités locales et de leurs établissements publics à caractère administratif) doit concourir au développement de la formation professionnelle continue en participant, chaque année au financement des actions de formation.

L'employeur doit financer la formation de ses salariés dans le cadre :

- du plan de développement des compétences ;
- du projet de transition professionnelle ;
- du compte personnel de formation ;
- des contrats de professionnalisation ;
- des contrats d'apprentissage.

B Montant de la participation financière

Les employeurs participent, chaque année, au développement de la formation professionnelle et de l'apprentissage par :

- le financement direct des actions de formation ;
- le versement de la contribution unique à la formation professionnelle et à l'apprentissage (Cufpa) ;
- le versement de la contribution supplémentaire à l'apprentissage (CSA) pour les entreprises de 250 salariés et plus ;
- le versement de la contribution dédiée au financement du compte personnel de formation (CPF) des salariés en CDD, qui remplace la contribution « 1 % CIF-CDD ».

C Acteurs de la formation

Les opérateurs de compétences (OPCO) ont une compétence nationale et sont paritaires. Ils sont agréés, par l'autorité administrative compétente, pour gérer les contributions des employeurs au titre du financement de la formation professionnelle et de l'alternance.

Depuis 2021, les fonds sont collectés par les URSSAF qui les reversent ensuite à France compétence, organisme public en charge de la régulation et du financement de la formation professionnelle et de l'apprentissage. France compétence répartit ensuite ces fonds entre les OPCO, les régions et les autres intervenants.

- Quelle importance revêt la formation professionnelle ? Quels en sont les enjeux ?
- La formation professionnelle a une importance **sociale**. Elle est un moyen de promotion sociale, d'épanouissement personnel et de lutte contre l'exclusion sociale.
- Elle a une importance **économique**. Elle assure également l'efficacité économique en permettant une performance accrue des salariés, spécifiquement dans le cadre de la mondialisation qui exige une grande adaptabilité des entreprises donc des salariés. Elle est aussi un moyen de lutte contre le chômage en donnant une qualification à ceux qui n'en ont pas.
- L'employeur a l'obligation d'assurer l'adaptation de ses salariés à leur poste de travail. Il doit organiser la formation professionnelle (plan de développement des compétences) et la financer.
- Le salarié a un droit à la formation. Il peut bénéficier du projet de transition professionnelle à sa demande, demander un bilan de compétence, faire valider les acquis de son expérience. Il peut également utiliser son compte personnel de formation (CPF).

Applications

Préparez-vous à l'examen

EXO 08.01

Jean, conducteur salarié de l'entreprise de transports La Flèche rapide, est licencié pour faute grave car il a occasionné deux accidents matériels de la circulation les 6 et 27 janvier. Il a heurté l'arrière d'un véhicule qui circulait devant lui et a endommagé un autre véhicule qui était à l'arrêt. De plus, il ne s'est pas présenté le 21 janvier au programme de formation à la sécurité routière qui était mentionné sur sa feuille de route. L'employeur avait, face à l'importante augmentation du nombre des accidents, lancé un programme de sensibilisation à la sécurité routière auquel Jean devait participer le 21 janvier. Jean conteste son licenciement. Les magistrats de la cour de cassation retiennent que le salarié était responsable des deux accidents de la circulation et qu'il n'avait pas assisté à une formation en matière de sécurité routière organisée par son employeur, sans justifier cette absence. Ils estiment que ces faits constituent une faute grave.

→ Travail à faire

1. **Retrouvez les arguments du salarié lors de son pourvoi en cassation.**
2. **Analysez la décision de la cour de cassation.**

Pouvoirs du chef d'entreprise et libertés des salariés

Chapitre 9

COMPÉTENCES ATTENDUES

- Vérifier la validité du règlement intérieur.
- Caractériser le degré de gravité d'une faute, déterminer les sanctions associées et la procédure disciplinaire adéquate.
- Apprécier l'étendue du pouvoir de contrôle du juge sur la mise en œuvre du pouvoir de sanction de l'employeur.
- Vérifier le respect par l'employeur des libertés individuelles et fondamentales du salarié dans l'exercice de ses pouvoirs.
- Repérer un cas de discrimination dans le cadre de la relation de travail et en tirer les conséquences juridiques.

PLAN DU CHAPITRE

1 Fondements du pouvoir patronal

A Théorie contractuelle de l'entreprise
B Théorie institutionnelle de l'entreprise
C Fondements actuels

2 Pouvoir réglementaire

A Élaboration du règlement intérieur
B Contenu du règlement intérieur limité
C Contrôle du règlement intérieur renforcé

3 Pouvoir disciplinaire et reconnaissance des droits des salariés

A Mise en œuvre du pouvoir disciplinaire
B Un contrôle judiciaire étendu

4 Primauté des droits fondamentaux sur le pouvoir patronal

A Définition des droits fondamentaux
B Moyens de protection
C Protection des droits fondamentaux

5 Applications

SYNTHÈSE P. 226
APPLICATIONS P. 227

LES RÉFÉRENCES POUR COMPRENDRE LE CONTEXTE

Dans le cadre du lien de subordination, l'employeur dispose du pouvoir de direction, qui prend des formes diverses : pouvoir d'édicter des règles de fonctionnement, pouvoir disciplinaire, pouvoir de gestion mais les salariés ont des droits fondamentaux qui apparaissent comme une limite au pouvoir de l'employeur.
Comment assurer un équilibre entre les pouvoirs de l'employeur et le respect des droits et libertés fondamentaux des salariés ?
Il convient tout d'abord de s'interroger sur les fondements juridiques du pouvoir patronal avant d'en étudier les prérogatives réglementaires et disciplinaires et de voir comment sont protégés les droits fondamentaux du salarié.

La sanction disciplinaire

La sanction disciplinaire, sur le site du ministère du Travail

Harcèlement sexuel et agissements sexistes au travail : prévenir, agir, sanctionner

Guide pratique et juridique, sur le site du ministère du Travail

MOTS CLÉS

Acte unilatéral, acte réglementaire de droit privé, conseil de prud'hommes, règlement intérieur, tribunal judiciaire, pouvoir disciplinaire, faute, dignité de la personne, harcèlement moral et sexuel, Haute autorité de lutte contre les discriminations et pour l'égalité.

1 Fondements du pouvoir patronal

La notion de **pouvoir patronal** doit être entendue dans un sens large. Le pouvoir de direction de l'employeur comprend son pouvoir réglementaire, son pouvoir disciplinaire et son pouvoir de direction économique ou de gestion.

Les fondements de ce pouvoir ont évolué au cours du temps. Ils ne sont pas clairement précisés. Ils reposent principalement sur deux thèses : la théorie contractuelle et la théorie institutionnelle de l'entreprise.

A Théorie contractuelle de l'entreprise

La **théorie contractuelle de l'entreprise** est la théorie classique. Le pouvoir de l'employeur est fondé sur le **droit de propriété et le contrat**.

Le droit de propriété est limité par l'abus de droit seulement.

Les relations de travail reposent sur le contrat de travail conclu en vertu de la liberté contractuelle et du lien de subordination qui place le salarié sous les ordres de l'employeur. Les relations sont donc déséquilibrées en faveur de l'employeur qui peut exercer son pouvoir de direction sur un salarié qui doit obéir.

B Théorie institutionnelle de l'entreprise

La **théorie institutionnelle de l'entreprise** considère cette dernière comme une institution. C'est une communauté de travail et un lieu de solidarité dans lesquels les membres poursuivent un intérêt commun, celui de l'entreprise.

Le pouvoir du chef d'entreprise est fondé sur l'ensemble des responsabilités qu'il détient du fait de sa fonction de chef d'entreprise. Il exerce ce droit dans **l'intérêt de l'entreprise**.

C Fondements actuels

Les deux théories trouvent application.

La Cour de cassation, dans un arrêt célèbre, l'arrêt Brinon du 31 mai 1956, a rappelé que l'employeur est le seul juge de sa gestion en vertu de son droit de propriété.

« L'employeur qui porte la responsabilité de l'entreprise est seul juge des circonstances qui le détermine à cesser son exploitation, et aucune disposition légale ne lui fait obligation de maintenir son activité, à la seule fin d'assurer à son personnel la stabilité de son emploi, pourvu qu'il observe à l'égard de ceux qu'il emploie, les règles édictées par le Code du travail ».

L'employeur est propriétaire de ses biens, il en a la libre disposition pourvu qu'il ne commette pas un abus de droit.

Cette règle est complétée par le deuxième fondement du pouvoir patronal, la liberté contractuelle et la subordination.

La jurisprudence a ensuite évolué vers la thèse institutionnelle. Le pouvoir du chef d'entreprise doit être exercé dans l'intérêt de l'entreprise.

Aujourd'hui, l'évolution économique a modifié cette vision du droit du travail. Les relations entre l'employeur et les salariés ont évolué. Les deux théories s'appliquent.

Le pouvoir de direction de l'employeur doit s'exercer dans le respect des droits fondamentaux et des libertés.

Les normes européennes vont également dans ce sens.

2 Pouvoir réglementaire

Au XIXe siècle, l'employeur fixait librement les règles de fonctionnement de son entreprise et les sanctions infligées aux salariés qui ne les respecteraient pas. L'amende était alors la sanction courante. L'exemple traditionnellement cité est celui de l'ouvrière venue travailler à l'usine en sabots alors que le règlement intérieur prévoyait une amende d'un demi-mois de salaire pour ce fait. La cour de cassation valida alors la sanction en la justifiant par l'existence du contrat de travail qui obligeait les salariés à se soumettre à l'autorité de l'employeur maître de sa gestion.

L'évolution du droit du travail tend aujourd'hui vers une prise en compte des droits fondamentaux des salariés.

La loi du 4 août 1982, « relative aux libertés des travailleurs dans l'entreprise » dite loi Auroux va, pour éviter l'arbitraire, **limiter le contenu** du règlement intérieur et accroître son **contrôle** par l'inspecteur du travail.

Le **pouvoir réglementaire** de l'employeur est donc encadré, afin de préserver les droits fondamentaux des salariés, quant à l'élaboration du règlement intérieur et à son contenu.

A Élaboration du règlement intérieur

1 Définition

Selon l'article L. 1321-1 du Code du travail le règlement intérieur est un document écrit établi par l'employeur par lequel il fixe exclusivement les règles générales et permanentes relatives à la discipline et à l'échelle des sanctions, à l'hygiène et à la sécurité dans l'entreprise.

Il est obligatoire dans toutes les entreprises selon leur effectif et applicable à tous les salariés de l'entreprise.

2 Champ d'application (art. L. 1311-1 et 1311-2 du Code du travail)

Entreprises	**Principe** : Il est obligatoire dans les **entreprises**, établissements et tout organisme de droit privé employant **au moins cinquante salariés** sous peine de sanctions pénales (1). Pour une entreprise qui vient de se créer, le règlement intérieur doit être établi dans les trois mois de l'ouverture de l'entreprise. Sont également soumis à cette obligation les établissements publics à caractère industriel et commercial, même si leur personnel est par ailleurs régi par un statut, les établissements d'enseignement privé et les comités sociaux et économiques lorsqu'ils emploient eux-mêmes du personnel. **Élaboration facultative** : Dans les entreprises de moins de cinquante salariés, l'employeur n'est pas tenu d'établir un règlement intérieur mais s'il le fait, il doit en respecter les règles légales.
Salariés	Les règles relatives aux sanctions et à la procédure disciplinaire s'appliquent aux **seuls salariés de l'entreprise**. Les règles d'hygiène, de sécurité, de discipline générale s'appliquent aux travailleurs de l'entreprise même s'ils ne sont pas liés par un contrat de travail. Il s'agit notamment des intérimaires.

(1) Amende de 750 €.

3 Nature juridique

Juridiquement il constitue un **acte unilatéral** qui s'impose à tous les salariés. Le salarié est réputé en avoir accepté toutes les dispositions lors de son embauche.

Selon la cour de cassation, il constitue un **acte réglementaire de droit privé** (Cass. soc. 25 septembre 1991). Ce qui signifie qu'une juridiction de l'ordre judiciaire peut être saisie d'une action en annulation des clauses illicites.

4 Procédure d'élaboration encadrée

Bien qu'il soit établi par l'employeur seul, il ne peut être mis en application qu'après un examen par le comité social et économique et l'inspecteur du travail (art. L. 1321-4 du Code du travail). Il doit ensuite faire l'objet d'une publicité.

Élaboration et contrôle du règlement intérieur

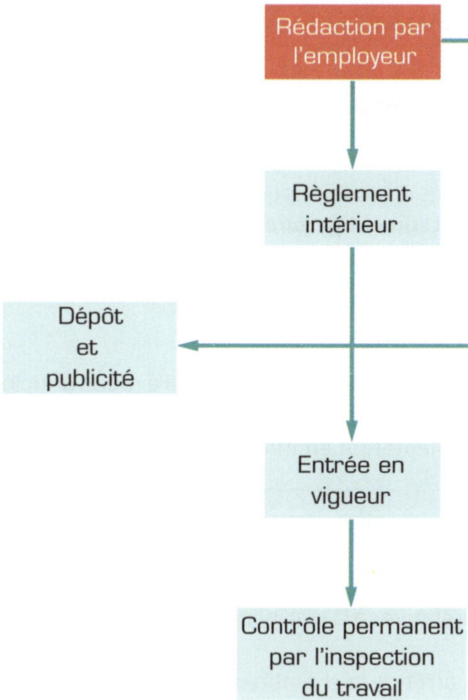

a. L'employeur doit respecter quatre phases

1. Consulter

Information et consultation du comité social et économique. À défaut de consultation, le **règlement intérieur** et sa révision sont sans effet à l'égard des salariés (Cass. Soc. 11 février 2015, n° 13-16.457).

2. Communiquer

Il est transmis à l'inspecteur du travail avec l'avis des représentants du personnel afin qu'il puisse exercer son contrôle de légalité. Cette formalité s'effectue en même temps que l'affichage et le dépôt.

La cour de cassation, dans un arrêt du 9 mai 2012, a jugé que le non-respect des formalités de communication du règlement intérieur à l'inspecteur du travail, rendait ce dernier inopposable aux salariés.

L'employeur encourt une sanction pénale (contravention de 4e classe).

3. Afficher

Il doit être affiché sur les lieux de travail et dans les locaux où se réalisent les embauches.

4. Déposer

Il doit être déposé au greffe du conseil des prud'hommes.

Le défaut d'affichage et de dépôt rend le règlement intérieur inopposable aux salariés.

b. Modification du règlement intérieur

Toute modification, adjonction ou retrait de clause doit être soumise à la procédure d'élaboration.

c. Entrée en vigueur

Le règlement intérieur doit indiquer la date à partir de laquelle il entre en vigueur.

Cette date doit être postérieure d'un mois à l'accomplissement des formalités de dépôt et d'affichage.

B Contenu du règlement intérieur limité

1 Contenu du règlement intérieur

L'employeur n'est pas libre d'introduire les dispositions qu'il estime utiles au fonctionnement de son entreprise. La loi détermine un **contenu obligatoire au règlement intérieur et les clauses interdites**.

a. Contenu obligatoire

Règles obligatoires

Il est défini limitativement à l'article L. 1321-1 du Code du travail qui évoque principalement deux domaines :

- les mesures d'application de la réglementation en matière d'hygiène et de sécurité

> **Exemple :** Conditions d'utilisation des équipements de travail, consignes de sécurité, interdiction d'introduire des boissons alcoolisées, conditions d'utilisation des douches...

- les règles générales et permanentes relatives à la discipline et notamment la nature et l'échelle des sanctions

La Cour de cassation a décidé dans un arrêt de la chambre sociale du 7 janvier 2015 que la mise à pied disciplinaire n'est licite que si le règlement précise sa durée maximale. L'absence de précision sur la durée de la mise à pied ne peut pas être remplacée par la convention collective.

> **Exemple :** Obligation de respecter les horaires.

Règles énonciatives

Le règlement doit contenir obligatoirement des règles relatives à ces deux domaines.

L'article. L. 1321-2-1 précise le principe de neutralité dans le règlement intérieur.

Le règlement intérieur peut contenir des dispositions inscrivant le principe de neutralité et restreignant la manifestation des convictions des salariés si ces restrictions sont justifiées par l'exercice d'autres libertés et droits fondamentaux ou par les nécessités du bon fonctionnement de l'entreprise et si elles sont proportionnées au but recherché.

De plus, il doit énoncer les règles relatives aux droits de la défense des salariés en cas de sanction et rappeler le contenu des articles de la loi sur le harcèlement moral et sexuel.

Il doit également rappeler les dispositions relatives aux « agissements sexistes ».

Par agissement sexiste, il faut entendre « tout agissement lié au sexe d'une personne, ayant pour objet ou pour effet de porter atteinte à sa dignité ou de créer un environnement intimidant, hostile, dégradant, humiliant ou offensant » (art. L. 1142-2-1).

b. Contenu interdit

L'article L. 1321-3 énumère les clauses interdites dans le but de garantir un équilibre entre l'exercice du pouvoir patronal et les droits fondamentaux des salariés.

Exclusion de toute matière ne correspondant pas au contenu obligatoire

Aucune matière autre que les règles d'hygiène, de sécurité, de discipline ne peut figurer dans le règlement intérieur. Les autres matières peuvent figurer dans le contrat de travail ou dans les conventions collectives.

Exemple : Les augmentations de salaires, les congés payés, la durée du préavis en cas de démission…

Clauses contraires aux lois et règlements, aux dispositions des conventions et accords collectifs

Exemple

Clause qui rend automatique la rupture du contrat de travail en cas d'absence non justifiée dans les 48 heures. Cette clause est contraire à la loi car le licenciement doit avoir une cause réelle et sérieuse.
Clause qui impose aux salariés de présenter leurs réclamations à leur supérieur hiérarchique. Cette clause méconnaît les prérogatives des délégués du personnel.
Clause qui conditionne l'exercice du droit de retrait de toute situation de travail dont le salarié a un motif raisonnable de penser qu'elle présente un danger grave et imminent, à un écrit alors qu'aucun formalisme n'est exigé par la loi.

Clauses restreignant les droits des personnes ou les libertés individuelles et collectives

(Si ces restrictions ne sont pas justifiées par la nature de la tâche à accomplir ni proportionnées au but recherché, *cf.* Titre 2).

Exemple

Interdire les conversations personnelles, imposer une tenue de travail alors que l'intérêt de l'entreprise ne le justifie pas, prévoir des fouilles systématiques des armoires individuelles, recours à l'alcootest systématiquement pour tous les salariés ;
En revanche, il peut autoriser le recours à l'alcootest pour les salariés qui exercent des fonctions susceptibles d'exposer des personnes ou des biens à un danger.

La clause prévoyant une restriction aux droits des personnes doit indiquer avec précision les raisons de cette restriction et les limites.

Exemple : Clause contenant la possibilité d'une fouille des salariés : elle doit indiquer les raisons (produits dangereux, métaux rares…), les conditions dans lesquelles elle est exercée…

Clauses discriminatoires (*cf.* Titre 3)

Le règlement intérieur ne peut léser un salarié en raison de son sexe, de ses mœurs ou de ses orientations sexuelles, de son âge ou de sa situation de famille, de ses origines, de ses opinions, de son apparence physique…

Exemple : Clause contenant la mention suivante : « la pratique de la religion musulmane est strictement interdite dans la société »

2 Autres règles internes

Il est fréquent pour un employeur d'édicter des prescriptions sous forme de notes de services, de circulaires, de directives.

Le problème qui se pose est de savoir quelle est la valeur juridique de ces documents et surtout s'ils sont soumis aux règles applicables au règlement intérieur (élaboration, contenu et contrôle).

Il peut être en effet tentant pour un chef d'entreprise d'utiliser de tels documents pour échapper aux contraintes et formalisme du règlement intérieur.

La loi (article L. 1321-5) distingue deux cas.

a. Principe : assimilation au règlement intérieur

Les notes de services ou tout autre document qui fixent des règles générales et permanentes relatives à la discipline et les mesures d'hygiène et de sécurité sont considérées comme des adjonctions à ce règlement intérieur et sont soumises à la même réglementation.

Exemple

Une note de service imposant aux caissiers du magasin de nettoyer leur caisse est une adjonction au règlement intérieur.
Une note de service qui indique que « le standard téléphonique ne passera plus de communications personnelles et que les appels personnels venant de l'extérieur ne seront plus, sauf urgence, passés à leurs destinataires » n'est pas une adjonction au règlement intérieur car il s'agit de mesures relatives au fonctionnement général de l'entreprise et non des règles générales et permanentes relatives à la discipline (CE 12 novembre 1990).

La mise en place de Codes ou de chartes (*ex.* : charte d'éthique, charte informatique...), dès lors qu'ils prévoient des prescriptions générales sur des matières relevant du règlement intérieur, constituent une adjonction à ce dernier.

b. Exception : cas d'urgence

Les notes de service ou autre document contenant des règles d'hygiène et de sécurité peuvent être appliquées immédiatement quand l'urgence le justifie. Elles échappent ainsi à la procédure d'élaboration du règlement intérieur. Cependant, elles doivent être immédiatement et simultanément communiquées au CSE et à l'inspecteur du travail.

C Contrôle du règlement intérieur renforcé

Un double contrôle administratif et judiciaire est possible.

1 Contrôle administratif

Le contrôle de la légalité est exercé par l'inspecteur du travail qui joue un rôle essentiel en la matière.

a. Décision de l'inspecteur du travail

Principe (L. 1322-1)

Il peut à tout moment exiger le retrait ou la modification d'une clause du règlement intérieur qu'il juge contraire à la loi.

Sa décision doit être motivée.

Elle est notifiée à l'employeur et communiquée, pour information aux membres du comité social et économique.

L'employeur peut interroger l'inspection du travail sur la conformité du contenu du règlement intérieur aux dispositions du Code du travail. Cette demande n'est pas recevable si l'administration s'est déjà prononcée sur une demande de complément, de modification ou de retrait d'une clause.

Application

L'**inspecteur du travail** ne peut pas procéder à une correction directe seul l'employeur est compétent en la matière.

- Il contrôle principalement si les clauses du règlement intérieur ne portent pas atteinte aux libertés et aux droits fondamentaux des salariés.
- Il exerce son contrôle à tout moment. Il a en effet une mission permanente de contrôle. Il peut exiger le retrait ou la modification d'une clause à l'élaboration du règlement intérieur mais également plus tard, suite à la démarche d'un salarié ou d'un représentant du personnel ou à la suite de l'évolution législative ou réglementaire.

Le règlement intérieur continue à s'appliquer tel qu'il a été affiché et déposé lorsque l'inspecteur du travail a demandé à l'employeur le retrait ou la modification d'une clause et que ce dernier n'a pas exécuté la décision.

b. Recours contre la décision de l'inspecteur du travail

Modalités du recours

La décision de l'inspecteur du travail peut faire l'objet d'un **recours gracieux** devant le directeur régional du travail et de l'emploi pour demander l'annulation de la décision initiale. Ce recours doit s'exercer dans les deux mois de la notification de la décision à l'employeur.

Le recours peut émaner de l'employeur, d'un salarié, d'un représentant du personnel. Le plus souvent, c'est l'employeur qui conteste la décision de l'inspecteur du travail.

La décision du directeur régional est notifiée à l'employeur. Pour information, elle est communiquée au comité social et économique.

La décision du directeur régional du travail et de l'emploi peut faire elle-même l'objet :

- d'un recours hiérarchique devant le ministre du Travail exercé dans les deux mois à compter de la notification de la décision ;
- d'un recours contentieux pour excès de pouvoir devant le tribunal administratif exercé dans les deux mois de la réponse au recours hiérarchique.

Effets du recours

Le recours n'est pas suspensif. La décision doit être exécutée. L'employeur doit donc retirer ou modifier la clause illégale.

2 Contrôle judiciaire

Il peut être exercé soit par le **conseil de prud'hommes** soit par le **tribunal judiciaire** car le **règlement intérieur** est un acte réglementaire privé et non un acte administratif.

a. Par le conseil de prud'hommes

Le conseil de prud'hommes est saisi à l'occasion d'un litige individuel par un salarié pour apprécier la régularité d'une sanction prise en application d'une clause du règlement intérieur que le salarié juge illégale. Il s'agit donc d'un contrôle indirect.

Le conseil de prud'hommes n'est pas compétent pour annuler la clause litigieuse, ni pour en demander le retrait ou la modification. Cette décision est de la compétence de l'inspecteur du travail exclusivement.

Il peut écarter la clause litigieuse, annuler la sanction prononcée en application d'une clause illégale. Une copie du jugement est adressée à l'inspecteur du travail et aux représentants du personnel, lesquels pourront agir auprès de l'employeur pour obtenir la régularisation.

b. Par le tribunal judiciaire

La Cour de cassation a admis, par un arrêt du 16 décembre 1992, que le **tribunal judiciaire** peut annuler les clauses illégales du règlement intérieur, mais seulement si l'inspecteur du travail ne s'est pas prononcé sur ce point. En effet, le principe de la séparation des pouvoirs oblige le juge judiciaire à ne pas empiéter sur les compétences du juge administratif.

Le tribunal est saisi par toute personne justifiant d'un intérêt. Il s'agit souvent d'un syndicat ou du comité social et économique.

3 Pouvoir disciplinaire et reconnaissance des droits des salariés

Pouvoir ou droit disciplinaire ?

Pouvoir de l'employeur de sanctionner un salarié qui a commis une faute mais droit pour le salarié de bénéficier de garanties : une définition de la sanction disciplinaire large, une procédure obligatoire, des règles limitant le pouvoir de l'employeur (échelle des sanctions, interdictions de certaines sanctions, prescription de la faute...), un contrôle élargi.

Il s'agit donc d'étudier quelle est l'étendue du **pouvoir disciplinaire** de l'employeur et quelles sont les garanties que la loi offre aux salariés afin de les protéger des abus de pouvoirs.

A Mise en œuvre du pouvoir disciplinaire

Quelle est l'étendue du pouvoir de contrôle des salariés avant le prononcé de la sanction ?

1 Contrôle des salariés sous surveillance

a. Principe

L'employeur a le droit de contrôler l'activité des salariés pendant le temps de travail mais ce droit est limité par le respect des libertés fondamentales des salariés.

b. Limites

Il doit respecter trois règles.

Respect des droits et libertés du salarié

La surveillance doit être **justifiée** par la nature du travail à accomplir et être **proportionnée** au but recherché. Les moyens utilisés ne doivent pas porter atteinte à la vie privée du salarié, ni restreindre une liberté fondamentale, ni porter atteinte à la dignité du salarié.

Exemple

Fouilles des effets personnels	Elle ne peut être prévue qu'à titre préventif et doit être justifiée pour des raisons précises (soit en raison de la sécurité collective soit à titre de prévention de vols). Le règlement intérieur doit prévoir les cas et les conditions de la fouille. Elle doit être réalisée en présence du salarié et de témoins à condition que le salarié soit informé de son droit de s'y opposer (Cass. soc. 11 février 2009). Elle doit être effectuée dans des conditions décentes.
Contrôle du téléphone	Un salarié peut utiliser le téléphone de l'entreprise à des fins personnelles à condition de ne pas porter préjudice à l'employeur et de ne pas en abuser (fréquence, longueur de la communication...). L'employeur peut utiliser des autocommutateurs afin de contrôler l'usage du téléphone à des fins personnelles à condition que les salariés soient informés au préalable de ce système. En revanche, l'employeur ne peut pas procéder à des écoutes ou enregistrements téléphoniques sauf cas limités et justifiés. L'employeur peut vérifier les relevés de facture téléphonique sans en avertir les salariés.
Contrôle de la messagerie électronique	Le salarié a droit au respect de l'intimité de sa vie privée, ce qui implique le secret des correspondances. Mais sauf si elle est identifiée comme personnelle, privée ou confidentielle (dans l'objet du message), la correspondance du salarié sur la messagerie professionnelle est présumée professionnelle. Elle peut donc être lue par l'employeur sans l'accord du salarié et sans l'avoir prévenu au préalable.
Utilisation de caméras de contrôle	Elle doit être justifiée par un intérêt légitime notamment l'existence de risques de vol dans l'entreprise ou surveillance d'un poste de travail présentant des risques de danger pour le salarié. La vidéosurveillance ne peut pas être utilisée dans le seul but de contrôler l'activité du salarié. Les salariés doivent être informés au préalable de la mise en place de ce système de vidéosurveillance. – Lieu non ouvert au public : Depuis la mise en place du RGPD (Registre de protection générale des données) le 25 mai 2018, les formalités déclaratives auprès de la CNIL ne sont plus nécessaires. Si l'organisme qui a mis en place des caméras a désigné un Délégué à la protection des données (DPO), ce dernier doit être associé à la mise en œuvre des caméras. Si le dispositif doit faire l'objet d'une analyse d'impact (AIPD), le DPO doit y être associé. L'employeur doit inscrire ce dispositif de vidéosurveillance dans le registre des traitements de données qu'il doit tenir. – Lieu ouvert au public. Outre les formalités prévues pour des caméras filmant un lieu non ouvert au public, il est nécessaire de faire une déclaration auprès du préfet du département (ou le préfet de police de Paris)
Géolocalisation	Depuis la mise en place du RGPD le 25 mai 2018, la mise en place de ce système ne nécessite plus une déclaration à la CNIL, une information des salariés et une consultation du CSE. Si l'organisme qui a mis en place ce système a désigné un Délégué à la protection des données (DPO), ce dernier doit être associé à la mise en œuvre de la géolocalisation. Si le dispositif doit faire l'objet d'une analyse d'impact (AIPD), le DPO doit y être associé. L'employeur doit inscrire ce dispositif de géolocalisation dans le registre des traitements de données qu'il doit tenir. Ce dispositif ne peut pas être utilisé pour contrôler le respect des limitations de vitesse, pour contrôler un employé en permanence, pour calculer le temps de travail des employés alors qu'un autre dispositif est déjà en place

Jurisprudence

Cass. soc. 12 février 2013

L'employeur peut consulter le contenu d'une clé USB appartenant au salarié sans que cela nécessite sa présence. Elle est présumée utilisée à des fins professionnelles dans la mesure où elle est connectée à un outil informatique mis à la disposition du salarié pour l'exécution du contrat de travail.

Cass. soc. 10 février 2015

Selon les magistrats, les messages écrits (« short message service » ou SMS) envoyés ou reçus par le salarié au moyen du téléphone mis à sa disposition par l'employeur pour les besoins de son travail sont présumés avoir un caractère professionnel, en sorte que l'employeur est en droit de les consulter en dehors de la présence de l'intéressé, sauf s'ils sont identifiés comme étant personnels ; qu'il en résulte que la production en justice des messages n'ayant pas été identifiés comme étant personnels par le salarié ne constitue pas un procédé déloyal rendant irrecevable ce mode de preuve. Les SMS à caractère non marqué « personnel » émis et reçus sur du matériel appartenant à l'employeur sont susceptibles de faire l'objet de recherches pour des motifs légitimes. L'utilisation de tels messages par l'employeur ne peut être assimilée à l'enregistrement d'une communication téléphonique privée effectué à l'insu de l'auteur des propos invoqués.

Cass. soc. 26 janvier 2016

Un employeur, pour contrer les arguments de sa salariée, a produit en justice un échange de courriels reçus par la salariée sur sa boîte de messagerie personnelle et émanant d'adresses privées non professionnelles mais provenant de l'ordinateur professionnel mis à sa disposition. Les magistrats de la cour de cassation ont estimé que ces messages électroniques devaient être écartés des débats car leur production portait atteinte au secret des correspondances, la messagerie personnelle de la salariée étant distincte de la messagerie professionnelle dont elle disposait pour les besoins de son activité.

Cass. soc. 25 septembre 2019

L'employeur a trouvé, sur une imprimante de l'établissement, la confirmation d'une réservation du salarié pour un voyage à l'étranger qui a été adressée à celui-ci non sur une adresse électronique privée mais sur l'adresse électronique de l'établissement. Ce document ne relève pas de la vie privée du salarié dès lors que le voyage devait s'effectuer durant son temps de travail.

Une information individuelle et collective

1. Information préalable individuelle

L'employeur doit informer les salariés, avant leur mise en œuvre, des procédés de surveillance.

Exemple : Vidéosurveillance, enregistrement, autocommutateurs téléphoniques...

2. Information préalable collective

Le comité social et économique est informé, préalablement à leur introduction dans l'entreprise, sur les traitements automatisés de gestion du personnel et sur toute modification de ceux-ci. Il est informé et consulté, préalablement à la décision de mise en œuvre dans l'entreprise, sur les moyens ou les techniques permettant un contrôle de l'activité des salariés.

Si l'employeur ne respecte pas cette obligation d'information des salariés et du CSE, il ne peut se servir des moyens de preuve obtenus grâce à ces procédés de surveillance, lesquels sont considérés comme illicites. De plus, il encourt la sanction pénale de délit d'entrave.

La Cour de cassation admet cependant que lorsque ces procédés sont utilisés dans des locaux où les salariés ne travaillent pas (entrepôts de marchandises par exemple), l'information n'est pas nécessaire (arrêt chambre sociale du 31 janvier 2001).

Jurisprudence

Cass. soc. 4 juillet 2012

L'employeur ne peut pas mettre en œuvre un dispositif de contrôle de l'activité des salariés clandestin et déloyal. En l'espèce, l'utilisation de lettres piégées à l'insu du personnel constitue un stratagème rendant la preuve illicite et irrecevable.

Association du délégué à la protection des données (DPD)

Depuis la mise en place en du RDGP le 25 mai 2018, l'employeur n'a plus besoin d'effectuer des formalités déclaratives auprès de la CNIL dès lors qu'il met en place un système de contrôle (sur des supports numériques ou dématérialisés) auprès de la CNIL.

Si l'entreprise qui a mis en place le système de contrôle a désigné un Délégué à la protection des données (DPD/DPO), ce dernier doit être associé à la mise en œuvre de la géolocalisation.

Le délégué doit être désigné « sur la base de ses qualités professionnelles et, en particulier de ses connaissances spécialisées du droit et des pratiques en matière de protection des données, et de sa capacité à accomplir [ses] missions » (article 37.5 du règlement européen).

Il peut être choisi au sein de l'entreprise ou à l'extérieur (prestataire extérieur).

Le délégué doit bénéficier du soutien de l'organisme qui le désigne. L'organisme devra en particulier :

- s'assurer de son implication dans toutes les questions relatives à la protection des données (*ex.* : communication interne et externe sur sa désignation) ;
- lui fournir les ressources nécessaires à la réalisation de ses tâches (*ex.* : formation, temps nécessaire, ressources financières, équipe) ;
- lui permettre d'agir de manière indépendante (*ex.* : positionnement hiérarchique adéquat, absence de sanction pour l'exercice de ses missions) ;
- lui faciliter l'accès aux données et aux opérations de traitement (*ex.* : accès facilité aux autres services de l'organisme) ;
- veiller à l'absence de conflit d'intérêts (voir document CNIL « Devenir délégué à la protection des données »).

L'employeur doit inscrire ce dispositif de contrôle dans un registre des traitements de données qu'il doit tenir. Ce document doit refléter la réalité des traitements de données personnelles et permet d'identifier précisément :

- les parties prenantes (représentant, sous-traitants, co-responsables, etc.) qui interviennent dans le traitement des données,
- les catégories de données traitées,
- à quoi servent ces données (ce qu'on en fait), qui accède aux données et à qui elles sont communiquées,
- combien de temps sont-elles conservées,
- comment elles sont sécurisées (voir documentation CNIL « Le registre des activités de traitement »).

2 Notions de faute et de sanction disciplinaire

Une sanction disciplinaire est une mesure prise par l'employeur à la suite d'agissements du salarié qu'il considère comme fautifs.

Quelles sont les limites du pouvoir de qualification de l'employeur ?

a. Notion de faute

Essai de définition

Il n'y a pas de définition légale de la **faute** pouvant donner lieu à une sanction disciplinaire. L'article L. 1331-1 du Code du travail qui définit la sanction disciplinaire évoque la faute comme « un agissement du salarié considéré par l'employeur comme fautif ».

Il s'agit d'un comportement personnel du salarié, volontaire ou involontaire, constituant un manquement à une obligation, ne correspondant pas à l'exécution normale du contrat de travail.

Étendue du concept

La faute donnant lieu à une sanction peut concerner différents domaines et avoir divers caractères de gravité.

1. Des domaines variés

- Elle peut être une faute disciplinaire : non-respect des règles de discipline, refus d'obéir à un ordre de l'employeur, refus de pointer...
- Elle peut être une faute professionnelle : mauvaise exécution du contrat, par exemple, non-respect de l'obligation de loyauté, s'endormir pendant les heures de travail...
- Elle ne doit pas être une faute commise hors du cadre du travail.

En principe, un fait commis en dehors du temps de travail, qui se rattache à la vie privée n'est pas une faute disciplinaire. Le salarié, comme toute autre personne, a le droit au respect de sa vie personnelle (privée, publique, politique, militante, associative).

Exemple : Un cadre de banque qui émet des chèques sans provision ne peut pas être licencié pour ce motif.

Par exception, un fait commis hors du temps de travail peut être fautif si le salarié a manqué à une obligation découlant de son contrat ou si le fait se rattache à l'activité professionnelle et peut ainsi justifier un licenciement disciplinaire.

Mais le fait commis hors du temps de travail qui cause un trouble caractérisé au sein de l'entreprise ne peut justifier qu'un licenciement personnel non fautif.

Jurisprudence

Cass. soc. 27 mars 2012

La consommation de drogues dures par un salarié navigant commercial pendant un temps d'escale entre deux vols longs courriers constitue une faute grave car en raison des délais d'élimination des drogues dures, il se trouvait nécessairement sous l'influence de produits stupéfiants lors de certains vols. Il n'avait pas respecté les obligations prévues par son contrat de travail et avait ainsi fait courir un risque aux passagers.

Cass. soc. 8 octobre 2014

Les faits de menaces, insultes et comportements agressifs commis à l'occasion d'un séjour organisé par l'employeur dans le but de récompenser les salariés lauréats d'un « challenge » national interne à l'entreprise et à l'égard des collègues ou supérieurs hiérarchiques du salarié, se rattachent à la vie de l'entreprise (notion plus large que celle de vie professionnelle). La faute commise est donc une faute professionnelle susceptible d'un licenciement disciplinaire.

L'employeur reste libre de choisir la sanction en fonction du comportement du salarié, il dispose sur ce point d'un pouvoir d'individualisation.

2. Des degrés de gravité différents

- faute simple ou sérieuse : comportement qui rend impossible la poursuite du contrat après l'exécution du préavis. Elle peut constituer un motif de licenciement ;

- faute grave : celle qui seule peut justifier une mise à pied conservatoire et qui rend impossible la poursuite du contrat. Elle justifie un licenciement sans préavis et sans indemnité de licenciement. ;
- faute lourde : agissements d'une exceptionnelle gravité commis avec l'intention de nuire. Elle justifie un licenciement sans préavis, ni indemnités (licenciement, congés payés).

Preuve de la faute

Elle est à la charge de l'employeur. S'il utilise des moyens de preuve tirés des systèmes de surveillance tels que la vidéosurveillance, le badge électronique... il doit respecter les conditions énoncées plus haut. À défaut, le moyen de preuve est irrecevable.

Prescription de la faute

L'employeur, s'il veut sanctionner la faute, doit engager les poursuites disciplinaires dans le délai de deux mois à compter du jour où il en a eu connaissance.

L'engagement des poursuites disciplinaires correspond à la convocation à l'entretien préalable ou au prononcé de la mise à pied conservatoire.

b. Notion de sanction disciplinaire

Une définition légale large protège les salariés.

Une définition large

1. Principe

Aux termes de l'article L. 1331-1 du Code du travail

« Constitue une sanction toute mesure autre que les observations verbales, prise par l'employeur, à la suite d'un agissement du salarié considéré par lui comme fautif, que cette mesure soit de nature à affecter immédiatement ou non la présence du salarié dans l'entreprise, sa fonction, sa carrière ou sa rémunération. »

Jurisprudence

Cass. soc. 27 février 1985

La Cour de cassation, dans un arrêt du 4 mai 1995, ne reconnaît pas à un agent de maîtrise, sans qualification pour exercer le pouvoir disciplinaire, le droit de sanctionner un salarié.

Le fait de sanctionner un salarié en lui demandant de rester chez lui et en maintenant sa rémunération n'est pas une sanction disciplinaire car elle n'affecte pas sa fonction, sa carrière ou sa rémunération.

2. Formes des sanctions

En principe, ne sont pas des sanctions disciplinaires, les réprimandes exprimées oralement, mêmes accompagnées de mise en garde ou d'injonctions.

Jurisprudence

Cass. soc. 19 mai 2015, n° 13-26.916

Est une sanction disciplinaire l'obligation faite au salarié de s'expliquer par écrit sur des faits qui lui sont reprochés avec conservation de ces explications dans son dossier.

La liste des sanctions est déterminée dans le règlement intérieur s'il y en a un ou dans un accord collectif.

Ce peut être :
- un blâme, un avertissement : il s'agit d'une simple mise en garde ;
- une mise à pied disciplinaire : sanction ayant pour effet la suspension temporaire du contrat de travail ;
- une mutation géographique ou professionnelle : affectation du salarié à un autre poste de qualification équivalente ou à un autre lieu de travail ;
- une rétrogradation : affectation du salarié à un poste de qualification inférieure avec baisse de la rémunération ;
- licenciement disciplinaire : licenciement pour faute simple/sérieuse, grave ou lourde.

L'employeur est tenu de respecter la liste et l'échelle des sanctions prévues.

3. Les deux types de mise à pied

La mise à pied peut être conservatoire ou disciplinaire. Elles se différencient :

Quant à leur nature

La **mise à pied disciplinaire** constitue une sanction à la différence de la mise à pied conservatoire.

La **mise à pied conservatoire** est une mesure provisoire prise dans l'attente d'une sanction disciplinaire. Elle a pour effet de suspendre immédiatement le contrat de travail. Elle est généralement utilisée en cas de faute grave ou lourde du salarié permettant à l'employeur d'écarter le salarié de l'entreprise en attendant l'issue de la procédure disciplinaire et le prononcé de la sanction définitive. Elle est assimilée par la Cour de cassation « à l'engagement des poursuites disciplinaires ».

Dans un arrêt du 3 février 2010, la Cour de cassation estime que le prononcé d'une mise à pied conservatoire n'implique pas nécessairement que le licenciement prononcé ultérieurement présente un caractère disciplinaire. Ce peut être un licenciement pour insuffisance professionnelle.

Selon un arrêt du 30 octobre 2013, l'employeur doit engager la procédure de licenciement dès qu'il notifie la mise à pied conservatoire. En l'espèce, un délai de six jours (entre la notification de la mise à pied conservatoire et l'envoi de la lettre de convocation à l'entretien préalable) a été déclaré excessif. Le licenciement a été jugé sans cause réelle et sérieuse car la mise à pied devenue disciplinaire, l'employeur ne pouvait pas sanctionner une deuxième fois le salarié pour la même faute. Seul un motif légitime justifie un délai.

Quant à la procédure à mettre en œuvre

La mise à pied disciplinaire ne peut être prononcée qu'à l'issue de la procédure disciplinaire, si elle est prévue par le règlement intérieur et que sa durée est également fixée par le règlement intérieur (Cass. soc. 26 décembre 2010).

La mise à pied conservatoire peut être notifiée immédiatement sans avoir à respecter de procédure.

Quant à leurs effets

Si la mise à pied conservatoire est suivie d'un licenciement pour faute grave, elle n'a pas à être rémunérée. Si elle est suivie d'un licenciement pour faute sérieuse ou si l'employeur ne prononce pas de sanction disciplinaire, le salarié doit être rémunéré.

La mise à pied disciplinaire étant par nature une sanction n'est jamais rémunérée.

Les mandats des représentants du personnel ne sont jamais suspendus, que la mise à pied soit conservatoire ou disciplinaire (Cass. soc. 2 mars 2004).

Sanctions interdites

Sont interdites les sanctions pécuniaires, discriminatoires et cumulatives.

Sanctions pécuniaires	Les amendes ou autres sanctions pécuniaires sont interdites. Toute disposition contraire est réputée non écrite. La sanction pécuniaire est nulle. Constitue une sanction pécuniaire, selon l'administration, une retenue sur salaire d'un salarié qui a normalement effectué son travail. Cette interdiction ne concerne que les retenues sur salaire effectuées en raison d'une faute commise par le salarié. Par contre, l'absence de salaire qui résulte du prononcé d'une mise à pied ou d'une rétrogradation ou de l'absence du salarié est licite.
Sanctions discriminatoires	Les sanctions fondées sur un motif discriminatoire sont interdites (*cf.* Titre 3). En revanche, l'employeur peut, dans l'intérêt de l'entreprise, prononcer des sanctions différentes pour des salariés qui ont commis la même faute.
Sanctions cumulatives	Selon la Cour de cassation, en l'absence de faits nouveaux, des faits déjà sanctionnés ne peuvent donner lieu à une deuxième sanction. Toutefois, l'employeur peut invoquer une sanction antérieure de moins de 3 ans à l'engagement des poursuites disciplinaires à l'appui d'une nouvelle sanction. Une sanction de plus de trois ans ne peut donc plus être invoquée. Certains y voient une sorte « d'amnistie permanente ». Certaines conventions collectives de branche prévoient parfois une durée inférieure à trois ans.

Exemple : La privation d'une prime de fin d'année, en cas de faute grave, constitue une sanction pécuniaire prohibée (Cass. soc. 11 février 2009).

3 Garanties procédurales

a. Principe

L'employeur ne peut pas sanctionner un salarié sans avoir au préalable respecté une procédure qui permette au salarié de se défendre.

La procédure est différente selon la gravité des sanctions.

b. Procédure légale simplifiée

Principe

Article L. 1332-1 du Code du travail

« Aucune sanction ne peut être infligée au salarié sans que celui-ci soit informé dans le même temps et par écrit des griefs retenus contre lui. »

Cette procédure dite simplifiée s'applique aux sanctions mineures : avertissement, lettre d'observations, rappel à l'ordre.

La Cour de cassation, dans un arrêt du 19 janvier 1989, a défini la sanction mineure comme étant celle qui n'a pas d'incidence sur la présence du salarié dans l'entreprise, ses fonctions, sa carrière ou sa rémunération.

Procédure

Elle se réduit à la notification écrite, par l'employeur, des griefs retenus et de la sanction infligée au salarié.

c. Procédure légale normale

Principe

Pour toutes les sanctions ayant une incidence, immédiate ou non, sur la présence du salarié dans l'entreprise (licenciement, mise à pied), sa fonction, carrière et rémunération, (rétrogradation, mutation) la procédure normale s'applique.

Procédure pour une sanction autre que le licenciement

Elle comprend trois étapes :

1. **Une convocation à un entretien préalable** dans les deux mois de la découverte de la faute en indiquant la date, l'heure et le lieu de l'entretien, l'objet de la convocation, la possibilité qu'a le salarié de se faire assister par la personne de son choix appartenant à l'entreprise.
2. **Un entretien préalable**, qui ne peut avoir lieu qu'après un délai suffisant à compter de la convocation ; l'employeur indique le motif de la sanction envisagée et recueille les explications du salarié qui peut être assisté par une personne de son choix appartenant à l'entreprise.
3. **Une notification de la sanction par écrit**, soit par lettre remise en mains propres contre décharge, soit par lettre recommandée ; elle doit être motivée de façon précise ; elle ne peut être envoyée moins de deux jours ouvrables ni plus d'un mois après l'entretien.

La lettre recommandée peut être envoyée sous forme électronique.

d. Procédure en cas de licenciement disciplinaire

Si la sanction est un licenciement disciplinaire, la procédure normale s'applique. S'y ajoutent quelques formalités supplémentaires.

Lors de l'entretien, le salarié peut se faire assister par un conseiller salarié, personne extérieure à l'entreprise (*cf.* Chapitre 11) quand elle est dépourvue de représentants du personnel.

Le délai qui s'écoule entre la convocation à l'entretien et l'entretien lui-même est de 5 jours ouvrables minimum.

La notification du licenciement est réalisée par lettre recommandée avec accusé de réception. Elle ne peut être envoyée moins de 2 jours ouvrables ni plus d'un mois après l'entretien sous peine de licenciement sans cause réelle et sérieuse.

B Un contrôle judiciaire étendu

Après le prononcé de la sanction par l'employeur, le salarié peut saisir le conseil de prud'hommes afin qu'il en contrôle le fond et la forme.

1 Étendue du contrôle

Le conseil de prud'hommes contrôle plusieurs points.

a. La régularité de la procédure disciplinaire

Il « *apprécie la régularité de la procédure suivie* » (article L. 1333-1, al. 1). Il doit donc vérifier l'existence de la sanction disciplinaire, sa gravité, s'il s'agit de la procédure simplifiée ou normale et si toutes les étapes de cette procédure ont été respectées.

b. L'existence d'une faute

La sanction doit être justifiée. Le juge « *apprécie si les faits reprochés au salarié sont de nature à justifier une sanction* » (art. L. 1333-1, al. 1). L'employeur doit fournir au juge les éléments qu'il a retenus pour prendre sa décision. Le juge forme sa propre conviction au vu de ces éléments et de ceux fournis par le salarié. Si un doute subsiste, il profite au salarié.

c. La régularité de la sanction

Le juge vérifie si la sanction ne fait pas partie de celles qui sont interdites. Il contrôle également si la sanction est proportionnée à la faute commise. Dans un arrêt du 22 décembre 2023, l'Assemblée plénière de la Cour de cassation a opéré un revirement de jurisprudence. Elle accepte désormais que le juge civil puisse tenir compte, sous conditions, d'éléments de preuve obtenus de manière déloyale.

Jurisprudence

Cass. ass. plén. 22-12-2023 n° 20-20.648
L'Assemblée plénière de la Cour de cassation décide ainsi que désormais « *dans un procès civil, l'illicéité ou la déloyauté dans l'obtention ou la production d'un moyen de preuve ne conduit pas nécessairement à l'écarter des débats. Le juge doit, lorsque cela lui est demandé, apprécier si une telle preuve porte une atteinte au caractère équitable de la procédure dans son ensemble, en mettant en balance le droit à la preuve et les droits antinomiques en présence, le droit à la preuve pouvant justifier la production d'éléments portant atteinte à d'autres droits à condition que cette production soit indispensable à son exercice et que l'atteinte soit strictement proportionnée au but poursuivi* ».

2 Effets

a. Annulation de la sanction

Le conseil de prud'hommes **peut** (ce n'est pas une obligation) **annuler** une sanction irrégulière en la forme ou injustifiée ou disproportionnée à la faute commise (art. L. 1333-2, al. 2) sauf s'il s'agit d'un licenciement disciplinaire. Dans ce cas, le contrat de travail est rompu mais le licenciement est considéré comme étant sans cause réelle et sérieuse ou irrégulier. Seul un licenciement disciplinaire fondé sur un motif discriminatoire peut être annulé.

La juridiction **ne peut pas modifier la sanction**, sauf à la ramener dans les limites fixées dans le règlement intérieur, par le tableau de l'échelle des sanctions.

Si le juge ne prononce pas la nullité de la sanction, il peut décider l'octroi de **dommages intérêts** en réparation du préjudice subi par le salarié.

L'annulation de la sanction a pour effet de rétablir le salarié dans ses droits. Le problème qui se pose alors est de savoir si l'employeur peut prononcer une autre sanction.

b. Possibilité de prononcer une autre sanction

L'employeur ne le pourra pas dans les cas d'absence de faute, de dépassement du délai de prescription de deux mois.

Il le pourra si la première sanction a été annulée pour avoir été disproportionnée à la faute. Dans ce cas, il prononcera une sanction moins lourde. La procédure disciplinaire pour cette deuxième sanction se limitera à une notification dans un délai d'un mois à compter de l'annulation.

4 Primauté des droits fondamentaux sur le pouvoir patronal

Nous exposerons ici les limites à l'exercice du pouvoir de direction ou la recherche d'un équilibre entre le pouvoir patronal ou de l'employeur et le respect de la personne du salarié et de ses droits fondamentaux.

A Définition des droits fondamentaux

Bien qu'évoqués dans différentes règles, ni la loi, ni les juridictions ne définissent cette notion. Ces **droits fondamentaux** ont pour objet la protection du salarié considéré en tant que personne humaine. Ils sont fondés sur la **dignité de la personne**. Ce sont les droits de l'homme, les notions d'égalité, les libertés individuelles, les droits sociaux...

Un texte général fixe le principe et des règles propres à la protection de chaque droit sont également applicables.

Article L. 1121-1 du Code du travail

« Nul ne peut apporter aux droits des personnes et aux libertés individuelles et collectives des restrictions qui ne seraient pas justifiées par la nature de la tâche à accomplir ni proportionnées au but recherché. »

Ce texte est d'application générale, il figure dans le chapitre préliminaire du Code du travail. Un texte semblable s'applique au règlement intérieur (*cf.* Titre 2).

B Moyens de protection

1 Droit d'alerte du comité social et économique

Pour assurer la protection des droits des personnes et des libertés, une **procédure d'alerte** du CSE a été mise en place (art. L 2312-59).

Lorsqu'il y a atteinte aux droits des personnes, à leur santé physique ou mentale ou aux libertés individuelles dans l'entreprise, non justifiées par la nature de la tâche à accomplir ou proportionnées au but recherché, un membre du CSE saisit immédiatement l'employeur.

L'employeur ou son représentant est tenu de procéder sans délai avec un ou plusieurs membres du CSE à une enquête dans l'entreprise et de prendre les dispositions nécessaires à cette situation.

S'il n'y a pas d'enquête ou pas de proposition de solution ou s'il y a divergence sur la réalité de l'atteinte aux droits du salarié, le bureau de jugement du conseil de prud'hommes peut être saisi en référé par le salarié ou le CSE.

2 Sanctions

Les décisions prises en violation des droits fondamentaux du salarié sont nulles. Le salarié peut obtenir réparation du préjudice subi. De plus, des sanctions pénales peuvent s'appliquer si ces violations constituent des infractions.

C Protection des droits fondamentaux

Les lois visant à la protection des droits fondamentaux sont très nombreuses.

Seuls seront étudiés les droits le plus souvent concernés dans l'entreprise : harcèlement, discrimination, atteintes à la dignité humaine, quelques libertés fondamentales.

1 Protection contre le harcèlement moral et sexuel

Le **harcèlement moral et sexuel** représente une forme de violence au travail. La loi a pour objet de garantir le respect des salariés.

► Harcèlement moral (art. L. 1152-1 et suiv. du CT et 222-33-2 du Code pénal)

Article L. 1152-1 du Code du travail

Aucun salarié ne doit subir les agissements répétés de harcèlement moral qui ont pour objet ou pour effet une dégradation de ses conditions de travail susceptible de porter atteinte à ses droits et à sa dignité, d'altérer sa santé physique ou mentale ou de compromettre son avenir professionnel.

Étendue de la protection	**Victimes** : salarié, candidat à l'embauche, stagiaire, témoins **Auteurs** : toute personne dans l'entreprise : employeur, supérieur hiérarchique, collègue mais également une personne extérieure à l'entreprise dès lors qu'elle exerce une autorité de fait ou de droit sur le personnel. **Protection** : il est interdit, sous peine de nullité de la décision, de sanctionner, licencier, prendre une mesure discriminatoire, directe ou indirecte, en matière de rémunération, de formation, de reclassement, d'affectation, de qualification, de classification, de promotion, de mutation ... envers le salarié qui a subi ou refusé de subir des agissements répétés de harcèlement moral. La même protection s'applique aux salariés qui ont témoigné de ces agissements.
Droits de la victime	**Recours** : le salarié peut engager une procédure judiciaire : – saisir le référé prud'homal pour faire cesser un trouble manifestement illicite – saisir le conseil de prud'hommes (prescription 5 ans) ou le tribunal correctionnel (se porte partie civile) **Médiation** : le salarié peut recourir à la médiation avant d'intenter une action en justice. **Preuve** : les modes de preuve sont facilités. Le salarié doit **présenter au juge** (et non plus établir) les éléments de fait laissant supposer l'existence d'un harcèlement. L'auteur du harcèlement doit prouver que ces agissements ne sont pas du harcèlement mais que sa décision repose sur des éléments objectifs. Le juge forme sa conviction.
Prévention	**Obligation de sécurité** : l'employeur a une obligation de sécurité de résultat en matière de prévention du harcèlement. Il doit empêcher sa survenance en prenant toutes les dispositions de prévention. L'absence de faute de sa part ne peut l'exonérer de sa responsabilité (Cass. soc. 23 mai 2013). Toutefois, sa responsabilité peut ainsi être écartée que s'il a mis en œuvre toutes les mesures de prévention prévues par les articles L. 4121-1 et L. 4121-2 du Code du travail, notamment des actions d'information et de formation, et a mis fin au harcèlement dès qu'il en a été avisé (Cass. soc. 1er juin 2016, nº 14-19.702). **Autres acteurs** : le médecin du travail, l'inspecteur du travail, le CSE (référent en matière de lutte contre le harcèlement sexuel et les agissements sexistes), les syndicats.
Sanctions	– Nullité de la rupture du contrat de travail ou de la sanction ou de la mesure discriminatoire – Sanction disciplinaire pour l'auteur salarié – Sanctions pénales – dommages et intérêts si l'auteur est l'employeur. – L'employeur doit **rembourser les allocations chômage** perçues par le salarié dans la limite de 6 mois.

Exemple

La Cour de cassation a reconnu une situation de harcèlement moral car une salariée avait subi des humiliations répétées entraînant une dégradation de ses conditions de travail et un état dépressif. En effet, l'employeur lui avait retiré sans motif son téléphone portable à usage professionnel, l'avait obligée à se présenter tous les matins au bureau de sa supérieure hiérarchique sans justification, lui avait ordonné d'effectuer des tâches sans rapport avec ses fonctions. Ces agissements avaient entraîné des arrêts de travail dus à un état dépressif (Cass. soc. 23 octobre 2004).
Un cadre est victime de harcèlement moral lorsqu'il subit des critiques systématiques de son employeur qui lui confie des tâches avec des délais qu'il ne peut pas tenir, contraint à l'isolement pendant 5 semaines à son retour de congé de maladie (CA de Paris 28 octobre 2003).
Un salarié était systématiquement critiqué par son employeur. Il restait de longues périodes sans affectation précise et se trouvait de ce fait isolé de ses collègues de travail. Il y a harcèlement moral car ces faits répétés ont entraîné une altération de sa santé mentale (Cass. soc. 24 janvier 2006).
Une salariée est licenciée après avoir été convoquée à 5 entretiens en vue d'une sanction, avoir fait l'objet de 3 avertissements en 24 heures et d'une mise à pied disciplinaire. Elle est ensuite déclassée. Il y a harcèlement moral (Cass. soc. 16 avril 2008).
La constitution du harcèlement moral n'implique pas nécessairement une intention de nuire (Cass. soc. 10 novembre 2009).
Les méthodes de gestion mises en œuvre par un supérieur hiérarchique qui constituent des agissements répétés portant atteinte aux droits et à la dignité d'une salariée ou d'un salarié caractérisent un harcèlement moral. (Cass. soc. 10 novembre 2009).

>>>

Des faits de harcèlement moral ont eu pour conséquence l'inaptitude du salarié. Les magistrats jugent que l'inaptitude qui s'inscrit dans un contexte de harcèlement moral imputable à l'employeur rend le licenciement dépourvu de cause réelle et sérieuse (Cass. soc. 15 janvier 2014).
Dès lors que le seul fait imputable à l'employeur est la publicité donnée à la mise en cause du salarié dont les méthodes de management ont été critiquées lors d'une réunion du comité d'entreprise, cet acte unique ne caractérise pas un harcèlement **moral**. (Cass. soc. 24 septembre 2014 n° 13-16.666)
L'attitude réitérée de l'employeur ayant entraîné la dégradation des conditions de travail de la salariée par le refus d'adapter son poste de travail et le fait de lui confier de manière habituelle une tâche dépassant ses capacités, mettait en jeu sa santé, caractérise un harcèlement moral (Cass. soc. 7 janvier 2015).

Harcèlement sexuel (art. L. 1153-1 et 5 du CT et 222-33 du Code pénal)

Article L. 1153-1 du Code du travail

Aucun salarié ne doit subir des faits :

1° Soit de harcèlement sexuel, constitué par des propos ou comportements à connotation sexuelle répétés qui soit portent atteinte à sa dignité en raison de leur caractère dégradant ou humiliant, soit créent à son encontre une situation intimidante, hostile ou offensante ;

Le harcèlement sexuel est également constitué :

a) Lorsqu'un même salarié subit de tels propos ou comportements venant de plusieurs personnes, de manière concertée ou à l'instigation de l'une d'elles, alors même que chacune de ces personnes n'a pas agi de façon répétée ;

b) Lorsqu'un même salarié subit de tels propos ou comportements, successivement, venant de plusieurs personnes qui, même en l'absence de concertation, savent que ces propos ou comportements caractérisent une répétition ;

2° Soit assimilés au harcèlement sexuel, consistant en toute forme de pression grave, même non répétée, exercée dans le but réel ou apparent d'obtenir un acte de nature sexuelle, que celui-ci soit recherché au profit de l'auteur des faits ou au profit d'un tiers.

Les règles relatives au harcèlement moral s'appliquent à l'exception de la médiation.

En cas de nullité du licenciement d'un salarié qui a subi, refusé de subir ou témoigné d'actes de harcèlement sexuel et si le salarié n'est pas réintégré, il a droit à une indemnité ne pouvant être inférieure aux salaires des 6 derniers mois. Cette indemnité s'ajoute au paiement des salaires (s'ils sont dus) qui auraient été perçus pendant la période couverte par la nullité et, le cas échéant, à l'indemnité de licenciement.

Exemple : La cour de cassation a estimé que le fait qu'un salarié tenant à de jeunes stagiaires les propos suivants : « bon, c'est quand qu'on couche ensemble » et leur posant des questions intimes sur leur vie privée, était de nature à caractériser un harcèlement sexuel (Cass. soc. 3 décembre 2014).

Exemple : Est du harcèlement sexuel le fait, pour un employeur, de déposer sur le bureau d'une salariée, des ouvrages ou articles à caractère ou contenu sexuel, de proférer à son encontre des remarques, invitations ou propositions sexuelles parfois accompagnées de gestes déplacés (Cass. crim.13 décembre 2017).

Exemple

Pour déclarer le prévenu coupable de harcèlement sexuel, l'arrêt retient que l'existence de propos écrits revêtant une telle connotation est établie par les courriels et les billets, dont la teneur a été rappelée par l'arrêt, et par lesquels M. Y... T... exprime de façon répétée son désir explicite d'avoir une relation d'ordre sexuel avec sa collègue, en dépit de ses refus réitérés.
L'envoi de ces courriels et le dépôt des messages se sont produits de 2012 à 2015, et qu'à plusieurs reprises au cours de cette période, la victime a exprimé de façon ferme et explicite à leur auteur qu'elle n'entendait nullement répondre favorablement à ses avances et qu'elle l'a invité à cesser de lui écrire.

>>> Le 26 mars 2015, le médecin de prévention a déclaré Mme A... inapte temporaire en raison d'un harcèlement au travail.
Les juges en concluent que M. T... a imposé à Mme A..., d'une façon réitérée, des propos à connotation sexuelle, en dehors de tout contexte de plaisanterie ou de familiarité, créant à son encontre une situation offensante, génératrice d'une incapacité de travail. (Cass. crim., 18 novembre 2020, n° 19-81790).

Dans les lieux de travail ainsi que dans les locaux ou à la porte des locaux où se fait l'embauche, les salariés sont informés par tout moyen des dispositions pénales en matière de harcèlement sexuel (article 222-33 du Code pénal) ainsi que des actions contentieuses civiles et pénales ouvertes en matière de harcèlement sexuel et des coordonnées des autorités et services compétents.

Dans toute entreprise employant au moins deux cent cinquante salariés est désigné un référent chargé d'orienter, d'informer et d'accompagner les salariés en matière de lutte contre le harcèlement sexuel et les agissements sexistes.

2 Protection contre la discrimination

Principe

Le Code du travail édicte un principe général d'interdiction des **discriminations directes ou indirectes** à l'égard des salariés.

Le pouvoir patronal s'exerce dans l'intérêt de l'entreprise. Il ne peut pas être fondé sur des motifs discriminatoires (art. L. 1132-1 du Code du travail).

Définition des discriminations directes et indirectes

- **Discrimination directe** : situation dans laquelle une personne est traitée de manière moins favorable qu'une autre ne l'est dans une situation comparable sur le fondement de son origine, de son sexe, de ses mœurs, de son orientation sexuelle, de son identité de genre, de son âge, de sa situation de famille ou de sa grossesse, de ses caractéristiques génétiques, de la particulière vulnérabilité résultant de sa situation économique, apparente ou connue de son auteur, de son appartenance ou de sa non-appartenance, vraie ou supposée, à une ethnie, une nation ou une prétendue race, de ses opinions politiques, de ses activités syndicales ou mutualistes, de ses convictions religieuses, de son apparence physique, de son nom de famille, de son lieu de résidence ou de sa domiciliation bancaire, ou en raison de son état de santé, de sa perte d'autonomie ou de son handicap, de sa capacité à s'exprimer dans une langue autre que le français.
- Discrimination indirecte : disposition, critère, pratique neutre en apparence mais susceptible d'entraîner un désavantage particulier pour des personnes par rapport à d'autres personnes, pour un motif discriminatoire (sauf si cette disposition est objectivement justifiée par un but légitime).

Personnes protégées et situations visées

Sont protégés les salariés, les candidats au recrutement, les stagiaires, les salariés en formation, et tout salarié qui a relaté ou témoigné des agissements discriminatoires.

L'employeur ne peut pas écarter une personne d'une procédure de recrutement ou de l'accès à un stage ou d'une période de formation.

Il ne peut pas sanctionner, licencier ou écarter un salarié d'une décision relative à la rémunération, formation, reclassement, affectation, qualification, classification, promotion professionnelle, mutation, renouvellement de contrat, pour un motif discriminatoire.

Motifs de discrimination

La loi énumère les **motifs discriminatoires**. Sont discriminatoires les décisions fondées sur l'origine, le sexe, les mœurs, l'orientation sexuelle, l'identité de genre, l'âge, la situation de famille ou de grossesse, les caractéristiques génétiques, la particulière vulnérabilité résultant de la situation économique, apparente ou connue de son auteur, l'appartenance ou la non-appartenance, vraie ou supposée, à une ethnie, une nation ou une prétendue race, les opinions politiques, les activités syndicales ou mutualistes, les convictions religieuses, l'apparence physique, le nom de famille, le lieu de résidence ou la domiciliation bancaire, l'état de santé, la perte d'autonomie ou le handicap, la capacité à s'exprimer dans une langue autre que le français.

Régime

1. Mode de preuve

En cas de litige, le salarié victime présente les éléments laissant supposer l'existence d'une discrimination directe ou indirecte. Au vu de ces éléments, l'employeur doit prouver que sa décision est justifiée par des éléments étrangers à toute discrimination.

Le juge forme sa propre conviction.

2. Recours

Le salarié peut intenter une action en justice devant le conseil des prud'hommes pour faire annuler la décision discriminatoire et obtenir des dommages et intérêts. Le délai de prescription pour agir est de 5 ans.

Il peut saisir la juridiction pénale en déposant plainte.

Un syndicat représentatif peut exercer l'action de justice en substitution.

3. Sanctions

Toute décision prise par l'employeur est nulle. Le salarié peut être réintégré à sa demande. Il a droit aux indemnités légales de rupture (*cf.* Chapitre 11) et à des dommages et intérêts.

En cas de **nullité du licenciement**, si le salarié n'est pas réintégré, il a droit à une **indemnité** ne pouvant être inférieure aux salaires des 6 derniers mois. Cette indemnité s'ajoute au paiement des salaires (s'ils sont dus) qui auraient été perçus pendant la période couverte par la nullité et à l'indemnité de licenciement.

L'employeur doit **rembourser les allocations chômage** perçues par le salarié dans la limite de 6 mois.

Si la discrimination est le fait d'un salarié, il encourt une sanction disciplinaire.

De plus, l'auteur de la discrimination commet un délit pénal passible d'une peine d'emprisonnement et d'amende[1].

4. Prévention et contrôle

Le CSE peut utiliser son droit d'alerte.

L'inspecteur du travail peut se faire communiquer tout document ou toute information utile à la constatation de faits susceptibles de permettre d'établir l'existence ou l'absence d'une méconnaissance des dispositions interdisant les discriminations. Le Défenseur des droits (ex HALDE) est une autorité constitutionnelle indépendante. Il a pour mission de lutter contre les discriminations directes ou indirectes prohibées par la loi.

Jurisprudence

Cass. soc. 12 février 2013

L'employeur avait mis en œuvre une méthode dite de « sensibilisation aux enjeux de désorganisation de la production » et procédait dans ce cadre à des entretiens « retour d'absence » quels que soient la durée et le motif de l'absence, y compris en cas de maladie ou d'accident du travail, au cours desquels étaient évoquées les perturbations de l'organisation de l'entreprise résultant de l'absence, cet entretien donnant lieu à l'établissement d'un document signé par le salarié concerné. Les magistrats ont estimé que les salariés absents pour cause de maladie subissaient en raison de leur état de santé une discrimination indirecte caractérisée, malgré le caractère apparemment neutre du dispositif.

1 Délit de discrimination : emprisonnement de 3 ans et amende de 45 000 €.

3 Protection contre l'atteinte à la dignité

L'employeur ne peut pas imposer au salarié des conditions de travail indignes. Il s'agit là encore d'une forme de violence au travail. C'est le droit pénal qui protège la dignité du salarié.

Le fait de soumettre une personne, dont la vulnérabilité ou l'état de dépendance sont apparents, ou connus de l'auteur, à des conditions de travail ou d'hébergement incompatibles avec la dignité humaine est puni de 5 ans d'emprisonnement et 150 000 € d'amende (art. 225-13 du Code pénal).

Jurisprudence

Cass. crim. 4 mars 2003

Un employeur a été condamné pour délit de soumission de personnes vulnérables à des conditions de travail indignes. Il s'agissait de vexations par insultes publiques, humiliations par divers procédés (retrait des coussins des chaises, interdiction de porter des gilets en cas de froid...) des hurlements et des cris (lorsqu'il s'adressait aux salariés), cadences et conditions de travail incompatibles avec la dignité humaine.

Les tribunaux civils veillent également à la protection de la dignité humaine.

Selon la jurisprudence, il y a également atteinte à la dignité humaine lorsque les circonstances qui entourent un licenciement sont humiliantes.

4 Respect des libertés fondamentales

L'employeur ne peut pas porter atteinte aux libertés des salariés dans l'entreprise : liberté de pensée, d'opinion, de culte, d'expression. Il doit respecter la vie privée du salarié, son domicile, sa correspondance...

La liberté de se vêtir n'est pas considérée par la cour de cassation comme une liberté fondamentale[2]. Selon la loi du 11 octobre 2010, il est interdit de porter des tenues destinées à dissimuler le visage dans l'espace public. Sont concernées les personnes travaillant dans les cafés, restaurants, transports collectifs, salles de spectacles...

La violation d'une liberté fondamentale entraîne la nullité de la décision prise sur ce fondement.

Jurisprudence

CE 12 février 2020

Le port de la barbe ne suffit pas à caractériser la manifestation de convictions religieuses.

2 Voir Cass. soc. 28 mai 2003 sur le site.

Le contrat de travail, qui place le salarié dans une situation de subordination juridique, sert de fondement au pouvoir réglementaire et au pouvoir disciplinaire de l'employeur.

Règlement intérieur

Le règlement intérieur est un document écrit regroupant l'ensemble des règles générales et permanentes édictées par l'employeur dans le domaine de l'hygiène, la sécurité, la discipline et la procédure disciplinaire.
L'élaboration du règlement intérieur est obligatoire dans les entreprises dont l'effectif moyen est au moins égal à 20 salariés.
La rédaction du règlement intérieur est réalisée par l'employeur. Mais celui-ci doit respecter des formalités de publicité.
Son contenu est limité au domaine de l'hygiène, de la sécurité, de la discipline et de la procédure disciplinaire. Les clauses contenant une disposition restreignant sans justification les droits fondamentaux des salariés sont interdites ainsi que celles qui sont contraires aux lois et règlements, celles qui sont discriminatoires.
L'inspecteur du travail peut à tout moment exiger le retrait ou la modification d'une clause qu'il juge contraire à la loi.
Le juge, s'il est saisi, peut écarter l'application d'une clause illégale.

Pouvoir disciplinaire

Le pouvoir disciplinaire permet à l'employeur d'imposer une sanction à un salarié ayant commis un agissement fautif, sous réserve de respecter la procédure disciplinaire.
Un agissement est fautif s'il constitue la violation d'une obligation légale, conventionnelle, contractuelle ou réglementaire. L'employeur apprécie la gravité de la faute qui peut être simple, sérieuse, grave ou lourde.
La sanction est une mesure décidée par l'employeur de nature à affecter la présence du salarié dans l'entreprise, sa fonction, sa carrière ou sa rémunération. Elle doit être disponible, c'est-à-dire prévue par le règlement intérieur, et ne pas être interdite en tant que sanction pécuniaire ou discriminatoire.
La procédure disciplinaire est composée de trois étapes (convocation du salarié, entretien, notification) et enfermée dans certains délais (délai de 2 mois pour l'engagement des poursuites, délai d'un mois pour la notification de la décision).
Le salarié sanctionné peut saisir la justice en soutenant que la sanction est irrégulière, injustifiée ou disproportionnée. Le conseil de prud'hommes peut alors annuler la sanction (sauf s'il s'agit d'un licenciement) et accorder des dommages-intérêts.

Protection des droits fondamentaux

Tout salarié est protégé contre le harcèlement sexuel et moral, contre les discriminations, les atteintes à la dignité et aux libertés fondamentales.
Le pouvoir de l'employeur est ainsi limité au respect de ces principes fondamentaux.

Applications

Préparez-vous à l'examen

EXO 09.01

a - Un salarié refuse une mutation disciplinaire justifiée.

b - Un salarié tient des propos racistes à l'encontre de son supérieur hiérarchique.

c - Un salarié d'une banque mis en examen et condamné pour vol de véhicules et falsifications de pièces d'identité.

d - Un salarié refuse de recevoir les lettres lui notifiant un avertissement.

e - Une salariée n'a pas révélé à son employeur son état de grossesse.

→ **Travail à faire**

Les faits relèvent-ils du droit disciplinaire ?

EXO 09.02

L'entreprise Choco est une chocolaterie employant 25 salariés. L'employeur a constaté que des boîtes de chocolat disparaissaient fréquemment de l'entrepôt. Il a fait installer des caméras dans cet entrepôt afin de prendre les voleurs sur le fait sans en informer le personnel ni le CSE. Quelques jours plus tard, grâce au film, il s'aperçoit que Mathieu se trouve dans cet entrepôt alors que son poste de travail se trouve dans un autre lieu. Il le convoque alors à un entretien préalable dans le but de lui infliger une rétrogradation, laquelle est notifiée au salarié selon les prescriptions légales. De plus, l'employeur décide de faire une retenue de 50 € par mois pendant 10 mois sur le salaire de Mathieu afin de réparer le préjudice subi par l'entreprise.

Mathieu conteste la sanction disciplinaire d'une part car le contrôle par caméra est selon lui illicite et que d'autre part, l'employeur ne peut pas lui imposer une rétrogradation. Il conteste également la retenue sur salaire.

→ **Travail à faire**

Mathieu a-t-il raison de contester les décisions de l'employeur ?

EXO 09.03

a - Art. 10 Les locaux sont ouverts de 7 h à 20 h.

b - Art. 11 Les salariés doivent respecter l'horaire de travail affiché.

c - Art. 12 Le personnel n'a accès aux locaux de l'entreprise que pour l'exécution de son contrat de travail, à l'exception du respect des droits syndicaux ou de représentation du personnel.

d - Art. 14 Aucun salarié ne peut s'absenter de son poste de travail sans motif valable ni quitter l'établissement sans autorisation préalable.

e - Art. 15 L'utilisation d'Internet, de l'intranet, du téléphone, du fax et de la messagerie électronique... de l'entreprise peut être réalisée pour un usage personnel, à condition d'être utilisé de bonne foi. L'employeur se réserve le droit d'accéder à la messagerie personnelle des salariés.

f – Art. 16 Tout retard doit être signalé et justifié auprès du Directeur des Ressources Humaines.

g – Art. 17 Toute absence non motivée, tout retard non justifié pourra donner lieu à un licenciement.

h – Art. 18. L'employeur peut être conduit à effectuer des contrôles aux sorties de l'établissement. Une fouille corporelle et des effets personnels est possible.

i – Art. 19 Les salariés ayant à leur disposition un véhicule de l'entreprise doivent le rendre dans l'état de propreté où il a été pris sous peine d'une pénalité de 5 € déduite du salaire.

→ Travail à faire

Indiquez si les clauses extraites d'un règlement intérieur sont légales ou non. Justifiez votre réponse.

EXO 09.04

a – Licenciement prononcé avec mise à pied conservatoire d'un salarié qui a injurié son supérieur hiérarchique.

b – Retenue sur salaire de 50 € pour défaut de propreté de la tenue mise à la disposition du salarié par l'employeur.

c – Non versement d'une prime de résultat, celui-ci n'ayant pas été atteint.

d – Mise à pied de 3 jours prononcée le 1er septembre pour une faute commise le 1er juin.

→ Travail à faire

Les sanctions disciplinaires sont-elles valables ?

EXO 09.05

→ Travail à faire

Comparez mise à pied conservatoire et mise à pied disciplinaire.

EXO 09.06 Harcèlement moral

Madame X, ingénieur chimiste, s'estime victime de harcèlement moral de la part de son supérieur hiérarchique. En effet, elle est victime d'humiliations devant ses collègues. Elle travaille seule dans un local sans avoir de contact avec d'autres salariés. Récemment, on lui a retiré une partie des tâches qu'elle effectuait auparavant pour les confier à un autre salarié qui de ce fait a une surcharge de travail. Des remarques relatives à son physique (elle a de belles rondeurs) sont fréquentes et désobligeantes. Elle a reçu un avertissement pour être arrivée en retard 3 minutes un jour alors qu'elle avait eu une panne de voiture et qu'elle avait aussitôt prévenu de son retard, qu'elle a d'ailleurs récupéré. Elle vient de recevoir une lettre de mise à pied pour travail non fait mais sans plus de précisions.

Elle écrit au membre du CSE pour l'informer de ces faits (elle l'avait déjà informé oralement à plusieurs reprises). Elle lui demande d'agir.

→ Travail à faire

Rédigez la lettre adressée au CSE.

EXO 09.07

Cour de cassation, chambre sociale, arrêt du 25 janvier 2011

Attendu, selon l'arrêt attaqué, que Mme X… a été engagée le 6 novembre 1978 par l'Association roussillonnaise d'action sociale (ARAS) en qualité d'infirmière au sein du Centre professionnel Aristide Maillol, institut médico-éducatif relevant de la convention collective des établissements et services pour personnes inadaptées et handicapées du 15 mars 1966 ; qu'elle a fait l'objet de plusieurs arrêts de travail pour maladie puis a été mise en invalidité deuxième catégorie à compter du 1er juin 2005, (…). La salariée a été déclarée, à l'issue de deux visites médicales des 13 et 30 juin 2006, inapte à tout poste dans l'entreprise puis licenciée le 2 août 2006 ; qu'elle a saisi la juridiction prud'homale de diverses demandes notamment (…) au titre du harcèlement moral ; Mais sur le moyen unique du pourvoi principal de la salariée :

Vu les articles L. 1152-1 et L. 1154-1 du Code du travail ;

Attendu qu'en application de ces textes, lorsque le salarié établit la matérialité de faits précis et concordants constituant selon lui un harcèlement, il appartient au juge d'apprécier si ces éléments, pris dans leur ensemble, permettent de présumer l'existence d'un harcèlement moral et, dans l'affirmative, il incombe à l'employeur de prouver que ces agissements ne sont pas constitutifs d'un tel harcèlement et que sa décision est justifiée par des éléments objectifs étrangers à tout harcèlement ;

Attendu que pour débouter la salariée de sa demande de dommages-intérêts pour harcèlement moral, l'arrêt retient que l'essentiel des pièces produites par l'intéressée concerne uniquement les multiples courriers que cette dernière a écrits, à partir de 1999, à son employeur (soit au président de l'ARAS, soit au directeur général, soit au directeur de l'établissement) mais aussi aux membres du CHSCT, à l'inspection du travail et à la DDASS, courriers par lesquels elle dénonce les moindres décisions, les réponses, les remarques de sa hiérarchie tant sur le fonctionnement de l'établissement que sur les points qui la concernent personnellement ; que les trois ou quatre attestations qu'elle verse aux débats ne concernent pas son litige, mais celui de M. Y… qui a été son ami, travaillait dans le même établissement et a été en conflit également avec l'employeur ; que, quant aux documents médicaux, il est communiqué un certificat d'un psychiatre en date du 22 novembre 1999 attestant qu'elle avait avec ce médecin une consultation à l'époque de deux fois par semaine, et les avis d'arrêt de travail mentionnant qu'elle était en dépression, mais sans qu'aucun lien ne soit évoqué avec son activité professionnelle ; qu'il n'existe aucun élément pouvant laisser présumer l'existence d'un harcèlement quant aux faits que la salariée invoque notamment sur les propos menaçants et déplacés de M. Z… à son encontre, ni sur le discrédit jeté sur la qualité de son travail ou son isolement ; qu'il appartient au pouvoir de direction de l'employeur de contrôler le travail des salariés et l'amplitude de leurs horaires, aucun reproche à ce titre ne peut donc prospérer ; que, quant au retrait des moyens nécessaires à l'exécution de son travail, là encore l'analyse avancée par la salariée ne peut être accueillie, l'employeur ayant pris l'option après avis du comité d'entreprise de limiter le recours systématique à un chauffeur pour accompagner les jeunes chez le dentiste, de choisir un dentiste plus proche de l'établissement et ce pour des contraintes imposées par des impératifs de gestion et d'organisation de la vie de l'établissement auquel l'infirmière ne pouvait s'opposer, décision validée au demeurant par le médecin de la commission départementale de l'éducation spéciale ainsi qu'il en est justifié ; que, s'agissant de la permutation des locaux d'infirmerie avec ceux du psychologue et du psychiatre, cette décision a été prise avec l'accord de la DDASS et ce pour une mise aux normes ; qu'il en est de même du changement de clefs du secrétariat, décidé par l'inspecteur de la DDASS suite à différents vols constatés, rien ne permettant d'établir que la salariée ne pouvait avoir la clef du local de l'infirmerie ; que, sur le fait de la « pousser à la faute », les demandes de régularisation des attestations de soins ou de communication de registre d'accidents bénins et de bilan de protocole ressortent du pouvoir de direction de l'employeur auquel ne peut échapper la salariée et qui en aucun cas ne peuvent laisser présumer un quelconque harcèlement, l'employeur n'ayant d'ailleurs pas soumis le défaut d'obtempérer à une sanction disciplinaire ; qu'en ce qui concerne l'atteinte à ses droits, aucune action répétée ne peut être retenue à l'endroit de l'employeur lequel a réglé la prime de camp après vérification comme il en avait le droit auprès de la commission d'interprétation de la convention collective et, s'agissant de la revalorisation de son coefficient, c'est la salariée qui a saisi directement le comptable et non l'employeur qui est à l'origine du conflit ;

Qu'en statuant ainsi, alors qu'il lui appartenait de se prononcer sur l'ensemble des éléments retenus afin de dire s'ils laissaient présumer l'existence d'un harcèlement moral et, dans l'affirmative, d'apprécier les éléments de preuve fournis par l'employeur pour démontrer que les mesures en cause étaient étrangères à tout harcèlement moral, la cour d'appel a violé les textes susvisés ;

PAR CES MOTIFS : CASSE ET ANNULE…

→ **Travail à faire**

Analysez l'arrêt en rappelant les règles de la preuve du harcèlement.

Pouvoirs de l'employeur et protection de la santé des travailleurs

Chapitre 10

COMPÉTENCES ATTENDUES

- **Identifier les instances chargées de la protection de la santé du salarié, et exposer leurs attributions.**
- **Vérifier la possibilité pour un salarié d'exercer son droit de retrait et/ou son droit d'alerte, dans une situation donnée.**
- **Analyser l'étendue de l'obligation de sécurité de l'employeur et les sanctions.**

PLAN DU CHAPITRE

1 Obligations en matière de sécurité

A Obligations de l'employeur

B Obligation et droits des salariés

2 Le rôle du CSE dans la protection de la santé

A Rôle général du CSE en matière de protection de la santé

B La commission santé, sécurité et conditions de travail (CSSCT)

3 Les services de prévention et de santé au travail (SPST)

A Mise en place

B Les missions de la médecine du travail

4 Applications

SYNTHÈSE P. 242

APPLICATIONS P. 243

LES RÉFÉRENCES POUR COMPRENDRE LE CONTEXTE

En 2022, le taux est encore de 29 accidents du travail pour 1 000 salariés. En ce qui concerne les maladies professionnelles, environ 43 000 cas ont été reconnus en 2022.

Cour de cassation, civile, Chambre civile 2, 8 octobre 2020, 18-25.021, Publié au bulletin

Faits et procédure

1. Selon l'arrêt attaqué (Paris, 28 septembre 2018), le 31 juillet 2008, M. U..., salarié en qualité de conducteur receveur de la société N'4 Mobilités (l'employeur), a été victime d'une agression physique, à bord de l'autobus qu'il conduisait. La caisse primaire d'assurance maladie de Seine-et-Marne ayant pris en charge cet accident au titre de la législation professionnelle, M. U... a saisi une juridiction de sécurité sociale d'une action en reconnaissance de la faute inexcusable de l'employeur.

[...]

Réponse de la Cour

Vu les articles L. 452-1 du code de la sécurité sociale, L. 4121-1 et L. 4121-2 du code du travail :

4. Le manquement à l'obligation légale de sécurité et de protection de la santé à laquelle l'employeur est tenu envers le travailleur a le caractère d'une faute inexcusable lorsque l'employeur avait ou aurait dû avoir conscience du danger auquel était soumis le travailleur et qu'il n'a pas pris les mesures nécessaires pour l'en préserver.

5. Pour dire que la connaissance par l'employeur d'un danger antérieurement à l'accident n'est pas établie et rejeter la demande en reconnaissance de la faute inexcusable de celui-ci, l'arrêt retient qu'au jour de l'accident, seules quatre agressions en vingt mois avaient été signalées sur la ligne. Il relève que si, à l'évidence, M. U... souhaitait changer de ligne, il ne justifie pas avoir signalé à son employeur les injures, humiliations et menaces dont il faisait état dans son courrier du 29 juillet 2008, faits distincts de l'agression qui s'est réalisée. Il ajoute qu'aucun élément ne permet de démontrer qu'avant cette date, l'employeur connaissait ce danger particulier d'agression, et que, des attestations produites, il ressort que dès que la direction a été informée de son souhait de changer de ligne, elle a recherché à le remplacer, le 30 juillet, mais n'a trouvé personne, les autres collègues refusant. Il précise, enfin, que si le document unique d'évaluation des risques répertorie bien le risque d'agression lors de la vente et du contrôle des titres de transport et le risque de stress lié à la présence de public, aucune réunion du CHSCT n'alerte sur ce danger particulier d'agression avant l'accident, que ce n'est que dans le procès-verbal de réunion du CHSCT du 5 février 2009 qu'il est mentionné un projet de vidéo-surveillance et que ce système sera effectivement mis en place, début 2013, pour l'ensemble des véhicules de transport de la société.

6. En statuant ainsi, alors qu'il résultait de ses constatations que l'employeur avait ou aurait dû avoir conscience du risque d'agression physique auquel étaient exposés les conducteurs, la cour d'appel, qui n'a pas tiré les conséquences légales de ses propres constatations, a violé les textes susvisés.

[...]

MOTS CLÉS

Droit à la santé, sécurité, CSSCT, médecine du travail.

1 Obligations en matière de sécurité

Tant l'employeur que le salarié ont des obligations en matière de sécurité.

Ces obligations concernent tous les employeurs de droit privé et tous les salariés et stagiaires, quelle que soit la nature du contrat de travail les liant à leur employeur.

A Obligations de l'employeur

L'employeur a une obligation générale de sécurité. Il doit également former ses salariés en ce domaine.

1 Obligation générale d'hygiène et de sécurité

a. Définition de l'obligation de sécurité

L'employeur, quel que soit l'effectif de l'entreprise, doit prendre les mesures nécessaires pour assurer la sécurité et protéger la santé physique et mentale de chaque salarié.

Il doit évaluer et prévenir les risques professionnels.

Cette obligation est désormais considérée par la Cour de cassation comme une **obligation de moyens renforcée** : l'employeur ne manque pas à son obligation s'il justifie avoir pris toutes les mesures nécessaires, en termes d'évaluation des risques, de prévention, d'information et formation et mise en place de moyens adaptés. En revanche, il n'est pas nécessaire que le risque se soit réalisé pour que l'employeur engage sa responsabilité.

Jurisprudence

Cass. soc. 1er juin 2016, nº 14-19702

*Selon cet arrêt de principe, l'employeur **n'est plus automatiquement** responsable du **harcèlement** subi par un salarié. Il peut s'exonérer s'il justifie avoir pris les mesures de prévention obligatoires et s'il a pris immédiatement (dès qu'il a été informé de l'existence des faits de harcèlement) les mesures propres à le faire cesser.*

b. Prévention des risques professionnels

L'employeur doit évaluer les risques pour la sécurité et la santé physique et mentale des salariés, en fonction des activités de son entreprise. À cet effet, il doit établir un **document unique d'évaluation des risques professionnels (DUERP)** dans lequel est consigné le bilan de cette évaluation. Ce document doit être mis à jour une fois par an au moins. Il peut être consulté par les salariés, le CSE, l'inspecteur du travail et le médecin du travail.

L'employeur doit également désigner un responsable sécurité ou faire appel à un intervenant extérieur.

c. Prévention des risques professionnels (« pénibilité »)

L'employeur doit engager des actions de prévention portant sur les facteurs de risques professionnels. Ces risques sont au nombre de 10 et peuvent concerner tous les salariés.

Pour 6 de ces risques, un compte professionnel de prévention (C2P) doit être ouvert pour les salariés exposés à ces risques au-delà de seuils.

Les entreprises dont une partie des salariés sont exposés à un ou plusieurs des 6 facteurs doivent être couvertes par un accord collectif ou un plan d'action relatif à la prévention des risques professionnels.

Cette obligation s'impose également aux entreprises « accidentogènes » d'au moins 50 salariés dont le taux d'accident du travail est considéré comme trop élevé.

d. Hygiène, sécurité et conditions de travail

Exemple

L'employeur est tenu de respecter des règles spécifiques d'hygiène, de sécurité et d'amélioration des conditions de travail.
En matière d'hygiène : aménagement des locaux de travail de manière à garantir la sécurité des travailleurs, tenue dans un état constant de propreté, aération et assainissement ;
En matière de sécurité : prévention des incendies, équipements de protection individuels... ;
En matière de conditions de travail : réduction du bruit, protection contre le froid, respect de la durée du travail, respect de la dignité humaine...

En matière de tabagisme et de vapotage

Le décret du 16 novembre 2006 fixe les conditions de l'interdiction de fumer dans les lieux publics. Il est interdit de fumer : « dans tous les lieux fermés et couverts qui accueillent du public ou qui constituent des lieux de travail ».

Cette interdiction s'applique aussi bien dans les espaces collectifs que dans les bureaux individuels.

Il est également interdit de vapoter dans les lieux de travail fermés et couverts à usage collectif. Cette interdiction ne concerne pas les bureaux individuels, mais l'interdiction peut être prévue par le règlement intérieur.

L'employeur peut aménager des espaces fumeurs à sa convenance.

Jurisprudence

Cass. soc. 15 janvier 2014, n° 12-20321
Le salarié avait été surpris en train de fumer avec deux collègues dans un local présentant un risque d'incendie et d'explosion lié à la présence de polyester et au passage d'une conduite de gaz.
La Cour de cassation a estimé que le comportement de l'intéressé, membre de l'équipe de première intervention incendie au sein de l'entreprise, qui n'invoquait ni l'absence d'interdiction d'accès au local ou de réglementation d'accès à celui-ci, ni le défaut d'affichage de consignes de sécurité dans ce local, était constitutif d'une faute grave rendant impossible la poursuite du contrat de travail.

En matière d'alcool

L'employeur a une double obligation. D'une part, il doit veiller à l'absence de consommation d'alcool dans l'entreprise. D'autre part, il doit surveiller l'état d'ébriété des salariés. À défaut, sa responsabilité peut être engagée. Le médecin du travail doit jouer un rôle actif en la matière.

En effet, le Code du travail interdit l'introduction et la consommation de boissons alcoolisées dans l'entreprise autres que le vin, la bière, le cidre et le poiré. Il est d'autre part interdit à tout employeur de laisser entrer ou séjourner dans les lieux de travail des personnes en état d'ivresse.

Lorsque la consommation de ces boissons alcoolisées tolérées est susceptible de porter atteinte à la sécurité et la santé physique et mentale des travailleurs, l'employeur peut prévoir dans le règlement intérieur ou, à défaut, par note de service, les mesures permettant de protéger la santé et la sécurité des travailleurs et de prévenir tout risque d'accident. Ces mesures, qui peuvent notamment prendre la forme d'une limitation voire d'une interdiction de cette consommation, doivent être proportionnées au but recherché, une interdiction générale ne pouvant se fonder que sur une situation particulière de risques.

En matière de harcèlement moral ou sexuel

L'employeur manque à son obligation de sécurité lorsqu'un salarié est victime sur le lieu de travail d'agissements de harcèlement moral ou sexuel. L'employeur doit prendre toutes dispositions nécessaires en vue de prévenir les agissements de harcèlement moral, les faits de harcèlement sexuel, les **agissements sexistes**, d'y mettre un terme et de les sanctionner.

Un référent en matière de lutte contre le harcèlement sexuel et les agissements sexistes doit être désigné par le CSE parmi ses membres.

e. Sanctions des manquements à l'obligation de sécurité

La responsabilité civile de l'employeur n'est pas automatique en cas d'accident du travail ou de maladie professionnelle. Un employeur commet une faute inexcusable, pouvant engager sa responsabilité, dès lors que :

- il a manqué à son obligation de sécurité en ne prenant pas toutes les mesures nécessaires, alors qu'il avait ou aurait dû avoir conscience du danger.

La reconnaissance de la faute inexcusable permet à la victime ou ses ayants droit d'obtenir une majoration de leur rente par la SS, outre la réparation de ses différents préjudices.

Le salarié peut prendre acte de la rupture de son contrat quand l'employeur n'a pas respecté son obligation de sécurité.

L'employeur peut également voir sa responsabilité pénale engagée (voir 3.).

2 Obligation de formation à la sécurité

Outre l'obligation d'information des salariés, l'employeur est tenu d'une obligation générale de formation.

a. Obligation d'information

> **Selon l'article L. 4 141-1 du Code du travail**
>
> *« L'employeur est tenu d'organiser et de dispenser une information des salariés sur les risques pour la santé et la sécurité et les mesures prises pour y remédier ».*

L'information doit être faite lors de l'entrée du salarié dans l'entreprise puis chaque fois que cela est nécessaire.

b. Obligation générale de formation

> **Selon l'article L. 4 141-2 du Code du travail**
>
> *« L'employeur a l'obligation d'organiser une formation pratique et appropriée en matière de sécurité pour les salariés nouvellement embauchés, ceux qui changent de poste ou de technique, les salariés en CDD ou en intérim, ceux qui reprennent leur activité après un arrêt de travail de 21 jours si le médecin du travail la demande ».*

Cette formation doit porter sur les conditions de circulation dans l'entreprise, les conditions d'exécution du travail et les conduites à tenir en cas d'accident.

La formation à la sécurité doit être renforcée pour les salariés en CDD ou CTT et les stagiaires qui sont affectés à des postes présentant des risques particuliers. Le non-respect de cette obligation renforcée fait peser sur l'employeur une **présomption de faute inexcusable**, en cas d'accident du travail ou de maladie professionnelle.

3 Responsabilité pénale de l'employeur

a. Principe

La **responsabilité pénale de l'employeur** peut être engagée en cas de non-respect des règles du Code du travail relatives à l'hygiène et à la sécurité. Elle peut également être engagée en cas d'accident du travail ayant occasionné décès ou blessures, ou en cas de risque d'accident, en vertu des dispositions du Code pénal.

La responsabilité est celle de la personne physique dirigeant l'entreprise ou représentant légal de la personne morale.

Une délégation de pouvoir à un salarié exonère l'employeur à condition que le délégataire qui en est investi soit pourvu de la compétence, des pouvoirs et de l'autorité nécessaires pour l'exercer. Le salarié encourt alors la sanction pénale.

Il est également possible de mettre en cause pénalement la personne morale elle-même, dès lors que l'infraction a été commise pour son compte et par ses organes ou représentants.

Un accident du travail peut entraîner à la fois la responsabilité pénale de la société et du chef d'entreprise si celui-ci a commis une faute personnelle, celle-ci pouvant consister en un manquement à une obligation de sécurité ou de prudence.

b. Principales infractions prévues au Code pénal

Homicide par imprudence

L'article 221-6 du Code pénal prévoit que l'employeur encourt une peine d'emprisonnement de 3 ans et 45 000 € d'amende lorsque le décès a été provoqué par maladresse, imprudence, inattention ou négligence. En cas de violation manifestement délibérée d'une obligation particulière de sécurité ou de prudence imposée par la loi ou le règlement, les peines encourues sont portées à cinq ans d'emprisonnement et à 75 000 € d'amende.

Blessures par imprudence

L'article L. 222-19 du Code pénal incrimine le fait de causer à autrui des blessures graves entraînant une incapacité totale de travail de plus de 3 mois (2 ans d'emprisonnement et 30 000 € d'amende) dues à un manquement délibéré à une obligation de sécurité ou de prudence (3 ans d'emprisonnement et 45 000 € d'amende).

Si l'incapacité est inférieure ou égale à 3 mois, les peines sont plus légères (article 222-20 du Code pénal).

Mise en danger d'autrui

La mise en danger en exposant directement autrui à un risque immédiat de mort ou de blessure de nature à entraîner une mutilation ou une infirmité permanente, par la violation manifestement délibérée d'une obligation particulière de sécurité ou de prudence imposée par la loi et les règlements est punie d'un emprisonnement d'un an et d'une amende de 15 000 € (article 223-1 du Code pénal).

Cette infraction est également applicable à d'autres domaines que la législation du travail.

c. Infractions prévues par le Code du travail

L'inobservation des règles d'hygiène et de sécurité par l'employeur est punie par les articles L. 4741-1 et suiv. du Code du travail d'une peine d'amende (3 750 €).

Les infractions aux dispositions concernant l'hygiène et la sécurité du travail sont punies d'une amende de 3 750 € autant de fois qu'il y a de salariés de l'entreprise concernés par l'infraction. En cas de récidive, le tribunal peut prononcer une condamnation à une peine de prison d'un an et une amende de 9 000 €, quel que soit le nombre d'infractions commises. Le tribunal peut en outre ordonner la fermeture totale ou partielle, provisoire ou définitive, de l'établissement s'il considère que la responsabilité de l'entreprise, personne morale, est engagée.

B Obligation et droits des salariés

La sécurité n'est pas seulement une obligation de l'employeur. Pour le salarié, elle est à la fois un droit et une obligation.

1 Obligation de sécurité des salariés

Chaque salarié doit prendre soin, en fonction de sa formation et selon ses possibilités, de sa sécurité et de sa santé ainsi que celles des autres personnes concernées du fait de ses actes ou de ses omissions au travail (art. L. 4122-1 du Code du travail).

Le non-respect de cette **obligation de sécurité** est une faute qui peut entraîner une sanction disciplinaire, celle-ci pouvant être un lilcenciement.

Cette faute, quand elle est d'une exceptionnelle gravité, peut être qualifiée de faute inexcusable du salarié, ce qui entraîne une réduction de l'indemnisation au titre de l'accident du travail.

Le non-respect des consignes de sécurité ou la mise en danger d'un autre salarié peuvent constituer un manquement par le salarié à son obligation de sécurité.

Jurisprudence

Cass. soc 7 octobre 2015, n° 14-12.403

Un salarié, engagé en qualité de directeur de site, donne l'ordre de démonter des rayonnages ayant une hauteur de plus de 4 mètres, en les escaladant sans protection. Un tel comportement constitue un manquement rendant impossible son maintien dans l'entreprise.

Cass. soc. 27 janvier 2004, n° 02-30693

Le salarié commet une faute inexcusable quand il commet « une faute volontaire, d'une exceptionnelle gravité, exposant sans raison valable son auteur à un danger dont il aurait dû avoir conscience ». En l'espèce, un ouvrier de scierie, descendu dans une fosse d'évacuation des sciures de sa machine après avoir ôté les planches de protection, a commencé à déboucher le système d'évacuation et a été gravement blessé au bras.

***Remarque :** La notion de faute inexcusable du salarié est plus étroite que celle relative à la faute inexcusable de l'employeur.*

2 L'obligation d'alerte et le droit de retrait du salarié

a. Principe

En vertu de l'article L. 4131-1 du Code du travail, « *le salarié signale immédiatement à l'employeur ou à son représentant toute situation de travail dont il a un motif raisonnable de penser qu'elle présente un danger grave et imminent pour sa vie ou pour sa santé, ainsi que toute défectuosité qu'il constate dans les systèmes de protection et il a le droit de se retirer de son poste de travail.* »

b. Conditions d'exercice

L'alerte est une obligation pour le salarié qui peut s'adresser à l'employeur ou à son représentant. Il peut également signaler le danger à un membre du CSE qui déclenchera l'alerte.

Le retrait est un droit pour le salarié. Il s'agit d'une simple faculté. Le salarié ne peut pas unilatéralement modifier ses conditions de travail, même dans un souci de sécurité.

Le **droit de retrait** doit être exercé de telle manière qu'il ne puisse créer pour autrui une nouvelle situation de risque grave et imminent.

c. Obligation de l'employeur

L'employeur ne peut pas demander au salarié qui a exercé son droit de retrait de reprendre son activité si le danger grave et imminent persiste.

Il ne peut pas non plus lui infliger une sanction, ni opérer une retenue sur salaire. Le bénéfice de la faute inexcusable de l'employeur est de droit pour le salarié ou les salariés qui seraient victimes d'un accident du travail ou d'une maladie professionnelle alors qu'eux-mêmes ou un membre du CSE avaient signalé à l'employeur le risque qui s'est matérialisé.

Jurisprudence

Cass. soc. 23 avril 2003, n° 0144806
Il n'y a pas de retrait justifié pour un conducteur de bus qui évoque des agressions qui avaient eu lieu au cours des années précédentes sur d'autres lignes du réseau.
Cass. soc. 10 mai 2001, n° 00-43437
Il y a retrait justifié pour un conducteur de bus qui évoque la suspension trop ferme du véhicule et la direction trop dure alors que la veille le médecin du travail l'avait déclaré apte à reprendre le travail après un accident du travail sous réserve que lui soit confié un véhicule à direction souple.
Cass. soc. 17 octobre 1989, n° 86-43272
Le droit de retrait est injustifié lorsqu'il a pour origine des courants d'air dans un bureau.
Cass. soc. 8 octobre 2002, n° 01-85550
Le droit de retrait est valable dans la mesure où le rapport d'un expert révélait que le salarié avait des motifs légitimes de croire à un danger possible alors même que ses analyses excluaient tout danger réel et prévisible.

3 Droit d'alerte en cas de risque pour la santé publique ou l'environnement

a. Principe

Selon l'article L. 4133-1 du Code du travail, le salarié alerte immédiatement l'employeur s'il estime, de bonne foi, que les produits ou procédés de fabrication utilisés ou mis en œuvre par l'établissement font peser un risque grave sur la santé publique ou l'environnement.

b. Conditions d'exercice

L'alerte est consignée par écrit. L'employeur informe le salarié de la suite qu'il entend donner à cette alerte.

Le salarié peut également s'adresser au CSE afin qu'un de ses membres déclenche l'alerte.

En cas de divergence avec l'employeur sur le bien-fondé de l'alerte ou en l'absence de réponse de l'employeur dans un délai d'un mois, le salarié peut saisir le Préfet.

L'employeur ne peut pas sanctionner le salarié qui a donné l'alerte sous réserve qu'il ait été de bonne foi.

En revanche, toute personne qui lance une alerte de mauvaise foi encourt une sanction pénale (5 ans d'emprisonnement et 45 000 € d'amende).

2 Le rôle du CSE dans la protection de la santé

Le CSE a pour mission de promouvoir la santé, la sécurité et l'amélioration des conditions de travail.

A Rôle général du CSE en matière de protection de la santé

Le CSE doit veiller à la santé des salariés, quelle que soit la nature de leur contrat de travail.

Les élus du CSE peuvent présenter des réclamations à l'employeur sur l'application de dispositions en matière de sécurité, de santé et de conditions de travail. Ils mènent des inspections préparatoires.

Au moins 4 des réunions annuelles du CSE doivent être dévolues à ces thèmes.

Le CSE peut mener des enquêtes en cas d'accident du travail ou de maladie professionnelle, indépendamment de son droit d'alerte en cas d'atteinte aux droits des personnes, en cas de danger grave et imminent ou de risque pour la santé publique et l'environnement.

Le CSE peut formuler des propositions pour améliorer les conditions de travail et d'emploi des salariés. Il doit examiner les propositions faites par l'employeur.

Le CSE peut recourir à des experts habilités, financés par l'employeur en cas de risque graves ou financés à hauteur de 20 % par le CSE en cas de projet important modifiant les conditions de travail ou d'introduction de nouvelles technologies.

Les élus du CSE doivent bénéficier d'une formation en santé, sécurité et conditions de travail.

B La commission santé, sécurité et conditions de travail (CSSCT)

1 Mise en place de la CSSCT

La CSSCT peut exercer tout ou partie des attributions santé, sécurité et conditions de travail du CSE. Ce n'est qu'une « émanation » du CSE et elle n'a d'ailleurs pas de personnalité morale propre.

Elle doit être créée de manière obligatoire :

- dans les entreprises d'au moins 300 salariés,
- sans condition d'effectif dans les établissements comprenant une installation nucléaire de base, une installation classée « Seveso seuil haut » (site présentant des risques majeurs, devant établir un plan de prévention des risques technologiques) ou réalisant une activité de stockage souterrain.

Dans les entreprises de moins de 300 salariés, l'inspecteur du travail peut imposer sa mise en place notamment au regard de l'activité de l'entreprise.

Elle peut également être mise en place dans les entreprises de moins de 300 salariés par accord collectif ou décision de l'employeur.

2 Modalités négociées de la mise en place de la CSSCT

Les règles de mise en place et de fonctionnement de la CSSCT peuvent résulter d'un accord collectif, sous réserve de respecter les règles d'ordre public (§3).

Peuvent être négociés :

- le nombre de membres de la ou des CSSCT,
- les missions déléguées à la CSSCT,
- les modalités de fonctionnement de la CSSCT,
- les modalités de formation des membres ou les moyens alloués pour la formation.

En présence de DS dans l'entreprise, un accord collectif majoritaire doit être conclu pour fixer le ou les points évoqués ci-dessus.

En l'absence de DS, un accord peut être conclu entre l'employeur et le CSE, adopté à la majorité des membres élus de la délégation du personnel.

À défaut, c'est le règlement intérieur du CSE qui définira les modalités de mise en place et de fonctionnement de la CSSCT.

Quand la CSSCT n'est pas obligatoire, elle peut être mise en place par accord collectif majoritaire, par accord avec le CSE ou par l'employeur en ce qui concerne son périmètre, le règlement intérieur du CSE définissant ses modalités de mise en place.

3 Modalités d'ordre public de mise en place de la CSSCT

La CSSCT peut se voir confier par délégation du CSE tout ou partie de ses attributions en matière de santé, de sécurité et de conditions de travail.

Toutefois, la CSSCT ne peut pas mandater d'expert ni émettre des avis, ce rôle restant dévolu au CSE.

Les membres de la CSSCT sont désignés parmi les membres du CSE, titulaires ou suppléants et les représentants de proximité.

L'employeur ou son représentant préside la CSSCT.

La CSSCT comprend au minimum 3 membres représentant du personnel dont au moins 1 représente le 2e collège.

Les membres de la CSSCT ne disposent pas d'heures de délégation spécifiques, étant précisé que les réunions de la CSSCT constituent du temps de travail effectif, non imputé sur les heures de délégation.

3 Les services de prévention et de santé au travail (SPST)

L'employeur doit exécuter les prescriptions de santé. À cet effet, le rôle des **SPST** au travail a été élargi.

Tous les salariés bénéficient des services médicaux du travail. La mise en place de ce service est imposée par le Code du travail, qui fixe également sa mission.

A Mise en place

1 Forme du service

L'organisation d'un service médical est obligatoire dans toutes les entreprises. Il peut prendre la forme d'un service autonome (service d'entreprise, d'établissement, de groupe...) si l'entreprise a au moins 500 salariés ou d'un service interentreprises si l'entreprise a moins de 500 salariés.

2 Le personnel et le financement

Les services médicaux du travail sont assurés par une équipe pluridisciplinaire, composée de médecins du travail, d'infirmiers, d'intervenants en prévention des risques professionnels, d'assistants de santé au travail, dont le rôle est exclusivement préventif et consiste à éviter toute altération de la santé des salariés du fait de leur travail.

Le **médecin du travail** est lié à l'entreprise ou au service médical interentreprises par un contrat de travail. Il bénéficie d'un statut qui garantit son indépendance. Il ne peut être embauché ou licencié qu'avec l'accord du CSE, ou de la commission de contrôle du service interentreprises. Quel que soit l'avis favorable ou défavorable du CSE, le licenciement doit être autorisé par l'inspecteur médecin du travail.

B Les missions de la médecine du travail

La **médecine du travail** a une mission purement préventive qui exclut en principe la pratique de soins.

Le médecin du travail a trois missions.

1 Surveillance médicale des salariés

Les salariés bénéficient d'un suivi individuel de leur état de santé :

- **visite d'information et de prévention** après l'embauche. L'employeur doit faire procéder à cette visite dans les trois mois à compter de la prise effective du poste de travail par le salarié. Cette visite est effectuée par le **médecin du travail** (ou un médecin collaborateur, un interne en médecine du travail ou un infirmier). Elle a pour objet d'interroger le salarié sur son état de santé, de l'informer sur les risques éventuels de son travail, de le sensibiliser sur les moyens de prévention à mettre en œuvre, de l'informer sur les modalités de suivi de son état de santé...

  À l'issue de la visite, le professionnel de santé délivre une attestation de suivi au salarié et à l'employeur. La visite d'information et de prévention doit être renouvelée tous les 5 ans au minimum.
- **visite médicale d'aptitude** à l'embauche pour les salariés affectés à un poste présentant des risques particuliers pour leur santé, leur sécurité ou pour celles de leurs collègues ou des tiers évoluant dans le même environnement de travail que lui. Cette visite est réalisée par le médecin du travail préalablement à l'affectation sur le poste. Le médecin délivre un avis d'aptitude ou d'inaptitude. Cette visite est renouvelée pour une périodicité qui ne peut être supérieure à 4 ans.

- visite d'information et de prévention tous les 3 ans pour les salariés dont les conditions de travail, l'état de santé et l'âge, les risques professionnels d'exposition nécessitent un suivi adapté à leur état de santé.
- visite médicale de reprise pour vérifier l'aptitude du salarié à reprendre son poste après un congé de maternité pour les salariées travaillant la nuit ou bénéficiant d'un suivi individuel renforcé, une absence pour cause de maladie professionnelle, une absence d'au moins 30 jours pour cause d'accident du travail, une absence d'au moins 60 jours pour cause de maladie ou d'accident non professionnel.

2 Décision du médecin du travail concernant l'aptitude du salarié

a. Constat d'aptitude

Une fiche d'aptitude est établie à l'issue de chaque examen médical.

b. Constat d'inaptitude

Seul le médecin du travail peut déclarer un salarié inapte à son poste de travail après étude du poste et des examens médicaux.

Si l'inaptitude n'est pas totale, le médecin doit avant de constater l'inaptitude, réaliser ou faire réaliser une étude du poste du salarié et des conditions de travail dans l'établissement. Il va s'ensuivre un dialogue entre le médecin du travail, l'employeur et le salarié, afin que le médecin du travail puisse faire des propositions d'aménagement.

L'avis d'inaptitude doit s'accompagner d'indications sur le reclassement du salarié. En cas d'impossibilité avérée de reclassement, l'employeur peut licencier le salarié après avoir fait connaître les motifs qui s'opposent à ce qu'il soit donné suite à la proposition du médecin.

Le salarié doit être reclassé dans le délai d'un mois à compter de l'avis d'inaptitude ou, à défaut, licencié. Sinon, l'employeur est tenu de lui verser dès l'expiration du délai d'un mois le salaire correspondant à l'emploi qu'il avait occupé.

Si l'impossibilité de reclassement n'est pas établie, l'employeur peut être condamné à des dommages intérêts pour licenciement sans cause réelle et sérieuse.

c. Recours

L'avis du médecin du travail peut faire l'objet d'un recours devant le conseil de prud'hommes en sa formation des référés dans un délai de 15 jours à compter de la notification de l'avis.

3 La surveillance du milieu du travail

Le médecin du travail est investi d'une mission générale de conseil auprès du chef d'entreprise, du CSE, des salariés.

Exemple

Ses conseils portent sur l'amélioration des conditions de travail, l'adaptation des postes de travail, les rythmes de travail, l'hygiène et la sécurité du travail.
Le médecin du travail doit être consulté et informé sur les mesures de prévention des risques professionnels et les dérogations apportées au Code du travail.
Avis du médecin du travail sur la possibilité exceptionnelle de confier à des salariés sous CDD ou intérimaires des travaux dangereux...
Le médecin du travail peut mettre en œuvre des actions collectives d'information et de sensibilisation, à caractère préventif, adaptées aux spécificités de certains emplois, en matière d'alcoolisme et de drogue au travail.

- L'employeur est tenu d'une obligation générale de résultat en matière de sécurité et de prévention des risques professionnels. Le manquement à cette obligation a le caractère de faute inexcusable lorsqu'il avait ou aurait dû avoir conscience du danger auquel était exposé le salarié et qu'il n'a pas pris les mesures nécessaires pour l'en préserver. Il doit dans ce cas réparer le préjudice total subi par le salarié par l'octroi de dommages intérêts.
- Chaque salarié dispose d'un droit d'alerte du chef d'entreprise et d'un droit de retrait de son poste de travail s'il a un motif raisonnable de penser que la situation de travail présente un danger grave et imminent pour sa vie ou sa santé.
- Le CSE, et notamment la CSSCT, veille à la protection de la santé et de la sécurité des salariés.

Applications

Préparez-vous à l'examen

EXO 10.01

Monsieur Gaston est employé, en tant que gardien par l'animalerie Nanimos. Il est notamment chargé de surveiller et nourrir les animaux. Le 18 avril, il informe son employeur que son état de santé ne lui permet plus de travailler au contact des animaux et des produits chimiques et il cesse le travail.

Quelques jours plus tard, il fait l'objet d'une mise à pied conservatoire non rémunérée.

Au mois de septembre, le médecin du travail déclare Monsieur Gaston inapte à travailler à son poste de travail. Il propose à l'employeur un aménagement du poste qui tient compte de l'état de santé du salarié.

L'employeur répond que les conditions de travail dans l'entreprise ne permettent pas un tel aménagement et qu'il lui est dès lors impossible de reclasser le salarié en tenant compte des exigences médicales. Gaston est alors licencié le 24 septembre.

→ Travail à faire

1. **Gaston avait-il le droit de cesser le travail au mois d'avril ?**
2. **Le licenciement est-il justifié ?**
3. **Quelles indemnités, Gaston peut-il percevoir ?**

EXO 10.02

David Berthier est salarié de la société Rochet. Il décède alors qu'il manœuvrait un portail métallique pour la fermeture d'un quai de chargement, la brusque remontée de ce portail lui ayant causé des blessures mortelles. Il ressort de l'enquête que le contrôle régulier de ce portail métallique n'était pas assuré alors qu'il présentait des irrégularités de fonctionnement. De plus, aucune interdiction d'accès n'était matérialisée.

→ Travail à faire

1. **L'employeur a-t-il commis une faute inexcusable ?**
2. **Le gérant et la personne morale peuvent-ils être poursuivis pénalement pour homicide involontaire ?**

EXO 10.03

1. M. Romain est salarié de la société Defonte en tant que peintre automobile sur une chaîne de peinture. Il travaille dans une cabine au-dessus d'une chaîne de montage qui avance en continu sans qu'un autre opérateur de l'atelier puisse se rendre compte d'une éventuelle chute pour arrêter la chaîne. C'est pourquoi deux salariés occupent cette cabine au sol glissant. Afin de réduire les coûts, l'employeur décide cependant de ne laisser qu'un seul salarié sur ce poste. M. Romain avertit alors son employeur du risque de chute encouru par ce seul salarié. Le lendemain, il refuse de rejoindre sa cabine tant qu'un second opérateur ne sera pas présent. Une réunion exceptionnelle du CSE aboutit à la décision de maintenir provisoirement un second opérateur sur ce poste. De plus, des aménagements sont apportés afin de limiter le risque de chute. M. Romain reprend alors son travail mais reçoit quelques jours plus tard une lettre de licenciement pour faute grave pour refus d'obéir à la hiérarchie et abandon de poste.
2. Un salarié conducteur d'un engin tracto-grue informe son employeur que l'entretien de l'engin aurait dû être fait régulièrement, ce qui n'a pas été le cas. Il lui demande que l'entretien soit réalisé dans les meilleurs délais car il a décelé des dysfonctionnements inquiétants des freins. L'employeur ne répond pas à cette demande. Le salarié est finalement écrasé par son engin alors qu'il l'avait immobilisé sur une pente pour rechercher les causes d'une fuite d'huile.

→ Travail à faire

Que pensez-vous des situations exposées ?

Rupture du contrat de travail à durée indéterminée

Chapitre 11

COMPÉTENCES ATTENDUES

- **Analyser la validité d'un licenciement pour motif personnel.**
- **Apprécier la possibilité pour l'employeur d'avoir recours au licenciement pour motif économique dans un contexte donné.**
- **Exploiter une documentation juridique relative aux obligations de l'employeur dans le cadre d'un licenciement pour motif économique.**
- **Décrire la procédure de validation du plan de sauvegarde de l'emploi (PSE) et ses conséquences.**
- **Déterminer le mode de rupture adapté à une situation donnée.**
- **Préciser les conséquences financières d'une rupture du contrat de travail dans une situation donnée.**

PLAN DU CHAPITRE

1 Licenciement pour motif personnel

A Exigence d'une cause réelle et sérieuse
B La procédure légale
C Les sanctions

2 Licenciement économique

A Définition : motif économique réel et sérieux
B Mesures de prévention
C Procédures de licenciement
D Sanctions

3 Causes de rupture autres que le licenciement

A La démission
B Prise d'acte de la rupture
C La rupture conventionnelle
D La rupture conventionnelle collective
E La retraite
F La force majeure
G La résiliation ou résolution judiciaire du contrat

4 Conséquences de la rupture du contrat de travail

A Transaction
B Respect d'un préavis
C L'indemnisation du salarié
D Les documents échangés après la rupture

SYNTHÈSE P. 285

APPLICATIONS P. 287

LES RÉFÉRENCES POUR COMPRENDRE LE CONTEXTE

Comment j'ai été licencié

Les Pieds sur terre, un podcast à écouter sur le site de France Culture

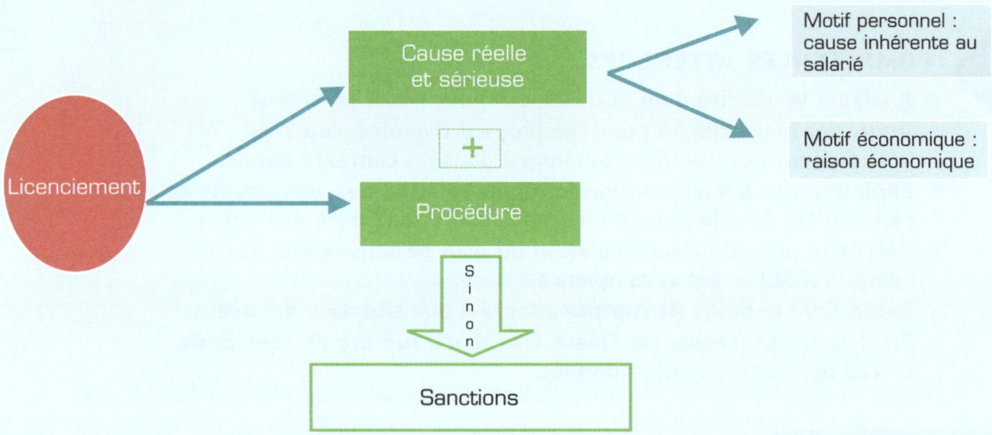

MOTS CLÉS

Licenciement, procédure de licenciement, entretien, entretien préalable, licenciement économique, gestion prévisionnelle des emplois, plan de sauvegarde de l'emploi, convention de reclassement personnalisé, résolution judiciaire du contrat, congé de reclassement, congé de mobilité, contrat de transition professionnelle, démission, préavis, rupture, force majeure, transaction, droit individuel à la formation, DREETS.

1 Licenciement pour motif personnel

Le licenciement pour motif personnel a une cause inhérente à la personne du salarié.

A Exigence d'une cause réelle et sérieuse

1 Principe

a. Essai de définition

Le licenciement doit avoir une cause réelle et sérieuse. Si elle est évoquée à l'article L. 1232-6 « *Lorsque l'employeur décide de licencier un salarié, il lui notifie sa décision par lettre recommandée avec avis de réception.*

Cette lettre comporte l'énoncé du ou des motifs invoqués par l'employeur. »

Ainsi qu'à l'article L. 1232-1 « Tout licenciement pour motif personnel est motivé (......) *il est justifié par une cause réelle et sérieuse.* », Elle n'est cependant pas définie par la loi.

On peut cependant dire qu'il s'agit de motifs qui tiennent à la personne du salarié et qui lui sont imputables. Ce sont des faits commis à l'occasion du travail. La cause doit être à la fois réelle et sérieuse pour justifier le licenciement.

Cause réelle

La cause réelle doit être objective, c'est-à-dire se traduire par des éléments précis et vérifiables. Elle est une « *cause indépendante de la bonne ou de la mauvaise humeur de l'employeur* »[1].

Elle doit être exacte. Les faits doivent exister.

Cause sérieuse

C'est une cause « *revêtant une certaine gravité qui rend impossible, sans dommage pour l'entreprise, la continuation du travail et rend nécessaire le licenciement* » (d'après le ministre du Travail)[2].

> **Exemple**
>
> Un visiteur médical s'est rendu au cabinet médical qu'il démarchait à bicyclette. Or son contrat de travail précisait qu'il devait utiliser sa voiture sauf autorisation de la direction. Il n'a pas eu cette autorisation et a été licencié pour faute grave. Les juges ont estimé qu'il y avait bien une cause réelle de licenciement puisque le salarié n'avait pas respecté une clause de son contrat. En revanche, ils ont jugé que la cause réelle n'était pas sérieuse et ont condamné l'employeur à verser au salarié des dommages-intérêts.

La cause réelle et sérieuse peut être une faute du salarié ou en l'absence de faute, des faits liés à son activité professionnelle, inhérents à sa personne.

b. La charge de la preuve

Principe

En droit commun, la charge de la preuve pèse sur le demandeur[3]. En droit social, la loi n'a pas voulu faire peser la charge de la preuve sur le salarié (c'est lui le demandeur en matière de licenciement) ou sur l'employeur. Elle met les deux parties à égalité et donne un rôle actif au juge.

Selon l'article L. 1235-1 du Code du travail le **juge établit la preuve** en prenant en considération les éléments fournis par le salarié et l'employeur. Il peut également ordonner toutes les mesures d'instruction qu'il estime utiles.

1 *Journal officiel*, débats Assemblée nationale 30 mai 1973, p. 1619.
2 *JO idem.*
3 Art. 1315 du Code civil : « Celui qui réclame l'exécution d'une obligation doit la prouver. »

De plus, le salarié ne doit pas supporter le risque de la preuve. **Si un doute subsiste, il profitera au salarié (art. L. 1235-1).**

Modes de preuve

La preuve doit être obtenue par un moyen licite. Les moyens de preuve portant atteinte à la vie privée du salarié sont illicites.

Exemple

Un enregistrement de l'image du salarié réalisé à son insu, une filature du salarié effectuée par un détective privé ou par un supérieur hiérarchique sont des moyens de preuve irrecevables.
Cependant un système de vidéosurveillance installé dans un entrepôt de marchandises dans lequel les salariés ne travaillent pas est un procédé licite de preuve.
L'employeur peut utiliser un relevé de communications téléphoniques établi par France Telecom même s'il n'a pas été porté à la connaissance du salarié car ce n'est pas considéré comme un procédé de surveillance illicite.
En revanche, l'employeur ne peut pas prendre connaissance des e-mails personnels du salarié reçus à l'entreprise ni les utiliser comme preuve s'ils sont classés dans un dossier personnel.

c. Absence de cause réelle et sérieuse

Le licenciement sans cause réelle et sérieuse expose l'employeur à des sanctions pécuniaires et éventuellement à la réintégration du salarié.

2 Applications principales

Les cas de licenciement sont très nombreux et variés. On peut cependant les classer en deux grandes catégories : les motifs qui reposent sur une faute du salarié et ceux qui sont non fautifs.

a. La faute du salarié

L'employeur exerce sur le salarié subordonné un pouvoir de direction lui permettant de le sanctionner en cas de faute.

Le licenciement qui repose sur une faute du salarié est un **licenciement disciplinaire** qui obéit à certaines règles qui lui sont propres (procédure disciplinaire, délai de prescription de la faute, impossibilité de sanctionner plusieurs fois pour la même faute, *cf.* Chapitre 9).

La jurisprudence estime que toutes les fautes commises par le salarié ne sont pas un motif de licenciement. Il y a différents degrés de gravité.

La faute simple ou légère ne constitue pas une cause réelle et sérieuse de licenciement mais elle peut faire l'objet de sanctions disciplinaires moindres (blâme, avertissement).

Le licenciement ne peut être justifié que si la faute est sérieuse/simple, grave ou lourde. Les juges procèdent à la qualification de la faute en prenant en considération différents facteurs, ancienneté, niveau de responsabilité...

Faute sérieuse/simple

Définition	La **faute sérieuse** rend impossible la continuation du contrat de travail mais n'est ni grave ni lourde. La répétition de plusieurs fautes légères peut constituer une faute sérieuse. Un fait de vie privée peut constituer une faute s'il a causé un trouble caractérisé au sein de l'entreprise ou si le salarié n'a pas respecté son obligation de loyauté et de bonne foi.

Exemples	*Absences non autorisées.* *Horaire de travail non respecté (retards à l'arrivée ou départs anticipés).* *Refus d'exécuter des tâches qui lui incombent.* *Non-respect de son obligation de loyauté : par exemple suivre une formation chez un concurrent pendant la période de suspension de son contrat.* Ces exemples peuvent éventuellement constituer également des fautes graves selon les circonstances de fait.
Conséquences	Il n'y a pas de rupture immédiate du contrat. Le salarié exécute le préavis et reçoit les indemnités liées à la rupture du contrat. L'employeur doit respecter la procédure disciplinaire. Le régime de la preuve est celui de la cause réelle et sérieuse.

Faute grave

Définition	La **faute grave** est celle qui seule peut justifier une mise à pied conservatoire et qui rend impossible le maintien du salarié dans l'entreprise. (Cass. soc. 27.09.07) La Cour de cassation dans un arrêt du 3 février 2010 a décidé que la mise à pied conservatoire pouvait être utilisée dans le cadre d'un licenciement non disciplinaire donc en l'absence de faute.
Exemples	*Vol commis dans l'entreprise.* *Propos injurieux que le salarié tient envers un client de l'employeur.* *Conduite en état d'ébriété pour un chauffeur de camions.* *Envoi d'un courriel raciste.* *Refus réitéré par un chef de chantier de porter le casque obligatoire.* **Jurisprudence** Cass. soc. 25 janvier 2006 : *Une salariée, cadre dans une banque (tenue à une obligation de probité) participe à une affaire de vol et de trafic de véhicules.* Cass. soc. 30 septembre 2005 : *Faute grave d'un directeur technique consistant dans le non respect des règles de sécurité.*
	Cass. soc. 28 juin 2006 : *Un directeur d'agence ayant 23 ans d'ancienneté commet une faute grave en ayant un comportement excessif, autoritaire, vexatoire, humiliant et insultant à l'égard de certains collaborateurs.* En revanche, ne constitue ni une faute grave ni une cause réelle et sérieuse le licenciement d'un salarié qui n'avait pas prévenu son employeur du risque de conflit d'intérêts né de son mariage avec une personne détenant la moitié du capital d'une société affiliée au réseau de son employeur. La Cour de cassation a rappelé dans un ***arrêt du 21 septembre 2006*** que le seul risque de conflit d'intérêts ne peut constituer une cause réelle et sérieuse de licenciement et que le salarié n'avait pas manqué à son obligation contractuelle de bonne foi. Cass. soc. 2 mars 2010 : *Un salarié est licencié pour faute grave pour retard (quelques minutes) un matin. Il avait déjà reçu un avertissement pour 9 retards en un mois, 18 mois plus tôt. La cour a estimé que le licenciement était sans cause réelle et sérieuse car le retard était modique et que le salarié n'avait pas persisté dans son comportement entre l'avertissement et ce nouveau retard.* Cass. soc. 14 avril 2010 : *Un salarié a volé deux aimants de porte de placard à l'employeur. Il est licencié pour faute grave. La Cour de cassation estime que le vol ne justifie pas automatiquement un licenciement pour faute grave, tout dépend de l'ancienneté du salarié, de l'importance du vol, du caractère isolé de l'incident... En l'espèce, le salarié avait eu un comportement irréprochable pendant ses 6 ans de présence dans l'entreprise. La faute grave n'était pas caractérisée.*
Procédure	Procédure disciplinaire avec mise à pied conservatoire en principe et non exécution du préavis.

Sanction	Elle prive le salarié des indemnités de licenciement et de préavis. Il perçoit cependant l'indemnité compensatrice de congés payés.
Régime de la preuve	La charge de la preuve incombe à l'employeur. Le doute profite au salarié.

Faute lourde

Définition	La faute lourde est un comportement d'une exceptionnelle gravité commis dans l'**intention de nuire** à l'employeur et à l'entreprise. La faute lourde nécessite que le salarié ait commis intentionnellement un acte de malveillance. La faute lourde est rarement retenue par la Cour de cassation.
Exemples	*Acte de déloyauté prémédité.* Acte de concurrence déloyale dans le but de nuire à l'employeur et de déstabiliser l'entreprise. **Jurisprudence** Cass. soc. 5 avril 2005 : *L'intention de nuire est caractérisée lorsque la directrice régionale d'un laboratoire le dénigre, en présence de candidats au recrutement.*
Procédure	Procédure disciplinaire avec mise à pied conservatoire et non exécution du préavis.
Sanction	Elle prive le salarié des indemnités de licenciement, de préavis. Il perçoit cependant l'indemnité compensatrice de congés payés selon un arrêt du Conseil constitutionnel du 2 mars 2016. **Responsabilité du salarié** Elle engage la responsabilité civile du salarié si elle a causé un préjudice à l'entreprise. *Dans un **arrêt du 20 avril 2005**, la chambre sociale de la Cour de cassation a rappelé que la responsabilité pécuniaire d'un salarié à l'égard de son employeur ne peut résulter que de sa faute lourde. Dans cette affaire, l'employeur avait retenu sur le salaire le coût de renouvellement du badge détérioré par le salarié.*
Régime de la preuve	La charge de la preuve incombe à l'employeur. Le doute profite au salarié.

b. Motif non fautif

Il repose sur un comportement non fautif du salarié. Même si le salarié est irréprochable, le licenciement interviendra dans **l'intérêt de l'entreprise**.

Les motifs peuvent être très nombreux. Ils ne seront cités qu'à titre d'exemples.

Pour chaque cas, la Cour de cassation exerce un contrôle de qualification du licenciement :

- elle vérifie si le licenciement est économique ou personnel ;
- s'il est fautif ou non ;
- elle contrôle le caractère licite ou non de la cause ;
- son objectivité quant à la licéité de la cause de licenciement.

Elle laisse en principe aux juges du fond le pouvoir d'apprécier le caractère réel et sérieux du licenciement.

Intérêts de distinguer le caractère fautif ou non du licenciement

La protection du salarié fautif est assurée grâce à la procédure disciplinaire plus protectrice que celle de droit commun :

- prescription de la faute : délai de 2 mois à compter de la connaissance par l'employeur de la faute ;
- notification du licenciement un mois maximum après l'entretien sinon annulation.

À titre d'exemple, on peut citer l'insuffisance professionnelle. En principe, elle est non fautive. Pour être cause de licenciement, elle doit reposer sur des faits précis, vérifiables, objectifs et ne doit pas être imputable à l'employeur.

L'insuffisance de résultats ou non atteinte des objectifs fixés n'est pas en soi une cause réelle et sérieuse de licenciement. Elle ne le devient que si les objectifs étaient réalisables et que l'employeur avait prodigué mises en garde, conseils au salarié, et l'avait mis en situation de se reprendre (Cass. soc. 29 janvier 2013).

Motifs illicites

Motifs discriminatoires

État de santé, âge...

Maladie : le licenciement prononcé en raison de l'état de santé du salarié est nul.

La maladie dûment justifiée ne constitue pas une cause de licenciement. Elle ne le devient que lorsque l'absence désorganise l'entreprise et nécessite un remplacement définitif du salarié par un nouveau salarié.

Protection particulière de certains salariés (*cf.* Chapitre 5)

Maternité.

Accident du travail, maladie professionnelle.

Exercice d'un droit

Grève (sauf faute lourde) (*cf.* Chapitre 15).

Égalité professionnelle entre les hommes et les femmes (*cf.* Chapitre 1).

Respect des libertés fondamentales

Le salarié a droit au respect de sa vie privée. De plus, l'employeur doit respecter les libertés fondamentales.

> **À retenir**
> *« Nul ne peut apporter aux droits des personnes et aux libertés individuelles et collectives des restrictions qui ne seraient pas justifiées par la nature de la tâche à accomplir ni proportionnées au but recherché (article L. 1121-1 du Code du travail). »*

> Jurisprudence
>
> Cass. soc. 11 janvier 2012
> *Un salarié, chef de rang dans un restaurant, est licencié pour avoir refusé d'enlever pendant le service une boucle d'oreille. L'employeur écrit dans la lettre de licenciement : « Votre statut au service de la clientèle ne nous permettait pas de tolérer le port de boucles d'oreilles sur l'homme que vous êtes. » Les magistrats en déduisent que le licenciement repose sur un motif discriminatoire, l'apparence physique du salarié rapportée à son sexe.*

Les actes de la vie privée

Ils ne peuvent constituer une cause de licenciement sauf s'ils créent un trouble caractérisé au sein de l'entreprise compte tenu des fonctions exercées et de la finalité de l'entreprise, voir Chapitre 6.

Jurisprudence

Cass. soc. 28 mai 2003
La liberté de se vêtir à sa guise au temps et au lieu du travail n'entre pas dans la catégorie des libertés fondamentales. Un agent technique des méthodes porte dans l'atelier un bermuda et refuse de changer. Le licenciement est justifié.
Cass. soc. 21 octobre 2003
Une salariée secrétaire médicale exerçait en dehors de son temps de travail une activité de voyante tarologue, activité que l'employeur trouvait incompatible avec ses fonctions dans la mesure où elle avait accès à des dossiers confidentiels. Le licenciement n'est pas justifié car l'activité de voyante relève de vie personnelle et qu'aucune faute n'était caractérisée.

Liberté d'opinion et liberté d'expression, liberté religieuse

L'article 10 de la Déclaration des Droits de l'Homme du 26 août 1789 énonce que « *nul ne doit être inquiété pour ses opinions, même religieuses, pourvu que leur manifestation ne trouble pas l'ordre public établi par la loi* ».

De plus, le salarié jouit d'une liberté d'expression dans l'entreprise et en dehors de celle-ci à condition de ne pas constituer un abus.

La liberté religieuse est une liberté fondamentale qui s'applique dans l'entreprise.

Toutefois, l'employeur peut restreindre cette liberté si cette restriction est justifiée par la nature de la tâche et proportionnée au but recherché.

Jurisprudence

Cass. soc. 28 avril 2011
Un joueur professionnel de football avait déclaré, dans la presse, que son entraîneur manquait de cohérence et de diplomatie et salissait les joueurs pour laver sa responsabilité. L'entraîneur avait répondu que le joueur n'avait plus le niveau de ligue 1 et était très orgueilleux et égocentrique. Le président avait été incapable d'arrêter un lynchage médiatique. La cour rappelle que sauf abus, le salarié jouit, dans l'entreprise et en dehors de celle-ci, de sa liberté d'expression, à laquelle seules des restrictions justifiées par la nature de la tâche à accomplir et proportionnée au but recherché peuvent être apportées. En l'espèce, le salarié n'avait pas abusé de sa liberté d'expression, les propos reprochés s'inscrivant dans une polémique médiatique avec l'entraîneur.
Cass. soc. 11 février 2009
Un salarié, directeur technique mais également associé minoritaire de l'entreprise, a manifesté publiquement, dans l'entreprise, son désaccord avec les décisions prises par le gérant. De plus, il a adopté systématiquement une attitude négative et d'opposition. Les juges ont retenu la cause réelle et sérieuse de licenciement pour abus de la liberté d'expression.
Cass. soc. 25 juin 2014
Une salariée de confession musulmane, travaillant à la crèche privée associative Baby Loup avait été licenciée pour faute grave, pour avoir refusé de retirer son voile. La chambre sociale de la Cour de cassation avait annulé le 19 mars 2013 le licenciement pour discrimination en raison des convictions religieuses. L'assemblée plénière de la Cour de cassation, en dernier recours et en formation solennelle, a confirmé le licenciement pour faute grave. Même si l'association Baby Loup n'est pas une « entreprise de conviction » en mesure d'exiger la neutralité de ses salariés, les restrictions que son règlement intérieur apporte à la liberté d'exercer sa religion sont justifiées par les tâches accomplies au sein de la crèche et proportionnées au but recherché.
Cass. Soc. 1er février 2017
Le serment des agents de surveillance exerçant au sein des entreprises visées par la loi du 15 juillet 1845 sur la police des chemins de fer peut être reçu selon les formes en usage dans leur religion.
Il s'ensuit qu'un salarié de la RATP n'a pas commis de faute en proposant, lors de sa prestation de serment, une formule différente pour tenir compte de ses convictions religieuses lui interdisant de jurer.
En conséquence, son licenciement, motivé par le défaut d'assermentation devant le tribunal, est nul pour avoir été prononcé en raison de ses convictions religieuses.

c. Contrôle de l'objectivité de la cause

Perte de confiance : elle n'est pas en soi un motif de licenciement, même quand elle repose sur des éléments objectifs. Seuls ces éléments objectifs peuvent constituer éventuellement une cause de licenciement, mais non la perte de confiance qui en a résulté.

Jurisprudence

Cass. soc. 29.05.2001
Des anomalies de gestion reprochées au salarié, si elles étaient suffisamment sérieuses, pouvaient constituer une cause de licenciement, mais la cour d'appel n'avait pas à rechercher si ces anomalies pouvaient altérer la confiance de l'employeur.
Cass. soc. 13 janvier 2004
Ni la perte de confiance, ni le fait qu'un salarié ait exercé une action judiciaire tendant à la rupture de son contrat de travail contre son employeur, ne constituent par eux-mêmes une cause de licenciement.

B La procédure légale

L'employeur doit respecter une **procédure de licenciement**, qui comprend trois étapes : **convocation à un entretien**, l'entretien et la notification du licenciement.

La procédure assure le respect des droits de la défense. Elle est complexe et se veut dissuasive.

1 La convocation à l'entretien

a. Principe (art. L. 1232-2 Code du travail)

L'employeur qui envisage de licencier un salarié doit, avant toute décision, le convoquer à un entretien préalable. L'**entretien** est organisé pour que le salarié puisse se défendre. Si l'employeur convoque le salarié mais que ce dernier ne s'y présente pas, la procédure suit son cours.

b. Forme

La convocation est faite par lettre recommandée, ou par lettre remise en main propre contre décharge. La procédure se poursuit même si le salarié refuse de recevoir la lettre.

c. Contenu

Elle doit indiquer l'objet de l'entretien, c'est-à-dire qu'un licenciement est envisagé. L'employeur n'est tenu de préciser que l'objet de la convocation et non les griefs allégués contre le salarié (Cass. soc. 6 avril 2016). C'est lors de l'entretien que l'employeur doit faire connaître au salarié les motifs du licenciement.

Elle indique la date, l'heure et le lieu de l'entretien, sinon le licenciement est irrégulier.

Elle doit également informer le salarié qu'il peut se faire assister par un membre du personnel de l'entreprise ou si celle-ci ne comprend pas de représentants du personnel, par un conseiller du salarié, personne extérieure à l'entreprise.

La lettre doit contenir l'adresse des services où la liste des conseillers est tenue à la disposition des salariés (direction départementale du travail et de l'emploi et mairie).

À défaut de cette mention, le licenciement est irrégulier.

d. Délai

L'entretien ne peut avoir lieu moins de 5 jours ouvrables après la présentation de la lettre recommandée ou la remise en main propre de la lettre de convocation. Le jour de présentation de la lettre n'est pas compté dans le délai qui expire le dernier jour à 24 heures (prorogation si jour férié ou dimanche).

Si la procédure est disciplinaire, la convocation doit être envoyée dans les deux mois qui suivent la connaissance par l'employeur de la faute commise par le salarié (*cf.* Chapitre 9).

2 L'entretien préalable

a. But

L'entretien a été institué dans le seul intérêt du salarié. Il a pour but de permettre au salarié de se défendre et à l'employeur de revenir éventuellement sur sa décision après avoir entendu le salarié. Le salarié n'est donc pas tenu de se rendre à l'entretien.

b. Assistance du salarié

Le salarié peut se faire assister par une personne de son choix appartenant au personnel de l'entreprise. S'il n'y a pas de représentants du personnel, il peut se faire assister et conseiller par une personne extérieure à l'entreprise. Cette personne, dont le nom figure sur une liste établie par le préfet, est choisie en fonction de son expérience professionnelle et de ses connaissances en droit social. Elle exerce ces fonctions à titre gratuit. Elle fait partie des personnes protégées, son licenciement nécessite l'autorisation préalable de l'inspecteur du travail (*cf.* Chapitre 12).

c. Assistance ou représentation de l'employeur

L'employeur doit, en principe, être présent mais il peut se faire représenter ou se faire assister par une personne de l'entreprise.

d. Déroulement

L'employeur, au cours de l'**entretien préalable**, expose au salarié les motifs pour lesquels il envisage le licenciement, et recueille ses explications.

3 La lettre de licenciement

a. Principe

Aux termes de l'article L. 1234-3 du Code du travail, *l'employeur qui décide de licencier le salarié doit notifier le licenciement par lettre recommandée avec avis de réception. La date de présentation de la lettre recommandée marque le point de départ du délai de préavis.*

Il faut distinguer les conditions de forme et celles de fond.

b. Conditions : délai et forme de la lettre

Délai

La **lettre de licenciement** ne peut être expédiée moins de 2 jours ouvrables après la date de l'entretien. Il n'y a pas de délai maximum.

La date de présentation de la lettre est interprétée par la Cour de cassation comme la date de l'envoi de la lettre (et non pas celle de sa réception).

Si le licenciement est disciplinaire, la lettre doit être adressée dans le délai d'un mois.

Forme

Elle est notifiée par lettre recommandée avec demande d'avis de réception. La Cour de cassation admet tout mode permettant de prouver la date réception, notamment un envoi par Chronopost (Cass. soc. 8 février 2011).

Un arrêté ministériel fixe les modèles de lettres que l'employeur peut utiliser pour notifier le licenciement.

Le non-respect de ces conditions de forme rend le licenciement irrégulier.

c. Conditions de fond : énonciation des motifs

Selon l'article L. 1232-6, la lettre de licenciement comporte l'énoncé du ou des motifs invoqués par l'employeur et fixe les limites du litige.

Ces motifs peuvent, après la **notification du licenciement**, être précisés par l'employeur, soit à son initiative soit à la demande du salarié.

La demande du salarié doit être adressée à l'employeur, dans les 15 jours de la notification du licenciement, par lettre recommandée avec avis de réception ou par lettre remise en main propre contre décharge.

L'employeur peut répondre, s'il le souhaite, dans un délai de 15 jours à compter de la réception de la demande du salarié, par LRAR ou remise en mains propres contre décharge.

L'insuffisance de motivation de la lettre de licenciement ne rend plus le licenciement sans cause réelle et sérieuse. Il s'agit d'une **irrégularité de procédure**.

Remarque. La procédure de licenciement conventionnelle : certaines conventions collectives imposent une procédure spécifique de licenciement pour limiter le pouvoir de direction de l'employeur. Ce dernier reste cependant toujours tenu de respecter la procédure légale de licenciement.

C Les sanctions

Les sanctions varient selon la qualification donnée par le juge au licenciement nul, le licenciement irrégulier, le licenciement sans cause réelle et sérieuse, le licenciement abusif.

1 Sanctions en cas de licenciement nul

a. Cas de nullité

Les cas de **nullité d'un licenciement** sont strictement prévus par la loi. Ils concernent principalement les mesures discriminatoires, le harcèlement, la violation d'une liberté fondamentale (grève, activité syndicale), la violation des règles protectrices du salarié qui a subi un accident du travail, de la femme enceinte, des salariés protégés, le licenciement consécutif à une action en justice en matière d'**égalité professionnelle** entre hommes et femmes...

b. Réintégration de droit

Lorsque le licenciement est déclaré nul par les juges, la réintégration du salarié est de droit. Il peut la demander s'il le souhaite, sinon il est indemnisé.

S'il demande sa réintégration, il perçoit en plus une indemnité correspondant aux salaires dus entre le licenciement et la réintégration, sous déduction des revenus perçus (indemnité de licenciement ou allocation chômage par exemple).

c. Indemnisation

Si le salarié ne demande pas sa **réintégration**, ou si elle est impossible il perçoit les indemnités de rupture (de licenciement, de préavis, de congés payés) et une **indemnité** ne pouvant être inférieure aux salaires des 6 derniers mois. Cette indemnité s'ajoute au paiement des salaires (s'ils sont dus) qui auraient été perçus pendant la période couverte par la nullité.

L'employeur doit rembourser les **allocations chômage** perçues par le salarié dans la limite de 6 mois si la nullité est due à un harcèlement sexuel, à une discrimination ou à une action en justice en matière d'égalité professionnelle entre hommes et femmes.

2 Sanctions en cas de licenciement sans cause réelle et sérieuse

Si le licenciement n'est pas fondé, le juge **peut** proposer la **réintégration** du salarié dans l'entreprise, avec maintien des avantages acquis. Si l'une ou l'autre des parties refuse cette réintégration, le juge doit respecter un barème fixant des montants minimaux et maximaux en fonction de l'ancienneté du salarié (article L. 1235-3).

Montant de l'indemnité pour licenciement sans cause réelle et sérieuse

Ancienneté du salarié	Indemnité minimale (en mois de salaire brut)		Indemnité maximale (en mois de salaire brut)
	Entreprises de moins de 11 salariés	Entreprises de 11 salariés et plus	
0	0	0	1
1	0,5	1	2
2	0,5	3	3,5
3	1	3	4
4	1	3	5
5	1,5	3	6
6	1,5	3	7
7	2	3	8
8	2	3	8
9	2,5	3	9
10	2,5	3	10
11		3	10,5
12		3	11
13		3	11,5
14		3	12
15		3	12,5
16		3	13
17		3	13,5
18		3	14
19		3	14,5
20		3	15
21		3	15,5
22		3	16
23		3	16,5
24		3	17,5
25		3	18
26		3	18,5
27		3	19
28		3	19,5
29		3	20
30		3	20

Ces indemnités se cumulent avec les indemnités de rupture (licenciement, préavis).

3 Sanctions en cas de licenciement irrégulier

Le licenciement est irrégulier lorsque la procédure légale ou conventionnelle de licenciement n'a pas été respectée.

Le juge accorde au salarié, à la charge de l'employeur, une indemnité qui ne peut être supérieure à un mois de salaire.

Cette indemnité ne se cumule pas avec celle prévue en cas de licenciement sans cause réelle et sérieuse.

4 Sanctions en cas de licenciement abusif

L'expression **licenciement abusif** a un sens plus large que celle de **licenciement sans cause réelle et sérieuse**.

Cette notion peut se cumuler avec celle de licenciement sans cause réelle et sérieuse. Elle donne lieu à des dommages et intérêts distincts. Elle peut également intervenir pour un licenciement justifié.

L'employeur commet un abus de droit qui engage sa responsabilité délictuelle. Ce sont les circonstances qui entourent le licenciement qui sont abusives, par exemple en portant atteinte à la dignité du salarié.

> **Jurisprudence**
>
> *CA Lyon, 30 novembre 2005*
>
> ***Atteinte à la dignité du salarié à l'occasion d'un licenciement justifié. « Le fait de porter à la connaissance du personnel sans motif légitime les agissements d'un salarié nommément désigné constitue une atteinte à la dignité de nature à causer un préjudice distinct. »***

2 Licenciement économique

Le **licenciement économique** a fait l'objet d'une succession de réformes importantes notamment avec l'introduction, en 1975, d'une autorisation préalable avant tout licenciement économique, laquelle fut supprimée en 1986 et remplacée par un contrôle du juge.

Problème important car c'est véritablement avec cette notion que **le juge doit concilier le droit à l'emploi et la liberté d'entreprendre**.

Ce contrôle du juge porte seulement sur la légalité et non sur l'opportunité de la décision de l'employeur qui reste seul juge des décisions de gestion à prendre.

De plus, la loi de modernisation sociale du 17 janvier 2002 a voulu limiter le recours aux licenciements économiques en augmentant les contraintes procédurales (à défaut de pouvoir modifier la définition). La loi du 18 janvier 2005 (dite de cohésion sociale), au contraire, a simplifié la procédure. Il n'en reste pas moins un droit complexe et évolutif.

Le licenciement pour motif économique doit avoir une **cause réelle et sérieuse** et faire l'objet d'une **procédure**. Certaines règles sont communes avec celles du licenciement personnel, d'autres lui sont propres. De plus, des mesures propres à prévenir les licenciements doivent être respectées. Enfin, des sanctions spécifiques sont prévues.

A Définition : motif économique réel et sérieux

1 Règle légale

> **Selon l'article L. 1233-3 du Code du travail**
>
> *« Constitue un licenciement pour motif économique le licenciement effectué par un employeur pour un ou plusieurs motifs non inhérents à la personne du salarié résultant d'une suppression ou transformation d'emploi ou d'une modification, refusée par le salarié, d'un élément essentiel du contrat de travail, consécutives notamment :*
>
> *1° À des **difficultés économiques** caractérisées soit par l'évolution significative d'au moins un indicateur économique tel qu'une baisse des commandes ou du chiffre d'affaires, des pertes d'exploitation ou une dégradation de la trésorerie ou de l'excédent brut d'exploitation, soit par tout autre élément de nature à justifier de ces difficultés.*

>>>

>>> *Une baisse significative des commandes ou du chiffre d'affaires est constituée dès lors que la durée de cette baisse est, en comparaison avec la même période de l'année précédente, au moins égale à :*

a) Un trimestre pour une entreprise de moins de onze salariés ;

b) Deux trimestres consécutifs pour une entreprise d'au moins onze salariés et de moins de cinquante salariés ;

c) Trois trimestres consécutifs pour une entreprise d'au moins cinquante salariés et de moins de trois cents salariés ;

d) Quatre trimestres consécutifs pour une entreprise de trois cents salariés et plus ;

2° À des mutations technologiques ;

3° À une réorganisation de l'entreprise nécessaire à la sauvegarde de sa compétitivité ;

4° À la ***cessation d'activité*** *de l'entreprise.*

La matérialité de la suppression, de la transformation d'emploi ou de la modification d'un élément essentiel du contrat de travail s'apprécie au niveau de l'entreprise.

Les dispositions du présent chapitre sont applicables à toute rupture du contrat de travail à l'exclusion de la rupture conventionnelle. »

2 Exigences jurisprudentielles

Les juges de la Cour de cassation ont été amenés à interpréter et à compléter cette définition. Un licenciement est prononcé pour motif économique lorsqu'il répond aux conditions suivantes.

a. Absence de liens directs avec la personne du salarié

Le motif doit être extérieur ou « non inhérent » à la personne du salarié : le licenciement économique concerne l'emploi et non la personne du salarié.

Exemple : Sont des motifs économiques : les difficultés économiques, la réorganisation d'un service... Sont des motifs personnels : la faute du salarié, l'insuffisance professionnelle...

Il peut y avoir deux motifs (un motif personnel et un motif économique) qui coexistent, par exemple, insuffisance professionnelle d'un salarié qui a du mal à s'adapter aux nouvelles règles dues à la restructuration pour difficultés économiques. Les juges recherchent dans ce cas la **cause première et déterminante** du licenciement (Cass. soc. 2 avril 2002). Dans cet exemple, la cause première est la restructuration, le motif est économique.

Il est important pour l'employeur de qualifier avec précision le motif du licenciement, sinon il sera considéré comme licenciement sans cause réelle et sérieuse.

b. Existence d'une cause économique : motif proprement dit

Les juges retiennent quatre causes de licenciement.

Difficultés économiques

Les causes doivent être réelles, **exister au moment du licenciement**, appréciées au regard de **l'entreprise** (et pas au niveau de l'établissement) si elle comporte plusieurs établissements.

Jurisprudence

Cass. soc. 16 novembre 2016

Le périmètre du groupe à prendre en considération pour apprécier le motif économique du licenciement est l'ensemble des entreprises unies par le contrôle ou l'influence d'une entreprise dominante sans qu'il y ait lieu de réduire le groupe aux entreprises situées sur le territoire national.

Les difficultés économiques invoquées ne doivent pas résulter d'une attitude intentionnelle ou frauduleuse de l'employeur.

Jurisprudence

Cass. soc. 24 mai 2018

Dès lors que les difficultés économiques invoquées à l'appui du licenciement résultent d'agissements fautifs de l'employeur (remontée de dividendes des filiales dans des proportions manifestement anormales provoquant leurs difficultés financières et donc celles de la société employeur dont l'activité était exclusivement orientée vers ses filiales), allant au-delà des seules erreurs de gestion, le licenciement économique est sans cause réelle et sérieuse.

Mutations technologiques

Elles concernent toute introduction de techniques, processus ou matériels nouveaux qui vont conduire à des suppressions d'emploi...

Ces changements doivent être importants, par exemple l'informatisation de l'entreprise. En revanche, un changement de logiciel n'est pas une mutation technologique. Il n'est pas nécessaire que la compétitivité de l'entreprise soit menacée ou que des difficultés économiques existent.

Réorganisation de l'entreprise

Elle n'est une cause de licenciement que **si elle est justifiée par la sauvegarde de la compétitivité de l'entreprise ou du groupe auquel elle appartient**.

Les magistrats contrôlent qu'elle ne soit pas fondée sur le seul souci d'économie ou d'amélioration de la rentabilité de l'entreprise (Cass. soc. 1er décembre 1999) ou celui d'augmenter les profits. La sauvegarde de la compétitivité doit être en péril pour que le licenciement soit justifié.

Le problème qui se pose est de savoir quand doivent exister les difficultés économiques dans ce cadre précis de la réorganisation de l'entreprise.

Jurisprudence

La Cour de cassation répond à ce point dans trois arrêts du 11 janvier 2006 (dits « arrêts Pages Jaunes ») :

« La réorganisation de l'entreprise constitue un motif économique de licenciement si elle est effectuée pour en sauvegarder la compétitivité (...) ; répond à ce critère la réorganisation mise en œuvre pour prévenir des difficultés économiques liées à des évolutions technologiques et leurs conséquences sur l'emploi, sans être subordonnée à l'existence de difficultés économiques à la date du licenciement ».

Elle admet donc que des difficultés à venir justifient un licenciement économique dans le cadre d'une réorganisation.

L'employeur doit démontrer que les difficultés existeront dans un proche avenir et que des mesures d'anticipation sont nécessaires aujourd'hui.

Cass. soc. 13 février 2013

La lettre de licenciement ne visait, comme motif de licenciement, que la nécessité de sauvegarder la compétitivité de la seule société Philip Morris France et n'évoquait que le contexte français, sans jamais faire la moindre référence au secteur d'activité « tabac » du groupe international Altria dont faisait partie l'entreprise. Le licenciement est sans cause réelle et sérieuse car la menace pesant sur la compétitivité doit être recherchée au niveau du secteur d'activité du groupe auquel la société appartient.

Cass. soc. 18 décembre 2012

La lettre de licenciement pour motif économique faisait état non pas des difficultés économiques mais d'une réorganisation nécessaire à la compétitivité de l'entreprise. Cependant, le plan d'action commerciale présenté par l'employeur pour adapter son entreprise à la mutation du marché ne permettait pas d'établir l'existence d'un lien entre la suppression de l'emploi de la salariée et la nécessité de sauvegarder la compétitivité de la société. De plus, la société n'apportait aucun élément sur le groupe plus large auquel elle appartenait. Le licenciement était dépourvu de cause économique.

Cass. soc. 13 février 2008

Un salarié est licencié à la suite de la fermeture de l'usine décidée pour mettre fin aux nuisances causées à l'environnement. Le licenciement n'a pas une cause économique car il n'avait pas mis fin aux activités du groupe. La réorganisation n'avait pas pour but la sauvegarde de la compétitivité du secteur d'activité.

La cessation d'activité

Elle n'est un motif de licenciement que si elle est définitive et si elle n'est pas due à la faute de l'employeur ou à sa légèreté blâmable.

Jurisprudence

Cass. soc. 26 juin 2012

Mais attendu que la cour d'appel, qui s'est placée à la date de la notification du licenciement en relevant que la décision de dissoudre la société Orpan avait été prise par ses associés du fait de difficultés économiques actuelles dues au montant insupportable des cotisations et de difficultés prévisibles résultant des menaces planant sur l'activité de gestion de patrimoine de la clientèle des offices notariaux telle qu'elle se pratiquait jusqu'alors, a pu en déduire que la cessation d'activité de la société Orpan ne relevait ni d'une légèreté blâmable, ni d'une faute de l'employeur.

Cass. soc. 15 juin 2022

La seule fermeture d'un établissement ne peut constituer une cause économique de licenciement que si elle est justifiée par des difficultés économiques ou par la nécessité de sauvegarder la compétitivité de l'entreprise. La cessation d'activité, qui ne représentait qu'une partie des activités de l'employeur, ne pouvait à elle seule constituer un motif de licenciement.

Les difficultés économiques, les mutations technologiques ou la nécessité de sauvegarder la compétitivité de l'entreprise s'apprécient au niveau de l'entreprise si elle n'appartient pas à un groupe et, dans le cas contraire, au niveau du secteur d'activité commun à cette entreprise et aux entreprises du groupe auquel elle appartient, établies sur le territoire national, sauf fraude.

Le secteur d'activité permettant d'apprécier la cause économique du licenciement est caractérisé, notamment, par la nature des produits, biens ou services délivrés, la clientèle ciblée, ainsi que les réseaux et modes de distribution, se rapportant à un même marché.

c. Conséquences sur l'emploi

Il ne suffit pas qu'il existe un motif économique, il faut aussi qu'il ait conduit l'employeur à supprimer des emplois, à les transformer ou à modifier les contrats de travail.

La **suppression d'emploi** doit être effective mais peut concerner un autre poste que celui du salarié licencié.

La **transformation d'emploi** consiste à modifier la nature des tâches à accomplir.

L'employeur peut donc embaucher des salariés d'une autre qualification pour les assurer. Il a une obligation d'adaptation du salarié à la transformation de son emploi au préalable.

La **modification du contrat** pour raison économique est étudiée au Chapitre 5.

B Mesures de prévention

Le licenciement pour motif économique comporte une procédure spécifique, accompagnée de mesures à caractère social destinées à éviter les licenciements ou à faciliter le reclassement des salariés dont le licenciement ne peut pas être évité. Ces mesures sont donc protectrices du salarié.

1 Obligation de reclassement préalable

Le licenciement doit être l'ultime solution. Outre l'**obligation d'adaptation** des salariés au poste de travail (*cf.* Chapitre 8) prévue à l'article L. 6321-1 relatif à la formation professionnelle, la loi de modernisation sociale du 17 janvier 2002 érige en obligation légale, l'**obligation** jurisprudentielle de **reclassement**.

a. **Définition : règle légale**

Selon l'article L. 1233-4

« Le licenciement pour motif économique d'un salarié ne peut intervenir que lorsque tous les efforts de formation et d'adaptation ont été réalisés et que le reclassement de l'intéressé ne peut être opéré sur les emplois disponibles, situés sur le territoire national dans l'entreprise ou les autres entreprises du groupe dont l'entreprise fait partie. »

Il s'agit d'une obligation individuelle de reclassement qui existe même si un plan de sauvegarde de l'emploi doit être établi.

b. **Niveau de reclassement**

Les possibilités de reclassement doivent être recherchées non seulement dans le cadre de l'établissement mais aussi celui de l'entreprise, ou à l'intérieur du groupe auquel appartient l'entreprise, parmi les entreprises dont les activités, l'organisation ou le lieu d'exploitation permettent d'effectuer des permutations de tout ou partie du personnel.

Le reclassement peut se faire également à l'étranger. L'employeur doit transmettre au salarié qui en fait la demande les offres précises de reclassement à l'étranger.

c. **Nature des postes proposés**

Le reclassement doit s'opérer soit :

- sur un emploi relevant de la même catégorie que celui que le salarié occupe ;
- sur un emploi équivalent assorti d'une rémunération équivalente ;
- à défaut, sur un emploi d'une catégorie inférieure mais dans ce cas, il faut l'accord du salarié car il s'agit d'une modification du contrat.

Les offres de reclassement doivent être écrites, précises et faites individuellement aux salariés, ou regroupées sur une liste diffusée à l'ensemble des salariés par tout moyen.

Jurisprudence

Cass. soc. 17 janvier 2013

La recherche d'un poste de reclassement doit être étendue à tous les postes disponibles dans l'entreprise adaptés aux capacités et aux aptitudes du salarié, y compris ceux de qualification inférieure. En l'espèce, l'employeur n'avait pas accompli son obligation de reclassement, en ne recherchant pas si des emplois de surveillants, d'un maître de maison, d'une monitrice et de cuisiniers correspondant à des emplois de catégorie inférieure pouvaient être proposés à la salariée qui était enseignante.

d. **Sanctions**

Si l'employeur ne recherche pas, dans le cadre de cette obligation individuelle de reclassement, par tous les moyens tout au long de la procédure et jusqu'à la notification du licenciement un reclassement des salariés, le salarié est indemnisé au titre du licenciement sans cause réelle et sérieuse (bien que le motif économique soit justifié).

Jurisprudence

Cass. soc. 1er septembre 2006

L'employeur ne satisfait pas à son obligation de reclassement si aucune offre écrite de reclassement n'a été adressée au salarié. Le licenciement est donc dépourvu de cause réelle et sérieuse.

2 Prévention des licenciements par la gestion prévisionnelle des emplois

Hormis s'il existe un accord collectif aménageant celle-ci (accord d'adaptation), Il s'agit d'une obligation triennale de négocier sur la **gestion prévisionnelle des emplois et des compétences** dans les entreprises et les groupes de 300 salariés et plus afin de les inciter à anticiper les évolutions de l'emploi.

La loi de sécurisation de l'emploi (14 juin 2013) a modifié le contenu de la négociation afin de donner plus de flexibilité aux entreprises.

a. Négociation obligatoire (art. L. 2242-20 du Code du travail)

La négociation doit porter obligatoirement sur :

- la mise en place d'un dispositif de gestion prévisionnelle des emplois et des compétences, ainsi que sur les mesures d'accompagnement susceptibles de lui être associées, en particulier en matière de formation, d'abondement du compte personnel de formation, de validation des acquis de l'expérience, de bilan de compétences ainsi que d'accompagnement de la mobilité professionnelle et géographique des salariés autres que celles prévues dans le cadre de l'article L. 2254-2 ;
- 2° le cas échéant, les conditions de la mobilité professionnelle ou géographique interne à l'entreprise prévue à l'article L. 2254-2, qui doivent, en cas d'accord, faire l'objet d'un chapitre spécifique ;
- 3° les grandes orientations à trois ans de la formation professionnelle dans l'entreprise et les objectifs du plan de formation, en particulier les catégories de salariés et d'emplois auxquels ce dernier est consacré en priorité, les compétences et qualifications à acquérir pendant la période de validité de l'accord ainsi que les critères et modalités d'abondement par l'employeur du compte personnel de formation ;
- 4° les perspectives de recours par l'employeur aux différents contrats de travail, au travail à temps partiel et aux stages, ainsi que les moyens mis en œuvre pour diminuer le recours aux emplois précaires dans l'entreprise au profit des contrats à durée indéterminée ;
- 5° les conditions dans lesquelles les entreprises sous-traitantes sont informées des orientations stratégiques de l'entreprise ayant un effet sur leurs métiers, l'emploi et les compétences ;
- 6° le déroulement de carrière des salariés exerçant des responsabilités syndicales et l'exercice de leurs fonctions.
- un bilan est réalisé à l'échéance de l'accord.

b. Négociation facultative (art. L. 2242-21)

La négociation peut porter sur :

- sur les modalités d'information et de consultation du comité social et économique et, le cas échéant, le cadre de recours à une expertise par ce comité lorsque l'employeur envisage de prononcer le licenciement économique d'au moins dix salariés dans une même période de trente jours ;
- sur la qualification des catégories d'emplois menacés par les évolutions économiques ou technologiques ;
- sur les modalités de l'association des entreprises sous-traitantes au dispositif de gestion prévisionnelle des emplois et des compétences de l'entreprise ;
- sur les conditions dans lesquelles l'entreprise participe aux actions de gestion prévisionnelle des emplois et des compétences mises en œuvre à l'échelle des territoires où elle est implantée ;
- sur la mise en place de congés de mobilités.

3 Plan de sauvegarde de l'emploi

Le **plan de sauvegarde de l'emploi** est une obligation collective de reclassement pour les grandes entreprises licenciant un grand nombre de salariés.

Voir *infra* « Licenciement collectif d'au moins dix salariés sur 30 jours ».

4 Accords de maintien dans l'emploi

Voir Chapitre 13 « Accords de performance collective ».

C Procédures de licenciement

Trois cas doivent être distingués : licenciement individuel, licenciement de deux à neuf salariés sur une période de trente jours, licenciement d'au moins dix salariés sur trente jours. Des règles communes s'appliquent à toutes les procédures.

1 Fixation de l'ordre des licenciements

L'employeur ne peut pas choisir de licencier tel ou tel salarié.

a. Principe

Selon l'article L. 1233-5, des critères permettant de déterminer **l'ordre des licenciements** doivent être appliqués pour tout licenciement économique individuel ou collectif.

b. Critères

Ils sont fixés par la convention collective. À défaut, l'employeur définit les critères retenus après avoir consulté le CSE.

Les critères retenus doivent prendre en compte les éléments suivants : charges de famille, ancienneté, situation des salariés qui présentent des caractéristiques sociales rendant leur réinsertion particulièrement difficile (notamment personnes handicapées et salariés âgés), qualités professionnelles appréciées par catégorie.

L'employeur peut privilégier un de ces critères à condition de tenir compte de l'ensemble des autres critères.

Les critères d'ordre des licenciements s'appliquent à l'entreprise.

Le périmètre d'application des critères d'ordre des licenciements peut être fixé par un accord collectif.

En l'absence d'un tel accord, ce périmètre ne peut être inférieur à celui de chaque zone d'emplois dans laquelle sont situés un ou plusieurs établissements de l'entreprise concernés par les suppressions d'emplois.

L'obligation de fixer un ordre des licenciements ne s'impose aucunement, notamment :

- en cas de fermeture de l'entreprise ;
- si tous les emplois d'une même catégorie professionnelle sont supprimés ;
- lorsque la réduction d'effectif ne doit se réaliser que par départs volontaires.

La fixation des critères par rapport à des critères discriminatoires est interdite.

Jurisprudence

Cass. soc. 29 juin 2017

N'est pas considéré comme discriminatoire le critère lié à la possibilité pour les salariés de bénéficier d'une préretraite.

c. Mise en œuvre

Les critères s'appliquent au niveau de l'entreprise et par catégorie professionnelle.

Le salarié peut demander à l'employeur de lui communiquer les critères qu'il a retenus pour le licencier, dans un délai de 10 jours après avoir quitté l'entreprise.

Si l'employeur ne répond pas au salarié ou s'il ne respecte pas les critères, il commet une irrégularité de forme qui entraînera la réparation du préjudice subi par le salarié.

2 Mesures d'accompagnement

a. Le contrat de sécurisation professionnelle

C'est une mesure destinée à faciliter le reclassement externe des salariés licenciés pour motif économique.

Objet	Organisation et déroulement d'un parcours de retour à l'emploi au moyen éventuellement d'une reconversion ou d'une création ou reprise d'entreprise. Ce parcours débute par une phase de pré-bilan, d'évaluation des compétences et d'orientation professionnelle en vue de l'élaboration d'un projet professionnel. Il comprend des mesures d'accompagnement, des périodes de formation et des périodes de travail en CDD ou intérim pendant une période de 12 mois. Ces actions sont mises en œuvre par France Travail.
Champ d'application	**Entreprises visées** Entreprises de moins de 1 000 salariés qui procèdent à des licenciements économiques. **Salariés concernés** Tous les salariés visés par un licenciement économique, quelle que soit leur ancienneté (mais pour bénéficier de l'allocation spécifique, il faut avoir au moins un an d'ancienneté).
Mise en œuvre	L'employeur doit informer chaque salarié, par écrit, du contenu du contrat au cours de l'entretien préalable au licenciement ou à l'issue de la dernière réunion de consultation des représentants du personnel. Le salarié dispose d'un délai de réflexion de 21 jours pour accepter ou refuser le contrat, son silence étant assimilé à un refus d'adhérer. La lettre de licenciement doit préciser la date d'expiration du délai de 21 jours et qu'en cas de refus, cette lettre vaudra notification de la rupture. L'adhésion du salarié au CSP entraîne la rupture du contrat de travail.
Statut du salarié et droits	Le salarié ne bénéficie ni d'un préavis ni d'une indemnité compensatrice de préavis. Il perçoit l'indemnité de licenciement. Le délai de prescription pour contester la rupture du contrat de travail est de 12 mois à compter de l'adhésion au CSP. Pendant la durée du CSP (12 mois), le salarié est stagiaire de formation professionnelle. Il perçoit de Pôle emploi une allocation spécifique de sécurisation égale à 75 % du salaire journalier de référence
Sanctions	Si l'employeur ne propose pas le contrat de sécurisation professionnelle aux salariés concernés, il doit verser une indemnité égale à 2 mois de salaire brut à Pôle emploi.

Le congé de reclassement

Dans les entreprises occupant 1 000 salariés et plus, l'employeur qui envisage de licencier un ou plusieurs salariés pour motif économique doit faire une offre de **congé de reclassement**. Cette faculté permet au salarié, dès son préavis, de bénéficier d'un entretien individuel d'évaluation et d'orientation par une cellule de reclassement, d'un bilan de compétences, d'actions de formation ou de validation des acquis de l'expérience nécessaires à son reclassement. La cellule de reclassement assure aussi les opérations de prospection et de placement permettant son reclassement.

Les salariés sont informés lors de l'entretien préalable ou lors de la dernière réunion du CSE et dans la lettre de licenciement. Le salarié dispose d'un délai de 8 jours à compter de la notification du licenciement pour faire connaître sa décision. La non-réponse équivaut à un refus.

Ce congé dure entre quatre et douze mois. Il est effectué pendant le préavis que le salarié n'exécute pas. Le contrat de travail est maintenu jusqu'à la fin du congé de reclassement. Le congé de reclassement peut comporter des périodes de travail durant lesquelles il est suspendu.

Le bénéficiaire du congé reste salarié de l'entreprise. C'est pourquoi, la rémunération du salarié est à la charge de l'employeur (maintien du salaire pendant la durée du préavis, 65 % min. au-delà).

b. Le congé de mobilité

Le **congé de mobilité** est un outil qui vise à favoriser le retour à un emploi stable de tout salarié d'une entreprise concerné ou non par un projet de licenciement économique.

Le congé de mobilité ne peut être proposé que par un employeur ayant conclu soit un accord collectif de gestion des emplois et des compétences, soit un accord portant **rupture conventionnelle collective**.

L'accord collectif de GPEC ou de rupture conventionnelle collective peut définir les conditions du congé rémunéré.

L'acceptation par le salarié de la proposition de congé emporte rupture du contrat de travail d'un commun accord à l'issue du congé.

3 Procédures proprement dites

a. Licenciement individuel pour motif économique

La procédure du **licenciement individuel pour motif économique** est celle du licenciement de droit commun : convocation à un entretien, entretien préalable, notification du licenciement, à laquelle sont adjointes des dispositions complémentaires : information du bénéfice du contrat de sécurisation professionnelle ou congé de reclassement, priorité de réembauchage, information de l'administration du travail et de délais différents.

Convocation à un entretien

Règles identiques à celles du licenciement pour motif personnel.

Entretien préalable

L'employeur doit, au cours de l'entretien préalable, proposer au salarié le bénéfice du contrat de sécurisation professionnelle ou du congé de reclassement.

Notification du licenciement

Le licenciement est notifié par lettre recommandée avec avis de réception pas moins de sept jours ouvrables après l'entretien (quinze jours si le salarié est un cadre).

La lettre de licenciement doit contenir différentes mentions :

- elle doit préciser le **motif économique du licenciement**. Comme pour le licenciement personnel, le motif peut, après la **notification du licenciement**, être précisé par l'employeur, soit à son initiative soit à la demande du salarié ;
- elle doit **informer le salarié qu'il bénéficie d'une priorité de réembauchage pendant un an à compter de la rupture**. Le salarié doit en faire la demande dans l'année qui suit la date de la rupture de son contrat (c'est-à-dire la fin du préavis). Pendant un an à compter de cette rupture, l'employeur doit informer le salarié de tous les postes devenus disponibles correspondant à sa qualification. Il doit tenir informé le CSE de la liste des postes disponibles tous les trois mois. Si l'employeur ne respecte pas cette obligation, il devra verser au salarié (qui a au moins deux ans d'ancienneté dans une entreprise de plus de 20 salariés) une indemnité

égale au moins à 2 mois de salaire. Pour les autres salariés, l'indemnité est fixée en fonction du préjudice subi ;
- elle doit **proposer au salarié le bénéfice du congé de reclassement** éventuellement ;
- elle doit **rappeler la date d'expiration du délai de 21 jours pour bénéficier du contrat de sécurisation professionnelle** et qu'en cas de refus du salarié, cette lettre vaudra notification de licenciement ;
- elle doit **mentionner le droit du salarié de contester la régularité ou la validité du licenciement dans les 12 mois suivant la notification**.

L'administration du travail (DREETS) doit être informée dans le délai de 8 jours suivant la notification.

Procédure de licenciement économique individuel

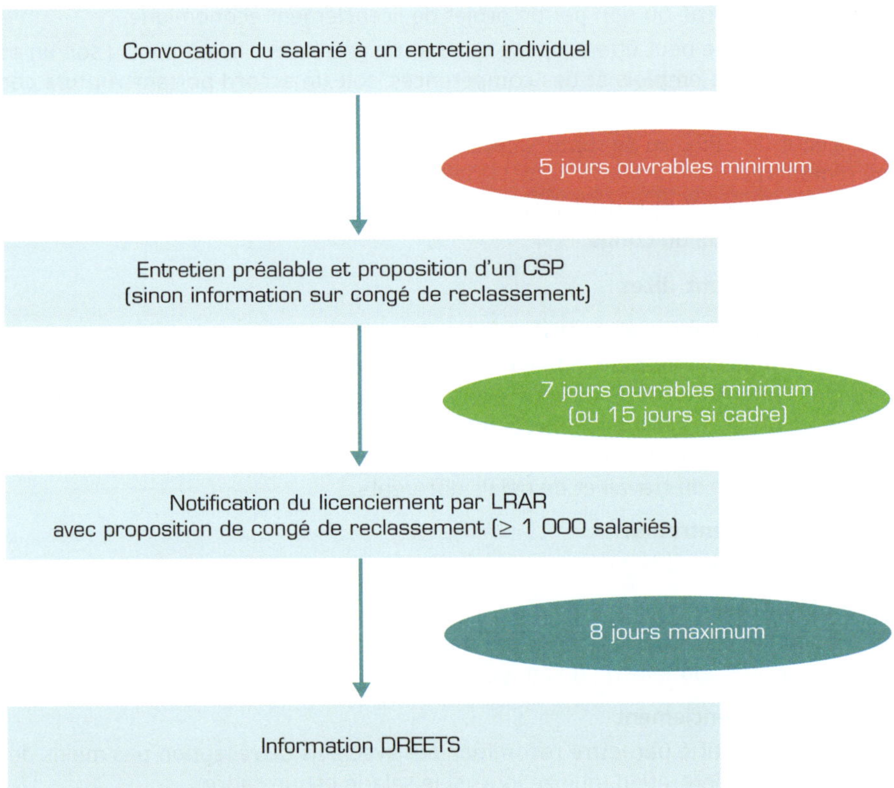

b. Licenciement collectif de 2 à 9 salariés sur 30 jours

Pour le **licenciement collectif de 2 à 9 salariés sur 30 jours**, des formalités supplémentaires sont imposées à l'employeur avant la convocation des salariés à un entretien préalable.

Consultation des représentants du personnel

La procédure débute par la convocation du CSE ou à défaut des délégués du personnel. Sont jointes à cette convocation toutes les informations utiles sur le projet de licenciement, et, notamment :
- les raisons économiques, financières ou techniques l'ayant conduit à présenter le projet de licenciement ;
- le nombre des licenciements envisagés ;

- les catégories professionnelles concernées ;
- le calendrier prévisionnel des licenciements ;
- les critères proposés pour en fixer l'ordre.

Il s'agit des informations que l'employeur doit au moins donner aux représentants des salariés dans un délai de trois jours minimum avant la réunion.

La deuxième phase de la procédure est la réunion du CSE ou à défaut des délégués du personnel. Ils sont consultés sur le projet de restructuration et sur le projet de licenciement.

Procédure individuelle

Les étapes suivantes sont les mêmes que celles prévues pour la procédure de licenciement économique individuel : convocation des salariés à un entretien préalable, entretien préalable, notification du licenciement.

Information de l'administration du travail

Comme pour le licenciement individuel, l'administration du travail (DREETS) est informée à l'issue de la procédure.

Si l'entreprise ne comporte pas de CSE ou délégués du personnel), la procédure est celle du licenciement économique individuel.

c. Licenciement collectif d'au moins dix salariés sur 30 jours

La procédure de **licenciement collectif d'au moins dix salariés sur 30 jours** est très réglementée en raison des conséquences économiques et sociales importantes de tels licenciements.

La liberté de l'employeur se trouve donc réduite au profit de la protection du salarié. En effet, c'est principalement pour ce type de licenciement que l'employeur doit mettre en place le plan de sauvegarde de l'emploi afin de reclasser les salariés et d'éviter les licenciements « secs ».

Cas des entreprises dépourvues de CSE

- Pour les entreprises qui ont moins de 50 salariés

  L'employeur doit convoquer les salariés à un entretien préalable, notifier le projet à la DREETS par lettre recommandée avec accusé de réception et 30 jours minimum plus tard notifier les licenciements.

- Pour les entreprises qui ont au moins 50 salariés

  La procédure est identique à celle applicable aux entreprises de moins de 50 salariés mais l'employeur doit établir le plan de sauvegarde de l'emploi. Les délais sont plus longs.

Procédure de licenciement de 10 salariés et plus dans les entreprises dépourvues de représentants du personnel

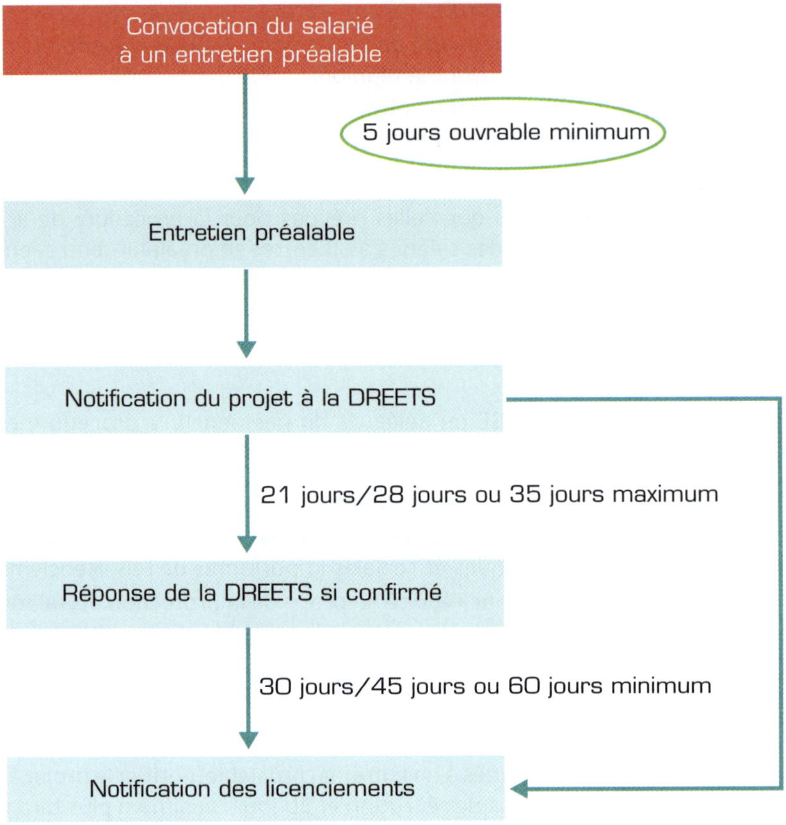

Procédure de licenciement économique de 2 à 9 salariés

Convocation et information des représentants du personnel

↓ 3 jours minimum

Réunion du CSE et fixation de l'ordre des licenciements

↓ 1 mois

Convocation à l'entretien préalable

↓ 5 jours ouvrables minimum

Entretien préalable, proposition d'un CSP
ou information sur congé de reclassement

↓ 7 jours ouvrables
(ou 15 jours si cadre)

Notification des licenciements par LRAR avec proposition CR

↓ 8 jours maximum

Notification des licenciements information DREETS

Cas des entreprises pourvues de représentants du personnel

Il n'y a pas d'entretien préalable.

Dans les entreprises de moins de 50 salariés, l'employeur réunit et consulte le CSE qui tiennent deux réunions séparées par un délai qui ne peut être supérieur à 14 jours.

Dans les entreprises employant 50 salariés et plus, la procédure est plus complexe : obligation d'élaborer un plan de sauvegarde de l'emploi, réunions avec le CSE, rôle accru de l'administration, délais différents...

Plan de sauvegarde de l'emploi

Définition	Ensemble de mesures prises pour éviter les licenciements ou en limiter le nombre et pour faciliter le reclassement du personnel dont le licenciement ne pourrait être évité, notamment les salariés âgés ou qui présentent des caractéristiques sociales ou de qualification rendant leur réinsertion professionnelle particulièrement difficile. Ce document est obligatoire dans les entreprises comptant au moins 50 salariés si l'employeur envisage de licencier au moins dix salariés sur 30 jours.
Contenu légal	Il contient des mesures telles que : - Des actions en vue du reclassement interne des salariés sur des emplois relevant de la même catégorie d'emplois que ceux qu'ils occupent, ou sur des emplois de catégorie inférieure à condition d'obtenir l'accord exprès du salarié, - Des créations d'activités nouvelles par l'entreprise, - Des actions favorisant le reclassement externe à l'entreprise, - Des actions de soutien à la création d'activités nouvelles ou à la reprise d'activités existantes par les salariés, - Des actions de formation, de validation des acquis de l'expérience ou de reconversion de nature à faciliter le reclassement interne ou externe des salariés sur des emplois équivalents, - Des mesures de réduction ou d'aménagement du temps de travail...
Élaboration	L'employeur peut, soit négocier un accord majoritaire avec les syndicats représentatifs, accord validé par la DREETS, soit établir un document unilatéral homologué par la DREETS. **Accord majoritaire validé** L'accord **doit** fixer le contenu du PSE en tenant compte du contenu légal. Il **peut** également porter sur les modalités d'information et de consultation du CSE, la pondération et le périmètre d'application des critères d'ordre des licenciements, le calendrier des licenciements, le nombre de suppressions d'emploi et les catégories professionnelles concernées, les modalités de mise en œuvre des mesures de formation, d'adaptation et de reclassement. Il est **interdit** de déroger à certaines règles : obligation de reclassement, proposition de CSP, obligation de consulter le CSE, obligation de formation, reclassement, adaptation. L'accord est valable s'il est signé par une ou plusieurs organisations syndicales représentatives ayant recueilli au moins 50 % des suffrages exprimés au 1er tour des élections professionnelles. L'accord doit être validé par la DREETS. **Document unilatéral homologué** À défaut d'accord c'est-à-dire en l'absence de négociation ou en cas d'échec de celles-ci, l'employeur doit établir un document fixant le contenu du PSE (mêmes règles qu'en cas d'accord majoritaire). L'accord doit être homologué par la DREETS pour être valable.

Rôle du CSE

L'employeur doit réunir et consulter le CSE sur l'opération projetée et ses modalités d'application (projet de restructuration et compression des effectifs) et sur le projet de licenciement collectif (nombre de suppressions d'emploi, catégories professionnelles concernées, critères de l'ordre et calendrier prévisionnel des licenciements, mesures sociales prévues par le PSE). Le CSE devra tenir au moins deux réunions espacées de 15 jours minimum et donner son avis dans un délai qui dépend du nombre de licenciements projetés.

Le CSE peut décider de recourir à un expert-comptable lors de sa première réunion.

Rôle de l'administration

La DREETS est informée au plus tard le lendemain de la première réunion du CSE de l'ouverture de la négociation portant sur l'accord majoritaire. L'employeur doit notifier le projet de licenciement à la DREETS au plus tôt le lendemain de la 1re réunion du CSE. Il doit lui transmettre l'accord collectif ou le document unilatéral pour validation ou homologation.

La DREETS contrôle le contenu de ces documents et notifie à l'employeur, au CSE et aux syndicats représentatifs la décision de validation de l'accord dans un délai de 15 jours à compter de sa réception ou la décision d'homologation du document unilatéral dans un délai de 21 jours à compter de sa réception. Le silence gardé dans les délais vaut acceptation. En cas de refus, l'employeur peut présenter une nouvelle demande modifiée.

Les salariés sont informés de la décision de la DREETS par voie d'affichage sur les lieux de travail.

La DREETS peut à tout moment faire des observations ou des propositions à l'employeur concernant le déroulement de la procédure ou le contenu du PSE. L'employeur est tenu d'y répondre.

Notification des licenciements

Les lettres de licenciement ne peuvent être adressées aux salariés qu'après la notification par la DREETS de la décision de validation ou d'homologation ou l'absence de réponse dans les délais impartis.

Contestations et sanctions

Le juge administratif est compétent pour régler les litiges relatifs à l'accord collectif, au document unilatéral, au contenu du PSE, aux décisions de l'administration et à la régularité de cette procédure. Le recours doit être introduit dans un délai de deux mois à compter de la décision de validation ou d'homologation.

En cas d'annulation de la décision de la DREETS de validation ou d'homologation pour absence ou insuffisance du PSE, la procédure est nulle.

Dans ce cas, le salarié peut être réintégré ou percevoir une indemnité qui ne peut être inférieure à 6 mois de salaire.

En cas d'annulation de la décision de la DREETS pour une raison autre que celle de l'absence de PSE, le salarié est réintégré s'il est d'accord sinon il perçoit une indemnité qui ne peut être inférieure à 6 mois de salaire.

Si l'annulation de la décision de la DREETS est due à une insuffisance de motivation, elle ne donne pas lieu au versement d'une indemnité à la charge de l'employeur.

Pour la procédure de licenciement de 10 salariés et plus dans les entreprises pourvues de représentants du personnel voir tableau complémentaire sur le site : www.editions-foucher.fr.

D Sanctions

Le conseil des prud'hommes est compétent pour connaître des actions portant sur des motifs autres que ceux cités ci-dessus.

Toute action individuelle portant sur la régularité ou la validité du licenciement se prescrit par 12 mois à compter de la dernière réunion du CSE ou de la notification du licenciement.

En cas d'absence de motif économique, non-respect de l'obligation de reclassement, le licenciement est sans cause réelle et sérieuse.

3 Causes de rupture autres que le licenciement

La liberté de rompre le contrat de travail s'exerce à travers des modes très divers. Outre la démission qui est un mode de rupture classique à l'initiative du salarié, le contrat de travail peut être rompu d'un commun accord par les deux parties ou par le départ ou mise à la retraite du salarié, ou par la résolution judiciaire du contrat ou encore par un cas de force majeure.

A La démission

La **démission** est la rupture unilatérale du contrat de travail à la seule initiative du salarié.

Le Code du travail ne consacre que trois articles à la démission (l'article L. 1237-1 relatif au préavis, et deux autres relatifs à la résiliation abusive).

C'est donc la Cour de cassation qui fixe les règles afin de protéger le salarié contre des démissions provoquées.

Remarque. En cas de mobilité volontaire sécurisée (loi du 14 juin 2013), si le salarié choisit de ne pas réintégrer son entreprise d'origine et de rester chez son nouvel employeur, la rupture du contrat avec le premier employeur est une démission sans préavis.

1 Les conditions de la démission

a. Critères jurisprudentiels

La démission doit résulter d'une volonté sérieuse, claire et non équivoque de démissionner c'est-à-dire de quitter définitivement l'entreprise. Elle ne se présume pas.

Volonté claire et non équivoque

Cette volonté doit être libre, réfléchie, non provoquée par l'employeur à l'aide de pressions, menaces. Sinon, la rupture peut être requalifiée en licenciement sans cause réelle et sérieuse.

Exemple

Ne constituent pas une volonté non équivoque de démissionner :
- le départ précipité de l'entreprise à la suite d'un incident ;
- le départ précipité à la suite d'un état dépressif ;
- le départ du salarié en congés payés malgré le refus de l'employeur ;
- le refus du salarié de reprendre le travail.

Jurisprudence

Cass. soc. 14 juin 2006

Il y a volonté claire et non équivoque de démissionner lorsqu'une salariée démissionne par courrier, pendant un arrêt maladie, et se rétracte 22 jours plus tard. Les juges estiment que la salariée a pris sa décision sans être sous l'influence de l'employeur.

Cass. soc. 28 mars 2006

Il n'y a pas de volonté claire et non équivoque et définitive de démissionner lorsqu'une salariée démissionne tout en continuant à travailler pour l'entreprise avec l'accord de l'employeur.
La rupture, à l'initiative de l'employeur, intervenue plusieurs mois plus tard s'analyse comme étant un licenciement dépourvu de cause réelle et sérieuse.

Cass. soc. 20 février 2013

L'existence d'un concert frauduleux entre les 2 entreprises qui a conduit la salariée à démissionner de son emploi chez la première pour être immédiatement engagée à l'essai par la seconde, ce qui, dans le stratagème ainsi mis en place, avait permis au nouvel employeur de rompre ce second contrat de travail dans le but de rendre service à son prédécesseur, déduit que la démission et la rupture de l'essai leur étaient imputables. La première rupture constituait un licenciement sans cause réelle et sérieuse et la seconde était abusive.

Volonté sérieuse

Exemple : N'est pas une volonté sérieuse de démissionner le départ du salarié sur un coup de tête, la rétractation de la démission le lendemain du jour où elle a été donnée…

La loi du 21 décembre 2022 a créé une présomption de démission. Selon l'article L. 1237-1-1 du Code du travail, le salarié qui a abandonné volontairement son poste et ne reprend pas le travail après avoir été mis en demeure de justifier son absence et de reprendre son poste, par lettre recommandée ou par lettre remise en main propre contre décharge, dans le délai fixé par l'employeur, est présumé avoir démissionné à l'expiration de ce délai.

La présomption est constatée à l'issue d'un délai de 15 jours hormis si le salarié a justifié son absence ou a manifesté sa volonté de revenir dans l'entreprise dans ce délai.

b. Forme

Aucune forme particulière n'est exigée pour que la démission soit valable sauf convention collective. Elle peut donc être orale ou résulter du comportement du salarié mais à condition qu'il traduise une volonté claire et non équivoque de démissionner. Il est cependant prudent de rédiger un écrit.

La démission n'a pas à être acceptée par l'employeur. Elle est donc définitive dès qu'elle est donnée. Cependant, les juges admettent une rétractation rapide si la volonté de démissionner n'est pas établie sans équivoque.

Jurisprudence

Cass. soc. 5 décembre 2012

Un salarié démissionne le jour de la mise en œuvre d'une procédure de licenciement pour faute grave le concernant. Il se rétracte 7 jours plus tard. La cour de cassation estime que le salarié s'étant rétracté dans un délai bref, sa démission présentait un caractère équivoque.

c. Limite à la liberté de démissionner

La démission peut être abusive lorsque ses circonstances font apparaître la volonté de nuire à l'entreprise ou tout au moins une légèreté blâmable. Elle peut conduire alors au versement de dommages intérêts pour réparer le préjudice subi par l'employeur.

Exemple : Le départ d'un expert-comptable en pleine période de bilans constitue une démission abusive.
Le salarié qui cesse brusquement de travailler pour l'employeur et se met au service d'un concurrent.

2 Les effets de la démission

a. Préavis

Le salarié qui démissionne est simplement tenu au respect d'un délai de **préavis**.

En est dispensée la femme qui démissionne alors qu'elle est enceinte. Ce délai n'est pas fixé par la loi, mais résulte de la convention collective ou, à défaut, des usages. L'employeur peut dispenser le salarié qui a trouvé du travail chez un autre employeur d'exécuter son préavis. Dans ce cas, il ne lui versera pas d'indemnité compensatrice.

En revanche, le salarié qui ne respecte pas le délai de préavis s'expose à être condamné au versement d'une indemnité compensatrice dite de « brusque rupture », égale au salaire brut correspondant au temps de travail non effectué.

b. **Indemnités**

La rupture du contrat étant imputable au salarié, il ne peut recevoir que l'indemnité de congés payés. Il peut obtenir le déblocage des droits à participation.

c. **Documents à délivrer**

L'employeur doit fournir un certificat de travail et l'attestation France Travail même si le salarié ne peut prétendre en principe aux indemnités chômage sauf démission considérée comme légitime (*ex.* : pour suivre son conjoint qui change de lieu de résidence pour exercer un nouvel emploi...). Les salariés démissionnaires peuvent bénéficier du chômage s'ils :

- satisfont à des conditions d'activité antérieure spécifiques ;
- et poursuivent un projet de reconversion professionnelle nécessitant le suivi d'une formation ou un projet de création ou de reprise d'une entreprise (art. L. 5422-1 du Code du travail).

Toutefois, les conditions de cette indemnisation doivent être complétées par des décrets futurs.

B Prise d'acte de la rupture

1 Définition

Décision du salarié qui décide de rompre son CDI en raison de faits qu'il reproche à l'employeur. Ces faits doivent être suffisamment graves et faire obstacle à la poursuite du contrat de travail.

La prise d'acte de la rupture n'est soumise à aucun formalisme. Elle peut être écrite et présentée par le conseil du salarié.

Exemple

Sont des faits suffisamment graves empêchant la poursuite du contrat de travail : le harcèlement moral, des violences physiques ou morales, la violation des règles de sécurité, le non-paiement du salaire, des discriminations avérées, des modifications du contrat de travail imposées par l'employeur, l'absence de visite médicale de reprise...

2 Effets

Le salarié quitte l'entreprise sans être tenu à respecter un préavis.

Si les faits invoqués sont justifiés, la rupture produit les effets d'un licenciement sans cause réelle et sérieuse.

Lorsque les faits contestés sont la discrimination, le harcèlement, la violation d'une liberté fondamentale... (article L. 1235-3-1), les effets sont ceux du licenciement nul avec réintégration du salarié s'il la demande, sinon versement d'une indemnité qui ne peut pas être inférieure aux salaires des six derniers mois.

Si les faits ne sont pas justifiés, la rupture produit les effets d'une démission.

L'article L. 1451-1 nouveau du Code du travail prévoit une accélération de la procédure quand le Conseil de prud'hommes est saisi par le salarié afin d'obtenir la qualification de la rupture du contrat de travail en licenciement sans cause réelle et sérieuse. En effet, l'affaire est portée directement devant le bureau de jugement du Conseil de prud'hommes qui doit statuer au fond dans le délai d'un mois à compter de la saisine. Cette mesure permet au salarié de bénéficier plus rapidement des allocations chômage.

Jurisprudence

Cass. soc. 23 janvier 2013

Les manquements graves de l'employeur à ses obligations contractuelles commis en dehors du temps et du lieu de travail pour des faits relatifs à un différend d'ordre professionnel justifient la prise d'acte de la rupture par le salarié aux torts de l'employeur. En l'espèce, la salariée, qui était en arrêt de travail depuis le même jour, s'était rendue à son club de bridge. L'employeur avait fait irruption brutalement dans la pièce où elle se trouvait, remettant en cause avec véhémence son état de santé et exigeant qu'elle lui remette son arrêt de travail. Ainsi agressée publiquement, la salariée, choquée, s'était trouvée dans un état de sidération nécessitant le secours des personnes présentes.

C La rupture conventionnelle

La loi de modernisation du marché du travail du 25 juin 2008 créé un nouveau mode de rupture du contrat de travail, à mi-chemin entre la démission et le licenciement.

Il s'agit d'une rupture d'un commun accord entre le salarié et l'employeur. Elle ne peut pas être imposée par l'une ou l'autre partie. Elle ne peut pas remettre en cause les autres modes de rupture du CDI, démission et licenciement. C'est un mode de rupture autonome.

Elle est entourée de garanties procédurales et une indemnisation est prévue par la loi.

1 Définition

Rupture du contrat de travail à durée indéterminée matérialisée par la signature d'une convention attestant de la volonté commune de l'employeur et du salarié.

2 Champ d'application

Selon l'article L. 1237-16 du Code du travail, la rupture conventionnelle est interdite dans deux cas :

- dans le cas de rupture de contrats autres que le contrat à durée indéterminée (CDD, contrat d'apprentissage...),
- dans le cadre d'un accord de gestion prévisionnelle des emplois et des compétences (GPEC) ou d'un plan de sauvegarde de l'emploi (PSE).

La rupture conventionnelle reste possible en cas de difficultés économiques à condition qu'elle ne soit pas utilisée pour se soustraire aux obligations en matière de licenciement économique. Lorsqu'elle a une cause économique et qu'elle s'inscrit dans un processus de réduction des effectifs, la rupture conventionnelle est prise en compte pour déterminer la procédure d'information et de consultation des représentants du personnel applicable, ainsi que pour déterminer si un plan de sauvegarde de l'emploi doit être élaboré.

Elle est autorisée pour les salariés protégés mais elle est soumise à l'autorisation de l'inspecteur du travail.

Selon la Cour de cassation, elle peut désormais être conclue avec un salarié absent pour accident du travail, avec une salariée en congé de maternité, en congé parental...

3 Garanties : procédure en trois étapes

Entretien préalable

La rupture est précédée par un (ou plusieurs) entretien au cours duquel le salarié peut se faire assister par une personne de son choix appartenant au personnel de l'entreprise ou par un conseiller du salarié. L'employeur peut lui aussi en bénéficier. L'entretien a pour but de définir le principe et les modalités de la rupture. La cour de cassation a jugé dans un arrêt du 15 janvier 2014, que l'employeur a le droit de proposer au salarié, lors d'un entretien, de négocier une rupture conventionnelle, cette proposition ne constitue pas en soi une pression susceptible de forcer le consentement du salarié. Dans un arrêt du 29 janvier 2014, la cour de cassation a estimé que le défaut d'information sur le droit d'assistance du salarié pendant les entretiens n'entraînait pas en soi la nullité de la convention de rupture. La Cour de cassation a jugé (arrêt du 1er décembre 2016) que la convention de rupture était nulle si le ou les entretiens préalables n'avaient pas eu lieu. C'est à celui qui invoque l'absence d'entretien d'en établir la preuve.

Convention de rupture

La convention de rupture n'est valable que si le consentement du salarié est libre et éclairé. Elle définit les conditions de la rupture, le montant de l'indemnité de rupture, la date de la rupture, cette dernière ne peut intervenir avant le lendemain du jour de l'homologation. La convention de rupture doit être établie en double exemplaire dont un est remis au salarié sous peine de nullité (Cass. Soc. 6 février 2013).

Elle est assortie d'un délai de rétractation de 15 jours calendaires permettant à chacune des parties de revenir sur sa décision. Le délai court du lendemain de la date de la signature de la convention jusqu'à la date de demande d'homologation. Le droit de rétractation est exercé sous la forme d'une lettre adressée par tout moyen permettant d'attester de sa date de réception par l'autre partie (il est conseillé d'utiliser une lettre recommandée avec demande d'avis de réception ou une lettre remise à l'autre partie en main propre contre une décharge).

Homologation

À l'issue du délai de rétractation, la partie la plus diligente adresse à la DREETS (directeur régional de l'économie, de l'emploi, du travail et des solidarités) une demande d'homologation avec un exemplaire de la convention de rupture. Depuis le 1er février 2013, la demande d'homologation peut être faite en ligne.

L'homologation est une condition de validité de la convention. Elle atteste de la liberté de consentement des deux parties et du respect des règles de validité. La **DREETS** a 15 jours ouvrables pour se prononcer à compter du lendemain du jour ouvrable de réception de la demande d'homologation. Passé ce délai et sans réponse de sa part, l'homologation serait réputée acquise. Le refus d'homologation entraîne la poursuite du contrat.

La rupture du contrat de travail prend effet au plus tôt le lendemain du jour où les parties reçoivent la décision d'homologation.

Contentieux

Le conseil de prud'hommes est compétent pour tout litige concernant ce mode de rupture : homologation ou convention. Il doit être saisi dans un délai de 12 mois à compter de la date d'homologation de la convention.

Jurisprudence

Cass. soc. 30 janvier 2013

Une salariée, secrétaire comptable, était au moment de la signature de l'acte de rupture conventionnelle dans une situation de violence morale du fait du harcèlement moral dont elle était victime. L'existence du harcèlement et les troubles psychologiques qui en ont résulté ont été prouvés. Les magistrats ont annulé l'acte de rupture conventionnelle et décidé que la rupture produisait les effets d'un licenciement sans cause réelle et sérieuse.

Cass. soc. 15 janvier 2014

L'existence d'un différend entre les parties ne fait pas obstacle à la conclusion de la rupture conventionnelle dans la mesure où le consentement du salarié a bien été donné librement, sans pressions ou menaces. En l'espèce, l'employeur avait sanctionné le salarié dans les mois précédant la rupture.

Cass. soc. 6 janvier 2021

La cour d'appel, qui a constaté, par une appréciation souveraine des éléments de fait et de preuve qui lui étaient soumis, que l'employeur avait dissimulé au salarié l'existence, à la date de conclusion de la convention de rupture, d'un plan de sauvegarde de l'emploi en cours de préparation, prévoyant la suppression de son poste, et que cette dissimulation avait été déterminante du consentement de celui-ci, a légalement justifié sa décision.

4 Indemnité

Son montant ne peut pas être inférieur à celui de l'indemnité légale ou conventionnelle de licenciement. Elle est totalement affranchie d'impôt sur le revenu mais exonérée de cotisations sociales, de CSG et de CRDS dans les mêmes limites que l'indemnité de licenciement. L'indemnité de rupture conventionnelle est soumise à une contribution patronale spécifique de 30 % sur la part de l'indemnité exonérée de cotisations sociales.

Le salarié bénéficie de l'assurance-chômage.

D La rupture conventionnelle collective

La **rupture conventionnelle collective** est un dispositif de départs volontaires qui permet d'ajuster les effectifs de l'entreprise en dehors de toutes difficultés économiques.

1 Définition

C'est une rupture d'un commun accord entre le salarié et l'employeur, prévue dans un accord collectif homologué par la DREETS (voir les précisions apportées par le ministère du Travail Questions/réponses 17 avril 2018).

2 Conditions

L'employeur doit négocier avec les délégués syndicaux un accord majoritaire mettant en place la RCC.

Il doit avertir l'administration dès l'ouverture de la négociation.

Le contenu de l'accord est déterminé par la loi (article L. 1237-19-1). Il contient notamment les modalités et conditions d'information du CSE, le nombre maximal de départs envisagés, de suppressions d'emplois associées, et la durée pendant laquelle des ruptures de contrat de travail peuvent être engagées sur le fondement de l'accord, les conditions que le salarié doit remplir pour en bénéficier, les modalités de présentation et d'examen des candidatures au départ des salariés, les modalités de conclusion d'une convention individuelle de rupture entre l'employeur et le salarié et d'exercice du droit de rétractation des parties, les modalités de calcul des indemnités de rupture garanties au salarié, des mesures visant à faciliter l'accompagnement et le reclassement externe des salariés sur des emplois équivalents, telles que le congé de mobilité, des actions de formation, de VAE, des actions de soutien à la création d'activités nouvelles ou à la reprise d'activités existantes par les salariés...

L'accord signé est transmis à la DREETS qui notifie la validation (ou rejet) dans un délai de 15 jours à l'employeur, aux représentants du personnel et aux signataires de l'accord. Le silence de l'administration vaut acceptation.

Pour les salariés protégés, la rupture ne peut intervenir que sur autorisation de l'inspecteur du travail.

Jurisprudence

TA Cergy-Pontoise 16 octobre 2018

En cas de rupture conventionnelle collective :

- *le DREETS n'est pas tenu de contrôler le contenu des clauses de l'accord ;*
- *il est possible de conclure un accord de RCC même si les suppressions de postes envisagées dans ce cadre reposent sur un motif économique, dès lors que l'accord prévoit l'engagement pour l'employeur de ne pas procéder à des licenciements économiques pendant un délai de 12 mois suivant les premiers départs ;*
- *le non-respect du délai d'information de l'administration sur l'engagement d'une négociation est sans incidence sur la procédure et n'entraîne pas la nullité de l'accord ;*
- *le CHSCT et le CE (ou le CSE) n'ont pas à être consultés.*

3 Effets

Dès l'accord des deux parties, le contrat de travail est rompu, éventuellement dans le cadre d'un congé de mobilité.

Le salarié perçoit les indemnités de rupture qui ne peuvent être inférieures aux indemnités légales dues en cas de licenciement et il bénéficie des allocations d'assurance-chômage.

La contestation relative à la rupture du contrat doit être portée devant le juge prud'homal dans les douze mois, celle relative à la décision de validation de l'accord est présentée au juge administratif dans un délai de trois mois.

E La retraite

L'initiative de la **retraite** peut être prise par le salarié ou par l'employeur.

La loi (art. L. 1237-4 du Code du travail) déclare nulles et de nul effet les « clauses guillotines ou couperets » conventionnelles entraînant la rupture de plein droit du contrat de travail du salarié, en raison de son âge ou du fait qu'il serait en droit de bénéficier d'une **pension vieillesse**.

La Cour de cassation en assemblée plénière (arrêt du 6 novembre 1998) a décidé que la nullité de ces clauses ne pouvait être invoquée que par le salarié et non par l'employeur.

Il s'agit d'une nullité de protection.

1 Initiative du salarié : le départ à la retraite

Il s'agit de la décision du salarié de rompre son contrat de travail pour bénéficier de la pension vieillesse.

a. Conditions

Un salarié peut décider de partir à la retraite pour bénéficier d'une pension de vieillesse.

Pour que cette rupture s'analyse en un départ volontaire à la retraite, il faut que le salarié demande la liquidation de sa pension de vieillesse. À défaut, la rupture serait qualifiée de démission.

Pour pouvoir liquider sa pension, le salarié doit avoir au moins 64 ans (pour les personnes nées à compter de 1968) sauf exceptions.

b. Effets

Respect d'un préavis

Le préavis a une durée équivalente à celle prévue en cas de licenciement (2 mois si le salarié a plus de 2 ans d'ancienneté).

Versement d'une indemnité

Le salarié bénéfice d'une indemnité légale de départ à la retraite égale à un demi-mois de salaire après 10 ans d'ancienneté ; un mois après 15 ans ; un mois et demi après 20 ans ; deux mois après 30 ans. Il peut bénéficier d'une indemnité conventionnelle si elle est plus favorable. Cette indemnité est soumise à des cotisations sociales, à la CSG et à la CRDS. Elle est imposable.

2 Initiative de l'employeur : la mise à la retraite

Selon l'article L. 1237-5 du Code du travail, la **mise à la retraite** s'entend de la possibilité donnée à l'employeur de rompre le contrat de travail d'un salarié sous certaines conditions.

Toute convention ou clause qui prévoit la rupture de plein droit du contrat de travail d'un salarié en raison de son âge ou du fait qu'il pourrait bénéficier d'une pension de vieillesse est nulle (il s'agit d'une clause couperet).

a. Conditions

L'employeur peut mettre à la retraite d'office le salarié qui a atteint l'âge de 70 ans.

La rupture peut avoir lieu avant l'âge de 70 ans à certaines conditions.

L'employeur qui souhaite mettre à la retraite un salarié âgé de 67 ans à 69 ans doit lui demander, par écrit, dans un délai de 3 mois avant son anniversaire, s'il envisage de prendre sa retraite dans l'année à venir. Si le salarié est d'accord, il peut être mis à la retraite. Dans le cas contraire, la mise à la retraite n'est pas possible.

Cette procédure est répétée chaque année.

b. Effets

Respect d'un préavis

L'employeur doit respecter un préavis d'une durée identique à celle prévue pour un licenciement.

Versement d'une indemnité

Une indemnité d'un montant égal à l'indemnité de licenciement est versée au salarié sauf indemnité conventionnelle plus favorable.

Elle est exonérée d'impôt et de cotisations sociales dans la limite d'un plafond, mais elle est soumise à CSG et CRDS.

c. Sanctions

Lorsque les conditions de la mise à la retraite ne sont pas réunies, la rupture du contrat s'analyse en un licenciement sans cause réelle et sérieuse voire nul si le motif de la rupture est l'âge du salarié (licenciement discriminatoire).

F La force majeure

1 Définition

La **force majeure** est définie par la jurisprudence comme un évènement imprévisible, irrésistible et extérieur à l'employeur. Il doit créer une impossibilité absolue et durable d'exécuter le contrat de travail.

La jurisprudence l'admet difficilement : ni la cessation de l'entreprise, ni le décès de l'employeur même s'il entraîne la disparition de l'entreprise ne constituent en eux-mêmes des cas de force majeure.

Jurisprudence

Cass. soc. 31 octobre 2006

L'annulation du festival Les Francofolies à La Rochelle en juillet 2003 a été considérée comme un cas de force majeure car il s'agissait d'intermittents extérieurs au spectacle qui l'avait empêché manu militari.

2 Conséquences

La force majeure a pour conséquence la rupture de plein droit, sans préavis ni indemnité sauf congés payés, de tous les contrats de travail.

Si la force majeure n'est pas retenue, la rupture du contrat de travail s'analyse en un licenciement.

Si le contrat à durée indéterminée (il en est de même du contrat à durée déterminée) est rompu en fonction d'un sinistre ayant les caractéristiques de la force majeure, le salarié a droit à une indemnité de préavis et à l'indemnité de licenciement.

G La résiliation ou résolution judiciaire du contrat

La **résolution judiciaire du contrat** peut être demandée par le salarié lorsque les manquements de l'employeur empêchent la poursuite du contrat de travail.

1 Effets

Elle produit les effets d'un licenciement sans cause réelle et sérieuse.

En revanche, l'employeur ne peut recourir à ce mode de rupture dans les cas où le licenciement est possible. La Cour de cassation, dans un arrêt du 9 mars 1999, confirmé depuis, indique que *« l'employeur qui dispose du droit de résilier unilatéralement un contrat de travail à durée indéterminée par la voie du licenciement n'est pas recevable, hors les cas où la loi en dispose autrement, à demander la résolution judiciaire dudit contrat. »*

Jurisprudence
Cass. soc. 13 mars 2001
Un VRP multicartes cesse son activité pour maladie puis invalidité.
L'employeur demande la résiliation judiciaire du contrat aux torts du salarié. Il est débouté de sa demande.

2 Exception légale : le contrat d'apprentissage

Article L. 6222-18

« Le contrat d'apprentissage peut être rompu par l'une ou l'autre des parties jusqu'à l'échéance des quarante-cinq premiers jours, consécutifs ou non, de formation pratique en entreprise effectuée par l'apprenti.

Passé ce délai, le contrat peut être rompu par un accord écrit et signé des deux parties.

À défaut, le contrat peut être rompu en cas de force majeure, de faute grave de l'apprenti, d'inaptitude constatée par le médecin du travail ou en cas de décès d'un employeur maître d'apprentissage dans le cadre d'une entreprise unipersonnelle »

4 Conséquences de la rupture du contrat de travail

Outre les sanctions qui ont été étudiées selon les types de licenciement, il existe des conséquences communes à tous les modes de rupture du contrat de travail.

A Transaction

Il ne s'agit pas d'un mode de rupture du contrat de travail.

Afin de limiter les risques d'un litige qui pourrait naître d'un des modes de rupture, les parties peuvent signer une **transaction**.

1 Définition

Selon l'article 2044 du Code civil, *« la transaction est un contrat par lequel les parties, par des concessions réciproques, terminent une contestation née, ou préviennent une contestation à naître. Ce contrat doit être rédigé par écrit »*.

Elle n'est pas un mode autonome de rupture, elle ne doit pas être confondue avec la rupture d'un commun accord du contrat de travail. La transaction est consécutive à la rupture du contrat de travail. Elle a pour objet de mettre fin à toute contestation née ou à naître résultant de cette rupture.

2 Conditions de validité

La Cour de cassation exerce un contrôle et impose des conditions.

a. Moment de conclusion

La transaction ne peut être conclue qu'après la rupture définitive du contrat, notamment après la réception de la lettre de licenciement quand le salarié n'est plus sous la subordination de l'employeur et qu'il a pu prendre connaissance des motifs du licenciement. En pratique, l'employeur doit attendre de recevoir l'accusé de réception pour transiger.

b. Contenu

La transaction doit contenir des concessions réciproques.

Exemple : L'employeur renonce à invoquer la faute grave du salarié et lui verse une indemnité correspondant à deux mois de préavis, le salarié s'engage à ne pas poursuivre l'employeur devant le conseil de prud'hommes pour licenciement sans cause réelle et sérieuse.

3 Conséquences

La transaction a, entre les parties, l'autorité de la chose jugée en dernier ressort (art. 2052 du Code civil). Une fois signée, la transaction valide ne peut pas être contestée par le salarié. Elle ne sera remise en cause que si les conditions de validité ne sont pas respectées.

Exemple : Cass. soc. 17 février 2021
La signature d'un acte transactionnel rédigé en termes généraux empêche le salarié de revendiquer l'application de la clause de non-concurrence qui figurait à son contrat.

B Respect d'un préavis

Le contrat de travail ne peut pas être rompu brutalement. Une période doit s'écouler entre la notification de la rupture et la fin effective du travail (**préavis**).

1 Droit à préavis

a. Principe

Le préavis est un délai de prévenance qui doit être respecté par l'employeur en cas de licenciement ou de mise à la retraite du salarié, et par le salarié en cas de démission ou de départ à la retraite.

Il a pour but de laisser à la partie qui n'est pas à l'origine de la rupture assez de temps pour pallier l'absence du salarié qui quitte l'entreprise.

Il peut être institué selon les cas par la loi, les conventions collectives ou accords collectifs, les usages. Il ne peut pas résulter du seul contrat de travail (Cass. soc. 3 février 1998) dans le silence des usages et accords collectifs.

b. Exceptions

Il n'y a pas droit à préavis :

- pour le salarié s'il est licencié pour faute grave ou lourde ;
- pour l'employeur en cas de démission d'une femme enceinte, ou, sous réserve de prévenir l'employeur 15 jours avant, à l'issue du congé de maternité ou d'adoption ;
- en cas de force majeure.

2 Durée

C'est un délai préfixé qui ne peut être ni interrompu ni suspendu sauf par les congés payés ou par un accident du travail.

Sa durée varie selon le mode de rupture et l'ancienneté du salarié :

Mode de rupture	Durée du préavis		
Démission	La durée est fixée par la loi ou les conventions collectives ou par les usages		
Licenciement	**Ancienneté (de services continus chez le même employeur) inférieure à 6 mois**	**Ancienneté comprise entre 6 mois et moins de 2 ans**	**Ancienneté d'au moins 2 ans**
	La durée est fixée par la convention collective ou les usages	Le préavis est d'un mois minimum (sauf conventions ou usages prévoyant un délai plus long)	Il est de deux mois minimum (sauf conventions ou usages prévoyant un délai plus long)
Départ à la retraite	*idem*		
Mise à la retraite	*idem*		

3 Obligations des parties

a. Obligations générales

Pendant la **durée du préavis**, le contrat de travail est maintenu, chaque partie est tenue des obligations nées du contrat. Si la convention collective l'a prévu, l'employeur doit octroyer au salarié deux heures de temps libre par jour afin de lui permettre de rechercher un emploi.

b. Faute du salarié pendant le préavis

Si le salarié commet une faute grave ou lourde pendant le délai de préavis travaillé, le contrat est immédiatement rompu mais le salarié conserve son droit à l'indemnité de licenciement mais pas à l'indemnité de préavis (sauf pour la part de préavis travaillée).

Si le salarié commet ou si l'employeur découvre une faute grave ou lourde pendant la période de dispense de préavis, l'employeur doit verser quand même l'indemnité compensatrice de préavis en totalité.

4 Inexécution du préavis

a. À l'initiative du salarié

Si le salarié décide de ne pas exécuter son préavis parce qu'il a trouvé un emploi, par exemple, il peut obtenir l'accord de l'employeur et dans ce cas le contrat est rompu sans indemnité de préavis à verser. En revanche, si l'employeur ne donne pas son accord, le salarié peut être tenu de verser une **indemnité de brusque rupture** à l'employeur, égale au salaire perçu pendant le temps de préavis, (hormis les salariés licenciés pour un motif économique qui ont trouvé un nouvel emploi).

Rappel. En cas licenciement pour faute grave ou lourde, le salarié est privé du droit au préavis.

b. À l'initiative de l'employeur

Si l'employeur dispense le salarié d'exécuter le préavis, il doit dans ce cas lui verser une indemnité compensatrice de préavis correspondant à la rémunération brute et aux avantages que le salarié aurait perçus s'il avait travaillé. Cette indemnité a le caractère de salaire. Elle est soumise à cotisations sociales et à l'impôt sur le revenu.

Selon la Cour de cassation, la dispense de préavis ne doit entraîner aucune diminution des salaires et avantages que le salarié aurait perçus s'il avait accompli son travail.

Jurisprudence

Cass. soc. 29 janvier 2003

L'employeur doit verser au salarié, vendeur, dispensé d'effectuer son préavis, le montant des commissions afférentes aux ventes qui auraient pu être réalisées pendant le préavis.

C L'indemnisation du salarié

Indemnités	Modalités d'attribution et montant
De préavis	En cas de préavis travaillé : le salarié perçoit son salaire. En cas de dispense de préavis : l'indemnité compensatrice de préavis est égale à la rémunération et à tous les avantages que le salarié aurait perçus s'il avait effectué son préavis. Elle a le caractère de salaire. En cas de brusque rupture par le salarié : le salarié verse une indemnité de brusque rupture égale à la rémunération qu'il aurait perçue s'il avait effectué son préavis.
De licenciement légale	**Conditions** L'indemnité de licenciement est due au salarié qui a 8 mois d'ancienneté (ininterrompue au service du même employeur) à la date de notification du licenciement et qui n'a pas commis de faute grave ou lourde. **Montant pour licenciement** 1/4 de mois de salaire par année d'ancienneté,pour les 10 premières années ; 1/3 de mois de salaire par année d'ancienneté à partir de la 11e année. Le salaire pris en compte est le salaire brut moyen des 3 derniers mois ou des 12 derniers mois s'il est supérieur. Elle peut se cumuler avec les indemnités pour licenciement sans cause réelle et sérieuse, irrégulier et de préavis mais pas avec l'indemnité conventionnelle de licenciement. **Nature** Elle n'a pas le caractère de salaire. Elle n'est en principe pas soumise à cotisations sociales ni à l'impôt sur le revenu (sauf au-delà d'un certain montant). La prescription est de 12 mois.
De licenciement conventionnelle	Elle ne peut être versée que pour les causes de licenciement prévues à la convention collective et selon les modalités prévues. Elle ne se cumule pas avec l'indemnité légale de licenciement. Le salarié percevra celle qui lui est le plus favorable.
De congés payés	Elle compense la perte de salaire consécutive à l'absence du salarié pendant le congé annuel. Elle est égale de manière plus favorable soit à 1/10 de la rémunération brute perçue par le salarié durant la période de référence ou soit au maintien de salaire si le congé avait été pris(voir congé annuel).

D Les documents échangés après la rupture

L'employeur doit délivrer au salarié un certificat de travail. Le salarié lui remet, après l'avoir signé, un reçu pour solde de tout compte.

1 Le certificat de travail

L'employeur a l'obligation de remettre au salarié à l'expiration du contrat de travail un certificat de travail. Celui-ci contient exclusivement (outre l'identification des parties et la date et lieu de délivrance) :

- la date d'entrée du salarié dans l'entreprise et la date de sa sortie ;
- la nature de l'emploi, ou des emplois successivement occupés, ainsi que les périodes pendant lesquelles ces emplois ont été tenus. Il ne doit pas contenir d'appréciations défavorables au salarié, ni le motif de la rupture ;

- la mutuelle complémentaire santé et/ou prévoyance et sa portabilité.

La mention « libre de tout engagement » parfois insérée dans un certificat de travail est sans valeur. Elle ne signifie pas que le salarié est délié de clause de non-concurrence ou dédit formation.

L'employeur a donc l'obligation de rédiger le certificat de travail et de le remettre au salarié à l'expiration du préavis. Il est quérable et non portable.

La délivrance du certificat peut être exigée, sous peine d'astreinte, par le bureau de conciliation ou le juge du référé prud'homal.

Remarque. Lorsque le salarié quitte l'entreprise, une information sur l'intéressement qu'il n'a pas encore perçu ainsi qu'un état récapitulatif de ses avoirs doivent lui être remis. Cet état, qui peut accompagner le certificat de travail est inséré dans le livret d'épargne salariale (voir Chapitre 14).

2 Attestation d'assurance chômage

L'employeur doit remettre au salarié licencié ou démissionnaire une **attestation destinée à France Travail** afin de solliciter le versement des allocations de chômage.

Elle est remise au salarié en même temps que le certificat de travail.

Il doit également la transmettre à France Travail. Selon un arrêt de la Cour de cassation du 13 février 2007, la non remise par l'employeur de l'attestation d'assurance chômage (France Travail) au salarié cause à ce dernier un préjudice qui doit être réparé. Le salarié n'est pas obligé d'apporter la preuve du préjudice pour obtenir réparation.

3 Reçu pour solde de tout compte

C'est une attestation établie obligatoirement par l'employeur et signée par le salarié à l'expiration du contrat de travail, par laquelle ce dernier reconnaît avoir reçu les sommes qui y figurent (qui correspondent aux sommes dues et versées au salarié).

Il a un effet libératoire pour l'employeur, pour les sommes mentionnées si le salarié ne le dénonce pas dans les 6 mois de la signature.

Ce document est désormais remis obligatoirement au salarié sinon l'employeur engage sa responsabilité.

La rupture du contrat de travail à durée indéterminée peut prendre différentes formes : le licenciement, la démission, la prise d'acte, la rupture conventionnelle, la résiliation judiciaire, le départ et mise à la retraite, la force majeure.
Le licenciement est une décision de rupture à l'initiative de l'employeur.
Tout licenciement repose sur une cause réelle et sérieuse.

Licenciement pour motif personnel

Il repose sur un motif qui tient à la personne du salarié : comportement non fautif du salarié ou faute (sérieuse, grave, lourde).
L'employeur doit respecter une procédure qui comprend trois étapes : convocation à un entretien préalable, entretien et notification du licenciement.
Le licenciement sans cause réelle permet au salarié de recevoir des indemnités dont le montant varie selon la taille de l'entreprise et l'ancienneté du salarié.

Licenciement pour motif économique

La loi définit le licenciement pour motif économique comme un ou plusieurs motifs non inhérents à la personne du salarié qui ont pour cause soit des difficultés économiques, des mutations technologiques, une réorganisation de l'entreprise motivée par la sauvegarde de la compétitivité de l'entreprise (apport jurisprudentiel) ou cessation d'activité (apport jurisprudentiel) qui ont pour conséquences la suppression d'emploi, la transformation d'emploi ou la modification du contrat.
Le contrôle du juge sur le licenciement économique est plus important que pour le licenciement personnel afin de concilier le droit à l'emploi et la liberté d'entreprendre.
L'employeur, à titre préventif, a une obligation de reclassement outre l'obligation d'adaptation des salariés au poste de travail. Il doit établir un plan de sauvegarde de l'emploi dans les entreprises de plus de 50 salariés licenciant au moins 10 salariés.
Il doit également mettre en œuvre une procédure dont les formalités varient selon le nombre de salariés licenciés.
Il a l'obligation de proposer au salarié licencié un contrat de sécurisation professionnelle ou un congé de reclassement pour faciliter son reclassement externe.

Autres modes de rupture

Démission	Rupture à l'initiative du salarié. Elle ne se présume pas. Elle doit reposer sur une volonté claire, sérieuse et non équivoque de rompre définitivement le contrat. Le salarié doit respecter un préavis
Prise d'acte de la rupture	Rupture à l'initiative du salarié en raison de faits qu'il reproche à l'employeur. Si les faits sont justifiés, elle produit les effets d'un licenciement sans cause réelle et sérieuse sinon il s'agit d'une démission.
Rupture conventionnelle	La loi de modernisation sociale a créé un nouveau mode de rupture du contrat de travail. Il s'agit d'une rupture qui ne peut pas être imposée ni par l'employeur ni par le salarié. Elle repose sur le consentement libre des deux parties. Elle est précédée d'un entretien et donne lieu à une convention qui doit être homologuée par l'administration.
Rupture conventionnelle collective	Nouveau mode de rupture créé par l'ordonnance du 22/9/17 permettant aux entreprises de négocier un mécanisme de départs volontaires collectifs sous le contrôle de l'administration et en dehors de tout licenciement économique.
Résiliation judiciaire	Rupture à l'initiative du salarié, demandée en justice, lorsque l'employeur ne remplit pas ses obligations. Elle produit les effets d'un licenciement sans cause réelle et sérieuse.

Départ à la retraite	Rupture à l'initiative du salarié dès l'âge de 64 ans.
Mise à la retraite	Rupture à l'initiative de l'employeur si le salarié a 70 ans au moins.
Force majeure	Événement imprévisible, irrésistible et extérieur qui empêche la poursuite du contrat.

Conséquences de la rupture

Signature d'une transaction éventuellement, respect d'un préavis, indemnités de licenciement, remise de documents : certificat de travail, attestation d'assurance chômage, reçu pour solde de tout compte.

Applications

Préparez-vous à l'examen

EXO 11.01

Aurélie est salariée de l'entreprise Bernet. Elle occupe le poste de secrétaire du directeur général depuis 7 ans. Elle a trouvé un emploi mieux rémunéré dans une autre entreprise, poste à pourvoir immédiatement. La convention collective dont relève l'entreprise Bernet prévoit un préavis d'un mois en cas de démission.

→ **Travail à faire**

Que lui conseillez-vous ?

EXO 11.02

→ **Travail à faire**

Quelles différences peut-on faire entre licenciement, démission, résiliation judiciaire et prise d'acte de la rupture ?

EXO 11.03

Camille travaille dans une agence immobilière, en qualité de comptable, depuis 5 ans. Elle décide de démissionner pour suivre son ami qui est embauché en qualité de cadre en formation pour la direction d'une agence dans une ville distante de 120 km. Elle remet alors à son employeur une lettre de démission datée du 2 mai. Cependant, son ami Jérôme commence à travailler à compter du 2 mai. Très vite, il s'aperçoit que le poste ne correspond pas à ses attentes. De plus, il ne reçoit ni salaire ni bulletin de salaire pendant les trois premiers mois. Il décide alors de quitter son poste le 2 août. Il réclame à son employeur les indemnités dues en cas de licenciement sans cause réelle et sérieuse. Camille veut alors reprendre son ancien poste et prétend qu'elle avait démissionné sur un coup de tête.

→ **Travail à faire**

Analysez la situation de Camille et de Jérôme.

EXO 11.04

Gustave est chef du service comptable de l'entreprise Roy Il subit des pressions de la part de son supérieur hiérarchique qui le trouve lent et peu efficace. Gustave, ne supportant plus ce harcèlement donne sa démission. Sept jours plus tard, pris de remords, il se rétracte par lettre. L'employeur estime que la démission est définitive et que le contrat est rompu à la date de la lettre de démission. Gustave saisit alors le conseil de prud'hommes pour faire qualifier cette rupture de licenciement sans cause réelle et sérieuse.

→ **Travail à faire**

Aidez-le à argumenter sa demande.

EXO 11.05

→ Travail à faire

Les salariés protégés peuvent-ils utiliser la résiliation judiciaire, la prise d'acte de la rupture ?

EXO 11.06

a. Un salarié commet un vol dans l'entreprise qui l'emploie. L'employeur propose alors au salarié qu'il lui remette une lettre de démission. En contrepartie, l'employeur renonce à porter plainte contre lui.

b. Un employeur demande à un salarié de démissionner compte tenu de ses nombreuses absences. L'employeur rédige alors la lettre de démission dactylographiée et la fait remettre en main propre au salarié par son supérieur hiérarchique. De plus, l'employeur ne remet pas au salarié l'attestation Assedic et le certificat de travail.

c. Un salarié, employé depuis 7 ans, ne se présente pas à son travail. L'employeur lui envoie en vain plusieurs lettres recommandées lui enjoignant de reprendre son emploi. Il considère alors que le salarié a démissionné. Or, le salarié était en détention provisoire au moment où l'employeur lui a envoyé les lettres. Il était dans l'impossibilité d'y répondre.

d. Une salariée informe son employeur, par lettre recommandée, qu'elle prend un congé parental d'éducation à l'issue de son congé de maternité. Elle décide de renouveler son congé mais ne prévient pas l'employeur. Ce dernier lui demande à deux reprises, par lettre recommandée, quelles sont ses intentions. Il n'obtient pas de réponse et la considère comme démissionnaire.

→ Travail à faire

Indiquez si dans les cas présentés, la rupture du contrat de travail peut être considérée comme une démission.

EXO 11.07

a. Un salarié, cadre commercial est licencié pour insuffisance de résultats et négligences dans son travail. L'employeur s'appuie sur des faits précis et objectifs. Le salarié a pour amie, une salariée employée en tant que secrétaire de la même entreprise, liaison ancienne et connue de tous. L'employeur licencie également cette dernière en raison de sa liaison avec le cadre commercial.

b. Un salarié d'une entreprise de transport, utilise, à l'insu de l'employeur, l'autocar qu'il est chargé de conduire et conserve les recettes encaissées. Il est licencié.

c. Un salarié, employé d'une société de gardiennage est muté dans une autre ville distante de 200 km. Son contrat de travail ne comporte pas de clause de mobilité. Il refuse la mutation et est licencié.

d. Un chauffeur de poids lourds ne respecte pas la limitation de vitesse imposée et roule à 85 km/h au lieu de 50 km/h.

e. Une caissière utilise irrégulièrement des bons de réductions non utilisés par certains clients. Aucune directive ni consignes n'avait été donnée quant à l'utilisation de ces bons.

f. Un salarié, cadre commercial, dénigre devant des concurrents les produits de son entreprise.

g. Une femme enceinte est licenciée pour motif économique. La lettre de licenciement l'informe des difficultés économiques de l'entreprise.

h. Un cadre technique de la société Pion est en même temps actionnaire majoritaire de l'entreprise Pia, concurrente directe de la première. Il tente de débaucher du personnel de la société Pion pour embaucher dans la société Pia. Il transfère des fichiers commerciaux d'une société dans l'autre empêchant ainsi la société Pion de fonctionner.

i. Un coureur cycliste salarié d'une équipe professionnelle est mis en cause dans une affaire de dopage. Il est mis en examen sous contrôle judiciaire. L'employeur le licencie pour faute grave.

→ **Travail à faire**

Indiquez, dans les cas proposés, si le licenciement est justifié ou non et si oui s'il y a cause réelle et sérieuse, faute grave, faute lourde.

EXO 11.08

Madame Mister est salariée de l'entreprise Verdier depuis cinq ans. Elle vient d'être condamnée par le tribunal judiciaire à verser des dommages et intérêts à son voisin pour troubles de voisinage. L'employeur, apprenant cette condamnation, décide de la licencier pour faute. Il la convoque à un entretien préalable mais sans préciser qu'elle peut se faire assister et sans indiquer qu'il envisage un licenciement. De plus, lors de l'entretien, il lui indique des griefs qui n'étaient pas indiqués dans la lettre de convocation, notamment la perte de confiance. Elle reçoit ensuite sa lettre de licenciement indiquant les deux motifs du licenciement, condamnation par le tribunal judiciaire et perte de confiance. Madame Mister se demande si elle peut intenter une action devant le conseil de prud'hommes.

→ **Travail à faire**

Que pouvez-vous lui conseiller ?

EXO 11.09

Monsieur Saur, directeur commercial, est licencié pour faute grave, sans indemnité de préavis ni indemnité de licenciement. Il reçoit la lettre de notification du licenciement en novembre. En décembre, il conteste le motif du licenciement et réclame paiement de l'indemnité de préavis, de l'indemnité légale de licenciement et de l'indemnité conventionnelle de 10 mois de salaire stipulée dans son contrat de travail en cas de licenciement sans cause réelle et sérieuse et menace l'employeur de saisir le conseil de prud'hommes.

L'employeur lui propose alors une transaction par laquelle il s'engage à verser au salarié l'indemnité de préavis, l'indemnité de licenciement et une somme forfaitaire et définitive d'un montant égal à 5 mois de salaire, moyennant quoi, il renonce à toute réclamation de quelque nature que ce soit à l'encontre de l'employeur, relative tant à l'exécution qu'à la rupture du contrat de travail.

Le salarié accepte la transaction.

→ **Travail à faire**

1. **Cette transaction est-elle valable ?**
2. **Le salarié, peut-il, ultérieurement, saisir le conseil de prud'hommes pour obtenir paiement d'une somme de 937 € au titre d'une prime d'intéressement ?**

APPLICATIONS

EXO 11.10

1. Un salarié, employé dans une association de sauvegarde de l'enfant à l'adulte pour initier les demandeurs d'asile accueillis au sein du Centre à la pratique de la langue et de la culture françaises. Il est licencié pour faute grave pour manquements réitérés à ses obligations professionnelles de discrétion, de respect de la vie privée, de réserve et de loyauté découlant de son contrat de travail. Il lui est reproché d'avoir exposé au personnel les menaces de reconduite à la frontière qui pesaient sur une jeune femme kurde. Cette démarche d'ordre privée entreprise par le salarié en faveur d'une personne réfugiée n'avait été possible qu'en divulguant à des tiers des informations confidentielles qu'il avait recueillies dans le cadre de ses fonctions et en agissant à l'insu de l'association qui l'employait tout en faisant état de sa qualité professionnelle ;
2. Un jeune commis de cuisine embauché le 19 avril N, démissionne le 30 mai N + 2. La date de fin de contrat apparaissant sur l'attestation France Travail est le 14 juin N + 2. L'employeur lui réclame des dommages et intérêts pour préavis non effectué. La convention collective applicable est celle des hôtels, cafés, restaurants.

Convention collective nationale des hôtels, cafés, restaurants du 30 avril 1997

« Sauf accord entre les parties, le préavis est fixé comme suit :

	Moins de 6 mois	6 mois à moins de 2 ans	Plus de 2 ans
CADRES	1 mois	3 mois	3 mois
MAÎTRISE	15 jours	1 mois	2 mois
EMPLOYÉS	8 jours	15 jours	1 mois

Le salarié doit confirmer sa démission par lettre recommandée avec accusé de réception ou lettre remise en main propre contre décharge.

→ **Travail à faire**

Justifiez dans les deux cas la démarche de l'employeur.

La représentation collective

Chapitre 12

COMPÉTENCES ATTENDUES

- Identifier les principales institutions représentatives du personnel et leurs principales attributions.
- Repérer les situations où l'employeur est tenu de mettre en place une institution représentative du personnel.
- Caractériser les syndicats représentatifs et les syndicats non représentatifs et distinguer leurs prérogatives.
- Identifier les salariés protégés et les moyens de leur protection.
- Caractériser le délit d'entrave et ses sanctions.

PLAN DU CHAPITRE

1 Les syndicats de salariés

A Liberté syndicale
B Statut juridique
C La représentativité syndicale
D L'activité syndicale
E Représentation syndicale dans l'entreprise

2 Les institutions représentatives élues : le comité social et économique

A Mise en place des institutions représentatives
B Attributions et prérogatives
C Fonctionnement
D Le comité social et économique
E Le comité social et économique central (CSEC)
F Les autres comités : comité de groupe et comité d'entreprise européen
G Le conseil d'entreprise

3 Protection des représentants du personnel

A Principe
B Bénéficiaires de la protection
C Protection spécifique

4 Droit d'expression des salariés

A Domaine
B Mise en œuvre
C Exercice

5 Bilan social

A Objet et champ d'application
B Contenu et élaboration du bilan social

SYNTHÈSE P. 335

APPLICATIONS P. 337

LES RÉFÉRENCES POUR COMPRENDRE LE CONTEXTE

Selon le préambule de la Constitution de 1946, « *tout travailleur participe par l'intermédiaire de ses délégués à la détermination collective des conditions de travail ainsi qu'à la gestion des entreprises* ».

Les représentants de proximité (RP) du CSE – qui sont-ils ?

Le Droit de savoir by CÉOS – Conseils d'expert, un podcast à écouter

MOTS CLÉS

Syndicat, activité syndicale, délégué syndical, comité d'entreprise, délégué du personnel, délit d'entrave, liberté d'expression, bilan social, comité social et économique.

1 Les syndicats de salariés

La reconnaissance des syndicats date de la loi du 21 mars 1884 (loi Waldeck-Rousseau). Toutefois le droit syndical n'est reconnu constitutionnellement qu'en 1946 dans le préambule de la Constitution (article 6). « *Tout homme peut défendre ses droits et ses intérêts par l'action syndicale et adhérer au syndicat de son choix.* »

A Liberté syndicale

1 Liberté d'adhésion

Tout salarié est libre d'adhérer au **syndicat** de son choix, quels que soient son sexe, son âge, sa nationalité (article L. 2141-1 du Code du travail). Cela signifie qu'il peut ne pas adhérer. Il peut également s'en retirer à tout moment (article L. 2141-3).

Cette **liberté syndicale** est protégée.

2 Interdiction de la discrimination syndicale

L'appartenance à un syndicat ou l'exercice d'une activité syndicale ne doit pas entraîner de mesures discriminatoires de la part de l'employeur, « en ce qui concerne notamment l'embauchage, la conduite et la répartition du travail, la formation professionnelle, l'avancement, la rémunération et l'octroi d'avantages sociaux, les mesures de discipline et de congédiement »... (article L. 2141-5).

Aucun salarié ne peut être licencié en raison de ses activités syndicales (article L. 1132-1).

La discrimination est sanctionnée par des dommages-intérêts (art. L. 2141-5) ou la nullité de plein droit (article L. 1132-1) et pénalement.

Jurisprudence

Cass. soc. 4 mars 2008

Un salarié a eu une progression de carrière rapide à ses débuts. Mais, à compter de l'exercice de ses premiers mandats de représentation syndicale a stagné au même coefficient durant trente ans et a perçu un salaire régulièrement en-dessous de la moyenne annuelle des salaires de sa catégorie, sans que l'employeur justifie par des éléments objectifs cette différence de traitement. Les magistrats ont décidé que l'intéressé avait fait l'objet d'une discrimination prohibée.

Cass. soc. 6 juillet 2010 :

Une salariée employée dans une banque en tant que conseillère commerciale pour les particuliers, exerce divers mandats électifs et syndicaux pour une partie significative de son temps de travail. ***Elle obtient des dommages et intérêts pour*** *discrimination syndicale dans l'attribution d'une prime variable calculée en fonction du nombre d'entretiens commerciaux. La cour rappelle que les représentants du personnel ne doivent subir aucune perte de rémunération du fait de leur mandat... L'employeur doit adapter la clientèle aux heures consacrées à l'exécution du contrat de travail. Les objectifs doivent être diminués en proportion du temps de présence. Le montant de base de la prime doit être identique à celui prévu pour les autres salariés.*

Jurisprudence

Cass. soc. 28 mars 2000

La preuve de la discrimination n'incombe pas au salarié. Il doit soumettre au juge les éléments faisant supposer l'existence d'une discrimination. L'employeur doit fournir des éléments objectifs de justification. « Si le juge n'a pas à se substituer à l'employeur, il lui appartient de vérifier, en présence d'une discrimination syndicale invoquée, les conditions dans lesquelles la carrière des intéressés s'est déroulée. La preuve de la discrimination n'incombe pas au salarié. »

3 La liberté de constitution

Les syndicats peuvent se constituer librement. Le chef d'entreprise ne doit employer aucun moyen de pression en faveur ou à l'encontre d'une organisation syndicale quelconque.

Il est interdit à l'employeur de prélever les cotisations syndicales sur les salaires de son personnel et de les payer au lieu et place de celui-ci (article L. 2141-6).

Le droit syndical apparaît comme l'exercice d'une liberté individuelle garantie contre les atteintes pouvant provenir de l'employeur ou du syndicat.

Constitue le délit d'entrave tout acte ou omission de l'employeur ou d'un salarié portant atteinte à la constitution, au fonctionnement du syndicat et à l'exercice du droit syndical.

B Statut juridique

1 Objet et constitution

a. Objet du syndicat

Les syndicats sont des personnes morales, ayant exclusivement pour objet « *l'étude et la défense des droits ainsi que des intérêts matériels et moraux, tant collectifs qu'individuels* », de leurs membres (article L. 2131-6 du Code du travail). Ils ne doivent pas poursuivre d'objectifs politiques.

b. Constitution

Les membres

Un syndicat ne peut être constitué qu'entre « *des personnes exerçant la même profession, des métiers similaires, ou des métiers connexes concourant à l'établissement de produits déterminés* » (article L. 2131-2).

> **Exemple :** L'exercice de la profession est la condition nécessaire et suffisante. Boulangers et pâtissiers sont des métiers similaires.
> Maçons et charpentiers ont des métiers connexes et peuvent adhérer au même syndicat du bâtiment.

Les formalités de constitution

Les fondateurs doivent rédiger les statuts fixant le cadre professionnel et territorial du syndicat (syndicat de la chimie des Pyrénées-Atlantiques…), son siège et les noms des premiers dirigeants.

Les membres du syndicat chargés des fonctions de direction et d'administration peuvent être français, jouissant de leurs droits civiques, ou étrangers, âgés de 18 ans accomplis.

Ils ne doivent pas avoir encouru certaines condamnations prévues par les articles 5 et 6 du Code électoral. Les statuts sont déposés à la mairie de la commune où le syndicat a son siège.

2 La personnalité morale des syndicats

Selon l'article L. 2132-1 du Code du travail, les syndicats professionnels jouissent de la personnalité civile.

- La personnalité morale des syndicats est acquise de plein droit dès le dépôt des statuts.
- Les syndicats peuvent acquérir sans autorisation, à titre gratuit ou onéreux, des biens meubles ou immeubles.
- Ils peuvent passer des contrats.
- Ils ont le droit d'ester en justice.

Leur responsabilité contractuelle ou délictuelle peut être engagée…

C La représentativité syndicale

La notion de représentativité est nécessaire dans un système de pluralisme syndical. Elle constitue une **garantie pour les salariés et un privilège pour les syndicats représentatifs**. Il convient de réserver aux syndicats les mieux organisés et les plus actifs, le soin de représenter les salariés ou la profession.

1 Le rôle des syndicats représentatifs

a. Au niveau national

Les syndicats représentent les salariés et les employeurs à la Commission nationale de la négociation collective, aux commissions du Plan, au conseil d'administration des caisses de Sécurité sociale...

b. Au niveau de l'entreprise

C'est surtout dans l'entreprise que la représentativité constitue un atout majeur pour les syndicats et une garantie pour la représentativité des salariés.

- Ils ont le **monopole de la négociation** des conventions et accords collectifs de travail (du moins pour la négociation annuelle obligatoire)...
- Ils peuvent seuls désigner des **délégués syndicaux**.
- Ils présentent des candidats aux élections des conseillers prud'hommes.

2 Les critères de la représentativité

La loi du 20 août 2008 a supprimé la présomption de représentativité irréfragable applicable aux cinq grandes centrales syndicales de salariés et a fixé de nouveaux critères de représentativité. Des mesures transitoires sont cependant applicables.

a. Critères de représentativité

Pour être représentatif, un syndicat doit répondre aux 7 critères légaux cumulatifs.

1. Respect des valeurs républicaines	Ce critère remplace « l'attitude patriotique pendant l'Occupation » qui était devenu obsolète.
2. Indépendance	Critère essentiel excluant les syndicats constitués sous la pression de l'employeur.
3. Transparence financière	Les organisations syndicales sont tenues à une procédure de certification et de publicité des comptes.
4. Ancienneté	Le syndicat doit avoir une ancienneté minimale de deux ans à compter de la date de dépôt des statuts, dans le champ professionnel et géographique couvrant le niveau de négociation.
5. Audience électorale	C'est le critère prépondérant qui fonde la légitimité du syndicat. L'audience est établie en fonction des résultats obtenus aux élections professionnelles. Elle est mesurée à chaque niveau de négociation. **Au niveau de l'entreprise, de l'établissement ou du groupe** : le syndicat doit avoir recueilli au moins 10 % de l'ensemble des suffrages exprimés au 1er tour des élections des membres du CSE. La mesure d'audience s'effectue tous les 4 ans. **Au niveau de la branche :** le syndicat doit disposer d'une implantation territoriale équilibrée au sein de la branche et avoir obtenu 8 % des suffrages exprimés au 1er tour des élections des membres du CSE. La mesure d'audience s'effectue tous les 4 ans. **Au niveau interprofessionnel :** le syndicat doit être représentatif à la fois dans les branches de l'industrie, de la construction, du commerce et des services et avoir recueilli au moins 8 % des suffrages exprimés au 1er tour des élections des membres du CSE ou des délégués du personnel. La mesure d'audience s'effectue tous les 4 ans.
6. Influence	Elle est caractérisée par l'activité du syndicat et de son expérience.
7. Effectifs et cotisations	Il s'agit des effectifs des adhérents comparés à l'effectif de l'entreprise et en fonction du taux de syndicalisation dans la profession. Les cotisations doivent être significatives.

Dans un arrêt du 8 juillet 2009, la Cour de cassation apporte une précision quant à la preuve du critère du respect des valeurs républicaines. Ce critère ne doit être examiné par le juge que s'il est contesté. Celui qui le conteste doit apporter la preuve que le syndicat ne satisfait pas à cette condition.

C'est ainsi que dans un arrêt du 13 octobre 2010, la Cour de cassation a estimé que l'employeur n'apporte pas la preuve de l'absence du respect des valeurs républicaines quand il ne fait qu'invoquer les statuts du syndicat. En l'espèce, le syndicat Confédération nationale du travail, dans ses statuts qui datent de 1946, prône l'abolition de l'État et l'action directe. Ce n'est pas une preuve suffisante pour les magistrats de la Cour de cassation.

Jurisprudence

Cass. soc. 29 février 2012

Si les critères posés par l'article L. 2121-1 du Code du travail doivent être tous réunis pour établir la représentativité d'un syndicat et si ceux tenant au respect des valeurs républicaines, à l'indépendance et à la transparence financière doivent être satisfaits de manière autonome, ceux relatifs à l'influence prioritairement caractérisée par l'activité et l'expérience, aux effectifs d'adhérents et aux cotisations, à l'ancienneté dès lors qu'elle est au moins égale à deux ans et à l'audience électorale dès lors qu'elle est au moins égale à 10 % des suffrages exprimés, doivent faire l'objet d'une appréciation globale.

b. Représentativité dans les TPE

La loi du 15 octobre 2010 prévoit la tenue, tous les 4 ans, d'un scrutin afin de mesurer l'audience des syndicats dans les TPE (très petites entreprises) de moins de 11 salariés (dans lesquelles l'employeur n'avait aucune obligation d'organiser des élections professionnelles) afin de déterminer la représentativité des syndicats au niveau des branches et au niveau interprofessionnel. Les suffrages exprimés par les salariés des TPE lors des élections régionales s'ajouteront aux suffrages exprimés au 1er tour des dernières élections professionnelles.

c. Représentativité des organisations professionnelles d'employeurs

La mesure de la représentativité des organisations professionnelles d'employeurs s'effectue à trois niveaux : niveau national interprofessionnel, niveau national multi-professionnel, au niveau de la branche.

La **représentativité** des organisations professionnelles d'employeurs est déterminée d'après les critères cumulatifs suivants :

- le respect des valeurs républicaines ;
- l'indépendance ;
- la transparence financière ;
- une ancienneté minimale de deux ans dans le champ professionnel et géographique couvrant le niveau de négociation. Cette ancienneté s'apprécie à compter de la date de dépôt légal des statuts ;
- l'influence, prioritairement caractérisée par l'activité et l'expérience ;
- l'**audience**, qui se mesure en fonction du nombre d'entreprises volontairement adhérentes ou de leurs salariés soumis au régime français de sécurité sociale et, selon les niveaux de négociation. Par exemple, au niveau de la branche, elles doivent représenter au moins 8 % soit de l'ensemble des entreprises adhérant à des organisations patronales de la branche, soit au moins 8 % des salariés de ces mêmes entreprises.

D L'activité syndicale

L'**action syndicale** se manifeste au niveau des intérêts professionnels des membres du syndicat et parfois, plus largement, des salariés, et au niveau de la défense des intérêts de la profession. Un rôle particulièrement important est attribué par la loi aux syndicats représentatifs.

Elle se traduit par l'action en justice et la revendication.

1 L'action en justice

Les syndicats ayant la personnalité morale peuvent agir en justice pour la défense de l'intérêt collectif de la profession et des intérêts individuels de leurs adhérents ou de salariés.

Intérêt collectif de la profession

Les syndicats peuvent exercer devant toutes les juridictions tous les droits réservés à la partie civile, relativement aux faits portant un **préjudice direct ou indirect à l'intérêt collectif** de la profession qu'ils représentent (article L. 2132-3 du Code du travail).

Jurisprudence

Cass. soc. 12 février 2013

L'action visant à réclamer à l'employeur le paiement d'une prime de temps de repas à l'ensemble des salariés et pas seulement à ceux postés avec des horaires en alternance, relève bien de la défense de l'intérêt collectif de la profession car elle tend à l'application du principe d'égalité de traitement.

Cass. crim. 11 octobre 2005

À la suite de l'effondrement du terminal 2E de l'aérogare de Roissy, plusieurs syndicats (de l'aviation civile) se sont constitués partie civile auprès du juge d'instruction qui a déclaré irrecevable leur demande car aucun salarié n'avait été directement blessé.

Cette décision est censurée par la Cour de cassation : « Les manquements, constitutifs des infractions poursuivies, ont pu compromettre la sécurité des travailleurs et causer ainsi un préjudice aux intérêts collectifs des professions représentées par les syndicats sans qu'il soit nécessaire qu'un des salariés représentés par ces syndicats ait subi un préjudice direct et personnel. »

Intérêts individuels des adhérents et salariés

Le syndicat peut assister ou représenter un salarié devant le conseil de prud'hommes.

Il peut également agir, dans le cadre de l'**action de substitution**, à la place du salarié sans en avoir reçu un mandat, à condition que ce dernier ne s'y oppose pas.

Cette action n'est possible que dans les cas énumérés par la loi, notamment l'action visant à faire respecter l'égalité professionnelle entre hommes et femmes, l'action visant à assurer la protection des victimes de harcèlement sexuel ou moral, l'action visant à protéger les droits des travailleurs intérimaires, travailleurs à domicile, à durée déterminée, étrangers...

Le syndicat peut agir

- pour défendre ses droits de personne morale ;
- contre les autres organisations signataires, pour obtenir l'exécution des engagements contractés dans le cadre d'une convention collective ;
- en se substituant :
  – à ses membres, pour exercer les actions personnelles de ceux-ci nées d'une convention collective ou de l'inobserva,ce des dispositions relatives au travail à domicile, au travail temporaire, à l'égalité professionnelle ;
  – à un salarié, dans le cadre d'un licenciement pour motif économique ou de discriminations résultat de harcèlement sexuel ou moral ;
  – les intéressés doivent en avoir été avertis, et ne pas s'y être opposés ;
- pour la défense des intérêts de la profession.

2 La revendication

Le syndicat revendique des avantages nouveaux dans le cadre de la **négociation collective**, par l'action de la section syndicale et des délégués syndicaux dans l'entreprise, par leurs interventions auprès des médias, par des défilés, des manifestations, des grèves...

E Représentation syndicale dans l'entreprise

Selon l'article L. 2141-4 du Code du travail, « *l'exercice du droit syndical est reconnu dans toutes les entreprises dans le respect des lois et libertés...* ».

La loi du 27/12/1968 a créé le syndicat dans l'entreprise par le biais de la section syndicale, du représentant de la section syndicale dans certains cas et du délégué syndical.

1 Section syndicale

a. Définition et objet

Elle est la réunion des salariés adhérents d'un syndicat représentatif qui ont la volonté de prolonger le rôle du syndicat dans l'entreprise.

Elle n'est pas une personne morale.

La **section syndicale** « *assure la représentation des intérêts matériels et moraux de ses membres* » *(article L. 2142-1 du Code du travail).*

b. Constitution

Conditions de fond

- **Dès lors qu'il a plusieurs adhérents (au moins 2) dans l'entreprise ou dans l'établissement, peut créer une section syndicale, le syndicat qui :**

- est représentatif dans l'entreprise ;
- est affilié à une organisation syndicale représentative au niveau national et interprofessionnel ;
- satisfait aux critères de respect des valeurs républicaines et d'indépendance et est légalement constituée depuis au moins deux ans et dont le champ professionnel et géographique couvre l'entreprise (article L. 2142-1 du Code du travail).

Absence de formalités

Elle n'est soumise à aucune condition d'effectif ni de forme, ni de publicité. Elle résulte de la seule volonté du syndicat. Ce dernier a cependant intérêt à informer l'employeur de l'existence de la section s'il veut bénéficier des moyens de fonctionnement matériels que la loi lui accorde.

Preuve de l'existence de la section syndicale

La loi impose au syndicat d'apporter la preuve de l'existence de plusieurs adhérents afin de pouvoir créer une section syndicale.

Dans un arrêt du 8 juillet 2009, la Cour de cassation apporte des précisions sur ce point.

La preuve de l'existence de plusieurs adhérents n'est rapportée que s'il y a contestation. Dans ce cas, le syndicat doit apporter la preuve de la présence d'au moins deux adhérents dans l'entreprise, dans le respect du contradictoire, mais à l'exclusion des éléments susceptibles de permettre l'identification des adhérents. De plus, la constitution de la section peut être concomitante à la désignation du délégué syndical.

Remarque. La section syndicale n'est pas réservée aux syndicats représentatifs mais elle ne pourra être représentée par un délégué syndical que si le syndicat est représentatif.

c. Moyens d'action

Une fois créée, la section syndicale dispose de moyens et de prérogatives pour fonctionner, bien qu'elle soit dépourvue de personnalité juridique.

Collecte des cotisations syndicales **Art. L 2142-2**	Elle peut être effectuée à l'intérieur de l'entreprise pendant le temps de travail et sur le lieu de travail par tout salarié mandaté par le syndicat. En pratique, c'est le délégué syndical qui l'effectue.
Affichage des communications syndicales **Art. L 2142-3 al. 1, 2, 3**	L'affichage des communications syndicales s'effectue librement sur des panneaux mis à la disposition de la section par le chef d'entreprise et distincts de ceux qui sont réservés au CSE, par tout salarié mandaté par la section. Le contenu de l'information syndicale est libre mais ne doit être ni diffamatoire, ni injurieux. Un exemplaire est transmis à l'employeur simultanément à l'affichage. L'employeur qui conteste le contenu peut saisir le juge des référés auprès du TJ s'il y a un trouble manifestement illicite ou directement le TJ s'il n'y a pas urgence et demander le retrait de l'affiche. Si l'employeur enlève les affiches, il commet le délit d'entrave.
Diffusion des tracts et publications **Art. L 2142-4 et 2142-5**	Les publications et tracts de nature syndicale peuvent être librement diffusés aux salariés dans l'enceinte de l'entreprise aux heures d'entrée et de sortie du travail. Les règles relatives au contenu et à la contestation par l'employeur sont identiques à celles relatives à l'affichage. ***Exemple :*** *La distribution n'est pas licite à l'heure des repas ou des pauses.*
Utilisation d'intranet et internet **Art. L 2142-6 al. 5**	Un accord d'entreprise peut définir les conditions et les modalités de diffusion des informations syndicales au moyen des outils numériques disponibles dans l'entreprise. À défaut d'accord, les syndicats présents dans l'entreprise et satisfaisant aux critères de respect des valeurs républicaines et d'indépendance, légalement constitués depuis au moins deux ans peuvent mettre à disposition des publications et tracts sur un site syndical accessible à partir de l'intranet de l'entreprise, lorsqu'il existe. L'utilisation par les syndicats des outils numériques mis à leur disposition doit satisfaire plusieurs conditions : – être compatible avec les exigences de bon fonctionnement et de sécurité du réseau informatique de l'entreprise ; – ne pas avoir des conséquences préjudiciables à la bonne marche de l'entreprise ; – préserver la liberté de choix des salariés d'accepter ou de refuser un message.
Utilisation d'un local **Art. L 2142-8 et 2142-9**	L'obligation de l'employeur varie selon l'effectif de l'entreprise. Dans les entreprises de plus de 200 salariés, l'employeur doit mettre un local commun à la disposition des sections. Dans les entreprises d'au moins 1 000 salariés, chaque section dispose d'un local. Il en résulte que dans les entreprises de 200 salariés et moins, l'employeur n'a aucune obligation de mettre un local à disposition.

Réunions syndicales Art. L. 2142-10 et 2142-11	Les adhérents de chaque section peuvent se réunir une fois par mois dans l'enceinte de l'entreprise, en dehors des locaux et du temps de travail sauf pour le délégué syndical utilisant son crédit d'heures et suivant des modalités fixées par accord avec le chef d'entreprise. La section syndicale peut inviter des personnalités extérieures : s'il s'agit d'une **personnalité syndicale** (secrétaire confédéral par exemple), l'accord de l'employeur n'est pas requis si la réunion se tient dans le local de la section. Son accord est donc nécessaire si elle n'a pas lieu dans le local syndical. S'il s'agit d'une **personnalité autre que syndicale**, l'accord de l'employeur est requis dans tous les cas.
Crédit d'heures Art. L 2143-16	Une section syndicale dispose d'un crédit global dans la limite d'une durée qui ne peut excéder : - 12 heures par an dans les entreprises d'au moins 500 salariés ; - 18 heures par an dans celles d'au moins 1 000 salariés. Il s'agit d'un crédit d'heures global et non personnel mis à la disposition des salariés appelés à participer à la négociation d'entreprise (délégué syndical en principe). Ce crédit est considéré comme du temps de travail, payé comme tel.

2 Représentant de la section syndicale

a. Désignation

Mode de désignation

Il est nommé dans les entreprises d'au moins 50 salariés.

Tout syndicat non encore représentatif dans l'entreprise mais qui a constitué une section syndicale (parce qu'il satisfait aux critères de respect des valeurs républicaines et d'indépendance et est légalement constitué depuis au moins deux ans et dont le champ professionnel et géographique couvre l'entreprise) peut désigner un représentant de la section syndicale. Un membre du CSE peut être désigné.

Conditions relatives à la personne

Le représentant de la section syndicale doit remplir les mêmes conditions que le délégué syndical.

b. Rôle

Le représentant de la section syndicale est doté des mêmes prérogatives que le délégué syndical sauf celle de négocier et conclure des accords collectifs (sauf mandatement du syndicat). Toutefois, les ordonnances du 22 septembre 2017 ont considérablement limité l'intérêt de négocier avec le représentant de la section syndicale notamment en offrant une possibilité de négociation avec le CSE. Il semble donc que ce n'est que si aucun membre du CSE n'a manifesté son souhait de négocier dans le délai imparti, qu'une négociation avec le représentant de la section syndicale expressément mandaté, comme n'importe quel autre salarié, semble envisageable. Ce mandatement ne dépend pas de sa qualité de représentant de la section syndicale mais de sa qualité de salarié.

Il dispose d'un crédit de 4 heures minimum pour exercer son mandat.

3 Délégué syndical

a. Désignation

La désignation d'un délégué syndical dans l'entreprise est soumise à diverses conditions relatives à l'entreprise tenant à l'effectif et au cadre de la désignation, aux conditions relatives à la personne même du délégué et enfin à des conditions de forme.

Conditions relatives à l'entreprise

Selon l'article L. 2143-3 du Code du travail

Chaque organisation syndicale représentative dans l'entreprise ou l'établissement d'au moins cinquante salariés, qui constitue une section syndicale, désigne parmi les candidats aux élections professionnelles qui ont recueilli à titre personnel et dans leur collège au moins 10 % des suffrages exprimés au premier tour des dernières élections au comité social et économique, quel que soit le nombre de votants [...], un ou plusieurs délégués syndicaux pour la représenter auprès de l'employeur.

Seuil d'effectif	**Principe : au moins 50 salariés** L'entreprise doit compter au moins 50 salariés. Cet effectif doit avoir été atteint pendant 12 mois consécutifs. **Exception : moins de 50 salariés** Afin de permettre la présence de représentants syndicaux même dans les petites entreprises, les syndicats représentatifs peuvent désigner un délégué du personnel élu sur la liste présentée par le syndicat (Cass. soc. 2 novembre 1994) ou d'un membre du CSE s'il est en place, comme délégué syndical. Il exerce ce mandat de délégué syndical sur son crédit d'heures de délégué du personnel ou de membre du CSE et pendant la durée de ce mandat exclusivement.
Existence d'une section syndicale	La désignation du délégué syndical est subordonnée à l'existence ou à la constitution d'une section syndicale comprenant au moins deux adhérents dans l'entreprise.
Cadre de la désignation	Il s'agit de déterminer à quel niveau doit être appréciée la condition relative à l'effectif. **Principe : au niveau de l'entreprise** La désignation intervient en principe au niveau de l'entreprise. **Exceptions :** Les tribunaux admettent que l'effectif soit décompté au niveau de l'établissement distinct et de l'unité économique et sociale (UES). **Au niveau d'un établissement distinct :** Selon la jurisprudence, la reconnaissance de l'établissement distinct pour la mise en place du CSE permet de fixer le cadre de désignation du délégué syndical. En principe, c'est par accord collectif que le nombre d'établissements distincts est fixé au moment des élections des membres du CSE. En l'absence d'accord, l'employeur fixe le nombre et le périmètre des établissements distincts, compte tenu de l'autonomie de gestion du responsable de l'établissement, notamment en matière de gestion du personnel. En cas de litige sur la décision de l'employeur, ce nombre et ce périmètre sont fixés par la DREETS du siège de l'entreprise. Si l'entreprise dispose de plusieurs établissements distincts comptant chacun au moins 50 salariés, un délégué syndical pourra être désigné dans chacun des établissements. Si l'effectif de 50 salariés n'est pas atteint dans certains établissements, il est possible soit de les regrouper entre eux, soit de les rattacher à un établissement plus important afin de ne pas priver les salariés de la possibilité de voir leurs intérêts défendus (Cass. soc. 8 juillet 1976).

Cadre de la désignation *(suite)*	Si l'entreprise compte plus de 2 000 salariés, sera désigné un **délégué syndical central** dont le mandat s'exercera au niveau de toute l'entreprise. Si elle occupe moins de 2 000 salariés, c'est un des délégués syndicaux d'établissement qui exercera les fonctions de délégué syndical central. **Au niveau de l'UES :** La Cour de cassation définit cette notion en précisant l'aspect économique (1) et social (2) de la notion. *« Une* **unité économique et sociale** *entre plusieurs entités juridiquement distinctes se caractérise :* 1 - par la concentration des pouvoirs de direction à l'intérieur du périmètre considéré, ainsi que par la complémentarité et la similarité des activités de ces différentes entités ; 2 - par une communauté de travailleurs résultant de leur statut social et de conditions de travail similaires pouvant se traduire en pratique par une permutabilité des salariés. »

Conditions relatives à la personne du délégué

- Choix de la personne

Il doit être choisi parmi les candidats aux élections professionnelles qui ont recueilli au moins 10 % des suffrages exprimés au premier tour des dernières élections au CSE, quel que soit le nombre de votants.

S'il ne reste, dans l'entreprise ou l'établissement, plus aucun candidat aux élections professionnelles qui remplit cette condition, le syndicat représentatif peut désigner un délégué syndical parmi les autres candidats ou, à défaut, parmi ses adhérents au sein de l'entreprise ou de l'établissement.

- Autres conditions

Selon l'article L. 2143-1 du Code du travail, le délégué syndical doit avoir 18 ans au moins, être salarié de l'entreprise depuis au moins 1 an (de manière continue ou non) et ne pas avoir encouru de condamnation privative de ses droits civiques (condamnation pénale par exemple).

Il peut cumuler son mandat de délégué syndical avec celui de membre du CSE. Dans les entreprises de moins de 300 salariés, le délégué syndical est de droit le représentant syndical au CSE.

Conditions de forme

Auteur de la désignation	C'est le syndicat représentatif qui désigne ou révoque le délégué syndical et non pas la section syndicale.
Formalités de publicité (art. L 2143-7 du Code du travail)	**Information de l'employeur :** Le syndicat doit adresser à l'employeur une lettre (1) l'informant de la désignation (ou révocation, ou remplacement) du délégué syndical. **Information des salariés :** Elle est réalisée par affichage sur le panneau syndical. **Information de l'inspecteur du travail :** La copie de la lettre adressée à l'employeur doit être transmise à l'inspecteur du travail simultanément.

(1) Lettre recommandée avec accusé réception ou lettre remise au chef d'entreprise contre récépissé.

Condition relative au nombre

Selon l'article L. 2143-12 du Code du travail, le nombre des délégués syndicaux de chaque section syndicale dépend de l'effectif de chaque entreprise ou établissement ou unité économique et sociale. Il est fixé par décret[1].

Durée du mandat

Le mandat de délégué syndical prend fin au plus tard lors du premier tour des élections de l'institution représentative du personnel renouvelant l'institution dont l'élection avait permis de reconnaître la représentativité de l'organisation syndicale l'ayant désigné.

En cas de réduction importante et durable de l'effectif en dessous de cinquante salariés, la suppression du mandat de délégué syndical est subordonnée à un accord entre l'employeur et l'ensemble des organisations syndicales représentatives.

À défaut d'accord, l'autorité administrative peut décider que le mandat de délégué syndical prend fin.

Contestation de la désignation

Les contestations relatives aux conditions de désignation des délégués syndicaux sont de la compétence du tribunal judiciaire qui statue en dernier ressort (seul un pourvoi en cassation est possible).

Le recours n'est recevable que s'il est introduit dans les quinze jours qui suivent l'accomplissement des formalités.

C'est un délai de forclusion. Passé ce délai, la désignation devient incontestable. Il est donc important de savoir quel est le point de départ du délai.

Pour les salariés, le délai court à compter du jour où le nom du délégué a été porté à leur connaissance par affichage sur le panneau syndical ou par tout autre moyen.

Pour l'employeur, le délai court à compter du jour de réception de la lettre.

b. Attributions

Représentation du syndicat dans l'entreprise

Auprès des salariés, le représentant leur transmet la position syndicale, recueille leurs revendications, leurs réclamations. Il anime la section syndicale.

Auprès de l'employeur, il exerce les droits reconnus à la section syndicale : collecte des cotisations, distribution de tracts, etc.

Négociation des accords collectifs

Le délégué syndical a le monopole de la négociation des accords d'entreprise. C'est lui qui négocie, au nom de l'organisation syndicale représentative, les accords et conventions collectives d'entreprise.

Rôle de revendication

Il a pour mission la défense des intérêts des salariés. Il doit veiller à l'application du droit du travail dans l'entreprise mais peut revendiquer des modifications de ce droit.

Son rôle est plus important que celui des délégués du personnel qui sont seulement chargés de veiller à l'application du droit du travail dans l'entreprise et de transmettre à l'employeur des réclamations à ce sujet.

---

1 De 50 à 999 salariés : 1 délégué ; de 1 000 à 1 999 : 2 ; de 2 000 à 3 999 : 3 ; de 4 000 à 9 999 : 4 ; au-delà de 9 999 salariés : 5 délégués.

c. Moyens d'action

Pour exercer leur mandat, les délégués syndicaux disposent d'un crédit d'heures, d'une liberté de déplacement et d'une protection contre le licenciement.

Crédit d'heures

Principe

Chaque délégué syndical dispose d'un temps nécessaire à l'exercice de ses fonctions.

Nombre d'heures de délégation

L'importance de ce crédit d'heures varie selon l'effectif de l'entreprise :

- de 50 à 150 salariés : 12 heures ;
- de 151 à 500 salariés : 18 heures ;
- plus de 500 salariés : 24 heures.

Un membre du CSE, qui fait fonction de délégué syndical dans les entreprises occupant moins de 50 salariés ne dispose pas de ce crédit d'heures.

Le délégué syndical central dispose de 24 heures par mois.

Utilisation des heures de délégation

Le crédit doit être utilisé pour exercer sa mission de délégué syndical et non à d'autres fins. Il existe une présomption de bonne utilisation du crédit d'heures par les délégués syndicaux.

Les **heures de délégation** utilisées pour participer aux réunions qui ont lieu à l'initiative du chef d'entreprise ne sont pas imputables sur le crédit mensuel.

Dépassement des heures de délégation

Le dépassement est possible en cas de circonstances exceptionnelles.

> **Exemple :** Un projet de restructuration de l'entreprise nécessitant un accroissement inhabituel de l'activité des délégués, le licenciement imprévu de 3 salariés (Cass. soc. 28 octobre 2003)

Paiement des heures de délégation

Le temps de délégation est de plein droit considéré comme temps de travail et payé à l'échéance normale sans qu'il y ait de mention spéciale sur le bulletin de salaire.

Contestation par l'employeur

L'employeur, même s'il a des doutes, doit payer les heures de délégation. La présomption de bonne utilisation des heures de délégation est une présomption simple. C'est à l'employeur de démontrer le contraire :

- Il ne peut cependant pas exercer de contrôle *a priori* :
- Il ne peut que demander au délégué de l'informer sur les activités exercées grâce à ces heures sans exiger de justification :
- Il lui appartiendra de saisir le conseil de prud'hommes aux fins de remboursement s'il estime que les heures n'ont pas été utilisées pour l'exercice du mandat de délégué syndical.

Liberté de déplacement

Hors de l'entreprise

Pour l'exercice de leurs fonctions, les délégués syndicaux peuvent, pendant les heures de délégation, se déplacer hors de l'entreprise.

Dans l'entreprise

Ils peuvent aussi circuler librement dans l'entreprise, pendant leurs heures de délégation ou en dehors de leurs heures habituelles de travail. Ils peuvent prendre tous les contacts nécessaires avec les salariés sous réserve de ne pas apporter de gêne importante à l'accomplissement du travail des salariés.

Protection spécifique

Voir § 3. « Protection des représentants du personnel ».

2 Les institutions représentatives élues : le comité social et économique

À la différence des délégués syndicaux, les membres du **CSE** sont **élus par les salariés à différents niveaux**. Les **commissions paritaires régionales interprofessionnelles** représentent les salariés des entreprises de moins de onze salariés (TPE) au niveau de chaque région. Elles étaient constituées de vingt membres désignés (et non élus) par les syndicats de salariés et d'employeur à parité.

Il s'agit de faciliter l'implantation des représentants du personnel dans les entreprises petites ou grandes[2].

L'ordonnance du 22/9/17 a créé le **Comité social et économique (CSE)**. Il remplace les délégués du personnel, le comité d'entreprise et le CHSCT, ainsi que la DUP-instance unique.

Le CSE est mis en place lors du renouvellement des mandats des IRP, et au plus tard le 31/12/2019 lorsque l'effectif d'au moins 11 salariés est atteint pendant 12 mois consécutifs. Les règles énoncées ci-après relatives aux DP et au CE continuaient à s'appliquer tant que le CSE n'est pas mis en place.

2 *Droit du travail et société* ; tome 2 ; Jacques Le Goff ; p. 87, Presses universitaires Rennes.

Les différentes institutions représentatives par niveau

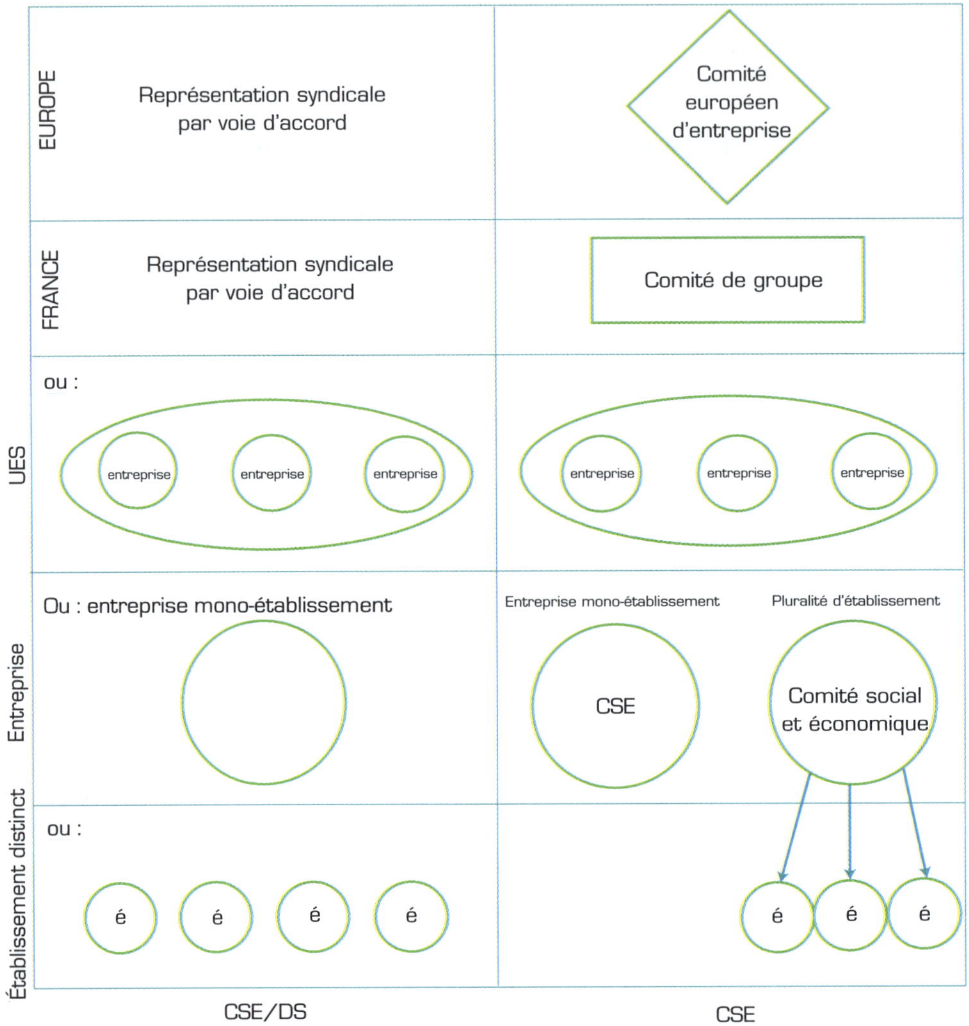

A Mise en place des institutions représentatives

L'employeur a l'obligation d'organiser les élections si certaines conditions sont réunies. Elles sont faites pour faciliter la mise en place des représentants dans le plus grand nombre possible d'entreprises.

1 Conditions de mise en place

Elles concernent le cadre de la mise en place et l'effectif.

a. Le CSE

Mise en place	Seuil d'effectif	Obligatoire dans les entreprises d'au moins 11 salariés. Cet effectif doit avoir été atteint pendant 12 mois consécutifs.
	Cadre de mise en place	Élections dans le cadre de l'entreprise ou d'une unité économique et sociale (UES). Si l'entreprise a au moins 2 établissements distincts, un CSE par établissement et un CSE central sont constitués. Le nombre d'établissements distincts est fixé par accord collectif majoritaire, sans possibilité de faire un référendum (Chapitre 13, *La négociation collective*). À défaut d'accord collectif, l'employeur fixe unilatéralement le nombre d'établissements distincts (possibilité de contester sa décision devant la DREETS du siège de l'entreprise).

2 Modalités de désignation

Les membres du CSE sont élus directement par les salariés. Les règles sont identiques pour les deux institutions.

a. Élections des membres du CSE

Ces élections ont une grande importance car leurs résultats conditionnent la validité des accords collectifs d'entreprise, (Chapitre 13, *La négociation collective*) la représentativité des syndicats et la désignation du délégué syndical.

Principe

Pour la mise en place du CSE, la périodicité est tous les 4 ans, hormis s'il y a eu une réduction des mandats (au maximum à 2 ans) par accord collectif.

Préalablement à l'invitation des syndicats pour négocier un protocole d'accord préélectoral, si l'entreprise comporte plusieurs établissements, l'employeur doit engager une négociation collective sur le nombre d'établissements distincts. À ce titre, l'accord collectif peut être l'occasion de fixer, mais rien n'est obligatoire, des « représentants de proximité ».

Les textes ne précisent pas le rôle des représentants de proximité (la question se pose de savoir s'ils ne sont pas une survivance des délégués du personnel).

Cet accord doit définir :

- le nombre de représentants de proximité ;
- les attributions de représentants de proximité, notamment en matière de santé, de sécurité, et de conditions de travail ;
- les modalités de leur désignation ;
- leurs modalités de fonctionnement, notamment le nombre d'heures de délégation dont ils bénéficient pour l'exercice de leurs attributions.

Les représentants de proximité sont membres du CSE ou désignés par lui pour une durée qui prend fin avec celle du mandat des élus du comité.

Conditions d'électorat et d'éligibilité

Les conditions d'électorat et d'éligibilité sont plus souples qu'en droit commun afin de permettre au plus grand nombre de salariés de participer au vote.

Conditions pour être électeur	Sont électeurs les salariés âgés de 16 ans accomplis, travaillant dans l'entreprise depuis au moins 3 mois, y compris les salariés sous CDD, ceux dont le contrat est suspendu ou en cours de rupture (préavis) qui n'ont encouru aucune condamnation privative des droits civiques. Depuis le 31 octobre 2022, sont électeurs les salariés assimilés à l'employeur en raison d'une délégation écrite d'autorité.
Conditions pour être éligible	Sont éligibles les électeurs qui ont 18 ans accomplis, travaillant dans l'entreprise depuis au moins un an, qui n'ont pas de liens familiaux avec l'employeur (conjoint, ascendant, descendant, frère, sœur et allié) et n'ont pas été déchus de leurs fonctions syndicales. Il a été mis en place une limite du nombre de mandats possible pour une même personne. La limitation du nombre de mandats successifs est fixée à 3, soit 12 ans maximum. **Exceptions** : - pour les entreprises de moins de 50 salariés, - dans les entreprises dont l'effectif est compris entre 50 et 300 salariés, si le protocole d'accord préélectoral en dispose autrement.

Déroulement des élections

Les règles de procédure sont nombreuses et techniques. Il faut en effet assurer la sécurité du scrutin. Nous ne traiterons que du cadre général.

1. Préparation des élections

Tableau récapitulatif des différents délais imposés pour l'organisation des élections

Ordre	Opération	Planning
1	• Appel aux organisations syndicales par affichage et par courrier à négocier le protocole préélectoral • Information du personnel du lancement du processus électoral par affichage	• Deux mois avant la fin des mandats en cours en cas de renouvellement • 90 jours **maximum** avant le 1er tour (peu importe que l'on soit dans le cadre d'une mise en place initiale ou d'un renouvellement d'instances)
2	Date de la conclusion du protocole d'accord préélectoral	15 jours **minimum** après la date de réception du courrier invitant les syndicats à négocier
3	Affichages : • Soit du protocole d'accord préélectoral • Soit d'une note portant indication : - des dates, heures et lieu du scrutin retenus - des conditions d'électorat et d'éligibilité - proportion de femmes et d'hommes composant chaque collège électoral - des instructions de vote	

Initiative du chef d'entreprise

L'employeur doit prendre l'initiative d'organiser les élections. S'il ne le fait pas, il peut y être invité par un salarié ou un syndicat représentatif. Dans ce cas, l'employeur doit engager la procédure dans le délai d'un mois qui suit la demande. À défaut, il risque des poursuites pénales pour délit d'entrave.

Il doit informer le personnel par tout moyen et inviter les organisations syndicales à établir la liste des candidats et à négocier le protocole préélectoral.

Il doit inviter les syndicats à négocier le protocole préélectoral :

Par tout moyen	Il informe les syndicats de l'organisation des élections ceux qui satisfont aux critères de respect des valeurs républicaines et d'indépendance, légalement constitués depuis au moins 2 ans et dont le champ professionnel et géographique couvre l'entreprise
Par courrier	Il invite à négocier le protocole et à constituer les listes de candidats les syndicats représentatifs dans l'entreprise, ceux qui ont constitué une section syndicale et ceux qui sont affiliés à un syndicat représentatif au niveau national ou interprofessionnel.

Lorsque l'employeur a engagé le processus électoral et qu'un procès-verbal de carence (faute de candidats) a été établi, la demande d'un syndicat ou d'un salarié ne peut intervenir qu'à l'issue d'un délai de 6 mois après l'établissement de ce procès-verbal

Négociation d'un protocole préélectoral

Le protocole préélectoral est négocié entre l'employeur et les délégués syndicaux ou les représentants de la section syndicale. Il porte sur les modalités d'organisation et de déroulement des élections (date, lieu du vote, répartition des sièges, répartition du personnel en collèges...).

Pour être valable, le protocole préélectoral doit être signé par la majorité des syndicats ayant participé à sa négociation. Parmi les signataires, doivent avoir signé les syndicats représentatifs ayant recueilli la majorité des suffrages exprimés aux dernières élections professionnelles ou si les résultats ne sont pas disponibles, la majorité des syndicats représentatifs dans l'entreprise.

Répartition du personnel par collège

En principe, il y a deux collèges électoraux : un collège d'ouvriers et employés et un collège d'ingénieurs, cadres et agents de maîtrise. Si le nombre de cadres dans l'entreprise est au moins égal à 25, un 3e collège spécial cadre doit être constitué.

Établissement des listes

Au premier tour, seules les organisations syndicales convoquées à la négociation du protocole préélectoral peuvent présenter des candidats.

Au second tour, les candidatures sont libres.

Pour chaque collège électoral, les listes qui comportent plusieurs candidats doivent être composées d'un nombre de femmes et d'hommes correspondant à la part de femmes et d'hommes inscrits sur la liste électorale.

Les listes devront être composées alternativement d'un candidat de chaque sexe jusqu'à épuisement des candidats d'un des sexes.

Jurisprudence

Cass. soc. 11 décembre 2019

Dans le cas où l'application des règles de proportionnalité et d'arrondi issues de la représentation équilibrée femmes/hommes sur les listes de candidats aboutit à ce qu'un sexe ait droit à moins de 0,50 candidat (en d'autres termes aucun candidat), les organisations syndicales ne sont pas tenues de faire figurer sur leurs listes un candidat du sexe ultra-minoritaire.

Cass. soc. 17 avril 2019

Lorsque plus de 2 sièges sont à pourvoir, les listes peuvent comporter moins de candidats que de sièges à pourvoir, du moment qu'elles respectent la part des hommes et des femmes dans le collège électoral considéré.

2. Scrutin

Mode de scrutin

Les membres du CSE sont élus au **scrutin de listes** à deux tours avec représentation proportionnelle à la plus forte moyenne.

Le second tour est organisé si le quorum n'est pas atteint. Le quorum est atteint si le nombre de suffrages exprimés (moins les bulletins blancs et nuls) est au moins égal à la moitié des électeurs inscrits.

Vote

Le vote se déroule sur les lieux de travail, pendant le temps de travail dans les conditions définies par l'accord préélectoral. Il peut être un vote électronique lorsqu'un accord d'entreprise ou de groupe le prévoit. En l'absence d'accord, l'employeur peut décider seul du recours au vote électronique.

Résultats

L'attribution des sièges se fait collège par collège. Les résultats font l'objet d'un procès-verbal. Un procès-verbal de carence est établi en cas d'absence de candidats au 2e tour (si le quorum n'est pas atteint au premier tour).

3. Contestations

Les contestations relatives au corps électoral (délai de prescription : 3 jours de la publication de la liste) et à la régularité des opérations électorales (délai de prescription : 15 jours à compter de la proclamation des résultats) sont de la compétence du juge d'instance.

b. Composition du CSE

Composition du CSE

Chef d'entreprise	Le chef d'entreprise ou son représentant est le président du comité. Il peut se faire assister par trois collaborateurs qui ont voix consultative.
Délégation du personnel	Les salariés élus pour 4 ans par le personnel constituent la délégation du personnel (attention à la limite du nombre de mandats). Elle comporte un nombre égal de titulaires et de suppléants dont le nombre varie en fonction de l'effectif de 1 à 35 titulaires (et autant de suppléants). Les suppléants n'assistent pas aux réunions du CSE mais doivent être convoqués.
Représentants syndicaux	Chaque syndicat représentatif peut désigner un représentant au comité. Il a voix consultative. Il est obligatoirement un membre du personnel de l'entreprise. Dans les entreprises de moins de 300 salariés, le délégué syndical est de droit le représentant syndical au CSE sinon il est désigné par le syndicat.

B Attributions et prérogatives

1 Attributions

Elles sont définies par la loi (art. L. 2312-1 à L. 2312-84 du Code du travail).

Les membres du CSE sont en relation directe avec les salariés et l'employeur mais aussi avec les autres institutions représentatives et avec l'inspecteur du travail.

Présentation des réclamations

L'article L. 2312-5 du Code du travail

La délégation du personnel au comité social et économique a pour mission de présenter à l'employeur les réclamations individuelles ou collectives relatives aux salaires, à l'application du code du travail et des autres dispositions légales concernant notamment la protection sociale, ainsi que des conventions et accords applicables dans l'entreprise.

Elle contribue à promouvoir la santé, la sécurité et l'amélioration des conditions de travail dans l'entreprise et réalise des enquêtes en matière d'accidents du travail ou de maladies professionnelles >>>

>>> *ou à caractère professionnel. L'employeur lui présente la liste des actions de prévention et de protection prévue au 2° du III de l'article L. 4121-3-1.*

Elle exerce le droit d'alerte dans les conditions prévues aux articles L. 2312-59 et L. 2312-60.

Dans une entreprise en société anonyme, lorsque les membres de la délégation du personnel du comité social et économique présentent des réclamations auxquelles il ne pourrait être donné suite qu'après délibération du conseil d'administration, ils sont reçus par celui-ci, sur leur demande, en présence du directeur ou de son représentant ayant connaissance des réclamations présentées.

Les membres de la délégation du personnel du comité peuvent saisir l'inspection du travail de toutes les plaintes et observations relatives à l'application des dispositions légales dont elle est chargée d'assurer le contrôle.

Il a donc le rôle d'un intermédiaire entre les salariés et l'employeur à qui il demande qu'un droit existant, d'origine légale ou conventionnelle, jusqu'ici inappliqué, ou mal appliqué soit respecté.

Cette mission est donc différente de celle des délégués syndicaux qui ont un rôle de revendication.

Les salariés conservent le droit de présenter eux-mêmes leurs réclamations à l'employeur.

Saisine de l'inspecteur du travail

Il a pour mission de saisir l'inspecteur du travail de toutes les plaintes et observations relatives à l'application des dispositions législatives et réglementaires du travail.

Droit d'alerte en cas d'atteinte aux droits des personnes

Selon l'article L. 2312-59 du Code du travail, si un membre du CSE constate, notamment par l'intermédiaire d'un travailleur, qu'il existe une atteinte aux droits des personnes, à leur santé physique et mentale ou aux libertés individuelles dans l'entreprise qui ne serait pas justifiée par la nature de la tâche à accomplir, ni proportionnée au but recherché, il en saisit immédiatement l'employeur. Cette atteinte peut notamment résulter de faits de harcèlement sexuel ou moral ou de toute mesure discriminatoire en matière d'embauche, de rémunération, de formation, de reclassement, d'affectation, de classification, de qualification, de promotion professionnelle, de mutation, de renouvellement de contrat, de sanction ou de licenciement.

L'employeur est tenu de procéder à une enquête et de prendre les mesures nécessaires.

S'il ne le fait pas, le CSE par l'intermédiaire de son représentant auprès des tiers peut saisir le conseil de prud'hommes en référé. Le juge peut ordonner toute mesure afin de faire cesser l'atteinte aux droits.

Autres attributions

Le CSE doit être consulté en matière de congés payés (fixation de la période de congés et de l'ordre des départs), en cas de reclassement des salariés victimes d'un accident du travail, en cas de licenciement collectif dans une entreprise de moins de 50 salariés.

2 Moyens d'action

Comme les délégués syndicaux, les membres du comité social et économique disposent de moyens d'action nécessaires à l'exercice de leur mission.

a. Crédit d'heures

Selon l'article L.2315-7 du Code du travail, le nombre d'heures de délégation individuelle est d'au moins :

- 10 heures par mois dans les entreprises de moins de 50 salariés ;
  16 heures par mois dans les sociétés de 50 salariés et plus. Le nombre d'heures augmente avec l'effectif de l'entreprise.

Le temps passé en réunions légales avec l'employeur ne s'impute pas sur le crédit d'heures.

Le régime juridique de ces heures est identique à celui dont disposent les délégués syndicaux.

Périodicité

Il est possible de fixer la périodicité des réunions par accord collectif.

L'accord d'entreprise est signé ou, en l'absence de DS, avec le CSE à la majorité des membres titulaires.

Il existe des limites de l'aménagement possible. Ainsi, le nombre de réunions annuelles ne peut être inférieur à 6 (C. trav., art. L. 2315-27). Au moins 4 réunions du CSE portent annuellement, en tout ou partie sur les attributions du CSE en matière de santé, sécurité, et conditions de travail ;

Réunions extraordinaires du CSE dans quatre cas

- Accident ayant entraîné ou ayant pu entraîner des conséquences graves.
- Événement grave lié à l'activité de l'entreprise, ayant porté atteinte ou ayant pu porter atteinte à la santé publique ou à l'environnement.
- À la demande motivée de deux de ses membres sur les sujets relevant de la santé, de la sécurité ou des conditions de travail.
- En cas de défaillance de l'employeur, la moitié des membres du CSE peut demander à l'Inspection du travail de convoquer le CSE qui siège alors sous la présidence de l'Inspection.

Déroulement des réunions

Aucun quorum n'est requis pour que la réunion puisse se tenir et les délibérations soient valablement votées.

Remarque Une disposition contraire du règlement intérieur ne serait pas valable.

Même si la loi ne le précise pas, c'est au président qu'il appartient d'organiser les débats et d'assurer le bon déroulement des réunions, à savoir :

- ouvrir et clore la séance, à condition que tous les points à l'ordre du jour soient épuisés ;
- lire l'ordre du jour ;
- présenter les informations transmises ;
- organiser les débats en suivant cet ordre ;
- donner la parole aux membres et aux intervenants, le cas échéant ;
- fournir des réponses motivées aux questions posées ;
- organiser le déroulement du vote ;
- assurer, si nécessaire, la police de la salle.

Les délibérations sont consignées dans un procès-verbal établi par le seul secrétaire, dans un délai, et selon des modalités définies par un accord d'entreprise majoritaire ou, en l'absence de délégué syndical, par accord entre l'employeur et les membres du CSE adopté à la majorité des membres titulaires de la délégation.

À défaut d'accord, le procès-verbal est établi par le secrétaire dans un délai de 15 jours suivant la réunion et communiqué à l'employeur et aux membres du CSE.

Si une nouvelle réunion est prévue, le procès-verbal doit être établi et transmis dans un délai de 15 jours avant cette réunion.

b. Liberté de déplacement

Les représentants du personnel peuvent se déplacer hors de l'entreprise pendant leurs heures de délégation pour l'exercice de leurs fonctions. Ils peuvent également circuler librement dans l'entreprise durant les heures de délégation ou en dehors de leur temps de travail.

Ils peuvent prendre contact avec les salariés à leur poste de travail à condition de ne pas apporter de gêne importante à l'accomplissement de leur travail (article L. 2315-5 du Code du travail).

c. Droit d'affichage

Les membres du CSE peuvent afficher les renseignements qu'ils ont pour rôle de porter à la connaissance du personnel par voie d'affichage. L'employeur doit mettre des panneaux d'affichage à leur disposition.

d. Local

L'employeur doit mettre un local à la disposition des membres du CSE.

C Fonctionnement

1 Gestion des activités sociales et culturelles

a. Principe

Le CSE gère seul ces activités. Le chef d'entreprise, président du CSE, ne peut pas participer au vote d'une résolution portant sur la gestion des activités sociales et culturelles (Cass. soc. 25 janvier 1995).

b. Contraintes

Évoquées à l'article cité plus haut, elles concernent principalement la notion d'activité sociale et culturelle et les destinataires.

Définition

Cette gestion conditionne l'octroi de la contribution patronale. Elle revêt donc une importance toute particulière.

La jurisprudence la définit comme « *toute activité, non obligatoire pour l'employeur, exercée au bénéfice du personnel de l'entreprise, sans discrimination en vue d'améliorer les conditions collectives d'emploi, de travail et de vie du personnel au sein de l'entreprise* ».

Elle concerne les activités de prévoyance (retraite), les activités tendant à l'amélioration des conditions de bien-être (cantines...), l'organisation des loisirs et sports, l'institution d'ordre professionnel ou éducatif (bibliothèque...), les services sociaux... Le CSE peut assurer lui-même la gestion ou participer à cette gestion ou simplement la contrôler.

Destinataires

Le texte légal ainsi que la jurisprudence visent l'ensemble du personnel sans discrimination.

Ainsi le CSE ne peut subventionner un candidat à des élections politiques ou favoriser tel membre du CSE, ou subventionner des grévistes... Par un arrêt en date du 3 avril 2024 (Cass. soc., 3 avril 2024, n° 22-16.812), la Cour de cassation précise pour la première fois que le comité social et économique ne peut réserver le bénéfice des activités sociales et culturelles aux salariés ayant une ancienneté minimale.

c. Financement

Pour financer ses activités sociales et culturelles, le CSE peut recevoir des dons et des legs, recevoir des subventions, organiser des manifestations procurant des recettes...

La source essentielle de ses revenus est versée par l'employeur au titre de la **contribution patronale aux activités sociales**. Son montant est variable selon les situations.

Son obligation peut résulter de la loi ou d'un usage ou d'un accord d'entreprise.

Elle n'est obligatoire que pour les entreprises qui géraient des œuvres sociales et culturelles avant la constitution du comité. Le montant de la subvention, pour les entreprises relevant de ce dernier cas, ne peut être inférieur au total le plus élevé des sommes affectées aux dépenses sociales et culturelles au cours de l'une des trois dernières années précédant la prise en charge des activités par le comité. De plus, le rapport de cette contribution au montant global des salaires ne peut être inférieur au même rapport existant pour l'année de référence.

2 Attributions économiques

Selon l'article L. 2312-8 du Code du travail, le CSE est informé et consulté sur les questions intéressant l'organisation, la gestion et la marche générale de l'entreprise.

Il formule, à son initiative, et examine, à la demande de l'employeur, toute proposition de nature à améliorer les conditions de travail, d'emploi et de formation professionnelle des salariés, leurs conditions de vie dans l'entreprise ainsi que les conditions dans lesquelles ils bénéficient de garanties collectives complémentaires.

La consultation du CSE doit toujours avoir été faite avant la prise de décision par l'employeur.

Mission générale d'information et de consultation

Consultations annuelles

Le CSE est informé et consulté chaque année sur les orientations stratégiques de l'entreprise, la situation économique et financière de l'entreprise, la politique sociale de l'entreprise, les conditions de travail et l'emploi.

Orientations stratégiques	La consultation porte sur les orientations stratégiques, leurs conséquences sur l'activité, l'emploi, l'évolution des métiers et des compétences, l'organisation du travail, le recours à la sous-traitance, à l'intérim, à des contrats temporaires, à des stages, sur la gestion prévisionnelle des emplois et des compétences et sur les orientations de la formation professionnelle. La base de données économiques, sociales et environnementales (BDESE) est le support de préparation à cette consultation.
Situation économique et financière	La consultation porte sur la situation économique et financière, sur la politique de recherche et de développement technologique y compris l'utilisation du crédit d'impôt pour les dépenses de recherches et pour la compétitivité. L'avis du CSE est transmis au conseil d'administration ou de surveillance. Le CSE dispose d'informations mises à sa disposition par l'employeur dans la BDESE.
Politique sociale, conditions de travail et l'emploi	La consultation porte sur l'évolution de l'emploi, les qualifications, le programme pluriannuel de formation, les actions de prévention et de formation envisagées par l'employeur, les conditions de travail, les congés, l'égalité professionnelle entre hommes et femmes, les modalités du droit d'expression des salariés s'il n'y a pas de DS ou s'il n'y a pas d'accord sur le droit d'expression. Dans les entreprises d'au moins 300 salariés, la consultation porte sur le bilan social (voir § 5). Le support est la BDESE. Ces informations sont mises à la disposition de l'inspecteur du travail avec l'avis du CSE.

Informations trimestrielles

Dans les entreprises d'au moins 300 salariés, l'employeur communique les informations sur l'évolution générale des commandes et l'exécution des programmes de production, les éventuels retards de paiement de cotisations, le nombre de contrats de mission avec une entreprise de travail temporaire.

Informations et consultations ponctuelles

Le CSE est informé et consulté sur les questions intéressant l'organisation, la gestion et la marche générale de l'entreprise :

- information après chaque élection du CSE : l'employeur remet au CSE une documentation précisant la forme juridique de l'entreprise, son organisation, les perspectives économiques...,

- information en cas d'introduction de nouvelles technologies si elles sont susceptibles d'avoir des conséquences sur l'emploi, la qualification ou les conditions de travail des salariés ;
- en cas de restructuration et de compression d'effectifs ;
- en cas de modification de l'organisation économique ou juridique de l'entreprise ;
- lors du dépôt d'une OPA.

Droit d'alerte

Droit d'alerte économique

Il est destiné à prévenir les difficultés de l'entreprise.

Principe	Le CSE peut déclencher la procédure d'alerte « *lorsqu'il a connaissance de faits de nature à affecter de manière préoccupante la situation économique de l'entreprise.* »
Procédure	**1re phase**. Le CSE demande des **explications** à l'employeur. Cette demande est alors inscrite à l'ordre du jour de la prochaine séance du CSE. **2e phase**. Si les réponses de l'employeur confirment les craintes des élus, le CSE établit un **rapport d'alerte** sur la situation qui est transmis à l'employeur et au commissaire aux comptes. Le CSE peut se faire aider par un expert-comptable rémunéré par l'employeur afin de rédiger ce rapport. Il peut également convoquer le commissaire aux comptes et s'adjoindre avec voix consultative 2 salariés de l'entreprise choisis pour leur compétence et en dehors du CSE. Le rapport se termine par un avis sur l'opportunité de saisir le conseil d'administration ou de surveillance dans les sociétés anonymes et les associés dans les autres sociétés. **3e phase**. Le CSE peut décider de procéder à cette **saisine** ou de faire procéder à cette information à la majorité des membres présents.

Droit d'alerte social

Lorsque le CSE constate une augmentation importante du nombre des salariés sous CDD et du nombre de salariés temporaires, il peut, lors d'une réunion ordinaire, obtenir des explications de la part de l'employeur.

Il peut également saisir l'inspecteur du travail lorsqu'il prend connaissance de faits susceptibles de caractériser un recours abusif aux CDD, aux contrats conclus avec une entreprise de portage salarial et au travail temporaire, ou lorsqu'il constate un accroissement important du nombre de salariés titulaires de CDD et de contrats de mission.

L'inspecteur du travail adresse à l'employeur le rapport de ses constatations.

L'employeur communique ce rapport au CSE en même temps que sa réponse motivée aux constatations de l'inspecteur du travail. Dans sa réponse, l'employeur précise, en tant que de besoin, les moyens qu'il met en œuvre dans le cadre d'un plan de résorption de la précarité destiné à limiter le recours à ces formes de contrats de travail.

Représentation dans les sociétés anonymes

Deux membres du CSE assistent avec voix consultative aux délibérations du CA. Deux membres du CSE peuvent participer aux assemblées générales d'actionnaires.

Le CSE a certaines prérogatives dans une société anonyme : demander une expertise de gestion, déposer des projets de résolution...

3 Fonctionnement

Organe collégial doté de la personnalité morale

- En tant qu'organe collégial
- Il ne fonctionne que s'il repose sur une organisation interne. Le président est le chef d'entreprise. Le secrétaire est désigné par les membres parmi les membres titulaires. Son rôle

est de participer avec l'employeur à la rédaction de l'ordre du jour des réunions du CSE, rédiger les procès-verbaux, les diffuser.

Le comité peut ou doit créer des commissions, selon les cas, pour l'examen de problèmes particuliers. Certaines sont obligatoires. Il s'agit des commissions de l'égalité professionnelle, de la formation, de l'information et aide au logement dans les entreprises d'au moins 300 salariés. Une commission économique doit être créée dans les entreprises d'au moins 1 000 salariés.

D Le comité social et économique

1 Attributions

a. CSE dans les structures de moins de 50 salariés

Le CSE bénéficie de certaines attributions dévolues aux délégués du personnel, dans les mêmes conditions qu'avant, à savoir :

- la présentation des réclamations individuelles ou collectives (en matière notamment de salaires, ou de l'application des conventions et accords applicables dans l'entreprise) ;
- la promotion de la santé, la sécurité, et l'amélioration des conditions de travail dans l'entreprise ;
- la réalisation des enquêtes en matière d'AT/MP ou à caractère professionnel ;
- le droit d'alerte (dans les conditions des articles L. 2312-59 et L. 2312-60 du Code du travail) : en cas d'atteinte aux droits des personnes, à leur santé physique et mentale ou aux libertés individuelles dans l'entreprise.

Le CSE dispose, en plus, d'attributions en matière d'hygiène et de sécurité :

- situation de danger grave et imminent,
- risque grave pour la santé publique et l'environnement.

b. CSE dans les structures de plus de 50 salariés

Outre les attributions dévolues au CSE pour les structures de moins de 50 salariés, le CSE bénéficie des attributions suivantes (dont bénéficiaient le comité d'entreprise et le CHSCT) :

- l'expression collective des salariés permettant la prise en compte permanente de leurs intérêts dans les décisions relatives à la gestion et à l'évolution économique et financière de l'entreprise, à l'organisation du travail, à la formation professionnelle et aux techniques de production ;
- l'information et la consultation sur les questions intéressant l'organisation, la gestion et la marche générale de l'entreprise ;
- l'analyse des risques professionnels auxquels peuvent être exposés les salariés, notamment les femmes enceintes, ainsi que des effets de l'exposition aux facteurs de risques professionnels ;
- la recherche de l'amélioration des conditions de travail, notamment en vue de faciliter l'accès des femmes à tous les emplois et de répondre aux problèmes liés à la maternité ;
- l'adaptation et l'aménagement des postes de travail afin de faciliter l'accès des personnes handicapées à tous les emplois et de favoriser leur maintien dans l'emploi au cours de leur vie professionnelle ;
- la possibilité de proposer des actions de prévention du harcèlement moral, du harcèlement sexuel et des agissements sexistes.

En matière économique, le CSE fait l'objet de deux catégories de consultations :

Consultations récurrentes	• Orientations stratégiques de l'entreprise. • Situation économique et financière de l'entreprise (y compris utilisation du CICE). • Politique sociale de l'entreprise, conditions de travail et emploi (y compris rapport et programme annuels de prévention et bilan social dans les entreprises d'au moins 300 salariés). Le CSE peut se prononcer par un avis unique portant sur l'ensemble des thèmes de cette troisième consultation ou par des avis séparés organisés au cours de consultations propres à chacun des thèmes. Ces consultations récurrentes sont annuelles, sauf disposition contraire prévue par accord d'entreprise majoritaire, ou, en l'absence de délégué syndical, par accord entre le CSE et l'employeur (dans la limite de 3 ans). Possibilité de négocier sur la liste et le contenu des informations à mettre à la disposition du CSE en vue des consultations récurrentes. Possibilité également d'émettre un avis unique portant sur tout ou partie des thèmes de consultation.
Consultations ponctuelles	• Mise en œuvre des moyens de contrôle de l'activité des salariés. • Licenciement collectif pour motif économique. • Offre publique d'acquisition. • Procédures de sauvegarde, de redressement et de liquidation judiciaire. • Restructuration et compression d'effectif. • Opération de concentration.

Le CSE bénéficie également d'un droit d'alerte :

- en cas d'atteinte aux droits des personnes,
- en cas de danger grave et imminent,
- en matière de santé publique et d'environnement,
- en matière économique (en cas de faits de nature à affecter de manière préoccupante la situation économique de l'entreprise),
- en matière sociale, à savoir en cas d'accroissement important du nombre :
  - de salariés sous CDD,
  - de salariés temporaires,
  - de salariés en contrats de mission,
  - de salariés en portage salarial.

Autres attributions	• Participation de 2 ou 4 membres (dans les sociétés où sont constitués 3 collèges électoraux) de la délégation du personnel au CSE, avec voix consultative, aux conseils d'administration ou de surveillance des sociétés. Ces membres ont droit aux mêmes documents que ceux adressés aux membres de ces instances, à l'occasion des réunions. • Ils peuvent soumettre les vœux du CSE au conseil d'administration ou de surveillance, lequel donne un avis motivé sur ces vœux. • Participation du CSE à la gestion et au financement de toutes les activités sociales et culturelles : – nature des activités sociales et culturelles (*ex.* : institutions sociales de prévoyance et d'entraide, activités tendant à l'amélioration des conditions de bien-être, telles que les cantines, logements, crèches, colonies de vacances) ; – gestion de ces activités sociales et culturelles : soit par le CSE directement, soit par une commission spéciale du CSE, soit par des personnes désignées par le CSE, soit gestion par un comité des activités sociales et culturelles interentreprises (pour des institutions sociales communes à plusieurs entreprises)...

2 Fonctionnement

a. Pour l'ensemble des CSE

Les membres du CSE ont un droit de circulation, d'affichage et sont soumis au secret professionnel.

Concernant, les heures de délégation (crédit d'heures), il est possible de négocier, dans le protocole d'accord préélectoral, sur le nombre de représentants à élire mais, dans ce cas, le volume global des heures de délégation, au sein de chaque collège, devra au moins être égal à celui résultant des dispositions légales au regard de l'effectif.

À défaut de négociation, le nombre d'heures de délégation dépend de l'effectif de l'entreprise ou de l'établissement et du nombre de membres de la délégation

Utilisation des heures de délégation	Il est possible d'utiliser les heures de délégation sur une durée supérieure au mois dans la limite de 12 mois. Toutefois, il est impossible pour un membre au CSE de disposer dans le mois de plus d'1 fois 1/2 le crédit d'heure alloué. *Ex.* : un membre du CSE dispose de 21 heures de délégation par mois. En cas de report de ce crédit sur un autre mois, impossibilité pour lui de disposer de plus de 31,5 heures de délégation sur un mois donné.
Répartition des heures de délégation entre titulaires et suppléants	Il est possible de répartir des heures de délégation entre les membres titulaires et suppléants. Toutefois, il est interdit de disposer dans le mois de plus d'1 fois 1/2 le crédit d'heures de délégation alloué à un titulaire. *Ex.* : un membre du CSE titulaire dispose de 21 heures de délégation par mois. En cas de répartition de ses heures à un membre suppléant, ce dernier ne pourra pas disposer de plus de 31,5 heures de délégation sur le mois donné.

Local

Le chef d'entreprise doit mettre à la disposition du CSE un local aménagé et le matériel nécessaire à l'exercice de ses fonctions.

Panneaux d'affichage

Des panneaux d'affichage distincts de ceux affectés aux communications syndicales sont mis à la disposition du CSE.

b. Pour l'ensemble des CSE dans les structures inférieures à 50 salariés

Les réunions ont lieu une fois par mois. Il est possible d'organiser en plus des réunions à la demande des membres du CSE en cas d'urgence.

Les personnes présentes aux réunions sont :

- l'employeur, assisté, le cas échéant par des collaborateurs (mais sans être en nombre supérieur (y compris l'employeur) à celui des représentants du personnel titulaires présents),
- la délégation élue du personnel.

L'organisation des réunions s'effectue de la manière suivante :

- remise d'une note écrite avec objet des demandes au moins 2 jours ouvrables avant la date de réunion (sauf circonstances exceptionnelles) ;
- réponse par écrit de l'employeur à ces demandes au plus tard dans les 6 jours ouvrables suivant la réunion ;
- demandes des membres du CSE et les réponses motivées de l'employeur transcrites ou annexées dans un registre spécial.

c. Pour l'ensemble des CSE dans les structures supérieures à 50 salariés

Comme le comité d'entreprise, le CSE dispose de la personnalité civile. Il peut donc ester en justice, conclure des contrats...

Le CSE doit mettre en place un règlement intérieur déterminant ses modalités de fonctionnement, et celles de ses rapports avec les salariés de l'entreprise.

Sauf accord de l'employeur, un règlement intérieur ne peut comporter des clauses lui imposant des obligations ne résultant pas de dispositions légales

Composition du CSE

Employeur (président du CSE)	Il peut se faire assister par 3 personnes.
Délégation élue du personnel	Le nombre de membres du CSE est fixé en fonction du nombre de salariés. Toutefois, le nombre de membres au CSE pourra être augmenté ou diminué par accord entre l'employeur et les organisations syndicales représentatives dans le cadre du protocole d'accord préélectoral. Parmi ses membres titulaires, le CSE doit désigner **un secrétaire et un trésorier.**
Représentant syndical au CE	- Pour les entreprises de moins de 300 salariés : de droit le délégué syndical ; - Pour les entreprises d'au moins 300 salariés : chaque organisation syndicale représentative dans l'entreprise peut désigner un représentant syndical. Le temps passé aux séances du comité par les représentants syndicaux leur est payé comme du temps de travail. Ce temps n'est pas déduit des heures de délégation dont disposent les représentants syndicaux dans les entreprises d'au moins 501 salariés (20 heures par mois).

Selon l'effectif de l'entreprise, le CSE doit mettre en place des commissions :

Commission santé, sécurité et conditions de travail	Elle est mise en place obligatoirement : - dans les entreprises (ou établissements distincts) d'au moins 300 salariés ; - dans les établissements comprenant au moins une installation nucléaire ou classement Seveso et certains gisements miniers (peu importe l'effectif) ; - dans les entreprises (établissements) de moins de 300 salariés si la mise en place est imposée par l'Inspection du travail, en raison de la nature des activités, de l'agencement ou de l'équipement des locaux. La décision de l'Inspection du travail peut être contestée devant le DREETS.
Commission des marchés	Elle est instaurée obligatoirement dans les CSE qui dépassent deux des trois critères suivants (article D. 2315-29) : - 50 salariés ; - 3 100 000 € de ressources annuelles ; - 1 550 000 € au total de bilan. Cette commission est chargée, pour les marchés dont le montant est supérieur à 30 000 € de choisir les fournisseurs et prestataires du comité, en fonction de critères arrêtés par le CSE.
Autres commissions	Un accord d'entreprise majoritaire peut prévoir la création de commissions supplémentaires, pour l'examen de problèmes particuliers. À défaut d'accord, les commissions actuelles du CE sont maintenues, à savoir : - commission de la formation dans les entreprises d'au moins 300 salariés ; - commission d'information et d'aide au logement dans les entreprises d'au moins 300 salariés ; - commission de l'égalité professionnelle dans les entreprises d'au moins 300 salariés ; - commission économique dans les entreprises d'au moins 1 000 salariés.

Concernant l'organisation des réunions, la convocation incombe à l'employeur. Elle est accompagnée d'un ordre du jour établi conjointement par l'employeur et le secrétaire.

L'Ordre du jour des réunions du CSE est communiqué aux membres du CSE **et** au représentant syndical trois jours au moins avant la réunion.

Par ailleurs, une information annuelle est effectuée par l'employeur, auprès de l'Inspection du travail, du médecin du travail, et de l'agent des services de prévention des organismes de sécurité sociale du calendrier retenu pour les réunions consacrées aux sujets relevant de la santé, de la sécurité et des conditions de travail.

La périodicité des réunions peut être négociée par accord collectif.

Toutefois, malgré la négociation, devra être respecté impérativement les dispositions suivantes :

- nombre de réunions annuelles ne peut être inférieur à 6 ;
- au moins 4 réunions du CSE portent annuellement, en tout ou partie sur les attributions du CSE en matière de santé, sécurité, et conditions de travail ;
- réunions extraordinaires du CSE dans trois cas :
- accident ayant entraîné ou ayant pu entraîner des conséquences graves,
- événement grave lié à l'activité de l'entreprise, ayant porté atteinte ou ayant pu porter atteinte à la santé publique ou à l'environnement,

Une réunion doit être organisée à la demande motivée de deux de ses membres sur les sujets relevant de la santé, de la sécurité ou des conditions de travail

Si aucun accord collectif n'est mis en place, l'organisation des réunions devra respecter les dispositions suivantes : le CSE se réunit, *a minima* :

- une fois par mois dans les entreprises d'au moins 300 salariés ;
- une fois tous les deux mois dans les entreprises de moins de 300 salariés ;
- possibilité de tenir une seconde réunion à la demande de la majorité de ses membres.

Les délibérations sont consignées dans un procès-verbal **établi par le secrétaire** dans un délai et selon des modalités définies par un accord d'entreprise majoritaire ou en l'absence de délégué syndical, par accord entre l'employeur et les membres du CSE adopté à la majorité des membres titulaires de la délégation.

À défaut d'accord, le décret du 29 décembre 2017 précise que le procès-verbal est établi dans un délai de 15 jours suivant la réunion et communiqués à l'employeur et aux membres du CSE.

Si une nouvelle réunion est prévue, le procès-verbal doit être établi et transmis dans un délai de 15 jours avant cette réunion.

Budget du CSE (+ de 50 salariés)

Budget de fonctionnement	Subvention de fonctionnement versée par l'employeur au CSE d'un montant annuel équivalent à : - 0,20 % de la masse salariale brute dans les entreprises de 50 à moins de 2 000 salariés ; - 0,22 % de la masse salariale brute dans les entreprises d'au moins 2 000 salariés. L'excédent annuel du budget de fonctionnement peut être transféré au budget destiné aux ASC dans la limite de 10 % de cet excédent. Cette somme et ses modalités d'utilisation sont inscrites dans les documents relatifs à la comptabilité du CSE.

Budget des activités sociales et culturelles	Contribution patronale au financement des institutions sociales du CSE fixée par accord d'entreprise. À défaut d'accord, le rapport de cette contribution à la masse salariale brute ne peut être inférieur au même rapport existant pour l'année précédente. En cas de reliquat budgétaire, possibilité de transférer, par une délibération, tout ou partie du montant de l'excédent annuel du budget destiné aux activités sociales et culturelles vers le budget de fonctionnement ou à des associations et inversement. Transfert de l'excédent annuel du budget destiné aux ASC vers le budget de fonctionnement ou à des associations, dans la limite de 10 % de cet excédent.

Définition des activités sociales et culturelles

Cette gestion conditionne l'octroi de la contribution patronale. Elle revêt donc une importance toute particulière.
La jurisprudence la définit comme *« toute activité, non obligatoire pour l'employeur, exercée au bénéfice du personnel de l'entreprise, sans discrimination en vue d'améliorer les conditions collectives d'emploi, de travail et de vie du personnel au sein de l'entreprise »*.
Elle concerne les activités de prévoyance (retraite), les activités tendant à l'amélioration des conditions de bien-être (cantines...), l'organisation des loisirs et sports, l'institution d'ordre professionnel ou éducatif (bibliothèque...), les services sociaux... Le CSE peut assurer lui-même la gestion, participer à cette gestion ou simplement la contrôler.

Destinataires

Le texte légal ainsi que la jurisprudence visent l'ensemble du personnel sans discrimination.
Ainsi, le CSE ne peut subventionner un candidat à des élections politiques ou favoriser tel membre du CSE, ou subventionner des grévistes...

La loi du 5 mars 2014 crée une obligation de tenue des comptes annuels pour tous les comités d'entreprise et à plus forte raison pour les CSE avec désignation obligatoire d'un trésorier du CSE.

La tenue de la comptabilité est plus ou moins simplifiée selon la taille du CSE. Les comptes annuels du CSE doivent être arrêtés par des membres élus du CSE désignés parmi eux.

Ils sont approuvés par les membres élus du CSE réunis en assemblée plénière. Le rapport de gestion doit être établi chaque année par le CSE et transmis avec les comptes aux membres au plus tard trois jours avant la réunion plénière.

Les comptes annuels et le rapport de gestion doivent être portés à la connaissance des salariés de l'entreprise.

Expertise du CSE

Il est possible de négocier par accord d'entreprise, ou à défaut, par un accord conclu entre l'employeur et le CSE, adopté à la majorité des membres titulaires élus, **sur le nombre d'expertises dans le cadre des consultations récurrentes du CSE sur une ou plusieurs années** et sur les délais maximaux de remise des rapports d'expertise.

Il existe un principe de cofinancement (80 % employeur, 20 % CSE), étendu à toutes les expertises, sauf à six expertises qui sont financées en totalité par l'employeur à savoir :
- la consultation sur la situation économique et financière de l'entreprise ;
- la consultation sur la politique sociale de l'entreprise ;

- en cas de grand licenciement économique collectif ;
- en cas de risque grave concernant la santé, la sécurité et les conditions de travail ;
- en vue de préparer la négociation sur l'égalité professionnelle en l'absence de tout indicateur relatif à l'égalité professionnelle dans la BDESE ;
- consultation sur les orientations stratégiques et l'ensemble des consultations ponctuelles, dès lors que le budget de fonctionnement du CSE est insuffisant pour couvrir le coût de l'expertise ;

E Le comité social et économique central (CSEC)

Le CSEC reprend les principales attributions du comité central d'entreprise. Nous reporterons aux développements évoqués sur le comité central d'entreprise.

Il est possible de fixer le nombre de membres par accord d'entreprise entre l'employeur et l'ensemble des organisations syndicales représentatives avec un accord unanime. À défaut d'accord, le nombre de membres est fixé par décret qui, selon l'effectif de l'entreprise, atteint au maximum 25 titulaires et 25 suppléants.

Il est possible de négocier sur l'articulation de l'ordre et des délais de consultation entre le CSE central et un ou plusieurs CSE d'établissements définis.

La gestion d'activités sociales et culturelles communes peut être confiée au CSE central par les CSE d'établissement, par convention comportant des clauses types déterminées par le décret du 29 décembre 2017 (article D. 2316-7 du Code du travail) à savoir :

- la description de l'activité ou des activités dont la gestion est transférée au CSE central ;
- le financement du transfert pour chaque année d'exécution de la convention ;
- le cas échéant, la liste des biens, moyens matériels ou humains mis à la disposition du CSE central pour chaque année d'exécution de la convention ;
- les modalités de financement de ce transfert pour chaque année d'exécution de la convention ;
- les modalités d'accès à l'activité ou aux activités transférées par les salariés des établissements concernés ;
- la durée de la convention et sa date d'entrée en vigueur ;
- les modalités de révision et de dénonciation de la convention.

F Les autres comités : comité de groupe et comité d'entreprise européen

1 Comité de groupe

Il a également été institué en 1982 par la loi Auroux du 22 octobre.

Il était en effet apparu que certaines décisions stratégiques étaient prises au niveau de la société dominante du groupe et que, dans ces cas, les comités d'entreprise des filiales n'étaient pas consultés car non compétents.

a. Mise en place

Le **comité de groupe** est constitué au sein d'un groupe formé par une entreprise dominante et les entreprises qu'elle contrôle directement ou indirectement ou sur lesquelles elle exerce une influence dominante dont le siège est situé sur le territoire français.

La Cour de cassation lui reconnaît la personnalité juridique en tant qu'organe d'expression collective pour la défense des intérêts dont il a la charge.

b. Composition

Il est composé du chef de l'entreprise dominante et d'une délégation du personnel.

Les membres composant la délégation du personnel sont **désignés** par les syndicats représentatifs parmi leurs élus au CSE. Leur nombre total est au plus égal au double du nombre d'entreprises composant le groupe avec un maximum de 30.

c. Attributions

Les attributions du comité de groupe sont limitées et sont exclusivement économiques.

Il reçoit une information portant sur l'activité et la situation financière du groupe et de chaque entreprise le composant. Il reçoit communication des comptes consolidés. Il est informé des OPA dont la société dominante fait l'objet.

Il se réunit au moins une fois par an.

Il peut se faire assister d'un expert-comptable.

2 Comité d'entreprise européen

Le **comité d'entreprise européen** (ou une procédure dans les entreprises de dimension communautaire) a été institué par une directive du 22 septembre 1994 afin de garantir les droits des salariés à l'information et à la consultation dans ces entreprises. La directive a été transposée dans notre droit en 1996 (art. L. 2341-1 et suivants du Code du travail).

La directive du 6 mai 2009, transposée dans notre droit par l'ordonnance du 20.10.2011, vise à améliorer le droit à l'information et à la consultation des salariés au niveau transnational.

a. Mise en place

Entreprises de dimension européenne

Le comité d'entreprise européen (ou la procédure d'information, d'échange de vues et de dialogue) est institué dans **les entreprises ou groupes d'entreprise de dimension communautaire**. Il s'agit des entreprises ou groupes employant au moins 1 000 salariés dans les États membres de l'Union européenne et qui comportent au moins un établissement employant au moins 150 salariés dans au moins deux de ces états.

Ces entreprises peuvent mettre en place le comité d'entreprise européen par la négociation d'un accord sur la mise en place du CEE ou sur l'organisation d'une procédure d'information et de consultation des représentants des salariés au sein d'un groupe spécial de négociation ou à défaut d'accord par des règles fixées par la loi.

Groupe spécial de négociation

Le comité d'entreprise européen est mis en place par un **groupe spécial de négociation** composé du chef de l'entreprise dominante et de membres désignés par les organisations syndicales parmi leurs élus au CSE ou parmi leurs représentants syndicaux dans l'entreprise ou le groupe.

Comité d'entreprise européen légal

Le comité d'entreprise européen doit être mis en place, en l'absence d'accord, conformément à des règles subsidiaires fixées par la loi.

b. Composition

Il est composé du chef de l'entreprise dominante et des représentants du personnel (3 à 30) des établissements de l'entreprise ou des entreprises du groupe désignés par les organisations syndicales.

c. Attributions

Le comité d'entreprise européen est informé et consulté une fois par an sur la base d'un rapport établi par la direction décrivant la situation économique et sociale de l'entreprise ou du groupe.

Il est informé et consulté à l'occasion de circonstances exceptionnelles (*ex.* : délocalisation).

G Le conseil d'entreprise

Le conseil d'entreprise exerce l'ensemble des attributions dévolues au CSE (dans les entreprises de 11 à moins de 50 salariés et dans celles d'au moins 50 salariés) ET a une compétence exclusive en matière de négociation d'accord d'entreprise. Le délégué syndical perd donc cette compétence, mais ne disparaît pas.

1 Mise en place

Toutes les entreprises remplissant les conditions pour être dotée d'un CSE (entreprise d'au moins 11 salariés) peuvent avoir recours au conseil d'entreprise.

Sa mise en place se fait par accord d'entreprise majoritaire (sans rattrapage référendaire possible) à durée indéterminée ou pour les entreprises dépourvues de délégué syndical, par accord de branche étendu.

L'accord d'entreprise prévoyant la mise en place du conseil d'entreprise fixe :

- la liste des thèmes soumis à l'avis conforme du conseil d'entreprise (tels que l'égalité professionnelle) dont obligatoirement celui de la formation professionnelle ;
- le nombre d'heures de délégation dont bénéficient les élus participant aux négociations (sans pouvoir être inférieur à un nombre défini par décret en Conseil d'État, en fonction de l'effectif de l'entreprise) ;
- l'indemnisation des frais de déplacement ;
- la composition de la délégation qui négocie les accords d'entreprise ;
- la périodicité de tout ou partie des thèmes de négociation du conseil d'entreprise.

2 Attributions

Le conseil d'entreprise bénéficie des attributions dévolues au CSE (qui pourront varier selon l'effectif de l'entreprise : de 11 à moins de 50 salariés et dans celles d'au moins 50 salariés).

Il bénéficie surtout de la compétence en matière de négociation d'accord d'entreprise qui est en principe dévolue au délégué syndical.

Le conseil d'entreprise est seul compétent pour négocier, conclure, ou réviser les accords d'entreprise ou d'établissement.

Cette instance sera donc seule compétente pour négocier sur tous les thèmes et sujets de négociation (y compris accords sur le PSE, protocole d'accord préélectoral, accord modifiant le nombre et la composition des collèges électoraux, accord prévoyant que le scrutin a lieu hors du temps de travail).

Outre le nombre d'heures de délégation dont bénéficient les membres du CSE, à défaut de précisions dans l'accord de mise en place du conseil d'entreprise, les membres du conseil d'entreprise ont droit en plus à un nombre d'heures de délégation supplémentaires qui ne peut être inférieur à :

- 12 heures par mois dans les entreprises employant jusqu'à 149 salariés ;
- 18 heures par mois dans les entreprises de 150 à 499 salariés ;
- 24 heures par mois dans les entreprises d'au moins 500 salariés.

3 Protection des représentants du personnel

A Principe

Le licenciement d'un **salarié protégé** ne peut avoir lieu sans l'autorisation préalable de l'inspecteur du travail.

Cette protection est légale et d'ordre public.

Ce statut protecteur exorbitant du droit commun se justifie par l'importance des risques liés à l'exercice d'un mandat de représentant du personnel.

La protection est donc attachée au mandat et non à la personne même du représentant.

Jurisprudence

Cass. soc. 12 juillet 2017

Encourt la cassation l'arrêt qui, pour accorder à un travailleur temporaire une indemnité pour violation du statut protecteur, retient que le fait de ne pas révéler spontanément sa qualité de conseiller du salarié à l'employeur et de l'en aviser seulement au moment où il estime nécessaire de bénéficier de la protection qui y est attachée, ne peut être considéré comme abusif et que l'abus de procédure ne peut résulter d'autres procès opposant le même salarié à d'autres employeurs. En effet, la cour d'appel ne pouvait juger ainsi alors qu'une fraude du salarié peut le priver de la protection attachée à son mandat.

B Bénéficiaires de la protection

Les salariés protégés constituent une catégorie extrêmement hétérogène. On peut les classer en deux grandes catégories.

1 Représentants du personnel élus et les délégués syndicaux

Salariés protégés	Durée de la protection
Membres du CSE	Du jour de la proclamation des résultats des élections pendant la durée du mandat et jusqu'à 6 mois après l'expiration de leur mandat
Représentants de proximité	Durant leur mandat et 6 mois après la fin de leur mandat
Représentant syndical au CSE	*id.*
Candidats aux élections CSE	6 mois à compter de la date d'envoi à l'employeur des listes de candidatures au premier tour et au 2e tour
Salariés qui demandent les élections CSE	Pendant 6 mois à compter de leur demande
Délégué syndical représentant de la section syndicale	Pendant la durée du mandat jusqu'à 12 mois après la fin du mandat (s'il a été exercé pendant au moins un an)
Salariés mandatés pour négocier	Pendant la durée de la négociation jusqu'à 12 mois après la signature de l'accord

2 Autres salariés protégés

a. Conseiller prud'homal

La protection du conseiller prud'homal est justifiée car il est chargé de défendre les droits des salariés. Il est protégé en tant que candidat dès la notification de la liste à l'employeur et pendant 6 mois. S'il est élu, il est protégé à compter de la proclamation des résultats des élections et jusqu'à 6 mois après la fin de son mandat. (Cass. soc. 22 septembre 2010).

b. Conseiller du salarié

Il intervient pour défendre les intérêts du salarié lors de la procédure de licenciement. Il est protégé dès son inscription sur la liste départementale, pendant la durée de son mandat et jusqu'à 12 mois après son expiration.

c. Défenseur syndical

Il a pour mission d'assister ou de représenter les salariés devant le conseil de prud'hommes ou les cours d'appel en matière prud'homale. Il bénéficie du statut de salarié protégé.

C Protection spécifique

1 Situations donnant lieu à protection

a. Rupture du contrat à l'initiative de l'employeur

La jurisprudence a étendu la protection à tous les cas de rupture du contrat à l'initiative de l'employeur. Il peut s'agir d'un licenciement, d'une mise à la retraite, de la rupture avant le terme d'un contrat à durée déterminée (CDD).

De même, lorsque le salarié protégé prend l'initiative de la rupture en raison de l'inexécution par l'employeur de ses obligations, cette rupture s'analyse en un licenciement soumis à la procédure protectrice La rupture conventionnelle peut être utilisée pour rompre le contrat des salariés protégés. Elle doit être soumise à l'autorisation préalable de l'inspecteur du travail et non à l'homologation du directeur régional de l'économie, de l'emploi, du travail et des solidarités (DREETS).

Jurisprudence

Cass. soc. 5 juillet 2006

« Lorsqu'un salarié titulaire d'un mandat électif ou de représentation prend acte de la rupture de son contrat de travail en raison de faits qu'il reproche à son employeur, cette rupture produit, soit les effets d'un licenciement nul pour violation du statut protecteur lorsque les faits invoqués par le salarié la justifiaient, soit, dans le cas contraire, les effets d'une démission. »

Conseil d'État – 15 décembre 2010

Un chauffeur routier, représentant du personnel, a été licencié à la suite d'une infraction routière commise en dehors de son temps de travail et ayant entraîné la suspension de son permis de conduire pour 4 mois. Selon le conseil d'État, ce fait commis dans le cadre de la vie privée ne constitue pas une faute et ne peut donc pas être sanctionné par l'employeur.

b. Protection hors rupture du contrat

Aucune modification des conditions de travail du salarié protégé ne peut être réalisée sans son accord. En cas de refus, le licenciement doit être autorisé par l'inspecteur du travail.

Le transfert d'un salarié protégé vers une autre entreprise, en application de l'article L. 1224-1 du Code du travail, est soumis à l'autorisation préalable de l'inspecteur du travail.

La procédure ne s'applique pas quand le salarié est seul à l'initiative de la rupture de son contrat (démission, départ à la retraite...).

Elle ne s'applique pas non plus quand l'employeur inflige au salarié une sanction disciplinaire autre que le licenciement (mise à pied par exemple).

2 Déroulement de la procédure

Une procédure contraignante doit être respectée par l'employeur. L'inspecteur du travail joue un rôle primordial en autorisant ou non le licenciement.

Cette procédure spécifique se cumule avec la procédure de licenciement de droit commun (*cf.* Chap. 11) :

- convocation à un entretien préalable ;
- entretien préalable ;
- consultation du CSE (sauf pour les délégués syndicaux) ;
- autorisation préalable par l'inspecteur du travail ;
- notification du licenciement.

a. Consultation du CSE

Il doit être saisi et consulté sur tout projet de licenciement d'un représentant du personnel élu ainsi que du représentant syndical au CSE. Toutefois, dès lors que l'entreprise est inférieure à 50 salariés, l'employeur n'est pas tenu de le consulter lorsqu'il entend licencier un élu, un représentant syndical au CSER ou un représentant de proximité (CE, avis, 29 déc. 2021, n° 453069).

Le CSE émet un avis après audition du salarié protégé qui ne lie pas l'employeur. Cet avis est transmis à l'inspecteur du travail. Si cette consultation n'a pas lieu, l'inspecteur ne peut pas autoriser le licenciement sous peine de nullité de l'autorisation. Cette étape est supprimée en l'absence de CSE.

b. Autorisation de l'inspecteur du travail

Le licenciement ne peut intervenir que sur autorisation de l'inspecteur du travail. Comment prend-il sa décision et pour quels motifs ?

Procédure

L'inspecteur du travail doit être saisi par l'employeur dans les 15 jours qui suivent la réunion du CSE. Il reçoit copie du procès-verbal des délibérations du CSE. Il dispose d'un délai de 15 jours pour procéder à une enquête et notifier sa décision à l'employeur et informer le salarié. Cette décision est susceptible de recours.

Motifs

Le problème est de savoir quels éléments d'appréciation l'inspecteur du travail doit retenir.

D'après le Conseil d'État (arrêt du 5 mai 1976), l'inspecteur doit d'abord vérifier si le licenciement est en rapport ou non avec le mandat. Il s'agit de contrôler l'existence d'une éventuelle discrimination.

En l'absence de discrimination, il vérifie « *si les faits reprochés au salarié sont d'une gravité suffisante pour justifier le licenciement* ».

Même en présence de motif suffisant (faute grave par exemple), l'inspecteur peut refuser le licenciement pour des « *motifs d'intérêt général sous réserve qu'une atteinte excessive ne soit pas portée à l'un ou l'autre des intérêts en présence* ».

Exemple : Licenciement pour faute : dénigrement systématique de la gestion de l'employeur, actes de violence...
Motifs d'intérêt général : disparition d'institutions représentatives du personnel dans l'entreprise avec le licenciement du membre du CSE.

Recours contre la décision de l'inspecteur du travail

Un recours hiérarchique auprès du ministre du Travail peut être formé par le salarié ou l'employeur dans les deux mois de la notification de la décision de l'inspecteur du travail afin d'obtenir son annulation.

Le ministre dispose de 4 mois pour se prononcer. Il peut confirmer la décision de l'inspecteur ou l'annuler.

- S'il annule l'autorisation de licenciement, le salarié protégé est réintégré à sa demande ;
- S'il annule le refus d'autorisation, cette décision vaut autorisation de licenciement.

Un recours contentieux en annulation pour excès de pouvoir devant les juridictions administratives est possible dans les deux mois de la notification de la décision de l'inspecteur.

3 Sanctions civiles

Sanctions civiles du salarié protégé

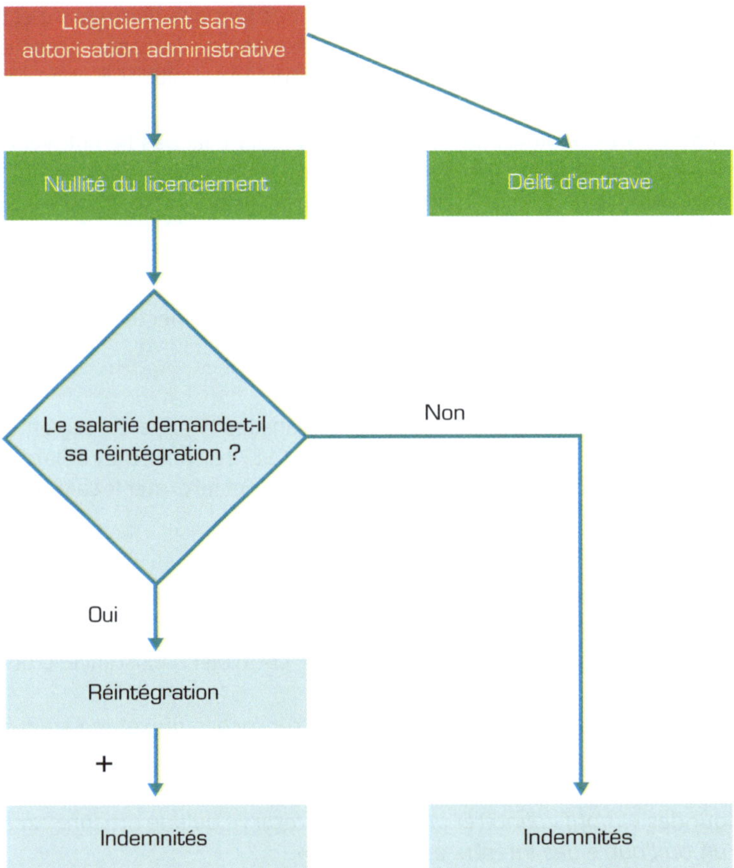

Les règles légales ont pour but le maintien dans l'emploi du salarié protégé.

Le licenciement d'un salarié protégé en l'absence de d'autorisation administrative ou malgré le refus de l'inspecteur du travail, est **nul**.

Le salarié peut demander sa **réintégration** et percevoir une **indemnité** égale au montant des salaires qu'il aurait perçus entre le moment du licenciement et celui de sa réintégration.

S'il ne demande pas sa réintégration, il perçoit une indemnisation pour violation du statut protecteur. L'employeur doit lui verser les salaires qu'il aurait perçus jusqu'à la fin de la période de protection (6 mois pour les membres du CSE, 12 mois pour les DS) + les indemnités de rupture de droit commun + les dommages et intérêts pour licenciement illicite (6 mois de salaire minimum).

Jurisprudence

Cass. soc. 15 avril 2015

Le montant de l'indemnité pour violation du statut protecteur due à un représentant du personnel élu, y compris lorsqu'il est titulaire d'un CDD est égal à la rémunération brute perçue entre la date de la rupture et l'expiration de la période de protection dans la limite de 30 mois de salaires.

Cass. soc. 15 mai 2019

La limite des 30 mois de salaire est applicable au représentant de la section syndicale.

4 Délit d'entrave

Afin de garantir la liberté d'action des représentants des salariés (élus ou désignés), la loi réprime tout acte (commis par quiconque) qui a pour conséquence d'empêcher le fonctionnement normal des différentes institutions représentatives du personnel :
- exercice du droit syndical (art. L. 2146-1 du Code du travail) ;
- conseil économique et social (art. L. 2328-1) ;
- comité de groupe (art. L. 2335-1).

a. Éléments constitutifs

Élément légal

Il existe plusieurs textes du Code du travail qui définissent ce délit.

Élément matériel

Le délit d'entrave réprime différents comportements du chef d'entreprise ou de son préposé délégataire :
- entrave à la mise en place des institutions représentatives du personnel : entrave à la mise en place et à l'organisation du syndicat de l'entreprise, à la constitution d'un CSE, de groupe, de délégués du personnel, entrave à la libre désignation de leurs membres... ;
- entrave au fonctionnement régulier de ces instances : non-respect des obligations en matière de communication de documents, d'informations... ;
- entrave à l'exercice des attributions de ses membres : atteinte à la liberté d'affichage, liberté de réunion... ;
- licenciement des représentants du personnel sans autorisation de l'inspecteur du travail ;
- refus d'engager la négociation annuelle sur le droit d'expression, non-respect de l'obligation annuelle de négocier, défaut de négociation annuelle sur les objectifs et les moyens de la formation professionnelle des salariés.

Exemple : L'employeur qui impose à un membre du CSE un travail inutile et fastidieux pour le déconsidérer commet un délit d'entrave.

Élément moral

Le délit d'entrave est un délit intentionnel qui suppose une volonté consciente de s'opposer au fonctionnement normal des institutions. Mais les tribunaux reconnaissent qu'il s'agit d'une présomption d'intention car « *l'élément intentionnel de l'infraction se déduit nécessairement du caractère volontaire de l'omission constatée* » (Cass. crim. 28 novembre 1995).

b. Répression

Les auteurs de l'infraction encourent une peine d'emprisonnement d'un an et une peine d'amende de 7 500 €. Est puni d'un emprisonnement d'un an et d'une amende de 3750 € le fait d'apporter une entrave à l'exercice du droit syndical.

L'atteinte au fonctionnement régulier des institutions est punie de la peine d'amende seulement.

4 Droit d'expression des salariés

La **liberté d'expression** constitue une des libertés publiques fondamentales, qui caractérisent une démocratie. Elle s'exerce librement dans l'entreprise et même hors de l'entreprise à condition qu'elle ne soit pas abusive (propos injurieux par exemple).

Le législateur, par la loi du 4 août 1982 et la loi du 3 janvier 1986, a voulu protéger les salariés et leur permettre de s'exprimer directement dans le cadre de groupes d'expression sur les conditions d'exercice et d'organisation du travail (article L. 2281-1 à 2281-11 du Code du travail).

A Domaine

1 Champ d'application

Le droit d'expression s'exerce dans toutes les entreprises quelles que soient leur taille et la forme de leur activité. Tous les salariés quelle que soit la forme du contrat doivent en bénéficier. L'accès de chacun au droit d'expression collective peut être assuré par le recours aux outils numériques sans que l'exercice de ce droit ne puisse méconnaître les droits et obligations des salariés dans l'entreprise.

2 Caractéristiques

C'est un droit individuel qui s'exerce :

- collectivement dans le cadre de groupes d'expression correspondant à une collectivité de travail (équipe, chantier, bureau, atelier…) qui doivent se réunir régulièrement ;
- directement sans passer par l'intermédiaire d'un représentant du personnel ou d'un membre de la hiérarchie ;
- librement : les opinions que les salariés émettent dans l'exercice du droit d'expression ne peuvent motiver une sanction ou un licenciement.

3 Contenu

Cette « expression » a pour objet de définir les actions à mettre en œuvre pour améliorer les conditions de travail, l'organisation de l'activité et la qualité de la production dans l'unité de travail à laquelle les salariés appartiennent et dans l'entreprise.

Le droit d'expression ne doit pas porter sur des questions se rapportant au contrat de travail, aux classifications, à la rémunération…

B Mise en œuvre

Mise en œuvre du droit d'expression

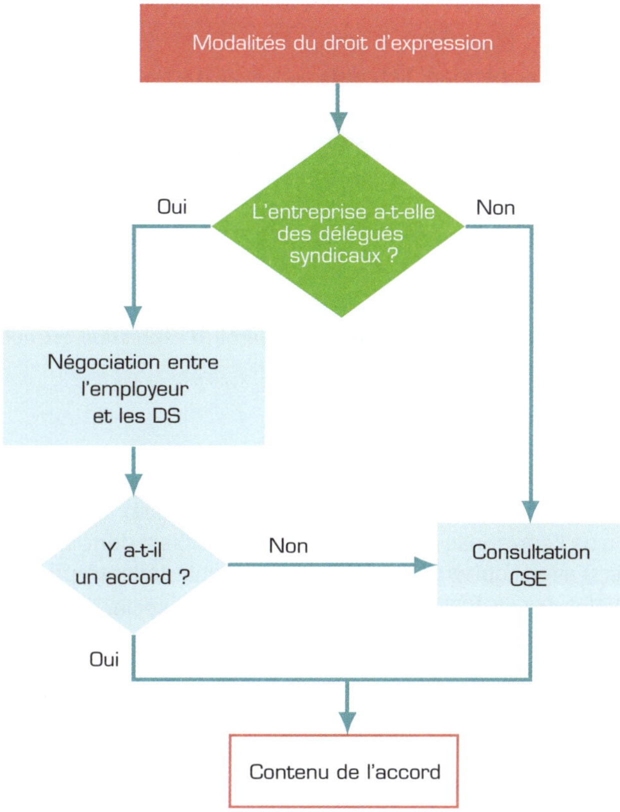

1 Conclusion d'un accord

Les modalités d'exercice du droit d'expression sont définies dans le cadre de la négociation portant sur l'égalité professionnelle entre les femmes et les hommes et la qualité de vie au travail dans les entreprises pourvues d'un délégué syndical. À défaut d'accord dans le cadre de cette négociation, l'accord traitant du droit d'expression doit notamment prévoir le niveau, le mode d'organisation, la fréquence et la durée des réunions, les outils numériques permettant l'expression des salariés, les mesures destinées à assurer la liberté d'expression de chacun...

À défaut d'initiative de l'employeur dans le délai d'un an en cas d'accord, ou de trois ans en l'absence d'accord, la négociation s'engage obligatoirement à la demande d'une organisation syndicale représentative dans les quinze jours suivant la présentation de cette demande.

Lorsqu'un accord existe, l'employeur est tenu, au moins une fois tous les trois ans, de provoquer une réunion avec les syndicats représentatifs pour examiner les résultats de cet accord. Il peut y avoir renégociation de l'accord à la demande d'une des organisations syndicales.

2 Consultation des représentants du personnel

Dans les entreprises dans lesquelles aucun délégué syndical n'a pu être désigné et dans celles où il y a eu échec de la négociation, l'employeur doit obligatoirement consulter le CSE. La consultation a lieu au moins une fois par an.

3 Sanctions

L'employeur encourt des sanctions pénales s'il refuse d'engager la négociation ou de consulter les représentants du personnel.

C Exercice

Ce droit s'exerce sur les lieux, pendant le temps de travail. Le temps consacré à l'expression est payé comme temps de travail.

Les suggestions, avis émis par les salariés, sont transmis à l'employeur qui doit y répondre.

Les opinions émises dans l'exercice de ce droit ne peuvent motiver une sanction ou un licenciement sauf abus.

Jurisprudence

Cass. soc. 16 février 2022, n° 19-17.871

« Le licenciement d'un salarié fondé sur l'exercice du droit d'expression est nul à condition que l'exercice de cette liberté ne soit pas abusif. »

5 Bilan social

Un **bilan social** doit être établi, pour l'année écoulée et les deux années antérieures, afin de présenter la situation de l'entreprise dans le domaine social. C'est donc un document tourné vers le passé et non pas vers l'avenir qui va donner une photographie de l'entreprise à un moment donné.

Le bilan social a été élaboré en 1977 afin d'aider au dialogue social et informer les partenaires sociaux, le personnel, les actionnaires, les pouvoirs publics. Depuis cette date, il n'a subi aucune modification légale alors que la gestion sociale a, quant à elle, beaucoup évolué.

Le Code du travail en donne la définition, et précise quelles sont les entreprises assujetties (A). Il est élaboré par le chef d'entreprise, et soumis pour avis au CSE (B).

A Objet et champ d'application

1 Définition

Le bilan social est un document récapitulant les principales données chiffrées permettant d'apprécier la situation de l'entreprise dans le domaine social, d'enregistrer les réalisations effectuées et de mesurer les changements intervenus au cours de l'année écoulée et des deux années précédentes (article L. 2312-30 du Code du travail).

Il contient des informations relatives à l'emploi, aux rémunérations, aux conditions d'hygiène et de sécurité, aux autres conditions de travail, à la formation, aux relations professionnelles et aux conditions de vie des salariés et de leur famille dans la mesure où elles dépendent de l'entreprise, au nombre de salariés détachés.

2 Entreprises assujetties

Sont assujetties à l'obligation d'élaborer un bilan social, les entreprises dont l'effectif habituel est de plus de 300 salariés, seuil atteint pendant 12 mois consécutifs.

Dans les entreprises comprenant des établissements distincts, il est établi, outre le bilan social de l'entreprise, un bilan social particulier à chaque établissement dont l'effectif habituel dépasse 300 salariés.

B Contenu et élaboration du bilan social

1 Contenu

Le bilan social contient des informations regroupées en sept grands chapitres.

Les informations fournies pour chaque chapitre sont regroupées en un certain nombre de rubriques (72 au total), elles-mêmes formées de données appelées indicateurs.

2 Élaboration

Le bilan social est élaboré par le chef d'entreprise qui met les données dans la **base de données économiques, sociales et environnementales (BDESE)**.

Il est communiqué au CSE pour avis, 15 jours au moins avant la réunion au cours de laquelle le CSE émettra son avis. Cette réunion doit se tenir au plus tard dans les quatre mois suivant la dernière année visée par le projet. Le CSE émet un avis qui peut porter à la fois, sur la présentation et la signification des informations contenues dans le projet du bilan social.

Il est communiqué aux délégués syndicaux (leur avis n'est pas sollicité).

3 Diffusion

Le Code du travail rend obligatoire la diffusion du bilan social auprès de trois catégories de personnes : l'agent de contrôle de l'inspection du travail, les salariés et les actionnaires des entreprises ayant la forme de société par actions.

a. Agent de contrôle de l'inspection du travail

Le bilan social est adressé à l'agent de contrôle de l'inspection du travail dans les quinze jours suivant la réunion du comité avec le procès-verbal de cette réunion.

b. Salariés de l'entreprise

Le bilan social dans sa forme définitive est mis à la disposition de tout salarié qui en fait la demande.

c. Actionnaires

Dans les sociétés par actions, le dernier bilan social accompagné de l'avis du CSE, est adressé aux actionnaires ou mis à leur disposition.

4 Sanctions

La non présentation du plan social est constitutive du délit d'entrave à l'exercice des fonctions des représentants du personnel.

Représentation du personnel

Un représentant du personnel est un salarié de l'entreprise qui a reçu, soit par voie électorale, soit par désignation syndicale, le mandat de représenter les salariés auprès de l'employeur et de défendre leurs intérêts. Le schéma ci-dessous synthétise les modes de désignation de ces représentants ainsi que les seuils d'effectifs à partir desquels leur institution est obligatoire pour l'employeur.

Leurs **missions** sont différentes :

- les **délégués syndicaux** sont des organes de négociation et de revendication.

Ils bénéficient d'un statut protecteur leur permettant d'exercer leur mission. Ils disposent ainsi de prérogatives et moyens et d'une protection spécifique contre le licenciement.

Le Comité social économique (CSE)

Le **Comité social et économique (CSE)** remplace les délégués du personnel, le comité d'entreprise et le CHSCT, ainsi que la DUP-instance unique.

Le CSE est mis en place lors du renouvellement des mandats des IRP et au plus tard le 1er janvier 2020 lorsque l'effectif d'au moins 11 salariés est atteint pendant 12 mois consécutifs.

Durant cette période transitoire, et tant que le CSE n'est pas mis en place, les anciennes dispositions s'appliquent aux mandats en cours.

MISE EN PLACE	**Seuil d'effectif**	Obligatoire dans les entreprises d'au moins 11 salariés. Cet effectif doit avoir été atteint pendant 12 mois consécutifs.
	Cadre de mise en place	Élections dans le cadre de l'entreprise ou d'une unité économique et sociale (UES). Si l'entreprise a au moins 2 établissements distincts, un CSE par établissement et un CSE central sont constitués.
ÉLECTIONS	**Organisation des élections**	Élections tous les 4 ans à l'initiative de l'employeur. Négociation d'un protocole d'accord préélectoral.
	Collèges	Deux collèges électoraux : un pour les cadres, un pour les ouvriers employés.
	Électorat et éligibilité	Les conditions pour être électeur et éligible sont identiques à celles qui s'appliquaient aux DP et membres du CE. Pour être électeur, il faut avoir au moins 16 ans et 3 mois d'ancienneté dans l'entreprise. Pour être éligible, il faut avoir 18 ans au moins et 1 an d'ancienneté dans l'entreprise.
	Scrutin	Scrutin de listes à deux tours avec représentation proportionnelle à la plus forte moyenne.
	Durée du mandat	4 ans en principe. Le nombre de mandats successifs est limité à 3 (sauf exceptions).
COMPOSITION	Le CSE comprend : - l'employeur ; - une délégation du personnel composée de titulaires et suppléants. Leur nombre varie en fonction de l'effectif. Par exemple, dans une entreprise de 11 à 24 salariés, le CSE comprend 1 titulaire et 1 suppléant ; - un représentant syndical dans les entreprises d'au moins 50 salariés. Le DS est membre de droit dans les entreprises de moins de 300 salariés. Sinon, il est désigné par les syndicats ; - le représentant de proximité : voir en fin de tableau.	

FONCTIONNEMENT	**Crédit d'heures**	Le nombre d'heures de délégation varie selon l'effectif de l'entreprise. Par ex. : 10 h par mois dans les entreprises de 11 à 49 salariés, 18 h de 50 à 74...
	Personnalité civile	Le CSE n'a la personnalité civile que dans les entreprises d'au moins 50 salariés.
	Local	**Dans les entreprises de moins de 50 salariés** L'employeur doit mettre un local à la disposition des membres du CSE. **Dans les entreprises d'au moins 50 salariés** L'employeur doit mettre à la disposition du CSE un local aménagé et le matériel nécessaire à l'exercice de ses fonctions.
	Réunions	**Dans les entreprises de moins de 50 salariés** Une réunion par mois. Seuls les titulaires assistent aux réunions. **Dans les entreprises d'au moins 50 salariés** À défaut d'accord, le CSE se réunit au moins une fois tous les deux mois dans les entreprises de moins de 300 salariés, une fois par mois dans le cas contraire.
	Liberté de déplacement	Comme auparavant, les membres du CSE peuvent se déplacer hors de l'entreprise pendant leurs heures de délégation. Ils peuvent circuler dans l'entreprise pendant leurs heures de délégation ou en dehors de leurs heures habituelles de travail.
	Droit d'affichage	Droit d'afficher les renseignements qu'ils ont pour rôle de porter à la connaissance du personnel sur des emplacements obligatoirement prévus et destinés aux communications syndicales, ainsi qu'aux portes d'entrée des lieux de travail.
	Formation des membres	Pendant le temps de travail, rémunérée comme temps de travail. Formation économique dans les entreprises d'au moins 50 salariés. Formation spécifique pour les membres de la commission santé, sécurité et conditions de travail.
	Financement	**Subvention de fonctionnement** Dans les entreprises d'au moins 50 salariés, l'employeur verse au CSE une subvention égale à 0,20 % de la masse salariale brute (0,22 % dans les entreprises de plus de 2000 salariés). **Subvention pour les activités sociales et culturelles** L'employeur verse une subvention destinée aux activités sociales et culturelles sauf s'il fait bénéficier le CSE d'une somme ou de moyens en personnel équivalent à 0,22 % de cette masse salariale.
	Commission santé, sécurité et conditions de travail	**Dans les entreprises d'au moins 300 salariés** Elle doit être créée au sein du CSE. **Dans les entreprises de moins de 300 salariés** L'inspecteur du travail peut imposer la création de cette commission si elle est nécessaire en raison de la nature des activités. Elle peut être créée par accord collectif.

ATTRIBUTIONS	**Entreprises de moins de 50 salariés** Le CSE a les prérogatives dévolues aux anciens DP : présenter à l'employeur les réclamations individuelles ou collectives relatives aux salaires..., promouvoir la santé, la sécurité et les conditions de travail dans l'entreprise, saisir l'inspection du travail en cas de manquement aux dispositions légales... **Entreprises d'au moins 50 salariés** Le CSE a les prérogatives dévolues auparavant au CE et au CHSCT (C. trav. art. L. 2312-8 à 10 et L. 2312-17 et suivants) (en plus de celles, citées ci-avant, qui lui sont allouées dans les entreprises de moins de 50 salariés) notamment : - il a pour mission d'assurer une expression collective des salariés permettant la prise en compte permanente de leurs intérêts dans les décisions relatives à la gestion et à l'évolution économique et financière de l'entreprise, à l'organisation du travail, à la formation professionnelle et aux techniques de production ; - dans le champ de la santé, de la sécurité et des conditions de travail, il procède à l'analyse des risques professionnels auxquels peuvent être exposés les travailleurs, il contribue notamment à faciliter l'accès des femmes à tous les emplois, à la résolution des problèmes liés à la maternité, l'adaptation et à l'aménagement des postes de travail afin de faciliter l'accès et le maintien des personnes handicapées à tous les emplois au cours de leur vie professionnelle, il peut susciter toute initiative qu'il estime utile et proposer notamment des actions de prévention du harcèlement moral, du harcèlement sexuel et des agissements sexistes ; - il est informé et consulté sur les questions intéressant l'organisation, la gestion et la marche générale de l'entreprise... - il est consulté sur les orientations stratégiques de l'entreprise, - la situation économique et financière de l'entreprise, la politique sociale de l'entreprise, les conditions de travail et l'emploi ;
	- il a un droit d'alerte en cas d'atteinte aux personnes, ou d'atteinte excessive aux libertés individuelles, en cas de danger grave et imminent en matière de santé publique et d'environnement, s'il a connaissance de faits de nature à affecter de manière préoccupante la situation économique de l'entreprise, de faits susceptibles de caractériser un recours abusif aux CDD...
PROTECTION DES MEMBRES	Les membres élus au CSE, les représentants syndicaux au sein du CSE sont protégés contre le licenciement.
CONSEIL D'ENTREPRISE	Un conseil d'entreprise **peut** être mis en place par accord majoritaire dans l'entreprise. Il remplace le CSE existant, exerce toutes ses attributions mais il est, en plus, le seul compétent pour **négocier**, conclure et réviser les conventions et accords d'entreprise ou d'établissement.
REPRÉSENTANT DE PROXIMITÉ	Il est membre du comité social et économique ou désigné par lui pour une durée qui prend fin avec celle du mandat des membres élus du comité. Il est le représentant du CSE auprès des salariés. Ses attributions sont définies par accord d'entreprise notamment en matière de santé, de sécurité et de conditions de travail. L'accord définit également le nombre de représentants de proximité les modalités de désignation, de fonctionnement, notamment le nombre d'heures de délégation dont il bénéficie pour l'exercice de ses attributions.

Applications

Préparez-vous à l'examen

EXO 12.01

Cour de cassation, chambre sociale, Arrêt du mardi 18 janvier 2011

Attendu, selon l'arrêt attaqué, que la société Air Liquide, membre d'un groupe de dimension mondiale, a acquis la société d'Ingénierie allemande Lurgi le 27 juillet 2007, dans le cadre d'une stratégie de croissance externe, complémentaire des activités de la société en matière d'hydrogène, et devant permettre la constitution d'un groupe d'ingénierie de 2 800 personnes ; que les élus du comité central d'entreprise qui avaient été informés de ce projet en avril 2007, après plusieurs réunions en mai, juin et septembre, ont indiqué lors de la réunion le 17 octobre « n'être pas du tout satisfaits » des réponses apportées par la direction « que ce comité a décidé le 6 décembre 2007 d'exercer le droit d'alerte prévu par l'article L. 2323-78 du Code du travail, en faisant état des dangers pour l'entreprise que représente l'acquisition de la société Lurgi », et de désigner un expert, décision confirmée le 11 février 2008 ; que la société Air Liquide a saisi le tribunal de grande instance, en août 2008, d'une demande d'annulation de cette procédure d'alerte et de la désignation de l'expert ;

Attendu que la société Air Liquide fait grief à l'arrêt infirmatif attaqué de la débouter de ses demandes, de dire bien fondée la procédure d'alerte et de valider la lettre de mission de l'expert alors, selon le moyen :

1. que le droit d'alerte conféré au comité d'entreprise par les articles L. 2323-78 et suivants du Code du travail a pour seule finalité de permettre la détection de difficultés économiques afin d'éviter l'ouverture d'une procédure collective ; que, s'il n'est pas subordonné à la preuve de l'existence de difficultés économiques avérées, l'exercice de ce droit n'est pas discrétionnaire et reste subordonné à la présentation par le comité d'entreprise de faits de nature à affecter de manière préoccupante la situation de l'entreprise ; qu'il incombe dès lors, en cas de contestation judiciaire, aux juges du fond de vérifier, dans un premier temps, l'existence d'éléments objectifs pouvant raisonnablement laisser penser que la pérennité de l'entreprise est en péril ; qu'en refusant de rechercher si le comité central d'entreprise de la société Air Liquide présentait des éléments objectifs de nature à affecter de manière préoccupante la situation de l'entreprise, au motif que le comité central d'entreprise serait « seul juge » du caractère préoccupant des faits qu'il invoque et que l'annulation de la procédure d'alerte ne serait susceptible d'annulation qu'en cas d'abus démontré par l'employeur, la cour d'appel a violé l'article L. 2323-78 du Code du travail ;
2. que le droit d'alerte du comité d'entreprise prévu à l'article L. 2323-78 du Code du travail a pour finalité de prévenir la survenance de difficultés économiques pour l'entreprise et doit donc être justifié par des éléments de fait de nature à affecter de manière préoccupante la situation économique de l'entreprise dans son ensemble ; qu'une réorganisation d'un secteur d'activité de l'entreprise ne constitue pas en elle-même une telle circonstance ; que le comité d'entreprise ne peut se fonder sur des éléments relatifs à un seul des établissements de l'entreprise pour mettre en œuvre la procédure d'alerte que s'il démontre que ces éléments caractérisent une menace sur la situation de

l'entreprise dans son ensemble ; qu'en déclarant le comité central d'entreprise bien fondé à exercer le droit d'alerte au motif que la société Air Liquide n'avait pas levé les inquiétudes des élus quant au maintien de l'activité hydrogène et de l'activité ingénierie sur le site de Champigny à la suite de l'acquisition de la société Lurgi, sans caractériser en quoi cette situation pouvait paraître susceptible d'affecter de manière préoccupante la situation de la société Air Liquide dans son ensemble et d'entraîner des difficultés économiques prévisibles, la cour d'appel a privé sa décision de toute base légale au regard de l'article L. 2323-78 du Code du travail ;

3. qu'en énonçant que l'abandon de l'activité hydrogène sur le site de Champigny au profit de la société Lurgi à Francfort et les réorganisations de l'activité ingénierie constituaient des faits postérieurs de nature à confirmer le bien-fondé des inquiétudes du comité central d'entreprise sur l'avenir de l'activité hydrogène et du secteur ingénierie, la cour d'appel, qui n'expose pas en quoi ces événements affectaient de manière préoccupante la situation de la société Air Liquide, s'est fondée sur des considérations inopérantes et n'a pas justifié sa décision au regard de l'article L. 2323-78 du Code du travail ;

Mais attendu qu'aux termes de l'article L. 2323-78 du Code du travail, lorsque le comité d'entreprise a connaissance de faits de nature à affecter de façon préoccupante la situation économique de l'entreprise, il peut demander à l'employeur des explications ;

Et attendu que la cour d'appel a retenu, d'une part, que la réorganisation de l'entreprise, qui concernait son activité ingénierie au niveau mondial, était de nature à affecter la situation de l'entreprise et a estimé, d'autre part, après avoir relevé que les réponses de la direction aux questions du comité étaient contradictoires, insuffisantes ou incohérentes, que le comité avait décidé sans abus d'exercer son droit d'alerte ;

Que le moyen n'est pas fondé ;

PAR CES MOTIFS, REJETTE le pourvoi ;

→ Travail à faire

1. **Rappelez les faits et la procédure.**
2. **À quelles conditions le CSE peut-il déclencher son droit d'alerte ?**

EXO 12.02

La société Arnolin est une entreprise de confection qui compte 68 salariés. Un seul syndicat est présent dans l'entreprise : le syndicat Sud-coton. Il a 25 adhérents. Il est très actif, organisant des réunions, des débats. Il est très revendicatif et informe régulièrement les salariés de ses actions par la distribution de tracts. Il a un site Intranet sur lequel il publie des informations syndicales.

Il est de création récente. Il a déposé ses statuts il y a 3 ans. Les élections professionnelles vont avoir lieu dans l'entreprise dans 8 mois.

Le syndicat souhaiterait désigner un délégué syndical.

→ Travail à faire

Le peut-il ?

EXO 12.03

a. Un membre élu du CSE a utilisé 25 heures de son crédit d'heures dont 5 heures ont été utilisées pour assister un salarié de l'entreprise devant le conseil de prud'hommes.

b. Un membre élu du CSE est absent pour maladie pendant 15 jours. L'employeur souhaite ne payer que 10 heures de délégation, compte tenu de l'absence.

c. Un membre du CSE quitte son poste de travail 13 h pour exercer sa mission auprès des salariés de l'entreprise, 6 heures en réunion avec l'employeur (4 heures en réunion mensuelle obligatoire et 2 heures en réunion supplémentaire à la demande et à l'initiative des délégués du personnel. L'employeur ne veut payer que 13 heures).

d. Un membre du CSE a utilisé une partie de son crédit de 20 heures pour le mois de décembre. Il a utilisé en plus 5 heures à la préparation de la prochaine négociation sur les salaires et 5 heures à la préparation des fêtes de Noël. Il est d'usage dans l'entreprise que les heures consacrées à la préparation de la fête de Noël dans l'entreprise soient payées en plus du crédit d'heures légal. L'employeur refuse de payer les heures qui dépassent le crédit d'heures légal.

→ **Travail à faire**

L'employeur décide de ne pas payer les heures de délégation dans les cas présentés. A-t-il raison ?

EXO 12.04

Le CSE a décidé de recourir à l'assistance d'un expert-comptable à l'occasion de l'examen des comptes annuels. L'employeur a participé au vote pour la désignation de l'expert. Le CSE a payé à ses membres élus le temps passé en réunion en utilisant les sommes de la subvention de fonctionnement. Il a, sur le même budget, payé un musicien embauché pour un spectacle organisé par le CSE. Il a également organisé le repas de fin d'année des retraités, l'Arbre de Noël et sa tombola. Il a également versé une somme d'argent à titre de secours à des salariés grévistes de l'entreprise. Ces dernières sommes ont été imputées sur le budget activités sociales. Il s'est réuni pour donner un avis sur le licenciement du délégué syndical. Le secrétaire du CSE a été désigné par un des membres du CSE parmi les 3 salariés du CSE.

→ **Travail à faire**

Recensez les erreurs commises par le CSE dans le cas présenté. Justifiez votre réponse.

EXO 12.05

L'entreprise PEI dispose d'un effectif de 90 personnes.

Le nombre de représentants du CSE à élire est de :

- 5 titulaires,
- 5 suppléants.

Les électeurs sont répartis en deux collèges :

- 1er collège : ouvriers, employés, représentant au total 54 personnes
- 2e collège : techniciens, agents de maîtrise, cadres, représentant au total 36 personnes.

Il vous est communiqué la proportion suivante de femmes et d'hommes par collège :

- collège ouvriers-employés : proportion de femmes 45 % ; proportion d'hommes 55 %.
- collège techniciens, agents de maîtrise et cadres : proportion de femme 80 % ; proportion d'hommes 20 %.

→ Travail à faire

1. **Établir la répartition du nombre de sièges à pouvoir par collège.**
2. **Déterminer par liste la répartition des sièges à pourvoir entre femmes et hommes.**

La négociation collective

Chapitre 13

COMPÉTENCES ATTENDUES

- Déterminer le champ d'application de l'accord ou de la convention ordinaire, élargi ou étendu.
- Articuler les normes conventionnelles entre elles et par rapport à la loi.
- Identifier les personnes habilitées à négocier des accords d'entreprise en l'absence de délégué syndical.
- Vérifier les conditions de validité de l'accord ou de la convention aux différents niveaux de négociation.
- Analyser la légalité et les effets d'une procédure de dénonciation d'un accord collectif.

PLAN DU CHAPITRE

1 Régime juridique commun

A Formation des conventions ou accords collectifs

B Vie et évolution des conventions ou des accords

C Modalités d'application

2 Régime juridique spécifique

A Conditions de validité des conventions et accords collectifs

B Nouvelle hiérarchie des normes conventionnelles

3 Négociation en entreprise

A Réorganisation de la négociation obligatoire

B Négociation obligatoire dans le cadre du régime supplétif

C Accord de performance collective

4 Négociation dans la branche

5 Applications

SYNTHÈSE P. 359

APPLICATIONS P. 360

LES RÉFÉRENCES POUR COMPRENDRE LE CONTEXTE

La tradition du droit du travail privilégie la voie de la négociation collective. Celle-ci a pour objectif la discussion et la conclusion de conventions collectives ou d'accords collectifs portant sur les conditions d'emploi et de travail des salariés ainsi que sur leurs garanties sociales. Elle aboutit à la conclusion d'une convention collective ou d'un accord collectif.

La négociation collective

Entendez-vous l'éco ?, un podcast à écouter sur le site de France Culture

MOTS CLÉS

Convention collective, accord collectif, accord national interprofessionnel, convention de branche, droit d'opposition, principe de faveur, accords dérogatoires.

1 Régime juridique commun

La **convention collective** et l'**accord collectif** sont l'aboutissement de la négociation collective.

A Formation des conventions ou accords collectifs

1 Conclusion

La convention et l'accord collectif de travail sont négociés par les mêmes acteurs et revêtent la même forme. Seul le contenu diffère.

	Convention collective	Accord collectif
Forme et acteurs	C'est un écrit à peine de nullité conclu entre : d'une part, une ou plusieurs organisations syndicales de salariés reconnues représentatives au plan national (voir Chapitre 12), ou affiliées aux dites organisations, ou qui ont fait la preuve de leur représentativité dans le champ d'application de la convention ou de l'accord (sauf exceptions pour les accords d'entreprise) ; d'autre part, une ou plusieurs organisations d'employeurs ou tout autre groupement d'employeurs (notamment les associations d'employeurs) ou un employeur pris individuellement.	***id.***
Contenu	La convention a vocation à traiter l'ensemble des conditions d'emploi, de formation professionnelle et de travail des salariés et de leurs garanties sociales.	L'accord collectif ne traite que d'un ou plusieurs sujets déterminés dans cet ensemble. ***Exemple :*** *Accord sur la formation professionnelle et la négociation collective.*

Acteurs de la négociation

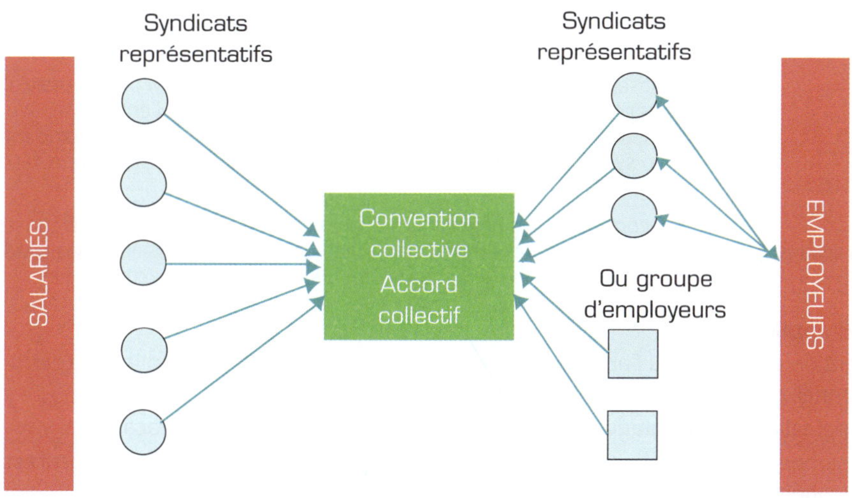

2 Les niveaux de négociation

Depuis la loi du 4 mai 2004, il existe cinq niveaux de négociation qui combinent le critère professionnel et territorial.

Le niveau de négociation influe sur les conditions de validité des accords et conventions (*cf.* Titre 2).

Niveau interprofessionnel et national	À ce niveau est conclu **l'accord national interprofessionnel ou ANI**. Il concerne toutes les branches professionnelles. Il est négocié entre : - les syndicats représentatifs au niveau national (qui ont satisfait aux critères légaux, sont représentatifs à la fois dans les branches de l'industrie, de la construction, du commerce et des services, ont recueilli au moins 8 % des suffrages exprimés lors des élections du CSE) ; - et du côté employeur par le Medef (Mouvement des entreprises de France), la CPME (Confédération des petites et moyennes entreprises) et l'UPA (Union professionnelle artisanale). ***Exemples :*** *l'accord national interprofessionnel du 7 janvier 2009 sur le développement de la formation tout au long de la vie, l'accord national interprofessionnel du 11 janvier 2008 sur la modernisation du marché du travail.* Tout projet de réforme du droit du travail, de l'emploi et de la formation professionnelle doit faire l'objet d'une concertation préalable entre les syndicats de salariés et d'employeur, en vue de l'ouverture d'une négociation.
Niveau professionnel et branche	**L'accord professionnel** ou la **convention de branche** est négocié entre les syndicats représentatifs de la branche (qui ont satisfait aux critères légaux, ont une implantation territoriale équilibrée au sein de la branche, ont recueilli au moins 8 % des suffrages exprimés aux dernières élections du CSE) et les organisations d'employeurs affiliées ou adhérentes aux organisations d'employeurs reconnues représentatives dans la branche. Il aboutit à la conclusion de conventions collectives de branche ou d'accords professionnels. ***Exemple :*** *convention collective de la métallurgie, de la chimie...*
Niveau du groupe	Une convention ou un **accord de groupe** peut couvrir tout ou partie des entreprises constituant le groupe. Il est conclu entre l'employeur de l'entreprise dominante et les syndicats représentatifs du groupe selon les mêmes conditions que pour l'accord d'entreprise.
Niveau entreprise ou établissement	La convention ou l'accord d'entreprise est négocié entre le chef d'entreprise et les syndicats représentatifs dans l'entreprise ou l'établissement (qui ont satisfait aux critères légaux, ont recueilli au moins 10 % des suffrages exprimés lors des élections professionnelles). En l'absence de délégués syndicaux ou CSE ou de conseil d'entreprise, il peut être négocié, à certaines conditions et selon la taille de l'entreprise, avec les représentants des salariés élus, mandatés ou non, ou avec un salarié mandaté par un syndicat représentatif. Il peut être soumis aux salariés par référendum dans les TPE.
Niveau interentreprises	Un accord peut être négocié et conclu au niveau de plusieurs entreprises entre, d'une part, les employeurs et, d'autre part, les organisations syndicales représentatives à l'échelle de l'ensemble des entreprises concernées.

3 Champ d'application

La convention collective ou l'accord collectif détermine ses champs d'application territorial et professionnel :

- territorial : il est géographique : national, régional, départemental ou local ;
- professionnel : il est défini en termes d'activités économiques, il est interprofessionnel, professionnel ou de branche.

La convention ou l'accord seront applicables aux entreprises comprises dans son champ d'application.

Champ professionnel	Champ territorial
Interprofessionnel : ensemble des branches	Accord national interprofessionnel (ANI) ***Exemple :*** *Accords de Matignon (1936)* Les accords interprofessionnels territoriaux sont plus rares.
Branche ou professionnel ***Exemple :*** *métallurgie, chimie, bâtiment...*	Convention collective de branche nationale ou régionale ou départementale ***Exemple :*** *CC de l'industrie hôtelière des Bouches-du-Rhône, CC nationale des cabinets d'expertise comptable, CC des industries métallurgiques de la région Midi-Pyrénées...* Accord professionnel
Entreprise ou établissement ou groupe	Convention collective ou accord collectif d'entreprise, d'établissement, de groupe

Lorsqu'un accord a le même champ d'application professionnel et territorial qu'une convention, il s'incorpore à cette convention.

4 Formalités de publicité

La convention ou l'accord collectif doit être porté à la connaissance des intéressés.

a. Dépôt

Les conventions et accords collectifs, ainsi que leurs avenants et annexes – actes révisant ou complétant la convention ou l'accord – doivent être déposés auprès de l'administration (DREETS pour les accords d'entreprise), et au secrétariat du conseil de prud'hommes du lieu de la conclusion.

Il s'agit d'une formalité de publicité obligatoire. Le dépôt à la DREETS (contrairement à celui au conseil de prud'hommes) est totalement dématérialisé.

Les conventions ou accords d'entreprise relatifs à la durée du travail, au travail à temps partiel et intermittent, aux congés et au compte épargne-temps, après suppression des noms et prénoms des négociateurs et des signataires, sont transmis par la partie la plus diligente à la commission paritaire permanente de négociation et d'interprétation de la branche, qui en accuse réception, à l'adresse indiquée sur le site web du ministère du Travail.

Par ailleurs, les conventions et accords de groupe, interentreprises, d'entreprise et d'établissement sont rendus publics dans une version anonyme, expurgée des noms et prénoms des négociateurs et des signataires, et versés dans une base de données nationale, dont le contenu est publié sur Légifrance.

Jurisprudence

Cass. soc. 25 avril 2001

« Tant que le dépôt n'est pas réalisé, le texte n'est pas opposable aux salariés ».

b. Entrée en vigueur

Ils sont applicables dès le lendemain du dépôt sauf clause contraire de la convention ou de l'accord.

c. Information des salariés et des représentants du personnel

L'information des salariés et de leurs représentants revêt une importance toute particulière. Le contenu de ces textes constitue en effet le droit du travail applicable dans l'entreprise. Les salariés doivent donc bénéficier d'une information directe.

Principe

Les conditions d'information sont définies par la convention de branche ou l'accord professionnel ; à défaut, elles sont prévues par voie réglementaire.

Régime réglementaire subsidiaire

Notice d'information

Au moment de l'embauche, l'employeur doit remettre au salarié à l'embauche une notice d'information relative au droit conventionnel applicable dans l'entreprise ou l'établissement.

Mise à disposition des textes

L'employeur doit fournir un exemplaire du texte conventionnel applicable dans l'entreprise au CSE, délégués syndicaux ou salariés mandatés.

Il doit en tenir un exemplaire à la disposition du personnel sur le lieu de travail.

Affichage d'un avis relatif à la convention

Un avis est affiché à ce sujet sous peine de sanctions pénales[1] et d'avoir à réparer le préjudice subi par le salarié qui n'aurait pu bénéficier des dispositions du texte. D'autre part, l'employeur ne peut pas opposer au salarié les dispositions de la convention, par exemple, l'existence d'une période d'essai, d'un préavis conventionnel de démission.

Si l'entreprise est dotée d'un intranet, l'employeur met sur celui-ci à disposition des salariés un exemplaire du texte applicable.

B Vie et évolution des conventions ou des accords

1 Durée de la convention ou de l'accord

Les conventions et les accords sont conclus pour une durée déterminée ou indéterminée.

a. Conventions et accords à durée déterminée

Si la convention ou l'accord ne contient pas de règles relatives à sa durée, il est considéré comme conclu à durée déterminée pour 5 ans.

Le texte ne peut pas être dénoncé par l'une des parties avant la survenance du terme.

Lorsque la convention ou l'accord arrive à expiration, la convention ou l'accord cesse de produire ses effets.

b. Conventions et accords à durée indéterminée

Ils peuvent être dénoncés ou révisés.

2 Dénonciation et révision

a. Dénonciation de la convention ou de l'accord

Principe

Seuls les conventions ou les accords à durée indéterminée peuvent être dénoncés par les parties signataires. La dénonciation a pour objet de mettre fin au texte conventionnel pour le remplacer par un autre (accord de substitution). Tout le texte doit être dénoncé sauf clause de dénonciation partielle.

Procédure

Instituée par la loi Auroux du 13 novembre 1982, elle se veut dissuasive afin que ce procédé reste exceptionnel. Le fait que le texte entier devienne obsolète est dangereux pour les salariés qui risquent d'être privés de garanties.

1 Contravention de 4e classe : 750 € d'amende.

L'auteur de la dénonciation doit notifier la dénonciation aux autres signataires.

La notification fait courir un préavis dont la durée est prévue à l'accord. À défaut, la durée du préavis est de 3 mois au moins.

La dénonciation doit faire l'objet d'un dépôt et d'une publicité dans les mêmes conditions que les conventions et accords collectifs.

Effets

Si la dénonciation émane de la totalité des signataires employeurs ou des signataires salariés, une nouvelle négociation s'engage, à la demande d'une des parties intéressées, dans les trois mois **qui suivent le début du préavis**. Elle peut donner lieu à un accord, y compris avant l'expiration du délai de préavis.

Cette négociation a pour but de conclure **un accord de substitution**.

La convention ou l'accord dénoncé continue de produire effet jusqu'à l'entrée en vigueur de la convention ou de l'accord qui lui est substitué ou, à défaut, pendant une durée d'un an à compter de l'expiration du délai de préavis, sauf clause prévoyant une durée déterminée supérieure.

À l'expiration du délai d'un an, si aucun accord de substitution n'a été conclu, les salariés conservent leur rémunération antérieure. Son montant annuel ne peut être inférieur à la rémunération versée lors des douze derniers mois pour une durée de travail équivalente. La notion d'avantages individuels acquis a été supprimée par la loi Travail.

b. Révision de la convention ou de l'accord

Définition

Si la dénonciation est un procédé lourd et peu efficace, il en est autrement de la révision.

Il s'agit du dispositif qui permet d'adapter le texte d'origine, sous forme d'avenant, à l'évolution économique et sociale.

Mise en œuvre

La procédure de révision peut être engagée par une ou plusieurs organisations syndicales de salariés représentatives dans le champ d'application de la convention ou de l'accord et signataires ou adhérentes de cette convention ou de cet accord et ce jusqu'à la fin du cycle électoral (4 ans) au cours duquel cette convention ou cet accord a été conclu.

À l'issue de cette période, une ou plusieurs organisations syndicales de salariés représentatives dans le champ d'application de la convention ou de l'accord peut demander la révision (cette organisation peut être non adhérente de cette convention et non signataire du texte initial) et signer l'avenant.

Dans les entreprises dont l'effectif habituel est inférieur à 11 salariés ou dont l'effectif habituel est compris entre 11 et 20 salariés et en l'absence de CSE, l'employeur propose aux salariés un projet d'avenant de révision de l'accord, qui doit être approuvé par la majorité des 2/3 du personnel.

L'employeur doit convoquer tous les syndicats représentatifs ayant un DS dans l'entreprise, même non signataires, à la négociation de l'avenant de révision. À défaut, un risque de nullité de l'avenant est encouru.

Effets

La révision a pour effet de supprimer une partie de l'ancien texte immédiatement et définitivement et de le remplacer par le nouveau. Il n'y a pas de préavis à respecter. Il n'y a pas de survie de l'ancien texte. Dans un arrêt du 4 octobre 2023, la Cour de cassation a validé la possibilité qu'un avenant puisse éteindre l'intégralité d'un accord collectif.

Il résulte des articles L. 2231-1, alinéa 1, L. 2232-6, L. 2261-7 et L. 2261-8 du Code du travail et du principe de la liberté contractuelle en matière de négociation collective que les partenaires sociaux sont en droit de conclure, dans les conditions fixées par l'article L. 2261-7 du Code du travail, un avenant de révision d'un accord collectif de branche à durée indéterminée mettant fin à cet accord, dès lors que cette extinction prend effet à compter de l'entrée en vigueur d'un autre accord collectif dont le champ d'application couvre dans son intégralité le champ professionnel et géographique de l'accord abrogé par l'avenant de révision (Cass. soc. 4 oct. 2023, n° 22-23.551).

C Modalités d'application

Le problème est de savoir à quelles conditions une convention ou un accord collectif est applicable dans l'entreprise.

1 Conventions et accords collectifs ordinaires

a. Conditions d'application

Pour qu'une convention ou un accord collectif soit applicable dans l'entreprise, deux conditions cumulatives doivent être réunies.

L'employeur doit être signataire

Les conventions et accords collectifs obligent tous ceux qui les ont signés ou qui sont membres des organisations signataires.

Un employeur devra appliquer une convention collective s'il l'a signée, ou s'il est membre d'une organisation patronale signataire.

Il peut adhérer à l'accord collectif en tout ou partie, à tout moment, alors qu'il n'est pas signataire du texte initial. Dans ce cas, il contresigne une convention ou un accord sans en discuter les termes.

La démission de l'organisation n'empêche pas de demeurer lié par la convention.

Remarque. Cas où l'employeur n'est pas signataire.
L'employeur peut appliquer volontairement une convention ou un accord auquel il n'est pas soumis de droit.

L'entreprise doit être comprise dans le champ d'application de la convention

- **Champ territorial**

Les conventions ou accords s'appliquent à l'entreprise comprise dans le champ territorial défini par le texte.

Elles s'appliquent également aux établissements autonomes compris dans le champ territorial.

- **Champ professionnel**

> **Selon l'article L. 2261-2 du Code du travail**
> *« La convention collective applicable est celle dont relève l'activité principale exercée par l'employeur ».*

Seule l'activité réelle de l'entreprise est prise en compte. Le numéro de code APE (activité principale exercée) qui est attribué à chaque entreprise par l'Insee et qui figure sur le bulletin de paie ne constitue qu'une présomption simple.

Lorsque l'entreprise a des activités multiples, seule l'activité principale est prise en compte pour déterminer la convention applicable. Elle est déterminée en fonction du chiffre d'affaires si l'activité est commerciale et par le nombre de salariés si elle est industrielle.

b. Effets

Les clauses de la convention ou de l'accord s'appliquent dès lors aux contrats de travail conclus avec l'employeur, sauf dispositions plus favorables mais ne s'incorporent pas au contrat.

Les organisations signataires sont tenues d'exécuter loyalement la convention ou l'accord. Elles peuvent agir en justice, ainsi que toutes les personnes liées par la convention, pour en obtenir l'exécution, contre les autres parties signataires ou liées par la convention.

Les inspecteurs du travail sont chargés de veiller à l'application des conventions et des accords collectifs.

2 Conventions et accords collectifs étendus

a. Définition de l'extension

Procédure qui a pour effet de rendre le texte applicable à l'ensemble des employeurs compris dans le champ territorial et professionnel de la convention par arrêté ministériel.

b. Conditions et procédure de l'extension

Afin de maximiser l'efficacité sociale de cette technique, des conditions et une procédure doivent être respectées.

Conditions d'extension

Relatives au contenu	Le Code du travail donne la liste exhaustive des clauses que doit nécessairement comprendre la convention de branche susceptible d'être étendue. ***Exemples :*** *Les éléments du salaire applicable par catégorie professionnelle…*

Procédure d'extension

L'extension intervient à la demande de l'une des parties signataires de la convention ou de l'accord à étendre, ou à l'initiative du ministre, par arrêté ministériel, après avis motivé de la Commission nationale de la négociation collective. L'arrêté ministériel peut faire l'objet d'un recours pour excès de pouvoir.

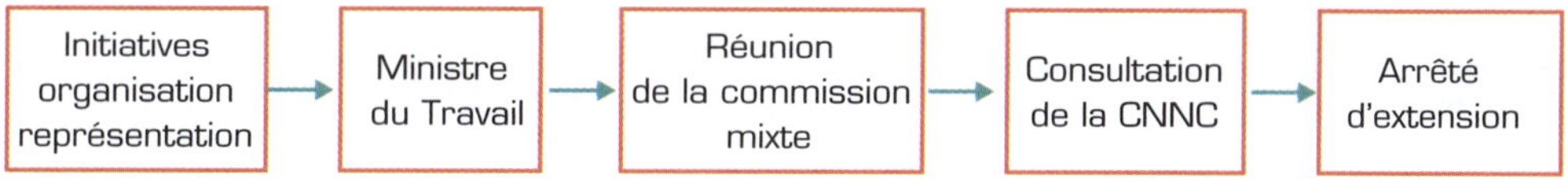

c. Effets de l'extension

L'extension rend l'application de la convention ou de l'accord obligatoire pour tous les employeurs et salariés de son champ d'application professionnel et territorial. La convention ou l'accord collectif est étendu aux conditions (durée, champ d'application…) où il a été conclu.

3 Conventions et accords collectifs élargis

C'est une technique complémentaire de l'extension qui vise à combler un vide juridique dans un secteur professionnel ou géographique déterminé.

Dans une région ou une branche où se manifeste une impossibilité persistante de conclure une convention ou un accord, du fait de l'absence ou de la carence des organisations de salariés ou d'employeurs, un arrêté ministériel d'élargissement rend obligatoire une convention ou un accord déjà étendu dans une branche ou un secteur territorial présentant des conditions économiques analogues.

L'absence d'annexes ou d'avenants à une convention collective pendant 5 ans au moins est assimilée à la carence des organisations patronales et salariales.

Exemple : La conclusion d'une convention collective de la métallurgie se révèle impossible dans la région X. La convention collective étendue de la métallurgie de la région Y sera élargie à la région X.

2 Régime juridique spécifique

Les conditions de validité des différentes conventions ou accords dépendent du niveau de négociation et de la catégorie.

A Conditions de validité des conventions et accords collectifs

Elles varient selon le niveau de négociation.

1 Accord national interprofessionnel, accord professionnel et convention de branche

Deux conditions cumulatives sont nécessaires :

- que l'accord soit signé par un ou plusieurs syndicats ayant recueilli seuls ou ensemble au moins 30 % des suffrages exprimés à ce niveau aux dernières élections professionnelles (celles prises en compte pour la mesure de l'audience au niveau national et interprofessionnel) ;
- et qu'il n'ait pas fait l'objet d'une opposition d'un ou plusieurs syndicats représentatifs ayant recueilli la majorité des suffrages exprimés à ces mêmes élections quel que soit le nombre de votants. L'opposition doit être exprimée dans un délai de 15 jours à compter de la date de notification de l'accord. Elle est écrite et motivée.

2 Convention et accord d'entreprise ou d'établissement

a. Entreprise pourvue d'un délégué syndical

Principe

L'accord doit être conclu avec les délégués syndicaux.

Validité

PRINCIPE **Accords majoritaires**	Pour être valable, l'accord doit être signé par un ou plusieurs syndicats représentatifs ayant obtenu plus de 50 % des suffrages exprimés au premier tour des dernières élections professionnelles (CSE).
EXCEPTION **Absence de signature majoritaire**	**Syndicats signataires représentant plus de 30 % des suffrages exprimés au 1er tour des dernières élections** L'accord est applicable s'il est validé par **référendum**. La demande de référendum doit émaner des syndicats minoritaires (représentant plus de 30 % des suffrages exprimés) dans un délai d'un mois à compter de la signature de l'accord. Au terme de ce délai, l'employeur peut demander l'organisation de cette consultation, en l'absence d'opposition de l'ensemble de ces organisations. Un délai de réflexion de 8 jours doit être ensuite respecté pour laisser aux syndicats non signataires la possibilité de revenir éventuellement sur leur décision. Si à l'expiration du délai de réflexion de 8 jours, il n'y a pas de nouvelles signatures permettant de dépasser le seuil de 50 %, l'employeur organise la consultation dans un délai de 2 mois. L'accord est valide s'il est approuvé par les salariés à la majorité des suffrages exprimés. Faute d'approbation, l'accord est réputé non écrit. *Attention : certains accords doivent obligatoirement être majoritaires sans possibilité de rattrapage par référendum (ex : accord collectif définissant le nombre d'établissements distincts au moment des élections professionnelles).* **Syndicats signataires représentant 30 % et moins des suffrages exprimés au 1er tour des dernières élections** L'accord est inapplicable.

b. Entreprise pourvue d'un conseil d'entreprise

Dans le cadre du comité social et économique (CSE), il est possible de créer un **conseil d'entreprise** dans les entreprises avec ou sans délégué syndical.

Le conseil d'entreprise est mis en place par accord collectif majoritaire (sans possibilité de recourir au référendum) ou par application d'un accord de branche étendu (entreprise sans DS).

La validité d'un accord conclu par le conseil d'entreprise est subordonnée à sa signature par la majorité des membres titulaires élus du conseil ou par un **ou** plusieurs membres titulaires ayant recueilli plus de 50 % des suffrages exprimés lors des dernières élections professionnelles. Pour l'appréciation de ce dernier seuil, il est tenu compte des suffrages recueillis lors du premier tour des élections pour les élus au premier tour de scrutin, et de ceux recueillis lors du second tour pour les élus au second tour de scrutin.

c. Entreprise dépourvue de délégué syndical

Dans les entreprises dépourvues de délégué syndical ou membre du CSE désigné comme DS ou de conseil d'entreprise, l'employeur peut négocier avec les représentants élus du personnel : CSE mandatés ou non. Il peut également soumettre son projet directement au personnel dans les TPE.

L'employeur doit, au préalable, informer les syndicats représentatifs dans la branche dont relève l'entreprise ou à défaut au niveau national et interprofessionnel de sa décision d'engager des négociations. Il doit aussi en informer les représentants élus du personnel. Ceux qui souhaitent conclure un accord collectif ont un mois pour se faire connaître de l'employeur et obtenir le mandatement d'un syndicat représentatif.

Chaque syndicat ne peut mandater qu'un seul salarié.

Entreprise de moins de 11 salariés	- L'employeur peut proposer un projet d'accord à chaque salarié. - Il porte sur l'ensemble des thèmes ouverts à la négociation collective d'entreprise. - La consultation du personnel par **référendum** est organisée à l'issue d'un délai minimum de quinze jours courant à compter de la communication à chaque salarié du projet d'accord. - L'accord est validé s'il est approuvé à la majorité des deux tiers des suffrages exprimés.
Entreprise de 11 à 49 salariés	**Entreprises de 11 à 20 salariés** En l'absence de salariés élus au CSE, les règles relatives aux entreprises de moins de 11 salariés s'appliquent. **Entreprises de 11 à 49 salariés** • L'accord peut être négocié et conclu : - par un ou plusieurs salariés expressément mandatés par un ou plusieurs syndicats représentatifs, - ou par des membres élus au CSE mandatés par un ou plusieurs syndicats représentatifs, - ou par un ou des membres élus au comité social et économique non mandatés. • Le projet d'accord porte sur les thèmes ouverts à la négociation collective d'entreprise. • Validité de l'accord : - l'accord négocié avec les salariés mandatés est valide s'il est approuvé par **référendum** à la **majorité** des suffrages exprimés ; - l'accord négocié avec les élus au CSE mandatés ou non est valide si les signataires représentent la **majorité** des suffrages exprimés lors des dernières élections professionnelles.

Entreprise d'au moins 50 salariés	**Négociation avec des élus du personnel mandatés** - Le projet d'accord porte sur les thèmes ouverts à la négociation collective d'entreprise. - L'accord négocié avec les salariés mandatés est valide s'il est approuvé par référendum à la majorité des suffrages exprimés. **Négociation avec des élus non mandatés (en l'absence d'élus mandatés)** - Le projet d'accord ne peut porter que sur des thèmes restreints : la négociation ne peut porter que sur les accords collectifs relatifs à des mesures dont la mise en œuvre est subordonnée par la loi à un accord collectif. - L'accord est valide s'il est signé par les membres élus représentant la majorité des suffrages exprimés lors des dernières élections professionnelles. **Négociation avec des salariés mandatés (en l'absence d'élus)** - Le projet d'accord porte sur tous les thèmes ouverts à la négociation d'entreprise. - L'accord est valide s'il est approuvé par **référendum** à la **majorité** des suffrages exprimés.

3 Convention et accord de groupe

Il est négocié et conclu entre l'employeur de l'entreprise dominante et les syndicats représentatifs dans le groupe. Les syndicats désignent des coordonnateurs syndicaux de groupe choisis parmi les délégués syndicaux du groupe.

Les conditions de validité de l'accord sont identiques à celles relatives à la validité des accords d'entreprise.

Un accord de groupe peut désormais déroger à un accord de branche sauf clause conventionnelle.

Toute négociation qui peut s'engager au niveau de l'entreprise peut également être engagée au niveau du groupe.

B Nouvelle hiérarchie des normes conventionnelles

Elle permet une flexibilisation accrue dans l'entreprise.

1 Hiérarchie par rapport à la loi

a. Principe de faveur

En vertu du **principe de faveur**, la convention collective ou l'accord collectif contient des règles au moins aussi favorables que la loi.

b. Accords dérogatoires

Cependant, les **accords dérogatoires** peuvent être moins favorables mais seulement dans les domaines que la loi détermine. C'est ainsi qu'en matière de durée du travail, de congés, la loi s'applique à titre supplétif en l'absence d'accords d'entreprise ou de branche. En matière de CDD, un accord de branche peut déroger à des dispositions légales.

c. Règles d'ordre public

En revanche, lorsque les dispositions légales ou réglementaires présentent un caractère d'ordre public (**ordre public absolu**), aucune dérogation n'est possible. C'est le cas, par exemple, pour la fixation du SMIC.

2 Hiérarchie entre les textes conventionnels

a. Principe

L'accord d'entreprise prime sur l'accord de branche sauf exceptions. Le principe de faveur qui impose qu'un accord d'entreprise doive être au moins aussi favorable qu'un accord de branche est remis en cause.

b. Exceptions

Domaines de primauté de droit de l'accord de branche	Dans 13 domaines, l'accord de branche prévaut **obligatoirement** sur l'accord d'entreprise : salaires minima, classifications, garanties collectives de protection sociale complémentaire, mutualisation des fonds de la formation professionnelle, égalité professionnelle entre les hommes et les femmes, aménagement du temps de travail, temps partiel (durée minimale, taux de majoration des heures complémentaires...), conditions et durée de renouvellement de la période d'essai, CDD et intérim (durée totale du CDD)...
Domaines de primauté facultative de l'accord de branche	Dans 4 domaines, l'accord d'entreprise ne peut déroger à un accord de branche que **si celui-ci a prévu cette possibilité** : prévention des effets de l'exposition aux facteurs de risques professionnels, insertion professionnelle et maintien dans l'emploi des personnes handicapées, effectif à partir duquel les délégués syndicaux peuvent être désignés, primes pour travaux dangereux ou insalubres.

3 Hiérarchie par rapport aux autres sources de droit internes

a. Accord collectif et contrat de travail

Le **principe de faveur** s'applique mais les dérogations ont augmenté au fil des réformes. Un accord collectif peut contenir des dispositions moins favorables que celles du contrat de travail dans les cas énumérés limitativement par la loi.

Ainsi, l'article L. 2254-2 du Code du travail énonce que *« Afin de répondre aux nécessités liées au fonctionnement de l'entreprise ou en vue de préserver, ou de développer l'emploi, un* ***accord de performance collective*** [loi de ratification des ordonnances du 29 mars 2018, voir 3.C] *peut :*

- *aménager la durée du travail, ses modalités d'organisation et de répartition ;*
- *aménager la rémunération dans le respect des salaires minima hiérarchiques ;*
- *déterminer les conditions de la mobilité professionnelle ou géographique interne à l'entreprise. »*

Le salarié peut refuser mais il s'expose à un licenciement pour cause réelle et sérieuse.

b. Accord collectif et usages

L'accord collectif même s'il est moins favorable prime sur les usages et autres accords atypiques antérieurs à sa conclusion et portant sur le même objet.

3 Négociation en entreprise

Depuis la loi Auroux du 13 novembre 1982, il existe une obligation annuelle de négocier dans l'entreprise sur des thèmes déterminés. Les réformes successives en 2004, 2008, 2015 ont élargi les domaines de la négociation obligatoire en entreprise. L'ordonnance du 22 septembre 2017 relative au renforcement de la négociation collective réorganise les règles de la négociation obligatoire en entreprise.

A Réorganisation de la négociation obligatoire

Le Code du travail est réécrit en distinguant les domaines relevant de l'**ordre public** (dispositions auxquelles il n'est pas possible de déroger), celles pour lesquelles il est possible de négocier par accord collectif d'entreprise et enfin les **règles supplétives** qui s'appliquent en l'absence d'accord d'entreprise.

Ordre public **Art. L. 2242-1 à 2242-9**	Dans les entreprises où sont constituées une ou plusieurs sections syndicales d'organisations représentatives (présence de délégués syndicaux), l'employeur engage **au moins une fois tous les quatre ans** : 1° une négociation sur la rémunération, notamment les salaires effectifs, le temps de travail et le partage de la valeur ajoutée dans l'entreprise ; 2° une négociation sur l'égalité professionnelle entre les femmes et les hommes, portant notamment sur les mesures visant à supprimer les écarts de rémunération, et la qualité de vie au travail. Plan d'action en cas d'échec de la négociation ; 3° une négociation sur la gestion des emplois et des parcours professionnels dans les entreprises et groupes d'au moins 300 salariés. Interdiction pour l'employeur de prendre des décisions unilatérales dans les matières négociées pendant la durée de la négociation sauf si l'urgence le justifie. Lorsque les salariés ne sont pas couverts par un accord de branche ou par un accord d'entreprise définissant les modalités d'un régime de prévoyance maladie, l'employeur engage chaque année une négociation sur ce thème. Lorsque les salariés ne sont pas couverts par un accord d'intéressement, un accord de participation, un plan d'épargne d'entreprise, un plan d'épargne pour la mise à la retraite collectif ou par un accord de branche comportant un ou plusieurs de ces dispositifs, l'employeur engage, chaque année, une négociation à cette fin. L'employeur engage, chaque année, une négociation sur les mesures relatives à l'insertion professionnelle et au maintien dans l'emploi des travailleurs handicapés. Lorsqu'un accord collectif comportant de telles mesures est signé dans l'entreprise, la périodicité de la négociation est portée à trois ans. Obligation d'établir un PV de désaccord en cas d'échec et dépôt du PV (accord ou désaccord). Pénalités en l'absence de négociation.
Champ de la négociation **Art. L. 2242-10 à L. 2242-12**	Dans les entreprises mentionnées ci-avant, **peut** être engagée, à l'initiative de l'employeur ou à la demande d'un syndicat de salariés représentatif, une négociation précisant le calendrier, la périodicité, les thèmes et les modalités de négociation dans le groupe, l'entreprise ou l'établissement. L'accord doit préciser : 1° les thèmes des négociations et leur périodicité, de telle sorte qu'au moins tous les quatre ans soient négociés les thèmes obligatoires ; 2° le contenu de chacun des thèmes ; 3° le calendrier et les lieux des réunions ; 4° les informations que l'employeur remet aux négociateurs sur les thèmes prévus par la négociation qui s'engage et la date de cette remise ; 5° les modalités selon lesquelles sont suivis les engagements souscrits par les parties. La durée de l'accord ne peut excéder quatre ans. Chaque entreprise peut ainsi adapter les règles de la négociation à ses propres contraintes à condition de respecter les règles d'ordre public.
Dispositions supplétives **Art. L. 2242-13 à L. 2242-21**	En l'absence d'accord, l'employeur **doit** engager une négociation en respectant les règles présentées ci-après.

B Négociation obligatoire dans le cadre du régime supplétif

1 Principe

L'employeur est tenu d'engager tous les ans ou tous les 3 ans une négociation dans les entreprises où sont constituées une ou plusieurs sections syndicales représentatives sous peine de sanctions pénales.

La négociation annuelle porte sur deux thèmes légaux, la **négociation triennale** sur un thème.

À défaut d'une initiative de l'employeur depuis plus de douze mois, pour chacune des deux négociations annuelles, et depuis plus de trente-six mois, pour la négociation triennale, suivant la précédente négociation, cette négociation s'engage obligatoirement à la demande d'une organisation syndicale représentative.

2 Thèmes

La **négociation obligatoire** est regroupée autour de 3 thèmes.

Négociation annuelle sur la rémunération, le temps de travail et le partage de la valeur ajoutée	Elle porte sur les salaires effectifs, la durée effective et l'organisation du temps de travail, l'épargne salariale, le suivi de la mise en œuvre des mesures visant à supprimer les écarts de rémunération et les différences de déroulement de carrière entre femmes et hommes.
Négociation annuelle sur l'égalité professionnelle et la qualité de vie au travail	Elle porte sur : 1° L'articulation entre la vie personnelle et la vie professionnelle pour les salariés ; 2° Les objectifs et les mesures permettant d'atteindre l'égalité professionnelle entre les femmes et les hommes, notamment en matière de suppression des écarts de rémunération, d'accès à l'emploi, de formation professionnelle, de déroulement de carrière et de promotion professionnelle, de conditions de travail et d'emploi, en particulier pour les salariés à temps partiel, et de mixité des emplois. Cette négociation s'appuie sur les données mentionnées au 2° de l'article L. 2312-36. Elle porte également sur l'application de l'article L. 241-3-1 du code de la sécurité sociale et sur les conditions dans lesquelles l'employeur peut prendre en charge tout ou partie du supplément de cotisations ; 3° Les mesures permettant de lutter contre toute discrimination en matière de recrutement, d'emploi et d'accès à la formation professionnelle, en favorisant notamment les conditions d'accès aux critères définis aux II et III de l'article L. 6315-1 ; 4° Les mesures relatives à l'insertion professionnelle et au maintien dans l'emploi des travailleurs handicapés, notamment les conditions d'accès à l'emploi, à la formation et à la promotion professionnelles, les conditions de travail et d'emploi et les actions de sensibilisation de l'ensemble du personnel au handicap ; 5° Les modalités de définition d'un régime de prévoyance et, dans des conditions au moins aussi favorables que celles prévues à l'article L. 911-7 du code de la sécurité sociale, d'un régime de remboursements complémentaires de frais occasionnés par une maladie, une maternité ou un accident, à défaut de couverture par un accord de branche ou un accord d'entreprise. Dans les entreprises de travaux forestiers mentionnées au 3° de l'article L. 722-1 du code rural et de la pêche maritime, la négociation définie au premier alinéa du présent 5° porte sur l'accès aux garanties collectives mentionnées à l'article L. 911-2 du code de la sécurité sociale ; 6° L'exercice du droit d'expression directe et collective des salariés prévu au chapitre Ier du titre VIII du présent livre, notamment au moyen des outils numériques disponibles dans l'entreprise ; 7° Les modalités du plein exercice par le salarié de son droit à la déconnexion et la mise en place par l'entreprise de dispositifs de régulation de l'utilisation des outils numériques, en vue d'assurer le respect des temps de repos et de congé ainsi que de la vie personnelle et familiale. À défaut d'accord, l'employeur élabore une charte, après avis du comité social et économique. Cette charte définit ces modalités de l'exercice du droit à la déconnexion et prévoit en outre la mise en œuvre, à destination des salariés et du personnel d'encadrement et de direction, d'actions de formation et de sensibilisation à un usage raisonnable des outils numériques.

Négociation annuelle sur l'égalité professionnelle et la qualité de vie au travail *(suite)*	8° Dans les entreprises mentionnées à l'article L. 2143-3 du présent code et dont cinquante salariés au moins sont employés sur un même site, les mesures visant à améliorer la mobilité des salariés entre leur lieu de résidence habituelle et leur lieu de travail, notamment en réduisant le coût de la mobilité, en incitant à l'usage des modes de transport vertueux ainsi que par la prise en charge des frais mentionnés aux articles L. 3261-3 et L. 3261-3-1.
Négociation triennale sur la gestion des emplois et des parcours professionnels	Dans les entreprises et les groupes d'entreprises d'au moins trois cents salariés, l'employeur engage tous les trois ans, notamment sur le fondement des orientations stratégiques de l'entreprise et de leurs conséquences mentionnées à l'article L. 2323-10, une négociation sur la gestion des emplois et des parcours professionnels et sur la mixité des métiers portant sur : 1° La mise en place d'un dispositif de gestion prévisionnelle des emplois et des compétences, notamment pour répondre aux enjeux de la transition écologique, ainsi que sur les mesures d'accompagnement susceptibles de lui être associées, en particulier en matière de formation, d'abondement du compte personnel de formation, de validation des acquis de l'expérience, de bilan de compétences ainsi que d'accompagnement de la mobilité professionnelle et géographique des salariés autres que celles prévues dans le cadre de l'article L. 2254-2 ; 2° Le cas échéant, les conditions de la mobilité professionnelle ou géographique interne à l'entreprise prévue à l'article L. 2254-2, qui doivent, en cas d'accord, faire l'objet d'un chapitre spécifique ; 3° Les grandes orientations à trois ans de la formation professionnelle dans l'entreprise et les objectifs du plan de développement des compétences, en particulier les catégories de salariés et d'emplois auxquels ce dernier est consacré en priorité, les compétences et qualifications à acquérir pendant la période de validité de l'accord ainsi que les critères et modalités d'abondement par l'employeur du compte personnel de formation ; 4° Les perspectives de recours par l'employeur aux différents contrats de travail, au travail à temps partiel et aux stages, ainsi que les moyens mis en œuvre pour diminuer le recours aux emplois précaires dans l'entreprise au profit des contrats à durée indéterminée ; 5° Les conditions dans lesquelles les entreprises sous-traitantes sont informées des orientations stratégiques de l'entreprise ayant un effet sur leurs métiers, l'emploi et les compétences ; 6° Le déroulement de carrière des salariés exerçant des responsabilités syndicales et l'exercice de leurs fonctions.

3 Procédure

Le pouvoir de l'employeur portant sur les matières négociées est suspendu pendant toute la durée de la négociation.

Deux réunions au moins doivent être prévues. Le temps passé à la négociation est payé comme du temps de travail effectif.

4 Résultats

La négociation donne lieu, si elle aboutit, à la signature d'un accord d'entreprise.

À défaut d'accord, un procès-verbal est dressé, comportant les propositions respectives et les mesures que l'employeur entend appliquer unilatéralement.

La loi impose aux partenaires sociaux une obligation de se réunir et de négocier. Il s'agit d'une obligation de moyens. La négociation peut ne pas aboutir.

C Accord de performance collective

L'ordonnance 2017-1385 du 22/9/2017 a fusionné en un dispositif unique les accords de réduction du temps de travail, les accords de maintien dans l'emploi, les accords de mobilité interne, les accords de préservation ou de développement de l'emploi.

L'**accord de performance collective** est un accord d'entreprise permettant aux entreprises de s'adapter aux évolutions du marché grâce à un dispositif souple.

L'article L. 2254-2 du Code du travail détaille les règles applicables à cet accord.

Objet	Répondre aux nécessités liées au fonctionnement de l'entreprise ou en vue de préserver, ou de développer l'emploi. Il n'est pas subordonné à l'existence de difficultés économiques.
Contenu	L'accord **peut** : - aménager la durée du travail, ses modalités d'organisation et de répartition. - aménager la rémunération dans le respect du SMIC et des salaires minima hiérarchiques ; - déterminer les conditions de la mobilité professionnelle ou géographique interne à l'entreprise. L'accord doit définir ses objectifs dans son préambule. Il peut aussi contenir des dispositions facultatives comme : - les modalités d'information des salariés sur son application et son suivi pendant toute sa durée, ainsi que, le cas échéant, l'examen de la situation des salariés au terme de l'accord ; - les conditions dans lesquelles fournissent des efforts proportionnés à ceux demandés aux salariés pendant toute sa durée, les dirigeants salariés, les mandataires sociaux et les actionnaires ; - les modalités selon lesquelles sont conciliées la vie professionnelle et la vie personnelle et familiale des salariés ; - les modalités d'accompagnement des salariés ainsi que l'abondement du compte personnel de formation au-delà du montant minimal.
Conséquences pour les salariés	**Primauté de l'accord sur le contrat de travail** Les stipulations de l'accord se substituent de plein droit aux clauses contraires et incompatibles du contrat de travail, y compris en matière de rémunération, de durée du travail et de mobilité professionnelle ou géographique interne à l'entreprise. **Refus du salarié** Le salarié peut refuser la modification de son contrat de travail résultant de l'application de l'accord. Il dispose d'un mois à compter de la date à laquelle l'employeur l'a informé pour faire connaître son refus par écrit à l'employeur. L'employeur peut alors engager la procédure de licenciement pour motif personnel. Le licenciement a un motif spécifique constituant une cause réelle et sérieuse. Le salarié peut percevoir les allocations de l'assurance-chômage. Il bénéficie d'un abondement minimum de 100 heures sur son **compte personnel de formation (CPF)**.

4 Négociation dans la branche

Le Code du travail distingue les domaines relevant de l'**ordre public** (dispositions auxquelles il n'est pas possible de déroger), celles pour lesquelles il est possible de négocier par accord de méthode et enfin les **règles supplétives** qui s'appliquent en l'absence d'accord de branche.

Les organisations patronales et les syndicats représentatifs dans la branche doivent engager des négociations sur les thèmes suivants.

- Négociation annuelle ou au moins tous les 4 ans si accord de méthode :
  - sur les salaires : ces négociations prennent en compte l'objectif d'égalité professionnelle entre les femmes et les hommes, ainsi que les mesures permettant de l'atteindre.
- Négociation tous les trois ans ou au moins tous les 4 ans si accord de méthode
  - sur les mesures tendant à assurer l'égalité professionnelle entre les femmes et les hommes et sur les mesures de rattrapage tendant à remédier aux inégalités constatées ;
  - sur les conditions de travail, la gestion prévisionnelle des emplois et des compétences, et sur la prise en compte des effets de l'exposition aux facteurs de risques professionnels ;
  - sur les mesures tendant à l'insertion professionnelle et au maintien dans l'emploi des travailleurs handicapés ;
  - sur les priorités, les objectifs et les moyens de la formation professionnelle des salariés.
- Négociation tous les 5 ans :
  - sur l'examen de la nécessité de réviser les classifications ;
  - sur l'institution d'un ou plusieurs plans d'épargne interentreprises ou plans d'épargne pour la retraite collectifs interentreprises lorsqu'il n'existe aucun accord conclu à ce niveau en la matière.
- Négociation sur les modalités d'organisation du temps partiel :
  - dès lors qu'au moins un tiers de l'effectif de la branche est à temps partiel.

- Un droit du travail négocié et non imposé est censé améliorer le sort des salariés.
- Les conventions et accords collectifs sont conclus entre les employeurs et les syndicats représentatifs à des niveaux de négociation différents :
  - niveau interprofessionnel national : accord national interprofessionnel : texte qui concerne toutes les branches professionnelles au niveau national
  - niveau professionnel et branche : accord professionnel ou convention de branche : texte qui concerne une branche d'activité
  - niveau de l'entreprise : accord d'entreprise : texte qui s'applique une entreprise ou à un établissement
  - niveau du groupe : convention ou accord de groupe : texte qui s'applique à tout ou partie des entreprises constituant le groupe
- Les conditions de validité de ces accords dépendent du niveau de négociation.
- Ils évoluent selon les conditions économiques. Ils peuvent être dénoncés ou révisés.
- Ils s'appliquent aux entreprises comprises dans le champ d'application professionnel et territorial.
- Certains sont susceptibles d'être étendus ou élargis par le ministre du Travail afin de permettre à un plus grand nombre de salariés d'être couverts par leurs dispositions.

Applications

Préparez-vous à l'examen

EXO 13.01

Convention collective, accord collectif, accord étendu, accord élargi, accord de substitution, avenant, accord atypique, protocole de fin de conflit, accord unilatéral, accord de méthode, accord dérogatoire, principe de faveur.

→ Travail à faire

Définissez les termes.

EXO 13.02

L'entreprise Valette emploie 150 salariés. Monsieur Tarot, le chef d'entreprise, a conclu un accord à durée indéterminée portant sur les conditions de travail avec les délégués syndicaux. Mais, après deux ans d'application de l'accord, il estime qu'il n'est plus favorable au bon fonctionnement de l'entreprise. Il décide de le dénoncer le 1er février.

→ Travail à faire

Indiquez-lui comment il doit procéder.

EXO 13.03

Une salariée réclame à son employeur l'octroi des primes et indemnités prévues par l'accord d'entreprise du 22 novembre 1977. Son contrat de travail stipulait que cette convention ne lui était pas applicable.

→ Travail à faire

Un salarié peut-il renoncer dans son contrat de travail à une disposition conventionnelle plus favorable ?

Évaluer vos connaissances

QCM 13.04

1. Une convention collective est obligatoire dans toutes les branches professionnelles.

A. ☐ Vrai
B. ☐ Faux

2. Pour pouvoir participer à la négociation d'une convention collective, un syndicat doit pouvoir justifier de l'adhésion d'au moins 10 % des salariés de la branche concernée.

A. ☐ Vrai
B. ☐ Faux

3. Le syndicat Force Ouvrière est habilité à représenter tous les salariés de la branche pour la négociation d'une convention collective nationale quel que soit le nombre d'adhérents qu'elle a dans cette branche.

A. ☐ Vrai
B. ☐ Faux

4. Les nouvelles dispositions d'une convention collective révisée s'appliquent automatiquement à tous les contrats en cours.

A. ☐ Vrai
B. ☐ Faux

5. L'extension d'une convention collective est la compétence de la commission supérieure de la négociation collective.

A. ☐ Vrai
B. ☐ Faux

6. En cas de fusion absorption, les salariés de l'entreprise absorbée ne sont plus soumis aux dispositions de leur convention collective.

A. ☐ Vrai
B. ☐ Faux

7. Deux établissements d'une même entreprise peuvent être soumis à deux conventions collectives différentes.

A. ☐ Vrai
B. ☐ Faux

8. La convention collective applicable dépend de l'activité exercée par le salarié dans le cadre de son emploi.

A. ☐ Vrai
B. ☐ Faux

9. Un employeur peut négocier chaque année sur les thèmes qu'il a choisis.

A. ☐ Vrai
B. ☐ Faux

10. Dans l'entreprise, les délégués syndicaux sont seuls habilités à négocier un accord collectif.

A. ☐ Vrai
B. ☐ Faux

11. Un salarié non syndiqué ne bénéficie pas des dispositions de la convention collective signée par son employeur.

A. ☐ Vrai
B. ☐ Faux

12. L'extension d'une convention collective n'est possible que pour les conventions collectives nationales.

A. ☐ Vrai
B. ☐ Faux

13. L'entreprise est obligée d'engager une négociation sur les salaires tous les deux ans.

A. ☐ Vrai
B. ☐ Faux

14. Le taux de l'indemnité de fin de contrat à durée déterminé peut être fixé par une convention collective.

A. ☐ Vrai
B. ☐ Faux

15. La révision d'un accord d'entreprise est obligatoirement négociée avec les salariés élus au comité social et économique.

A. ☐ Vrai
B. ☐ Faux

16. Un accord collectif signé par une seule organisation syndicale représentative au niveau national est valable.

A. ☐ Vrai
B. ☐ Faux

17. Un syndicat non signataire d'un accord collectif peut s'opposer à son application.

A. ☐ Vrai
B. ☐ Faux

18. Les accords collectifs sont obligatoirement déposés à la DREETS.

A. ☐ Vrai
B. ☐ Faux

19. Un accord dérogatoire peut être moins favorable que la loi.

A. ☐ Vrai
B. ☐ Faux

20. Un accord national interprofessionnel n'est valable que s'il est signé par toutes les organisations syndicales représentatives au niveau national.

A. ☐ Vrai
B. ☐ Faux

Préparez-vous à l'examen

EXO 13.05

Cour de cassation, arrêt du 26 novembre 2008

Sur le moyen unique des pourvois :

Attendu, selon l'arrêt attaqué (Fort-de-France, 21 décembre 2006), que Mmes X..., Y..., A... et B... et MM. Z... et C..., employés de commerce de la société Mansour et fils, ont été licenciés pour motif économique le 7 décembre 1998 avec effet au 13 février 1999 ; qu'estimant leur licenciement abusif, ils ont saisi la juridiction prud'homale pour réclamer, outre leurs indemnités de congés payés, des indemnités de préavis et de licenciement et des dommages-intérêts pour rupture abusive ;

Attendu que les salariés font grief à l'arrêt d'avoir dit n'y avoir lieu à appliquer l'accord collectif régional du 20 mai 1998 aux indemnités de rupture de la relation salariale, alors, selon le moyen :

1° que c'est à l'employeur qui soutient qu'il n'est pas affilié à une organisation signataire d'un accord collectif du travail qu'il appartient d'en rapporter la preuve ; qu'en faisant grief aux salariés qui sollicitent l'application de l'accord collectif régional du 20 mai 1998 de ne pas démontrer l'adhésion de leur employeur à cet accord, qui ne lui était devenu opposable qu'à partir de l'arrêté d'extension aux entreprises entrant dans son champ d'application, soit à la date du 5 août 2004, la cour d'appel a inversé la charge de la preuve ; que ce faisant, elle a violé l'article 1315 du Code civil ;

2° que la mention de la convention collective applicable sur le bulletin de paie du salarié vaut reconnaissance de l'application de cette convention collective ; qu'en énonçant que la mention sur les fiches de salaires de la convention collective du commerce n'est que l'indication de la possibilité de se référer aux avantages acquis de la convention dissoute mais en aucun cas, à défaut de mention expresse, à l'accord régional du 20 mai 1998, la cour d'appel n'a pas légalement justifié sa décision au regard de l'article R. 143-2 du Code du travail ;

3° que les juges ne peuvent accueillir ou rejeter les demandes dont ils sont saisis sans examiner tous les éléments de preuve qui leur sont fournis par les parties au soutien de leurs prétentions ; que, selon bordereau de communication du 23 février 2006, les salariés avaient communiqué au conseil de la société le protocole d'accord du 20 octobre 1996 portant prorogation des effets de la convention collective du travail des commerces de la Martinique jusqu'au 30 juin 1997, d'une part, et l'accord collectif de la branche des commerces de Martinique du 4 décembre 1996 confirmant, dans le cadre des négociations pour l'élaboration de la nouvelle convention collective, les dispositions relatives à l'indemnité de licenciement, d'autre part ; qu'en s'abstenant totalement de s'expliquer sur ces pièces régulièrement versées aux débats au soutien des prétentions des exposants, la cour d'appel a violé les articles 1353 du Code civil et 455 du Code de procédure civile ;

Mais attendu, d'abord, que la cour d'appel a relevé que l'employeur soutenait ne pas avoir adhéré à une organisation signataire de l'accord collectif du 20 mai 1998 et a décidé, à bon droit, qu'il appartenait aux salariés d'apporter la preuve contraire, non rapportée en l'espèce ;

Attendu, ensuite, que la mention de la convention collective sur le bulletin de salaire ne vaut présomption de reconnaissance que de la convention collective mentionnée et non des avenants ultérieurs, lorsqu'elle n'est pas étendue ; que la cour d'appel a pu décider, en conséquence, que les salariés ne pouvaient prétendre au paiement de l'indemnité prévue par l'accord collectif régional ;

D'où il suit que le moyen n'est pas fondé ;

PAR CES MOTIFS :

REJETTE les pourvois ;

→ Travail à faire

1. **Quel est le problème posé à la Cour de cassation ?**
2. **Quelles sont les conditions d'application d'une convention collective ?**
3. **Comment la Cour de cassation résout-elle le problème ?**

Chapitre 14

L'association des salariés aux performances de l'entreprise

COMPÉTENCES ATTENDUES

- **Distinguer participation et intéressement.**
- **Repérer les situations où l'employeur est tenu de mettre en place la participation.**
- **Distinguer PEE et PER.**

PLAN DU CHAPITRE

1 Participation obligatoire des salariés aux résultats de l'entreprise

A Champ d'application
B Mise en œuvre de la participation
C Droits des salariés sur la réserve de participation
D Le régime fiscal et social de la participation

2 Intéressement

A Champ d'application
B Mise en œuvre de l'intéressement
C Le régime fiscal et social

3 Plans d'épargne

A Le plan d'épargne d'entreprise (PEE)
B Les plans d'épargne retraite (PER)

4 Mesures d'information communes

A Livret d'épargne salariale
B État récapitulatif de l'épargne salariale

5 Application

SYNTHÈSE P. 379
APPLICATIONS P. 380

LES RÉFÉRENCES POUR COMPRENDRE LE CONTEXTE

La SAS Bétonbrut dont le siège social est situé à Poitiers emploie 55 salariés depuis quelques années. Son président, Bertrand, a été confronté à un turn-over important et il souhaite trouver des moyens pour stabiliser ses effectifs et recruter plus facilement. Il a entendu parler par un ami de l'intéressement et de la participation mais voit mal les différences qui peuvent exister entre les deux. Il souhaiterait que vous l'éclairiez sur ce point.
Alizée, déléguée syndicale, l'a par ailleurs interpellé à la cantine car elle ne comprend pas pourquoi aucun plan d'épargne retraite n'existe chez Bétonbrut.

L'épargne salariale

Derrière le concept de participation, il existe divers systèmes d'épargne salariale, la participation proprement dite, l'intéressement, les plans d'épargne entreprise… Selon les derniers chiffres, ce sont près de 7 millions de salariés qui ont pu bénéficier d'un de ces dispositifs. Toutes ces formules reposent sur un accord collectif conclu entre l'entreprise et son personnel et s'appliquent à tous les salariés de l'entreprise qui sont ainsi associés aux performances de leur entreprise.

MOTS CLÉS

Négociation, participation, intéressement, plan d'épargne d'entreprise, PER d'entreprise.

1 Participation obligatoire des salariés aux résultats de l'entreprise

La participation (art. L. 3322-2 et suivants du Code du travail) **consiste, pour l'entreprise, à distribuer aux salariés une partie des bénéfices réalisés au cours de l'exercice**.

La participation est un droit pour les salariés. Cependant, elle n'est obligatoire que si certaines conditions sont remplies.

L'accord de participation doit comporter un certain nombre de clauses constituant un socle minimal obligatoire.

A Champ d'application

Le caractère obligatoire de la participation dépend du seuil d'effectif et du cadre de l'entreprise.

1 Les entreprises concernées

a. Seuil d'effectif

Participation obligatoire

Toute entreprise employant habituellement au moins 50 salariés, quelles que soient la nature de son activité et sa forme juridique, doit mettre en place un régime de participation des salariés aux résultats.

Dans le cas général, une entreprise sera assujettie à la participation à compter du premier exercice ouvert postérieurement à une période de cinq années civiles après le franchissement du seuil de 50 salariés (dans l'hypothèse où elle ne franchit pas le seuil de 50 salariés à la baisse dans l'intervalle).

Si l'entreprise passe sous le seuil de 50, elle cesse de devoir verser la participation. Si l'entreprise a conclu un accord de participation, il lui appartient de le dénoncer pour qu'il cesse de produire ses effets, sauf s'il contient une clause prévoyant la suspension du versement en cas de baisse des effectifs.

Participation facultative

Les entreprises qui emploient moins de 50 salariés peuvent se soumettre volontairement au régime, en bénéficiant des avantages fiscaux et sociaux qui en résultent.

b. Cadre

L'effectif est calculé au niveau de l'entreprise et non de l'établissement (Cass. soc. 24 janvier 2006, n° 03-43073).

En revanche, les entreprises constituant une unité économique et sociale (*cf.* Chapitre 12) employant habituellement 50 salariés sont également soumises à cette obligation.

Un groupe constitué par des entreprises juridiquement indépendantes mais ayant établi entre elles des liens financiers et économiques peut mettre en place un système de participation à titre volontaire.

2 Les salariés concernés

Tous les salariés de l'entreprise, qu'ils soient sous contrat à durée indéterminée ou sous contrat à durée déterminée, peuvent bénéficier de la participation. Aucune condition subjective ne peut être appliquée en raison du caractère collectif de la participation.

Si une condition d'ancienneté est exigée dans l'accord de participation, elle ne peut excéder 3 mois dans l'entreprise ou dans le groupe.

Les salariés liés par un contrat temporaire sont réputés compter trois mois d'ancienneté et pouvoir bénéficier de la participation de l'ETT, sous réserve d'une durée de mission d'au moins 60 jours dans des entreprises utilisatrices.

Les salariés des groupements d'employeurs peuvent bénéficier de la participation dans l'entreprise adhérente, sous réserve d'une mise à disposition d'au moins 60 jours.

Les chefs d'entreprise et leur conjoint collaborateur ou associé ne peuvent normalement bénéficier de la participation que s'ils sont liés à l'entreprise par un contrat de travail.

À défaut, ils peuvent cependant en bénéficier :

- dans les entreprises de moins de 50 salariés mettant en place volontairement la participation,
- dans les entreprises jusqu'à 250 salariés ayant conclu un accord de participation prévoyant une réserve spéciale excédant la formule légale.

B Mise en œuvre de la participation

1 Principe : l'accord de participation

Le régime de la participation est mis en œuvre par la conclusion d'un accord de participation entre les parties intéressées.

En l'absence d'accord, dans les entreprises qui relève de la participation obligatoire, un régime subsidiaire dit « d'autorité » s'applique.

2 Conclusion de l'accord de participation

a. Modalités

Entreprises assujetties à l'obligation de participation (50 salariés et plus)

Il peut être conclu selon l'une des quatre procédures prévues par la loi.

L'accord peut intervenir :

- dans le cadre d'un accord collectif interprofessionnel ou de branche ;
- dans le cadre d'un accord d'entreprise conclu entre le chef d'entreprise et les représentants des organisations syndicales représentatives ;
- au sein du comité social et économique ;
- à la suite de la ratification à la majorité des 2/3 du personnel d'un projet d'accord proposé par le chef d'entreprise.

Les entreprises peuvent également appliquer un dispositif de participation prévu par un accord de branche agréé. Il faudra cependant conclure un accord d'entreprise selon les règles mentionnées précédemment.

Entreprises non assujetties à l'obligation de participation

Les entreprises de moins de 50 salariés pourront appliquer le dispositif prévu par la branche (*supra*) soit en concluant un accord, soit en l'absence de représentants du personnel par la voie de la ratification à la majorité des 2/3 des salariés d'un projet de contrat, soit par la mise en place unilatérale par le chef d'entreprise. Cette dernière modalité n'est applicable qu'en cas d'échec des négociations en vue de conclure un accord.

b. Délai de conclusion

L'accord doit être conclu avant l'expiration du délai d'un an suivant la clôture de l'exercice au titre duquel sont nés les droits des salariés. Le défaut d'accord est constaté par l'inspecteur du travail et entraîne l'application d'un régime subsidiaire qui est fiscalement plus lourd pour l'employeur et moins avantageux pour les salariés.

c. Contenu de l'accord

L'accord contient des clauses obligatoires, notamment les modalités d'application de la participation dans l'entreprise (durée d'indisponibilité des droits des salariés, durée de l'accord, modalités de répartition de la réserve, modes de gestion des droits, calcul de la formule de la réserve...) et des clauses facultatives.

Il est interdit de prévoir des clauses d'exclusion d'un salarié.

Une fois conclu, l'accord doit être déposé sur une plate-forme dédiée. Les salariés doivent être informés par tous moyens de l'existence et du contenu de l'accord.

d. Modification de la situation juridique de l'entreprise

En cas d'application de l'article L. 1224-1 du Code du travail (*cf.* Chapitre 5), lorsqu'il y a modification juridique de l'employeur notamment par vente, fusion, etc., l'accord de participation cesse de produire ses effets si la modification rend impossible l'application de l'accord (c'est le cas si le nouvel employeur est déjà couvert par un accord de participation, celui-ci s'appliquant aux salariés transférés).

En l'absence d'accord de participation dans la nouvelle entreprise, celle-ci doit engager une négociation dans un délai de six mois à compter de la clôture de l'exercice.

e. Absence d'accord de participation

Le régime subsidiaire dit « d'autorité » prévoit :
- un blocage des droits des salariés pendant 8 ans,
- le calcul de la réserve de participation selon la formule légale,
- le versement des sommes sur des comptes courants bloqués dont le taux d'intérêt est fixé par arrêté.

C Droits des salariés sur la réserve de participation

1 Calcul de la réserve spéciale de participation (RSP)

a. Principe

L'entreprise est tenue de constituer une réserve spéciale de participation.

La RSP peut être calculée :
- par l'utilisation de la formule légale,
- par l'utilisation d'une autre formule, à condition qu'elle soit au moins aussi favorable aux salariés.

Le calcul de la réserve résulte de la formule légale suivante :

$R = 1/2\,(B - 5\,\%\,C) \times S/VA$

- B représente le bénéfice net réalisé par l'entreprise ;
- C les capitaux propres de l'entreprise : capital + réserves + provisions ;
- S les salaires versés ;
- VA la valeur ajoutée qui est égale au total des charges de personnel, impôts et taxes, déduction faite des taxes sur le chiffre d'affaires, des charges financières, des dotations aux amortissements et aux provisions et du résultat avant impôt.

b. Supplément de participation

Les entreprises qui le souhaitent peuvent attribuer à leurs salariés un supplément de participation. Ce supplément est soumis aux mêmes exonérations fiscales et sociales que la réserve de participation. Une entreprise peut ainsi augmenter le montant des sommes versées en fonction des profits réalisés.

2 Répartition de la réserve entre les salariés

Les sommes versées sur la réserve spéciale de participation sont réparties entre tous les salariés de l'entreprise selon l'un des critères de répartition suivants :

- de façon uniforme entre tous les salariés,
- de manière proportionnelle aux salaires,
- de manière proportionnelle au temps de présence dans l'entreprise,
- par la combinaison des 3 critères précédents.

À défaut de précision dans l'accord, la répartition se fait proportionnellement aux salaires.

> **Exemple :** 20 % répartis de manière uniforme, 40 % au prorata du temps de présence, 40 % proportionnellement au salaire perçu.

Lorsque la répartition est faite en tout ou partie proportionnellement aux salaires, la rémunération servant de base au calcul est plafonnée de manière définie par accord. À défaut, ce plafond doit être identique pour tous les salariés et ne peut dépasser 3 fois le plafond annuel de la SS.

Quelle que soit la formule de répartition utilisée, chaque bénéficiaire ne peut percevoir plus de 75 % du plafond annuel de la SS.

L'accord de participation peut également fixer un salaire plancher servant de base de calcul à la part individuelle.

De plus, les sommes non distribuées du fait du plafond légal font l'objet d'une deuxième répartition immédiate aux bénéficiaires ayant perçu des sommes inférieures au plafond.

3 Fonctionnement de la participation

Pendant la période d'indisponibilité, les droits à la participation sont gérés selon les modalités de l'accord de participation. Ils peuvent être affectés à un plan d'épargne salarial et/ou à un compte courant bloqué, constituant un fonds que l'entreprise doit consacrer à des investissements.

En l'absence d'accord, les sommes sont automatiquement versées à un compte courant bloqué.

4 Information des salariés

L'accord doit prévoir dans quelles conditions les salariés seront informés de l'application du régime de participation.

L'information doit être :

- individuelle par la remise à chaque salarié d'une fiche précisant le montant des droits qui lui sont attribués.
- collective, dans les 6 mois de la clôture de chaque exercice, l'employeur devant présenter au comité social et économique un rapport sur la participation (éléments servant de base de calcul du montant de la réserve de participation, gestion et utilisation des sommes affectées à cette réserve).

5 Disponibilité des droits ou indisponibilité des droits

a. Disponibilité des droits

Le salarié peut, chaque année, à l'occasion du versement de la participation, soit :

- décider du blocage de ses droits (b) ;
- demander le versement immédiat de tout ou partie de sa participation.

Dans ce dernier cas, il perd le bénéfice des exonérations fiscales mais conserve l'exonération des cotisations sociales (hors CSG/CRDS). La somme est versée au plus tard le dernier jour du 5e mois suivant la clôture de l'exercice. Au-delà, des intérêts de retard sont dus. Si le salarié n'a pas demandé le versement de sa participation dans un délai de 15 jours, celle-ci est bloquée.

b. **Indisponibilité des droits**

Si le salarié opte pour le blocage de ses droits, les sommes attribuées aux salariés sont bloquées pendant 5 ans (8 ans en l'absence d'accord).

Le salarié peut toutefois être autorisé à les débloquer pendant cette période dans des cas limités (§ 6).

6 Déblocage anticipé de la participation

Le déblocage anticipé des sommes perçues au titre de la participation peut se faire à la demande du salarié pour :

- des événements personnels (mariage du salarié ou PACS, naissance ou adoption d'un enfant dans un foyer qui a déjà au moins deux enfants à charge, invalidité du salarié, de ses enfants, conjoint ou partenaire dans le cadre du PACS, décès du bénéficiaire, de son conjoint ou partenaire de PACS, divorce, séparation ou dissolution d'un PACS et garde d'au moins un enfant par l'intéressé, situation de surendettement du salarié, les violences commises contre l'intéressé par son conjoint, son concubin ou son partenaire lié par un PACS, ou son ancien conjoint, concubin ou partenaire).
- des événements professionnels (cessation du contrat de travail, cessation du mandat social, création ou reprise d'une entreprise).
- pour des projets concernant la résidence principale (acquisition ou agrandissement).

Le jugement décidant du plan de cession totale de l'entreprise ou de la liquidation judiciaire de l'entreprise rend exigibles les droits à participation non échus.

D Le régime fiscal et social de la participation

1 À l'égard de l'entreprise

Les sommes portées à la réserve spéciale de participation sont déductibles pour le calcul de l'impôt sur les sociétés ou sur le revenu.

Elles ne sont pas soumises à la taxe sur les salaires ; ne sont pas assujetties aux cotisations sociales et sont soumises à une contribution patronale, le **forfait social** dont le taux est de 20 % (16 % ou 8 % dans certains cas), pour les entreprises de 50 salariés et plus.

2 À l'égard des salariés

Les sommes attribuées au salarié sont exonérées :

- de l'impôt sur le revenu si elles sont restées indisponibles pendant 5 ans (8 ans en l'absence d'accord) ou ont fait l'objet d'un déblocage anticipé autorisé,
- des cotisations sociales dans tous les cas.

Au moment de la répartition, les revenus de la participation sont amputés de la CSG et de la CRDS.

2 Intéressement

La création de ce concept date de 1959.

L'**intéressement** (articles L. 3312-5 et suivants du Code du travail) est un système facultatif permettant aux salariés de recevoir des primes dont le montant est lié aux résultats ou aux performances de l'entreprise (chiffre d'affaires, délais, qualité...). Il doit être collectif, présenter un caractère aléatoire et résulter d'un calcul lié aux résultats ou aux performances de l'entreprise.

A Champ d'application

1 Entreprises concernées

L'intéressement est ouvert à toute entreprise ou groupe d'entreprises ayant satisfait à ses obligations en matière de représentation du personnel par la mise en place des institutions représentatives obligatoires (CSE), quelles que soient la nature de son activité ou sa forme juridique.

L'employeur doit à défaut pouvoir justifier d'un PV de carence (*cf.* Chapitre 12).

Les entreprises de moins de 11 salariés peuvent conclure un accord d'intéressement sans restriction.

2 Bénéficiaires

L'ensemble des salariés a vocation à en bénéficier, sauf stipulation d'une ancienneté minimale dans l'entreprise ou dans le groupe (maximum 3 mois).

Dans les entreprises dont l'effectif comprend au moins un salarié et au plus 250 salariés, les chefs d'entreprise et leurs conjoints collaborateurs ou associés ou, s'il s'agit de personnes morales, leurs dirigeants (président, directeur général, gérant, membre du directoire) peuvent en bénéficier.

B Mise en œuvre de l'intéressement

1 Conclusion d'un accord d'intéressement

a. Intéressement classique

Les entreprises ont plusieurs choix pour conclure un accord d'intéressement :

- adhérer à un accord de brache agréé :
  - cela suppose que l'entreprise, en plus de son adhésion, conclue un accord d'intéressement selon les modalités mentionnées ci-après ;
  - dans les entreprises de moins de 50 salariés, si cela est prévu par l'accord de branche agréé, l'adhésion peut être complétée d'un acte unilatéral d'adhésion de l'employeur à la place de l'accord collectif ;
- mettre en place un accord d'intéressement ou faire ratifier l'accord par les salariés :
  - conclusion d'une convention ou accord collectif de travail ;
  - accord conclu entre l'employeur et les représentants d'organisations syndicales représentatives dans l'entreprise ;
  - accord conclu au sein du comité social et économique (CSE) ;
  - ratification à la majorité des deux tiers du personnel d'un projet d'accord proposé par l'employeur. Lorsqu'il existe dans l'entreprise une ou plusieurs organisations syndicales représentatives ou un comité social et économique (CSE), cette ratification est demandée conjointement par l'employeur et une ou plusieurs de ces organisations ou ce comité.

Un accord d'intéressement est conclu pour une durée de 1 à 5 ans. Il peut comporter une clause de tacite reconduction.

L'accord doit être déposé sur une plate-forme dédiée dans les 15 jours suivant sa conclusion. Ce dépôt conditionne l'octroi des exonérations fiscales et sociales.

L'accord doit faire l'objet d'une note remise à tous les salariés, reprenant le texte de l'accord, en plus du livret d'épargne salariale.

b. Intéressement de projet

L'intéressement de projet concerne les salariés de plusieurs entreprises réunies dans le cadre d'une activité coordonnée (*ex.* : réalisation d'un festival, construction d'un ouvrage d'art).

Une ou plusieurs entreprises parties au projet vont conclure un accord d'intéressement, chacune concluant l'accord selon les modalités qu'elle souhaite.

Chaque entreprise partie prenante à l'accord d'intéressement de projet doit être couverte par un accord d'intéressement « classique ».

2 Le calcul des droits

a. Principe

Selon l'article L. 3314-2 du Code du travail, pour ouvrir droit aux exonérations, l'intéressement doit avoir un caractère aléatoire et résulter d'une formule de calcul liée :

- soit aux résultats,
- soit aux performances de l'entreprise.

L'accord d'intéressement peut combiner les deux.

> *« L'existence d'une telle formule est à la fois la garantie du caractère aléatoire et l'assurance d'une véritable sécurité juridique pour les salariés afin d'éviter toute imprécision susceptible de déboucher sur des divergences d'interprétation.*
> *La formule de calcul doit être claire et faire appel à des éléments objectivement mesurables (résultats, ratios…) dont la définition figurera nécessairement dans l'accord.*
> *Les éléments pris en compte dans la formule doivent assurer le caractère variable et incertain de l'intéressement : ni le versement des primes d'intéressement ni leur montant ne peuvent être garantis. Ainsi une formule de calcul fondée sur un pourcentage du chiffre d'affaires ne saurait être admise car garantissant de fait un versement de primes d'intéressement*[1] *».*

- La **formule de l'intéressement aux résultats** doit se référer à des indicateurs financiers et comptables mesurant la rentabilité économique et financière de l'entreprise : bénéfice comptable ou fiscal, amélioration de la productivité…
- La **formule de l'intéressement aux performances** peut se référer par exemple à l'atteinte d'objectifs de qualité, de sécurité, de satisfaction de la clientèle…

Les accords d'intéressement conclus au sein d'un groupe de sociétés établies dans plusieurs États membres de l'Union européenne ouvriront droit aux exonérations sociales et fiscales pour les primes versées à leurs salariés.

b. Supplément d'intéressement

Comme pour le supplément de participation, le dirigeant peut décider unilatéralement d'attribuer aux salariés un supplément d'intéressement.

3 Répartition des sommes

Les critères de répartition sont limitativement énumérés par l'article L. 3314-2 du Code du travail et peuvent prévoir :

- soit une répartition uniforme ;
- soit une répartition proportionnelle au salaire ;
- soit une répartition proportionnelle à la durée de présence ;
- soit une répartition utilisant conjointement plusieurs de ces critères.

L'utilisation d'autres critères est interdite.

1 Circulaire interministérielle du 14/9/2005.

4 Limite imposée à l'intéressement

Le montant global de l'intéressement ne peut excéder 20 % des salaires, et un même salarié ne peut recevoir, au titre de l'intéressement, une somme supérieure à 75 % du plafond annuel de la Sécurité sociale.

5 Le paiement

Le salarié peut obtenir le versement des sommes dues au titre de l'intéressement. Il a 15 jours, à partir du moment où il est informé du montant dû, pour indiquer à l'employeur son souhait :

- **versement immédiat de la prime** : dans ce cas, la somme est versée au plus tard le dernier jour du 5e mois suivant la clôture de l'exercice. Au-delà, des intérêts de retard sont dus.
- **affectation sur un PEE, PERECO, compte épargne-temps.**

Si le salarié ne demande pas le versement des sommes, elles sont affectées par défaut sur le PEE ou un PEI.

Ces sommes n'ont pas le caractère de salaire et ne peuvent pas se substituer à un élément de salaire.

6 Information du salarié

L'accord d'intéressement doit prévoir un système d'information des salariés et de vérification d'exécution de l'accord.

À chaque versement, le salarié reçoit une fiche qui comprend un certain nombre d'informations (montant des droits, modalités d'affectation par défaut...).

C Le régime fiscal et social

1 À l'égard de l'entreprise

Les sommes versées au titre de l'intéressement sont exonérées de toutes charges sociales. Elles sont soumises au forfait social de 20 % (sauf pour les entreprises de moins de 250 salariés).

Elles sont déductibles du résultat de l'entreprise au titre de l'exercice de versement.

2 À l'égard du salarié

Les primes d'intéressement sont soumises à l'impôt sur le revenu sauf si elles sont affectées à un plan d'épargne d'entreprise (PEE), à tout autre plan d'épargne (PER, PEI) ou à un compte épargne-temps.

Les sommes versées au titre de l'intéressement sont exonérées de toutes charges sociales mais sont soumises à la CSG et CRDS.

3 Plans d'épargne

Il existe deux types de plans d'épargne : le **plan d'épargne d'entreprise** (PEE) et les **plans d'épargne retraite** (PER).

Plusieurs entreprises peuvent se regrouper, soit localement, soit professionnellement pour constituer un plan d'épargne interentreprises (PEI), qui prendra soit la forme d'un PEE, soit la forme d'un PER.

A Le plan d'épargne d'entreprise (PEE)

1 Définition

Selon l'article L. 3332-6 du Code du travail, le plan d'épargne d'entreprise est un système d'épargne collectif ouvrant aux salariés de l'entreprise la faculté de participer, avec l'aide de celle-ci, à la constitution d'un portefeuille de valeurs mobilières.

Ce système est facultatif. Il a un caractère collectif et volontaire : tous les salariés de l'entreprise peuvent participer au plan s'ils le souhaitent.

2 Champ d'application

a. Entreprises concernées

Toutes les entreprises quelles que soient leur taille et leur forme juridique ainsi que les groupes peuvent mettre en place un plan d'épargne entreprise (ou groupe).

b. Bénéficiaires

Tous les salariés de l'entreprise peuvent bénéficier du PEE s'ils le souhaitent. Une condition d'ancienneté peut être exigée mais elle ne peut excéder 3 mois.

Les anciens salariés ayant quitté l'entreprise à la suite d'un départ à la retraite ou en préretraite peuvent continuer à effectuer des versements au plan d'épargne d'entreprise.

Dans les entreprises employant au moins un salarié et au plus 250, les chefs de ces entreprises et leurs conjoints collaborateurs ou associés ou les dirigeants si l'entreprise est une personne morale peuvent participer au PEE.

3 Mise en place

Il est mis en place soit par l'employeur à son initiative, soit par un accord avec le personnel.

a. Conclusion d'un accord

Les conditions de sa mise en place diffèrent selon les entreprises. Lorsque l'entreprise comporte au moins un délégué syndical ou est dotée d'un comité social et économique, le PEE doit être négocié selon l'une des procédures prévues pour les accords de participation ou d'intéressement.

b. Mise en place par décision unilatérale

En cas d'échec des négociations, l'employeur peut mettre en place unilatéralement un PEE, après avoir établi un procès-verbal constatant les points de désaccord et les mesures qu'il souhaite appliquer. Il doit consulter le CSE sur ce projet au moins 15 jours avant de l'adresser à la DREETS.

c. Dépôt du plan

Qu'il soit mis en place par négociation ou unilatéralement, le plan doit être déposé sur une plate-forme dédiée. Cette formalité, comme pour la participation et l'intéressement, conditionne le bénéfice des exonérations fiscales et sociales.

4 Les modalités du plan

Le plan peut recevoir des sommes qui proviennent du montant de l'intéressement des salariés, de la participation, d'actions gratuites, de sommes provenant d'un compte épargne-temps et de versements volontaires.

Le plan doit recevoir obligatoirement une aide de l'entreprise qui peut prendre des formes différentes. Il peut s'agir soit d'une prise en charge des frais de fonctionnement du plan soit de versements volontaires de l'entreprise appelés abondements. Ces derniers ne peuvent dépasser le triple des sommes versées par le salarié, ni excéder un montant égal à 8 % du plafond annuel de la Sécurité sociale.

Les versements du salarié (sauf montant de la participation) sont limités au quart de sa rémunération annuelle brute. Ce plafond est un plafond global qui concerne les versements à tous les plans d'épargne entreprise confondus (PEE, PEI).

Le plan peut fixer un versement minimum annuel.

Comme pour l'intéressement, ces sommes n'ont pas le caractère de salaire et ne peuvent pas se substituer à un élément du salaire.

5 Gestion du plan

a. Utilisation des sommes

Les sommes sont utilisées à l'acquisition de valeurs mobilières, celles de l'entreprise ou d'une autre société, actions de SICAV, parts de fonds communs de placement d'entreprise (FCPE), actions émises par les sociétés créées par les salariés en vue du rachat de leur entreprise, etc.

b. Blocage des sommes

Ces valeurs mobilières sont indisponibles pendant 5 ans au minimum.

c. Déblocage anticipé des sommes

Les conditions de déblocage sont identiques à celles de la participation.

6 Le régime fiscal et social du plan

En contrepartie de l'indisponibilité des valeurs mobilières acquises, les sommes correspondant à l'abondement sont exonérées fiscalement et socialement, sauf CSG et CRDS et forfait social de 20 % (exonération pour les entreprises de moins de 50 salariés), à condition que le plan soit déposé. Les revenus des sommes placées sur le PEE sont exonérés de l'impôt sur le revenu mais soumis aux prélèvements sociaux.

B Les plans d'épargne retraite (PER)

Le PER se décline sous 3 formes :

- le PER individuel,
- le PER d'entreprise collectif,
- le PER d'entreprise obligatoire.

Le PER individuel relève de la seule volonté du salarié. Il peut recevoir les sommes provenant des deux autres PER.

1 PER d'entreprise obligatoire

Le PER d'entreprise obligatoire est un plan d'épargne retraite collectif qui peut être souscrit par l'entreprise pour certaines catégories de salariés ou pour la totalité d'entre eux. L'adhésion est obligatoire pour les salariés visés.

Il peut être créé par :

- décision du chef d'entreprise,
- ou ratification d'un accord par la majorité des salariés,
- ou un accord collectif.

2 PER d'entreprise collectif (PERECO)

Le PER d'entreprise collectif est un plan ouvert à tous les salariés d'une entreprise, sans obligation de souscription. Toutes les entreprises peuvent proposer un PERECO à leurs salariés, même si elles n'ont pas mis en place un plan d'épargne entreprise (PEE). Le plan doit être est ouvert à tous les salariés. Toutefois, une condition d'ancienneté peut être exigée (3 mois maximum). L'adhésion est facultative, mais le règlement peut prévoir l'adhésion automatique de tous les salariés.

Le plan peut être créé à l'initiative des dirigeants de l'entreprise ou par un accord avec les représentants des salariés. Lorsqu'il y a au moins un délégué syndical ou un comité social et économique dans l'entreprise (CSE), l'employeur est obligé de mener une négociation préalable avec eux avant de créer le plan.

3 Gestion des PER d'entreprise

a. Alimentation

Les PER d'entreprise peuvent recevoir de la part du salarié :
- les sommes provenant de la participation, l'intéressement ;
- les sommes déjà versées dans un PEE, PEI ;
- les droits inscrits à un compte épargne temps (CET) ;
- en l'absence de CET, les sommes correspondant à des jours de repos non pris au-delà de la 4e semaine de congés payés dans la limite de 10 jours par an.

L'employeur peut également abonder.

b. Placement des fonds

La gestion des sommes versées sur le PER se fait suivant le principe de la gestion pilotée. Cela signifie que lorsque le départ en retraite est lointain, l'épargne peut être investie sur des actifs plus risqués et plus rémunérateurs. À l'approche de l'âge de la retraite, l'épargne est progressivement orientée vers des supports moins risqués.

Le PER d'entreprise doit proposer au moins un support d'investissement alternatif, qui permet notamment d'investir dans un fonds solidaire.

c. Indisponibilité

L'épargne est indisponible jusqu'au départ à la retraite et sera reversée sous forme de rente ou de capital, ou les deux. Dans les PER d'entreprise obligatoires, les versements obligatoires ne peuvent être liquidés que sous forme de rente.

d. Déblocage des fonds

Les cas de déblocage anticipé sont :
- invalidité du titulaire, de ses enfants, de son époux ou épouse ou de son partenaire de Pacs ;
- décès de l'époux ou épouse ou du partenaire de Pacs ;
- expiration des droits du salarié à l'assurance chômage ;
- surendettement (dans ce cas, c'est la commission de surendettement qui doit écrire à l'organisme gestionnaire du PER) ;
- cessation d'activité non salariée à la suite d'un jugement de liquidation judiciaire ;
- acquisition de la résidence principale (sauf les droits issus de versements obligatoires).

4 Régime fiscal et social

Les versements volontaires et obligatoires dans un PER d'entreprise au cours d'une année sont déductibles des revenus imposables de cette année. Cette déduction ne doit pas dépasser un montant de plafond global fixé pour chaque membre du foyer fiscal.

4 Mesures d'information communes

A Livret d'épargne salariale

Tout salarié d'une entreprise proposant un dispositif de participation financière reçoit, lors de la conclusion de son contrat de travail, un livret d'épargne salariale. Il mentionne les dispositifs en place dans l'entreprise.

Le livret d'épargne salariale doit être porté à la connaissance des représentants du personnel, le cas échéant *via* la base de données économiques et sociales.

Il est établi sur tout support durable (imprimé, support informatique).

B État récapitulatif de l'épargne salariale

Lorsque le salarié quitte l'entreprise, il reçoit un état récapitulatif de l'ensemble des sommes et valeurs mobilières épargnées ou transférées au sein de l'entreprise dans le cadre des dispositifs d'épargne salariale. Il informe notamment le bénéficiaire que les frais de tenue de compte-conservation sont pris en charge soit par l'entreprise, soit par prélèvements sur les avoirs.

Cet état est inséré dans un livret d'épargne salariale.

Participation aux résultats

Système obligatoire dans les entreprises employant habituellement au moins 50 salariés.

Il est mis en place par un accord collectif conclu dans le cadre d'un accord de branche agréé, ou avec les syndicats représentatifs, ou au sein du CSE ou à la suite de la ratification par le personnel à la majorité des 2/3.

L'entreprise est tenue de constituer une réserve de participation dont le montant est calculé selon une formule légale ou selon une formule dérogatoire (si elle est plus favorable). Elle est répartie entre les salariés selon les termes de l'accord (en principe proportionnellement au salaire dans la limite d'un double plafond).

Les sommes constituant la réserve sont affectées au Plan d'épargne d'entreprise et à un compte courant bloqué utilisé pour les investissements de l'entreprise.

Les droits des salariés sont disponibles à la demande du salarié ou bloqués pendant 5 ans sauf lors d'un déblocage anticipé.

Intéressement

Système facultatif permettant aux salariés de recevoir des primes dont le montant est lié aux résultats ou aux performances de l'entreprise. Il est mis en place selon les mêmes modalités que l'accord de participation.

Plans d'épargne

Le plan d'épargne d'entreprise (PEE) est un système d'épargne collectif et facultatif permettant aux salariés d'une entreprise de constituer un portefeuille de valeurs mobilières.

Les PER d'entreprise permettent aux salariés de constituer une épargne en vue de leur retraite avec l'aide de l'employeur.

Applications

Préparez-vous à l'examen

EXO 14.01

Le Directeur général de la société PAU voudrait associer ses salariés aux performances de l'entreprise. Il envisage de conclure un accord. Il hésite sur plusieurs points. Il se demande s'il doit conclure un accord de participation ou d'intéressement ou les deux, sachant que l'entreprise a 49 salariés et est très prospère.

→ Travail à faire

1. **Renseignez-le. Indiquez-lui l'objectif de chaque type d'accord.**
   Il ne sait pas avec qui il pourrait signer cet accord. Il souhaiterait faire participer le plus grand nombre de salariés à la conclusion de l'accord.
2. **Est-ce possible ?**
   Il se demande comment calculer le montant de la somme qui sera distribuée aux salariés dans le cas d'un accord de participation et d'un accord d'intéressement.
3. **Indiquez-lui ce qu'il doit faire dans chaque cas.**
   S'il décide d'opter pour un accord d'intéressement, il aimerait que la somme à distribuer soit répartie pour 75 % en fonction de la durée de présence dans l'entreprise et du montant du salaire, avec un plafond égal à 1,5 fois le plafond des cotisations de sécurité sociale, le reste, soit 25 % en tenant compte des points de mérite qui sont attribués par l'encadrement.
4. **Est-ce possible ?**

Les conflits collectifs 15

Chapitre

COMPÉTENCES ATTENDUES

- **Différencier un mouvement illicite et une grève licite.**
- **Identifier les effets de l'exercice normal du droit de grève.**
- **Caractériser l'exercice anormal du droit de grève et en tirer les conséquences.**
- **Identifier une situation contraignante pouvant fonder un lock-out et préciser son régime.**
- **Caractériser conciliation, médiation et arbitrage.**

PLAN DU CHAPITRE

1 Conflits collectifs et droit de grève

A Définition jurisprudentielle

B Statut du salarié gréviste en cas d'exercice du droit de grève

2 Droits et pouvoirs de l'employeur en réaction à la grève

A Mesures individuelles

B Mesures collectives

C Saisine du juge des référés

D Action en responsabilité

3 Règlement des conflits collectifs

A Procédures de conciliation

B Procédures de médiation

C Procédure d'arbitrage

4 Applications

SYNTHÈSE P. 395

APPLICATIONS P. 396

LES RÉFÉRENCES POUR COMPRENDRE LE CONTEXTE

Plusieurs incidents sont survenus dans l'entreprise Boisrose, qui exploite une scierie. L'entreprise, dirigée par Marcel, emploie de nombreux intérimaires qui ne sont pas toujours bien conscients des risques inhérents à cette activité. Monique, déléguée syndicale, a indiqué à l'employeur qu'il est nécessaire de mieux former les intérimaires et de privilégier le recours aux CDI. Marcel lui a répondu que cela prenait trop de temps. Les salariés ont donc décidé de cesser le travail immédiatement. Marcel a de nombreux contrats à honorer et il se demande s'il peut embaucher des intérimaires pour remplacer les salariés grévistes.
La grève dure maintenant depuis plusieurs jours et Marcel ne sait pas comment gérer ce conflit. Il a entendu parler des modes de règlement des différends collectifs mais ne sait pas comment cela fonctionne. Il vous sollicite à cet égard.

Qu'appelle-t-on conflits collectifs ?

Lorsque le litige oppose l'employeur à plusieurs ou à tous les salariés de l'entreprise, le conflit est collectif. Il n'y a pas de définition légale de ce type de conflit. Pour qu'il soit déclaré collectif, le litige doit porter sur des droits communs aux salariés engagés dans le conflit et non pas sur l'exécution d'un contrat de travail (exemple : durée du travail, interprétation d'une convention collective...). De plus, il doit concerner une collectivité de salariés.

MOTS CLÉS

Grève, droit de grève, *lock-out*, conciliation, médiation, arbitrage.

1 Conflits collectifs et droit de grève

Lorsque le conflit collectif est déclenché par les salariés, il s'exprime sous la forme d'une grève.

Historique du droit de grève

La loi Le Chapelier du 17 juin 1791 a interdit toute coalition. La loi du 12 avril 1803 réprime sévèrement le délit pénal de coalition (3 mois de prison pour les ouvriers). La grève resta interdite jusqu'en 1864 (loi du 25 mai 1864 qui supprima le délit de coalition).

À partir de cette date, faire grève pour défendre des revendications professionnelles ne constitue plus un délit pénal. Toutefois, l'employeur peut rompre le contrat de travail des salariés grévistes.

Il faut attendre la Constitution de 1946 pour que le **droit de grève** devienne un principe à valeur constitutionnelle et une liberté publique protégée comme telle. « *Le droit de grève s'exerce dans le cadre des lois qui le réglementent* » (art. 7 du préambule).

La loi du 11 février 1950 facilite l'exercice du droit de grève puisque l'employeur ne peut plus rompre le contrat de travail pour cause de grève. « *L'exercice du droit de grève ne peut justifier la rupture du contrat de travail, sauf faute lourde imputable au salarié* » (*article L. 2511-1 al. 1 du Code du travail*).

Caractéristiques du droit de grève

Droit constitutionnel : seule une loi peut réglementer voire limiter le droit de grève (dans les services publics par exemple pour certaines catégories de personnel). En aucun cas, une convention collective ne peut le faire.

Droit individuel : le salarié décide seul de faire grève ou non. Il n'est pas soumis à la décision d'une majorité ou d'une minorité de salariés, ni à une décision des syndicats.

En revanche, l'exercice du droit de grève est collectif. On ne fait pas grève tout seul sauf circonstances particulières.

Droit jurisprudentiel : la loi ne consacre que six articles (L. 2511-1 à L. 2512-5 du Code du travail) au droit de grève dont cinq pour les services publics. C'est donc la Cour de cassation qui a élaboré les règles régissant le droit de grève.

C'est un droit atypique : La particularité du droit de grève est qu'il permet la violation des obligations contractuelles en toute légalité, quand il est exercé dans les conditions posées par la jurisprudence.

A Définition jurisprudentielle

Selon la Cour de cassation, la grève est la cessation collective, concertée et totale du travail en vue de présenter à l'employeur des revendications professionnelles.

1 Enjeux de cette définition

La Cour de cassation définit la **grève** et l'exercice normal du **droit de grève**. Le salarié, dans ce cadre, est protégé car il exerce un droit constitutionnel.

En revanche, si le salarié se place en dehors de ce cadre, la Cour de cassation estime qu'il participe à un mouvement illicite (qui ne peut pas être qualifié de grève). Dans ce cas, le salarié commet une faute et l'employeur peut exercer son droit disciplinaire et sanctionner le salarié fautif.

Exercice normal du droit de grève	Participation à un mouvement illicite
Le salarié est protégé bien que le contrat de travail ne soit pas exécuté.	Le salarié est fautif. Il y a inexécution du contrat de travail.

Exercice normal du droit de grève	Participation à un mouvement illicite
L'employeur ne peut pas exercer son pouvoir disciplinaire. Toute sanction est nulle. L'article L. 1132-2 du Code du travail énonce que : « *aucun salarié ne peut être sanctionné, licencié ou faire l'objet d'une mesure discriminatoire en raison de l'exercice normal du droit de grève.* »	L'employeur peut exercer son pouvoir disciplinaire. Le salarié peut même être condamné à réparer le préjudice subi par l'entreprise en cas de faute lourde.

Il faut donc attacher une importance toute particulière à la définition de la grève et aux éléments constitutifs de ce concept.

2 Éléments constitutifs de la grève

Pour que le salarié exerce normalement son droit de grève, il faut déjà que le mouvement auquel il participe soit qualifié de grève.

Quatre éléments sont nécessaires pour que le mouvement soit une grève.

a. Cessation totale du travail

Pour être qualifié de grève, un arrêt de travail suppose une cessation totale du travail. Des actions entraînant un ralentissement du travail ne constituent donc pas une grève.

Des arrêts courts et répétés en revanche sont considérés comme licites, à condition que seule la production soit affectée.

Jurisprudence

Cass. soc. 25 janvier 2011, n° 09-69030
Quelque dommageables qu'ils soient pour la production, des arrêts de travail courts et répétés ne peuvent être considérés comme un mouvement illicite.
Cass. soc. 11 juillet 2016, n° 14-14226
L'exécution du travail volontairement défectueuse ne constitue pas une cessation du travail.

Ainsi, certains mouvements portant le nom de grève n'en sont pas.

C'est le cas de la **grève perlée** qui est un ralentissement du rythme du travail et de la productivité. La Cour de cassation considère qu'il s'agit d'une exécution volontairement défectueuse du travail susceptible de sanctions.

La **grève du zèle** qui consiste à appliquer à la lettre les consignes de sécurité ou d'augmenter les cadences par exemple sans arrêter le travail n'est pas une grève.

En revanche, les **grèves tournantes ou par roulement** (les différents services ou ateliers s'arrêtent les uns après les autres) sont des grèves car il y a arrêt total du travail. Elles désorganisent la production mais la Cour de cassation l'admet comme étant une conséquence prévisible d'une grève.

Cependant, quand le mouvement désorganise l'entreprise (et pas seulement la production) l'exercice du droit de grève devient **anormal**, **abusif** car il y a atteinte à d'autres droits ou liberté (liberté du travail...) de façon disproportionnée.

b. Cessation collective du travail

Le droit de grève est un droit individuel qui s'exerce collectivement. En principe, un salarié seul ne peut pas faire grève sauf s'il répond à un mot d'ordre de grève nationale (Cass. soc. 29 mars 1995, n° 93-41863) ou si l'entreprise n'emploie qu'un seul salarié.

Jurisprudence

Cass. soc. 13 novembre 1996, n° 93-42247

La salariée unique d'une entreprise se met en grève pour réclamer une augmentation de salaire. L'employeur la licencie pour faute grave.

La Cour de cassation estime que « dans les entreprises ne comportant qu'un salarié, celui-ci, qui est seul à même de présenter et de défendre ses revendications professionnelles, peut exercer ce droit constitutionnellement reconnu ».

La grève peut être minoritaire. Elle est valable même si la majorité a décidé la fin de la grève alors que les revendications n'ont pas été toutes satisfaites.

c. Cessation concertée du travail

Cette condition signifie que les salariés doivent avoir pris la décision de faire grève avant de la déclencher mais les mouvements de grève spontanés sont licites.

De même, il n'est pas nécessaire que la grève soit annoncée à l'avance. Un préavis de grève n'existe que dans le secteur public.

d. L'exigence de revendications professionnelles

Principe

Les salariés se mettent en grève pour appuyer des revendications professionnelles. Celles-ci doivent correspondre à la vie de l'entreprise : conditions de travail, défense de l'emploi, droit syndical, salaire...

Les revendications professionnelles peuvent être générales (revendications sociales générales en matière de salaires, de retraite...).

Exemple : La Cour de cassation a validé à deux reprises des mouvements de grève où les salariés s'associaient à un mouvement national portant sur la réforme des retraites (Cass. soc. 15 février 2006, n° 04-45738 et Cass. soc. 30 janvier 2008, n° 06-21781).

Elles peuvent être propres à l'entreprise (protestation contre les conditions de travail). Dans ce cas, les revendications **doivent avoir été préalablement portées à la connaissance de l'employeur**.

Exemple

Demandes tendant à l'organisation d'élections professionnelles et à la préservation de l'emploi (Cass. soc. 15 janvier 2003).
Paiement des heures supplémentaires.
Conditions et horaires de travail.
Droits syndicaux.
Hygiène et sécurité...

Cas particuliers

Sont ainsi interdites certaines grèves politiques et certaines grèves de solidarité.

1. Grèves politiques

Si la grève purement politique est interdite, une grève professionnelle peut avoir des motifs politiques. Il est en effet difficile de fixer une frontière stricte entre le professionnel et le politique. Des problèmes portant sur le salaire, la santé des salariés, peuvent également avoir une dimension politique, et ont pu être jugées licites par la Cour de cassation puisque intervenant dans le cadre d'un mouvement de mobilisation contre un projet gouvernemental traitant de l'emploi.

2. Grèves de solidarité

Mouvements déclenchés pour soutenir l'action d'autres salariés.

On distingue la solidarité externe et la solidarité interne.

- La **grève de solidarité externe** vise à soutenir les revendications des salariés travaillant au sein d'autres entreprises. Elle est en principe un mouvement illicite.
- La **grève de solidarité interne** est menée au sein d'une entreprise pour protester contre des décisions individuelles de l'employeur. **Elle est licite dans la mesure** où des intérêts professionnels collectifs des salariés grévistes sont remis en cause par les décisions concernant les salariés qu'ils soutiennent.

> **Exemple :** La grève déclenchée pour soutenir un salarié injustement sanctionné ou pour protester contre le licenciement économique d'un salarié est licite (Cass. soc. 15 janvier 2003, n° 00-44693).

3. Revendications professionnelles déraisonnables

Le caractère raisonnable ou non des revendications professionnelles n'a pas à être apprécié par le juge.

> **Jurisprudence**
>
> *Cass. soc. 2 juin 1992, n° 90-41368*
>
> ***Le juge ne peut, sans porter atteinte au libre exercice d'un droit constitutionnellement reconnu, substituer son appréciation à celle des grévistes sur la légitimité ou le bien-fondé de ces revendications.***

Cependant, les revendications ne doivent pas avoir un caractère manifestement excessif, ce qui pourrait constituer sinon un abus du droit de grève.

4. Les grèves d'autosatisfaction

Ces mouvements ont pour but de permettre aux salariés de travailler dans les conditions qu'ils revendiquent.

> **Exemple :** Arrêt de travail tous les samedis matin par les salariés souhaitant la fermeture de l'entreprise le samedi matin (Cass. soc. 23 novembre 1978, n° 77-40946).

Le mouvement est en revanche licite si les salariés cherchent à faire aboutir d'autres revendications professionnelles (augmentation de salaires, versement de primes...).

B Statut du salarié gréviste en cas d'exercice du droit de grève

Quelles sont les incidences de la grève sur le contrat de travail ?

L'article L. 2511-1 du Code du travail énonce que la grève ne rompt pas le contrat de travail sauf faute lourde imputable au salarié mais entraîne sa suspension.

1 En cas d'exercice normal du droit de grève

a. Suspension du contrat de travail

Principes

La grève suspend le contrat de travail mais ne le rompt pas sauf dans le cas d'une faute lourde du salarié. La suspension du contrat de travail s'accompagne d'une suspension du pouvoir disciplinaire de l'employeur.

Aucune sanction disciplinaire ne peut être prise par l'employeur à l'égard des salariés grévistes qui exercent normalement leur droit de grève.

De plus, l'exercice du droit de grève ne peut donner lieu à des mesures discriminatoires en matière de rémunération et avantages sociaux.

Exemple : L'ancienneté du salarié continue à courir pendant la grève. L'employeur ne peut pas refuser une augmentation liée à l'ancienneté sous prétexte qu'elle n'est pas acquise pour cause de grève. Il s'agit d'une discrimination.

Tout licenciement prononcé en l'absence de faute lourde est **nul de plein droit**. La nullité se justifie car le droit de grève est un droit à valeur constitutionnelle.

La nullité du licenciement a pour effet la réintégration du salarié s'il le souhaite ou une indemnisation qui ne peut être inférieure à 6 mois de salaire.

Le salarié gréviste licencié à tort peut saisir le juge des référés afin d'obtenir **sa réintégration**. Cette dernière peut être ordonnée sous astreinte journalière par le juge des référés (référé prud'homal).

Jurisprudence

Cass. soc 25 novembre 2015, n° 14-20527

La chambre sociale de la Cour de cassation estime que les salariés grévistes, dont le licenciement est nul et qui demandent leur réintégration, ont droit à une indemnité forfaitaire égale au montant de la rémunération qu'ils auraient dû percevoir entre leur éviction de l'entreprise et leur réintégration, peu important qu'ils aient ou non reçu des salaires ou un revenu de remplacement (allocations de chômage) pendant cette période.

Si le salarié ne demande pas sa réintégration, il percevra une indemnité égale au minimum à 6 mois de salaire quelle que soit son ancienneté ainsi que les indemnités liées à la rupture du contrat de travail (*cf.* Chapitre 11).

Conséquences

Ce principe de la suspension du contrat de travail a plusieurs conséquences pour le salarié :

- il ne bénéficie plus de la protection en matière d'accident du travail ou de trajet ;
- les jours de grève ne sont pas pris en compte pour le calcul de la durée des congés payés ou de l'indemnité compensatrice de congés payés ;
- le salarié ne percevra pas le complément patronal s'il est malade pendant la grève.

En revanche, certaines prérogatives subsistent :

- les mandats des représentants du personnel se poursuivent ;
- la protection sociale est également maintenue.

b. Absence de rémunération

La suspension du contrat de travail entraîne des pertes de salaire et de certaines primes d'assiduité.

Salaire des grévistes

Le caractère bilatéral du contrat de travail a pour conséquence l'absence de rémunération quand le travail n'est pas exécuté. Cependant, le problème qui se pose est de savoir dans quelle proportion le salarié sera privé de salaire.

La Cour de cassation rappelle que la perte de salaire doit être strictement proportionnelle à la durée de la grève. Si la retenue est plus importante, il y a une **sanction pécuniaire qui est interdite ou une mesure discriminatoire pour fait de grève**.

Le temps consacré à la remise en marche des machines à la fin de la grève ne doit pas être pris en compte pour la retenue de salaire. Le bulletin de salaire ne doit pas faire mention de la grève.

Primes

Le problème est de savoir quel est le sort des primes d'assiduité et d'autre part si les primes versées aux non-grévistes à l'occasion de la grève sont licites ou non.

Le principe est l'interdiction des primes dites « antigrève ».

La prime d'assiduité a pour objet de dissuader les salariés de s'absenter du travail pour de courtes durées. C'est une prime anti-absentéisme.

Afin de limiter les pressions que pourraient exercer certains employeurs en conditionnant le versement de primes au refus de faire grève, la Cour de cassation qualifie de discriminatoire toute retenue sur prime d'assiduité réalisée à la suite d'une grève, chaque fois que la retenue n'est pas la conséquence automatique de toute absence du salarié, quel qu'en soit le motif.

Exemple : Une prime d'assiduité ne peut être supprimée pour une grève alors qu'elle est maintenue pour une maladie.

Jurisprudence

Cass. soc. 23 novembre 2011, n° 10-15644

Si l'employeur peut tenir compte des absences, même motivées par la ***grève****, pour le paiement d'une prime, c'est à la condition que toutes les absences, hormis celles qui sont légalement assimilées à un temps de travail effectif, entraînent les mêmes conséquences sur son attribution ;*

En l'espèce, le document intitulé « Kit d'information sociale » relatif à la prime « POP » comportait une liste de motifs d'absences supérieures à une journée n'ayant pas d'impact sur la prime parmi lesquels figurent des congés conventionnels pour événements familiaux, ce dont il résultait que la suppression de la prime d'assiduité en cas de ***grève*** *constituait une mesure discriminatoire.*

2 En cas d'exercice anormal du droit de grève

La protection assurée aux salariés en cas d'exercice normal du droit de grève disparaît dès qu'il y a exercice anormal du droit de grève ou abus du droit de grève.

Qu'appelle-t-on exercice anormal du droit de grève ?

Ne pas confondre **mouvement illicite** et **exercice anormal du droit de grève**.

Le mouvement illicite est celui qui ne correspond pas aux critères jurisprudentiels de la grève. Le mouvement n'a pas la nature juridique de grève. En conséquence, les salariés qui participent à ce mouvement illicite sont tous sanctionnables car ils n'exercent pas leur droit de grève. L'employeur peut user de son pouvoir disciplinaire. Ces salariés ne sont pas protégés par les règles relatives à la grève.

Lorsque le mouvement a la nature juridique d'une grève car il répond aux critères jurisprudentiels, les salariés ne peuvent pas être sanctionnés lorsqu'ils exercent normalement leur droit de grève. Ne seront sanctionnés que les salariés qui commettent lors de cette grève une faute lourde.

L'exercice anormal du droit de grève consiste à commettre des actes illicites qualifiés de **faute lourde** lors d'une grève (atteinte à la liberté des salariés non grévistes tels que les piquets de grève, l'occupation des locaux, la séquestration des dirigeants...). Seuls les salariés qui commettent ces fautes lourdes sont sanctionnés (*cf.* § 2).

2 Droits et pouvoirs de l'employeur en réaction à la grève

Le problème est de savoir quelle est l'étendue des droits de l'employeur face à la protection importante dont bénéficient les salariés qui exercent ce droit constitutionnel.

L'employeur, chef d'entreprise, ne perd pas ses prérogatives et ses pouvoirs. Il retrouve l'exercice de son pouvoir disciplinaire en cas de faute lourde des salariés, il peut décider de poursuivre l'activité ou de fermer l'entreprise à certaines conditions, il peut demander au juge l'expulsion des grévistes, il peut demander réparation du préjudice subi dans les limites fixées par la loi et la jurisprudence.

A Mesures individuelles

L'exercice du pouvoir disciplinaire de l'employeur est strictement limité en cas de participation des salariés à un mouvement illicite comme en cas d'exercice anormal du droit de grève.

C'est ce deuxième cas qui sera étudié ci-après.

1 Licenciement pour faute lourde

a. Principe

L'article L. 2511-1 du Code du travail énonce *que la grève ne rompt pas le contrat de travail, sauf faute lourde imputable au salarié.*

En l'absence de **faute lourde**, le licenciement est nul de plein droit.

b. Notion de faute lourde

La faute lourde est une faute commise à l'occasion d'une grève à laquelle participe le salarié et qui par sa gravité particulière, révèle en principe une intention de nuire et ne peut être excusée par les circonstances.

Le salarié doit avoir participé personnellement aux faits illicites.

Exemple

Actes illicites constitutifs d'une faute lourde
Constitution de piquets de grève interdisant l'accès aux lieux de travail aux salariés non-grévistes, séquestration des cadres de l'entreprise, occupation des locaux portant atteinte à la liberté du travail et au droit de propriété...

Jurisprudence

Cass. soc. 9 mai 2012, n° 10-26497 : absence de faute lourde
Le licenciement pour faute lourde est licite s'il y a désorganisation de l'entreprise. En l'espèce, un gréviste s'était placé à deux reprises devant un camion pour interdire le passage, avait fait obstacle à un autre camion allant chercher une remorque et avait empêché le directeur du site d'enlever des barricades obstruant le passage des camions. Un autre gréviste avait également bloqué un camion, s'était placé devant trois autres camions pour faire obstacle à leur passage et avait fait savoir au directeur du site « qu'il ne sert à rien de tenter de faire passer des camions » et, enfin, un 3e gréviste avait empêché un camion d'avancer et un autre de reprendre une remorque. Ces constatations, selon la cour de cassation ne prouvent pas que le blocage d'un camion entravait le travail des salariés ne participant pas au mouvement de grève ou qu'il entraînait une désorganisation de l'entreprise, faute d'autre accès aux locaux de l'entreprise. La cour de Cassation estime donc que le licenciement n'est pas fondé.

Jurisprudence

Cass. soc. 2 juillet 2014, n° 13-12562 : faute lourde

Il ressort d'un constat d'huissier que le 12 mars 2010 plusieurs salariés, dont M. X, ont pénétré dans les locaux administratifs et sont restés dans le couloir face au bureau de M. Y..., directeur des ressources humaines de l'entreprise, que l'huissier a relevé qu'« une personne extérieure à la société déclare qu'il y a séquestration du DRH et de la direction » et qu'une « liste de quinze personnes se trouvant dans le couloir et séquestrant le DRH » est établie, que les personnes présentes dans le couloir ont quitté les lieux vers 15 heures 30, que M. Y...a pu alors sortir de son bureau.

La Cour de cassation, après avoir noté la présence personnelle du salarié dans la séquestration, retient la faute lourde, même si la séquestration n'a duré que quelques heures.

2 Conséquences

Le salarié qui a commis une faute lourde peut être licencié. L'employeur peut prononcer d'autres sanctions (rétrogradation, mutation...)

S'il est licencié pour faute lourde, le salarié ne percevra pas d'indemnité de licenciement, ni celle de préavis.

L'employeur doit apporter la preuve de l'existence de la faute lourde.

Il devra également respecter la procédure disciplinaire de licenciement (*cf.* Chapitre 6).

L'employeur peut individualiser les sanctions pour tenir compte du degré de gravité de la faute commise et du passé du salarié concerné. Si plusieurs salariés ont commis des fautes lourdes, il n'est pas tenu de procéder au licenciement de tous. Il ne doit pas, en revanche, pratiquer de discrimination. Les salariés ayant commis des fautes lourdes engagent leur responsabilité civile et pénale.

B Mesures collectives

L'employeur peut décider de poursuivre l'activité ou de fermer l'entreprise.

1 Poursuite de l'activité

a. Remplacement des grévistes

L'employeur ne peut pas remplacer les grévistes par des salariés embauchés sous contrat à durée déterminée ou contrat temporaire.

En revanche, pour assurer la continuité de l'activité, il peut recourir à la sous-traitance, à des bénévoles, à l'embauche de salariés en CDI, aux heures supplémentaires. La Cour de cassation, dans un arrêt du 2 mars 2011 (n° 10-13634), précise que l'employeur ne peut pas faire accomplir à des intérimaires (et à des salariés sous CDD) embauchés avant le conflit, le travail des salariés grévistes, en plus de leur travail habituel, sous forme d'heures supplémentaires.

b. Récupération des heures perdues

La récupération des heures perdues pour cause de grève est interdite.

2 Fermeture de l'entreprise : le lock-out

a. Définition

Le *lock-out* consiste en la fermeture de l'entreprise, décidée par l'employeur, en réponse à un conflit collectif.

b. Statut juridique

Il n'existe pas de réglementation du lock-out.

La Cour de cassation considère que le *lock-out* est licite quand l'employeur est contraint d'y recourir, notamment pour préserver la sécurité.

En dehors de ces cas, le lock-out est illicite. En effet, l'employeur décide unilatéralement de suspendre les contrats de travail des salariés non grévistes. Il s'agit d'une faute contractuelle qui oblige l'employeur à réparer le préjudice subi par les salariés non grévistes. Le *lock-out* constitue également une entrave à l'exercice du droit de grève.

L'employeur devra, outre la réparation du préjudice subi par les salariés non grévistes, les indemniser du montant des salaires qui ne leur ont pas été versés.

c. Lock-out licite

La fermeture de l'entreprise à l'occasion d'un conflit collectif peut être admise dans certaines circonstances exceptionnelles.

Elles sont au nombre de trois.

Situation contraignante

Situation non imputable à l'employeur qui rend impossible la fourniture de travail aux non grévistes. Elle peut résulter d'une grève bouchon, d'une occupation des locaux avec piquets de grève si l'employeur a demandé en vain l'expulsion des grévistes à l'autorité publique.

Force majeure

En droit privé, Il y a force majeure en matière contractuelle lorsqu'un événement échappant au contrôle du débiteur, qui ne pouvait être raisonnablement prévu lors de la conclusion du contrat et dont les effets ne peuvent être évités par des mesures appropriées, empêche l'exécution de son obligation par le débiteur.

Cette situation se rencontre rarement en droit du travail. Pour qu'elle soit retenue, il faut que l'employeur démontre qu'il a fait tout ce qui était en son pouvoir pour remplir ses obligations. Or une grève n'est pas imprévisible pour l'employeur, elle n'est pas irrésistible dans la mesure où pour y mettre fin, il suffit qu'il accède aux revendications des salariés.

Exemple : L'employeur a obtenu du juge des référés une ordonnance d'expulsion des grévistes que le préfet refuse d'exécuter.

Risque pour la sécurité des personnes et des biens

L'employeur est responsable de la sécurité des personnes et des biens dans son entreprise. Si la grève entraîne une désorganisation telle qu'il y a danger pour l'ordre et la sécurité, l'employeur peut fermer l'entreprise afin d'éviter des accidents.

Exemple : Fermeture licite en cas de rixe entre grévistes et non grévistes.

Cette fermeture licite de l'entreprise a pour effet la suspension des contrats de travail des salariés non grévistes. L'employeur n'a pas à verser les salaires mais les salariés percevront les indemnités d'activité partielle.

C Saisine du juge des référés

En cas de grève avec occupation des locaux, piquets de grève, l'employeur peut demander en référé au président du tribunal judiciaire de rendre une ordonnance d'expulsion des grévistes.

L'employeur devra prouver que l'occupation des locaux constitue un trouble manifestement illicite en bafouant le droit de propriété, la liberté d'entreprendre et la liberté du travail.

D Action en responsabilité

En cas d'exercice anormal du droit de grève, notamment en cas de fautes lourdes commises pendant celle-ci, la **responsabilité civile** des salariés grévistes peut être mise en cause ainsi que celle des syndicats et des représentants du personnel. L'action peut être engagée par l'employeur mais également par les salariés non grévistes qui ont subi un préjudice.

1 Action en responsabilité civile contre les grévistes

La responsabilité d'un gréviste ne peut être engagée que s'il a commis une faute lourde, personnellement et intentionnellement, et si cette faute a occasionné un préjudice distinct de celui qui résulte normalement de la grève.

L'action peut être intentée par l'employeur ou par les salariés non grévistes devant le conseil de prud'hommes.

Cette action est rarement mise en œuvre.

2 Action en responsabilité civile contre les syndicats et les délégués syndicaux

Les syndicats et les délégués syndicaux ne peuvent pas être déclarés responsables des dommages résultant des fautes commises lors de la grève, du fait de leur seule participation au mouvement.

La responsabilité civile d'un syndicat ne peut être engagée, en cas de grève, que s'il a activement participé aux actes illicites commis au cours de la grève ou s'il en a été l'instigateur.

Jurisprudence

Cass. soc. 11 janvier 2006, n° 04-16114

À la suite d'un appel de plusieurs organisations syndicales dont la Fédération nationale des transporteurs routiers (FNTR) et l'Union nationale des organisations syndicales des transporteurs routiers (UNOSTRA), l'accès au site d'Ambès de l'entrepôt pétrolier de la Gironde (EPG) a été interdit par des barrages de transporteurs routiers du 4 au 8 septembre 2000 ; que la société EPG a saisi le tribunal de grande instance de Bordeaux d'une demande en dommages-intérêts dirigée contre ces deux organisations syndicales nationales ;
La Cour de cassation confirme la décision de condamnation des organisations syndicales à verser des dommages-intérêts, l'appel à barrer l'accès à un entrepôt étant considéré comme fautif.

3 Responsabilité pénale

Certains actes illicites commis lors d'une grève peuvent recevoir une qualification pénale et être poursuivis en tant que tels.

Les séquestrations de personnes, destruction, détérioration de marchandises, matériels, outils de travail, les violences sont des infractions pénales ainsi que le fait d'entraver la liberté du travail.

Une action civile en réparation du **préjudice personnellement et directement** subi peut être intentée par la victime devant la juridiction pénale.

3 Règlement des conflits collectifs

Comment terminer un conflit collectif ?

Trouver une solution au conflit reste d'une grande difficulté. C'est pourquoi, différentes lois ont proposé des modes alternatifs de règlement des différends (MARD) : la conciliation, la médiation ou l'arbitrage. Elles font toutes appel à un tiers pour aider à solutionner le conflit. La différence entre elles réside dans le degré d'implication du tiers. Son rôle est moins actif dans la conciliation et plus important dans la procédure d'arbitrage.

A Procédures de conciliation

1 Principe

Procédure qui vise à rassembler les parties à un conflit collectif afin de rechercher un accord grâce à un tiers chargé de favoriser les échanges entre les parties. Le conciliateur a pour rôle d'inviter les parties à se mettre d'accord.

Cette procédure est facultative.

2 Procédure et issue

Déclenchement de la procédure	La saisine du conciliateur se fait à l'initiative d'une des parties, ou de l'autorité administrative : ministre du Travail, préfet ou directeur régional du travail selon le niveau de conciliation (national, régional ou départemental).
Choix du conciliateur	Le conciliateur est une commission de conciliation composée de représentants des organisations représentatives des salariés, des employeurs en nombre égal, ainsi que des représentants des pouvoirs publics dont le nombre ne peut excéder le tiers des membres de la commission. Il existe trois types de commissions selon le niveau de conciliation (national, régional ou départemental).
Effets	À l'issue de la procédure, deux hypothèses existent : - un accord a été trouvé ; un procès-verbal d'accord est établi ; il a valeur d'accord collectif ; - un désaccord total ou partiel existe ; un procès-verbal de désaccord est établi ; les procédures de médiation ou d'arbitrage sont applicables.

B Procédures de médiation

1 Principe

Procédure, permettant à un tiers, le médiateur, de soumettre aux parties des propositions de solution au conflit sous forme de recommandations.

2 Déroulement de la procédure

Déclenchement de la procédure

- Elle peut être engagée, après l'échec de la conciliation, par le ministre du Travail ou par le président de la commission régionale de conciliation, à la demande de l'une des parties ou de sa propre initiative.
- Elle peut être engagée, directement, par le ministre du Travail ou par le préfet selon le niveau du conflit.

Les parties peuvent également, par requête conjointe, en choisissant un médiateur d'un commun accord, demander la mise en route de cette procédure.

Médiateur

Le médiateur est choisi par les parties ou par le ministre du Travail ou le préfet sur des listes établies aux différents niveaux géographiques. Il est investi de larges pouvoirs pour s'informer de la situation économique des entreprises et de la situation des salariés intéressés. Il peut procéder à des enquêtes, recourir aux services d'experts. Il peut procéder éventuellement à une tentative de conciliation.

Recommandation du médiateur

« Il soumet aux parties, sous forme de recommandation motivée, des propositions en vue du règlement des points en litige, dans un délai d'un mois à compter de sa désignation. » (article L. 2523-5 du Code du travail)

Elle n'est pas obligatoire. Les parties disposent d'un délai de 8 jours pour examiner la recommandation. Elles peuvent l'accepter ou la rejeter à condition de motiver cette décision. Si la recommandation est approuvée, elle a un caractère obligatoire et produit les mêmes effets qu'un accord collectif.

> **Exemple :** En 2021, une grève a eu lieu dans le groupe Ciments Calcia. À la suite d'une saisine du TJ, une médiation a été ordonnée pour permettre une fin du conflit.

C Procédure d'arbitrage

1 Principe

Il s'agit d'une procédure qui vise à soumettre le conflit à un arbitre pour qu'il le tranche en rendant une sentence arbitrale qui s'impose aux parties. Le rôle de l'arbitre est plus interventionniste que celui du conciliateur et du médiateur.

Les parties décident librement de recourir ou non à l'arbitrage mais elles ne peuvent le faire directement.

Si la procédure d'arbitrage est prévue dans une convention collective, elle doit s'appliquer. Si aucune procédure n'est prévue contractuellement, les parties peuvent décider d'un commun accord de soumettre le litige à un arbitre choisi par elles. *L'arbitrage ne peut être mis en œuvre qu'après l'échec de la conciliation ou de la médiation.*

2 Rôle de l'arbitre

Ses pouvoirs sont limités aux points de désaccord définis dans le procès-verbal de non-conciliation ou dans la recommandation du médiateur.

Il statue en droit (en application des règles de droit) sur les conflits relatifs à l'interprétation et à l'exécution des lois et textes en vigueur.

Il statue en équité[1] (clause d'amiable composition) sur les autres conflits (salaires, conditions de travail non fixés par la loi ou la convention collective).

Il rend sa décision sous la forme d'une sentence arbitrale motivée.

3 Effets

La sentence arbitrale s'impose aux parties et produit les mêmes effets qu'une convention collective. Elle peut faire l'objet de recours pour excès de pouvoir ou violation de la loi devant la cour supérieure d'arbitrage Le recours doit être intenté dans les 8 jours de la notification de la sentence arbitrale.

L'arrêt est rendu dans les 8 jours de sa saisine. Il peut annuler la sentence arbitrale. L'affaire est alors renvoyée aux parties qui peuvent désigner un nouvel arbitre. Si un nouveau recours est formé contre la deuxième sentence, la cour supérieure d'arbitrage doit rendre une sentence arbitrale qui ne sera susceptible d'aucun recours et réglera définitivement le conflit.

1 Voir manuel *Fondamentaux du droit*.

- Les conflits collectifs opposent l'employeur à plusieurs ou à tous les salariés de l'entreprise. Ils prennent la forme d'une grève ou d'un lock-out.
- La loi ne consacre que peu d'articles au droit de grève. C'est la Cour de cassation qui a défini la grève et son exercice normal.
- La grève est la cessation collective et concertée du travail par les salariés en vue d'appuyer des revendications de nature professionnelle.
- Elle suspend le contrat de travail mais ne le rompt pas sauf faute lourde.
- L'employeur ne peut pas procéder à la fermeture de l'entreprise en réponse à un conflit collectif (*lock-out*) sauf en cas de situation contraignante, force majeure.
- Le règlement d'un conflit collectif peut se faire soit en recourant aux procédures de conciliation, médiation ou arbitrage.

Applications

Préparez-vous à l'examen

EXO 15.01

Arrêt Cour de cassation chambre sociale du 25 janvier 2011

Attendu, selon l'arrêt attaqué, qu'un conflit collectif du travail a eu lieu au sein de la société compagnie de fabrication et de préfabrication du 3 au 5 janvier 2007 à l'appel du syndicat des travailleurs et ouvriers du Pacifique et de son président M. X... lesquels revendiquaient une modification et une amélioration de la classification des emplois et de la grille salariale ; que la société estimant que ce conflit constituait une grève illicite a saisi le tribunal pour obtenir la condamnation du syndicat et de son dirigeant à des dommages-intérêts en réparation de son préjudice ;

Sur le moyen unique, pris en ses deuxième et troisième branches :

Vu l'alinéa 7 du préambule de la Constitution du 27 octobre 1946, ensemble l'article 78 de l'ordonnance n° 85-1181 du 13 novembre 1985 relative aux principes directeurs du droit du travail et à l'organisation et au fonctionnement de l'inspection du travail et du tribunal du travail en Nouvelle-Calédonie devenu l'article L. 371-1 du Code du travail de Nouvelle-Calédonie ;

Attendu que des arrêts de travail courts et répétés, quelque dommageables qu'ils soient pour la production, ne peuvent, en principe, être considérés comme un exercice illicite du droit de grève ;

Attendu que pour condamner solidairement le syndicat et son dirigeant à payer à la société compagnie de fabrication et de préfabrication des dommages-intérêts en réparation de son préjudice, l'arrêt retient qu'il est établi que les arrêts de travail courts et répétés des machines les 3, 4 et 5 janvier 2007, sur instruction du syndicat des travailleurs et ouvriers du Pacifique et de son président ont entraîné une perte importante et anormale de production et que c'est à bon droit que les premiers juges ont décidé que ce mouvement était une grève perlée illicite ;

Qu'en statuant ainsi, la cour d'appel a violé les textes susvisés ; (...)

PAR CES MOTIFS : CASSE ET ANNULE...

→ Travail à faire

1. **Qu'est-ce qu'une grève selon la Cour de cassation ?**
2. **Qu'est-ce qu'une grève perlée illicite ?**
3. **À quelles conditions y a-t-il exercice illicite du droit de grève ?**

Évaluer vos connaissances

QCM 15.02

1. La loi donne la définition de l'exercice normal du droit de grève.
   A. ☐ Vrai
   B. ☐ Faux
2. La grève peut consister en une exécution défectueuse du travail ou un ralentissement du travail.
   A. ☐ Vrai
   B. ☐ Faux
3. Le mouvement déclenché pour soutenir des revendications émises par des salariés d'une autre entreprise est une grève de solidarité.
   A. ☐ Vrai
   B. ☐ Faux
4. Une grève de solidarité n'est pas un mode régulier du droit de grève.
   A. ☐ Vrai
   B. ☐ Faux
5. Un salarié doit prévenir à l'avance son employeur qu'il souhaite participer à un mouvement de grève.
   A. ☐ Vrai
   B. ☐ Faux
6. Les salariés qui se tiennent aux accès de l'entreprise pour inciter les non-grévistes à faire grève commettent toujours une faute lourde.
   A. ☐ Vrai
   B. ☐ Faux
7. Les revendications des salariés ne doivent pas être déraisonnables.
   A. ☐ Vrai
   B. ☐ Faux
8. Le licenciement d'un salarié gréviste est nul s'il est fondé sur une faute grave.
   A. ☐ Vrai
   B. ☐ Faux
9. L'employeur peut refuser de verser l'indemnité d'assiduité aux salariés grévistes.
   A. ☐ Vrai
   B. ☐ Faux
10. Les dispositions des conventions collectives instaurant un délai de préavis s'imposent aux salariés.
    A. ☐ Vrai
    B. ☐ Faux
11. L'employeur peut procéder à des retenues sur salaire des salariés grévistes.
    A. ☐ Vrai
    B. ☐ Faux
12. Le *lock-out* n'est autorisé qu'en cas de force majeure.
    A. ☐ Vrai
    B. ☐ Faux
13. Le *lock-out* est autorisé s'il est pratiqué à titre préventif.
    A. ☐ Vrai
    B. ☐ Faux

APPLICATIONS

Préparez-vous à l'examen

EXO 15.03 Cas pratique

Une grève d'une partie du personnel de l'entreprise Lamy vient de se terminer par la signature d'un protocole de fin de grève. Il a été signé par le représentant des grévistes et ne reprend aucune des revendications défendues mais prévoit que les heures de grève sont payées pour 1/3 et le versement d'une prime de reprise de 150 € payable en deux fois. Un autre accord est signé par une délégation du personnel non gréviste et contient une prime de reprise de 350 € payable également en deux fois. Pendant la grève, les salariés non-grévistes ont assuré une partie de l'activité de l'entreprise dans des conditions normales. Les salariés grévistes, ayant appris l'existence de cet accord, réclament devant le conseil de prud'hommes de percevoir le même montant que les salariés non grévistes.

→ **Travail à faire**
Obtiendront-ils satisfaction ?

EXO 15.04

L'entreprise Dubois (100 salariés) a pour activité la commercialisation de livres, CD et DVD. Le plus grand nombre de salariés travaillent à l'expédition des articles commandés par Internet. Le climat s'est beaucoup dégradé, les conditions de travail étant très difficiles.

1. Deux salariés qui travaillent à l'expédition des colis estimant que les cadences qui leur sont imposées sont trop rapides, décident de diminuer par deux la quantité de colis effectués dans la journée.
2. Un salarié qui réceptionne les commandes en ligne veut bénéficier d'un week-end de 48 heures à partir du samedi à 12 heures. Il cesse donc seul le travail le lundi matin.
3. Une trentaine de salariés décide d'arrêter immédiatement le travail car ils veulent une amélioration des conditions de travail (salaire et durée du travail).
4. Les trois salariés du service comptable et informatique cessent le travail dès que l'employeur leur donne l'ordre de lancer les opérations de facturation et refusent de donner les mots de passe permettant l'accès au logiciel. Il est impossible de gérer la facturation manuellement, 8 jours de chiffre d'affaires sont déjà définitivement perdus.

→ **Travail à faire**
Qualifiez les situations en précisant si elles correspondent à l'exercice normal du droit de grève, à un exercice abusif du droit de grève ou à un arrêt de travail illicite.

La protection sociale et la Sécurité sociale

Chapitre 16

COMPÉTENCES ATTENDUES

- **Repérer les grandes étapes et principes de la construction du droit de la protection sociale.**
- **Schématiser l'organisation de la protection sociale : les grands acteurs de la protection sociale et les risques couverts.**
- **Repérer les sources du droit de la protection sociale.**
- **Identifier les différents régimes sociaux.**
- **Identifier le régime auquel une personne est assujettie en fonction de sa situation.**

PLAN DU CHAPITRE

1 Construction de la protection sociale et sources du droit de la Sécurité sociale

A Quelques repères historiques

B Organisation de la protection sociale aujourd'hui

C Les sources du droit de la Sécurité sociale

2 La Sécurité sociale : présentation générale

A Organisation et financement de la Sécurité sociale

B Le financement de la Sécurité sociale

C Les assurés du régime général de la Sécurité sociale

3 Applications

SYNTHÈSE P. 409

APPLICATIONS P. 410

LES RÉFÉRENCES POUR COMPRENDRE LE CONTEXTE

Article L. 111-1 du Code de la Sécurité sociale

La sécurité sociale est fondée sur le principe de solidarité nationale.

Elle assure, pour toute personne travaillant ou résidant en France de façon stable et régulière, la couverture des charges de maladie, de maternité et de paternité ainsi que des charges de famille et d'autonomie.

Elle garantit les travailleurs contre les risques de toute nature susceptibles de réduire ou de supprimer leurs revenus. Cette garantie s'exerce par l'affiliation des intéressés à un ou plusieurs régimes obligatoires.

Elle assure la prise en charge des frais de santé, du soutien à l'autonomie, le service des prestations d'assurance sociale, notamment des allocations vieillesse, le service des prestations d'accidents du travail et de maladies professionnelles ainsi que le service des prestations familiales.

[...]

Art L. 111-2-1 du Code de la Sécurité sociale

I. La Nation affirme son attachement au caractère universel, obligatoire et solidaire de la prise en charge des frais de santé assurée par la sécurité sociale.

La protection contre le risque et les conséquences de la maladie est assurée à chacun, indépendamment de son âge et de son état de santé. Chacun contribue, en fonction de ses ressources, au financement de cette protection.

[...]

II. La Nation réaffirme solennellement le choix de la retraite par répartition au cœur du pacte social qui unit les générations. Le système de retraite par répartition assure aux retraités le versement de pensions en rapport avec les revenus qu'ils ont tirés de leur activité.

Les assurés bénéficient d'un traitement équitable au regard de la durée de la retraite comme du montant de leur pension, quels que soient leur sexe, leurs activités et parcours professionnels passés, leur espérance de vie en bonne santé, les régimes dont ils relèvent et la génération à laquelle ils appartiennent.

[...]

III. – La Nation affirme son attachement au caractère universel et solidaire de la prise en charge du soutien à l'autonomie, assurée par la sécurité sociale.

La prise en charge contre le risque de perte d'autonomie et la nécessité d'un soutien à l'autonomie sont assurées à chacun, indépendamment de son âge et de son état de santé.

La prise en charge contre le risque de perte d'autonomie et la nécessité d'un soutien à l'autonomie sont assurées à chacun, indépendamment de son âge et de son état de santé.

MOTS CLÉS

Protection sociale, Sécurité sociale, CSG, CRDS, CARSAT, assuré social, assujettissement, immatriculation.

1 Construction de la protection sociale et sources du droit de la Sécurité sociale

A Quelques repères historiques

Historiquement, la solidarité s'exerçait dans le cadre familial, professionnel, voire religieux. L'apparition d'une nouvelle classe sociale au cours de la révolution industrielle a contribué à la reconnaissance de certains risques sociaux de la classe ouvrière et a abouti à la construction d'un système de protection sociale. En effet, les membres de la classe ouvrière ne disposant que de leur force de travail sont particulièrement exposés aux risques physiques (accidents du travail, maladie, vieillesse) et économiques (précarité de l'emploi). De plus en plus la nécessité de la prise en charge des différents risques sociaux s'impose et conduit à la naissance de la protection sociale.

1 À la fin du XIXe siècle, premières assurances sociales

1898	Loi sur les accidents du travail	Loi assurant la protection des salariés de l'industrie contre les accidents du travail. – Pose le principe d'une responsabilité personnelle de l'employeur.
1910	Loi sur les retraites ouvrières et paysannes	Loi créant le premier système interprofessionnel de retraites au bénéfice des salariés faiblement rémunérés des secteurs industriels et agricoles.
1928-1930	Lois sur les assurances sociales	Lois créant au bénéfice des salariés de l'industrie et du commerce le premier système d'assurances sociales (risque maladie, maternité, invalidité, vieillesse, décès).
1932	Loi sur les allocations familiales	Loi créant les premiers systèmes d'indemnisation des charges de famille.

Il faut attendre les travaux du Conseil national de la résistance, à la fin de la Seconde Guerre mondiale pour poser le principe d'une Sécurité sociale généralisée à l'ensemble de la population.

2 1945-1946 : mise en place de la Sécurité sociale

Exposé des motifs de l'ordonnance du 4 octobre 1945 (extraits)

« La Sécurité sociale est la garantie donnée à chacun qu'en toutes circonstances il disposera des moyens nécessaires pour assurer sa subsistance et celle de sa famille dans des conditions décentes. Trouvant sa justification dans un souci élémentaire de justice sociale, elle répond à la préoccupation de débarrasser les travailleurs de l'incertitude du lendemain, de cette incertitude constante qui crée chez eux un sentiment d'infériorité et qui est la base réelle et profonde de la distinction des classes entre les possédants sûrs d'eux-mêmes et de leur avenir et les travailleurs sur qui pèse, à tout moment, la menace de la misère.

« Envisagée sous cet angle, la Sécurité sociale appelle l'aménagement d'une vaste organisation nationale d'entraide obligatoire qui ne peut atteindre sa pleine efficacité que si elle présente un caractère de très grande généralité à la fois quant aux personnes qu'elle englobe et quant aux risques qu'elle couvre. Le but final à atteindre est la réalisation d'un plan qui couvre l'ensemble de la population contre l'ensemble des facteurs d'insécurité ; un tel résultat ne s'obtiendra qu'au prix de longues années d'efforts persévérants, mais ce qu'il est possible de faire aujourd'hui, c'est d'organiser le cadre dans lequel se réalisera progressivement ce plan ».

1945	Ordonnances instituant la Sécurité sociale	L'ordonnance du 4 octobre 1945 prévoit un réseau coordonné de caisses se substituant à une multitude d'organismes. L'ordonnance du 19 octobre 1945 concerne les risques maladie, maternité, invalidité, vieillesse, décès.
1946	Loi du 22 mai 1946 Loi du 22 août 1946 Loi du 30 octobre 1946	Pose le principe de la généralisation de la Sécurité sociale à l'ensemble de la population : les professions non salariées non agricoles s'y opposent. Étend les allocations familiales à pratiquement toute la population. Intègre la réparation des accidents du travail à la Sécurité sociale.

Cette organisation trouve son origine d'une part dans la conception du système des assurances sociales mis en place en Allemagne au cours des années 1883-1889 (**système « bismarckien »**), financé par les cotisations des employeurs/salariés sur les salaires ; d'autre part dans la conception développée en Angleterre dans le **rapport Beveridge** (1942) qui affirme le droit de chacun à la Sécurité sociale, ce qui se traduit par un financement par l'impôt et une couverture minimale à l'ensemble de la population.

Une Sécurité sociale fondée sur les principes d'uniformité des prestations, d'unité du système, d'universalité est née. Cependant, tous ces principes n'ont pas pu être réalisés. La résistance de multiples groupes socio-professionnels a notamment empêché la création d'un seul régime servant des prestations uniques pour l'ensemble de la population.

3 Les évolutions du système

Les principales évolutions sont dues notamment aux nécessaires adaptations aux problèmes de l'emploi, aux problèmes du vieillissement de la population, et plus globalement aux problèmes de financement de la protection sociale. On peut noter aussi une tendance à la généralisation à l'ensemble de la population de la protection (exemple de la CMU, de la protection universelle maladie).

1947	Création du régime des retraites complémentaires des cadres	Accord collectif interprofessionnel créant le régime de retraite complémentaire des cadres (Agirc).
1958	Création du régime chômage (Unedic)	
1961	Création du régime des retraites complémentaires des non cadres	Accord interprofessionnel créant l'Arrco.
1982	Ordonnance abaissant l'âge de la retraite à 60 ans.	
1988	Loi créant le Revenu Minimum d'Insertion (RMI)	
1990	Loi créant la Contribution sociale généralisée (CSG)	
1993	Loi réformant les retraites	Réforme dite « Balladur » de la retraite du régime général. Elle prévoit l'augmentation de la durée de cotisations dans le secteur privé.
1999	Loi sur la Couverture maladie universelle (CMU)	

2003	Loi réformant les retraites	Harmonisation progressive des durées de cotisations pour bénéficier d'une retraite à taux plein entre les différents régimes, augmentation de la durée de cotisations, réduction de cette durée pour les assurés ayant commencé à travailler jeunes et ayant eu de longues carrières.
2006	Ordonnance créant le Régime social des indépendants (RSI)	Ordonnance regroupant les régimes d'assurance maladie des professions libérales, des industriels, des artisans et des commerçants ainsi que les régimes d'assurance vieillesse des industriels, des artisans et des commerçants.
2008		Loi généralisant le Revenu de solidarité active (RSA).
2010	Loi réformant les retraites	
2013	Loi de sécurisation de l'emploi	
2016		Mise en application de la protection universelle maladie.
2018		Suppression du RSI et intégration des travailleurs indépendants dans le régime général.

B Organisation de la protection sociale aujourd'hui

L'organisation de la protection sociale permet de distinguer en France la Sécurité sociale, les régimes complémentaires et les régimes d'aide sociale et d'assistance, le régime de protection contre le chômage.

	Les acteurs	Les risques couverts
Protection sociale	Sécurité sociale	Maladie, maternité, invalidité, décés
		Accidents du travail, maladies professionnelles
		Vieillesse
		Famille
	Régimes complémentaires	Maladie, vieillesse
	Régime d'aide sociale et d'assistance	Pauvreté, handicap, exclusion
	Régime d'indemnisation du chômage	Chômage total, chômage partiel

C Les sources du droit de la Sécurité sociale

Le système français de Sécurité sociale est structuré et géré par un droit interne et par un droit international et communautaire.

1 Les sources internes

a. Les sources d'origine étatique

C'est dans la **Constitution de 1958** et notamment dans la reprise du préambule de 1946 qu'est consacrée la reconnaissance d'un droit à la Sécurité sociale et à la protection des risques sociaux. L'alinéa 11 stipule : « *Elle (la nation) garantit à tous, notamment à l'enfant, à la mère et aux vieux travailleurs, la protection de la santé, la sécurité matérielle, le repos et les loisirs. Tout être humain, qui en raison de son âge, de son état physique ou mental, de la situation économique, se trouve dans l'incapacité de travailler, a le droit d'obtenir de la collectivité des moyens convenables d'existence.* »

Selon l'article 34 de la Constitution, la loi détermine les principes fondamentaux en matière de Sécurité sociale (exemple : création d'un régime ou d'une prestation). Le législateur a également une compétence spécifique de nature financière avec les lois de financement de la Sécurité sociale : le Parlement vote chaque année depuis 1997 une loi de financement de la Sécurité sociale.

Le pouvoir réglementaire met en œuvre les principes fondamentaux (par exemple : il fixe les taux de cotisation).

Ainsi, les conditions d'âge, les taux, les durées d'affiliation requises, la fixation du niveau du ticket modérateur... relèvent de la compétence du pouvoir réglementaire alors que le principe même de chacun de ces mécanismes doit être adopté par le pouvoir législatif.

b. Les actes émanant des organismes de Sécurité sociale

Les caisses chargées de l'administration de la Sécurité sociale par les pouvoirs publics prennent des décisions. Ce sont :

- soit des actes de portée générale, qui peuvent émaner d'organismes nationaux ou de base ; ce sont des actes administratifs avec un caractère réglementaire qui relèvent de la compétence du juge administratif ;
- soit des actes de portée individuelle : en général ils sont pris par les caisses de base, dans le cadre de l'application de la législation de la Sécurité sociale et relèvent alors de la compétence du Tribunal judiciaire, pôle social.

2 Les sources internationales

De nombreuses déclarations ont affirmé les responsabilités des États en matière économique et sociale. La déclaration universelle des Droits de l'Homme, adoptée le 10 décembre 1948, pose solennellement le droit à la Sécurité sociale comme un principe fondamental « *indispensable à la dignité et au libre développement* » de l'homme en tant que membre de la société.

L'organisation internationale du travail adopte en 1952 une convention prévoyant la norme minimum de Sécurité sociale. En énumérant les risques sociaux, elle souhaite normaliser les systèmes des pays qui la ratifient et réduire les écarts entre eux au niveau du développement de leur système de protection sociale.

3 Le droit de l'Union européenne

L'Union européenne, organisation à vocation essentiellement économique à l'origine, n'a pas totalement ignoré les préoccupations sociales même si les compétences transférées par les États aux institutions européennes sont en la matière limitées. Ainsi plusieurs textes comme la charte sociale européenne, le Code européen de la Sécurité sociale en 1964, le règlement 1408/71 du 14 janvier 1971 renforcent les bases pour que « *tout travailleur de l'Union européenne ait droit à une protection sociale adéquate et à des prestations de Sécurité sociale d'un niveau suffisant* ».

Si les États membres sont libres d'organiser leur système de Sécurité sociale et notamment de fixer dans leurs législations nationales pour chacun des risques, le niveau des prestations, le mode et le niveau de financement, les modalités de fonctionnement du régime et son degré de solidarité avec les citoyens, les législations nationales ne doivent pas être discriminatoires et elles ne peuvent pas constituer un obstacle à la libre circulation des individus. Les législations nationales doivent respecter la réglementation européenne sur la coordination des législations nationales de Sécurité sociale : par exemple un ressortissant italien travaillant et résidant en France pour une période limitée peut dans le cadre de la règle du détachement temporaire, relever à titre provisoire et exclusif de la législation italienne.

2 La Sécurité sociale : présentation générale

Le concept purement juridique de la Sécurité sociale s'applique dans une approche restrictive aux **régimes légaux** et aux prestations distribuées par ces régimes.

A Organisation et financement de la Sécurité sociale

L'organisation de la Sécurité sociale se caractérise par son éclatement en plusieurs sous-ensembles constitués par les différents régimes légaux et par une certaine complexité.

1 Les différents régimes

Le système de la Sécurité sociale est organisé en trois grands pôles.

Régime général	Régimes spéciaux	Régime agricole
Travailleurs salariés, travailleurs indépendants, personnes au titre de la résidence	Régime de la fonction publique, régime des entreprises et des établissements publics...	Professions agricoles salariées et non salariées

2 Organisation administrative et financière du régime général

Organisation simplifiée de la Sécurité sociale (régime général de la métropole)

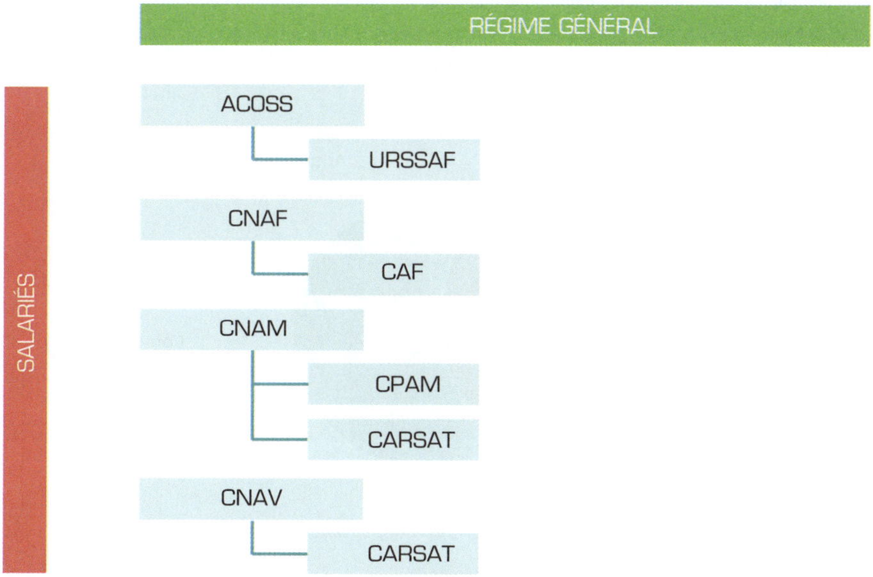

Différentes caisses autonomes sont chargées de la gestion des risques sociaux. Des organismes spécifiques s'occupent particulièrement des problèmes de financement.

Au niveau national

- L'Agence centrale des organismes de Sécurité sociale (ACCOSS) est chargée principalement d'assurer la gestion de trésorerie des caisses nationales.
- La Caisse nationale d'allocations familiales (CNAF) gère les prestations familiales.
- La Caisse nationale d'assurance maladie (CNAM) assure le pilotage du réseau des organismes et définit les orientations stratégiques de l'assurance maladie. Elle assure le financement des assurances maladie, maternité, invalidité, décès, accidents du travail et maladies professionnelles.
- La Caisse nationale d'assurance vieillesse (CNAV) gère le risque vieillesse des travailleurs salariés.

Au niveau local et régional

- Les Unions de recouvrement des cotisations de Sécurité sociale et des allocations familiales (URSSAF) sont chargées notamment du recouvrement des cotisations, de la CSG et des autres recettes qui alimentent les ressources de la Sécurité sociale
- Les Caisses d'allocations familiales (CAF) versent les prestations familiales et sociales et développent une action sociale envers les familles.
- Les Caisses primaires d'assurance maladie (CPAM) assurent l'immatriculation des assurés, déclenchent les remboursements ou les versements des prestations en espèces.
- Les Caisses d'assurance retraite et de la santé au travail (CARSAT) assurent au niveau régional la gestion des retraites, la tarification et la prévention des risques professionnels.

B Le financement de la Sécurité sociale

Depuis 1996, le Parlement définit l'équilibre financier des régimes de Sécurité sociale par le vote des **lois de financement de la Sécurité sociale**. La réforme de 2005 élargit le champ de ces lois à l'ensemble des organismes contribuant à son financement et inscrit l'évolution de l'équilibre financier de la Sécurité sociale dans une perspective pluriannuelle.

Les ressources de la Sécurité sociale sont en progression constante. Elles suivent la croissance des dépenses de protection sociale.

Elles se répartissent en trois catégories essentiellement : les cotisations sociales, l'impôt et les taxes affectées, les contributions publiques de l'État.

Structure des recettes du régime général en 2022

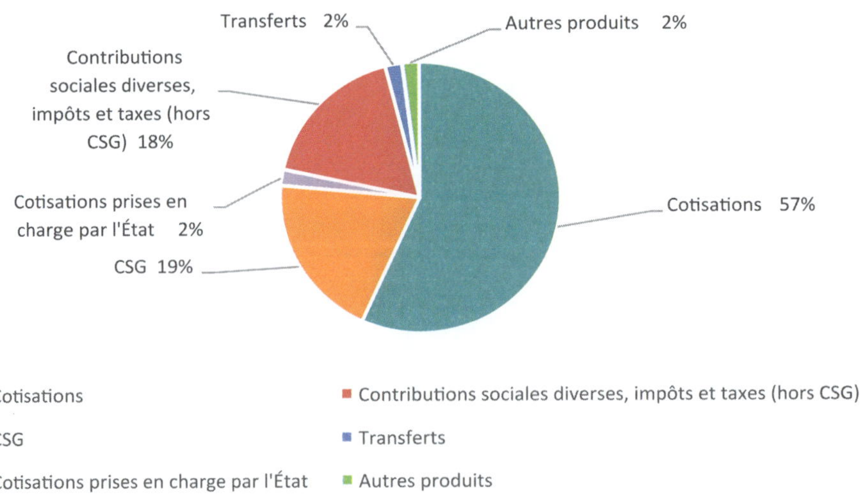

1 Les charges sociales et fiscales sur salaires

Assiette et paiement

Les cotisations assurance vieillesse sont payées par les salariés et les employeurs. Les cotisations maladie, familiales, accidents du travail sont exclusivement patronales. La **CSG** et la **CRDS** sont exclusivement salariales.

L'**assiette** caractérise la base de calcul des charges. Les charges sont calculées sur :

- le salaire brut ;
- le salaire plafonné (le plafond annuel pour 2024 s'élève à 46 368 € et le plafond mensuel à 3 864 €).

Pour la CSG et la CRDS, un abattement de 1,75 % est pratiqué sur les salaires et assimilés dans le but d'assurer une égalité de traitement avec les non salariés qui acquittent la CSG sur un revenu net de frais professionnels.

Les cotisations de Sécurité sociale sont calculées sur une même assiette constituée des sommes versées aux salariés en contrepartie de leur travail. Il s'agit notamment du salaire de base, des indemnités, les primes et les gratifications versées à l'occasion du travail, des avantages en nature. En revanche, ne sont pas assujettis, sous certaines conditions et limites, les remboursements de frais professionnels, les indemnités liées à la rupture du contrat de travail.

Le versement est effectué par l'employeur à l'Urssaf d'affiliation de l'entreprise.

Les litiges concernant l'assujettissement, l'assiette, le versement des cotisations relèvent du contentieux général de la Sécurité sociale (*cf.* Chapitre 20).

2 Barème au 1er janvier 2024

Charges	Employeurs (%)		Salariés (%)	
	Salaire plafonné	Totalité du salaire	Salaire plafonné	Totalité du salaire
Assurance maladie, maternité, invalidité, décès et contribution solidarité autonomie (CSA)		7		
Assurance vieillesse	8,55	2,02	6,9	0,4
Allocations familiales		3,45		
Accident du travail		% variable		
Aide au logement (1)	0,1	0,5		
Transports		% variable		
Contribution solidarité autonomie		0,3		
CSG (contribution sociale généralisée) (2)				9,2
CRDS (contribution au remboursement de la dette sociale) (2)				0,5

(1) FNAL : Employeurs de moins de 20 salariés : 0,10 % sur les rémunérations plafonnées. Employeurs de 20 salariés et plus : 0,50 % sur la totalité des rémunérations.

(2) Sur 98,25 % du salaire brut dans la limite de 4 fois le plafond annuel de la Sécurité sociale, 100 % au-delà.

Exonérations de cotisations sociales

Il existe plusieurs dispositifs d'exonération dont :

- la réduction générale des cotisations patronales sur les bas salaires ;
- les exonérations applicables dans des zones géographiques : bassins d'emploi à redynamiser ;
- les exonérations pour les salariés créateurs, pour les jeunes entreprises innovantes...

C Les assurés du régime général de la Sécurité sociale

Pour bénéficier des prestations de la **Sécurité sociale** du régime général et être **assuré social**.

1. Il faut être assujetti à un régime.

L'**assujettissement** signifie le rattachement obligatoire d'une personne à un régime.

Sont obligatoirement assujettis au régime général de la Sécurité sociale les salariés, certaines catégories de personnes assimilées par la loi à des salariés, les travailleurs indépendants. Pour la Cour de cassation, les critères de l'assujettissement des salariés au régime général sont les mêmes que ceux élaborés en droit du travail pour déterminer si un travailleur est salarié.

Trois exigences sont retenues :

- un lien de subordination ou de dépendance ;
- une rémunération ;
- un contrat de travail.

2. Il faut être immatriculé.

L'**immatriculation** est l'opération administrative par laquelle une personne est inscrite sur la liste des assurés sociaux. Pour les salariés, c'est au premier employeur qui embauche un travailleur dépendant non encore immatriculé qu'incombe l'obligation de faire dans les 8 jours une déclaration à la caisse primaire dont relève la résidence habituelle du salarié. L'immatriculation confère à l'assuré un numéro d'immatriculation.

3. L'assuré social est affilié auprès de la caisse qui l'a immatriculé.

La protection universelle maladie (PUMA) garantit à toute personne qui travaille ou réside en France de manière stable et régulière un droit à la prise en charge de ses frais de santé à titre personnel et de manière continue tout au long de sa vie.

En conséquence, sont affiliées à un régime obligatoire Sécurité sociale :

- toutes les personnes qui exercent une **activité professionnelle**, quel que soit leur lieu de résidence (art. L. 111-2-2 Code de la sécurité sociale),
- les personnes sans activité professionnelle mais qui **résident en France de manière stable et régulière** (art. L. 160-5 Code de la sécurité sociale).L'affiliation au régime général sur critère de résidence se fait sur demande d'affiliation personnelle.

Remarque. Le refus délibéré de s'affilier ou d'engager les démarches en vue de l'affiliation obligatoire à un régime de Sécurité sociale est sanctionné par un emprisonnement de six mois et une amende de 15 000 €.

4. La notion d'ayant droit.

Un ayant droit est une personne pouvant bénéficier de prestations de Sécurité sociale, non à titre personnel, mais du fait de ses liens avec un assuré.

- Le statut des ayants droit majeurs disparaît progressivement. Ils sont désormais affiliés à la Sécurité sociale au titre de leur résidence stable et régulière en France.
- Les enfants mineurs continuent de bénéficier de la prise en charge des frais de santé en tant qu'ayant droit d'un assuré social (art. L. 160-2 Code de la Sécurité sociale).

- La protection sociale vise à assurer la population contre divers risques sociaux tels que : la maladie, la maternité, l'accident du travail, le chômage, l'invalidité, le décès.
- La Sécurité Sociale, créée en 1945, est l'institution maîtresse de la protection sociale.
- Elle est gérée par différents régimes : le régime général, les régimes spéciaux, le régime des professions agricoles.
- Son financement est assuré par les cotisations sociales payées par les employeurs et les salariés ainsi que par diverses contributions et taxes. En contrepartie, elle verse des prestations aux assurés sociaux et à leurs ayants droit.

Applications

Préparez-vous à l'examen

EXO 16.01

→ Travail à faire

1. **Différenciez la protection sociale et la Sécurité sociale.**
2. **Comment est financée la Sécurité sociale ?**
3. **Quels sont les critères d'affiliation au régime général de la Sécurité sociale ?**
4. **Quels sont les organismes chargés du versement des prestations de Sécurité sociale à l'échelon local ?**
5. **Quels sont les organismes chargés du recouvrement des cotisations sociales à l'échelon local ?**

EXO 16.02

Adrien vient de terminer ses études commerciales. Il est à la recherche de son premier emploi et se pose différentes questions quant à sa future protection sociale.

→ Travail à faire

1. **Qui doit demander l'immatriculation du salarié ? Auprès de quel organisme ?**
2. **S'il dispose d'un véhicule de fonction, celui-ci sera-t-il pris en compte dans le calcul des cotisations de Sécurité sociale ?**
3. **Les remboursements des sommes qu'il aura engagées pour accueillir des clients de l'entreprise seront-ils intégrés dans l'assiette des cotisations de Sécurité sociale ?**
4. **Il envisage de se pacser avec son amie Marie. Marie, 19 ans, sans activité professionnelle, pourra-t-elle être son ayant droit ?**

Les régimes sociaux

Chapitre 17

COMPÉTENCES ATTENDUES

Pour les personnes relevant du régime général de la Sécurité sociale :

- **Identifier les risques couverts et présenter leur régime respectif.**
- **Distinguer la prise en charge d'un risque selon son origine professionnelle ou non.**
- **Qualifier un accident du travail, un accident de trajet ou une maladie professionnelle.**
- **Caractériser une faute inexcusable ou intentionnelle de l'employeur et son incidence pour l'employeur et sur le droit à réparation du salarié.**

Pour les personnes relevant d'autres régimes :

- **Identifier les personnes assujetties.**
- **Identifier les organismes en charge de ce régime.**
- **Caractériser le régime social de l'assujetti.**

PLAN DU CHAPITRE

1 Le régime général de la Sécurité sociale

A L'assurance maladie
B L'assurance vieillesse
C Réparation des risques professionnels
D Protection de la famille : les prestations familiales

2 Régime des travailleurs indépendants et régime agricole

A Régime des travailleurs indépendants
B Régime agricole

3 Applications

SYNTHÈSE P. 430

APPLICATIONS P. 431

LES RÉFÉRENCES POUR COMPRENDRE LE CONTEXTE

Alors qu'il est en train de jardiner chez lui, Albert se blesse avec son coupe-haie. Son médecin lui prescrit un arrêt de travail de 3 semaines. Albert s'inquiète de la rémunération qu'il pourra percevoir pendant cette période d'arrêt.

Il profite de cette période d'inactivité pour se renseigner sur sa retraite. Il est âgé de 60 ans et souhaite s'arrêter au plus tôt. Il n'a cependant commencé à travailler qu'à 22 ans et se demande ce qu'un départ à l'âge légal aura comme conséquences financières pour lui.

Son fils Jules va prochainement être père. Il a entendu parler d'un congé paternité mais ne sait pas de combien de jours il peut bénéficier et s'il sera rémunéré pendant cette période.

Pouvez-vous renseigner Albert et Jules sur ces différents points ?

MOTS CLÉS

Assurance maladie, prestations en nature, prestations en espèces, ticket modérateur, tiers-payant, indemnités journalières, délai de carence, ayants droit, couverture maladie universelle, congé maladie, invalidité, pension d'invalidité, assurance décès, assurance vieillesse, système par répartition, système par capitalisation, salaire annuel moyen, pension de réversion, maladie professionnelle, prestations familiales, retraite complémentaire, prévoyance complémentaire, aide sociale, revenu de solidarité active, prime d'activité, protection universelle maladie, remboursement des frais de santé.

1 Le régime général de la Sécurité sociale

Remarque. Le cas particulier des travailleurs indépendants sera traité dans le § 2 de ce chapitre.

A L'assurance maladie

L'**assurance maladie** est la branche de la Sécurité sociale qui couvre les risques maladie, maternité, invalidité et décès des assurés qui leur sont rattachés, soit plus de 65 millions de bénéficiaires.

1 Le risque maladie

a. Les prestations versées par l'assurance maladie

Toute personne qui travaille ou réside en France de manière stable et régulière a droit à la prise en charge de ses frais de santé à titre personnel et de manière continue tout au long de la vie. Sous réserve de satisfaire à certaines conditions, le salarié peut bénéficier de prestations en espèces qui prennent la forme d'indemnités journalières.

Remboursement des frais de santé

Le remboursement des frais de santé, total ou partiel, concerne les frais médicaux engagés par l'assuré pour lui-même ou pour certains proches, à l'occasion d'une maladie ou d'un accident non professionnel.

Pour être pris en charge par l'assurance maladie, les soins et produits doivent remplir deux conditions :

- être dispensés par un établissement privé ou public autorisé ou par un praticien ou personnel paramédical dûment autorisé à pratiquer ;
- figurer dans la nomenclature des actes professionnels ou sur la liste des médicaments et produits remboursables.

L'assurance maladie intervient sur la base de tarifs fixés en principe par convention. Tout dépassement par rapport à ces tarifs est à la charge de l'assuré ou d'une protection complémentaire. Tel est le cas notamment pour les médecins qui ont opté pour le secteur conventionnel 2 et qui pratiquent des tarifs supérieurs au tarif conventionnel.

Pour enrayer la hausse de la consommation médicale, une participation (**ticket modérateur**) est laissée à la charge de l'assuré. Elle peut être proportionnelle ou forfaitaire et varier selon les catégories de prestations. Ce ticket modérateur peut être pris en charge en tout ou en partie par une complémentaire santé.

Une participation forfaitaire s'ajoute, à la charge de l'assuré (2 € par acte médical et acte de biologie médicale, participation plafonnée à 50 € par an).

Enfin, s'appliquent des franchises de 1 €, sur chaque boîte de médicaments et sur chaque acte d'auxiliaire médical, et de 4 € sur chaque transport avec une limite de 50 € par an pour l'ensemble des franchises. Cette somme est déduite des remboursements effectués par la caisse d'assurance maladie. Les bénéficiaires de la couverture maladie universelle complémentaire, les enfants et les femmes enceintes en sont exonérés. Les franchises doivent servir à financer les investissements consacrés à la lutte contre le cancer, la maladie d'Alzheimer et l'amélioration des soins palliatifs.

En principe, l'assuré est tenu de faire l'avance des frais, la Sécurité sociale remboursant ensuite l'assuré. Toutefois, il existe de nombreuses conventions de « **tiers-payant** » prévoyant le paiement direct par la caisse de différents prestataires de services (pharmacies, laboratoires de biologie, infirmiers libéraux, hôpitaux par exemple).

Prestations en espèces

En cas d'arrêt maladie, l'assurance maladie octroie, quand la législation le prévoit, des **indemnités journalières** (**prestations en espèces**) à l'assuré qui se trouve dans l'incapacité physique, constatée par le médecin traitant, de continuer ou de reprendre son travail.

L'**indemnité journalière** est égale à une fraction du salaire journalier de base et est majorée en fonction du nombre d'enfants à charge. Différents compléments sont venus améliorer le système.

Montant des indemnités journalières et versement

Fixées à 50 % du gain journalier (pris en compte dans la limite de 1,8 fois le SMIC) elles sont versées par la CPAM à partir du 4e jour d'arrêt de travail. Les trois premiers jours d'arrêt ne donnent pas lieu à indemnisation : ils constituent le **délai de carence**. Une majoration s'applique à partir du 31e jour d'arrêt pour les assurés ayant au moins trois enfants à charge. L'assuré ne peut recevoir au titre d'une ou plusieurs maladies plus de 360 indemnités journalières au cours d'une période de trois ans consécutifs.

En revanche, s'il est atteint d'une affection longue durée, les indemnités journalières peuvent être versées pendant trois ans.

Remarque. Les indemnités journalières maladie sont plafonnées.

Le complément versé par l'employeur

La loi sur la mensualisation améliore le traitement du salarié malade. En effet, à partir du 8e jour d'absence les salariés pris en charge par la Sécurité sociale et ayant au moins un an d'ancienneté perçoivent 90 % de leur rémunération brute pendant 30 jours. À compter du 31e jour jusqu'au 60e jour, ils perçoivent 66,6 % de leur salaire. Cette garantie prévue par la loi sur la mensualisation est un seuil minimal : la plupart des conventions collectives prévoient des conditions et une durée d'indemnisation plus favorables.

Lorsque l'employeur maintient le salaire, il peut être subrogé dans les droits du salarié : il perçoit alors les indemnités journalières à la place du salarié.

Contrôle médical

Lorsqu'une Caisse primaire d'assurance maladie verse des indemnités journalières de maladie, elle est en droit d'exercer un **contrôle médical** pour vérifier si l'arrêt est justifié.

Obligations de l'assuré

L'assuré est tenu d'envoyer son arrêt de travail dans les 48 heures, de respecter les horaires de sortie (s'il y en a) et de ne pas quitter la circonscription administrative sans autorisation de la caisse.

L'assuré doit en outre :

- s'abstenir de toute activité non autorisée, sauf accord de la caisse pour une activité ayant un caractère thérapeutique favorisant son rétablissement ;
- observer les prescriptions du praticien ;
- se soumettre à l'obligation de contrôle organisé par la CPAM.

Sanctions

En cas d'inobservation des obligations, le versement des indemnités journalières peut être totalement ou partiellement suspendu.

Des procédures d'information sont mises en place entre les différents acteurs. Si la caisse suspend les indemnités journalières, elle informe l'employeur qui pourra à son tour, suspendre le versement des indemnités journalières complémentaires. L'employeur devra au préalable vérifier sous quelles conditions l'indemnisation complémentaire intervient : si celle-ci est subordonnée au versement des indemnités par la Sécurité sociale, l'employeur pourra stopper le versement des indemnités complémentaires.

En outre, lorsque les indemnités complémentaires sont prévues conventionnellement, l'employeur peut faire procéder à un contrôle dès le premier jour d'absence ouvrant droit à cette indemnisation. Dans ce cas, si le médecin qui procède à la « contre-visite médicale » conclut à un arrêt injustifié, l'employeur peut cesser le versement du complément de salaire (Chapitre 5).

Le médecin transmet son avis au service du contrôle médical de la caisse ; celui-ci pourra à son tour constater l'absence de justification de l'arrêt et suspendre le versement des indemnités journalières.

b. Bénéficiaires

Remboursement des frais de santé

Les personnes ayant une activité professionnelle ou une résidence stable et régulière en France ont droit au remboursement de leurs frais de santé en cas de maladie.

Les indemnités journalières en cas d'arrêt de travail pour maladie

Pour avoir droit aux prestations en espèces, l'assuré doit justifier du versement d'un montant minimal de cotisations. À titre subsidiaire, le critère du nombre d'heures travaillées peut être retenu.

Conditions d'ouverture des droits aux prestations en espèces de l'assurance maladie

Indemnisation des six premiers mois d'arrêt	– Avoir travaillé au moins 150 heures au cours des trois mois civils ou des 90 jours précédant l'arrêt de travail. – Ou avoir cotisé sur un salaire au moins égal à 1 015 fois le montant du SMIC horaire au cours des six mois civils précédant l'arrêt de travail.
Indemnisation après six mois d'arrêt	Immatriculation depuis au moins 12 mois. Avoir travaillé au moins 600 heures au cours des 12 mois civils ou des 365 jours précédant l'arrêt de travail. Ou avoir cotisé sur un salaire au moins égal à 2 030 fois le montant du SMIC horaire au cours des 12 mois civils précédant l'arrêt de travail .

2 Le risque maternité

La maternité revêt quant à l'assurance des aspects proches de la maladie. Pour autant, l'**assurance maternité** a des particularités.

a. Prestations

Comme pour l'assurance maladie, l'assurance maternité assure le remboursement des frais de santé et accorde des prestations en espèces.

La **déclaration de grossesse** doit être faite à la Caisse d'assurance maladie et à la Caisse d'allocations familiales dans les 14 premières semaines de la grossesse.

Le remboursement des soins de l'assurance maternité concerne l'ensemble des frais médicaux, pharmaceutiques, d'analyse et d'examens de laboratoires, d'appareils et d'hospitalisation relatifs ou non à la grossesse, à l'accouchement et à ses suites intervenant au cours de la période qui débute quatre mois avant la date présumée de l'accouchement et se termine 12 jours après l'accouchement.

Le remboursement des frais, sur la base des tarifs reconnus par la Sécurité sociale s'effectue à 100 %. Les dépassements d'honoraires ne sont jamais pris en charge par l'assurance maternité : ils peuvent éventuellement être pris en charge par une mutuelle ou une assurance complémentaire.

En outre, certains actes médicaux, considérés comme obligatoires sont pris en charge à 100 %, sur la base et dans la limite des tarifs de la Sécurité sociale dès la déclaration de grossesse, sans ticket modérateur.

Les prestations en espèces sont destinées à compenser la perte de salaire pendant le congé de maternité, ces prestations ne sont dues qu'à la salariée assurée sociale qui subit cette perte. Le père peut également bénéficier d'indemnités journalières durant le congé de paternité.

Le congé de maternité

Durée du congé de maternité

Situation familiale avant la naissance	Naissances	Durée du congé de maternité (en semaines)		
		prénatal	postnatal	total
Pas d'enfant ou un enfant	1 enfant	6	10	16
	jumeaux	12	22	34
	triplés ou plus	24	22	46
Deux enfants ou plus	1 enfant	8	18	26
	jumeaux	12	22	34
	triplés ou plus	24	22	46
En cas d'état pathologique, prolongation du congé prénatal de deux semaines et du congé postnatal de quatre semaines				

Le **congé maternité** comprend un congé prénatal (avant l'accouchement) et un congé postnatal (après l'accouchement). La durée légale du congé maternité est fixée par le Code du travail. Les conventions collectives peuvent prévoir des dispositions plus favorables (Chapitre 5).

La salariée peut réduire son congé prénatal de 3 semaines au maximum, le congé postnatal étant prolongé d'autant. À partir du 3e enfant, le Code du travail prévoit à l'inverse la possibilité d'augmenter le congé prénatal de 2 semaines, le congé postnatal étant réduit d'autant.

Indemnités journalières maternité

L'indemnité journalière maternité est égale au salaire journalier de base, calculé sur la moyenne des 3 mois qui précèdent le congé prénatal (salaires soumis à cotisations, moins les cotisations sociales obligatoires et la CSG, et pris en compte dans la limite du plafond mensuel de la Sécurité sociale).

Les prestations en espèces, versées dans le cadre de l'assurance maternité, sont exonérées des cotisations de Sécurité sociale, mais sont assujetties à la CSG et à la CRDS. Elles sont soumises à l'impôt sur le revenu.

Prestations en espèces paternité

Les indemnités journalières de paternité (**prestations en espèces paternité**) sont versées pendant la durée du congé de paternité, sous réserve de cesser toute activité professionnelle. Elles sont identiques aux indemnités journalières maternité.

b. Bénéficiaires

Toute femme qui travaille ou réside en France de manière stable et régulière a droit à la prise en charge des soins liés à sa maternité. Les prestations en espèces destinées à compenser la perte d'un salaire ne concernent que l'assurée sociale contrainte de suspendre son activité professionnelle.

• Conditions d'ouverture aux prestations maternité en espèces

Conditions
Immatriculation depuis 10 mois à la date présumée de l'accouchement.
Avoir travaillé au moins 150 heures au cours des 3 derniers mois civils ou des 90 jours précédant le congé.
Ou avoir cotisé sur un salaire au moins égal à 1,015 fois le montant du SMIC horaire au cours des 6 mois civils précédant le congé.

3 Le risque invalidité

L'**assurance invalidité** a pour objet :

- d'accorder à l'assuré une pension de compensation de la perte de salaire résultant de la réduction de sa capacité de travail ou de gain due à la maladie ou à un accident non professionnel ;
- de lui assurer les soins nécessités par son état (les soins et les actes médicaux sont remboursés à 100 %).

NB : Cette assurance indemnise le risque non professionnel : l'incapacité permanente qui a pour cause un accident du travail ou une maladie professionnelle est soumise au régime de réparation des risques professionnels.

a. Définition de l'invalidité

L'**invalidité** est définie comme une réduction stabilisée de la capacité de travail ou de gain, cette réduction ne résultant pas d'un risque professionnel (ou d'une blessure de guerre).

En application de l'article L. 341-1 du Code de la Sécurité sociale

Est considéré comme invalide l'assuré social victime d'une réduction des deux tiers de sa capacité de travail ou de gain, c'est-à-dire le mettant hors d'état de se procurer, dans une profession quelconque, un salaire supérieur au tiers de la rémunération normale perçue, dans la même région, par des travailleurs de la même catégorie dans la profession qu'il exerçait avant la date de l'interruption de travail suivie d'invalidité ou la date de la constatation médicale de l'invalidité si celle-ci résulte de l'usure prématurée de l'organisme.

Exemple

Un salarié en incapacité temporaire est en arrêt de travail et perçoit des indemnités journalières. Lorsque cet état se prolonge, il peut être pris en charge au titre d'une affection de longue durée : il reçoit alors des indemnités journalières pendant trois ans. Passé ce délai ou bien dans le cas où l'état du malade s'est consolidé (aucune amélioration ou aggravation ne risque d'intervenir dans un futur proche) une invalidité peut être reconnue. L'assuré doit avoir une réduction de sa capacité de travail ou de gain d'au moins deux tiers. Il peut alors recevoir une pension d'invalidité, sous forme de rente.

b. Bénéficiaires

Outre la constatation de l'état médical par le médecin conseil de la Caisse d'assurance maladie, plusieurs conditions d'attribution sont exigées.

Conditions d'attribution de la pension d'invalidité

Immatriculation	Avoir été immatriculé douze mois à la date d'arrêt de travail (en cas de maladie ou d'accident) ou à la date de constatation de l'invalidité ou à la date de la constatation de l'invalidité (usure prématurée de l'organisme).
Emploi	- Soit justifier du versement d'un montant de cotisations correspondant au montant dû sur un salaire égal à 2 030 fois le salaire minimum horaire. - Soit justifier de 600 heures de travail au cours des 12 mois précédant l'arrêt de travail ou la constatation de l'invalidité.
Âge	Ne pas avoir l'âge légal de la retraite : à cet âge, l'assurance invalidité prend fin et laisse la place à l'assurance vieillesse. Si l'assuré exerce une activité partielle, il peut refuser la transformation de la pension.

c. Montant des prestations ou montant de la pension

Les invalides sont classés en trois catégories qui déterminent le taux de la pension d'invalidité.

	Caractéristiques	Montant
1re catégorie	Invalides qui malgré leur incapacité des deux tiers sont encore capables d'exercer une activité rémunérée	30 % du salaire annuel moyen (calculé sur les 10 meilleures années) (1)
2e catégorie	Invalides incapables de travailler	50 % du salaire annuel moyen (2)
3e catégorie	Invalides devant recourir à l'aide d'une tierce personne	Une majoration de 40 % s'applique au montant de la 2e catégorie (3)

(1) Le montant de la pension ne peut être inférieur à l'allocation de solidarité aux personnes âgées.
(2) Les taux s'appliquent à des salaires limités au plafond de la Sécurité sociale.
(3) Le montant de cette majoration est en fait fixé par décret (voir art. R. 341-6 du CSS).

La **pension d'invalidité** peut être révisée si l'invalide change de catégorie : il y aura selon le cas réduction ou augmentation de la pension. Enfin, elle peut être suspendue ou supprimée.

Les contestations sur l'existence ou le degré de l'invalidité font l'objet d'un contentieux particulier : le contentieux technique (voir Chapitre 20).

4 Le risque décès

L'**assurance décès** prévoit l'allocation d'un capital lors du décès de l'assuré. Il est accordé quelle que soit la cause du décès (accident du travail ou suicide par exemple). Son objet est de couvrir les frais occasionnés par le décès en particulier les frais d'obsèques et d'aider la famille du décédé à faire face aux difficultés financières nées de la disparition de celui qui lui procurait tout ou partie de ses moyens d'existence, durant la période qui suit immédiatement le décès.

a. Bénéficiaires

Le versement du capital décès est effectué par priorité aux personnes qui étaient au jour du décès à la charge effective, totale et permanente de l'assuré, dans l'ordre de préférence suivant : le conjoint ou le partenaire pacsé ; à défaut les enfants ; puis les ascendants ; enfin, toute autre personne à charge.

Lorsque plusieurs personnes appartiennent à un même groupe, le capital doit être partagé également entre elles. Ces personnes ont un mois pour faire valoir leur droit.

Si aucun bénéficiaire prioritaire ne s'est manifesté dans le délai d'un mois suivant le décès de l'assuré, le capital décès est attribué au conjoint (ou pacsé), à défaut aux descendants, à défaut aux ascendants.

b. Conditions de versement liées au défunt

L'assuré défunt devait être, moins de 3 mois avant son décès, dans l'une des situations suivantes : salarié avec une activité suffisante au jour du décès pour permettre l'ouverture du droit à l'assurance maladie, chômeur indemnisé, titulaire d'une rente d'accident de travail ou de maladie professionnelle, bénéficiaire d'une pension d'invalidité. Le capital décès peut également être versé si le défunt, au moment de son décès, était en situation de maintien de ses droits antérieurs aux prestations du régime général.

c. Montant

Au 1er avril 2024, le montant forfaitaire du capital décès est égal à 3 910 €.

d. Régime social et fiscal

Le capital décès n'est pas soumis aux droits de succession et n'est pas assujetti aux cotisations de la Sécurité sociale, à la CSG ni à la CRDS. Il est incessible et insaisissable, sauf pour le paiement de dettes alimentaires ou en cas de manœuvre frauduleuse.

B L'assurance vieillesse

Le système de retraite français présente un certain nombre de caractéristiques qui découlent notamment des principes ayant été à la base de sa construction.

1 Caractéristiques générales

a. La complexité

L'**assurance vieillesse** est constituée d'un grand nombre de régimes de base différents. Cette protection est améliorée par le régime complémentaire obligatoire (régime Agirc - Arcco) qui sera étudié au chapitre 19. On trouve enfin un régime supplémentaire mis en place dans les entreprises ou au profit de certaines catégories : ce sont des régimes qui fonctionnent par capitalisation. La loi Fillon a ouvert également la voie à l'épargne retraite qui peut se mettre en place dans les entreprises grâce au PERECO. Enfin un mécanisme de revenu minimum garanti appelé **allocation de solidarité aux personnes âgées** (ASPA) s'adresse aux personnes aux plus faibles ressources.

b. Techniques de financement

Le système des retraites de la Sécurité sociale – le régime de base et les régimes complémentaires – est fondé sur la solidarité entre générations : les cotisations des actifs assurent le paiement des pensions aux retraités. On parle de **système par répartition**.

2 Financement du régime général

Les prestations vieillesse sont financées par une cotisation d'assurance vieillesse pour partie à la charge du salarié et pour partie à la charge de l'employeur.

Taux de cotisations assurance vieillesse au 1er janvier 2023

Employeurs (%)		Salariés (%)	
Salaire plafonné	Totalité du salaire	Salaire plafonné	Totalité du salaire
8,55	1,90	6,90	0,40

Depuis 1993, une partie de la CSG est affectée au financement des prestations dites « non contributives ».

3 Pensions du régime général

Toute personne qui a cotisé au moins un trimestre au régime général s'ouvre des droits à une pension de vieillesse du régime général.

a. Droits de l'assuré

L'âge de la retraite

À la suite de la réforme des retraites de 2023, l'âge légal de départ augmente par tranche de 3 mois et atteindra 64 ans pour les salariés nés en 1968 (il est de 62 ans et 6 mois pour les salariés nés en 1962).

Par exception, certaines catégories d'assurés peuvent sous conditions liquider leurs droits avant l'âge légal : par exemple, les salariés lourdement handicapés, les salariés ayant commencé leur carrière très jeunes ou ayant eu une carrière professionnelle pénible. L'âge légal de la retraite peut également être abaissé du nombre de trimestres obtenus au titre du compte professionnel de prévention (C2P).

Par ailleurs, les assurés peuvent partir en retraite progressive deux ans avant l'âge légal.

Calcul de la pension

$$P = SAM \times t \times d/D$$

Salaire annuel moyen

Le salaire annuel moyen est déterminé en prenant la moyenne des salaires des 25 années les plus avantageuses de la carrière de l'assuré. Pour chaque année, le salaire est pris en compte dans la limite du plafond de la sécurité sociale.

Taux applicable (t)

Le taux plein est de 50 % du salaire annuel moyen et subit des minorations si l'assuré âgé de moins de 67 ans ne remplit pas les conditions de durée d'assurance. Les assurés qui atteignent 67 ans bénéficient du taux plein de 50 % quelle que soit la durée d'assurance.

Des dispositions particulières permettent à certaines catégories de salariés de bénéficier d'un taux plein sans attendre 67 ans.

Taux réduit

Il s'applique aux assurés demandant la liquidation de leur pension à compter de l'âge légal de départ à la retraite sans totaliser la durée d'assurance requise et sans pouvoir bénéficier automatiquement du taux plein.

Il est calculé en affectant au taux de 50 % un coefficient de minoration de 1,25 % par trimestre manquant.

Le taux minoré de la pension est fonction :

- soit du nombre de trimestres manquants par rapport à la durée d'assurance requise ;
- soit du nombre de trimestres manquants par rapport à l'âge à partir duquel le taux plein est automatiquement attribué.

Le rapport d/D

d = durée d'assurance dans le régime général

D = durée de référence (durée d'assurance requise pour le taux plein)

La durée de cotisation nécessaire est actuellement de 169 trimestres. Elle sera de 172 trimestres à compter de 2027, le nombre de trimestres nécessaire augmentant de manière linéaire entre les deux.

Certaines situations ouvrent droit à une majoration du nombre de trimestres retenus pour calculer la durée d'assurance.

Exemple : Pour tout enfant né à partir du 1-01-2010, une majoration de durée d'assurance de 4 trimestres est accordée à la mère pour chaque enfant au titre de la maternité. 4 autres trimestres peuvent être répartis entre les parents au titre de l'éducation de chaque enfant.

Majorations de la pension (surcote)

Des majorations de pension sont possibles dans certains cas :

- l'assuré qui continue de travailler au-delà de l'âge légal tout en ayant déjà le nombre de trimestres requis a une majoration de sa pension de 5 % par an ;
- tout assuré ayant eu au moins trois enfants verra sa pension majorée de 10 %. La majoration est octroyée aux deux parents, si chacun d'eux bénéficie d'une retraite ;
- il existe aussi une majoration en cas d'obligation de recourir à l'assistance d'une tierce personne pour effectuer les actes de la vie courante.

Exemple

Née en mai 1962, Christine a commencé à travailler à 25 ans. Elle a deux enfants (gain de 8 trimestres par enfant).

À quel âge peut-elle demander la liquidation de sa retraite ?

Elle pourra demander la liquidation de sa retraite à 62 ans et 6 mois, soit à compter de novembre 2024. Sa durée d'assurance sera alors de 166 trimestres (150 trimestres cotisés + 16 pour majoration pour enfants).
Son salaire annuel moyen est de 24 000 €.

Quel sera le montant de sa pension annuelle si elle part à l'âge légal ?

P = SAM × t × d/D
Calcul de t : Christine est née en 1962. Elle doit 169 trimestres pour bénéficier du taux plein. Sa durée d'assurance est de 166 trimestres. Elle va subir une décote de 1,25 % par trimestre manquant.
1er mode de calcul : nombre de trimestres manquants par rapport à la durée d'assurance requise pour bénéficier du taux plein : 169 – 166 = 3 trimestres.
Abattement sur t : 3 × 1,25 % = 3,75 %
Taux applicable : T = 50 – (50 – 3,75) = 46,25 %
2e mode de calcul : nombre de trimestres manquants par rapport à l'âge à partir duquel le taux plein est automatiquement attribué. Il manque à Christine 18 trimestres pour arriver à 67 ans.
Abattement sur t : 18 × 1,25 = 22,5 %
Le premier mode de calcul sera appliqué car il est le plus favorable.
Montant de sa pension annuelle :
P = 24 000 × 46,75 % × 166/169 = 11 020,83 €

b. Liquidation de la pension

La liquidation est réalisée à la demande du salarié.

c. Droits du conjoint survivant : la pension de réversion

Pour garantir au conjoint survivant de l'assuré social un minimum de revenu, une partie de la retraite de base de son conjoint peut lui être reversée.

La pension de réversion est égale à 54 % de la pension principale. Elle peut être majorée pour les veufs et les veuves ayant atteint l'âge d'attribution du taux plein.

Le versement de la pension de réversion est soumis à conditions d'âge (55 ans) et de ressources.

4 Allocation de solidarité aux personnes âgées (ASPA)

L'ASPA dont le montant varie selon qu'il y a un ou deux bénéficiaires au sein du foyer est versée sous conditions de ressources et de résidence stable et régulière en France. Cette prestation concerne les personnes retraitées disposant de faibles revenus.

5 Cumul emploi-retraite

Les assurés sociaux peuvent sous certaines conditions, cumuler intégralement leur pension de retraite de base et le revenu d'une activité professionnelle. Ils doivent répondre à trois conditions cumulatives :

- une condition d'âge : l'âge à partir duquel il est possible de bénéficier du cumul emploi-retraite intégral est fixé à l'âge permettant de prétendre à une pension à taux plein ; à défaut 67 ans quelle que soit la durée d'assurance ;
- une condition de cessation d'activité dans le cadre du cumul intégral, aucune condition de délai ou d'employeur n'est requise pour la reprise d'activité ;
- une condition de liquidation de l'ensemble des retraites.

Pour les retraités ne remplissant pas les conditions du cumul intégral, les règles du cumul partiel sont applicables soit :

- le respect d'un délai de carence de 6 mois si la reprise a lieu chez le dernier employeur ;
- le respect d'un plafond de revenus : la somme des revenus professionnels et des retraites (de base et complémentaires) ne doit pas dépasser le dernier salaire d'activité perçu avant la liquidation des pensions (la moyenne mensuelle des salaires des 3 derniers mois d'activité) ou si la solution est plus favorable à l'assuré, 1,6 SMIC.

En cas de dépassement le montant de la pension est réduit.

6 Dispositif de la retraite progressive

La retraite progressive permet aux salariés qui ont atteint l'âge d'ouverture du droit à une pension de retraite diminué de deux années (sans pouvoir être inférieur à 60 ans) de travailler à temps partiel tout en bénéficiant d'une fraction de leur pension de retraite (retraite de base et complémentaire).

Pour bénéficier d'une retraite progressive, le salarié doit :

- avoir au moins atteint l'âge légal de la retraite diminué de deux ans, sans pouvoir être inférieur à 60 ans ;
- justifier d'une durée d'assurance et de périodes reconnues équivalentes de 150 trimestres ;
- exercer une activité salariée à temps partiel. Celle-ci doit être comprise entre 40 et 80% de la durée du travail à temps complet.
- exercer à titre exclusif son activité à temps partiel.

C Réparation des risques professionnels

La branche accidents du travail et maladies professionnelles est souvent gérée par les mêmes organismes que la branche maladie. C'est la législation de la Sécurité sociale la plus ancienne .

1 Les risques garantis

a. L'accident du travail

Aux termes de l'article L. 411-1 du Code de la Sécurité sociale :

« Est considéré comme accident du travail, quelle qu'en soit la cause, l'accident survenu par le fait ou à l'occasion du travail, à toute personne salariée ou travaillant à quelque titre ou en quelque lieu que ce soit pour un ou plusieurs employeurs ou chefs d'entreprise ».

La Cour de cassation a été amenée à préciser la notion d'**accident du travail**.

Jurisprudence

Cass. civ. 1er juillet 2003, n° 02-30576

L'accident du travail peut être défini globalement comme un « *événement ou une série d'événements survenus à des dates certaines par le fait ou à l'occasion du travail, dont il est résulté une lésion corporelle, quelle que soit la date d'apparition de celle-ci ou une lésion psychologique telle qu'une dépression nerveuse soudaine survenue à l'issue d'une rétrogradation indiquée lors d'un entretien annuel d'évaluation* ».

1. Un événement survenu à une date certaine : ainsi ont été reconnus comme accident du travail :

- une vaccination imposée par l'employeur contre l'hépatite B suivie d'une apparition des symptômes d'une sclérose en plaques (Cass. civ. 2e ch. 22 mars 2005, n° 03-30551).
- une dépression nerveuse survenue deux jours après un entretien annuel d'évaluation au cours duquel le salarié a été informé de sa rétrogradation (Cass. civ. 2e ch. 1er juillet 2003, n° 02-30576).

2. Un caractère professionnel de l'accident : l'accident doit être survenu au lieu et au temps de travail, lorsque le salarié est placé sous l'autorité et la surveillance de l'employeur ; le parking de l'entreprise, les vestiaires, la cantine, tout lieu où s'exerce l'autorité de l'employeur sont assimilés au lieu de travail.

L'accident survenu sur le lieu du télétravail est présumé être un accident du travail.

Dans certains cas, bien que survenu au lieu et au temps de travail, le caractère d'accident du travail peut être écarté si cet accident est totalement étranger au travail.

De même, ne sont pas des accidents de travail ceux qui surviennent hors de l'enceinte de l'entreprise pendant la pause déjeuner, ou à l'occasion d'une absence, même autorisée mais pour des raisons personnelles.

Sont également exclus, les accidents se produisant au cours d'une suspension du contrat de travail (grève, maladie par exemple) ou après la rupture du contrat de travail.

3. Un accident qui se produit à un moment où le salarié ne se trouve plus sous la subordination de l'employeur peut malgré tout constituer un accident du travail dès lors que le salarié a pu établir qu'il est survenu par le fait du travail. Ainsi le fait pour un salarié de tenter de se suicider en dehors du temps de travail et du lieu de travail constitue un accident du travail lorsqu'un lien direct est établi avec le travail (Cass. civ. 2e ch. 22 février 2007, n° 05-13771).

4. Accident survenu au cours d'une mission : la présomption d'accident du travail s'applique à tous les actes de la vie professionnelle, mais également de la vie courante lorsque le salarié est envoyé en mission professionnelle, en France ou à l'étranger. Toutefois l'employeur ou la caisseprimaire peuvent rapporter la preuve que le salarié avait interrompu sa mission pour un motif personnel.

Exemple

*M. X..., salarié de la société GFI Informatique envoyé en **mission** au siège de la société Total a été victime le 22 mars 2012 d'un **accident** de la circulation alors qu'il circulait en motocyclette sur le trajet entre Puteaux, et son domicile ;*
*L'**accident** est survenu au cours de la circulation entre le lieu de la **mission** de la victime et son domicile, ce dont il résulte que la présomption d'imputabilité au **travail** était acquise.* (Cass.civ. 2e ch. 9 mai 2018,n° 17-17912).

5. Accident durant une astreinte : si le salarié est victime d'un accident au cours d'une intervention, il y a présomption d'accident du travail.

Si l'accident survient au cours d'une astreinte se déroulant au domicile du salarié ou à proximité, la présomption d'imputabilité d'accident n'est pas applicable : c'est au salarié de faire le lien avec le travail.

Lorsque l'accident se produit alors que le salarié sous astreinte est tenu de demeurer dans un logement imposé par l'employeur à proximité de son lieu de travail, la présomption d'accident du travail est applicable (Cass. civ. 2e ch. 2 novembre 2004, nº 02-31098).

La preuve de l'accident du travail

Tout accident qui se produit au temps et lieu de travail étant présumé accident du travail, la victime doit seulement établir la preuve de la matérialité de la lésion.

Cette présomption simple peut être écartée soit par l'employeur, soit par la CPAM par la preuve contraire.

En cas d'accident survenu à un moment où le salarié ne se trouve plus sous la subordination de l'employeur, c'est au salarié d'établir le lien avec le travail.

b. L'accident de trajet

Notion d'accident de trajet

Il ne s'agit pas d'un accident du travail proprement dit mais pour la prise en charge par la Sécurité sociale, **l'accident de trajet** est assimilé à un accident du travail.

C'est l'accident survenu pendant le trajet aller-retour entre :

- le lieu de travail et la résidence principale ou secondaire présentant un caractère de stabilité ou tout autre lieu où se rend le salarié de façon habituelle pour des raisons familiales ; ce trajet peut ne pas être le plus direct lorsque le détour effectué est rendu nécessaire dans le cadre d'un covoiturage régulier ;
- le lieu de travail et le lieu où le salarié prend habituellement ses repas.

Le trajet commence quand le salarié quitte sa résidence.

L'accident doit survenir pendant le temps normal du trajet, compte tenu de l'horaire collectif ou en cas d'horaires individualisés de celui du salarié.

Le parcours ne doit pas être interrompu ou détourné par un motif dicté par l'intérêt personnel ou indépendant de l'emploi. Les seules exceptions admises sont les détours ou interruptions liées aux nécessités de la vie courante (détour pour accompagner un enfant à l'école par exemple) ou de covoiturage. L'accident survenu pendant l'interruption n'est jamais pris en charge comme un accident de trajet.

Preuve de l'accident de trajet

La victime doit apporter la preuve que l'accident s'est produit sur le lieu et au temps du trajet et que celui-ci n'a pas été interrompu ou détourné pour un motif d'intérêt personnel.

c. La maladie professionnelle

La **maladie professionnelle** ouvre droit aux mêmes prestations et a les mêmes incidences sur le contrat de travail que l'accident du travail. Il s'agit d'une maladie contractée du fait du travail.

Est présumée d'origine professionnelle toute maladie inscrite dans un des tableaux annexés au Code de la Sécurité sociale et contractée dans les conditions mentionnées dans le tableau (conditions en ce qui concerne le type de travaux effectués, les durées d'exercice, les délais d'apparition de la maladie). Si une ou plusieurs de ces conditions ne sont pas remplies, la maladie peut être malgré tout être reconnue maladie professionnelle s'il est établi qu'elle est directement causée par le travail habituel de la victime.

Peut être également reconnue maladie professionnelle une maladie non inscrite dans un tableau lorsqu'il est établi qu'elle est essentiellement et directement causée par le travail habituel de la victime et qu'elle entraîne le décès de celle-ci ou une incapacité permanente d'un taux au moins égal à 25 %.

C'est la Caisse primaire d'assurance maladie qui peut reconnaître l'origine professionnelle d'une maladie après avis motivé d'un comité régional de reconnaissance des maladies professionnelles.

2 Formalités

Elles diffèrent selon qu'il s'agit d'un accident du travail ou d'une maladie professionnelle.

a. Formalités en cas d'accident du travail (ou de trajet)

Le salarié doit prévenir (ou faire prévenir) son employeur dans les 24 heures sauf cas de force majeure, motif légitime ou impossibilité absolue.

L'employeur doit déclarer l'accident à la Caisse primaire d'assurance maladie dans les 48 heures.

L'employeur ne dispose, à l'égard de l'accident, d'aucun pouvoir d'appréciation et doit donc le déclarer dans le délai requis. Il peut, le cas échéant, accompagner sa déclaration de réserves.

Il doit délivrer à la victime une feuille d'accident qui lui permet d'être dispensée de faire l'avance des frais.

b. Formalités en cas de maladie professionnelle

La déclaration de la maladie doit être faite à la CPAM dans les 15 jours suivant l'arrêt de travail. Un double de la déclaration doit être envoyé à l'employeur et au médecin du travail. Lorsqu'il s'agit de déclarer une maladie professionnelle récemment reconnue, l'assuré dispose d'un délai de trois mois à compter de la date d'entrée en vigueur du nouveau tableau pour saisir la caisse.

Le non-respect de ces délais ne prive pas le salarié du droit de réparation dès lors qu'il fait valoir ses droits dans le délai de prescription de deux ans à partir du jour où un certificat médical constate un lien possible entre la maladie et l'activité professionnelle ou du jour de cessation du travail.

3 Indemnisation

L'indemnisation est forfaitaire. Pour l'essentiel, elle vise à compenser la perte de salaire. L'incapacité permanente est calculée en fonction d'un barème indicatif. Sauf faute inexcusable de l'employeur, la victime ne peut demander une réparation complémentaire.

Elle comprend des prestations en nature, des prestations en espèces, éventuellement une indemnité temporaire d'inaptitude voire une rente.

a. Prestations en nature

La Sécurité sociale prend en charge les soins médicaux, chirurgicaux, hospitaliers... sans avance de frais de la part du salarié, dans la limite des tarifs de responsabilité et sans appliquer le ticket modérateur.

b. Prestations en espèces

La journée de l'accident est intégralement payée par l'employeur.

Des indemnités journalières sont payées dès le jour suivant (sans délai de carence). Leur montant est fixé à 60 % du salaire journalier de base (le salaire journalier net correspond à 1/30,42 du salaire du mois précédent, diminué d'un taux forfaitaire de 21 %, avec un plafond) puis à 80 % à partir du 29e jour d'arrêt de travail. Le montant de l'indemnité est soumis à la CRDS, à la CSG. Les indemnités journalières sont partiellement imposées. La part de l'indemnité imposable est fixée à 50 %.

c. Indemnité temporaire d'inaptitude

Les salariés victimes d'un accident du travail ou d'une maladie professionnelle, et qui sont déclarés inaptes au travail ont droit, sous condition à une indemnité temporaire d'inaptitude.

Le montant journalier de l'indemnité versée à la victime est égal au montant de l'indemnité journalière versée pendant l'arrêt de travail lié à l'accident du travail ou à la maladie. Cette indemnité est versée jusqu'au jour de la date de licenciement ou de reclassement du bénéficiaire pour une durée maximale d'un mois.

d. Rente

Une **rente d'incapacité** permanente est attribuée à la victime d'un accident de travail, d'un accident de trajet ou d'une maladie professionnelle à compter du jour de la consolidation de son état.

En cas d'incapacité permanente inférieure à 10 % le salarié a droit à une indemnité en capital. Dans les autres cas, il a droit à une rente dont le montant est calculé à partir du taux d'incapacité et du salaire annuel.

En cas d'accident mortel, les ayants droit de la victime bénéficient d'une rente. Le total des rentes allouées aux différents ayants droit ne peut pas excéder 85 % du salaire annuel de base.

4 Effets de la faute intentionnelle et de la faute inexcusable

En principe, l'application de la législation sur les accidents du travail et maladies professionnelles exclut l'application du droit commun de la responsabilité entre la victime et l'employeur ou ses préposés. La recherche d'une plus grande équité a conduit à réduire le champ de cette exclusion en cas de **faute intentionnelle** et de **faute inexcusable**.

a. La faute intentionnelle

La faute intentionnelle peut être le fait de la victime elle-même (rare) : l'accident ne donne alors lieu à aucune prestation ou indemnité au titre de la législation sur les accidents du travail. L'assuré social ne pourra bénéficier que des seules prestations en nature de l'assurance maladie (et pas des prestations en espèces).

La faute intentionnelle de l'employeur ou de ses préposés réintroduit le droit commun de la responsabilité civile ce qui conduit à une indemnisation intégrale et non plus forfaitaire. La victime peut demander à l'auteur du dommage un complément de réparation.

b. La faute inexcusable

En cas de faute inexcusable de l'employeur, présumée ou prouvée, si l'accident a entraîné une incapacité permanente, la rente à laquelle le salarié a droit peut être majorée par la caisse. Il en va de même pour les rentes versées aux ayants droit en cas de décès.

Jurisprudence

Cass. civ. 2e ch. 12 mai 2011, n° 10-17230

La faute inexcusable de l'employeur a été définie par la Cour de cassation : « *En vertu du contrat de travail, le liant à son salarié, l'employeur est tenu envers celui-ci à une obligation de sécurité de résultat ; le manquement à cette obligation a le caractère d'une faute inexcusable, lorsque l'employeur avait ou aurait dû avoir conscience du danger auquel était exposé le salarié et qu'il n'a pas pris les mesures nécessaires pour l'en préserver* ».

C'est au salarié d'apporter la preuve de la faute inexcusable (il doit prouver que l'employeur avait ou aurait dû avoir conscience du danger, sauf les cas de faute présumée (salarié ayant exercé son droit d'alerte ou salarié précaire n'ayant pas suivi une formation renforcée à la sécurité).

La faute inexcusable de l'employeur entraîne une majoration des rentes. La rente majorée est versée par la caisse qui récupère le montant de la majoration sur l'entreprise, par l'imposition d'une cotisation complémentaire. La victime peut aussi demander à l'employeur la réparation des préjudices non pris en charge par la Sécurité sociale (préjudices causés par les souffrances physiques et morales, préjudice esthétique par exemple).

En cas d'accident mortel, les ayants droit peuvent demander à l'employeur réparation du préjudice moral devant la juridiction de la Sécurité sociale.

Les litiges auxquels peuvent donner lieu les accidents du travail ou les maladies professionnelles sont de la compétence du tribunal de contentieux de l'incapacité pour ce qui est de la fixation du taux de l'incapacité et du tribunal judiciaire pour les autres contestations (Chapitre 20).

La faute inexcusable de la victime est selon la Cour de cassation : « *une faute volontaire d'une exceptionnelle gravité, exposant sans raison son auteur à un danger dont il aurait dû avoir conscience.* »

Cette faute entraîne une diminution de la rente versée si l'accident a entraîné une incapacité permanente.

D Protection de la famille : les prestations familiales

Le système de prestations familiales est au centre de nombreuses politiques sociales : politique de la famille, politique de santé publique, politique du logement par exemple. En conséquence, les prestations familiales sont nombreuses et diverses et le système des prestations familiales complexe.

Les prestations familiales sont « généralisées » : toute personne résidant en France, salariée ou non, et remplissant les conditions d'attribution de ses prestations a vocation à en bénéficier. L'essentiel de ces prestations est confié aux Caisses d'allocations familiales (CAF).

1 Les dispositions générales relatives aux prestations familiales

Certains éléments concernent plusieurs prestations.

a. L'allocataire

L'allocataire est la personne à qui la loi reconnaît le droit à une ou plusieurs prestations. Pour bénéficier des prestations familiales, l'allocataire doit résider en France et avoir à sa charge un ou plusieurs enfants résidant en France.

b. Notion d'enfant à charge

Le droit aux prestations familiales n'est ouvert que pour les enfants à charge, charge qui doit être effective et permanente. Ouvre droit aux prestations familiales :

- tout enfant âgé de moins de 16 ans jusqu'à la fin de l'obligation scolaire ;
- l'enfant de moins de 20 ans inactif ou dont la rémunération n'excède pas pour un mois, 55 % du Smic.

c. Base mensuelle des prestations familiales

La plupart des prestations familiales sont calculées à partir de la base mensuelle des prestations familiales (BMAF) fixée par décret.

2 Exemples de prestations

Parmi les prestations sociales on peut distinguer :

- les prestations générales d'entretien ;
- les prestations d'entretien liées à la petite enfance ;
- les prestations à affectation spéciale.

a. Prestations générales d'entretien

Allocations familiales	Le montant des prestations, à partir de deux enfants à charge, dépend des ressources, du nombre d'enfants à charge et de leur âge.
Complément familial	Le complément familial est versé aux ménages ou personnes qui assument la charge d'au moins trois enfants, tous âgés de plus de trois ans, sous conditions de ressources.

b. **Prestation d'accueil du jeune enfant (PAJE)**

La prestation d'accueil du jeune enfant est une allocation modulaire attribuée aux enfants nés ou adoptés.

Prime à la naissance ou l'adoption	Versée en une fois après la naissance de l'enfant (ou lors de l'arrivée de l'enfant au foyer) sous conditions de ressources.
Allocation de base	Montant forfaitaire, sous condition de ressources, versé pendant les trois premières années de l'enfant (ou du mois de son adoption pendant 36 mois).
Prestation partagée d'éducation de l'enfant	Ce complément permet à un ou aux deux parents de cesser ou de réduire leur activité professionnelle pour s'occuper de leur enfant.
Complément de libre choix de mode de garde	Les parents peuvent continuer à exercer une activité professionnelle grâce à une compensation des frais de garde de l'enfant. Ils peuvent choisir entre une assistante maternelle agréée, une garde à domicile, un organisme privé pour assurer la garde de leur enfant.

c. **Prestations à affectation spéciale**

Allocation d'éducation de l'enfant handicapé	Attribuée à toute personne ayant la charge d'un enfant handicapé de moins de 20 ans dont l'incapacité permanente est d'au moins 80 %.
Allocation de rentrée scolaire	Allocation sous condition de ressources pour les enfants de 6 à 18 ans qui poursuivent leurs études ou qui placés en apprentissage ont une rémunération inférieure à 55 % du Smic.
Allocation de logement à caractère familial	Attribuée sous condition de ressources. L'habitation doit présenter certains critères de salubrité.

2 Régime des travailleurs indépendants et régime agricole

A Régime des travailleurs indépendants

1 La notion de travailleurs indépendants

Les travailleurs indépendants exercent leur activité dans le cadre d'un contrat d'entreprise, et non d'un contrat de travail. Ils effectuent, moyennant rémunération un travail pour autrui réalisé en toute indépendance et avec des moyens propres. Le Code de la Sécurité sociale distingue :

- **Les professions artisanales** : les artisans exercent une activité professionnelle indépendante de production, de transformation, de réparation ou de prestation de services relevant de l'artisanat à titre principal ou secondaire, et n'employant pas plus de 10 salariés. Les artisans doivent s'immatriculer au répertoire des métiers.
- **Les professions industrielles et commerciales** : il s'agit de personnes réalisant des actes de commerce et immatriculées au registre du commerce.
- **Les professions libérales** : le Code de la Sécurité sociale énumère un certain nombre de professions qui relèvent de professions libérales (médecins, sages-femmes, pharmaciens, experts-comptables, architectes, avocats...). D'une manière plus générale, exerce une profession libérale toute personne ayant une activité professionnelle non salariée qui ne relève pas d'une autre organisation autonome d'assurance vieillesse (CSS art. L. 622-5).

2 La Sécurité sociale des indépendants

Depuis le 1er janvier 2018, la protection sociale des indépendants n'est plus gérée par le régime social des indépendants (RSI) mais est confiée au régime général de la Sécurité sociale :

- l'assurance maladie est gérée par les CPAM,

- la retraite de base est gérée par les CARSAT,
- le recouvrement des cotisations est géré par les URSSAF.

Les prestations auxquelles ont droit les travailleurs indépendants se sont rapprochées de celles des salariés. Ainsi, les remboursements des frais de santé sont identiques. Les retraites de base sont calculées selon les mêmes règles.

Certaines prestations sont en revanche spécifiques : par exemple, le régime des retraites complémentaires, l'assurance maternité.

Les travailleurs indépendants conservent leurs propres règles en matière de cotisations.

B Régime agricole

Le monde agricole présente des spécificités sociales et économiques telles qu'un régime de protection autonome s'est maintenu à côté du régime général de la Sécurité sociale.

La mutualité sociale agricole (MSA), le régime de protection sociale du monde agricole et rural gère la protection légale et complémentaire de l'ensemble de la profession.

La MSA est un régime qui regroupe à la fois les salariés et les exploitants agricoles mais les prestations diffèrent d'une catégorie à l'autre. Les salariés bénéficient des Assurances Sociales Agricoles, prestations du régime général des salariés, mais gérées par les caisses de mutualité sociale agricole.

Les exploitants agricoles ont droit aux prestations de l'assurance maladie, l'assurance maternité, l'assurance invalidité des exploitants agricoles (Amexa). Ils sont couverts par l'assurance Accidents du travail des exploitants agricoles (Atexa). Les exploitants agricoles peuvent s'assurer auprès de la MSA ou auprès d'une société mutualiste ou d'une compagnie d'assurances mais les dossiers sont traités par la MSA.

La caisse départementale MSA constitue le guichet unique de l'adhérent pour l'ensemble des questions touchant à la santé, la famille, la retraite. La MSA encaisse elle-même les cotisations. Elle gère en son sein la médecine du travail et la prévention des risques professionnels.

- La Sécurité sociale rassemble l'assurance maladie, l'assurance vieillesse, la réparation des risques professionnels, la protection de la famille.
- Des cotisations sociales sont prélevées et des prestations sont versées. Celles-ci peuvent être en espèces (indemnités journalières en cas de maladie, retraites par exemple) ou prendre la forme de remboursement de frais de santé.
- Le versement des prestations est soumis à conditions.

Applications

Préparez-vous à l'examen

EXO 17.01 Maladie

A – Pierre travaille depuis 10 ans chez Nature Z. Il a une bronchite sérieuse. Son médecin lui prescrit un arrêt maladie de 8 jours.

→ **Travail à faire**

1. **Quelles sont les obligations de Pierre vis-à-vis de son employeur ?**
2. **Que risque-t-il s'il ne remplit pas ses obligations ?**
3. **À quelles prestations sociales peut-il prétendre ?**

B – La bronchite de Pierre ne passe pas. Son médecin traitant lui prolonge son arrêt de travail de 15 jours. Son employeur, ennuyé de cette prolongation envisage de faire procéder auprès de Pierre une contre-visite médicale afin de vérifier que l'état de santé du salarié lui interdit bien de travailler.

→ **Travail à faire**

4. **Il vous demande conseil sur la mise en œuvre de cette visite, son déroulement et ses conséquences.**

EXO 17.02 Maternité

A – L'épouse de M. Rochet, femme au foyer, attend son premier enfant.

→ **Travail à faire**

1. **À quelles prestations sociales peut-elle prétendre ?**

B – Mme Mestase, comptable en entreprise, attend son premier enfant. Elle se demande si pendant son congé de maternité elle va continuer à toucher une rémunération.

→ **Travail à faire**

2. **Renseignez-la.**
3. **Quelle va être la durée de son congé de maternité ?**

C – Mme Mestase, sans doute fatiguée par sa grossesse commet des erreurs dans son travail. Elle reçoit de son supérieur hiérarchique un courrier lui signifiant son incompétence professionnelle. Elle craint d'être licenciée.

→ **Travail à faire**

4. **Renseignez-la.**

EXO 17.03 Maladie professionnelle

A – Mme Lafaure, assistante dentaire, a été victime d'une hépatite C, reconnue d'origine professionnelle. Son médecin lui a prescrit un arrêt de travail.

→ Travail à faire

1. **Définissez la maladie professionnelle.**
2. **Rappelez les règles de reconnaissance d'une maladie professionnelle.**
3. **Rappelez quelle est la réparation prévue en cas de maladie professionnelle.**

B – Il s'avère que cette maladie reconnue d'origine professionnelle est due à une faute inexcusable de l'employeur.

→ Travail à faire

4. **Définissez la faute inexcusable.**
5. **Qui reconnaît l'existence de cette faute ?**
6. **Conséquences sur l'indemnisation de la salariée.**

C – À l'issue de ses examens de reprise du travail, le médecin du travail l'a déclarée inapte à occuper son poste de travail antérieur. L'employeur ne peut pas proposer un autre emploi à la salariée.

→ Travail à faire

7. **Peut-il licencier Mme Lafaure ? Quels sont les droits de la salariée ?**

EXO 17.04 Vieillesse

Mme Adobase approche de l'âge de la retraite et se pose quelques questions.

1. **En tant que salariée cadre du secteur privé, de quoi sera composée ma retraite ?**
2. **Comment sera calculé le montant de ma retraite de base (retraite Sécurité sociale) ?**
3. **Qu'est-ce qu'une retraite à taux plein ? À quelles conditions peut-on en bénéficier ?**

Les régimes de protection contre le chômage

Chapitre 18

COMPÉTENCES ATTENDUES

- **Identifier les conditions d'indemnisation du chômage, les droits et obligations du demandeur d'emploi.**
- **Apprécier la validité du motif et des modalités de recours à l'activité partielle.**

PLAN DU CHAPITRE

1 Le chômage total

A Le régime d'assurance chômage

B Le régime de solidarité

2 L'activité partielle

A Cas de recours

B Indemnisation

C Comment ?

3 Applications

SYNTHÈSE P. 439

APPLICATIONS P. 440

LES RÉFÉRENCES POUR COMPRENDRE LE CONTEXTE

Inscription à France Travail : droits et engagements

L'inscription à France Travail permet de bénéficier de certains droits et engage à respecter certaines obligations (site de France Travail).

MOTS CLÉS

Chômage, activité partielle, France Travail, allocation d'aide au retour à l'emploi, projet personnalisé d'accès à l'emploi, allocation de solidarité spécifique, aide au retour à l'emploi.

1 Le chômage total

Au fur et à mesure que le **chômage** est devenu un phénomène massif, les garanties assurées par le régime d'assurance chômage, découlant d'un accord collectif interprofessionnel du 31 décembre 1958, sont devenues insuffisantes. En 1984, a été créé un régime dit de solidarité, financé par l'État et destiné à assurer un revenu minimal aux chômeurs non pris en charge par l'Unedic. Ce dualisme continue à caractériser le système actuel d'indemnisation du chômage. Parallèlement des politiques actives ont été développées pour faciliter le retour à l'emploi des chômeurs.

A Le régime d'assurance chômage

Le **régime d'assurance chômage** s'applique à tous les employeurs et à tous les salariés du secteur privé.

C'est le régime de protection sociale contre les conséquences pécuniaires de la perte involontaire d'emploi. Cette assurance s'accompagne d'une démarche de retour à l'emploi. Ce régime résulte d'une négociation entre partenaires sociaux représentés à l'Unedic.

1 L'organisation administrative et financière

a. France Travail

Toute personne à la recherche d'un emploi peut s'inscrire comme demandeur d'emploi auprès de **France Travail** qui a pour mission :

- l'accueil et l'inscription des demandeurs d'emploi ;
- le versement des allocations aux demandeurs d'emploi indemnisés ;
- l'accompagnement de chaque demandeur d'emploi dans sa recherche d'emploi jusqu'à son placement ;
- la prospection du marché du travail ;
- l'aide aux entreprises dans leur recrutement.

L'UNEDIC gère sous la responsabilité des partenaires sociaux le régime d'assurance chômage. L'Urssaf se charge du recouvrement et du contrôle des cotisations chômage.

b. Financement

Le régime est essentiellement financé par les **cotisations** assises sur les salaires (rémunérations brutes dans la limite d'un plafond égal à quatre fois le plafond de la Sécurité sociale).

Taux de cotisations depuis le 01-01-2023

	Taux global	Part patronale	Part salariale
Assurance chômage	4,05	4,05	0
AGS	0,15	0,15	0

Les entreprises de 11 salariés et plus, utilisant des CDD, dans des secteurs fixés par décret (agroalimentaire, hébergement-restauration), se voient attribuer un bonus/malus en fonction de leurs recours aux contrats courts, au regard de la moyenne du secteur. Leur taux de cotisations peut dès lors varier entre 3 et 5 %.

2 Le revenu de remplacement

Selon l'article L. 5421-1 du Code du travail :

« En complément des mesures tendant à faciliter leur reclassement ou leur conversion, les travailleurs involontairement privés d'emploi, ceux dont le contrat de travail a été rompu conventionnellement… et ceux dont le contrat de travail a été rompu d'un commun accord… aptes au travail et recherchant un emploi, ont droit à un revenu de remplacement… »

a. Les conditions classiques de l'indemnisation du chômage

Le droit à un **revenu de remplacement** est soumis à plusieurs conditions.

Privation involontaire d'emploi	Licenciement. Arrivée du terme d'un CDD ou rupture anticipée à l'initiative de l'employeur de CDD ou contrat de mission. Rupture du contrat pour cause économique (départ négocié par exemple). Démission pour un motif reconnu légitime par France Travail. Rupture conventionnelle du CDI. Rupture d'un commun accord du contrat de travail résultant d'une rupture conventionnelle collective ou dans le cadre d'un congé mobilité.
Demandeur d'emploi	Les intéressés doivent être inscrits comme demandeurs d'emploi et accomplir des actes positifs et répétés en vue de retrouver un emploi ou de créer ou de reprendre une entreprise. Cette inscription se fait auprès de France Travail.
Affiliation à l'assurance chômage	Tout employeur est tenu d'assurer contre le risque de privation d'emploi tout salarié dont l'engagement résulte d'un contrat de travail. Pour pouvoir bénéficier d'une indemnisation, le travailleur doit justifier d'une période minimale d'affiliation.
Aptitude physique à un emploi	Le travailleur privé d'emploi doit être physiquement apte à l'exercice d'un emploi. L'aptitude est présumée du fait de l'inscription à France Travail.
Condition d'âge	Le chômeur remplissant les conditions d'obtention d'une pension vieillesse à taux plein ne peut être indemnisé au titre de l'assurance chômage : il est tenu de partir à la retraite.
Condition de résidence	Résider sur le territoire relevant du champ d'application.

b. L'allocation d'aide au retour à l'emploi (ARE)

Montant de l'allocation chômage et durée de son versement

Pour pouvoir bénéficier de l'ARE, la personne doit avoir travaillé au moins 8 mois au cours des 20 derniers mois.

L'allocation est versée au maximum pendant 15 mois pour les mois de 57 ans.

L'allocation est versée sur une base de 30 jours par mois, quelle que soit la durée calendaire du mois.

Les plus de 57 ans acceptant de reprendre un emploi avec un salaire inférieur à leur emploi précédent peuvent bénéficier d'un bonus emploi sénior (pour les salaires inférieurs à 3 000 € par mois).

Point de départ de l'indemnisation

À partir de la perte de son emploi, la prise en charge du demandeur d'emploi est reportée
- d'un différé « congés payés » si l'employeur a versé l'indemnité compensatrice de congés payés ;
- d'un différé spécifique si l'employeur a versé des indemnités de rupture différentes de celles prévues par la loi ;
- d'un délai d'attente de 7 jours.

Interruption de l'indemnisation

L'allocation peut être supprimée ou réduite dans un certain nombre de cas.
- L'intéressé retrouve une activité professionnelle incompatible avec le versement de l'ARE.
- Il cesse de remplir la condition d'âge.
- Il cesse de résider sur le territoire français.
- Un événement extérieur excluant le versement de l'ARE intervient (perception de prestations en espèces de la sécurité sociale, versement de l'allocation de présence parentale…).
- En cas de déclaration inexacte ou mensongère du demandeur d'emploi faite en vue de percevoir indûment le revenu de remplacement.
- En cas de manquement à l'une des obligations pesant sur le demandeur d'emploi (par exemple, refus de répondre à une convocation, refus de passer une visite médicale, absence de recherche active d'emploi).
- En cas de refus de deux offres raisonnables d'emploi.

Indemnisation et reprise d'activité

Il est possible de cumuler la rémunération provenant d'une activité professionnelle avec les allocations chômage :
- lorsqu'une personne retrouve une activité après une perte involontaire d'emploi
- lorsqu'une personne a plusieurs emplois, elle en perd un ou plusieurs et en conserve un ou plusieurs.

Reprise des droits non utilisés (droits rechargeables)

Les droits aux allocations d'assurance chômage issus de périodes antérieures d'indemnisation et non épuisés sont pris en compte dans le calcul des droits lors de l'ouverture d'une nouvelle période d'indemnisation.

c. Le projet personnalisé d'accès à l'emploi (PPAE) et l'offre raisonnable d'emploi

Ce projet précise la nature et les caractéristiques de l'emploi ou des emplois recherchés, la zone géographique privilégiée, le niveau de salaire attendu, en tenant compte de critères comme la formation du demandeur d'emploi, ses qualifications, ses compétences, sa situation sociale et familiale…

Il détermine également les actions de formation que France Travail peut financer sous certaines conditions, une formation professionnelle nécessaire à la reprise d'un emploi d'un demandeur d'emploi ainsi que des aides à la recherche d'emploi.

Lors de l'élaboration du PPAE, les critères de l'emploi recherché sont définis. Ce sont ces critères qui constituent l'offre raisonnable d'emploi.

Les offres raisonnables doivent être acceptées, sans que la personne soit contrainte d'accepter un niveau de salaire inférieur à celui habituellement pratiqué dans la région pour la profession concernée, un emploi à temps partiel ou un emploi ne correspondant pas à ses compétences ou qualifications.

B Le régime de solidarité

L'**allocation de solidarité spécifique (ASS)** est attribuée aux personnes ayant épuisé leurs droits à l'allocation chômage, sous conditions d'activité et de ressources. Elle peut être maintenue en cas de reprise d'activité. Les allocataires bénéficient par ailleurs d'un accès facilité à la prime d'activité.

L'ASS est payée par France Travail.

2 L'activité partielle

Le placement en activité partielle suspend le contrat de travail des salariés concernés pendant les périodes d'inactivité. C'est un outil de prévention des licenciements économiques.

A Cas de recours

Les salariés peuvent être placés en situation d'activité partielle, après autorisation de l'administration, en cas de fermeture de tout ou partie de l'entreprise ou de réduction de l'horaire de travail en deçà de la durée légale de travail.

Une entreprise peut bénéficier de l'activité partielle quand la réduction ou la suspension temporaire d'activité est due à :

- la conjoncture économique ;
- des difficultés d'approvisionnement ;
- un sinistre ou des intempéries à caractère exceptionnel ;
- la transformation, restructuration, modernisation de l'entreprise ;
- toute autre circonstance à caractère exceptionnel.

B Indemnisation

Le principe est de compenser la perte de revenu occasionnée pour les salariés par la réduction du temps de travail ou par la fermeture temporaire de tout ou partie de l'entreprise, dans la limite de 1 000 heures par an et par salarié.

Les salariés placés en activité partielle, après autorisation de l'administration, perçoivent une indemnité horaire, versée par l'employeur, égale à 70 % de leur salaire brut horaire sans que leur rémunération mensuelle puisse être inférieure au SMIC.

Les salariés placés en activité partielle peuvent bénéficier d'actions de formation. Dans ce cas, l'indemnité versée aux salariés est majorée. Elle est égale à 100 % de leur salaire net horaire.

L'employeur perçoit une allocation financée conjointement par l'État et l'Unedic.

C Comment ?

Le recours à l'activité partielle doit être précédé de la consultation du CSE dans les entreprises de plus de 50 salariés.

L'entreprise, avant de pouvoir placer ses salariés en activité partielle, effectue une demande d'autorisation auprès de l'unité de la DREETS dont elle relève géographiquement.

Cette demande fait l'objet d'une décision favorable ou défavorable dans un délai de 15 jours. Sans réponse dans ce délai, l'autorisation est tacitement accordée.

La démarche pour recourir à l'activité partielle est dématérialisée.

- L'assurance chômage est un système de protection sociale contre le risque de privation d'emploi et d'aide au retour à l'emploi. Elle est financée par les cotisations des employeurs et des salariés.
- Les salariés privés d'emploi qui ont suffisamment cotisé et qui sont inscrits comme demandeurs d'emploi perçoivent une allocation d'aide au retour à l'emploi (ARE). La durée de l'indemnisation est régie par le principe « un jour travaillé = un jour indemnisé », le montant est fonction de l'ancien salaire. Les fonds collectés sont également affectés à des actions ayant pour but le retour à l'emploi.
- France Travail verse aussi des allocations pour le compte de l'État à des demandeurs d'emploi qui ne bénéficient pas de l'ARE et qui relèvent du régime de solidarité.
- Les salariés en situation d'activité partielle bénéficient d'une indemnisation spécifique dont le montant est fixé en pourcentage de leur rémunération antérieure.

Applications

Préparez-vous à l'examen

EXO 18.01

M. Xavier B., 30 ans, chauffeur livreur depuis 5 ans dans l'entreprise L., a été surpris en train de détourner des marchandises pour les revendre à son propre compte. Son employeur le licencie pour faute grave. Xavier se demande s'il aura droit aux allocations chômage.

→ **Travail à faire**
Renseignez-le.

EXO 18.02

Une entreprise de luminaires est située en bord de Saône. En raison d'une crue particulièrement importante, l'entreprise, les pieds dans l'eau, a dû fermer ses portes deux semaines.

→ **Travail à faire**
Les salariés, mis en activité partielle, seront-ils indemnisés ?

La protection sociale complémentaire

Chapitre 19

COMPÉTENCES ATTENDUES

- **Identifier les institutions et les opérations effectuées par les régimes complémentaires.**
- **Déterminer si un régime de protection sociale est obligatoire ou facultatif.**

PLAN DU CHAPITRE

1 Les retraites complémentaires obligatoires

A Présentation des régimes

B Financement des régimes de retraite complémentaire

2 Prévoyance complémentaire

SYNTHÈSE P. 445

LES RÉFÉRENCES POUR COMPRENDRE LE CONTEXTE

Titulaire de son DCG, Bertille vient d'être embauchée par un cabinet d'expertise comptable comme collaboratrice comptable junior. Elle a lu dans son contrat qu'elle bénéficiait d'une complémentaire santé mise en place dans l'entreprise. Elle ne voit pas l'intérêt, s'estimant en bonne santé, et se demande si elle est obligée d'y adhérer.

En regardant son 1er bulletin de paie, elle a vu qu'elle cotisait également au titre de la retraite complémentaire. Elle trouve que cela fait beaucoup.

Pouvez-vous l'éclairer sur ces points ?

MOTS CLÉS

Retraite complémentaire, protection sociale complémentaire

1 Les retraites complémentaires obligatoires

En France, le système de retraite des salariés du secteur privé est un système obligatoire à deux étages : les salariés cotisent à la retraite de base de la Sécurité sociale (Chapitre 17) et à la **retraite complémentaire obligatoire** pilotée par les organisations patronales et syndicales.

A Présentation des régimes

L'Arrco (Association pour le régime de retraite complémentaire) et l'Agirc (Association générale des institutions de retraite des cadres) sont deux institutions de retraite complémentaire. Elles ont fusionné au 1er janvier 2019 et tous les salariés du privé relèvent donc désormais de la même caisse de retraite complémentaire Agirc-Arcco.

Elle est gérée **paritairement par les organisations patronales et syndicales**. C'est une personne morale de droit privé à but non lucratif remplissant une mission d'intérêt général.

Le régime Agirc-Arcco fonctionne par **répartition** : les cotisations des actifs servent à financer les retraites directes versées aux retraités et les retraites de réversion.

Les cotisations de retraite complémentaire sont transformées en **points de retraite**

(salaire brut soumis à cotisation × taux de cotisation/prix d'achat d'un point = nombre de points acquis dans l'annébe).

La valeur du point est revue périodiquement en fonction de l'augmentation du coût de la vie.

Au moment du départ en retraite, le total des points est multiplié par la valeur du point et donne ainsi le montant de la retraite complémentaire.

Ce montant est minoré pendant 3 ans, au maximum jusqu'aux 67 ans du retraité.

Il peut être majoré si la personne retarde son départ à la retraite.

Exemple

Cas d'un salarié qui pourra bénéficier d'un taux plein de retraite du régime général à 62 ans.

<table>
<tr><td>66</td><td colspan="4"></td><td>+ 30 % pendant 1 an</td><td>100 %</td></tr>
<tr><td>65</td><td colspan="3"></td><td>+ 20 % pendant 1 an</td><td colspan="2">100 % de la retraite complémentaire</td></tr>
<tr><td>64</td><td colspan="2"></td><td>+ 10 % pendant 1 an</td><td colspan="3">100 % de la retraite complémentaire</td></tr>
<tr><td>63</td><td></td><td colspan="5">100 % de la retraite complémentaire</td></tr>
<tr><td>62</td><td colspan="3">- 10 % pendant 3 ans</td><td colspan="3">100 % de la retraite complémentaire</td></tr>
<tr><td>Age de départ en retraite</td><td>62</td><td>63</td><td>64</td><td>65</td><td>66</td><td>67 et plus</td></tr>
</table>

B Financement des régimes de retraite complémentaire

Les ressources des régimes de retraite complémentaire sont constituées par les éléments suivants.

1 Cotisations patronales et salariales

Ces cotisations sont appelées à 127 %. Ainsi, par exemple, pour la cotisation Arrco qui est de 6,20 % en tranche 1, l'employeur verse en réalité 7,87 % (6,20 × 127 %).

Seul le montant des cotisations dit contractuel (6,20 %) est pris en compte pour le calcul des points à créditer au compte du salarié. Le taux d'appel (7,75 %) permet aux institutions de retraites de disposer de ressources supplémentaires afin d'assurer l'équilibre des régimes de retraite complémentaire.

2 Cotisation AGFF (Association pour la gestion du fonds de financement)

La cotisation est payée par l'employeur et le salarié, elle sert à financer les départs en retraite avant l'âge du droit à taux plein (67 ans).

3 Contribution exceptionnelle et temporaire (CET)

Cette contribution à la charge de l'employeur et du salarié a été instaurée dans le régime des cadres pour améliorer les ressources de ce régime.

Les cotisations AGFF et CET ne donnent pas lieu à l'attribution de points pour le salarié.

L'État intervient dans le financement des retraites complémentaires. Il prend en charge totalement ou partiellement les cotisations des apprentis, et finance la validation gratuite de certaines périodes de chômage.

Taux de cotisation de retraite complémentaire en 2023

	Assiette	Part salariale	Part employeur	Taux de calcul des points
Tranche 1	Plafond de la SS	3,15 %	4,72 %	6,2 %
Tranche 2	Entre 1 et 8 fois plafond de la SS	8,64 %	12,95 %	17 %

Seules les cotisations correspondant aux taux de calcul des points (part salariale + part employeur) servent au calcul des points de retraite. La fraction supplémentaire des cotisations générées par l'application du taux d'appel, la contribution d'équilibre général (CEG) et la contribution d'équilibre technique (CET) servent à l'équilibre des régimes et à la solidarité.

2 Prévoyance complémentaire

Les dispositifs de **prévoyance complémentaire** ont pour objectif de protéger contre certains risques tels que la maladie, l'invalidité, le décès, l'accident du travail, la maladie professionnelle en complément des prestations versées par la Sécurité sociale. Ces garanties peuvent être proposées par les mutuelles, les institutions de prévoyance, les sociétés d'assurance.

Cette assurance peut être souscrite :

- soit à titre individuel ;
- soit dans le cadre d'un contrat de groupe proposé au niveau de l'entreprise.

Depuis le 1er janvier 2016, tous les salariés doivent bénéficier d'un socle minimal de garanties « frais de santé ». Le financement de cette couverture est assuré par l'employeur (au moins 50,6 %) et par le salarié.

En cas de cessation de contrat de travail, les salariés couverts par une complémentaire santé et une prévoyance (décès, invalidité, incapacité) continuent de bénéficier de cette couverture. Pour bénéficier de cette portabilité des droits, la rupture du contrat de travail ne devra pas être liée à une faute lourde du salarié et le salarié devra être pris en charge par l'assurance chômage. La durée de ce dispositif est égale à la durée d'indemnisation du chômage et ne peut excéder 12 mois.

- Une protection sociale complémentaire des salariés est assurée par les régimes de retraite complémentaire obligatoires et des dispositifs de prévoyance complémentaire.
- L'aide sociale assure la protection de personnes qui connaissent des difficultés spécifiques : il s'agit d'une protection subsidiaire qui n'entre en jeu qu'en l'absence d'aide suffisante par d'autres mécanismes de protection sociale.

Contrôles et contentieux

Chapitre 20

COMPÉTENCES ATTENDUES

- **Cerner les missions et moyens d'action des inspecteurs du recouvrement.**
- **Déterminer la juridiction compétente à l'occasion d'un litige relatif à la Sécurité sociale.**

PLAN DU CHAPITRE

1 Les contrôles de l'Urssaf

A La vérification sur pièces des déclarations
B Le contrôle sur place
C Les sanctions du non-paiement

2 Le contentieux de la Sécurité sociale

A Le contentieux général
B Les contentieux spéciaux
C Le contentieux pénal

3 Applications

SYNTHÈSE P. 454

APPLICATIONS P. 455

LES RÉFÉRENCES POUR COMPRENDRE LE CONTEXTE

Jacqueline est gérante de la SARL Linette, qui exploite un fonds de commerce de vente de vêtements. Elle emploie une dizaine de salariés, à temps complet, partiel et en contrat à durée déterminée. Juste avant de partir en vacances, elle a reçu un courrier de l'Urssaf lui réclamant un certain nombre de documents, notamment les contrats des salariés à temps partiel. Pressé de partir, elle décide de ne pas répondre. Jacqueline prend-elle un risque en ne répondant pas ?
Quelques semaines plus tard, elle reçoit un nouveau courrier l'informant de la venue de contrôleurs dans les locaux de l'entreprise.

Elle vous demande de lui expliquer le déroulement de la procédure et ce qu'elle peut faire si elle fait l'objet d'un redressement.

MOTS CLÉS

Urssaf, TJ pôle social, contentieux de la Sécurité sociale

1 Les contrôles de l'Urssaf

Le contrôle des employeurs et travailleurs indépendants permet à l'**Urssaf** de s'assurer de la juste application de la législation de la Sécurité sociale et de l'assurance chômage, de l'exactitude des déclarations ainsi que du respect des droits des salariés.

Les agents chargés du contrôle, les inspecteurs du recouvrement, sont assermentés et tenus au secret professionnel. Ils ont qualité pour se faire présenter la comptabilité de l'entreprise et tous autres documents leur permettant de connaître les salaires versés. Ils peuvent dresser en cas d'infractions des procès-verbaux.

A La vérification sur pièces des déclarations

La procédure de contrôle sur pièces peut être engagée à l'égard des employeurs et travailleurs indépendants occupant au moins 11 salariés au 31 décembre de l'année qui précède celle de l'avis de contrôle.

L'Urssaf adresse au cotisant un avis de contrôle par LRAR, comprenant la liste des documents et informations à transmettre, la date limite de leur dépôt, la date du début de la vérification. Il indique également l'adresse électronique à laquelle la charte du cotisant est consultable et téléchargeable.

Après contrôle réalisé dans les locaux de l'organisme de recouvrement, en cas de redressement envisagé, l'Urssaf adresse ses observations au cotisant qui dispose d'un mois pour répondre. Au vu de la réponse du cotisant, l'Urssaf confirme ou non sa décision de mise en recouvrement des cotisations, majorations et pénalités de retard.

En cas d'absence de transmission des pièces demandées ou lorsque l'examen des pièces nécessite des opérations supplémentaires, un contrôle sur place peut être engagé.

B Le contrôle sur place

Un contrôle peut intervenir à tout moment dans la vie de l'entreprise.

1 Préalablement : envoi d'un avis de passage

Tout contrôle doit être précédé d'un avis de passage adressé à l'employeur en recommandé avec avis de réception, sauf s'il concerne les infractions au travail dissimulé (Chapitre 3).

Cet avis doit mentionner la date de passage de l'agent en charge du contrôle, la liste des documents et supports à tenir à sa disposition, la période sur laquelle va porter la vérification, la possibilité pour l'employeur de se faire assister par un conseil de son choix.

L'avis mentionne également que, sur demande du cotisant contrôlé, la charte du cotisant peut lui être adressée.

Le défaut d'avis de passage entraîne la nullité de la procédure de redressement.

2 Déroulement du contrôle

Les employeurs sont tenus de recevoir les agents à la date convenue. Le fait de faire obstacle à l'accomplissement de leur fonction est sanctionné par une peine d'amende modulée selon que le cotisant est un employeur, un travailleur indépendant ou un particulier employeur.

Les employeurs sont tenus de présenter tout document et de permettre l'accès à tout support d'information demandé par les agents en charge du contrôle : documents juridiques (statuts de la société, procès-verbaux des assemblées...), documents sociaux (bulletins de salaires, convention collective, contrats de travail...), documents comptables et fiscaux (bilans, notes de frais, liasses fiscales...). Si les documents sont informatisés, l'agent peut utiliser le matériel du cotisant sous réserve de son consentement. L'agent a la possibilité d'auditionner les salariés de l'entreprise.

Si les documents fournis par l'employeur sont insuffisants ou incomplets, l'agent de contrôle fixe forfaitairement le montant des cotisations.

Les organismes de recouvrement peuvent recourir à des méthodes de vérification par échantillonnage et extrapolation.

3 Conclusions du contrôle

À l'issue du contrôle, l'agent de contrôle communique à l'employeur un document – **lettre d'observations** – mentionnant notamment l'objet du contrôle, les documents consultés, la période vérifiée, les constats (les redressements éventuels), les éventuelles observations à respecter à l'avenir, le délai de 30 jours dont l'employeur dispose pour répondre à l'Urssaf.

L'employeur peut faire part de ses remarques à l'organisme de recouvrement.

À l'expiration du délai de trente jours suivant la communication au cotisant de la lettre d'observations, l'agent de contrôle transmet à l'Urssaf le procès-verbal de contrôle accompagné éventuellement de la réponse de l'employeur.

L'Urssaf notifie éventuellement le montant des sommes dues résultant du contrôle par **mise en demeure** adressée par lettre recommandée avec accusé de réception.

4 Les effets

L'employeur dispose d'un délai de 2 mois à compter de la réception de la mise en demeure pour régulariser la situation. Il peut :

- payer les sommes dues en demandant éventuellement une réduction des majorations de retard ;
- demander des délais de paiement ;
- contester devant la commission de recours amiable de l'Urssaf le bien-fondé de sa dette. En cas de rejet de la requête, l'employeur peut contester le redressement devant le tribunal judiciaire, pôle social.

À l'expiration du délai de deux mois suivant la réception de la mise en demeure par l'employeur et dans la mesure où l'employeur n'a ni contesté ni réglé sa dette, l'Urssaf peut mettre sa dette en recouvrement.

L'Urssaf peut ensuite délivrer une « **contrainte** » : à défaut d'opposition motivée dans les quinze jours, cette contrainte comporte tous les effets d'un jugement.

Remarque. Les employeurs peuvent, sous certaines conditions, adresser une **demande de transaction** au directeur de l'Urssaf afin de terminer une contestation en cours ou prévenir une contestation à naître. Cette demande ne peut porter que sur des sommes non prescrites.

C Les sanctions du non-paiement

Les sanctions sont constituées par les pénalités, les majorations de retard, et dans certains cas la mise en œuvre de la responsabilité civile de l'employeur.

L'employeur peut aussi faire l'objet de poursuites pénales.

2 Le contentieux de la Sécurité sociale

Le **contentieux de la Sécurité sociale** s'organise autour de la distinction entre le contentieux général d'une part (A), et les contentieux spéciaux d'autre part (B).

Il peut aussi aboutir à des poursuites pénales (C).

A Le contentieux général

Selon l'article L. 142-1 :

Le contentieux général *« règle les différends auxquels donne lieu l'application des législations et réglementations de Sécurité sociale et de mutualité agricole, et qui ne relèvent pas, par leur nature, d'un autre contentieux ».*

1 Les juridictions

a. Les juridictions de première instance

Organisation

Le tribunal judiciaire (TJ), spécialement désigné, est compétent pour connaître du contentieux général.

La compétence

Le TJ pôle social est compétent, par exemple, pour les litiges relatifs aux rapports entre les organismes de Sécurité sociale et leurs usagers (assujettissement, calcul et recouvrement des cotisations...). Il est également compétent pour tous les litiges entre les organismes de Sécurité sociale et les bénéficiaires des prestations ou encore entre les organismes de Sécurité sociale.

Territorialement, la juridiction compétente est en principe celle dans le ressort de laquelle se trouve le domicile du bénéficiaire ou de l'employeur intéressés.

b. La juridiction d'appel

La décision du TJ peut faire l'objet d'un appel devant la chambre sociale de la cour d'appel pour les décisions rendues en premier ressort (taux de ressort : 5 000 €).

2 La procédure

Elle se caractérise par l'existence d'une **procédure amiable préalable**.

a. La procédure amiable préalable

Les réclamations formées contre les décisions des organismes de Sécurité sociale doivent être portées dans un premier temps devant une commission de recours amiable. Cette commission est constituée auprès du conseil d'administration de l'organisme de Sécurité sociale en cause. La décision prise par la commission est un acte administratif. Si le litige est lié à l'assurance maladie, l'usager de la Sécurité sociale doit saisir le conciliateur de l'assurance maladie.

b. La procédure devant le TJ pôle social

La saisine

Si, après intervention de la commission de recours amiable, la décision de la caisse ne donne toujours pas satisfaction au salarié ou à l'employeur, celui-ci peut s'adresser au TJ (**saisine**).

Le tribunal peut être saisi par simple requête déposée au secrétariat du tribunal ou par lettre recommandée. La requête contient un exposé sommaire des motifs de la demande et doit être accompagnée des pièces justificatives. La demande doit être formée dans un délai de deux mois à compter de la notification de la décision de la commission de recours amiable ou après l'expiration du délai d'un mois lorsque cette commission n'a pas statué dans ce délai. Le greffe du tribunal convoque les parties par courrier au moins 15 jours avant la date de l'audience.

Les débats et le jugement

La procédure est orale et contradictoire. Les parties peuvent comparaître personnellement, se faire représenter ou assister [1]. Le tribunal doit, tout d'abord, éclairer les parties sur leurs droits et s'efforcer de les concilier.

Le tribunal peut ordonner un complément d'instruction, exiger la production de pièces susceptibles de l'éclairer. Les jugements rendus aussitôt ou après mise en délibéré sont notifiés aux parties par lettre recommandée avec demande d'avis de réception.

Le président du TJ peut statuer en référé en cas d'urgence.

3 L'appel et la cassation

Les décisions du TJ peuvent faire l'objet d'un appel et/ou d'un pourvoi en cassation.

Doivent être portés directement devant la Cour de cassation, les jugements rendus par le TJ en dernier ressort (litiges inférieurs à 5 000 € et décisions rendues en matière de remises de majorations de retard, quel que soit leur montant).

Les arrêts de la cour d'appel peuvent aussi faire l'objet d'un pourvoi en cassation.

B Les contentieux spéciaux

En raison de leur spécificité, certains litiges font l'objet de **contentieux spéciaux** et sont soumis à des juridictions spécialisées : les juridictions du « contentieux technique » et les juridictions du contrôle technique.

1 Les contentieux techniques : invalidité, incapacité, inaptitude

L'application du droit de la Sécurité sociale peut donner naissance à des contestations plus médicales que juridiques. C'est le cas lorsque les contestations portent sur l'existence ou la gravité d'une invalidité, sur le taux d'incapacité permanente en cas d'accident du travail ou sur l'état d'inaptitude.

a. Recours préalable obligatoire

Le recours devant la commission médicale de recours amiable est obligatoire avant toute procédure contentieuse.

La commission médicale de recours amiable est compétente pour les litiges suivants :

- état ou degré d'invalidité, en cas d'accident ou de maladie (hors accident du travail) ;
- état ou degré d'incapacité permanente de travail, notamment concernant le taux de cette incapacité, en cas d'accident du travail ou de maladie professionnelle ;
- état d'incapacité de travail pour les personnes relevant du code rural et de la pêche maritime.

Tout assuré peut saisir la commission médicale de recours amiable, pour lui-même ou pour un tiers (enfant, personne avec laquelle il est en couple...).

La saisine doit être faite par LRAR dans un délai de 2 mois à compter de la décision contestée.

Passé le délai de 4 mois, l'absence de réponse de la commission de recours amiable signifie que la demande de l'intéressé est rejetée. Ce rejet implicite peut être contesté devant le TJ pôle social.

---

1 Les parties peuvent se faire représenter ou assister par : leur conjoint, leur concubin ou la personne avec laquelle elles ont conclu un Pacs ou un ascendant ou un descendant en ligne directe, un avocat, suivant le cas, un salarié ou un employeur ou un travailleur indépendant exerçant la même profession ou un représentant qualifié des organisations syndicales de salariés ou d'employeurs, un administrateur ou un employé de l'organisme partie à l'instance ou un employé d'un autre organisme de Sécurité sociale, un délégué des associations de mutilés et invalides du travail les plus représentatives.

b. Compétence du TJ pôle social

Les litiges sont soumis aux **TJ pôle social**, dans les mêmes conditions que le contentieux général. Le TJ pôle social doit être saisi dans le délai de 2 mois de la décision de la commission de recours amiable.

c. Les voies de recours

Elles sont identiques au contentieux général.

2 Les autres contentieux

Les contestations relatives aux décisions des caisses régionales d'assurance maladie concernant en matière d'accident du travail, la fixation des taux de cotisation, l'octroi de ristournes, l'imposition de cotisations supplémentaires sont soumises à la cour d'appel d'Amiens, spécialement compétente en ce domaine.

C Le contentieux pénal

Les tribunaux de police et les tribunaux correctionnels sanctionnent les infractions pénales au droit de la Sécurité sociale. Les infractions possibles sont nombreuses.

L'employeur qui ne s'est pas conformé aux prescriptions en matière de règlement des cotisations ou de fourniture de déclarations peut être poursuivi devant le tribunal de police. Les sanctions prévues sont des contraventions de 3e classe (amende de 450 € au plus, par personne concernée sans que le total des amendes puisse dépasser 1 500 €).

Une sanction pénale particulière a été prévue en cas de rétention indue des cotisations salariales précomptées : amende de 1 500 € ou une (ou plusieurs) peine(s) privative(s) ou restrictive(s) de droit. En cas de récidive dans un délai de trois ans, l'employeur encourt une peine d'emprisonnement de deux ans et une amende de 3 750 €. Le seul fait de ne pas verser les cotisations précomptées est constitutif du délit.

Le fait de faire obstacle à l'accomplissement des fonctions des agents de contrôle est puni de six mois d'emprisonnement et de 7 500 € d'amende.

Les personnes commettant des fraudes ou des fausses déclarations destinées à obtenir des prestations indues sont passibles d'une amende de 5 000 €.

- Les Urssaf ont reçu la compétence pour recouvrer les cotisations sociales. En cas de litige avec les employeurs, le contentieux du recouvrement fait l'objet d'une procédure spécifique.
- Les litiges d'ordre administratif avec une caisse de la Sécurité sociale (contentieux général) font l'objet d'une procédure contentieuse devant le tribunal judiciaire, pôle social, après décision contestée de la commission de recours amiable.
- Les litiges d'ordre médical sont également du ressort du TJ pôle social.
- Les infractions au droit de la Sécurité sociale sont du ressort des juridictions répressives.

Applications

Préparez-vous à l'examen

EXO 20.01

À la suite d'un arrêt de travail pour longue maladie, Sébastien M. adresse une demande de pension d'invalidité à la CPAM.

→ Travail à faire

Quelle procédure devra-t-il suivre en cas de litige avec la CPAM :

1. **si la CPAM lui refuse la pension d'invalidité pour droits non ouverts ?**
2. **si la CPAM lui oppose un refus médical pour degré d'incapacité inférieur à 66,66 % ?**

EXO 20.02 Contentieux

a – L'Urssaf vous réclame des cotisations qui vous semblent démesurées.

b – Employeur, vous contestez l'assiette des cotisations afférentes aux sommes versées aux salariés au titre d'un accord de participation.

c – La Caisse de Sécurité sociale refuse de reconnaître le caractère professionnel de votre accident.

d – Vous contestez votre taux d'incapacité permanente à la suite d'un accident du travail.

e – Employeur vous contestez la décision de la Sécurité sociale concernant votre taux de cotisation en matière d'accident du travail.

f – La Sécurité sociale ne veut pas prendre en charge des frais médicaux qui lui reviennent.

g – Un assuré demande à une caisse sa situation sur ses droits à retraite. La caisse lui répond qu'il a droit à une pension à taux plein en tant qu'ancien combattant dès 60 ans, s'il justifie d'être titulaire de la carte d'ancien combattant. Il démissionne. La caisse lui fait alors savoir qu'il doit attendre deux ans pour obtenir sa pension.

h – Un chef d'entreprise, crée des sociétés fictives, recrute des faux salariés, leur fait des fausses déclarations d'accident pour obtenir des remboursements de la CPAM ou les licencie pour que ceux-ci touchent des indemnités.

i – Un agent de mairie conteste le montant de sa pension de retraite.

j – Un employeur conteste les conditions dans lesquelles s'est déroulé un contrôle de l'Urssaf dans son entreprise.

→ Travail à faire

Quelle est la juridiction compétente pour chaque cas présenté ?

Index

A

Accident de trajet 126
Accident du travail 126, 417
Accident non professionnel 119
Accord collectif 100, 343
Accord de groupe 352
Accord de méthode 170
Accord d'entreprise ou d'établissement 350
Accord de participation 368
Accord de performance collective 353, 357
Accord dérogatoire 352
Accord d'intéressement 372
Acte réglementaire de droit privé 204
Acte unilatéral 204
Action de substitution 297
Action syndicale 297
Allocation de solidarité spécifique (ASS) 438
Amende administrative 34
Amplitude journalière 145
Apprentissage 107, 280
Assujetissement 408
Assurance décès 418
Assurance maladie 413
Assurance vieillesse 419
Assuré social 408
Attestation d'assurance chômage 284
Avantage en nature 168
Avis de reprise pour aptitude 122
Avis d'inaptitude 122

B

Base de données économiques, sociales et environnementales (BDESE) 333
Bilan de compétences 194
Bilan social 332
Bureau de conciliation et d'orientation 38
Bureau de jugement 38

C

Cause réelle et sérieuse 247
Certificat de travail 274, 283
Chômage 435
Clause de dédit formation 71
Clause de garantie d'emploi 75
Clause de mobilité géographique 67, 134
Clause de non-concurrence 72
Clause de rémunération forfaitaire 71
Clause de résidence 69
Clause de variation de salaire 71
Clause d'exclusivité 70
Clause d'objectifs 70
Code du travail 21
Comité de groupe 322
Comité d'entreprise européen 323
Comité social et économique (CSE) 89, 305, 334
Commission paritaire régionale interprofessionnelle 305
Compte épargne-temps 153
Compte personnel d'activité (CPA) 196
Compte personnel de formation 196
Compte personnel de formation (CPF) 357
Congé de maternité 123, 416
Congé de mobilité 265
Congé de paternité et d'accueil de l'enfant 161
Congé de présence parentale 161
Congé de reclassement 195, 264
Congé parental d'éducation 161
Congés payés 156, 283
Conseil d'entreprise 351
Conseil de prud'hommes 36, 122, 209, 219
Consentement 56
Contentieux de la Sécurité sociale 450
Contentieux du travail 36
Contingent d'heures supplémentaires 146
Contrat à durée déterminée 85, 86
Contrat à durée déterminée à objet défini 89
Contrat à durée indéterminée 97
Contrat à temps partiel 99
Contrat de mission 94
Contrat de professionnalisation 110
Contrat de sécurisation professionnelle 264
Contrat de travail 45
Contrat de travail à temps partiel 101
Contrat de travail temporaire 85
Contrat d'usage 88
Contrats d'insertion dans l'emploi 111
Contrat senior 112
Contrat vendanges 88
Contrepartie obligatoire en repos 148
Contre-visite médicale patronale 119
Contrôle médical 414
Convention collective 343
Convention de branche 350
Convention de forfait 148
Convocation à l'entretien 253
CRDS 407
Crédit d'heures 300, 304, 311
CSE 305
CSG 407

D

Déclaration préalable d'embauche 59
Délai de carence 90, 414
Délégué syndical 300
Délit de discrimination 54
Démission 97, 272
Départage 38
Départ à la retraite 278
Dignité de la personne 219
Directive 23
Dissimulation d'emploi salarié 49, 60
Dol 57
DREETS 266, 270, 276
Droit d'alerte 238, 315
Droit de grève 383
Droit de retrait 237
Droit du travail 19, 45
Droit social européen 23
Durée du travail 99, 135, 143
Durées maximales hebdomadaire et journalière 144

E

Égalité professionnelle 255
Entretien 253
Entretien préalable 254, 275
État récapitulatif de l'épargne salariale 378

F

Faute 214, 248
Faute grave 96, 249, 273
Faute lourde 250, 281, 388, 389
Force majeure 96, 279, 391
Forfait social 371, 376
Formation professionnelle continue 189
Fractionnement des congés payés 159
Frais professionnels 168

G

Gestion des emplois et des compétences (GPEC) 262, 275
Gratification 168
Grève 383

H

Harcèlement moral et sexuel 220
Heures complémentaires 102
Heures de délégation 304
Heures supplémentaires 145
Homologation 276
Horaires de travail 103, 135, 150

I

Immatriculation 408
Inaptitude physique 97
Indemnité de brusque rupture 282
Indemnité de congés payés 159
Indemnité de fin de contrat 98
Indemnité de licenciement 283
Indemnité de préavis 283
Indemnité de requalification 91
Indemnité de rupture 255
Indemnités journalières 413, 414, 416, 417, 425
Individualisation des salaires 176
Inspecteur du travail 208, 327
Intéressement 169, 371
Invalidité 417
Irrégularité de procédure 255

J

Jours fériés 155
Jurisprudence 22

L

Lettre de licenciement 254
Liberté d'expression 330
Licenciement 218, 283
Licenciement économique 257
Licenciement irrégulier 256
Licenciement sans cause réelle et sérieuse 257
Lien contractuel 48
Lien de subordination 46
Lieu de travail 133
Livret d'épargne salariale 59, 377
Lock-out 390

M

Maladie 119
Maladie professionnelle 126, 424
Maternité 123
Médecine du travail 240
Mise à la retraite 278
Mise à pied conservatoire 216
Mise à pied disciplinaire 216
Mise en danger d'autrui 236
Mise en demeure 34
Mobilité volontaire sécurisée 137
Modification de la situation juridique de l'employeur 128
Motif économique 136

N

Négociation annuelle obligatoire 170
Négociation obligatoire 355
Négociation triennale 354
Notification du licenciement 254, 265
Nullité 57
Nullité du licenciement 122, 255

O

Obligation d'adaptation 260
Obligation d'alerte 237
Obligation de loyauté 75, 76, 120
Obligation légale d'adaptation 190
Observation 34

Offre de contrat de travail 55
Ordre des licenciements 263
Ordre public 353
Ordre public absolu 352
Organisation internationale du travail 22

P

Parcours emploi compétences 111
Participation 169, 367
Pension d'invalidité 418
Pension vieillesse 278, 420
Période d'essai 62, 95
Plan d'épargne d'entreprise 374
Plan de sauvegarde de l'emploi 270, 275
Portabilité des droits 444
Portage salarial 104
Pourboire 168
Pourvoi en cassation 38
Pouvoir disciplinaire 210
Préavis 273, 278, 279, 281, 282
Prescription de la faute 215
Prestations en espèces 413, 414, 416, 425, 426
Prestations familiales 427
Prévoyance complémentaire 444
Prime 168
Principe de faveur 26, 352
Principe d'égalité de traitement 174
Principe général de non discrimination 173
Priorités d'emploi 54
Prise d'acte de la rupture 274
Procédure d'alerte 220
Procédure de licenciement 253, 265, 269, 271
Procédure disciplinaire : Procédure légale simplifiée 217
Procès-verbal 34
Promesse d'embauche 55
Promesse unilatérale de contrat de travail 55

Q

Qualification 133

R

Rapport Beveridge 402
Reclassement 260
Recrutement 50
Reçu pour solde de tout compte 284
Référé 38
Règlement intérieur 25, 204, 209
Règlements 23
Règle supplétive 353
Réintégration 255
Rémunération 133
Repos compensateur 147
Repos dominical 155
Repos hebdomadaire 154
Représentant de la section syndicale 300
Représentativité syndicale 294
Réserve spéciale de participation 369
Résolution judiciaire du contrat 280
Responsabilité pénale de l'employeur 235
Retraite 278
Retraite complémentaire 443
Rupture conventionnelle 275
Rupture conventionnelle collective 265, 277

S

Saisie sur salaire 182
Salaire 167
Salaire effectif 170
Salarié protégé 325
Sanction civile 54
Sanction disciplinaire 213
Sanction pénale 54
Secteur géographique 134
Section syndicale 298
Sécurité 236
Sécurité sociale 408
SMIC 171
Subordination juridique 46
Suspension du contrat 119
Syndicat 293
Système bismarkien 402
Système par répartition 419

T

Théorie contractuelle de l'entreprise 203
Théorie institutionnelle de l'entreprise 203
Ticket modérateur 413, 415, 425
Tiers-payant 413
TJ pôle social 453
Transaction 280
Travail à temps partagé 104
Travail dissimulé 60
Travail effectif 143
Travailleur handicapé 55
Tribunal judiciaire 209

U

Urssaf 449
Usage 3

Table des matières

Préface 3
Programme 5
Sommaire 15

PARTIE 1 : INTRODUCTION AU DROIT DU TRAVAIL

Chapitre 1 Présentation du droit du travail 17

1. Domaine et caractères du droit du travail 19
A. Domaine d'application 19
B. Caractères 19
2. Quelques étapes importantes du droit du travail 20
3. Les sources du droit du travail 20
A. Les sources étatiques 21
1. Les règles constitutionnelles 21
2. La loi, l'ordonnance et le règlement 21
3. La jurisprudence 22
B. Les sources internationales 22
1. L'Organisation internationale du travail 22
2. Le Conseil de l'Europe 22
C. Les sources de l'Union européenne 23
D. Les sources professionnelles 23
1. Les conventions et accords collectifs 23
2. Les usages 23
3. Les actes unilatéraux de l'employeur 25
E. Hiérarchie des sources internes et conflits de règles 26
1. Hiérarchie des règles 26
2. Le « principe de faveur » et ses limites 26
4. Applications 28

Chapitre 2 Les contrôles de l'application du droit du travail et le contentieux de la relation de travail 31

1. L'inspection du travail 33
A. Obligations 33
1. Ils sont tenus au secret professionnel 33
2. Ils sont soumis à une obligation de discrétion et de réserve 33
3. Obligation d'impartialité 33
4. Obligation de motivation 33

B. **Missions** 33
 1. Mission de contrôle 33
 2. Mission de conseil et de conciliation 34
 3. Pouvoir de décision 34

C. **Moyens d'action de l'agent de l'inspection du travail** 34

D. **Conséquences du contrôle** 34

E. **Le cas particulier du travail dissimulé** 35
 1. Définition 35
 2. Moyens de contrôle 35
 3. Droits du salarié 35
 4. Sanctions 36

2. Le contentieux du travail 36

A. **Les conseils de prud'hommes** 36
 1. Compétences 36
 2. Organisation 37
 3. Les conseillers prud'homaux 37
 4. Le fonctionnement 37

B. **Les modes alternatifs de règlement des différends (MARD) individuels du travail** 38
 1. La médiation conventionnelle 38
 2. La convention de procédure participative (CPP) 39

C. **Les autres recours juridictionnels** 39
 1. Au civil 39
 2. Au pénal 39
 3. Le recours aux juridictions administratives 39

3. Applications 41

PARTIE 2 : ASPECTS INDIVIDUELS DU DROIT DU TRAVAIL

Chapitre 3 Règles communes aux contrats de travail 43

1. Le critère du contrat de travail : le lien de subordination 45

A. **À quoi reconnaît-on le contrat de travail ?** 45
 1. Prestation de travail pour autrui 45
 2. La rémunération 46
 3. Subordination dans l'exécution du travail 46

B. **Distinction entre « travail subordonné » et « travail indépendant »** 47
 1. Contrôle des juges 48
 2. Conséquences 49

2. Le recrutement 50

A. **Liberté dans le choix de la filière de recrutement** 50
 1. Activité de placement 50
 2. Embauche directe 51

B. Liberté contrôlée dans la sélection des candidats 51
1. Pertinence des informations demandées et méthodes de recrutement 51
2. Obligation de loyauté du candidat 52
3. Principe de transparence dans la collecte des informations 53
C. Atteintes à la liberté d'embauche 53
1. Principe de non discrimination à l'embauche 53
2. Les contraintes d'emploi et les priorités d'emploi 54
3. Obligation d'emploi des handicapés 55
D. Promesse d'embauche 55

3. Les conditions de formation du contrat 56
A. Les conditions de fond du contrat de travail 56
1. Le consentement 56
2. La capacité 57
3. Le contenu du contrat 58
4. Sanctions des conditions de fond 58
B. Les conditions de forme 58
1. Principe 58
2. Un formalisme de protection 58
3. Un formalisme de contrôle : les formalités d'embauche 59
4. La répression du travail dissimulé 60

4. Clauses du contrat de travail 61
A. Les clauses interdites 62
B. La période d'essai 62
1. Définition et finalité 62
2. La période d'essai ne se présume pas 63
3. Conséquences d'une modification importante du contrat de travail sur la période d'essai 63
4. La durée 63
5. Prolongation ou renouvellement de la période d'essai 64
6. Rupture de la période d'essai 65
C. Exemples de clauses relatives à l'exécution du contrat de travail 67
1. Clauses relatives au lieu de travail 67
2. Clauses relatives à l'emploi occupé 70
3. Clauses relatives à la rémunération 70
D. Exemples de clauses liées à la rupture du contrat 71
1. Clause de dédit-formation 71
2. Clause de non-concurrence 72
3. Clause de garantie d'emploi 75

5. L'exécution du contrat : obligations du salarié et de l'employeur 75
A. Obligations de l'employeur 75
1. Obligation principale 75
2. Exécution de bonne foi 75

B. Obligations du salarié 76
1. Obligation principale 76
2. Exécution de bonne foi 76

6. Applications 79

Chapitre 4 La diversité des contrats de travail **83**

1. Choix de la recherche d'une flexibilité 85
A. Les contrats précaires : le contrat à durée déterminée et le contrat de travail temporaire 85
1. Choix du CDD ou du contrat temporaire 85
2. Conclusion 86
3. Régime juridique des contrats précaires 91
B. Le CDI de chantier ou d'opération 98
1. Définition et règles de conclusion 98
2. Rupture 99
C. Le contrat à temps partiel 99
1. Définition 99
2. Mise en place du temps partiel 100
3. Conclusion du contrat de travail à temps partiel 101
4. Statut des salariés à temps partiel 104
D. Le travail à temps partagé et le portage salarial 104
1. Travail à temps partagé 104
2. Portage salarial 105

2. Contrats facilitant la formation et l'insertion professionnelles 107
A. Le contrat d'apprentissage 107
1. Formation du contrat 108
2. Régime juridique 108
B. Le contrat de professionnalisation 110
1. Objet du contrat 110
2. Bénéficiaires 110
3. Nature et durée du contrat 110
4. Action de professionnalisation et formation 111
5. Tutorat 111
6. Rémunération 111
C. Les contrats d'insertion dans l'emploi 111
1. Parcours emploi compétences 111
2. Contrat senior 112

3. Applications 114

Chapitre 5 L'évolution du contrat de travail **117**

1. Suspension du contrat de travail 119
A. Maladie du salarié et accident non-professionnel 119
1. La maladie, cause de suspension 119

2. La maladie, cause de licenciement 122
3. Inaptitude du salarié et reclassement 122
B. Maternité, paternité et adoption 123
1. Congés 124
2. Interdiction du licenciement 125
C. Accident du travail et maladie professionnelle 126
1. Principe 126
2. Rémunération du salarié pendant la suspension 126
3. Reprise du travail à l'issue de la suspension 126
2. Modification de la situation juridique de l'employeur 128
A. Principe légal 128
1. Les conditions posées par la jurisprudence 128
2. Principaux cas d'application du transfert légal 129
B. Les effets de l'application de l'article L. 1224-1 129
1. Aspects individuels 129
2. Aspects collectifs 130
3. Modification du contrat de travail 131
A. Définitions 132
B. Modification du contrat 132
1. Les éléments modifiables avec l'accord du salarié 132
2. Mise en œuvre de la modification du contrat 136
C. Cas particuliers 137
1. La période de mobilité volontaire sécurisée 137
2. Accords de performance collective 137

Chapitre 6 Le temps de travail 141

1. Durée du travail 143
A. Les durées légales de travail 143
1. La durée légale hebdomadaire 143
2. Les durées maximales du travail 144
3. L'employeur doit également respecter l'amplitude journalière maximale 145
B. Les heures supplémentaires 145
1. Principe 145
2. Contingent annuel d'heures supplémentaires 145
3. Rémunération des heures supplémentaires 147
2. Organisation du temps de travail 150
A. Détermination des horaires de travail 150
1. Horaire collectif 150
2. Horaires individualisés 151
B. Aménagement du temps de travail 151
1. Définition 151
2. Mise en place 151

C. Travail de nuit 152

1. Mise en place 152

2. Définition 152

3. Statut du travailleur de nuit 152

D. Autres possibilités d'aménagement du temps de travail 153

E. Le compte épargne-temps 153

1. Définition 153

2. Mise en place 154

3. Alimentation du compte 154

4. Utilisation du compte 154

3. Repos et congés 154

A. Repos quotidien, repos hebdomadaire, jours fériés 154

1. Le repos quotidien 154

2. Le repos hebdomadaire 154

B. Les congés payés annuels 156

1. Les congés payés 156

2. Les congés spéciaux 160

4. Applications 163

Chapitre 7 La rémunération du travail 165

1. Fixation du salaire 167

A. Composantes de la rémunération et nature juridique 167

1. Diversité du concept quant à sa définition 167

2. Diversité du concept quant à ses composantes 167

B. Liberté contractuelle et contraintes légales 169

1. Principe : le salaire est librement fixé 170

2. Les limites à la libre fixation des salaires 170

2. Garanties de paiement du salaire 177

A. Modalités de paiement 177

1. Mode de paiement 177

2. Périodicité 177

3. Bulletin de salaire 177

4. Prescription 179

B. Protection du salaire 179

1. Protection contre l'employeur 180

2. Protection contre les créanciers de l'employeur 181

3. Protection contre les créanciers du salarié 182

3. Applications 184

Chapitre 8 La formation professionnelle 187

1. Cadre général : les différents types d'actions de formation 189

A. Objectifs 189

B. Types d'actions 189

2. Droits individuels et collectifs des salariés 189

A. Actions de formation à l'initiative de l'employeur : le plan de développement des compétences 190

1. Définition 190
2. Contenu du plan 190
3. Élaboration du plan de développement des compétences 191
4. Statut du salarié en formation 192

B. Promotion individuelle et congés de formation 193

1. Le projet de transition professionnelle 193
2. Autres congés de formation 194

C. Compte personnel de formation (CPF) 196

D. Compte personnel d'activité (CPA) 197

E. Reconversion ou promotion par alternance 197

3. Financement et acteurs de la formation 198

A. Obligation de financement de la formation 198

B. Montant de la participation financière 198

C. Acteurs de la formation 198

4. Applications 200

Chapitre 9 Pouvoirs du chef d'entreprise et libertés des salariés 201

1. Fondements du pouvoir patronal 203

A. Théorie contractuelle de l'entreprise 203

B. Théorie institutionnelle de l'entreprise 203

C. Fondements actuels 203

2. Pouvoir réglementaire 204

A. Élaboration du règlement intérieur 204

1. Définition 204
2. Champ d'application (art. L. 1311-1 et 1311-2 du Code du travail) 204
3. Nature juridique 204
4. Procédure d'élaboration encadrée 205

B. Contenu du règlement intérieur limité 206

1. Contenu du règlement intérieur 206
2. Autres règles internes 208

C. Contrôle du règlement intérieur renforcé 208

1. Contrôle administratif 208
2. Contrôle judiciaire 209

3. Pouvoir disciplinaire et reconnaissance des droits des salariés 210
A. Mise en œuvre du pouvoir disciplinaire 210
1. Contrôle des salariés sous surveillance 210
2. Notions de faute et de sanction disciplinaire 213
3. Garanties procédurales 217
B. Un contrôle judiciaire étendu 218
1. Étendue du contrôle 218
2. Effets 219
4. Primauté des droits fondamentaux sur le pouvoir patronal 219
A. Définition des droits fondamentaux 219
B. Moyens de protection 220
1. Droit d'alerte du comité social et économique 220
2. Sanctions 220
C. Protection des droits fondamentaux 220
1. Protection contre le harcèlement moral et sexuel 220
2. Protection contre la discrimination 223
3. Protection contre l'atteinte à la dignité 225
4. Respect des libertés fondamentales 225
5. Applications 227

Chapitre 10 Pouvoirs de l'employeur et protection de la santé des travailleurs 231

1. Obligations en matière de sécurité 233
A. Obligations de l'employeur 233
1. Obligation générale d'hygiène et de sécurité 233
2. Obligation de formation à la sécurité 235
3. Responsabilité pénale de l'employeur 235
B. Obligation et droits des salariés 236
1. Obligation de sécurité des salariés 237
2. L'obligation d'alerte et le droit de retrait du salarié 237
3. Droit d'alerte en cas de risque pour la santé publique ou l'environnement 238
2. Le rôle du CSE dans la protection de la santé 238
A. Rôle général du CSE en matière de protection de la santé 238
B. La commission santé, sécurité et conditions de travail (CSSCT) 239
1. Mise en place de la CSSCT 239
2. Modalités négociées de la mise en place de la CSSCT 239
3. Modalités d'ordre public de mise en place de la CSSCT 239
3. Les services de prévention et de santé au travail (SPST) 240
A. Mise en place 240
1. Forme du service 240
2. Le personnel et le financement 240
B. Les missions de la médecine du travail 240
1. Surveillance médicale des salariés 240

2. Décision du médecin du travail concernant l'aptitude du salarié 241
3. La surveillance du milieu du travail 241
4. Applications 243

Chapitre 11 Rupture du contrat de travail à durée indéterminée **245**

1. Licenciement pour motif personnel 247
A. Exigence d'une cause réelle et sérieuse 247
1. Principe 247
2. Applications principales 248
B. La procédure légale 253
1. La convocation à l'entretien 253
2. L'entretien préalable 254
3. La lettre de licenciement 254
C. Les sanctions 255
1. Sanctions en cas de licenciement nul 255
2. Sanctions en cas de licenciement sans cause réelle et sérieuse 255
3. Sanctions en cas de licenciement irrégulier 256
4. Sanctions en cas de licenciement abusif 257
2. Licenciement économique 257
A. Définition : motif économique réel et sérieux 257
1. Règle légale 257
2. Exigences jurisprudentielles 258
B. Mesures de prévention 260
1. Obligation de reclassement préalable 260
2. Prévention des licenciements par la gestion prévisionnelle des emplois 262
3. Plan de sauvegarde de l'emploi 263
4. Accords de maintien dans l'emploi 263
C. Procédures de licenciement 263
1. Fixation de l'ordre des licenciements 263
2. Mesures d'accompagnement 264
3. Procédures proprement dites 265
D. Sanctions 271
3. Causes de rupture autres que le licenciement 272
A. La démission 272
1. Les conditions de la démission 272
2. Les effets de la démission 273
B. Prise d'acte de la rupture 274
1. Définition 274
2. Effets 274
C. La rupture conventionnelle 275
1. Définition 275
2. Champ d'application 275

3. Garanties : procédure en trois étapes 275
4. Indemnité 277
D. La rupture conventionnelle collective 277
1. Définition 277
2. Conditions 277
3. Effets 278
E. La retraite 278
1. Initiative du salarié : le départ à la retraite 278
2. Initiative de l'employeur : la mise à la retraite 278
F. La force majeure 279
1. Définition 279
2. Conséquences 279
G. La résiliation ou résolution judiciaire du contrat 280
1. Effets 280
2. Exception légale : le contrat d'apprentissage 280
4. Conséquences de la rupture du contrat de travail 280
A. Transaction 280
1. Définition 280
2. Conditions de validité 281
3. Conséquences 281
B. Respect d'un préavis 281
1. Droit à préavis 281
2. Durée 282
3. Obligations des parties 282
4. Inexécution du préavis 282
C. L'indemnisation du salarié 283
D. Les documents échangés après la rupture 283
1. Le certificat de travail 283
2. Attestation d'assurance chômage 284
3. Reçu pour solde de tout compte 284
5. Applications 287

PARTIE 3 : ASPECTS COLLECTIFS DU DROIT DU TRAVAIL

Chapitre 12 La représentation collective 291

1. Les syndicats de salariés 293
A. Liberté syndicale 293
1. Liberté d'adhésion 293
2. Interdiction de la discrimination syndicale 293
3. La liberté de constitution 293
B. Statut juridique 294
1. Objet et constitution 294
2. La personnalité morale des syndicats 294

C. La représentativité syndicale 294
1. Le rôle des syndicats représentatifs 295
2. Les critères de la représentativité 295
D. L'activité syndicale 297
1. L'action en justice 297
2. La revendication 298
E. Représentation syndicale dans l'entreprise 298
1. Section syndicale 298
2. Représentant de la section syndicale 300
3. Délégué syndical 300

2. Les institutions représentatives élues : le comité social et économique 305
A. Mise en place des institutions représentatives 306
1. Conditions de mise en place 306
2. Modalités de désignation 307
B. Attributions et prérogatives 310
1. Attributions 310
2. Moyens d'action 311
C. Fonctionnement 313
1. Gestion des activités sociales et culturelles 313
2. Attributions économiques 314
3. Fonctionnement 315
D. Le comité social et économique 316
1. Attributions 316
2. Fonctionnement 318
E. Le comité social et économique central (CSEC) 322
F. Les autres comités : comité de groupe et comité d'entreprise européen 322
1. Comité de groupe 322
2. Comité d'entreprise européen 323
G. Le conseil d'entreprise 324
1. Mise en place 324
2. Attributions 324

3. Protection des représentants du personnel 325
A. Principe 325
B. Bénéficiaires de la protection 325
1. Représentants du personnel élus et les délégués syndicaux 325
2. Autres salariés protégés 325
C. Protection spécifique 326
1. Situations donnant lieu à protection 326
2. Déroulement de la procédure 327
3. Sanctions civiles 328
4. Délit d'entrave 329

4. Droit d'expression des salariés 330

A. Domaine 330
1. Champ d'application 330
2. Caractéristiques 330
3. Contenu 330
B. Mise en œuvre 331
1. Conclusion d'un accord 331
2. Consultation des représentants du personnel 331
3. Sanctions 332
C. Exercice 332

5. Bilan social 332
A. Objet et champ d'application 332
1. Définition 332
2. Entreprises assujetties 332
B. Contenu et élaboration du bilan social 333
1. Contenu 333
2. Élaboration 333
3. Diffusion 333
4. Sanctions 333

6. Applications 337

Chapitre 13 La négociation collective 341

1. Régime juridique commun 343
A. Formation des conventions ou accords collectifs 343
1. Conclusion 343
2. Les niveaux de négociation 343
3. Champ d'application 344
4. Formalités de publicité 345
B. Vie et évolution des conventions ou des accords 346
1. Durée de la convention ou de l'accord 346
2. Dénonciation et révision 346
C. Modalités d'application 348
1. Conventions et accords collectifs ordinaires 348
2. Conventions et accords collectifs étendus 349
3. Conventions et accords collectifs élargis 349

2. Régime juridique spécifique 350
A. Conditions de validité des conventions et accords collectifs 350
1. Accord national interprofessionnel, accord professionnel et convention de branche 350
2. Convention et accord d'entreprise ou d'établissement 350
3. Convention et accord de groupe 352
B. Nouvelle hiérarchie des normes conventionnelles 352
1. Hiérarchie par rapport à la loi 352

2. Hiérarchie entre les textes conventionnels 352
3. Hiérarchie par rapport aux autres sources de droit internes 353

3. Négociation en entreprise 353

A. Réorganisation de la négociation obligatoire 353

B. Négociation obligatoire dans le cadre du régime supplétif 354

1. Principe 354
2. Thèmes 355
3. Procédure 356
4. Résultats 356

C. Accord de performance collective 357

4. Négociation dans la branche 358

5. Applications 360

Chapitre 14 L'association des salariés aux performances de l'entreprise 365

1. Participation obligatoire des salariés aux résultats de l'entreprise 367

A. Champ d'application 367

1. Les entreprises concernées 367
2. Les salariés concernés 367

B. Mise en œuvre de la participation 368

1. Principe : l'accord de participation 368
2. Conclusion de l'accord de participation 368

C. Droits des salariés sur la réserve de participation 369

1. Calcul de la réserve spéciale de participation (RSP) 369
2. Répartition de la réserve entre les salariés 370
3. Fonctionnement de la participation 370
4. Information des salariés 370
5. Disponibilité des droits ou indisponibilité des droits 370
6. Déblocage anticipé de la participation 371

D. Le régime fiscal et social de la participation 371

1. À l'égard de l'entreprise 371
2. À l'égard des salariés 371

2. Intéressement 371

A. Champ d'application 372

1. Entreprises concernées 372
2. Bénéficiaires 372

B. Mise en œuvre de l'intéressement 372

1. Conclusion d'un accord d'intéressement 372
2. Le calcul des droits 373
3. Répartition des sommes 373
4. Limite imposée à l'intéressement 374
5. Le paiement 374
6. Information du salarié 374

C. **Le régime fiscal et social** 374
1. À l'égard de l'entreprise 374
2. À l'égard du salarié 374

3. Plans d'épargne 374
A. **Le plan d'épargne d'entreprise (PEE)** 374
1. Définition 374
2. Champ d'application 375
3. Mise en place 375
4. Les modalités du plan 375
5. Gestion du plan 376
6. Le régime fiscal et social du plan 376
B. **Les plans d'épargne retraite (PER)** 376
1. PER d'entreprise obligatoire 376
2. PER d'entreprise collectif (PERECO) 376
3. Gestion des PER d'entreprise 377
4. Régime fiscal et social 377

4. Mesures d'information communes 377
A. **Livret d'épargne salariale** 377
B. **État récapitulatif de l'épargne salariale** 378

5. Application 380

Chapitre 15 Les conflits collectifs **381**

1. Conflits collectifs et droit de grève 383
A. **Définition jurisprudentielle** 383
1. Enjeux de cette définition 383
2. Éléments constitutifs de la grève 384
B. **Statut du salarié gréviste en cas d'exercice du droit de grève** 386
1. En cas d'exercice normal du droit de grève 386
2. En cas d'exercice anormal du droit de grève 388

2. Droits et pouvoirs de l'employeur en réaction à la grève 388
A. **Mesures individuelles** 389
1. Licenciement pour faute lourde 389
2. Conséquences 390
B. **Mesures collectives** 390
1. Poursuite de l'activité 390
2. Fermeture de l'entreprise : le lock-out 390
C. **Saisine du juge des référés** 391
D. **Action en responsabilité** 392
1. Action en responsabilité civile contre les grévistes 392
2. Action en responsabilité civile contre les syndicats et les délégués syndicaux 392
3. Responsabilité pénale 392

3. Règlement des conflits collectifs 392
A. Procédures de conciliation 393
1. Principe 393
2. Procédure et issue 393
B. Procédures de médiation 393
1. Principe 393
2. Déroulement de la procédure 393
C. Procédure d'arbitrage 394
1. Principe 394
2. Rôle de l'arbitre 394
3. Effets 394
4. Applications 396

PARTIE 4 : LA PROTECTION SOCIALE

Chapitre 16 La protection sociale et la Sécurité sociale 399

1. Construction de la protection sociale et sources du droit de la Sécurité sociale 401
A. Quelques repères historiques 401
1. À la fin du XIXe siècle, premières assurances sociales 401
2. 1945-1946 : mise en place de la Sécurité sociale 401
3. Les évolutions du système 402
B. Organisation de la protection sociale aujourd'hui 403
C. Les sources du droit de la Sécurité sociale 404
1. Les sources internes 404
2. Les sources internationales 404
3. Le droit de l'Union européenne 404
2. La Sécurité sociale : présentation générale 405
A. Organisation et financement de la Sécurité sociale 405
1. Les différents régimes 405
2. Organisation administrative et financière du régime général 405
B. Le financement de la Sécurité sociale 406
1. Les charges sociales et fiscales sur salaires 407
2. Barème au 1er janvier 2024 407
C. Les assurés du régime général de la Sécurité sociale 408
3. Applications 410

Chapitre 17 Les régimes sociaux 411

1. Le régime général de la Sécurité sociale 413
A. L'assurance maladie 413
1. Le risque maladie 413
2. Le risque maternité 415

3. Le risque invalidité 417
4. Le risque décès 418
B. L'assurance vieillesse 419
1. Caractéristiques générales 419
2. Financement du régime général 419
3. Pensions du régime général 420
4. Allocation de solidarité aux personnes âgées (ASPA) 421
5. Cumul emploi-retraite 422
6. Dispositif de la retraite progressive 422
C. Réparation des risques professionnels 422
1. Les risques garantis 422
2. Formalités 425
3. Indemnisation 425
4. Effets de la faute intentionnelle et de la faute inexcusable 426
D. Protection de la famille : les prestations familiales 427
1. Les dispositions générales relatives aux prestations familiales 427
2. Exemples de prestations 427

2. Régime des travailleurs indépendants et régime agricole 428
A. Régime des travailleurs indépendants 428
1. La notion de travailleurs indépendants 428
2. La Sécurité sociale des indépendants 428
B. Régime agricole 429

3. Applications 431

Chapitre 18 Les régimes de protection contre le chômage **433**

1. Le chômage total 435
A. Le régime d'assurance chômage 435
1. L'organisation administrative et financière 435
2. Le revenu de remplacement 436
B. Le régime de solidarité 438

2. L'activité partielle 438
A. Cas de recours 438
B. Indemnisation 438
C. Comment ? 438

3. Applications 440

Chapitre 19 La protection sociale complémentaire **441**

1. Les retraites complémentaires obligatoires 443
A. Présentation des régimes 443
B. Financement des régimes de retraite complémentaire 443
1. Cotisations patronales et salariales 443

2. Cotisation AGFF (Association pour la gestion du fonds de financement) 444
3. Contribution exceptionnelle et temporaire (CET) 444

2. Prévoyance complémentaire 444

Chapitre 20 Contrôles et contentieux **447**

1. Les contrôles de l'Urssaf 449

A. La vérification sur pièces des déclarations 449

B. Le contrôle sur place 449

1. Préalablement : envoi d'un avis de passage 449
2. Déroulement du contrôle 449
3. Conclusions du contrôle 450
4. Les effets 450

C. Les sanctions du non-paiement 450

2. Le contentieux de la Sécurité sociale 450

A. Le contentieux général 451

1. Les juridictions 451
2. La procédure 451
3. L'appel et la cassation 452

B. Les contentieux spéciaux 452

1. Les contentieux techniques : invalidité, incapacité, inaptitude 452
2. Les autres contentieux 453

C. Le contentieux pénal 453

3. Applications 455

Index 457